KB041858

租稅判例百選 ③

(사) 한국세법학회

박영사

발간사

한국세법학회가 2015년 「조세판례백선」 제2판을 출간한 지 9년 만에 학계와 실무계에서 100명이 넘는 저자가 참여하여 그동안 선고된 새로운 판례를 반영한 제3판을 성공적으로 출간하게 되어 매우 기쁘게 생각합니다. 조세법령의 참된 의미를 밝히는 것은 법령을 만드는 것만큼 중요합니다. 법령의 해석은 딱딱한 법문구라는 음표의 집합을 생동감 있는 선율로 변화시키는 작업입니다. 이런 측면에서 조세법을 공부하고 실무에 적용하는 데 판례가 갖는 중요성은 아무리 강조해도 지나치지 않습니다. 하나의 판례가 나오기 위해서는 법령의 성안, 과세당국의 집행, 납세자의 불복, 행정심과 사법심의 판단 등의 복잡한 과정을 거칩니다. 그 과정에서 행정·입법·사법 분야 공직자뿐만 아니라 변호사, 세무사, 회계사, 대학교수 등 전문가들의 숱한 지적 담금질이 더해집니다. 따라서 판례는 이에 대한 찬반을 넘어 세법을 공부하고 다루는 모두의 거울이며, 우리 학회의 역량을 모아 「조세판례백선」을 계속 세상에 내놓는 이유입니다.

이번 개정판은 각 판례별 평석자가 중복되지 않도록 판례 하나당 한 명을 배정하였고, 전체 편집의 통일을 위해 세부목차의 구성요소(제목, 저자, 소속, 판례 번호, I. 사실관계 및 사건의 경과, II. 관련규정 및 쟁점, III. 법원의 판단, IV. 해설)와 분량(200자 원고지 17장)의 기준을 제시하였습니다. 학회 차원의 「조세판례백선」 발간의 기본틀이 잡히고 있음을 보여준 예라 할 수 있습니다. 또한 대상판례를 국세기본법, 소득세법, 법인세법, 부가가치세법, 지방세법, 상속증여세법, 국제조세법, 관세법 분야로 분류하였고, 깊이 있는 이론적 논증보다는 가급적 세법 입문자들이 쉽게 이용할 수 있도록 사실관계와 논점 및 판단이유와 의미를 간결하게 전달하는 데 중점을 두었습니다. 학부나 대학원의 교재로 널리 사용할 수 있도록 하면서 조세분야 저변확대의 취지도 담고자 하였습니다.

2023년 2월경 전임 학회장(이동식 교수)의 적극적인 의지로 「조세판례백선」 제3판 발간사업을 시작한 이후 판례를 선정하기 위한 별도의 위원회를 구성하여 조세판례백선 1, 2 수록 판례까지 포함하여 중요 판례 100여 개를 검토하였고 원고 의뢰 및 의견 수렴과정에서 최종적으로 103개가 선정되었습니다. 판례 선정위원으로는 신동승, 강남규, 정승영, 마정화, 이승준, 황헌순 님이 수고해 주었고, 판례 검토위원으로는 이중교, 강성모, 정지선, 윤지현, 강남규, 이승준 님이 수고해 주었습니다. 이전 「조세판례백선」의 경우 기획과 출간까지 5년 정도의 시간이 걸렸던 것에 비해 이번에는 1년여만 개정판을 마무리 지을 수 있었습니다. 2023년 9월에는 발간위원회를 별도로 구성하여 이동식, 신동승, 김석환, 박 훈, 윤현석, 이승준 님 등이 참여하였고, 올해 들어 과거 초판 발간시 실무를 담당했던 차기회장(박 훈 교수)이 발간위원회 위원장으로 다른 위원들과 함께 마지막 마무리를

해 주었습니다. 귀중한 시간을 내어 소중한 옥고를 작성해 주신 필진은 물론 이동식 전임 학회장님
과 박 훈 위원장님을 비롯하여 발간 작업에 기꺼이 힘을 보태주신 모든 분들께 깊이 감사드립니다.

이번 개정판에서는 첫 번째 판례를 우리 학회의 모태이신 행솔 이태로 선생님께서 직접 작성해
주셨습니다. 대법원 2015. 8. 20. 선고 2012두23808 전원합의체 판결에 대한 것으로 "법률유보의
원칙과 외부세무조정 강제"에 대해 단순히 전통적인 세법 분야 자체의 논의 이외에도 헌법적, 행정
법적 논의가 함께 이루어지는 것입니다. 갑작스러운 원고 작성에 부담이 되셨을 텐데 선생님 특유
의 간결하신 문체로 글을 실어주셔서 다시 한번 감사의 말씀을 드립니다. 그리고「조세판례백선」
초판부터 이번 제3판까지 출간을 맡아주신 박영사 관계자께도 감사의 말씀을 드립니다.

세법학은 항상 경제·사회적 현상의 변화를 읽어내고 입법과 해석에 반영해야 하는 실용 학문입
니다. 오늘날은 전통적 방식의 경제거래뿐만 아니라 디지털 경제의 발전으로 새로운 형태의 거래방
식이 급속도로 확대·재생산되고 있으며 법령의 개정만으로 이에 적절히 대처할 수 없습니다. 조세
법령의 해석 필요성은 더욱 커지고 있으며 조세법 분야의 판례가 국민의 경제생활에 미치는 영향은
다른 어느 법분야보다 큽니다. 판례에 대한 올바른 이해와 비판은 더 나은 세법학을 위한 튼튼한
토대라고도 할 수 있습니다. 독자들께서 이 책을 통해 세법의 다양한 쟁점과 특유의 해석 논리에
흥미를 가지게 되고 조세법 전반에 대한 안목을 높이는 계기가 되기를 기대합니다.

2024년 6월

한국세법학회 회장 김 석 환

차 례

제3편　법인세법

제4편 부가세법

제5편 상증세법

제6편 지방세법

1

법률유보의 원칙과 외부세무조정 강제

이 태 로

법률유보의 원칙과 외부세무조정 강제

[대법원 2015. 8. 20. 선고 2012두23808 전원합의체 판결]

이태로 (서울대 법학전문대학원 명예교수)

I ▶ 사실관계 및 사건의 경과

원고 A는 세무사 등록을 필한 변호사 B, C, D를 구성원으로 하는 법무법인이다. 원고는 2000년 경부터 매년 구 법인세법 시행규칙 제5조의3 제3항, 구 소득세법 시행규칙 제65조의3 제3항에 따라 세무조정계산서를 작성할 수 있는 조정반으로 지정해 줄 것을 신청하여 피고로부터 조정반 지정처분을 받아왔는데, 2010. 12. 30.에는 유효기한을 2011. 12. 31.까지로 한 조정반 지정처분을 받았다.

그러나 피고는 2010. 7. 14.에 기획재정부장관으로부터 구 법인세법 시행규칙 제50조의3 제2항 및 구 소득세법 시행규칙 제65조의3 제2항에서 규정하고 있는 세무조정계산서를 작성할 수 있는 조정반에 법무법인이 포함되지 않는다는 회신을 받은 후, 2011. 4. 4. 원고에게 조정반 지정 취소를 통보하였다. 이에 원고는 2011. 12. 28. 피고에게 조정반 지정 신청을 새로이 하였으나, 이에 대하여 피고는 지정거부처분을 내렸다.

그 후 원고가 국세심판원에 제기한 거부처분 취소청구는 기각되었으며, 이에 불복하여 원고가 제기한 소송에서는 1심(대구지방법원 2012. 6. 1. 선고 2012구합104 판결) 및 2심(대구고등법원 2012. 9. 28. 선고 2012누1342 판결)에서 원고가 승소하여, 피고의 상고로 본건에 이르렀다.

II ▶ 관련 규정 및 쟁점

1. 관련 규정

구 법인세법 제60조 제1항은 "납세의무가 있는 내국법인은 각 사업연도의 종료일이 속하는 달의 말일부터 3개월 이내에 대통령령으로 정하는 바에 따라 그 사업연도의 소득에 대한 법인세의 과세 표준과 세액을 납세지 관할 세무서장에게 신고하여야 한다"라고 규정하고, 동조 제2항 제2호에서는 일정요건을 충족하는 법인이 제1항에 따른 신고를 할 때에는 그 신고서에 "대통령령으로 정하는 바에 따라 작성한 세무조정계산서"를 첨부할 것을 요구하고 있다.

나아가 구 법인세법 시행령 제97조 제9항은 "기획재정부령으로 정하는 법인의 경우 법 제60조 제2항 제2호에 따른 세무조정계산서는 세무사(세무사법 제20조의2에 따라 등록한 공인회계사 및 변호사를 포함한다)가 작성하여야 한다고 규정하면서, 구 법인세법 시행령 제97조 제10항은 "세무조정계산서를 작성할 수 있는 세무사의 요건에 관하여 필요한 사항은 기획재정부령으로 정한다"라고 규정하고 있다. 그 위임에 따라 제정된 규정이 시행규칙 제52조의2 및 제52조의3이다. 전자의 규정은 세무조정계산서가 '세무사'만이 작성할 수 있도록 강제하는 것이고, 후자의 규정 제1항은 세무조정계산서를 작성할 수 있는 '세무사'를 지방국세청장의 지정을 받은 조정반에 소속된 세무사로 한정하면서 제3항 및 제4항에서는 위 조정반 지정을 받으려는 자는 관할 지방국세청장에게 조정반 지정 신청을 하여야 하고 신청을 받은 지방국세청장은 그 지정 여부를 통지하도록 정하고 있다.

소득세법 제70조 외 관련 규정도 위에 언급한 법인세법 관련 규정과 같은 취지의 평행규정이어서 반복 설명을 피한다.

2. 쟁점

일정한 납세의무자에게 외부 세무사에 의하여 작성한 세무조정계산서를 강제하는 구 법인세법 시행령 제97조 제9항과 제10항 및 구 소득세법 시행령 제131조 제2항과 제3항 그리고 위임에 따른 법인세법 시행규칙 및 소득세법 시행규칙의 해당 조항이 각 모법 조항의 적법한 위임에 따라 제정된 것인지가 쟁점이다. 본건 거부처분은 법인세법 시행규칙 제50조의3(소득세법상의 평행규정 생략. 이하 동일)을 처분의 근거 규정으로 삼고 있으나, 당해 시행규칙의 효력에 대한 심리보다는 상위규정인 구 법인세법 시행령 제97조의 법적 효력 여부에 쟁점의 초점이 맞추어져 있다.

Ⅲ ▶ 법원의 판단

국민의 모든 자유와 권리의 제한에 관한 헌법 제37조 제2항, 법률이 정한 바에 따른 국민의 납세의무를 규정한 헌법 제38조, 조세의 종목과 세율은 법률로 정하여야 한다는 헌법 제59조 및 위임입법은 구체적으로 하여야 한다는 헌법 제75조를 모아 보면, 납세의무에 관한 기본적, 본질적 사항은 국민의 대표기관인 국회가 제정한 법률로 규정하여야 하고, 특히 법인세, 종합소득세와 같이 납세의무자에게 납세의무뿐만 아니라 자진납신고납부의무까지 부과하는 경우에는 신고의무 이행에 필요한 기본적인 사항과 신고의무불이행 시 납세의무자가 입게 될 불이익 등은 납세의무를 구성하는 기본적, 본질적 내용으로서 법률로 정하여야 한다. 나아가, 외부세무조정제도의 도입 여부는 단순히 납세의무의 형성에만 관련된 문제가 아니라 국민의 기본권 보장이나 실현과도 관련된 중요한 사항으로 봄이 타당하다.

그렇다면 납세의무자에게 필연적으로 추가적인 부담을 지우는 외부세무조정을 강제하는 이 사건 시행령 조항은 그에 관한 모법조항의 위임 없이 제정된 것이거나 모법조항의 위임범위를 벗어난 것으로서 무효이고, 이 사건 시행령 조항의 위임에 따라 제정한 시행규칙 또한 무효라고 보아, 원고에게 세무조정반 지정을 거부한 이 사건 처분이 무효인 행정입법에 근거하여 이루어진 것이어서 위법하다.

Ⅳ 해설

1. 세무조정

세무조정이란 소득을 과세물건으로 하는 소득세 및 법인세에 있어서 납세의무자가 일반적으로 공정·타당하다고 인정되는 기업회계기준에 따라 작성한 재무제표상의 당기 순손익을 세법상의 관련 규정에 부합하도록 조정하여 과세소득을 산출하는 절차를 말한다. 이 절차에 따라 작성된 세무조정계산서는 유효한 세무신고의 필요적 서류이다.

세무조정을 하기 위하여는 일정 수준 이상의 전문적 지식을 요하며, 그러한 지식을 갖추었음을 공적으로 인정받은 자가 세무사(세무사로 등록된 변호사 및 공인회계사 포함)이다. 세무사의 직무는 납세자의 권익보호와 아울러 '납세의무를 성실하게 이행하는 데 이바지'할 것이 요구되어 있으며(세무사법 제1조의2), 성실신고확인을 게을리하면 그것이 징계사유가 된다(같은 법 제17조). 그렇기 때문에 세무사는 다른 한편으로는 과세관청의 협력자로 인식되는 측면도 있다.

외부세무조정을 강제하는 이유는, 세무사가 공인된 전문가일 뿐만 아니라 외부인의 위치에서 업무를 객관적으로 수행할 것이라는 기대이다. 이것이 조세채권·채무관계의 당사자 중 어느 편을 위한 제도인지는 자명하다. 이것이 다툼의 발단이다.

2. 법치주의와 조세법률주의

법치주의는 원칙적으로 국민의 대의기관인 국회가 제정한 법률에 따라 행정작용이 이루어지는 국가 통치제도이다. 헌법은 조세에 관하여 특별히 별도의 구정을 두어 모든 국민은 법률이 정하는 바에 의하여 납세의무를 지며(헌법 제38조), 조세의 종목과 세율은 법률로 정하도록 하고 있다(헌법 제59조). 국민의 승낙 없이는 조세도 없다는 이념에 입각한 규정이다. 이 두 규정은 법치주의 일반 원리에서도 당연히 도출될 수 있는 결론에 해당하지만, 국가의 재정적 지출이 거의 전적으로 국민이 부담하여야 하는 조세에 의하여 충당된다는 점과 조세법률주의의 헌정사적 의의를 담은 조항이라 할 수 있다.

3. 법률유보의 원칙과 위임입법

법치주의가 요구하는 법률유보의 원칙은 국회가 제정하는 법률에 모든 행정작용의 법적 근거를 완결적으로 담기를 이상으로 할 수 있겠지만, 그것은 입법부의 능력을 초월할 뿐만 아니라 경제적, 사회적 기타 시대적 변화에 적절히 대응하기도 어렵다. 이리하여 헌법 자체에서도 '대통령은 법률에서 구체적인 범위를 정하여 위임받은 사항과 법률을 집행하기 위하여 필요한 사항에 관하여 대통령령을 발할 수' 있으며(헌법 제75조), '국무총리 또는 행정각부의 장은 소관사무에 관하여 법률이나 대통령령의 위임 또는 직권으로 총리령 또는 부령을 발할 수' 있도록(헌법 제95조) 위임입법의 길을 터주고 있다.

조세제도가 기본적으로 경제 전반에 기반을 두고 있기 때문에 그 다양성과 유동성으로 인하여 행정입법이 가장 왕성하게 작동하는 분야가 세법이라 할 수 있다.

4. 의회유보의 원칙과 이 사건 판결의 의의

법률유보와 입법위임이 공존하는 상황에서, 입법 사항의 본질적 ('근본적' 또는 '중요한') 내용에 대해서까지 위임을 허용한다면 법률유보의 원칙은 허울에 불과한 것으로 전락할 것이다. 그리하여 법의 본질적 내용에 해당하는 영역은 국회 스스로가 입법하여야 한다. 대상판결은 '하위 법령이 규정한 내용이 입법자가 형식적 법률로 스스로 규율하여야 하는 본질적 사항으로서 의회유보의 원칙이 지켜져야 할 영역인지 여부'를 하위법령의 위법성 판단의 검토 사항의 하나로 들고 있다. 어떤 것이 '본질적'인 것에 해당하느냐는 개별 사안에 따라 다르겠지만 법률유보의 원칙이 지키려는 법익이 클수록 그 엄격한 척도로 판단됨이 합당하다. 재산권에 대한 제약이 막중한 조세가 여기에 해당된다. 따라서 납세의무자의 선택의 자유, 추가적인 부담 및 연관되는 불이익이 유발되는 외부세무조정강제는 법률에서 구체적으로 정하여야 할 사항이다.

Ⅳ ▶ 대상판결 선고 후의 관련 법령의 개정 및 연관 판례

대상판결 선고 이후 2015. 12. 15.에 법인세법 및 소득세법이 개정되어 외부세무조정제도의 법적 근거가 마련되었다. 즉 법인세법(2015. 12. 15. 법률 제13555호로 개정된 것) 제60조 제9항과 소득세법(2015. 12. 15. 법률 제13558호로 개정된 것) 제70조 제6항에서, 세무조정계산서는 '세무사법상 세무사 등록부에 등록한 세무사(제1호), 세무사등록부 또는 세무대리업무등록부에 등록한 공인회계사(제2호), 세무사등록부에 등록한 변호사(제3호) 중 어느 하나에 해당하는 자(이하 '세무사등'이라 한다)로서 대통령령으로 정하는 조정반에 소속된 자'가 작성하여야 한다고 규정하였다. 이로써, 외부세무조정제도의 근거는 법률에 마련되었는데, 조정반에 관한 사항은 여전히 대통령령에 위임하였고, 이에 따른 법인세법시행령과 소득세법시행령에서는 조정반 지정대상에서 법무법인을 제외하도록 하였다.

헌법재판소는 법인세법(2015. 12. 15. 법률 제13555호로 개정된 것) 제60조 제9항 제3호 및 소득세법(2015. 12. 15. 법률 제13558호로 개정된 것) 제70조 제6항 제3호에 대해 세무사 자격 보유 변호사인 청구인의 직업선택의 자유를 침해한다고 보아 헌법불합치결정과 잠정적용명령을 내렸다(헌법재판소 2018. 4. 26. 선고 2016헌마116 결정). 한편 대법원 판례에서는 법인세법 시행령 제97조의3 제1항, 소득세법 시행령 제131조의3 제1항이 모법인 법인세법 제60조 제9항과 소득세법 제70조 제6항의 위임범위를 벗어나고, 세무사 등록을 한 변호사 또는 이들이 소속된 법무법인의 직업수행의 자유를 부당하게 침해하며 헌법상의 평등원칙에 위배되어 무효라고 판단하였다(대법원 2021. 9. 9. 선고 2019두53464 전원합의체 판결).

결국 2022. 2. 15. 법인세법 시행령, 소득세법 시행령 개정 시에 법무법인, 법무법인(유한) 또는 법무조합도 조정반이 될 수 있도록 조정반 지정 대상이 확대되었다. 이리하여 대상판결 원고의 주장이 입법적으로 실현된 셈이다.

2

실질과세원칙

안 경 봉

안경봉 (국민대 법과대학 교수)

I ▶ 사실관계 및 사건의 경과

원고 옥메도퍼시픽 비브이(이하 'O'라 한다)는 네덜란드 법인인 로담코 사우스코리아 비브이(이하 'A'라 한다)와 종로 비브이(이하 'B'라 한다)의 각 지분을 100% 소유하고 있다(이하 A와 B를 합하여 '이 사건 자회사들'이라 한다). 이 사건 자회사들은 2003. 5. 15. 내국법인인 칠봉산업 유한회사(이하 'D'라 한다)의 지분을 각 50%씩 나누어 취득하였고, 또한 B는 2005. 7. 15. A가 내국법인인 주식회사 아이엔지코리아 프로퍼티(이하 'C'라 한다)의 주식 75%를 소유하고 있는 상태에서 싱가포르 법인인 씨피엘 코리아 피티이(이하 '씨피엘'이라 한다)로부터 그 나머지 주식 25%를 승계취득하였다(이하 이 사건 자회사들이 취득한 D 지분 100%와 C 주식 25%를 합하여 '이 사건 주식 등'이라 한다).

이 사건 자회사들은 주소 및 전화번호와 대표이사가 서로 같고 그 외 직원은 전혀 없으며, D 지분을 50%씩 취득할 때나 2003. 5. 29. 그 지분 일부를 삼성생명 주식회사에 매도할 때 모두 동일인이 대리인으로 계약하였고, 2004. 3. 30. 개최된 D의 사원총회에도 이 사건 자회사들로부터 위임을 받은 대리인 한 사람이 단독 출석하여 회의에 관여한 것으로 되어 있다. 이 사건 주식 등의 매입대금은 외형상 이 사건 자회사들의 통장에서 인출·지급된 것으로 되어 있으나, 이는 O가 그 전액을 제공한 것이다.

피고 서울특별시 종로구청장은 C 주식 75%와 이 사건 주식 등이 형식상으로는 이 사건 자회사들이 보유하는 것으로 되어 있지만 실질적으로는 모두 O에게 귀속되어 있으므로 O가 D와 C의 과점주주에 해당한다고 보아, 구 지방세법 제105조 제6항을 근거로, 이 사건 자회사들이 이 사건 주식 등을 취득함으로써 O가 C 소유 부동산의 장부가액 중 25%, D 소유 부동산의 장부가액 100% 상당의 부동산을 취득한 것으로 보고, 이를 과세표준으로 하여 취득세 등을 부과하는 이 사건 처분을 하였다.

11

Ⅱ ▶ 관련 규정 및 쟁점

1. 관련 규정

구 지방세법(2005. 12. 31. 법률 제7843호로 개정되기 전의 것, 이하 같다) 제105조 제6항은 '법인의 주식 또는 지분을 취득함으로써 과점주주가 된 때에는 그 과점주주는 당해 법인의 부동산 등을 취득한 것으로 본다'고 규정하고, 구 지방세법 시행령(2005. 12. 31. 대통령령 제19254호로 개정되기 전의 것, 이하 같다) 제78조 제2항은 '이미 과점주주가 된 주주 또는 유한책임사원이 당해 법인의 주식 또는 지분을 취득함으로써 그 주식 또는 지분의 비율이 증가된 경우에는 그 증가된 분을 취득으로 보아 법 제105조 제6항의 규정에 의하여 취득세를 부과한다'고 규정하고 있다.

그리고 구 지방세법 제22조 제2호는 '과점주주라 함은 주주 또는 유한책임사원 1인과 그와 대통령령이 정하는 친족 기타 특수관계에 있는 자들의 소유주식의 합계 또는 출자액의 합계가 당해 법인의 발행주식총수 또는 출자총액의 100분의 51 이상인 자들을 말한다'고 규정하고, 그 위임에 의한 구 지방세법 시행령 제6조 제1항은 제12호에서 '주주 또는 유한책임사원 1인과 친족 기타 특수관계에 있는 자'의 하나로 '주주 또는 유한책임사원이 법인인 경우에는 그 법인의 소유주식수 또는 출자액이 발행주식총수 또는 출자총액의 100분의 50 이상인 법인과 소유주식수 또는 출자액이 해당 법인의 발행주식총수 또는 출자총액의 100분의 50 이상인 법인 또는 개인'을 규정하고 있다.

2. 쟁점

이 사건의 쟁점은 실질과세의 원칙에 의하여 A와 B의 주식 100%를 소유한 (이른바 모회사인) O를 C 및 D의 과점주주로 볼 수 있는지 여부이다.

Ⅲ ▶ 법원의 판단

1. 원심법원(서울고등법원 2008. 4. 24. 선고 2007누32169 판결)의 판단

우선 구 지방세법 제22조 제2호가 규정한 '과점주주'에 해당하려면 그 본인도 당해 회사의 주식 등을 소유하는 주주나 사원이어야 하는데, O는 이 사건 자회사들의 모회사일 뿐이고 C의 주주나 D의 사원은 아니므로 구 지방세법상의 과점주주라고는 할 수 없다고 판단하였다. 그리고 나아가 이 사건 자회사들이 이 사건 주식 등을 취득함으로써 그로 인한 경제적 효과가 원고에게 미친다 하더라도, 이 사건 주식 등을 취득할 당시 O와 이 사건 자회사들의 내심의 의사는 이 사건 주식 등은 O가 아니라 이 사건 자회사들이 소유하게 하려는 것이었고 또한 이 사건 자회사들의 법인격을 부인할 수도 없다고 할 것임에도, 위와 같은 당사자의 의사를 무시하고 모회사를 과점주주로 보는 명문의 규정도 없이 실질과세의 원칙만을 근거로 원고를 C와 D의 과점주주로 보고 한 이 사건 처분은 위법하다.

2. 대법원의 판단

실질과세의 원칙 중 구 국세기본법 제14조 제1항이 규정하고 있는 실질귀속자 과세의 원칙은 구 지방세법 제82조에 의하여 지방세에 관한 법률관계에도 준용된다. 따라서 구 지방세법 제105조 제6항을 적용함에 있어서도, 당해 주식이나 지분의 귀속 명의자는 이를 지배·관리할 능력이 없고 그 명의자에 대한 지배권 등을 통하여 실질적으로 이를 지배·관리하는 자가 따로 있으며, 그와 같은 명의와 실질의 괴리가 위 규정의 적용을 회피할 목적에서 비롯된 경우에는, 당해 주식이나 지분은 실질적으로 이를 지배·관리하는 자에게 귀속된 것으로 보아 그를 납세의무자로 삼아야 할 것이다. 그리고 그 경우에 해당하는지는 당해 주식이나 지분의 취득 경위와 목적, 취득자금의 출처, 그 관리와 처분과정, 귀속명의자의 능력과 그에 대한 지배관계 등 제반 사정을 종합적으로 고려하여 판단하여야 할 것이다.

이 사건 주식 등의 취득자금은 모두 O가 제공한 것이고 그 취득과 보유 및 처분도 전부 O가 관장하였으며 A가 취득한 C 주식 75%의 경우도 이와 사정이 다르지 않을 것으로 보이고, 그 모든 거래행위와 이 사건 자회사들의 사원총회 등도 실질적으로는 모두 O의 의사결정에 따라 O가 선임한 대리인에 의하여 이루어진 것으로 보인다. 이러한 점 등으로 미루어 보면, 이 사건 주식 등을 O가 직접 취득하지 않고 이 사건 자회사들 명의로 분산하여 취득하면서 이 사건 주식 등의 취득 자체로는 과점주주의 요건에 미달하도록 구성한 것은 오로지 구 지방세법 제105조 제6항에 의한 취득세 납세의무를 회피하기 위한 것이라고 보기에 충분하다.

위와 같은 여러 사정을 앞서 본 규정과 법리에 비추어 살펴보면, O가 이 사건 자회사들에 대한 완전한 지배권을 통하여 C 주식 75%와 함께 이 사건 주식 등을 실질적으로 지배·관리하고 있으므로 O가 그 실질적 귀속자로서 이 사건 주식 등의 취득에 관하여 구 지방세법 제105조 제6항에 의한 취득세 납세의무를 부담한다고 볼 여지가 상당하다.

Ⅳ ▶ 해설

1. 실질과세원칙과 조세법률주의의 관계

실질과세원칙과 조세법률주의의의 관계에 관해 경제적 실질설에 따라 실질과세원칙을 이해하는 경우에는 세법규정을 '해석의 한계를 벗어나지 않는 범위 내에서' 그 문언의 목적을 고려하여 가능한 한 조세가 공평하게 부담이 될 수 있도록 법규정을 해석하자는 것이므로 실질적 조세법률주의 정신에 적합한 것이라고 주장한다. 대상판결의 다수의견은 실질과세원칙에 있어서 '실질'을 경제적 실질로 이해하면서도, 실질과세원칙과 조세법률주의가 모순관계에 있는 것이 아니라고 판단하고 있다.

2. 개별적 조세회피행위 부인규정과 실질과세원칙

대법원(대법원 1991. 5. 14. 선고 90누3027 판결)은 갑과 A가 서로의 토지를 교환하고 각자 교환취득한 토지를 다시 B 은행에 양도한 것이 과중한 양도소득세의 부담을 회피하기 위한 행위라 해도 위와 같은 토지 교환행위는 가장행위에 해당한다는 등 특별한 사정이 없는 이상 유효하다고 보아야 할 것이므로, 이를 부인하기 위하여는 권력의 자의로부터 납세자를 보호하기 위한 조세법률주의의 법적 안정성 또는 예측가능성의 요청에 비추어 법률상 구체적인 근거가 필요하다고 판시하였다.

그러나 대상판결은 세법에서 파악할 때의 가장행위와 사법상의 가장행위는 다를 수 있다는 대전제하에 구체적인 법률규정이 마련되지 않았다고 하더라도 실질과세원칙 자체에 기초하여 사법적으로 유효한 행위의 세법적 효력을 부인할 수 있다고 보고, 이 사건 자회사와 같은 명목회사(paper company)의 경우에 그것이 비록 민사법적으로 무효가 되지 않는다고 하더라도 세법적으로는 그 회사를 부정하고 그 이면에서 실제로 활동하는 다른 회사를 기초로 하여 과세를 할 수 있다는 점을 분명히 하고 있다.[1]

3. 쟁점에 대한 결론

대상판결의 다수의견은 실질과세원칙에 의하여 "O가 이 사건 자회사들에 대한 완전한 지배권을 통하여 C 주식 75%와 함께 이 사건 주식 등을 실질적으로 지배·관리하고 있으므로 O가 그 실질적 귀속자로서 이 사건 주식 등의 취득에 관하여 구 지방세법 제105조 제6항에 의한 취득세 납세의무를 부담한다"고 판시하고 있다. 즉 A와 B의 모회사인 O를 C 및 D의 과점주주로 본다.

---

1) 이동식, "명목회사를 이용한 조세회피시도와 실질과세원칙", 『조세판례백선 2』, 박영사, 2015, 620면.

4. 국세기본법 제14조 제3항의 적용

대상판결의 다수의견은 국세기본법 제14조 제1항에 따라 이 사건 주식의 실질적 귀속자가 누구인가를 판단하고 있으나, 결과적으로는 국세기본법 제14조 제3항이 신설[2]되기 이전이라도 이 사건의 경우처럼 "제3자를 통한 간접적인 방법이나 둘 이상의 행위 또는 거래를 거치는 방법"으로 부당하게 조세감면을 하려고 하는 행위를 실질과세원칙에 기초하여 과세할 수 있음을 확인해 주고 있다.[3]

---

[2] 국세기본법은 제14조 제1항에서 '실질귀속', 제2항에서 '실질계산', 제3항에서 '다단계거래'에 관하여 규정하고 있다. 이 중 제3항은 대상판결이 문제된 후인 2007. 12. 31. 신설되었다.

[3] 국세기본법 제14조 제3항을 근거로 처분이 적법하다고 인정한 사례는 많지 않다. 대법원 2022. 8. 25. 선고 2017두41313 판결에서는 회사의 합병과 분할을 통해 법인이 보유한 부동산양도에 따른 법인세부담을 1/6 이상 줄이려고 한 납세자의 시도에 대해 원심법원(서울고등법원 2017. 3. 29. 선고 2016누53076 판결)이 이 건에서의 회사합병과 분할은 법인세 회피의 목적 외 사업상의 필요 등 다른 합리적인 이유가 없다고 보기 어렵고, 문제의 부동산거래와 회사 분할과 합병의 시간적 간격(10일) 등 제반 사정을 고려할 때 구 국세기본법 제14조 제3항을 적용하여 위 각 거래를 그 실질에 따라 재구성할 수 있다고 판단하였고, 대법원은 원심법원의 결론이 타당하다고 판단하였다.

3

부동산 양도, 분할 및 합병이
단기간에 이루어진 경우의 실질과세 원칙

옥 무 석

3 부동산 양도, 분할 및 합병이 단기간에 이루어진 경우의 실질과세 원칙

[대법원 2022. 8. 25. 선고 2017두41313 판결]

옥무석 (이화여대 명예교수)

I ▶ 사실관계 및 사건의 경과

甲 주식회사가 소유 부동산을 양도하고 받은 계약금과 중도금은 甲 회사의 일부를 인적분할 방식으로 설립한 회사에 이전하고 이 계약금과 중도금 관련 유동부채를 포함한 분할 전 甲 회사가 보유하던 부채 전부를 보유한 상태에서, 甲 회사의 주주들이 乙 주식회사 주식을 전부 인수한 후 甲 회사를 乙 회사에 흡수합병하였다. 乙 회사는 흡수합병 당시 위 부동산을 시가로 평가하여 승계하고 위 부동산을 매수자에 이전하여 매매잔금을 받은 후 양도금액을 익금에 산입하고 합병 당시 시가로 평가된 양도 당시 장부가액을 손금에 산입하여 법인세를 신고·납부하였다. 그러나 관할 세무서장은 甲 회사가 분할과 합병을 통해 손금에 산입할 위 부동산의 장부가액을 높이는 등의 방법으로 위 부동산의 양도에 따른 법인세를 부당하게 회피하였다고 보아 乙 회사에 법인세를 경정·고지하였다.

II ▶ 관련 규정 및 쟁점

1. 관련 규정

국세기본법 제14조 제3항은 "제3자를 통한 간접적인 방법이나 둘 이상의 행위 또는 거래를 거치는 방법으로 이 법 또는 세법의 혜택을 부당하게 받기 위한 것으로 인정되는 경우에는 그 경제적 실질내용에 따라 당사자가 직접 거래를 한 것으로 보거나 연속된 하나의 행위 또는 거래를 한 것으로 보아 이 법 또는 세법을 적용한다"고 규정하고 있다.

2. 쟁점

대법원과 원심은 위 사안에서, 이와 같은 분할과 합병은 조세회피행위에 해당하므로 정당한 거래라고 인정할 수 없어 乙 회사에 대한 과세청의 위 처분이 적법하다고 수긍하여 기각하였다.

대법원의 판결에 나타난 이 사안의 쟁점은 모두 4개인데, 이 중 평석대상은 실질과세원칙에 관한 국세기본법 제14조 제3항의 적용가능성을 다투는 상고이유 제1점에 관하여 한정하기로 한다.

Ⅲ ▶ 법원의 판단

이 사안과 관련하여 국세기본법 제14조 제3항의 적용가능성에 대하여 대법원은 원심의 판단을 그대로 받아드려 상고기각(원고패소)하였다.

1. 원심의 판단

원심(서울고등법원 2017. 3. 29. 선고 2016누53076 판결)은, ○○기업의 주주인 소외인과 그 자녀들이 이 사건 부동산의 양도에 따라 ○○기업이 부담할 법인세를 줄이는 방안을 찾던 중 ○○기업과 사업 목적도 다른 원고를 인수하여 이 사건 분할과 합병을 하였고, 이로써 법인세를 대폭 줄였다고 판단하였다. 그런 다음 원심은, 이 사건 분할과 합병에 법인세 회피의 목적 외 사업상의 필요 등 다른 합리적인 이유가 있다고 보기 어렵고, 여기에 이 사건 부동산의 양도와 이 사건 분할과 합병의 시간적 간격 등 제반 사정까지 더하면 구 국세기본법 제14조 제3항을 적용하여 위 각 거래를 그 실질에 따라 재구성할 수 있다고 보고, 이 사건 분할과 합병이 조세회피행위에 해당하므로 원고에 대하여 한 이 사건 처분은 적법하다고 판단하였다.

2. 대법원의 판단

국세기본법 제14조 제3항을 적용하여 거래 등의 실질에 따라 과세하기 위해서는 납세의무자가 선택한 행위 또는 거래의 형식이나 과정이 처음부터 조세회피의 목적을 이루기 위한 수단에 불과하여 그 실질이 직접 거래를 하거나 연속된 하나의 행위 또는 거래를 한 것과 동일하게 평가될 수 있어야 한다. 그리고 이는 당사자가 그와 같은 형식을 취한 목적, 제3자를 개입시키거나 단계별 과정을 거친 경위, 그와 같은 방식을 취한 데에 조세 부담의 경감 외에 사업상의 필요 등 다른 합리적

이유가 있는지 여부, 각각의 행위 또는 거래 사이의 시간적 간격 및 그와 같은 형식을 취한 데 따른 손실과 위험부담의 가능성 등 제반 사정을 종합하여 판단하여야 한다. 원심판결 이유를 앞서 본 규정과 법리 및 기록에 비추어 살펴보면, 원심의 판단에 상고이유 주장과 같이 구 국세기본법 제14조 제3항의 해석 및 적용에 관한 법리를 오해한 잘못이 없다.

Ⅳ ▶ 해설

1. 실질과세의 원칙

실질과세원칙의 규범적 기능은 과세의 형평과 합목적성에 두어져 있으나, 조세회피방지를 위한 가장 중요한 이론적 및 법률적 근거임에 주의하여야 한다.

실질과세규정의 원칙적 규정은 국세기본법 제14조에 규정하고 있으며, 특히 2007년에 같은 조 제3항을 신설하여 세법상 실질을 경제적 실질로 재구성할 수 있도록 하는 입법적 근거를 마련하였고, 대법원 2012. 1. 19. 선고 2008두8499 전원합의체 판결이 거래의 경제적 재구성을 지지하였다. 다만 이 판결 이후에도 제14조 제3항이 일반적인 조세회피방지 규정(GAAR)으로서의 성격을 갖는지에 대하여는 여전히 의견이 일치되지 않고 있다.

2. 이 사안에 대한 접근방법

이 사안의 해결을 위해서 판례는 국세기본법 제14조 제3항을 적용하되, 동시에 법인세법 제52조를 적용하여 조세회피만을 목적으로 하는 조직재편세제의 부인가능성을 또한 검토하고 있다.

이 글에서는 국세기본법 제14조 제3항을 적용하여 거래의 재구성방식을 택한 판례의 입장을 먼저 검토하고, 조세회피만을 목적으로 하는 경우 조직재편세제의 적용부인규정을 적용하여 해결하는 방안을 차례로 검토하여 보기로 한다.

3. 거래의 재구성에 관한 판례의 입장

대법원은 2012. 1. 19. 선고 2008두8499 전원합의체 판결 이래 경제적 실질설을 취하고 있다고 이해된다. 따라서 이 대법원 전원합의체 판결 이후 경제적 실질설에 입각하여 대상거래의 재구성을 널리 인정하고 있다.

순수한 경제적 실질설은 사실상 법적 제한없이 단지 형평과 공평이라는 추상적 정의관념에 부합하면 계쟁거래를 제한없이 자유로이 재구성할 수 있다는 문제가 있어 조세법률주의의 형해화를 가져온다는 비판을 면하기 어렵다. 따라서 법적 실질설을 넘는 경제적 실질설의 경우 실질여부의 판단에서 정상적 경제인의 객관적 관점에서 자연스럽고 합리적인 행위라는 경제적 실질의 판단에 관한 일응의 기준의 구체화가 여전히 필요하다.

따라서 국세기본법 제14조 제3항은 경제적 실질설을 따르되 나름의 기준을 설정하여 두고 있다. 즉 2 이상의 행위 또는 거래를 거치는 방법으로 이 법 또는 세법의 혜택을 부당하게 받기 위한 것으로 인정되는 경우에는 그 경제적 실질내용에 따라 당사자가 직접 거래를 한 것으로 보거나 연속된 하나의 행위 또는 거래를 한 것으로 보아 이 법 또는 세법을 적용한다. 위 사안은 원고법인이 택한 조세회피형 기업구조조정의 실체를 법인세법상 부인하고 이를 제외한 나머지 거래만으로 거래를 재구성하여 과세대상거래로 판단한 사안이다. 즉 이 사안에서 부동산양도, 회사의 분할, 합병의 일련의 거래에서 중간단계의 거래인 회사의 분할 및 합병은 오직 세법의 혜택을 부당하게 받기 위한 수단으로 판단하고 이를 부인하여 그 실질을 오직 부동산 양도거래라는 하나의 거래로 보아 원고의 청구를 기각하였다.

4. 조세회피만을 목적으로 하는 경우 조직재편세제의 적용부인

위 사안에서 부인한 조세회피목적의 조직재편거래인 합병과 분할은 납세자인 원고의 권리 남용으로 판단하므로 그 거래를 가장행위로 보고 부인하여 당초부터 없는 거래로 치부하거나 법인세법상 독자적인 판단으로 부당행위 계산부인규정을 적용할 수 있다. 이 경우에 납세자의 악의의 유무, 단순히 이를 알지 못하였는지의 여부는 판단하지 않으며, 단지 조직재편세제의 관련 규정을 준수 또는 이행하였는지의 여부로 판단하고 이를 준수 또는 이행하지 아니한 경우에는 조세회피만을 목적으로 하는 조직재편행위로 보고 탈루로 추정되는 세액을 추징한다. 이 경우 납세자에 악의가 없었더라도 조세회피의도가 있는 것으로 추정되는 것이 일반적이고, 이의 증명책임은 납세자인 원고에게 있다.

이 사안에서도 대법원은 원심의 판단을 그대로 받아 이 사건 부동산의 양도에 따라 ○○기업이 부담할 법인세를 줄이는 방안을 찾던 중 ○○기업과 사업 목적도 다른 원고를 인수하여 이 사건 분할과 합병을 하였고, 이로써 법인세를 대폭 줄였다(약 6분의 1)고 판단하였다. 그런 다음 원심은, 이 사건 분할과 합병에 법인세 회피의 목적 외 사업상의 필요 등 다른 합리적인 이유가 있다고 보기 어렵고, 여기에 이 사건 부동산의 양도와 이 사건 분할과 합병의 시간적 간격 등 제반 사정까지를 감안하여 이 건의 합병 및 분할은 단지 조세회피를 목적으로 조직 재편하려는 거래행위에 불과하므로 이로부터 과세상 이익을 얻으려는 납세자의 시도는 권리 남용으로 판단하여 허용되지 아니한다고 판단하였다. 그러나 법인세법상 부당행위계산 부인의 규정을 적용하지 않은 취지는 원심에서 지적하고있듯이 대상거래가 합병 또는 분할거래라는 단수의 거래가 아닌 일련의 연속된 복수의 거래이므로 이를 적용하는 데 주저한 것으로 보인다.

5. 이 판결의 의의

이 사안은 국세기본법 제14조 제3항을 적용하여 부당한 조세부담경감을 방지하려는 취지에 따라 결론을 내지 않더라도, 법인세법상 부당행위계산부인규정(법인세법 제52조, 법인세법 시행령 제88조)에 의하여 문제된 합병과 분할의 구조조정거래의 부당성 판단으로 해결할 수도 있다고 보여진다. 이 방식은 구체적 법규정을 전제로 하는 해석이므로 법규타당성의 논란을 방지할 수 있는 장점이 있다. 그러나 대법원은 이 사안에서 법인의 부동산 양도, 분할과 합병이 수개의 상호 연속된 거래로 이루어져 있어 법인세법상 부당행위계산부인규정 대신 거래재구성에 관한 국세기본법의 규정을 적용한 것으로 보인다. 대법원이 이에 관하여 명시적 판단을 유보한 것은 아쉽고, 앞으로 국세기본법 제14조 제3항과 법인세법 제52조의 규정 기타 구체적 개별부인규정 간의 정합성 확보를 위한 노력을 추가할 필요가 있다.

4

다국적기업의 거래구조 선택과 실질과세원칙

한 만 수

다국적기업의 거래구조 선택과 실질과세원칙

[대법원 2017. 12. 22. 선고 2017두57516 판결]

한만수 (김·장 법률사무소 변호사)

I ▶ 사실관계 및 사건의 경과

1. 사실관계

TNT 그룹은 네덜란드를 설립지로 한 다국적 항공운송기업이다. 원고 유한회사 주식회사 티엔티익스프레스코리아는 1986. 11. 20. 내국법인으로 설립되어 1998년 TNT 그룹 내 지주회사인 TNT Express Worldwide(TNT EWW)의 완전 자회사로 편입되었다. 국제 항공화물 운송업, 국제 상업서류 송달업 등을 주요사업으로 한다. TNT 그룹의 최종 모회사는 네덜란드 법인 TNT Express이다.

원고는 2010. 10.에 한국씨티은행과 ING은행 서울지점으로부터 510억 원가량을 대출받고, 2011. 2.에 같은 은행들로부터 123억 원가량을 대출받아, 앞의 대출금은 대출받는 즉시 TNT Finance에 대한 장기차입금 채무를 상환하는 데 사용하였고, 뒤의 대출금은 대출일부터 6일 뒤에 역시 TNT Finance에게 운송용역비 등의 채무를 상환하는 데 사용하였다. 한편, 원고는 각 대출일로부터 10일 정도의 짧은 기간 내에 유상증자를 2번 실시하였고, 그 유상증자로 발행된 신주는 모회사 TNT EWW가 전부 인수하였으며, 그 유상증자로 조달한 자금으로 위 금융기관들에 대한 대출금 채무를 상환하였다.

2. 과세관청의 입장과 과세처분

위와 같은 거래와 관련하여, 과세관청은 (i) 원고의 모법인인 TNT EWW와 원고에게 자금을 대여하였던 TNT Finance는 TNT 그룹 내 재무부서, 기획부서에 불과한 명목상 법인으로서 최종 모회사인 TNT Express의 도관회사에 불과하고, (ii) 원고의 금융기관 대출, TNT Finance에 대한 채무 상환, 유상증자, 금융기관 대출금 상환이라는 일련의 거래는 최종 모회사가 원고에 대한 채권을 출자하여 신주를 인수한 거래(출자전환 거래)로 보아야 한다는 입장을 취하여, '채무의 출자전환으로 주식을 발행하면서 발생한 주식발행액면초과액 중 발행 주식등의 시가를 초과하는 금액은 익금에 산입한다'고 규정한 구 법인세법 제17조 제1항 제1호 단서를 적용하여 원고가 최종 모회사에게 주식을 발행하고 받은 발행가액 중 원고 주식의 시가(당시 결손법인이던 원고 주식의 시가는 0)를 초과하는 금액 전부를 해당 2개 사업연도의 소득금액 계산상 익금에 산입하여 법인세 약 157억 원을 부과하였다.

II ▶ 관련 규정 및 쟁점

1. 관련 규정

국세기본법 제14조 제3항: 제3자를 통한 간접적인 방법이나 둘 이상의 행위 또는 거래를 거치는 방법으로 이 법 또는 세법의 혜택을 부당하게 받기 위한 것으로 인정되는 경우에는 그 경제적 실질 내용에 따라 당사자가 직접 거래를 한 것으로 보거나 연속된 하나의 행위 또는 거래를 한 것으로 보아 이 법 또는 세법을 적용한다고 규정하고 있다.

구 법인세법(2011. 12. 31. 법률 제11128호로 개정되기 전의 것) 제17조 제1항 제1호 단서: ① 다음 각 호의 수익은 내국법인의 각 사업연도의 소득금액을 계산할 때 익금에 산입(算入)하지 아니한다.

1. 주식발행액면초과액. 다만, 채무의 출자전환으로 주식등을 발행하는 경우에는 그 주식등의 제52조 제2항에 따른 시가를 초과하여 발행된 금액은 제외한다.

2. 쟁점

원고의 금융기관 대출, TNT Finance에 대한 채무 상환, 유상증자, 금융기관 대출금 상환이라는 일련의 거래를, 실질과세원칙에 따라 최종 모회사가 원고에 대한 채권을 출자하여 신주를 인수한 거래(출자전환 거래)로 재구성하여 원고가 최종 모회사에게 주식을 발행하고 받은 발행가액 중 원고 주식의 시가를 초과하는 금액을 소득금액 계산상 익금에 산입할 수 있는지 여부이다.

III ▶ 법원의 판단

국세기본법 제14조 제3항은, 과세대상이 되는 행위 또는 거래를 우회하거나 변형하여 여러 단계의 거래를 거침으로써 부당하게 조세를 감소시키는 조세회피행위에 대처하기 위하여 그와 같은 여러 단계의 거래 형식을 부인하고 실질에 따라 과세대상인 하나의 행위 또는 거래로 보아 과세할 수 있도록 한 것이다. 그렇지만 한편 납세의무자는 경제활동을 할 때에 동일한 경제적 목적을 달성하기 위하여 여러 가지의 법률관계 중의 하나를 선택할 수 있고 과세관청으로서는 특별한 사정이 없는 한 당사자들이 선택한 법률관계를 존중하여야 하며(대법원 2001. 8. 21. 선고 2000두963 판결 등 참조), 또한 여러 단계의 거래를 거친 후의 결과에는 손실 등의 위험 부담에 대한 보상뿐 아니라 외부적인 요인이나 행위 등이 개입되어 있을 수 있으므로, 그 여러 단계의 거래를 거친 후의 결과만을 가지고 그 실질이 하나의 행위 또는 거래라고 쉽게 단정하여 과세대상으로 삼아서는 아니 된다. 원고는 사업상 채무를 부담하고 있는 상태에서 이 사건 거래를 통하여 유상증자로 조달한 자금으로 재무구조를 개선한 것으로서 뚜렷한 동기 내지는 목적이 있는 행위라고 평가할 수 있고, 이 사건 모회사는 위 사업상 채무의 채권자가 아니어서 채권의 출자전환이 불가능하며 이 사건 거래로 인하여 어떠한 손해가 발생하였다고 보기 어려운 사정 등을 종합하면, 이 사건 거래에 관한 개별 행위들이 조세부담을 회피할 목적에서 한 독자적인 의미를 갖기 어려운 중간행위로서 그 경제적 실질이 채무의 출자전환행위에 해당한다고 보기 어렵다.

Ⅳ 해설

복잡다단한 현대사회의 경제거래에서 발생하는 모든 과세요건을 일일이 법령으로 정하는 것은 사실상 불가능하다. 이에 과세요건의 충족 여부를 어느 정도 과세관청과 법원의 해석에 맡기는 것이 불가피하다. 이러한 조세법률주의의 내재적 한계를 틈타서 부자연스럽고 불합리한 사업구조나 거래구조를 설정하여 통상의 경우에 부담하여야 할 조세를 회피하는 일이 많다. 그러한 부당한 조세회피를 방지하는 제도적 장치가 실질과세의 원칙이다. 그렇다고 하여 실질과세원칙의 적용범위를 무한정 확대하면 조세법률주의의 대원칙이 형해화될 수 있기 때문에 두 가지 원칙 간의 적정한 조화가 필요하다. 이러한 두 가지 요청을 모두 달성하기 위해서 우리나라를 비롯한 여러 문명국에서 실질과세원칙의 적용범위에 관하여 대체로 일치를 보고 있는 입장은 '과세물건의 귀속이나 과세표준을 계산함에 있어서 납세의무자가 선택한 사업이나 거래구조를 존중하되, 그 선택이 사업상의 필요에 의하지 않고 오로지 조세부담을 감소시킬 목적에서 이루어졌고, 선택된 사업구조나 거래구조가 정상인의 통상적 관점에서 볼 때 부자연스럽고 불합리한 경우에는 그러한 사업구조나 거래구조를 통상적인 것으로 재구성할 수 있다'는 것이다. 우리나라 국세기본법 제14조 제3항의 문언과 그 해석에 관해 최근에 선고된 일련의 대법원 판례도 이러한 정신에 입각한 것이다. 본 평석 대상판결도 그 연장선상에 있는 것이다.

이 사건에서 과세관청이 개별 거래의 법률적 효과를 무시하고 원고가 TNT Finance에 대해 부담하는 채무의 출자전환으로 재구성하기 위해 주목한 사실은 원고의 모회사 TNT EWW와 채권자 TNT Finance가 물적시설이 없다는 점, TNT EWW와 TNT Finance의 소재지가 최종 모회사의 소재지와 같고, 이사회 등 인적 조직이 상당히 중복된다는 점, TNT Finance가 자체 직원을 두고 있지 않고 대부분의 업무를 아웃소싱한 점 등이다. 그런데 다국적기업이 세계적 차원의 사업을 영위하는 과정에서 경영효율성과 수익성을 제고하고 투자위험을 분산하기 위하여 최종 모회사, 중간지주회사, 지역회사, 금융담당 회사 등의 여러 법인을 주소지를 같은 곳으로 하여 설립하고, 동일한 사람에게 그룹 내 여러 회사의 임원 지위를 중복적으로 부여하는 것은 매우 통상적인 일이다. 이러한 기업조직과 인원의 배치는 영리활동의 수단으로서 필수불가결하다고까지는 할 수 없지만 오로지 조세부담의 감축만을 노려서 결정되는 것은 아니다. 따라서 다국적기업에 해당하는 TNT 그룹의 이러한 사업구조를 두고 통상적 경제인의 관점에서 오직 조세회피의 목적에서 고안해 낸 부자연스럽고 불합리한 것이라고 하기는 어렵다. 이러한 입장에서 "다국적기업인 TNT 그룹의 연쇄 구조에 포함되어 있는 TNT EWW, TNT Finance, 한국에서의 사업회사인 원고가 이 사건 최종 모회사의 도관에 불과하다고 볼 수 없고, 이 사건 일련의 거래가 원고 등이 조세부담을 회피할 목적에서 한 독자적인 의미를 갖기 어려운 중간행위라고 볼 수 없으며, 실제로 이 사건 거래를 주도하고 주금을 납입한 당사자는 TNT Finance이고, TNT EWW는 형식적인 명의자에 불과하다고 할 수 없다"라고 한 원심법원의 판결이나 이를 수긍한 대법원의 판례는 실질과세원칙의 적용범위에 관하여 세계 문명국가에서 보편적으로 채택하고 있는 잣대를 따른 것으로서 타당하다고 할 것이다.

5

신의성실의 원칙
(납세자의 신의칙)

이 철 송

신의성실의 원칙(납세자의 신의칙)

[대법원 2009. 4. 23. 선고 2006두14865 판결]

이철송 (건국대 석좌교수)

I ▶ 사실관계 및 사건의 경과

C주식회사는 L부동산을 소유하며 그 위에 공장을 가지고 제조업을 운영해 오던 중, 동회사에 화의절차개시결정이 이루어지자, 강제집행을 면할 목적으로 2001. 11. 지배주주의 처남인 원고에게 L부동산을 명의신탁하고 계속 부동산을 사용하였다. 원고는 2001. 10. 피고(천안세무서장)에게 사업장 소재지를 L 소재지로, 사업장 구분을 '자가(自家)'로 하여 부동산임대업 등을 목적으로 한 사업자 등록을 신청하고, 같은 해 11. C와 L부동산에 관하여 임대차계약을 체결한 것처럼 가장한 다음 2001년 제2기 부가가치세 확정신고를 하면서, L부동산 중 건물 등의 취득가액에 대한 매입세액 가운데 236,180,440원을 환급받았다. 이후 C가 원고에게 임차보증금이나 월 차임을 지급한 일이 없었음에도 원고는 계속 부가가치세를 자진신고 · 납부하여 오다가 2004년 제1기 부가가치세는 신고한 세액 중 일부를 납부하지 않았고, 같은 해 9. 22. 폐업신고하였다. 이에 피고는 2004. 9. 6. 원고에 대하여 2004년 1기분 미납 부가가치세(가산세 포함)의 징수를 위한 납부고지를 하고, 2004. 12. 10.에 폐업시의 잔존재화 자가공급 의제규정에 따라 L부동산 중 건물 등의 잔존 시가에 대한 부가가치세 113,196,030원을 부과 · 고지하였다.

원고는, 자신은 C회사로부터 L부동산을 명의신탁받은 자에 불과하고, 원고가 C회사에 L부동산을 임대한 것은 통정허위표시 내지 가장행위에 따른 것으로서 무효이므로 이를 정상적인 임대행위로 보고 행한 이 사건 부가가치세 부과처분은 실질과세의 원칙에 위배되어 위법하다고 주장하였다.

Ⅱ ▶ 관련 규정 및 쟁점

1. 관련 규정

국세기본법 제15조(신의·성실) 납세자가 그 의무를 이행할 때에는 신의에 따라 성실하게 하여야
한다. 세무공무원이 직무를 수행할 때에도 또한 같다.

2. 쟁점

납세의무자가 신의성실의 원칙(이하 '신의칙'이라 한다)에 위반하였음을 이유로 흠 있는 과세처분
을 유효로 다룰 수 있는가?

Ⅲ ▶ 법원의 판단

1. 원심법원의 판단

L부동산의 명의대여는 원고가 조세회피의 목적으로 하거나, 피고의 실지조사권을 방해하여 조세과
징권의 행사를 불가능하게 한 것도 아니므로 원고가 피고에 대하여 심한 배신행위를 하였다고 보기
어렵다. 나아가 실질과세의 원칙하에서는 피고가 그 실질을 조사하여 과세해야 할 의무가 있고 그 과
세처분의 적법성에 대한 입증책임도 부담할 것인데, 피고가 적절한 실지조사권의 행사도 하지 아니한
채 원고의 사업자등록과 그에 따른 세무처리만을 보고 이를 그대로 신뢰하였다면 이를 보호받을 만
한 가치가 있는 신뢰라고 할 수도 없다 할 것이다. 따라서 원고가 그동안의 세무처리와 달리 실질과
세의 원칙을 주장하면서 자신의 조세채무를 부인한다고 하여 신의칙에 위배된다고 할 수 없다.

2. 대법원의 판단

부가가치세 등과 같이 원칙적으로 납세의무자가 스스로 과세표준과 세액을 정하여 신고하는 신
고납세방식의 조세에 있어서 과세관청의 조사권은 2차적·보충적인 점, 원고가 명의신탁받은 L부동
산을 그 신탁자에게 임대한 것처럼 가장하여 사업자등록을 마치고 그 취득가액에 대한 매입세액까
지 환급받은 다음 폐업시의 잔존재화 자가공급 의제규정에 따른 피고의 이 사건 부과처분이 있은
후에야 비로소 L부동산이 명의신탁된 것이므로 그 임대차계약은 통정허위표시로서 무효라고 주장

하는 것은 신의칙에 위배된다(이하 '이 판례'라 한다).

Ⅳ ▶ 해설

1. 신의칙의 의의

세법상의 신의칙은 행정법상의 신뢰보호의 원칙에서 파생한 법리로서, 이전에 행해진 과세청의 확약(언동, 처분등 포함)을 납세자가 신뢰하고 이를 기초로 세법적으로 유의미한 사실관계를 형성해 나갔다면, 이에 대해 과세청이 과거의 확약과 모순되는 처분을 할 수 없다는 원칙이다. 신의칙에 위반하여 행해진 과세처분은 취소할 수 있는 처분으로 다루어진다. 독일과 일본에서는 실정법적 근거 없이 세법상의 조리법으로 설명되던 것이었으나, 우리나라에서는 1974년 국세기본법 제정시에 신의칙 일반을 규정한 제15조 및 그 파생원칙으로서 세법의 해석 또는 행정이 관행화된 후에는 새로운 해석에 의한 소급과세를 금하는 제18조 제3항(당시에는 제18조 제2항)을 신설함으로써 신의칙은 성문법상의 원리로 자리잡았다.

2. 납세자 신의칙론의 한계

국세기본법 제15조의 법문은 과세청뿐만이 아니라 납세자에 대해서도 신의칙의 준수를 요구한다. 납세자의 신의칙에 대해 과세청의 신의칙과 대칭되는 의미를 부여한다면, 과세청이 납세자의 거짓된 언동을 신뢰하고 과세한 경우 납세자가 자신의 언동을 부정하고 과세처분의 위법을 주장하는 것은 신의칙에 반하여 금지된다고 보아야 한다. 그러나 위 규정이 신설된 후 과세청의 신의칙에 반하는 처분의 효력을 부인하는 판례는 다수 집적되었으나, 과세요건을 충족하지 못한 과세를 납세자의 신의칙 위반을 이유로 정당화한 판례는 흔치 않다.[1] 어떠한 이유에서든 과세요건이 결여된 과세를 유효하게 다룬다면, 이는 세제의 기본축을 이루는 조세법률주의에 반하기 때문이다. 그리하여 판례는 다음과 같이 납세자에 대한 신의칙적용을 엄격히 제한하는 일반론을 형성해 왔다.

"조세법률주의에 따라 합법성의 원칙이 강하게 작용하는 조세 실체법과 관련하여 신의성실의 원칙을 적용할 때에는 사적자치의 원칙이 지배하는 사법에서보다는 제약을 받으며 합법성을 희생하여서라도 구체적 신뢰보호의 필요성이 인정되는 경우에 한하여 비로소 적용된다"는 대전제를 설정하고,

---

[1] 이 판례 이전에는 대법원 1990. 7. 24. 선고 89누8224 판결이 유일하고, 이후 현재까지는 대법원 2011. 1. 20. 선고 2009두13474 전원합의체 판결이 유일하다.

그 필요성에 관해서는 "과세처분의 적법성에 대한 입증책임은 과세관청에 있고, 과세관청은 실지조사권을 가지는 등 납세자에 대하여 우월적 지위에 있다는 점"과 아울러 "납세의무자의 배신행위를 이유로 한 신의칙의 적용은 그 배신행위의 정도가 극히 심한 경우에 한해 허용된다"는 신의칙적용의 최후성(最後性)을 천명하였다. 나아가 납세자에 대한 신의칙적용의 요건으로서 "i) 객관적으로 모순되는 행태가 존재하고, ii) 그 행태가 납세의무자의 심한 배신행위에 기인하였으며, iii) 그에 의하여 야기된 과세관청의 신뢰가 보호받을 가치가 있는 것이어야 한다"는 세 가지 항목을 제시하였다.2)

3. 이 판례의 의의

이 판례의 원심은 원고의 행위가 심한 배신행위에는 이르지 않으며, 피고가 실지조사권을 행사하지 않아 피고의 신뢰는 보호받을 가치가 없다는 이유로 위 일반론에 따라 신의칙적용을 배척하였다. 이 판례 역시 일반론을 대전제로 삼으면서도, 납세자의 행위가 심한 배신행위에 해당한다고 보았고, "신고납세방식의 조세에 있어서는 과세청의 조사권은 2차적·보충적"임을 이유로 신의칙을 적용한 점이 주목할 만하다. 납세자신의칙의 적용을 제한해야 할 주된 이유 중 하나는 과세청이 실지조사권을 가지고 있다는 점인데, 신고주의조세에서는 납세자가 과세요건사실을 능동적으로 제시하며 납세의무를 확정시키므로 과세청의 실지조사권은 신의칙 적용을 억제할 근거논리가 될 수 없다고 본 것이다.

4. 납세자신의칙론의 위험성

납세자에 대한 신의칙은 과세요건을 구비하지 못한 납세의무를 창출하는 결론에 이르므로 조세법률주의에 어긋남은 물론이다. 판례는 이 위험성을 인식하고 "납세자의 객관적으로 모순되는 행태가 심한 배신행위에 기인"한 때를 적용요건으로 하고 있으나, '배신행위'라는 개념의 불확정성 때문에 객관적인 판단기준을 찾기 어렵다는 문제가 있으며, '심한'이란 비교개념을 요건으로 삼는다 해서 조세법률주의 위반이 해소되는 것이 아니라는 점도 문제이다. 이 판례를 포함하여 납세자의 신의칙위반을 이유로 과세처분의 효력을 유지한 판결의 사실관계를 보면, 다른 법리로도 처분의 효력을 유지할 수 있다고 생각되므로 납세자의 신의칙론은 새로운 관점에서의 연구가 필요하다고 생각된다.

---

2) 대법원 1993. 6. 8. 선고 92누12483 판결, 대법원 1996. 9. 10. 선고 95누7239 판결, 대법원 1997. 3. 20. 선고 95누18383 전원합의체 판결, 대법원 2004. 5. 14. 선고 2003두3468 판결.

6

국가의 재판상 청구와
조세채권 소멸시효 중단의 효력

김 동 수

6 | 국가의 재판상 청구와 조세채권 소멸시효 중단의 효력

[대법원 2020. 3. 2. 선고 2017두41771 판결]

김동수 (법무법인 율촌 변호사)

I ▶ 사실관계 및 사건의 경과

1. 피고는 일본법인으로 국내 골프장을 경영하는 법인이다. 피고는 골프장 운영 내국법인 주식의 양도소득에 대한 한국 법인세를 체납하였다. 일본법인인 피고는 국내에 재산을 전혀 보유하고 있지 않다.

2. 관할 세무서장은 피고에게 이 건 법인세와 가산금의 징수를 위하여 납세고지, 독촉장 발송 절차를 진행하였다. 중부지방국세청장은 2014. 6.경 국제조세조정에 관한 법률 및 다자간 조세행정공조협약에 따라 일본국에 이 사건 조세채권에 대한 징수위탁을 요청하였으나, 위 협약 발효 전의 과세기간에 부과된 조세에 관하여 일본국과 상호합의가 이루어지지 않아 징수절차가 진행되지 않았다. 그 후 중부지방국세청 소속 국세조사관이 2014. 12.경 일본국 소재 피고의 사업장을 직접 방문하여 피고에게 납부최고서를 교부하고자 하였으나 피고가 그 수령을 거부하였고, 중부지방국세청장은 2014. 12. 24. 국제등기우편으로 위 납부최고서를 피고에게 발송하였다.

3. 원고인 대한민국은 2015. 5. 26. 조세채권의 시효 중단을 목적으로 이 사건 조세채권의 존재확인을 구하는 소를 제기하였다.

II ▶ 관련 규정 및 쟁점

1. 관련 규정

구 국세기본법(2013. 1. 1. 법률 제11604호로 개정되기 전의 것, 이하 같다) 제27조 제2항은 국세징수권의 소멸시효에 관하여 국세기본법 또는 세법에 특별한 규정이 있는 것을 제외하고는 민법에 따른다고 규정하고 있다. 그리고 같은 법 제28조 제1항은 납세고지(제1호), 독촉 또는 납부최고(제2호),

교부청구(제3호), 압류(제4호)를 국세징수권의 소멸시효 중단사유로 규정하고 있다. 한편 민법 제168조는 청구(제1호), 압류 또는 가압류, 가처분(제2호), 승인(제3호)을 소멸시효의 중단사유로 규정하고 있다.

2. 쟁점

이 사건의 쟁점은 아래 3가지로 요약할 수 있다.

(1) 민법상 소멸시효 중단사유인 '청구'가 국세징수권의 소멸시효 중단사유에 해당하는지 여부

(2) 국가(과세관청)에게 조세채권의 존재라는 법률관계의 확인을 구할 소의 이익이 인정되는지 여부

(3) 위 1항, 2항에 관하여 긍정적인 결론이라면, 소송의 형태는 민사소송 또는 공법상 당사자소송 중 어떠한 것이 적정한지 여부

Ⅲ ▶ 법원의 판단

1. 쟁점 1에 관하여

결론: 소멸시효 중단 사유에 해당한다.

근거: 납세고지, 독촉 또는 납부최고, 교부청구, 압류는 국세징수를 위해 국세징수법에 규정된 특유한 절차들로서 국세기본법이 규정한 특별한 국세징수권 소멸시효 중단사유이기는 하다. 그러나 구 국세기본법은 민법에 따른 국세징수권 소멸시효 중단사유의 준용을 배제한다는 규정을 두지 않고 있고, 조세채권도 민사상 채권과 비교하여 볼 때 성질상 민법에 정한 소멸시효 중단사유를 적용할 수 있는 경우라면 준용을 배제할 이유도 없다. 따라서 구 국세기본법 제28조 제1항 각호의 소멸시효 중단사유를 제한적·열거적 규정으로 보아 구 국세기본법 제28조 제1항 각호가 규정한 사유들만이 국세징수권의 소멸시효 중단사유가 된다고 볼 수는 없다. 이와 같은 관련 규정의 체계와 문언 내용 등에 비추어, 민법 제168조 제1호가 소멸시효의 중단사유로 규정하고 있는 '청구'도 그것이 허용될 수 있는 경우라면 구 국세기본법 제27조 제2항에 따라 국세징수권의 소멸시효 중단사유가 될 수 있다고 봄이 타당하다.

2. 쟁점 2에 관하여

결론: 제한적으로 소의 이익이 인정된다.

근거: 조세는 국가존립의 기초인 재정의 근간으로서, 세법은 공권력 행사의 주체인 과세관청에 부과권이나 우선권 및 자력집행권 등 세액의 납부와 징수를 위한 상당한 권한을 부여하여 공익성과 공공성을 담보하고 있다. 따라서 조세채권자는 세법이 부여한 부과권 및 자력집행권 등에 기하여 조세채권을 실현할 수 있어 특별한 사정이 없는 한 납세자를 상대로 소를 제기할 이익을 인정하기 어렵다. 다만 납세의무자가 무자력이거나 소재불명이어서 체납처분 등의 자력집행권을 행사할 수 없는 등 구 국세기본법 제28조 제1항이 규정한 사유들에 의해서는 조세채권의 소멸시효 중단이 불가능하고 조세채권자가 조세채권의 징수를 위하여 가능한 모든 조치를 충실히 취하여 왔음에도 조세채권이 실현되지 않은 채 소멸시효기간의 경과가 임박하는 등의 특별한 사정이 있는 경우에는, 그 시효중단을 위한 재판상 청구는 예외적으로 소의 이익이 있다고 봄이 타당하다.

3. 쟁점 3에 관하여

조세채권의 소멸시효 중단을 목적으로 제기한 조세채권 존재 확인의 소는 공법상 당사자 소송에 해당한다.

IV ▸ 해설

구 국세기본법은 국세징수권의 소멸시효 기간을 5년으로 정하고 있었고, 납부고지, 독촉, 교부청구, 압류를 소멸시효의 중단사유로 규정하고 있었다. 소멸시효 기간이 지나면 더 이상 세금을 징수할 수 없으며, 세금을 징수하면 무효인 행정행위가 된다.

그러나 소멸시효 중단사유로 정한 납부고지 등을 하게 되면 소멸시효는 중단되며 그때부터 다시 진행된다. 따라서 과세관청은 조세채권의 보전을 위하여 적극적으로 납부고지 등의 행위를 해야 한다.

이 사건의 사실관계를 살펴보면 과세관청은 이 사건 조세채권의 확보를 위해 상당한 노력을 기울인 것으로 보인다. 과세관청은 납세고지(2011. 3. 31.)와 독촉(2011. 4. 11.)을 했으나 피고가 국내에 재산이 없어 압류절차로 나아갈 수 없는 상황에서 일본국에 징수위탁을 요청(2014. 6.경)하거나 국세조사관이 일본국 소재 피고의 사업장을 직접 방문(2014. 12.경)하는 등 징수를 위한 적극적인 행위를 하였다. 그럼에도 피고가 세금을 납부하지 않자 과세관청은 소멸시효가 완성되기 전인

2015. 5. 26. 이 사건 조세채권의 존재확인을 구하는 소를 제기한 것이다.

　그런데 구 국세기본법은 '재판상 청구'를 소멸시효 중단사유로 정하고 있지 않았는데, 과세관청은 제27조 제2항의 "소멸시효에 관하여는 이 법 또는 세법에 특별한 규정이 있는 것을 제외하고는 「민법」에 따른다."는 내용에 근거하여 민법상의 '청구'를 소멸시효 중단사유로 주장한 것이다. 민법상의 소멸시효 중단사유 중 '청구'가 조세채권의 소멸시효 중단사유에 해당하는지에 대해서는 종래에도 견해의 대립이 있었으나,[1] 대상판결은 과세관청이 조세채권을 징수하기 위해 가능한 한 조치를 다 하였음에도 소멸시효의 기간 경과가 임박하였다면 체납자에게 재판상 청구를 하여 소멸시효를 중단시킬 수 있다고 판단하면서 위 논란을 정리하였다. 대상판결은 민법상의 소멸시효 중단사유도 조세채권의 소멸시효 중단사유가 될 수 있음을 최초로 판단한 점에서 큰 의미가 있다.

　또한 대상판결은 과세권자와 납세자 사이의 대등한 법률관계인 조세채권의 존부를 확인하는 소의 경우 민사소송이 아니라 당사자 소송의 형태로 제기되어야 한다는 다수 학설의 견해를 인정한 점에서도 의미가 크다.

---

　1) 긍정설은 사법관계에서는 집행력 있는 확정판결이 있는 경우에도 시효중단을 위한 제소의 이익이 인정되므로 같은 취지에서 시효중단을 위한 소의 이익이 인정되어야 한다는 점, 납세자가 무자력이거나 소재불명으로 압류의 집행에도 착수할 수 없는 경우 그 필요성이 인정된다는 점을 근거로 '최고', '재판상 청구', '압류' 등도 조세채권의 중단사유가 되어야 한다는 입장이다. 반면, 부정설은 국세기본법 제28조 제2항의 '납세고지'나 '독촉 또는 납부최고'가 민법 제168조의 '청구'의 특별규정에 해당하고, '압류'가 민법 제168조의 '압류 또는 가압류, 가처분'의 특별규정에 해당하며, 세법에서 국가로 하여금 체납자에 대하여 독촉 및 체납처분을 통해 그 채권을 강제적으로 실현하도록 규정하고 있는 이상, 국가 또는 지방자치단체가 사법상 채권자와 동일하게 최고 및 재판상 청구를 하는 방법으로 소멸시효를 중단할 수 없다는 입장이다. 이에 관한 상세한 논의는 전영준·전정욱, "국가는 조세채권 시효 중단을 위해 조세채권 존재확인 소송을 제기할 수 있어", 「조세」 제383호, 조세통람사, 2020, 68면 참고.

7

재조사의 예외적 허용사유인
'2개 이상의 사업연도와 관련하여 잘못이 있는 경우'

송 동 진

7 재조사의 예외적 허용사유인 '2개 이상의 사업연도와 관련하여 잘못이 있는 경우'

[대법원 2017. 4. 27. 선고 2014두6562 판결]

송동진 (법무법인 위즈 구성원 변호사)

I ▶ 사실관계 및 사건의 경과

1. 원고 법인(주식회사 센트럴시티)은 2006 사업연도부터 2010 사업연도까지 원고의 등기이사 겸 이사회의장이자 원고의 주식 38.10%를 보유한 소외 A에게 성과상여금 명목으로 9억 원, 15억 원, 18억 원, 19억 원, 19억 원(이하 통틀어 '이 사건 성과상여금'이라 한다)을 각각 지급하였다.

2. 서울지방국세청장은 2008년 원고에 대한 2005 사업연도 법인사업자통합조사를 하였는데, 당시 원고가 작성한 '세무조사반 요청서류'에는 임원보수와 관련하여 2005 사업연도부터 2008 사업연도까지의 이사회회의록, 임원성과급규정 등이 제출된 것으로 기재되어 있었다. 그러나 서울지방국세청장은 원고에게 2003 내지 2007 사업연도 법인세 항목이 적출된 1차 세무조사 결과를 통지하면서 이 사건 성과상여금에 대해서는 별다른 조치를 취하지 않았다.

3. 이후 서울지방국세청장은 2011년 원고에 대한 2007 내지 2010 사업연도 법인제세 통합조사를 개시한 후, 2012. 2. 14. 원고에게 그 조사범위에 2006 사업연도 중 일부를 포함하는 내용의 조사범위확대통지를 하고 2006 사업연도 법인제세 부분조사를 개시하였다.

4. 서울지방국세청장은 2012. 3. 14. 원고에게, 이 사건 성과상여금은 지급기준 없이 지급된 잉여금 처분이므로 손금에 산입될 수 없다는 내용이 포함된 조사결과를 통지하였고, 이에 따라 피고는 이 사건 성과상여금을 손금에 불산입하여 원고의 2006 내지 2010 사업연도의 법인세를 각 증액 경정하였다.

II ▶ 관련 규정 및 쟁점

1. 관련 규정

◆ 구 국세기본법(2013. 1. 1. 법률 제11604호로 개정되기 전의 것)
제81조의4(세무조사권 남용 금지) ② 세무공무원은 다음 각 호의 어느 하나에 해당하는 경우가 아니면 같은 세목 및 같은 과세기간에 대하여 재조사를 할 수 없다.
  3. 2개 이상의 사업연도와 관련하여 잘못이 있는 경우

2. 쟁점

위 사건에서 2008년에 있었던 1차 세무조사와 2012년에 행해진 2차 세무조사는 2006 사업연도와 관련된 범위에서 특별한 사정이 없는 한 중복조사에 해당한다. 위 사건에서는 중복조사가 예외적으로 허용되는 사유 중 하나인 '2개 이상의 사업연도와 관련하여 잘못이 있는 경우'에 해당하는지 여부가 다투어졌다.

위 예외사유의 의미에 관하여 대상판결 이전에 하급심 판결 중에는 ① '2 이상의 사업연도와 관련하여 발생한 잘못이 불가분의 일체를 이루고 있어 한 사업연도에 대한 세무조정이 다른 사업연도에 대한 세무조정에 영향을 미치는 경우'라고 해석한 것(대구고등법원 2010. 8. 13. 선고 2009누2291 판결)과 ② '단일한 원인행위로부터 파생하여 매년 발생하는 비용에 대한 세무조정'은 위 예외사유에 해당한다고 본 것(서울고등법원 2010. 12. 9. 선고 2009누39126 판결)이 있었다.

III ▶ 법원의 판단

대법원은 다음과 같이 판단하였다.

가. 구 국세기본법 제81조의4 제2항 제3호의 '2개 이상의 사업연도와 관련하여 잘못이 있는 경우'란 하나의 원인으로 인하여 2개 이상의 사업연도에 걸쳐 과세표준 및 세액의 산정에 관한 오류 또는 누락이 발생한 경우를 의미한다. 따라서 다른 사업연도에 발견된 것과 같은 종류의 잘못이 해당 사업연도에도 단순히 되풀이되는 때에는 이러한 재조사의 예외적인 허용사유에 해당한다고 볼 수 없다. 그런데 완결적인 하나의 행위가 원인이 되어 같은 잘못이 2개 이상의 사업연도에 걸쳐 자동적으로 반복되는 경우는 물론, 하나의 행위가 그 자체로 완결적이지는 아니하더라도 그로 인해

과세표준 및 세액의 산정에 관한 오류 또는 누락의 원인이 되는 원칙이 결정되고, 이후에 2개 이상의 사업연도에 걸쳐 그 내용이 구체화되는 후속조치가 이루어질 때에는, 이러한 후속조치는 그 행위 당시부터 예정된 것이므로 마찬가지로 하나의 행위가 원인이 된 것으로서 이에 해당한다고 볼 수 있다. 그리고 위법한 세무조사를 금지하고 세무조사권의 남용을 방지하고자 하는 구 국세기본법 제81조의4의 규정 취지에 비추어 보면, 재조사의 예외적인 허용사유는 재조사 개시 당시에 구비되어야 할 것이므로, 과세관청이 하나의 원인으로 인하여 2개 이상의 사업연도에 걸쳐 과세표준 및 세액의 산정에 관한 오류 또는 누락이 발생한 경우임을 뒷받침할 만한 구체적인 자료에 의하여 재조사를 개시한 경우에 비로소 구 국세기본법 제81조의4 제2항 제3호에 따른 적법한 재조사에 해당한다고 할 것이다.

나. 원고가 2006 내지 2010 사업연도에 A에게 이 사건 성과상여금을 지급한 것은, 원고의 창업주이자 이사회의장의 지위에 있었던 A에게 매년 임대수입의 10% 이내에서 상여금을 지급하기로 한 2005. 11. 8.자 이사회결의에 기초한 것이고, 비록 소외인에게 지급될 구체적인 성과상여금의 액수 등은 해당 사업연도별 주주총회와 이사회 등에서 확정되었더라도, 이는 위 이사회결의에서 예정한 바대로 각 사업연도별로 후속절차로서 이루어진 것으로서 그와 함께 이 사건 성과상여금의 지급원인이 되었다고 봄이 상당하므로, 위 재조사는 구 국세기본법 제81조의4 제2항 제3호에서 허용하는 재조사에 해당한다고 볼 여지가 있다.

Ⅳ 해설

1. '2개 이상의 과세기간과 관련하여 잘못이 있는 경우'의 판단 부분

이 사건 대법원 판결(이하 '대상판결'이라 한다)은 ① 구 국세기본법 제81조의4 제2항 제3호의 '2개 이상의 사업연도와 관련하여 잘못이 있는 경우'는 '하나의 원인으로 인하여 2개 이상의 사업연도에 걸쳐 과세표준 및 세액의 산정에 관한 오류 또는 누락이 발생한 경우'를 의미한다고 해석하고, ② 여기에는 ㉮ 완결적인 하나의 행위가 원인이 되어 같은 잘못이 2개 이상의 사업연도에 걸쳐 자동적으로 반복되는 경우와 ㉯ 하나의 행위로 인하여 과세표준 및 세액의 산정에 관한 오류 또는 누락의 원인이 되는 원칙이 결정되고, 이후에 2개 이상의 사업연도에 걸쳐 그 내용이 구체화되는 후속조치가 이루어지는 경우가 포함된다고 보았다. 그리고 대상판결은, ③ 다른 사업연도에 발견된 것과 같은 종류의 잘못이 해당 사업연도에도 단순히 되풀이되는 경우는 위 재조사의 예외사유에 해당하지 않는다고 보았다.[1] 이러한 대상판결의 판단은 재조사로 인한 납세의무자의 권익 침해와 과세권의 적정한 행사 간의 균형을 적절하게 맞춘 것으로서 합리적이라고 평가할 수 있다.

위 ㉮의 사례로는 ㉠ 납세의무자의 특수관계인에 대한 자금대여와 관련하여 여러 과세기간에 걸쳐 차입금 지급이자의 손금불산입 또는 인정이자의 익금산입이 이루어지는 경우,[2] ㉡ 납세의무자가 익금 또는 손금을 그 귀속시기를 잘못 판단하여 부적절한 사업연도에 귀속시켜 신고하였는데, 그 귀속시기의 오류가 해당 사업연도에 대한 세무조사에서 밝혀지지 않다가 다른 사업연도에 대한 세무조사에서 밝혀진 경우를 들 수 있다.

그리고 위 ㉯의 사례로는 ㉠ 대상판결의 사안과 ㉡ 원고 법인이 인천광역시 등과 폐석회를 유수지에 매립하여 유원지로 조성하기로 하는 내용의 협약을 체결하고, 이에 따라 지출한 비용을 그 지출시기가 속하는 여러 사업연도의 손금에 산입하여 왔는데, 이후 세무조사에서 위 폐석회처리비용이 자본적 지출로 판단된 사안(대법원 2020. 4. 9. 선고 2017두50492 판결)을 들 수 있다.

2. 세무조사의 개시 당시 구체적인 자료의 구비 여부

대상판결은, 과세관청이 '2개 이상의 사업연도와 관련하여 잘못이 있는 경우'를 이유로 재조사를 하려면, 재조사의 개시 당시 위 경우에 해당함을 뒷받침할 구체적인 자료를 갖추어야 한다고 보았다. 이에 따르면, 그러한 자료가 2차 조사의 개시 당시 구비되지 않고 2차 조사를 통하여 비로소 갖추어진 경우에는 재조사의 허용사유에 해당하지 않는다.[3]

그런데 구 국세기본법 제81조의4 제2항 제3호는 재조사의 허용사유로 '2개 이상의 과세기간과 관련한 잘못'을 규정할 뿐이고, 더 나아가 그러한 사유를 뒷받침하는 자료가 재조사의 개시 당시 존재하여야 한다는 내용은 법문상 없다. 따라서 국세기본법 제18조의4 제2항 제3호의 문언상으로는

---

1) 다만, 어느 과세기간에 대한 1차 세무조사 후 다른 과세기간에 대한 후속 세무조사에서 '같은 잘못이 매 사업연도에 반복하여 발생하고 있음'이 발견되는 경우 이는 1차 세무조사의 대상인 과세기간에 대하여 재차 세무조사를 할 수 있는 구 국세기본법 제81조의4 제2항 제1호의 '조세탈루의 혐의를 인정할 만한 명백한 자료가 있는 경우'에 해당할 여지가 있다. 곽태훈, "국세기본법상 중복세무조사금지 규정에 관한 소고", 「세무와 회계」 연구 제9호(제5권 제1호), 한국조세연구소, 2016, 231면.

2) 이는 대상판결 이전의 서울고등법원 2010. 12. 9. 선고 2009누39126 판결 및 서울고등법원 2014. 4. 9. 선고 2013누23852 판결에서 문제된 사항들이다.

3) 위 사건에서 대법원의 파기환송 후 원심(서울고등법원 2017. 9. 29. 선고 2017누192 판결)은, 위 점에 관하여 제대로 심리하지 않았고, 대법원은 이를 이유로 재차 파기환송 판결을 하였다(대법원 2018. 7. 12. 선고 2017두534 판결). 이후 2차 파기환송 후 원심(서울고등법원 2018. 12. 12. 선고 2018누182 판결)은, 과세관청은 2011년 2차 조사를 개시할 당시에는 아직 2007 사업연도에 관하여 재조사의 허용사유를 뒷받침할 만한 구체적인 자료를 확보하지 못하였고, 2차 조사를 진행하면서 비로소 그러한 자료를 확보하였으며, 이를 토대로 2006 사업연도로 조사범위를 확대하였으므로, 2006 사업연도에 대한 재조사는 그 개시(조사확대) 당시 존재한 예외적 허용사유의 자료를 토대로 한 것으로서 적법하지만, 2007 사업연도에 대한 재조사는 그러한 자료 없이 개시된 것이므로, 위법한 재조사에 해당한다고 판단하였다[대법원 2019. 5. 20.자 2019두26 판결(심리불속행)].

재조사의 개시 당시 '2개 이상의 과세기간과 관련한 잘못'이라는 '객관적 사정'이 존재하기만 하면 족하다고 볼 여지가 있다.

그런데 대상판결은 재조사의 요건으로 재조사의 개시 당시 위와 같은 객관적 사정 외에 '그러한 사정을 세무공무원이 주관적으로 인식할 수 있는 자료의 존재'까지 요구하면서, 그 근거로 '위법한 세무조사를 금지하고 세무조사권의 남용을 방지하고자 하는 구 국세기본법 제81조의4의 규정 취지'를 제시하였다. 그러나 우리나라의 경우, 미국, 독일, 일본 등과 비교할 때, 중복조사가 엄격하게 제한되어 있으므로,[4] 굳이 법문상 규정된 재조사의 허용사유에 내상판결과 같이 추가적 요건을 덧붙이지 않더라도 중복조사가 과도하게 남용될 우려는 크지 않다. 반면에 대상판결의 해석은 허용되는 중복조사의 범위를 법문보다 더욱 제한함으로써 과세권의 과소행사를 초래할 수 있는 면도 있다. 따라서 대상판결의 위 판단 부분은 논란의 여지가 있다.

---

4) 중복세무조사의 취급에 관한 주요 국가의 입법례에 관하여는 이중교·김석환, "중복 세무조사 금지 원칙의 재고찰", 「홍익법학」 제22권 제1호, 2021, 482-490면.

8

시행규칙이 무효인 경우 처분도 당연무효인가?

소 순 무

시행규칙이 무효인 경우 처분도 당연무효인가?

[대법원 2018. 7. 19. 선고 2017다242409 전원합의체 판결]

소순무 (법무법인 가온 변호사, 법학박사)

I ▶ 사실관계 및 사건의 경과

원고는 증권업을 하는 법인으로 이 사건은 2009년부터 2015년까지 부과된 종합소득세 취소소송이다. 다툼은 재산세로 부과된 주택 등에 대한 공제세액의 범위에 관한 것이다. 원고는 부과된 세액 전부를 납부한 바 있다. 그 후 원고는 그동안 논란이 있어 온 시행령 및 그 시행규칙에서 정한 공제세액 범위에 관하여 대법원이 법리를 확정하자 그 법리에 따라 산정한 정당세액을 초과한 부분의 반환을 구하는 소송을 제기하였다. 원고는 이미 불복기간이 지난 이 사건 부과처분에 대하여 그 하자가 중대명백하여 당연무효라고 하면서 국가를 상대로 부당이득반환청구소송을 제기하였다. 원심 (서울고등법원 2017. 6. 9. 선고 2016나2070643 판결)은 원고의 주장을 받아들여 일부 승소판결을 하였고 피고인 국가가 상고한 사건이다.

II ▶ 관련 규정 및 쟁점

1. 관련 규정

(1) 국세기본법 제51조, 민법 제741조

(2) 종합부동산세법 제9조 제3항, 제14조 제3항, 제6항, 시행령(2015. 1. 30. 대통령령 제26670호로 개정되기 전의 것) 제4조의2, 제5조의3 제1항 및 제2항, 시행규칙 제5조 제2항 별지 제3호 서식 부표(2)

2. 쟁점

이 사건의 전제 쟁점은 동일한 과세물건을 대상으로 하는 지방세인 재산세와 국세인 종합동산세의 이중과세 해소를 위한 종합부동산세법의 공제범위에 관한 시행규칙의 효력 유무이다. 공제조항은 여러 번 개정되었는데, 이 사건에서는 공제산식을 구체적으로 규정한 위 시행규칙 조항에 관하여 대법원은 시행령의 취지에 반하는 것이라 하여 무효로 판단하였다(대법원 2015. 6. 23. 선고 2012두2986 판결).[1]

위 판결 이후 원고는 위 시행규칙이 무효인 이상 원고가 이미 초과납부한 종합부동산세 부분은 하자가 중대하고 명백하여 무효라고 하여 그 부분의 반환(예비적으로는 적어도 위 판결 이후 부분)을 주장하였다. 원고는 행정소송으로 처분청을 상대로 처분무효소송의 방식이 아닌 민사소송으로 국가에 대하여 그 차액부분을 부당이득으로서 직접 반환을 청구하는 소를 제기하였다. 쟁점은 조세법령이 상위규범의 위임범위를 벗어나거나 명확하지 아니한 경우 그 법령은 무효임에는 별 이론이 없으므로 그 법령에 근거한 조세부과처분이나 신고가 당연무효인가 하는 점이다. 이 사건에서는 무효인 시행규칙에 근거한 종전의 부과처분이 그 무효인지 여부가 쟁점이 되었다. 이 사건은 소부에서 의견이 엇갈려 전원합의체를 거친 사건이다.

Ⅲ ▶ 법원의 판단

1. 원심법원의 판단

원심은 이 사건 처분은 무효인 시행규칙을 근거로 한 과세처분이 아니라는 점은 제1심(시행령만의 해석을 통해서도 과세가능하다고 판단)과 같지만, 이 사건 처분 중 2009년 내지 20014년 부과분은 그 하자에 중대명백성이 없으나 위 대법원 2012두2986 판결 이후 부과된 부분은 법리가 명백히 밝혀진 이후이므로 그 하자가 중대명백하여 무효이다(원고 청구 일부 인용).

---

1) 위 시행규칙은 그 후 시행령으로 격상되었고 이에 대하여서는 대법원이 모범의 위임범위 내에 있다 하여 유효라고 판결하였다(대법원 2023. 8. 31. 선고 2019두39796 판결).

2. 대법원의 판단

원고의 상고이유는, 대법원 2012두2986 판결에서 계산식을 규정한 시행규칙이 무효라고 판단하여 대법원 판결 이전에도 명백한 오류가 있었으므로 결국 과세관청이 시행령을 잘못 해석적용한 것으로 그 하자가 객관적으로 명백하여 무효라는 것이다.

이에 대하여 다수의견(9인)은 과세처분 당시 적용된 과세법령에 관한 법리나 해석론이 명확하게 밝혀지지 않아 해석에 다툼의 여지가 있을 때에는 과세관청이 그 법령을 잘못 해석적용하여 과세처분을 하였다고 하더라도 그 하자가 명백하다고 할 수 없다. 이 사건 처분 중 2009년 내지 2014년 귀속분은 대법원 2012두2986 판결 선고일인 2015. 6. 23. 이전에 이루어진 것으로서 그 법리의 해석적용에 하자가 있다 하더라도 그 하자는 과세처분의 취소사유에 불과하며, 반면 2015년 귀속분은 시행령 계산식에 관한 법리가 밝혀진 위 대법원 판결 이후에 이루어진 과세처분이어서 그 하자는 과세처분의 무효사유라고 판단하였다. 반면 소수의견(4인)은 조세법령이 충분히 명확하지 못하여 해석에 다툼의 여지가 있다면 그 법령에 바탕을 둔 조세부과는 조세법률주의의 원칙에 역행하는 것으로서 그 효력이나 정당성을 인정받기 어렵다. 조세법령을 잘못 해석한 중대한 하자가 있고 그로서 납세의무 없는 세금이 납부된 경우 이를 무효로 보지 않는다면 잘못된 법령해석의 불이익을 납세의무자에 전가시키는 것이다. 법령해석의 오류로 인하여 과세가 정당성이 없다고 밝혀진 경우 이를 구제하지 않는 것은 국민의 재산과 권리를 지키는 본연의 목적에 반한다는 입장이다. 결국 과세처분이 무효로 인정되기 위하여 하자의 중대성과 명백성을 모두 갖추어야 한다고 보더라도 적어도 대법원 판결에 의하여 조세법령을 잘못 해석적용한 것이 밝혀진 경우에는 하자가 명백하지 않다는 이유로 하자의 무효를 부인할 수 없다.

다수의견에 따라 원고의 상고는 기각되었다.

Ⅳ ▶ 해설

1. 행정처분의 무효사유로서 하자의 중대명백성

행정처분의 하자는 그 처분의 효력에 어떠한 영향을 미칠까? 전통적인 이론은 하자의 정도에 따라 애초부터 효력이 부인되는 무효와 권한 있는 행정청이나 법원에 의하여 취소되어야 효력을 비로소 상실하는 취소로 나누어 적용해 왔다. 조세의 영역에서도 세무공무원의 과세처분이나 납세자의 신고에 있어 그 하자도 마찬가지로 취급되어 왔다.

종래 행정행위의 무효요건으로는 하자가 중대하고 명백하여야 한다는 것이었다.

주류적 학설과 판례도 동일하다.[2] 조세법률주의가 특히 강조되는 조세영역에서는 그 하자로 세액에 문제가 생긴 경우 중대성의 요건을 충족한다고 보는 데는 별이론이 없는 것 같다. 결국 하자의 명백성 여부가 쟁점이 된다. 하자의 명백성의 판단기준은 외관적(객관적) 명백설이 판례가 취하고 있는 견해이다. 따라서 이 입장에서는 일정한 적법절차가 보장되고 있는 과세처분에 있어 하자가 외관적으로 명백한 경우는 많지 않다. 그 구제범위는 협소하다.

2. 이 사건 판결의 의미

과세처분의 무효 판단기준인 중대명백설이 이 사건과 같이 조세법령의 효력이 문제된 경우(많은 경우 과세요건사실 충족 여부가 대상이다)에도 그대로 적용되어야 하는지 문제가 되었다. 이 사건은 조세법률이 헌법재판소에서 위헌으로 결정이 된 경우 그 위헌법률에 근거한 과세처분의 효력이 당연무효가 될 것이냐의 문제와 궤를 같이한다고 볼 수 있다.[3] 조세구제의 면에서 보면 이 사건 부당이득반환청구는 조세불복이나 경정청구 기한을 놓치게 된 경우에 있어서의 보충적 구제수단이다. 조세법령의 불명확으로 인하여 추후에 무효임이 밝혀진 경우 후발적 경정청구사유로 인정해 주는 것도 입법적 혹은 해석적 문제해결의 방법이다. 이 사건 판결의 다수의견은 종래 처분의 무효사유인 중대명백설을 근거법령이 무효가 된 과세처분의 특성을 고려하지 않고 그대로 유지하는 한계를 보였다. 조세법률주의의 두 축인 과세요건 법정주의와 명확주의에 반하는 조세입법으로 세액산출이 분명하지 않게 되었다면 그것만으로도 과세의 정당성을 잃는 것이 아닌가? 조세구제는 국가가 정당한 세액만을 가져가도록 하는 것이 조세정의라는 기준에 입각하여, 처분사유 하자로 인한 구제의 폭을 넓히는 것은 현대 조세국가가 당면한 과제이다. 이렇게 전향적으로 개선한다고 하여 재정에 큰 차질이 생기는 것도 아니다. 오히려 법령이 무효인 처분까지 그 효력을 유지하려고 드는 것은 국가 과세권에 대한 납세자의 신뢰를 무너뜨리고 권리구제 기관인 법원의 기본적 책무를 져버리는 것이다. 소수의견에 주목하여야 한다.

---

2) 대법원 1982. 10. 26. 선고 81누69 판결, 대법원 1995. 7. 11. 선고 94누4615 전원합의체 판결 등.
   독일 조세기본법(AO) 제125조 제1항은 "당해 행정행위가 특히 중대한 하자가 있고 동시에 이 하자가 일체의 사정을 고려할 때 명백한 경우에는 이를 무효로 한다."고 명문화하고 있다.
3) 소순무·윤지현, 『조세소송(개정11판)』, 조세통람, 2022, 823-824면. 헌법재판소, 대법원 모두 당연무효는 아니라는 입장이다.

9

과세예고통지가 누락된 절차상 하자

박 종 수

박종수 (고려대 법학전문대학원 교수, 법학박사)

I ▶ 사실관계 및 사건의 경과

A 주식회사(이하 '회사'라 한다)는 치과용 임플란트 및 소프트웨어 제조·판매, 치과기자재 수입·판매 등 치과용 의료기기 제조 및 판매를 주된 영업으로 하는 회사로서 주된 고객은 치과의사, 치과병·의원이다. 회사는 2007년부터 2010년까지 매년 계절별로 일정 금액 이상의 치과용 임플란트 패키지 상품을 구매하는 병·의원의 치과의사에게 해외여행경비를 지원하고, 2007년과 2008년에 회사가 운영하는 임상전문가 양성과정 연수회에서 임플란트 강의를 담당한 치과의사를 대상으로 해외 워크숍을 진행하면서 본인과 가족의 참가경비 중 일부를 지원하였다. 회사는 이러한 해외여행경비 지원에 따른 비용(이하 '지원비용'이라 한다)을 판매부대비용으로 보아 손금에 산입하여 각 사업연도 법인세를 신고·납부하였다. 한편, 감사원은 이 건과 관련하여 국세청에 대하여 해외여행경비 지원은 제품 홍보 등 일반적인 판촉활동을 하기 위한 것이라기보다는 치과병·의원과의 관계개선 및 유인 목적이 더 크고, 그 지원액 역시 정상적인 거래관행에 비하여 과대한 이익을 제공하였으므로 이를 접대비로 보아 손금불산입한 후 법인세를 부과징수하여야 한다는 시정권고를 하였다. 이에 따라 처분청은 감사지적된 부분에 대한 추가 세무조사를 거쳐 위 지원비용을 접대비로 보아 접대비 한도 초과액을 손금불산입한 후, 회사에게 2012. 8. 10. 가산세를 포함한 법인세를 추가로 부과·고지(이하 '이 사건 처분'이라 한다)하면서 세무조사에 따른 과세예고통지를 하지 않았다. 1심인 서울행정법원에서 회사는 위 지원비용이 접대비가 아니라 판매부대비용이라고 주장하였으나 받아들여지지 않았고(서울행정법원 2015. 1. 16. 선고 2014구합53445 판결), 2심인 서울고등법원 단계에 와서 이 사건 처분이 과세예고통지를 하지 않고 한 처분으로서 회사의 과세전적부심사의 기회를 박탈한 절차상의 하자가 있어서 위법하다고 추가로 주장하였다(서울고등법원 2015. 9. 9. 선고 2015누35132 판결). 최종심인 대법원은 원심과 마찬가지로 접대비 부분은 상고기각하였으나 과세예고통지가 누락된 절차상 하자 부분을 인정하여 사건을 파기환송하였다.

Ⅱ ▶ 관련 규정 및 쟁점

1. 관련 규정

국세기본법 제81조의15 제1항 본문은 "다음 각 호의 어느 하나에 해당하는 통지를 받은 자는 통지를 받은 날부터 30일 이내에 통지를 한 세무서장이나 지방국세청장에게 통지 내용의 적법성에 관한 심사(이하 이 조에서 '과세전적부심사'라 한다)를 청구할 수 있다."고 하면서, '제81조의12에 따른 세무조사 결과에 대한 서면통지(제1호)', '그 밖에 대통령령으로 정하는 과세예고 통지(제2호)'를 들고 있다. 또한 같은 조 제2항은 "다음 각 호의 어느 하나에 해당하는 경우에는 제1항을 적용하지 아니한다."고 하면서, '국세징수법 제14조에 규정된 납기전징수의 사유가 있거나 세법에서 규정하는 수시부과의 사유가 있는 경우(제1호)', '조세범 처벌법 위반으로 고발 또는 통고처분하는 경우(제2호)', '세무조사 결과 통지 및 과세예고 통지를 하는 날부터 국세부과 제척기간의 만료일까지의 기간이 3개월 이하인 경우(제3호)' 등을 들고 있는데, 국세청 훈령인 과세전적부심사사무처리규정 제5조 제6호는 국세기본법 제81조의15에 따른 과세전적부심사의 대상이 아닌 경우의 하나로 '감사원 감사결과 처분지시 또는 시정요구에 따라 고지하는 경우'를 추가하여 규정하고 있다.

한편 구 국세기본법 시행령(2015. 2. 3. 대통령령 제26066호로 개정되기 전의 것, 이하 같다) 제63조의14 제2항은 "법 제81조의15 제1항 제2호에서 '대통령령으로 정하는 과세예고 통지'란 다음 각 호의 어느 하나에 해당하는 것을 말한다."고 하면서, '세무서 또는 지방국세청에 대한 지방국세청장 또는 국세청장의 업무감사 결과(현지에서 시정조치하는 경우를 포함한다)에 따라 세무서장 또는 지방국세청장이 하는 과세예고 통지(제1호)', '세무조사에서 확인된 해당 납세자 외의 자에 대한 과세자료 및 현지 확인조사에 따라 세무서장 또는 지방국세청장이 하는 과세예고 통지(제2호)', '납세고지하려는 세액이 3백만 원 이상인 과세예고 통지(제3호)'를 들고 있는데, 같은 조 제4항은 "법 제81조의15 제1항에 따라 과세전적부심사 청구를 받은 세무서장·지방국세청장 또는 국세청장은 그 청구부분에 대하여 같은 조 제3항에 따른 결정이 있을 때까지 과세표준 및 세액의 결정이나 경정결정을 유보하여야 한다. 다만, 법 제81조의15 제2항 각 호의 어느 하나에 해당하는 경우 또는 같은 조 제7항에 따른 신청이 있는 경우에는 그러하지 아니하다."고 규정하고 있다.

2. 쟁점

이 사건의 쟁점은 과세관청이 과세예고통지를 하지 아니함으로써 납세자에게 과세전적부심사의 기회를 부여하지 아니한 채 과세처분을 한 경우, 과세처분이 위법한지 여부와 과세관청이 감사원의 감사결과 처분지시 또는 시정요구에 따라 과세처분을 하는 경우, 과세예고 통지를 생략하거나 납세자에게 과세전적부심사의 기회를 부여하지 아니한 채 과세처분을 할 수 있는 예외사유에 해당하는지 여부이다.

Ⅲ ▶ 법원의 판단

1. 원심법원의 판단

원심은 과세전적부심사 제도는 과세처분 이후의 사후적 구제제도와는 별도로 과세처분 이전 단계에서 납세자의 주장을 반영함으로써 권리구제의 실효성을 높이기 위하여 마련된 사전적 구제제도이지만 과세처분의 필수적 전제가 되는 것은 아닐 뿐만 아니라, 납세자에게 과세전적부심사의 기회를 주지 않았다고 하여 납세자의 권리의무에 직접 어떠한 영향을 끼치는 것은 아니며, 사후적 구제절차로서 법령에서 규정한 이의신청·심사·심판청구나 행정소송 등의 절차를 통하여 과세의 적부에 대하여 불복할 수 있는 절차가 남아 있는 점 등을 감안할 때, 피고가 감사원의 감사결과 시정요구에 따르기 위해 2012. 8. 10. 원고에게 2007 내지 2010 사업연도 법인세를 부과하는 이 사건 처분을 하면서 과세예고통지를 하지 아니하였거나 원고에게 과세전적부심사의 기회를 주지 않았다고 하더라도 그것은 이 사건 처분이 위법하다고 볼 만한 중대한 절차 위반에 해당하는 것으로 볼 수 없다고 판단하였다(서울고등법원 2015. 9. 9. 선고 2015누35132 판결).

2. 대법원의 판단

대법원은 사전구제절차로서 과세예고통지와 과세전적부심사 제도가 가지는 기능과 이를 통해 권리구제가 가능한 범위, 이러한 제도가 도입된 경위와 취지, 납세자의 절차적 권리 침해를 효율적으로 방지하기 위한 통제방법 등을 종합적으로 고려하여 보면, 국세기본법 및 구 국세기본법 시행령이 과세예고통지의 대상으로 삼고 있지 않다거나 과세전적부심사를 거치지 않고 곧바로 과세처분을 할 수 있는 예외사유로 정하고 있는 등의 특별한 사정이 없는 한, 과세관청이 과세처분에 앞서 필수적으로 행하여야 할 과세예고통지를 하지 아니함으로써 납세자에게 과세전적부심사의 기회를 부여하지 아니한 채 과세처분을 하였다면, 이는 납세자의 절차적 권리를 침해한 것으로서 과세처분의 효력을 부정하는 방법으로 통제할 수밖에 없는 중대한 절차적 하자가 존재하는 경우에 해당하므로, 그 과세처분은 위법하다고 보아야 할 것이라고 하여 원고의 손을 들어주었다(대법원 2016. 4. 15. 선고 2015두52326 판결).

Ⅳ ▶ 해설

1. 처분의 독자적 위법성 사유로서의 절차하자

이 사건은 원고 회사가 고객 등을 상대로 지출한 해외여행 지원경비의 성격을 접대비로 본 부과처분의 '실체적 하자'의 문제가 핵심 쟁점으로 심리되었다. 결론적으로 법원은 1심과 2심 및 최종심에 이르기까지 일관되게 당해 지원경비는 접대비의 성격임을 명확히 하였고, 판매부대비용이라는 원고의 주장을 배척하였다. 그런데 2심 재판절차에서부터 원고 회사는 처분청이 감사지적에 의한 재차 세무조사 후 과세예고통지도 없이 이 사건 처분을 함으로써 법상 보장된 과세전적부심사청구제도를 거치지 못하게 된 '절차적 하자'가 있음을 주장하기 시작하였다. 2심법원은 앞서 위에 언급한 바와 같이 이를 배척하였지만, 대법원은 이를 받아들임으로써 이 사건 처분이 실체적 하자는 없지만 절차적 하자로 인해 위법함을 인정하여 원심판결을 파기환송하였다.

이와 관련하여 절차하자가 행정처분의 독자적인 위법성 사유가 될 수 있는지 여부에 대해서는 그간 학설상 긍정설과 부정설이 대립하고 있었으며, 판례는 행정처분을 다투는 행정소송의 소송물은 당해 처분의 위법성 일반이며 당해 처분의 성격이 재량처분인지 기속처분인지와 상관 없이 절차하자는 독자적인 위법성 사유가 된다고 보아왔다. 이 사건에서도 대법원은 절차적 하자는 과세처분의 독자적 위법성 사유가 된다는 기존의 일관된 입장을 다시 한번 확인시켜 주었다고 평가할 수 있다.

다만 최근 대법원은 행정절차 참여권의 일시적 침해로 인한 국가배상청구 사건(대법원 2021. 7. 29. 선고 2015다221668 판결)에서 "행정절차는 그 자체가 독립적으로 의미를 가지는 것이라기보다는 행정의 공정성과 적정성을 보장하는 공법적 수단으로서의 의미가 크므로, 관련 행정처분의 성립이나 무효·취소 여부 등을 따지지 않은 채 주민들이 일시적으로 행정절차에 참여할 권리를 침해받았다는 사정만으로 곧바로 국가나 지방자치단체가 주민들에게 정신적 손해에 대한 배상의무를 부담한다고 단정할 수 없다."고 판시함으로써 마치 처분의 독자적 위법성 사유로서의 절차하자의 의미를 약화하는듯한 표현을 사용하기는 하였다. 그러나 이 판결은 주민들이 일시적으로 행정절차에 참여할 권리를 침해받았다는 사정만으로 다른 여타의 국가배상책임의 요건을 검토함이 없이 곧바로 국가나 지방자치단체가 배상책임을 부담한다고 단정할 수 없음을 포괄적으로 설명한 것일 뿐 행정절차의 독자적 위법성 사유 해당성을 전면 부인한 입장을 정식으로 표명한 것으로 볼 수는 없다고 생각된다.

2. 과세예고통지 및 과세전적부심사제도의 의의

(1) 처분의 사전통지 및 의견청취절차로서의 의미

과세관청의 세무조사가 종결되면 세무조사결과통지 또는 과세예고통지를 납세자에게 보내게 된다. 이는 단지 조사종결의 의미만이 아니라 납세자로 하여금 그에 따른 과세처분이 있기 전에 과세전적부심사를 청구해볼 수 있는 절차적 보장을 인지시켜주는 데에 큰 의미를 가진다 할 것이다. 이처럼 과세예고통지는 과세관청이 조사한 사실 등의 정보를 미리 납세자에게 알려줌으로써 납세자가 충분한 시간을 가지고 준비하여 과세전적부심사와 같은 의견청취절차에서 의견을 진술할 기회를 가짐으로써 자신의 권익을 보호할 수 있도록 하기 위한 처분의 사전통지로서의 성질을 가진다고 볼 수 있다. 주지하는 바와 같이 사전통지 및 의견청취절차는 행정절차법이 불이익처분에 관하여 규정하는 중요한 핵심제도이다. 물론 행정절차법은 조세의 부과와 관련해서는 적용이 없지만 그에 흐르는 기본적인 법리는 국세기본법에도 일관되게 적용된다고 보아야 한다. 이러한 절차적 권리보장은 우리 헌법 제12조 제1항에서 규정하고 있는 적법절차의 원칙에서 연원하는 것으로서 이는 형사소송절차에 국한되지 아니하고 모든 국가작용 전반에 대하여 적용되며, 세무공무원이 과세권을 행사하는 경우에도 이러한 적법절차의 원칙은 마찬가지로 준수하여야 하는 것이다(대법원 2014. 6. 26. 선고 2012두911 판결).

(2) 다른 조세불복수단과의 관계에서의 의미

이 사건 원심은 과세전적부심사제도는 조세부과의 제척기간이 임박한 경우에는 이를 생략할 수 있는 등 과세처분의 필수적 전제가 되는 것은 아닐 뿐만 아니라, 사후적 구제절차로서 법령에서 규정한 이의신청·심사청구·심판청구·행정소송 등 절차를 통하여 과세의 적부에 대하여 불복할 수 있는 절차가 남아 있는 점 등을 감안하면 이 사건 처분을 함에 있어 원고에게 과세전적부심사청구의 기회를 주지 않았다고 하더라도 중대한 절차 위반이 있었다고 보기 어렵다고 보았다.

그러나 ① 과세처분 이후에 행하여지는 심사·심판청구나 행정소송은 시간과 비용이 많이 소요되어 효율적인 구제수단으로 미흡한 측면이 있는 점, ② 과세전적부심사 제도는 과세관청이 위법·부당한 처분을 행할 가능성을 줄이고 납세자도 과세처분 이전에 자신의 주장을 반영할 수 있도록 하는 예방적 구제제도의 성질을 가지는 점, ③ 과세예고통지와 과세전적부심사 제도는 1999. 8. 31. 법률 제5993호로 국세기본법이 개정되면서 납세자의 절차적 권리보장과 권익 향상을 위하여 도입되었는데, 과세예고통지를 받은 자가 청구할 수 있는 과세전적부심사는 위법한 처분은 물론 부당한 처분도 심사대상으로 삼고 있어 행정소송과 같은 사후적 구제절차에 비하여 그 권리구제의 폭이 넓은 점, ④ 과세예고통지를 흠결하여 과세전적부심사의 기회를 부여받지 못하는 것 자체가 위와 같은 납세자를 위해 부여된 절차적 권리보장을 배제하여 납세자의 권리의무에 직접적인 영향을 미치게 한 것인 점 등을 종합적으로 검토하면, 심사·심판 등 다른 조세불복수단이 남아 있다는 것으로부터 곧바로 과세예고통지 및 과세전적부심사청구가 과세처분의 필수적 전제가 아니어서 이를 결여하더라도 과세처분에는 아무런 영향이 없다고 단정적으로 말할 수는 없는 것이다. 과세예고통지 및 과세전적부심사와 심사·심판 등 조세불복제도는 별개독립의 제도로서 각자 독자적인 권리구제적 의미가 있음을 명확히 할 필요가 있다.

3. 감사지적에 따른 처분청의 조치

마지막으로 이 사건 처분은 감사원의 감사지적 및 처분요구에 따라 이루어진 것이므로 비록 처분청이 과세전적부심사를 거치지 않고 이 사건 처분을 하더라도 곧바로 이것이 처분의 위법성을 근거지우지는 못한다고 주장할 여지도 있다. 실제로 국세기본법 제81조의15 제2항 각 호는 긴급한 과세처분의 필요가 있다거나 형사절차상 과세관청이 반드시 과세처분을 할 수밖에 없는 등의 일정한 사유가 있는 경우에는 과세전적부심사를 거치지 않아도 된다고 규정하고 있기도 하다.

그러나 과세관청이 감사원의 감사결과 처분지시 또는 시정요구에 따라 과세처분을 하는 경우라도 그러한 국가기관 간의 사정만으로는 납세자가 가지는 절차적 권리의 침해를 용인할 수 있는 사유로 볼 수 없고, 그와 같은 처분지시나 시정요구가 납세자가 가지는 절차적 권리를 무시하면서까지 긴급히 과세처분을 하라는 취지도 아니므로, 감사원 감사결과에 따른 조치 등 사유는 과세관청이 과세예고통지를 생략하거나 납세자에게 과세전적부심사의 기회를 부여하지 아니한 채 과세처분을 할 수 있는 예외사유에 해당한다고 해석할 수 없다는 점을 대상판결은 명확히 해주었다.

4. 이 사건 판결의 의의

대상판결은 세무조사 후의 과세예고통지 및 과세전적부심사청구가 가지는 절차적 권리보장으로서의 의미를 명확히 하고, 이러한 절차를 거치지 못한 채 이루어진 과세처분은 비록 실체적 하자는 없더라도 그러한 절차적 하자 자체만으로 과세처분의 위법성을 근거지울 수 있음을 보여주는 대표적인 사례라 평가할 수 있다. 향후 납세자의 절차적 권리보장이 문제되는 사례들에 대한 중요한 방향을 제시해주는 리딩케이스가 될 것이라는 점에서 후속 판례들의 추이를 지켜볼 필요가 있겠다.

10

소득금액변동통지, 납세고지 및 과세예고 통지

이 준 봉

소득금액변동통지, 납세고지 및 과세예고 통지

[대법원 2021. 4. 29. 선고 2020두52689 판결]

이준봉 (성균관대 법학전문대학원 교수)

I ▶ 사실관계 및 사건의 경과

원고는 2012. 4. 30. 당시 사내이사인 소외인으로부터 원고의 주식 24,000주를 주당 29,229원에 매수하였다. 피고 서울지방국세청장은 이 사건 주식의 시가가 주당 11,691원이라는 전제에서 원고가 소외인으로부터 이 사건 주식을 고가에 매수하였다고 보고, 2016. 5. 12. 원고에게 이 사건 주식의 매수가격과 시가의 차액 420,912,000원을 소외인에 대한 상여로 소득처분하는 소득금액변동통지(이하 '이 사건 소득금액변동통지'라 한다)를 하였다. 피고 서초세무서장은 2018. 1. 초순 원고에게 2013년 귀속 원천징수분 근로소득세 143,345,280원(가산세 포함)과 2012 사업연도 법인세 근로소득 지급명세서 미제출 가산세 8,418,240원의 납부를 고지하였다. 원고는 2018. 1. 29. 피고 서초세무서장에게 위 세금 합계 151,763,520원을 납부하였다.

제1심 판결인 서울행정법원 2020. 4. 14. 선고 2019구합54863 판결은 서울고등법원 2020. 10. 16. 선고 2020누40688 판결을 통하여 원고의 주위적 및 예비적 청구 모두를 기각하는 것으로 변경되었으며, 이는 이 사건 판결을 통하여 유지되었다.

II ▶ 관련 규정 및 쟁점

구 국세기본법(2018. 12. 31. 법률 제16097호로 개정되기 전의 것, 이하 같다) 제81조의15 제1항 제2호(현행 제81조의15 제2항 제2호 참조)는 대통령령으로 정하는 과세예고 통지를 받은 자는 통지를 받은 날부터 30일 이내에 그 통지 내용에 대하여 과세전적부심사를 청구할 수 있도록 규정한다. 그 위임에 따라 구 국세기본법 시행령(2017. 2. 7. 대통령령 제27833호로 개정되기 전의 것, 이하 같다) 제63조의14 제2항은 제3호에서 '대통령령으로 정하는 과세예고 통지'의 하나로 '납세고지[1]하려는 세액이 100만 원 이상인 과세예고 통지'를 들고 있다. 한편 구 국세징수법(2019. 12. 31. 법률 제16842호로 개정되기 전의 것, 이하 같다) 제9조 제1항은 "세무서장은 국세를 징수하려면 납세자에게 그 국세의 과세기간, 세목, 세액 및 그 산출 근거, 납부기한과 납부장소를 적은 납세고지서를 발급하여야 한다."라고 정한다.

이 사건 판결에서 다루는 쟁점은 소득금액변동통지가 원천징수의무자인 법인에 대한 조세행정처분인지 여부, 소득금액통지가 원천징수의무자인 법인에 대한 과세고지인지 여부, 소득금액변동통지 전 과세예고 통지가 필수적 절차인지 여부 및 소득금액변동통지서 기재사항에 내용상 하자가 있는지 여부에 관한 것이다.

Ⅲ ▶ 법원의 판단

1. 소득금액변동통지가 원천징수의무자인 법인에 대한 조세행정처분인지 여부

원천징수의무자인 법인에 대한 소득금액변동통지는 원천징수의무자인 법인의 납세의무에 직접 영향을 미치는 조세행정처분이다. 원천징수의무자인 법인은 소득금액변동통지서를 받은 날에 그 통지서에 기재된 소득의 귀속자에게 해당 소득금액을 지급한 것으로 의제되어 그때 원천징수하는 소득세 또는 법인세의 납세의무가 성립함과 동시에 확정된다. 원천징수의무자인 법인으로서는 소득금액변동통지서에 기재된 소득처분의 내용에 따라 원천징수세액을 그 다음 달 10일까지 관할 세무서장 등에게 납부하여야 한다(대법원 2006. 4. 20. 선고 2002두1878 전원합의체 판결, 대법원 2013. 9. 26. 선고 2011두12917 판결 참조).

2. 소득금액통지가 원천징수의무자인 법인에 대한 과세고지인지 여부

원천징수의무자인 법인에 대한 소득금액변동통지는 원천징수하는 소득세 또는 법인세의 납세의무를 확정하는 효력이 있다는 점에서 부과고지의 효력을 갖는 납세고지와 유사한 부분이 있다. 그러나 소득금액변동통지는 소득처분의 내용 중 법인의 원천징수의무 이행과 관련된 사항을 기재하여 원천징수의무자에게 통지하는 것으로서(대법원 2012. 3. 29. 선고 2011두15800 판결 참조), 과세관청이 세금을 징수하기 위하여 세액 등 세금의 납부와 관련된 사항을 법정의 서류(납세고지서)로 납세자에게 알리는 납세고지에 해당한다고 볼 수 없다.

---

1) 2021. 12. 21. 법률 제18586호 국세기본법 일부개정을 통하여 납세고지라는 용어가 납부고지로 변경되었으나, 본서는 납세고지라는 용어를 그대로 사용한다.

3. 소득금액변동통지 전 과세예고 통지가 필수적 절차인지 여부

구 국세기본법 제81조의15 제1항 제2호 및 같은 법 시행령 제63조의14 제2항에 따르면, '납세고지 하려는 세액이 100만 원 이상인 경우'로서 과세예고 통지를 받은 자는 통지를 받은 날부터 30일 이내에 그 통지 내용에 대하여 과세전적부심사를 청구할 수 있다. 그런데 소득금액변동통지는 납세고지에 해당하지 않고, 구 국세기본법 시행령 제63조의14 제2항 제3호가 정한 '납세고지'에 '납세고지와 유사한 성격을 갖는 것'도 포함된다고 해석하는 것 역시 조세법규에 대한 엄격해석 원칙에 비추어 허용될 수 없다. 따라서 본건 소득금액변동통지 전 필수적 절차로서 과세예고 통지를 할 필요는 없다.

4. 소득금액변동통지서 기재사항에 내용상 하자가 있는지 여부

구 국세징수법 제9조 제1항은 "세무서장은 국세를 징수하려면 납세자에게 그 국세의 과세기간, 세목, 세액 및 그 산출 근거, 납부기한과 납부장소를 적은 납세고지서를 발급하여야 한다."라고 정한다. 이 사건 소득금액변동통지서에는 소득금액변동통지는 그 통지서 중 일부만 원고에게 송달되었고, 그 기재내용에도 불확정적인 점이 있다. 과세관청이 소득금액변동통지서에 소득의 귀속자나 소득의 귀속자별 소득금액을 특정하여 기재하지 아니한 채 소득금액변동통지를 한 경우에는 특별한 사정이 없는 한 소득금액변동통지는 위법하나, 과세관청이 소득금액변동통지서에 기재하여야 할 사항을 일부 누락하거나 잘못 기재하였더라도 그것이 사소한 누락 또는 명백한 착오에 해당함이 소득금액변동통지서상 분명하거나, 소득금액변동통지에 앞서 이루어진 세무조사결과통지 등에 의하여 원천징수의무자가 그러한 사정을 충분히 알 수 있어서 소득종류, 소득자, 소득금액 및 그에 따른 원천징수세액을 특정하고 원천징수의무자가 불복신청을 하는 데 지장을 초래하지 아니하는 경우라면, 소득금액변동통지를 위법하다고 볼 것은 아니다(대법원 2014. 8. 20. 선고 2012두23341 판결 참조). 이 사건 소득금액변동통지에 앞서 원고에게 송달된 '주식변동에 관한 소명자료 검토 안내문'의 내용과 이 사건 소득금액변동통지의 통지서 내용 등을 고려할 때, 이 사건 소득금액변동통지는 위법하지 않다.

IV ▶ 해설

현행 국세기본법 제2조 제9호 및 구 국세기본법 제2조 제9호에 따르면, 납세의무자는 세법에 따라 국세를 납부할 의무(국세를 징수하여 납부할 의무는 제외한다)가 있는 자를 말한다. 즉 원천징수의무자는 납세의무자에 포함되지 않는다. 현행 국세기본법 제2조 제10호 및 구 국세기본법 제2조 제

10호에 따르면, 납세자에는 납세의무자와 징수의무자 모두 포함된다. 이 점에서 납세자와 납세의무자는 구분된다. 납세고지는 '부과처분으로서의 납세고지'와 '징수처분으로서의 납세고지'가 있는바, 전자는 납세의무자를 대상으로 하는 처분이다. 이 사건 과세전적부심사 관련 '납세고지하려는 세액이 100만 원 이상인 과세예고 통지'상 납세고지는 '부과처분으로서의 납세고지'를 의미한다. 현행 국세기본법 제21조 제3항 제1호, 제22조 제2항 제2호 및 구 국세기본법 제21조 제2항 제1호, 제22조 제4항 제2호에 따르면, 원천징수하는 소득세·법인세는 소득금액 또는 수입금액을 지급하는 때에 성립됨과 동시에 확정된다. 즉 소득금액 또는 수입금액의 '지급사실' 자체로서 원천징수의무가 성립 및 확정된다.

　이 사건 소득처분변동통지가 원천징수의무자인 법인에 대한 조세행정처분의 성격을 갖는 것은 '소득금액변동통지로 인하여 지급사실의 의제된다는 취지' 및 '지급사실 자체로 인하여 납세의무가 성립과 동시에 확정된다는 취지'의 별도 규정에 근거한 것이다. 따라서 '소득금액변동통지로 인하여 원천징수의무자인 법인의 납세의무에 직접 영향을 미치는 조세행정처분의 효과가 발생하는지 여부'와 '소득금액변동통지 자체가 부과처분으로서의 납세고지에 해당하는지 여부'는 별개의 쟁점에 속한다. 따라서 과세관청이 원고에 대하여 이 사건 소득금액변동통지를 하면서 과세예고를 하여야 할 법적 근거가 없고, '부과처분으로서의 납세고지'와 '지급 사실에 대한 통지'로서의 법적 성격을 하나로 통합하거나 혼용할 규범적 당위 역시 없다. 한편 현행 법인세법 제3조 및 구 법인세법(2018. 12. 24. 법률 제16008호로 개정되기 전의 것) 제2조가 '납세의무자로서 법인세를 납부할 의무' 및 '원천징수하는 자로서 법인세를 납부할 의무'를 같은 조문에서 규정하는 것으로 인하여 혼동의 여지가 있으나, 위 각 의무 역시 구분되어야 한다.

　한편 원천징수의무자인 법인이 원천징수하는 소득세의 납세의무를 이행하지 아니함에 따라 과세관청이 하는 납세고지는 확정된 세액의 납부를 명하는 징수처분에 해당한다는 점 및 선행처분인 소득금액변동통지에 하자가 존재하더라도 당연무효 사유에 해당하지 않는 한 후행처분인 징수처분에 그대로 승계되지 아니하므로 과세관청의 소득처분과 그에 따른 소득금액변동통지가 있는 경우 원천징수하는 소득세의 납세의무에 관하여는 이를 확정하는 소득금액변동통지에 대한 항고소송에서 다투어야 하고 소득금액변동통지가 당연무효가 아닌 한 징수처분에 대한 항고소송에서 이를 다툴 수는 없다는 점에 유의하여야 한다(대법원 2012. 1. 26. 선고 2009두14439 판결). 그러나 '원천징수 대상이 아닌 소득에 대한 원천징수세액' 또는 '정당한 세액을 초과하는 원천징수세액'에 관한 소득금액변동통지의 하자를 당연무효로 보아 후행처분에서 다툴 수 있다고 보아야 한다.[2]

---

　2) 이준봉, 『조세법총론(제9판)』, 삼일인포마인, 2023, 532-535면.

11

부분세무조사에 이은 중복세무조사의 위법성

강 석 규

부분세무조사에 이은 중복세무조사의 위법성

[대법원 2015. 2. 26. 선고 2014두12062 판결]

강석규 (법무법인 태평양 변호사, 공인회계사)

I ▶ 사실관계 및 사건의 경과

피고 서울지방국세청장은 2011. 7. 6. 원고에게 조사대상 세목을 '법인세 부분조사'로, 조사대상 기간을 '2006. 1. 1.부터 2010. 12. 31.까지'로, 조사범위를 '본사 지방이전에 따른 임시특별세액 감면과 관련된 사항'으로 한 세무조사결정처분을 하고, 이에 따라 세무조사를 실시하였다. 그런데 피고는 2012. 3. 21. 다시 원고에게 조사대상 세목을 '법인제세 통합조사'로, 조사대상기간을 '2009. 1. 1.부터 2010. 12. 31.까지'로 하는 이 사건 세무조사결정처분을 실시하였다. 원고는 이 사건 세무조사결정처분 중 2010 사업연도 법인세 부분은 위법한 중복세무조사에 해당한다고 주장하였다.

II ▶ 관련 규정 및 쟁점

1. 관련 규정

구 국세기본법(2013. 1. 1. 법률 제11604호로 개정되기 전의 것) 제81조의4 제2항, 제81조의7 제1항, 제81조의9 제1항, 제81조의11, 국세기본법(2017. 12. 19. 법률 제15220호로 개정된 것) 제81조의4 제2항 제6호, 제81조의11 제4항

2. 쟁점

어느 세목의 특정 과세기간의 특정 항목에 대하여 당초 세무조사를 한 후, 당초 세무조사를 한 특정 항목을 제외한 다른 항목에 대하여만 다시 세무조사를 함으로써 세무조사의 내용이 중첩되지 아니한 경우에도 위법한 중복세무조사에 해당하는지 여부이다.

III ▶ 법원의 판단

1. 원심법원의 판단

같은 세목 및 과세기간에 대하여 다시 세무조사를 하더라도 그 조사내용이 실질적으로 다른 경우에는 구 국세기본법 제81조의4 제2항에서 금지하는 재조사에 해당하지 아니한다.

2. 대법원의 판단

관련 규정의 문언과 체계, 같은 세목 및 과세기간에 대한 거듭된 세무조사는 납세자의 영업의 자유나 법적 안정성 등을 심각하게 침해할 뿐만 아니라 세무조사권의 남용으로 이어질 우려가 있으므로 조세공평의 원칙에 현저히 반하는 예외적인 경우를 제외하고는 금지될 필요가 있는 점, 재조사를 금지하는 입법 취지에는 세무조사기술의 선진화도 포함되어 있는 점 등을 종합하여 보면, 세무공무원이 어느 세목의 특정 과세기간에 대하여 모든 항목에 걸쳐 세무조사를 한 경우는 물론 그 과세기간의 특정 항목에 대하여만 세무조사를 한 경우에도 다시 그 세목의 같은 과세기간에 대하여 세무조사를 하는 것은 구 국세기본법 제81조의4 제2항에서 금지하는 재조사에 해당하고, 세무공무원이 당초 세무조사를 한 특정 항목을 제외한 다른 항목에 대하여만 다시 세무조사를 함으로써 세무조사의 내용이 중첩되지 아니하였다고 하여 달리 볼 것은 아니다.

다만 당초의 세무조사가 다른 세목이나 다른 과세기간에 대한 세무조사 도중에 해당 세목이나 과세기간에도 동일한 잘못이나 세금탈루 혐의가 있다고 인정되어 관련 항목에 대하여 세무조사 범위가 확대됨에 따라 부분적으로만 이루어진 경우와 같이 당초 세무조사 당시 모든 항목에 걸쳐 세무조사를 하는 것이 무리였다는 등의 특별한 사정이 있는 경우에는 당초 세무조사를 한 항목을 제외한 나머지 항목에 대하여 향후 다시 세무조사를 하는 것은 구 국세기본법 제81조의4 제2항에서 금지하는 재조사에 해당하지 아니한다.

IV ▶ 해설

1. 이 사건 판결의 의의

과세처분이 실체적 정당성이 있더라도 위법한 중복세무조사에 기한 것이어서 절차적 정당성이 없을 경우에는 납세자의 권익보호를 위하여 그 과세처분은 그대로 유지될 수 없다. 그래서 위법한 중복세무조사에 해당하는지 여부가 조세쟁송에서 자주 다투어지고 있다. 이 판결은 이런 유형의 사안에 관한 것이다.

국세기본법 제81조의11은 전부조사를 원칙으로 규정하고 있고, 이는 반복되는 세무조사로 인하여 납세자가 받게 되는 불이익을 최소화하겠다는 데 그 취지가 있다. 세무조사를 통한 세수확보라는 공익적 측면 못지않게 납세자의 권익보호도 중요시하겠다는 것이다. 따라서 당초 세무조사가 특정한 내용에 대한 부분조사로 이루어졌고 이후의 세무조사가 다른 내용에 대하여 다시 이루어짐으로써 내용상 중복되는 부분이 없다고 하더라노 그렇게 할 수밖에 없었던 특별한 사정이 있는 경우가 아닌 한 함부로 용인하여서는 아니 될 것이다.

그래서 이 사건 판결은 당초의 부분세무조사와 나중의 세무조사의 내용이 서로 겹치지 않더라도 동일한 세목의 동일한 과세기간에 해당하는 경우에는 원칙적으로 허용될 수 없다고 하면서, 다만 예외적으로 당초 세무조사 당시 모든 항목에 걸쳐 세무조사를 하는 것이 무리였다는 등의 특별한 사정이 있는 경우에는 당초 세무조사를 한 항목을 제외한 나머지 항목에 대하여 향후 다시 세무조사를 하는 것은 허용된다고 판시하였다. 허용되는 경우의 예시로서 당초의 세무조사가 다른 세목이나 다른 과세기간에 대한 세무조사 도중에 해당 세목이나 과세기간에도 동일한 잘못이나 세금탈루 혐의가 있다고 인정되어 관련 항목에 대하여 세무조사 범위가 확대됨에 따라 부분적으로만 이루어진 경우를 들고 있다. 따라서 이 경우가 아니더라도 당초 세무조사 당시 모든 항목에 걸쳐 세무조사를 하는 것이 무리였다는 사정이 인정되면 재조사는 허용된다고 할 것이고, 그래서 전부조사를 할 수 있었음에도 과세관청의 태만으로 부분조사만 실시한 경우는 내용이 겹치지 않더라도 재조사는 허용되지 않는다고 하겠다. 이러한 대법원의 입장은 납세자의 절차적 권익을 증진하고 세무행정의 선진화를 도모하겠다는 취지가 반영된 것으로서 미국이나 독일, 프랑스 등 선진국들의 입법례의 흐름과도 부합하는 바람직한 것이다.

2. 이 사건 판결 이후 관련 규정의 개정 및 시사점

이 사건 판결에서 부분세무조사에 이은 재조사를 전면적으로 금지한 것이 아니라 일정한 예외를 허용하였음에도 불구하고 과세관청으로서는 불만이 있었던 것 같다. 당초 조사와 재조사가 내용상 겹치지 않는데도 대법원이 이를 금지하는 것은 세무조사의 공익적 측면보다 납세자의 사익적 측면을 지나치게 우선시하였다는 것이다. 이러한 불만이 반영된 탓인지 관련 규정이 개정되었다. 즉, 국세기본법이 2017. 12. 19. 개정되면서 제81조의4 제2항에서 재조사를 허용하는 경우의 하나로 제6호를 신설하여 '제81조의11 제3항에 따른 부분조사를 실시한 후 해당 조사에 포함되지 아니한 부분에 대하여 조사하는 경우'를 규정하고, 나아가 제81조의11 제4항을 신설하여 이러한 부분조사는 같은 세목 및 같은 과세기간에 대하여 2회를 초과하여 실시할 수 없도록 규정하였다.

따라서 개정된 현행법하에서는 이 사건 판결의 법리와 달리 당초 조사가 부분조사로 이루어지고 그것이 국세기본법 제81조의11 제3항의 부분조사 실시요건에 해당하는 경우에는 그 후의 재조사가 내용상 겹치지만 않는다면 이 사건 판결에서 허용하는 예외적인 경우에 해당하지 않더라도 추가 1회에 한하여는 허용된다고 보아야 한다. 이 사건 판결에서 공익적 측면까지 고려하여 금지되는 재조사에 대한 일정한 예외를 허용하였음에도 불구하고 입법을 통하여 그 허용범위를 대폭 넓힌 것은 납세자의 권익보호 측면에서 그다지 바람직하지 않다고 하겠다.

12

회수가 불능하게 된 기납부 배당소득에 대한 경정청구

강 남 규

강남규 (법무법인 가온 대표변호사)

I ▶ 사실관계 및 사건의 경과[1)]

1. 원고들은 A주식회사의 주주들이다. A주식회사는 2007. 3. 19. 주주총회를 열어 원고들에 대한 현금배당을 결의하였다.

2. A주식회사는 2007. 3.경 배당금 전액에 관하여 배당소득세를 원천징수하였고, 원고들은 2008. 5.경 배당금 전액을 배당소득으로 삼아 각자 2007년 귀속 종합소득세까지 모두 신고, 납부하였다.

3. 그런데 A주식회사는 경기 침체에 따른 갑작스러운 영업수지 악화 등으로 인해 원고들에게 배당금의 일부를 지급하지 못한 상태에서, 2009. 9. 16. 법원에 회생절차개시 신청을 하여 2010. 9. 7.회생계획인가를 받았다. 이 절차를 통해 결국 회사가 주주인 원고들에 대하여 부담하는 배당금 채무는 전부 면제되었다.

4. 원고들은 2010. 4.경 법원의 회생절차 결과로 인해 결국 결의만 되고 실제로 지급받지 못한 미수령 배당금(이하 '이 사건 미수령 배당금'이라 한다)에 해당하는 금액을 제외하여 2007년 종합소득세를 다시 계산하여야 한다는 취지로 경정청구를 하였다. 피고는 원고들의 이와 같은 경정청구를 거부하였다.

---

1) 쟁점을 부각하여 평석을 또렷하게 하기 위하여, 사실관계는 핵심만으로 압축하였다.

Ⅱ ▶ 관련 규정 및 쟁점

쟁점은 크게 두 가지로 나누어 볼 수 있다. 첫째는, 당초 세법상 "확정"된 것으로 보아 원천징수 (납부)까지 마친 배당소득에 관한 소득세를, 나중에 소득의 원인이 된 채권이 채무자의 도산 등으로 인하여 회수불능이 되어 장래 그 소득이 실현될 가능성이 전혀 없게 된 것이 객관적으로 명백하게 되었을 때, 그 확정을 취소 내지 경정하고 세금을 환급하는 것이 옳은지 판단이 필요하다. 이는 이미 확정된 (특히, 배당소득에 관한) 조세채권을 "회수불능"을 이유로 복멸(覆滅)할 수 있는지에 관한 실체 판단에 해당한다. 둘째는 만약 그렇게 할 수 있다면, 현행 세법상 당초 신고납부로 인한 "확정"이 잘못된 것으로 보고 통상의 경정청구를 받아들이는 것이 타당한지, 아니면 당초의 확정을 소급해 문제삼지 아니하고, (청구사유가 한정적으로 열거되어 있는) 국세기본법 제45조의2 제2항에서 정하는 후발적 경정청구를 통해 전진적으로 이를 해소하는 것이 타당한지의 절차 문제이다.

Ⅲ ▶ 법원의 판단

1. 원심법원의 판단

권리확정주의는 실질적으로는 불확실한 소득에 대하여 장래 그것이 실현될 것을 전제로 하여 미리 과세하는 것을 허용한 것이다. 따라서 소득의 원인이 되는 채권이 발생된 때라 하더라도 그 과세대상이 되는 채권이 채무자의 도산 등으로 인하여 회수불능이 되어 장래 그 소득이 실현될 가능성이 전혀 없게 된 것이 객관적으로 명백한 때에는 그 경제적 이득을 대상으로 하는 소득세는 그 전제를 잃게 되고, 그와 같은 소득을 과세소득으로 하여 소득세를 부과할 수 없다. 그런데 원고들의 A와 B에 관련된 배당금채권 중 쟁점금액 부분에 관하여 구체적인 거래내용과 그 후의 정황 등을 따져서 채무자의 자산상황, 지급능력 등을 종합하여 사회통념에 의하여 객관적으로 평가해 볼 때, 이는 채무자의 도산 등으로 인하여 회수불능이 되어 장래 그 소득이 실현될 가능성이 전혀 없게 된 것이 객관적으로 명백한 때에 해당한다. 따라서 원고들의 배당금채권 중 쟁점금액 부분의 경제적 이득을 대상으로 하는 배당소득세는 그 전제를 잃게 되었으므로 이러한 소득을 과세소득으로 하여 원고들에게 배당소득세를 부과할 수 없다.

2. 대법원의 판단

후발적 경정청구제도의 취지, 권리확정주의의 의의와 기능 및 한계 등에 비추어 보면, 소득의 원인이 되는 권리가 확정적으로 발생하여 과세요건이 충족됨으로써 일단 납세의무가 성립하였다 하더라도 그 후 일정한 후발적 사유의 발생으로 말미암아 소득이 실현되지 아니하는 것으로 확정됨으로써 당초 성립하였던 납세의무가 그 전제를 잃게 되었다면, 사업소득에서의 대손금과 같이 소득세법이나 관련 법령에서 특정한 후발적 사유의 발생으로 말미암아 실현되지 아니한 소득금액을 그 후발적 사유가 발생한 사업연도의 소득금액에 대한 차감사유로 별도로 규정하고 있다는 등의 특별한 사정이 없는 한, 납세자는 국세기본법 제45조의2 제2항 등이 규정한 후발적 경정청구를 하여 그 납세의무의 부담에서 벗어날 수 있다고 보아야 한다. 이 사건의 사실관계를 이러한 법리에 비추어 보면, 이 사건 배당금에 대한 배당 결의에 따라 원고들의 미수령 배당금에 대한 권리가 확정적으로 발생하였다고 하더라도 그 후 이 사건 미수령 배당금채권은 배당 회사들의 도산 등으로 인하여 회수불능이 되어 장래 그 소득이 실현될 가능성이 전혀 없게 된 것이 객관적으로 명백하고, 이는 국세기본법 시행령 제25조의2 제2호에 준하는 사유로서 국세기본법 시행령 제25조의2 제4호가 규정한 후발적 경정청구사유에 해당한다.

Ⅳ ▶ 해설

1. 소득세가 신고, 납부된 배당소득에 대해 이후 회수불능이 발생한 경우(=실체판단)

배당소득의 귀속시기는 배당 결의일이다.[2] 판례도 '법인의 주주들에 대한 배당소득은 배당법인의 잉여금 처분결의일에 의하여 배당청구권이 확정되므로, 이때에 소득이 확정적으로 발생하였다'는 취지로 판시하였고(대법원 1984. 12. 26. 선고 84누594 판결 등), 이 사안에서 원고들도 이에 따라 이미 소득의 납부(원천징수)와 신고(종합소득세 신고)를 모두 마쳤다. 이에 대하여, 대법원은 판례를 통해 이른바 '회수불능의 법리'를 발전시켜 왔다.[3] 소득의 원인이 되는 채권이 발생된 때라 하더라

---

[2] 구 소득세법(2008. 12. 26. 법률 제9270호로 개정되기 전의 것) 제40조 제1항, 구 소득세법 시행령(2008. 2. 22. 대통령령 제20618호로 개정되기 전의 것) 제46조 제2호.

[3] 마옥현, "회수불능과 후발적 경정청구", 「조세와 법」 제7권 제1호, 서울시립대학교 법학연구소, 2014, 105면에서는 이러한 판례의 법리는 "확립된" 것이라고 한다. 조윤희·하태흥, "2013년 조세 분야 판례의 동향", 「특별법 연구」 제11권, 사법발전재단, 2014, 707면에서도 일련의 대법원 판결이 이러한 법리를 발전시켜 왔다고 하고 있다.

도 그 과세대상이 되는 채권이 채무자의 도산 등으로 인하여 회수불능이 되어 소득이 실현될 가능성이 전혀 없게 된 것이 객관적으로 명백한 때에는 경제적 이득을 대상으로 하는 소득세의 과세는 그 전제를 잃게 되고 따라서 이러한 경우에는 그 소득을 과세대상으로 하여 소득세를 부과할 수는 없다는 것이다.[4] 이러한 생각은 헌법재판소 2000. 2. 24. 선고 97헌마13, 245(병합) 결정에서 근거를 찾아볼 수 있다. 동 결정은 후발적 경정청구 제도가 도입되기 이전에도 경정청구권을 조리상 인정하면서, "실체적으로 존재하지도 않는 납세의무를 국민에게 부담시키는 결과는 (중략) 아무런 근거 없이 국민의 재산을 빼앗는 것이 되어 조세법률주의 및 재산권을 보장하고 있는 헌법규정에 위배"된다고 하였다. 이러한 생각에 비추어 보면, 배당소득을 먼저 신고, 납부하였지만, 회사의 도산으로 이를 받지 못하게 되었다면, 해당 소득은 없기 때문에 국가는 이를 "돌려주어야 한다"는 실체판단에 이르게 된다.

2. 통상적 경정청구와 후발적 경정청구

문제는 그 방법이다. 원심과 대상판결은 이 지점에서 다른 길을 간 것으로 보인다. 원심은 당초 신고의 확정 자체를 소급하여 풀면서 (원고가 구한) 통상의 경정청구를 인용하는 방식으로 논리를 구성하였다. 반면, 대법원은 시간의 흐름 속에서 사후적인 상황변경이 생긴 것이므로 이를 사유로 한 후발적 경정청구로 원고들의 권리를 구제하였다. 후자가 사리에 더 부합하는 면이 있고 일본에서의 해석례와 입법례도 있기는 하지만,[5] 이에 대해서는 필요성 내지 당위성만으로 사유가 열거된 후발적 경정청구를 허용하는 것은 문언의 한계를 넘는 해석이라는 비판도 있다.[6]

---

4) 대법원 1984. 3. 13. 선고 83누720 판결, 대법원 1986. 7. 8. 선고 85누518 판결, 대법원 1987. 5. 26. 선고 87누26 판결, 대법원 1987. 6. 23. 선고 87누166 판결, 대법원 1987. 10. 28. 선고 87누34 판결, 대법원 1988. 9. 20. 선고 86누118 판결, 대법원 1989. 9. 12. 선고 89누1896 판결, 대법원 1990. 7. 10. 선고 89누4048 판결, 대법원 1992. 7. 14. 선고 92누4048 판결, 대법원 1996. 12. 10. 선고 96누11105 판결 등.

5) 마옥현, 앞의 논문, 107~109면 참조.

6) 강성모 · 박훈, "2014년도 국세기본법 및 부가가치세법 판례회고", 「조세법연구」 제21집 제1호, 한국세법학회, 2015, 363면.

13

후발적 경정청구사유인 '판결' 해당 여부

유 철 형

후발적 경정청구사유인 '판결' 해당 여부

[대법원 2020. 11. 26. 선고 2014두46485 판결]

유철형 (법무법인 태평양 변호사)

I ▶ 사실관계 및 사건의 경과

원고는 배우자에게 이 사건 토지를 증여하여 소유권이전등기를 경료하였는데, 배우자는 그 직후 사망하였다. 원고의 채권자들은 위 증여계약의 취소와 소유권이전등기의 말소등기절차 이행을 구하는 사해행위취소의 소를 제기하였다. 피고는 상속인인 원고, 갑, 을에게 이 사건 토지의 가액을 상속재산가액에 포함하여 상속세를 결정·고지하였고, 원고가 심판청구를 하였으나, 조세심판원은 이를 기각하였다. 원고의 채권자들이 사해행위취소소송에서 승소확정 판결을 받은 후 원고는 피고에게, 위 사해행위취소의 확정판결에 따라 상속 개시 당시 피상속인(원고의 배우자)이 이 사건 토지의 소유권을 보유하고 있지 않았으므로, 이 사건 토지를 상속재산가액에서 제외하여 상속세를 환급해 달라는 경정청구를 하였으나, 피고가 이를 거부하였다.

II ▶ 관련 규정 및 쟁점

1. 관련 규정

구 국세기본법(2013. 1. 1. 법률 제11604호로 개정되기 전의 것) 제45조의2 제2항 제1호

최초의 신고·결정 또는 경정에서 과세표준 및 세액의 계산 근거가 된 거래 또는 행위 등이 그에 관한 소송에 대한 판결(판결과 같은 효력을 가지는 화해나 그 밖의 행위를 포함한다)에 의하여 다른 것으로 확정되었을 때

2. 쟁점

이 사건의 쟁점은 피상속인이 사해행위로 취득한 재산이 상속된 이후 민사판결로 사해행위가 취소되었을 때 상속인은 후발적 경정청구를 하여 상속세 납세의무를 면할 수 있는지 여부이다.

Ⅲ ▶ 법원의 판단

채권자취소권의 행사로 사해행위가 취소되고 일탈재산이 원상회복되더라도, 채무자가 일탈재산에 대한 권리를 직접 취득하는 것이 아니고 사해행위취소의 효력이 소급하여 채무자의 책임재산으로 회복되는 것도 아니다(대법원 2000. 12. 8. 선고 98두11458 판결, 대법원 2006. 7. 24. 선고 2004다23127 판결, 대법원 2012. 8. 23. 선고 2012두8151 판결 등 참조). 따라서 재산을 증여받은 수증자가 사망하여 증여받은 재산을 상속재산으로 한 상속개시가 이루어졌다면, 이후 사해행위취소 판결에 의하여 그 증여계약이 취소되고 상속재산이 증여자의 책임재산으로 원상회복되었다고 하더라도, 수증자의 상속인은 국세기본법 제45조의2 제2항이 정한 후발적 경정청구를 통하여 상속재산에 대한 상속세 납세의무를 면할 수 없다.

Ⅳ ▶ 해설

1. 후발적 경정청구 관련

(1) 후발적 경정청구사유에 관한 최근 판례의 경향

대법원은 매매계약의 조건 이행이 불가능하여 대금을 감액한 사안(대법원 2013. 12. 26. 선고 2011두1245 판결), 배당결의에 따른 배당금을 종합소득으로 신고·납부한 이후 채무자회사의 부도에 따른 회생계획인가결정에서 배당금 채권이 면제됨으로써 회수불능이 된 사안(대법원 2014. 1. 29. 선고 2013두18810 판결), 건설회사가 아파트를 신축·분양하던 도중 사업연도를 달리하여 분양계약이 해지되어 분양대금을 반환한 사안(대법원 2014. 3. 13. 선고 2012두10611 판결), 형법상 뇌물, 알선수재, 배임수재 등의 범죄에서 몰수나 추징이 이루어진 사안(대법원 2015. 7. 16. 선고 2014두5514 전원합의체 판결), 급여와 퇴직금채무가 회생계획인가결정으로 면제된 사안(대법원 2018. 5. 15. 선고 2018두30471 판결) 등에서 후발적 경정청구를 인정하는 등 후발적 경정청구사유를 문언보다 넓게 해석하여 납세의무자의 권리구제를 확대하고 있다.

(2) 후발적 경정청구사유인 '판결'의 범위

대법원은 국세기본법과 관세법, 지방세기본법에서 정한 후발적 경정청구사유 중 하나인 '거래 또는 행위 등이 그에 관한 소송에 대한 판결에 의하여 다른 것으로 확정된 경우'란 '최초의 신고 등이 이루어진 후 과세표준 및 세액의 계산근거가 된 거래 또는 행위 등에 관한 분쟁이 발생하여 그에 관한 소송에서 판결에 의하여 그 거래 또는 행위 등의 존부나 그 법률효과 등이 다른 내용의 깃으로 확정됨으로써 최초의 신고 등이 정당하게 유지될 수 없게 된 경우'를 의미한다고 일관되게 판시해 오고 있다.[1]

위와 같은 법리에 따라 사인 간의 다툼을 판단하는 민사판결이 후발적 경정청구사유인 '판결'에 해당된다는 점에 대해서는 다툼이 없다(대법원 2006. 1. 26. 선고 2005두7006 판결, 대법원 2017. 9. 7. 선고 2017두41740 판결 등). 그런데 대법원은 지급수수료의 손금귀속시기만을 한 달씩 늦춘 과세관청의 손금귀속방법이 위법하다고 판단하여 1992 내지 1995 사업연도의 법인세 부과처분을 취소한 확정판결이 1996 사업연도 귀속 지급수수료에 대하여 후발적 경정청구사유에 해당되지 않는다고 하였고(대법원 2008. 7. 24. 선고 2006두10023 판결), 조세포탈죄로 기소되었으나 납세의무자가 피고인이 아니라 제3자라는 이유로 무죄확정 판결이 나온 사안에서, 형사사건의 재판절차에서 납세의무의 존부나 범위에 관한 판단을 기초로 판결이 확정되었다 하더라도, 이는 특별한 사정이 없는 한 후발적 경정청구사유에 해당한다고 볼 수 없다고 판시(대법원 2020. 1. 9. 선고 2018두61888 판결)하는 등 조세소송판결이나 형사판결은 후발적 경정청구사유인 '판결'에 해당되지 않는다는 입장이다.

그러나 후발적 경정청구 관련 규정의 문언과 법리, 입법취지, 후발적 경정청구사유를 확대하고 있는 최근 판례 경향, 2022. 12. 31. 법률 제19189호로 개정 시 국세기본법 제45조의2 제2항 제1호에 '제7장에 따른 심사청구, 심판청구, 「감사원법」에 따른 심사청구에 대한 결정'이 후발적 경정청구사유로 추가된 점 등을 종합하면, 후발적 경정청구사유인 '판결'에 해당되는지 여부는 민사판결, 조세소송 판결, 형사판결 등 판결의 유형으로 판단할 것이 아니라, 판결의 내용으로 보아 당초 과세표준 및 세액의 계산근거가 된 거래 또는 행위 등의 존부나 법률효과 등이 다른 것으로 확정되었는지 여부로 판단하는 것이 타당하다. 이에 따라 확정된 판결에 의하여 거래 또는 행위 등의 존부나 법률효과 등이 다른 것으로 확정되었다면 판결의 유형에 관계없이 후발적 경정청구사유인 '판결'로 봄이 타당하다.[2]

---

[1] 대법원 2006. 1. 26. 선고 2005두7006 판결, 대법원 2008. 7. 24. 선고 2006두10023 판결, 대법원 2011. 7. 28. 선고 2009두22379 판결, 대법원 2017. 9. 7. 선고 2017두41740 판결, 대법원 2020. 1. 9. 선고 2018두61888 판결 등.

[2] 박진호, "2020년 국세기본법 및 소득세법 판례회고", 「조세법연구」 제27집 제2호, 한국세법학회, 2021, 11-

2. 이 사건 판결의 의의

이 사건 판결은 채권자취소권의 행사로 사해행위가 취소되고 일탈재산이 원상회복되더라도 채무자가 일탈재산에 대한 권리를 직접 취득하는 것이 아니고, 사해행위의 효력에 소급효가 없다는 채권자취소권의 법리를 근거로 하여 사해행위취소 판결이 후발적 경정청구사유가 되지 않는다는 기존의 판례를 다시 한번 확인해 준 판결이다.

그러나 민사판결은 위 '판결'에 해당된다는 것이 일관된 판례의 입장이고, 이 사건 판결의 사안은 당초 상속세 과세표준 및 세액의 계산근거가 된 거래(증여)에 관한 분쟁이 발생하여 그에 관한 소송(사해행위취소소송)에서 판결에 의하여 거래의 존부와 법률효과가 다른 내용의 것으로 확정(상속재산인 수증자의 재산에서 증여자의 재산으로 원상회복)된 경우에 해당된다는 점 등을 종합하여 보면, 이 사건 토지의 증여와 그에 이은 상속에 따라 이 사건 토지를 상속재산으로 하여 성립한 상속세 납세의무는 그 이후 발생한 사해행위취소 판결로 인하여 증여자의 책임재산으로 원상회복됨(상속재산을 상실함)으로써 당초 성립하였던 상속세 납세의무가 전제를 잃게 된 것이고, 이는 납세의무 성립 후 사해행위취소 판결이라는 후발적 사유의 발생으로 말미암아 과세표준 및 세액의 산정기초에 변동이 생긴 경우이므로 후발적 경정청구 대상이 된다고 봄이 타당하다.[3)]

14면; 유철형, 『유철형의 판세5』, 세정일보, 2021, 30－36면; 유철형, "후발적 경정청구사유인 '판결'의 범위에 관한 연구", 「조세법연구」 제26집 제3호, 한국세법학회, 2020, 147－181면; 이전오, "후발적 경정청구사유에 관한 비판적 고찰", 「조세논총」 제7권 제4호, 한국조세법학회, 2022, 79－80면.

3) 유철형, 앞의 책, 451－461면; 이전오, 앞의 논문, 80－81면.

14

당초신고와 증액경정처분의 관계

이 정 렬

당초신고와 증액경정처분의 관계

[대법원 2013. 4. 18. 선고 2010두11733 전원합의체 판결]

이정렬 (법무법인 세종 변호사)

I ▸ 사실관계 및 사건의 경과

원고를 비롯한 남대문 상가 약 1,223개 업체의 세무신고 및 기장 대리를 담당했던 A회계사무소의 실질적 운영자 소외인은 위 업체들에 대한 부가가치세 신고를 하면서 기장업체의 부가가치세 매출과세표준과 매입세액 및 납부세액을 일정하게 맞추기 위하여 실지거래 없이 상호합의하에 매출·매입세금계산서를 주고받는 교차거래를 하였고, 이와 같이 매출과세표준 및 매입세액을 조정하는 방법으로 공급가액 합계 219,849,000,000원 상당의 세금계산서를 발행하였다.

원고들은 소외인이 발행한 각 매입세금계산서에 관한 매입세액을 과세기간별 매출세액에서 공제하여 부가가치세 신고를 하였다.

피고는 위 각 매입세금계산서가 사실과 다른 세금계산서라는 이유로 위 매입세액을 불공제하여 2007. 10. 11. 부가가치세를 경정·고지(이하 '이 사건 각 처분'이라 한다)하였다.

II ▸ 관련 규정 및 쟁점

1. 관련 규정

국세기본법 제22조의3, 제45조의2 제1항

2. 쟁점

증액경정처분의 취소를 구하는 항고소송에서 과세관청의 증액경정사유뿐만 아니라 당초신고에 관한 과다신고사유도 함께 주장하여 다툴 수 있는지 여부이다.

III ▶ 법원의 판단

대법원은 납세의무자의 과세표준 및 세액 신고에 대해 과세관청이 증액경정처분을 한 경우 납세의무자는 국세기본법 제45조의2 제1항에 의하여 증액경정처분에 대한 경정청구를 할 수 있을 뿐만 아니라 위 경정청구와 별도로 증액경정처분의 취소를 구하는 항고소송을 제기하는 방법으로도 증액경정처분을 다툴 수 있다고 판단하고, 이와 달리 판단한 원심판결을 파기했다.

대법원은 그 이유로 과세표준과 세액을 증액하는 증액경정처분은 당초 납세의무자가 신고하거나 과세관청이 결정한 과세표준과 세액을 그대로 둔 채 탈루된 부분만을 추가로 확정하는 처분이 아니라 당초신고나 결정에서 확정된 과세표준과 세액을 포함하여 전체로서 하나의 과세표준과 세액을 다시 결정하는 것이므로, 당초신고나 결정에 대한 불복기간의 경과 여부 등에 관계없이 오직 증액경정처분만이 항고소송의 심판대상이 되는 점을 들면서, 아래에서 서술할 이른바 '흡수설'이 당초 '처분'과 증액경정처분 간에만 적용되는 것이 아니라 당초'신고'와의 관계에서도 적용된다고 판단하였다.

경정청구나 부과처분에 대한 항고소송은 모두 정당한 과세표준과 세액의 존부를 정하고자 하는 동일한 목적을 가진 불복수단으로서 납세의무자로 하여금 과다신고사유에 대하여는 경정청구로써, 과세관청의 증액경정사유에 대하여는 항고소송으로써 각각 다투게 하는 것은 납세의무자의 권익보호나 소송경제에도 부합하지 않는다는 것이다.

또한, 증액경정처분의 취소를 구하는 항고소송에서 증액경정처분의 위법 여부는 그 세액이 정당한 세액을 초과하는지 여부에 의하여 판단하여야 하고 당초신고에 관한 과다신고사유나 과세관청의 증액경정사유는 증액경정처분의 위법성을 뒷받침하는 개개의 위법사유에 불과하다고 보았다.

이 판결은 원심법원이 판단의 근거로 설시한 대법원 2005. 11. 10. 선고 2004두9197 판결과 배치되는데, 이에 대해 대법원은 위 대법원 판결 중 해당 부분의 견해를 변경한다고 밝혔다.

IV ▶ 해설

1. 당초'처분'과 증액경정처분 간의 관계에 관한 논의

당초'처분'이 있고, 그 처분에서 정해진 과세표준과 세액을 늘리는 증액경정처분이 그 이후에 있을 때, 두 개의 처분이 존재하는 것으로 보아 각각 불복의 대상이 되는지 혹은 증액경정처분은 증액 부분뿐만 아니라 당초처분에서 정한 부분을 포함한 과세표준과 세액 전체를 새로이 확정하는 처분으로 당초처분은 증액경정처분에 흡수되는 것인지에 대해 여러 학설이 있다. 통상 전자를 '병존설'이라 하고, 후자를 '흡수(소멸)설'이라 한다. 그 외에도 '역흡수설', '병존적 흡수설' 등 이에 관해 다양한 이론이 있다.

대법원은 일관되게 '흡수설'을 취해왔다. 대법원의 판시내용을 그대로 옮기면, "증액경정처분은 당초신고하거나 결정된 과세표준과 세액을 그대로 둔 채 탈루된 부분만을 추가하는 것이 아니라 증액되는 부분을 포함시켜 전체로서 하나의 과세표준과 세액을 다시 결정하는 것이므로, 당초 한 신고나 결정은 증액경정처분에 흡수됨으로써 독립된 존재가치를 잃고 그 효력이 소멸되어, 납세의무자는 그 증액경정처분만을 쟁송의 대상으로 삼아 당초신고하거나 결정된 과세표준과 세액에 대하여까지도 함께 취소를 청구할 수 있는 것"이라고 한다(대법원 1992. 5. 26. 선고 91누9596 판결).

국세기본법이 2002년 개정되면서 제22조의2(현행 국세기본법 제22조의3)가 신설되어 제1항에 "세법에 따라 당초 확정된 세액을 증가시키는 경정(更正)은 당초 확정된 세액에 관한 이 법 또는 세법에서 규정하는 권리·의무관계에 영향을 미치지 아니한다"고 규정함으로써 흡수설은 더 이상 유지하기 어렵게 되었다는 견해도 있으나 대법원은 그 이후에도 흡수설을 일관하고 있다. 위 규정의 입법취지는 "증액경정처분이 있더라도 불복기간의 경과 등으로 확정된 당초신고 또는 결정에서의 세액만큼은 그 불복을 제한"하기 위한 것일 뿐이라는 것이다(대법원 2009. 5. 14. 선고 2006두17390 판결).

2. 이 사건 판결의 의의: 당초'신고'와 증액경정처분 간의 관계

흡수설을 취하더라도 당초'신고'가 증액경정처분에 흡수된다는 결론으로 곧바로 이어지는 것은 아니다. 신고와 증액경정처분은 그 주체와 법적 성격에 차이가 있기 때문에 후자에 전자가 흡수된다고 보는 것은 부자연스러운 측면이 있다. 종래 대법원도 "신고납세방식의 조세인 부가가치세에 있어서 납세의무자가 매출로 신고한 부분은 그대로 확정되는 것이어서(매출세액 등이 과다신고된 경우라면 납세의무자가 감액경정청구 등의 절차를 밟아야 할 것이다) 그 매출로 신고한 부분을 형평의 원칙상 전체 매출액에서 공제하여야 한다고 볼 것도 아니"라고 판시함으로써 증액경정처분에 대한 불복과정에서 확정적 효력을 갖는 당초신고 부분에 대해서는 다툴 수 없다고 보았다.

그러나 쟁점판결은 위 판결을 폐기하고 증액경정처분에 당초'신고'도 흡수되어 증액경정처분에 대한 불복과정에서 당초신고 부분도 다툴 수 있다는 점을 분명히 하였다는 데에 의미가 있다.

15

구 국세기본법 제22조의2 시행 후 당초처분에 대하여
증액경정처분이 있는 경우 항고소송의 심판대상 및
그 항고소송에서 주장할 수 있는 위법사유의 범위

손병준

구 국세기본법 제22조의2 시행 후 당초처분에 대하여 증액경정처분이 있는 경우 항고소송의 심판대상 및 그 항고소송에서 주장할 수 있는 위법사유의 범위

[대법원 2009. 5. 14. 선고 2006두17390 판결][1]

손병준 (법무법인 광장 변호사)

I ▶ 사실관계 및 사건의 경과

1. 원고의 종합소득세 신고 경위

원고는 여성의류를 제조하거나 매수하여 판매하다가 2000. 10.경 폐업신고 후 매출액 2,689,239,466 원 중 당시 A가 이사로 있는 '甲'을 통해 매입한 블라우스 등에 대한 합계 253,145,080원(이하 '이 사건 원가'라 한다) 상당액을 포함한 매출원가 2,303,506,260원을 공제한 매출총이익 385,733,206원에서 직원급여 등 합계 179,125,000원을 포함한 판매·일반관리비를 공제한 다음 결정세액을 27,871,820 원으로 하여 2001. 5. 31. 2000년(과세기간 2000. 1. 1. ~ 2000. 9. 30.) 귀속 종합소득세를 신고하였다.

2. 피고의 부과처분 경위

(1) 피고의 증액경정경위

피고는 '甲'을 위장사업자로 보아 이 사건 원가를 필요경비에서 불산입하여 2003. 10. 10. 원고에 대하여 2000년 귀속 종합소득세 147,358,090원을 증액[총결정세액은 191,325,490원(= 결정세액 129,086,122원 + 신고불성실 가산세 18,214,109원 + 납부불성실 가산세 44,025,264원)] 경정·고지[2]하였다.

---

1) 이 글은 필자가 대법원 판결을 위한 재판연구관 보고서를 작성한 당시의 문헌 등을 기준으로 작성하되, 그 이후 판결 내용도 추가하였음을 밝혀 둔다. 더 구체적인 것은 손병준, "국세기본법 제22조의2의 시행 이후 당초처분에 대하여 증액경정처분이 있는 경우 항고소송의 심판대상 및 그 항고소송에서 주장할 수 있는 위법사유의 범위", 「대법원판례해설」 제80호, 법원도서관, 2009, 157 - 173면 참조.
2) 2001. 10. 4. 중소제조업특별세액 감면분 15,256,851원의 추징 및 납부불성실 가산세 838,727원 합계 16,095,578원을 증액하여 총결정세액 43,967,400원으로 결정하는 처분 이후 이루어진 재경정결정이다.

(2) 피고의 이 사건 부과처분 경위

조세심판원이 이 사건 원가 중 9,090,909원은 지급사실이 인정된다고 결정함에 따라, 피고는 원고 2000년 귀속 종합소득세 총결정세액을 185,422,150원으로 본세 및 가산세 모두 감액하여 경정·고지 하였다.

Ⅱ 관련 규정 및 쟁점

1. 관련 규정

◆ 구 국세기본법(2010. 1. 1. 법률 제9911호로 개정되기 전의 것, 이하 같다)
제22조의2(경정 등의 효력) ① 세법의 규정에 의하여 당초 확정된 세액을 증가시키는 경정은 당초 확정된 세액에 관한 이 법 또는 세법에서 규정하는 권리·의무관계에 영향을 미치지 아니한다.

2. 쟁점

구 국세기본법 제22조의2 시행 후 증액경정처분이 있는 경우 항고소송의 심판대상을 어느 것으로 볼 것인지와 그 항고소송에서 당초신고 내지 결정과 증액경정처분에 대한 위법사유를 함께 주장할 수 있는지 여부이다.

Ⅲ 법원의 판단[3]

구 국세기본법 제22조의2 시행 후 증액경정처분이 있는 경우에도 당초신고나 결정은 증액경정처분에 흡수됨으로써 독립된 존재가치를 잃게 된다고 보아야 할 것이므로, 원칙적으로는 당초신고나 결정에 대한 불복기간의 경과 여부 등에 관계없이 증액경정처분만이 항고소송의 심판대상이 되고, 납세의무자는 그 항고소송에서 당초신고나 결정에 대한 위법사유도 함께 주장할 수 있다고 해석함이 타당하다.

---

3) 원심법원 판단 역시 대법원 판단과 같은 취지이므로 생략한다.

Ⅳ 해설

1. 이 사건 판결의 의의

이 사건 판결은 당초처분과 증액경정처분의 관계에 관한 구 국세기본법 제22조의2 시행 후 항고소송에서의 심판대상과 위법사유 주장 범위에 관한 최초의 판결이라는 점에 의의가 있다.[4][5]

이하에서 구 국세기본법 세22조의2 시행 후 증액경정처분이 있는 경우 항고소송에서의 심판대상과 위법사유 주장 범위에 관하여 살펴보되, 관련된 문제점들도 간단히 언급하고자 한다.

2. 구 국세기본법 제22조의2 시행 후 당초처분에 대하여 증액경정처분이 있는 경우 항고소송의 심판대상을 어느 것으로 볼 것인지

(1) 견해의 대립

이에 관하여는 크게 나누어, ① 당초처분은 증액경정처분에 흡수되므로 원칙적으로 증액경정처분만을 심판대상으로 삼아야 한다는 흡수설과 ② 당초처분과 증액경정처분은 각각 별개의 처분이므로 그 각각을 심판대상으로 삼아야 한다는 병존설의 대립이 있다. 그 외에 ③ 역흡수병존설 등도 있다.

(2) 각 견해의 내용과 논거 등

1) 흡수설

종전 판례(대법원 2000. 9. 8. 선고 98두16149 판결 등) 이론과 같이, 원칙적으로 증액경정처분만을 소송물(심판대상)로 삼아야 하고, 당초처분에 대한 쟁송 중 증액경정처분이 있는 경우 소송물을 증액경정처분으로 변경하는 내용의 소변경절차를 취하여야 한다는 견해로서, 그 논거로는 ① 증액경정처분은 당초처분에 의한 과세표준과 세액을 그대로 둔 채 탈루된 부분만을 추가하는 것이 아니라 증액되는 부분을 포함시켜 전체로서 하나의 과세표준과 세액을 다시 결정하는 처분[6]이므로, 쟁송절차에서도 당초처분과 증액경정처분을 통일적·일체적으로 심리할 필요가 있다.[7] ② 또한 과세처

---

4) 이 판결의 취지에 따라 '과다신고분을 다투기 위해서는 감액경정청구절차를 밟아야 하고 부과처분에 대한 취소소송에서는 과다신고사유를 주장할 수 없다'는 취지의 대법원 2005. 11. 10. 선고 2004두9197 판결은 대법원 2013. 4. 18. 선고 2010두11733 전원합의체 판결에 의하여 변경되었다.

5) 이 판결 선고 이후 논문으로, 김동훈, "국세기본법 제22조의2 시행 후 증액경정처분의 경우에 있어서 심판의 대상과 범위", 「법학논총」 제34권 제2호, 2010; 김선아, "당초처분과 경정처분의 법률관계에 대한 검토", 「재판자료」 제125집, 법원도서관, 2013; 이전오, "당초 과세처분과 증액경정처분의 관계에 대한 연구: 대법원 2009. 5. 14. 선고 2006두17390 판결 평석", 「성균관법학」 제21권 제2호, 2009 등이 있다.

6) 대법원 1992. 5. 26. 선고 91누9596 판결, 대법원 2005. 6. 10. 선고 2003두12721 판결 등.

분 취소소송에서의 소송물은 그 취소원인이 되는 위법성 일반 또는 과세관청의 처분에 의하여 인정된 과세표준 및 세액의 객관적 존부이고, 따라서 과세표준 및 세액의 인정이 위법이라고 내세우는 개개의 위법사유는 자기의 청구가 정당하다고 주장하는 공격방어방법에 불과하다[8]는 총액주의라고 보는 이상 흡수설이 필연이며, 당초처분과 증액경정처분을 병존하는 별개의 처분으로 다투어야 한다는 말은 각 처분이유가 옳은가를 다투는 쟁점주의가 될 수밖에 없기 때문이다.[9][10]

　이에 대해, ① 납세의무자는 증액경정처분 후에도 당초처분만 다투고 싶을 수 있는데, 증액경정처분이 있다고 하여 소변경절차를 강제하고, 나아가 소변경설차를 하지 않았다고 하여 부적법 각하까지 하는 것은 처분권주의에 반하고, ② 구 국세기본법 제22조의2 제1항의 "확정"을 납세의무의 확정으로 이해하는 경우 흡수설의 견해를 취하는 것은 같은 항의 "권리·의무" 중 실체법적 부분과 소송법적 부분을 구분하여 달리 해석하는 결과가 되어 일관성을 결여하게 된다는 비판이 있다.

2) 병존설

　당초처분과 증액경정처분은 별개의 처분임을 전제로 각각 독립하여 소송물이 되고,[11] 따라서 당초처분만을 소송물로 삼았다고 하여 소각하 등의 불이익을 받지 아니한다고 한다(이 견해도 전치절차와 관련하여, 전치절차도 모두 각각 거쳐야 한다고 엄격하게 해석하는 견해[12]와 종전 판례 이론과 같이 해석하고자 하는 견해[13]로 나뉜다).

　이 견해의 논거로는 ① 구 국세기본법 제22조의2 제1항의 문리해석에 부합되고, 구 국세기본법 제22조의2 제1항의 "확정"을 납세의무의 확정으로 해석할 경우 흡수설은 논리 일관되지 못하는 점이 있으며, ② 당사자의 처분권주의에도 부합된다는 점이다. 이에 대한 비판은 흡수설의 논거를 참고하기 바란다.

3) 역흡수병존설

　원칙적으로 소송물은 경정처분의 효력으로 증감된 당초처분이 되고, 당초처분에 대한 소송 계속 중 경정처분이 행하여진 경우 그 증감된 세액으로 소송대상을 변경하면 되며, 그 변경은 청구취지 변경절차로써 족하고, 다만 당초처분에 대한 불복기간의 경과 등으로 더 이상 다툴 수 없는 상태(이하 '불가쟁력'이라 한다)에서 증액경정처분이 행하여진 경우에는 당초처분과 병존하는 증액경정처분만

---

7) 소순무, 『조세소송(개정4판)』, 영회조세통람, 2008, 318면; 최명근, 『세법학총론』, 세경사, 2006, 390면.
8) 대법원 1992. 2. 25. 선고 91누6108 판결, 대법원 1997. 5. 16. 선고 96누8796 판결, 대법원 2004. 8. 16. 선고 2002두9261 판결.
9) 이창희, 『세법강의』, 박영사, 2008, 221－227면.
10) 흡수설의 더 구체적인 논거는 손병준, 앞의 논문, 164－166면 참조.
11) 김완석, "국세기본법 제22조의 2의 해석론", 「중앙법학」제5집 제2호, 50면; 사법연수원, 『조세소송연구』, 2008, 91－92면; 윤준미, "국세기본법 제22조의2", 「Jurist」제391권, 청림 인터렉티브, 64면; 정해남, "당초처분과 경정처분의 법률관계 제고－증액경정처분을 중심으로－", 「경기법조」제11호, 2004, 529－530면.
12) 김완석, 앞의 논문, 50면.
13) 사법연수원, 앞의 책, 9면; 정해남, 앞의 논문, 529－530면.

을 소송물로 한다는 견해로서,14) 이 견해의 논거로는 경정처분은 당초처분과 결합하여 일체로서 병존하면서 당초처분에 의하여 확정된 과세표준과 세액을 증감시키는 효력을 가질 뿐 당초처분과 경정처분은 별개의 처분이 아니고, 경정처분시 내부적으로는 관련된 전체 조세사실관계를 조사하지만 납세의무자에게 당초처분과의 차액만을 납세고지하는 세무행정의 실무에 부합한다는 점이다.15)

(3) 소결16)

① 증액경정처분의 특성과 소송물로서의 총액주의, ② 구 국세기본법 제22조의2 제1항의 "확정"을 납세의무의 확정으로 해석하기가 쉽지 않은 점, ③ 병존설에 의할 경우 모순된 소송결과가 발생할 위험이 존재하는 점 등 흡수설의 논거 등에 비추어 볼 때, 흡수설이 타당하다고 판단된다. 그리고 대법원 1993. 12. 21. 선고 92누14441 판결 취지에 따라 법원으로서는 구 국세기본법 제22조의2 시행 후에도 흡수설을 유지함으로써 납세의무자가 받을 불이익이 없도록 적극적으로 석명권을 행사하여야 할 것으로 본다. 대법원 2013. 2. 14. 선고 2011두25005 판결도 당초처분에 존재하고 있다고 주장되는 위법사유가 증액경정처분에도 마찬가지로 존재하고 있어 당초처분이 위법하다고 판단되면 증액경정처분도 위법하다고 하지 않을 수 없는 경우라면, 증액경정처분에 대한 별도의 전심절차를 거칠 필요가 없고, 행정소송을 제기하면서 당초처분의 취소를 구하는 것으로 청구취지를 기재하였더라도 납세자의 진정한 의사는 증액경정처분 자체의 취소를 구하는 데에 있다고 보아 제소기간 준수 여부도 당초의 소 제기시를 기준으로 판단하여야 한다고 보았다.

(4) 관련 문제

① 구 국세기본법 제22조의2 제1항은 "당초 확정된 세액을 증가시키는 경정"이라고 규정하고 있으므로 동일한 세목을 기준으로 납세의무 단위별로 증액 여부를 판단하여야 하는 것임은 당연하고, 다만 대법원 2013. 7. 11. 선고 2011두7311 판결은 원천징수의무자에 대해 납세의무의 단위를 달리하여 이루어진 2개의 징수처분과 관련하여 납세의무 단위가 다름을 이유로 당초처분과 증액경정처분에 관한 법리가 적용되지 않는다고 판시하였으나, 앞서 본 당초처분과 증액경정처분의 관계에 관한 흡수설·병존설 등은 신고납세방식 및 부과과세방식과 같이 구체적인 확정행위를 전제로 하는 것이라는 점과 구 국세기본법 제22조의2 제1항의 법문 등에 비추어 자동으로 확정된 세액에 대한

---

14) 강성모, "당초의 과세처분과 경정처분의 관계", 「조세법연구」 제10집 제2호, 한국세법학회, 2004, 188-195쪽; 김연태, "당초의 과세처분과 경정처분의 관계", 「안암법학」 제12호, 세창출판사, 137-138면; 이종채, "증액경정처분이 있는 경우 당초처분에서 정한 납부기한의 경과로 인하여 발생한 가산금 징수처분의 효력", 「재판과 판례」 제12집, 대구판례연구회, 862면.
15) 이 견해에 대한 비판은 손병준, 앞의 논문, 168-169면 참조.
16) 이 사건 판결 선고 전 각 법원의 태도에 대해서는 손병준, 앞의 논문, 169-170면 참조.

징수행위로서 당초 일부 징수처분과 누락세액에 대한 추가 징수처분[17])의 경우 납세의무 단위가 동일하더라도 당초처분과 증액경정처분에 관한 법리 적용 여부는 처음부터 문제되지 않는다고 봄이 타당할 것이다.

② 납세의무 단위는 납세의무 성립을 기준으로 판단하는데, 구 국세기본법(2019. 12. 31. 법률 제16841호로 개정된 것) 제21조 제2항은 납세의무 성립시기로서, 제11호 나목에서 '제47조의4 제1항 제1호·제2호에 따른 납부지연가산세 등의 경우 납부기한 경과 후 1일마다 그 날이 경과하는 때'라고 규정함으로써 ㉮ 하나의 본세에 대해 미납부가산세는 납부기한 경과 후 1일마다 매번 납세의무가 각각 성립하여 엄격하게 해석하면 단순히 미납부일수를 연장하거나 줄이는 처분은 새로운 처분이거나 당초처분을 전부 취소하는 것이지 증액경정처분이나 감액경정처분이 아니게 되는 등 당초처분과 증액경정처분에 관한 법리 적용 등에 있어서도 많은 문제가 생기고, ㉯ 납세의무 성립일이 다른 결과 가산세에 적용할 법령이 본세의 것과 달라짐은 물론 세법이 개정될 때마다 계속 달라지게 되며, ㉰ 본세와 가산세 납세의무 성립일이 서로 다른 탓에 출자자의 제2차 납세의무자가 누구인지를 판단함에 있어 본세와 가산세에 대한 각 출자자의 제2차 납세의무자가 분리될 수도 있고, 더구나 국세기본법 제21조 제2항 제11호 나목 단서에 의하여 국세기본법 제39조를 적용함에 있어 '납부기한이 경과하는 때'를 기준으로 함으로써 과세관청의 납부고지가 언제 이루어지는지에 따라 출자자의 제2차 납세의무자가 선택되어 질 수도 있는 점 등의 많은 문제들을 야기하고 있으므로, 필자 의견으로는 득[18])보다 실이 많아 조속한 개정이 필요하다고 본다.

③ 대법원 2010. 6. 24. 선고 2007두16493 판결은 단순히 "소멸한 당초처분의 절차적 하자는 존속하는 증액경정처분에 승계되지 아니한다"고 판시하고 있으나 절차적 하자 자체가 승계되지 않는 것은 너무나 당연한 것이고, 해당 사건에서의 쟁점은 당초처분에 대한 하자도 증액경정처분의 적법 여부에 영향을 미칠 수 있는지 여부인데, 증액경정처분은 당초처분에 의한 과세표준과 세액을 그대로 둔 채 탈루된 부분만을 추가하는 것이 아니라 증액되는 부분을 포함시켜 전체로서 하나의 과세표준과 세액을 다시 결정하는 처분이므로, 만약 당초처분에 대한 절차적 하자가 무효인 경우 당초처분이 적법함을 전제로 한 증액경정처분의 차감고지방법은 절차적으로 위법하다고 볼 여지[19])도

---

17) 자동확정방식은 말 그대로 납세의무 확정을 위한 별도의 절차가 필요 없어 당초처분 내지 증액경정처분 자체가 존재하기 어렵고, 따라서 예를 들어 하나의 납세의무에 대해 자동으로 확정된 세액이 100인데 세무공무원이 실수로 80에 대해서만 징수고지하였다가 이후 누락된 20에 대해 추가로 징수고지하는 경우, 세액의 확정 자체는 달라지지 않고 단지 확정된 세액에 대한 징수처분이 2개로 나누어진 것뿐인바, 이처럼 자동확정방식에서의 징수처분은 과세처분과 징수처분의 성질을 아울러 갖는 납세고지와 달리 오로지 징수처분의 성질만 갖는다는 점에서, 대법원의 이유 설시는 여러 가지 측면에서 아쉬움이 남는다.

18) 구 국세기본법(2019. 12. 31. 법률 제16841호로 개정되기 전의 것)은 제21조 제2항 제11호에서 "가산세: 가산할 국세의 납세의무가 성립하는 때"라고 규정하여 신고기한이 도래하기도 전에 무신고가산세와 미납부가산세의 납세의무가 성립하는 것으로 보는 등의 문제는 이 개정으로 해결되긴 하였다.

19) 만약 당초처분에 대한 절차적 하자가 무효이더라도 증액경정처분이 있기만 하면 증액경정처분의 적법 여부에

충분히 있어,[20] 증액경정처분의 적법 여부에는 영향을 미칠 여지도 있으므로, 절차적 하자의 승계 문제가 아닌 증액경정처분의 적법 여부에의 영향 여부를 직접 판단하여 "소멸한 당초처분의 절차적 하자는 단지 위법하고 그 불복기간이 경과한 경우[21] 증액경정처분의 적법 여부에 영향을 미치지 아니한다"로 설시하였더라면 좀 더 좋았을 것이라 판단된다.

④ 한편, 대법원 2021. 12. 30. 선고 2017두73297 판결은 양도소득세 예정신고 후 그와 다른 내용으로 확정신고를 한 경우 예정신고는 확정신고에 흡수·소멸되고, 예정신고에 기초한 과세관청의 증액경정처분 역시 효력을 상실한다고 보고 있다.

3. 구 국세기본법 제22조의2 시행 이후 항고소송에서의 위법사유의 주장 범위

(1) 견해의 대립

피고는 구 국세기본법 제22조의2 제1항의 입법 취지가 당초처분과 증액경정처분을 별개로 보기 위한 것이므로, 증액경정처분 취소소송에서 당초처분에 대한 하자를 다툴 수 없다고 보아야 한다고 주장하고 있지만, ① 당초처분과 증액경정처분은 1개의 추상적인 납세의무의 내용을 구체화하기 위한 일련의 행위로서, 증액경정처분은 당초처분에 의한 과세표준과 세액을 그대로 둔 채 탈루된 부분만을 추가하는 것이 아니라 증액되는 부분을 포함시켜 전체로서 하나의 과세표준과 세액을 다시 결정하는 처분이므로 납세의무 전체에 대하여 이를 통일적으로 심리하여야 하고,[22] ② 과세처분 취소소송에서의 소송물을 그 취소원인이 되는 위법성 일반 또는 과세관청의 처분에 의하여 인정된 과세표준 및 세액의 객관적 존부라고 보는 총액주의를 취할 경우 과세표준 및 세액의 인정이 위법이라고 내세우는 개개의 위법사유는 자기의 청구가 정당하다고 주장하는 공격방어방법에 불과하므로 당초처분에서의 하자도 주장할 수 있다[23]는 점 등을 논거로 증액경정처분 취소소송에서 불가쟁력이 발생한 당초처분의 하자도 주장 가능하다는 데 사실상 의견이 일치되어 있다.

영향을 미치지 않는다고 볼 경우 납세자로서는 증액경정처분의 적법 여부는 물론이고 소멸된 당초처분을 심판 대상으로 삼아 무효확인을 구할 수도 없으므로, 국민의 재판청구권을 침해하게 되고, 과세관청은 이러한 점을 적극 활용하게 될 것이다.

20) 대법원이 당초처분의 절차적 하자의 무효 여부를 직접 판단한 것도 무효 여부에 따라 증액경정처분의 적법 여부에 영향을 미친다고 보았기 때문이 아닌가 싶다.

21) 절차적 하자가 있는 당초처분이 있고 그 후 증액경정처분이 있었지만 당초처분에 대한 불복기간 내에 증액경정처분 취소소송을 제기한 경우 당초처분에 대한 위법한 절차적 하자도 주장할 수 있다고 보아야 할 것이라는 점에서도 당초처분에 대한 불복기간 도과 여부를 불문하고 '소멸한 당초처분의 절차적 하자는 증액경정처분에 승계되지 아니한다'고 판시한 것은 적절해 보이지는 않는다.

22) 최명근, 앞의 책, 391면; 정해남, 앞의 논문, 530면 등.

23) 사법연수원, 앞의 책, 92면; 소순무, 앞의 책, 319면; 이창희, 앞의 책, 222면; 김완석, 앞의 논문, 50면; 김연태, 앞의 논문, 137면; 김창석, 앞의 논문, 243면; 정해남, 앞의 논문, 530면 등.

(2) 소결

① 증액경정처분의 특성, ② 소송물로서의 총액주의를 취할 수밖에 없는 점, ③ 구 국세기본법 제22조의2 제1항의 "확정"을 납세의무의 확정으로 해석하기가 쉽지 않은 점, ④ 구 국세기본법 제22조의2 제1항의 "확정"을 납세의무의 확정으로 해석하면서도 긍정설을 취하는 견해가 있는 점[24] 등에 비추어 볼 때, 긍정설이 타당하다고 판단된다.

---

24) 김완석, 앞의 논문, 50면.

16

환급청구권

김 영 순

16 환급청구권

[대법원 2013. 3. 21. 선고 2011다95564 전원합의체 판결]

김영순 (인하대 법학전문대학원 교수)

I ▶ 사실관계 및 사건의 경과

원고는 신탁회사로 2009. 3. 11. 주식회사 A를 위탁자로 하고 자신을 수탁자로 하여 신축분양사업 시행을 위한 관리형 토지신탁계약 및 사업약정을 체결하였다. 이 계약을 체결하면서 원고는 위 사업과 관련한 부가가치세 환급금채권[1]을 A 회사로부터 양수받기로 약성하였다. 이 계약에 따라 원고는 A로부터 2009. 3.부터 2012. 1.까지 발생하는 A의 부가가치세 환급금채권을 양도받고 2009. 4. 15. A를 대리하여 관할 세무서장에게 채권양도통지를 하였다. 그런데 관할세무서장은 부가가치세 환급금을 A에 지급하였다. 이에 원고는 대한민국을 피고로 하여 자신이 양도받은 부가가치세 환급금을 반환하라는 소송을 서울중앙지방법원에 민사소송으로 제기하였다.

II ▶ 관련 규정 및 쟁점

1. 관련 규정

◆ 부가가치세법(2013. 12. 24. 법률 제12113호로 일부개정되기 전의 것)
제24조(환급) ① 사업장 관할 세무서장은 각 과세기간별로 그 과세기간에 대한 환급세액을 대통령령으로 정하는 바에 따라 사업자에게 환급하여야 한다.[2]

---

1) 부가가치세의 매출세액은 매출액의 10%이고, 매입세액은 매입액의 10%이다. 부가가치세는 전단계세액공제법을 채택하고 있다. 따라서 부가가치세 확정신고를 할 때 매출세액과 매입세액을 비교하여 매출세액이 더 많으면 그 차액만큼 세금을 납부를 해야 하고, 매입세액이 더 많으면 그 차액만큼 세금을 환급을 받을 수 있다. 이 때 발생하는 환급금에 대한 청구를 환급금청구권 또는 환급금채권이라고 한다.
2) 현행 부가가치세법 제59조도 같은 내용이다.

2. 쟁점

부가가치세 환급금을 청구하는 소송이 행정상 당사자소송[3]인지 민사소송인지가 쟁점이다.

<table>
<tr><td>Ⅲ</td><td>법원의 판단</td></tr>
</table>

1. 원심법원(서울고등법원 2011. 9. 7. 선고 2011나4102 판결)의 판단

부가가치세법상의 환급세액은 부(-)의 세액으로서 조세법적인 원리가 그대로 적용되고 있으므로 환급세액의 반환청구소송은 전문법원인 행정법원에서 공법상 당사자소송으로 심리·판단함이 타당하다. 따라서 이 사건 소는 행정사건에 대하여는 관할권이 없는 서울중앙지방법원에 제기되어 심리되었으므로 전속관할을 위반한 위법이 있고, 그 과정에서 원고에게 고의나 중대한 과실이 있다거나 이송하더라도 부적법하게 되어 각하될 것이 명백한 경우에 해당한다고 보기 어려우므로, 이 사건은 관할법원(이 사건에서는 '의정부지방법원'을 말한다)[4]으로 이송되어야 한다.[5]

2. 대법원의 판단

(1) 다수의견

부가가치세법령이 환급세액의 정의 규정, 그 지급시기와 산출방법에 관한 구체적인 규정과 함께 부가가치세 납세의무를 부담하는 사업자에 대한 국가의 환급세액 지급의무를 규정한 이유는, 입법자가 과세 및 징수의 편의를 도모하고 중복과세를 방지하는 등의 조세 정책적 목적을 달성하기 위한 입법적 결단을 통하여, 최종 소비자에 이르기 전의 각 거래단계에서 재화 또는 용역을 공급하는 사업자가 그 공급을 받는 사업자로부터 매출세액을 징수하여 국가에 납부하고, 그 세액을 징수당한 사업자는 이를 국가로부터 매입세액으로 공제·환급받는 과정을 통하여 그 세액의 부담을 다음 단

---

3) 당사자소송은 "행정청의 처분등을 원인으로 하는 법률관계에 관한 소송 그 밖에 공법상의 법률관계에 관한 소송으로서 그 법률관계의 한쪽 당사자를 피고로 하는 소송"을 말한다(행정소송법 제3조 제2호). 당사자소송의 예로 조세채권존재 확인의 소, 공무원의 지위확인을 구하는 소송 등이 있다. 당사자소송은 행정소송의 일종이므로 행정법원에 제기해야 한다.

4) 행정소송의 관할법원은 처분청의 소재지가 서울이라면 서울행정법원, 그 이외의 경우라면 처분청 소재지를 관할하는 지방법원 본원이다. 이 사건에서 처분청은 파주세무서장이므로 적법한 관할법원은 의정부지방법원이다.

5) 1심법원은 일종의 민사상 부당이득반환청구로 보고 원고 승소 판결을 선고하였다(서울중앙지방법원 2010. 12. 15. 선고 2010가합78901 판결).

계의 사업자에게 차례로 전가하여 궁극적으로 최종 소비자에게 이를 부담시키는 것을 근간으로 하는 전단계세액공제 제도를 채택한 결과, 어느 과세기간에 거래징수된 세액이 거래징수를 한 세액보다 많은 경우에는 그 납세의무자가 창출한 부가가치에 상응하는 세액보다 많은 세액이 거래징수되게 되므로 이를 조정하기 위한 과세기술상, 조세 정책적인 요청에 따라 특별히 인정한 것이라고 할 수 있다. 그 법적 성질은 정의와 공평의 관념에서 수익자와 손실자 사이의 재산상태 조정을 위해 인정되는 부당이득 반환의무가 아니라 부가가치세법령에 의하여 그 존부나 범위가 구체적으로 확정되고 조세 정책적 관점에서 특별히 인정되는 공법상 의무라고 봄이 타당하다. 그렇다면 납세의무자에 대한 국가의 부가가치세 환급세액 지급의무에 대응하는 국가에 대한 납세의무자의 부가가치세 환급세액 지급청구는 민사소송이 아니라 행정소송법 제3조 제2호에 규정된 당사자소송의 절차에 따라야 한다.

(2) 반대의견

부가가치세 환급세액은 사업자가 매입 시 지급한 부가가치세(매입세액)가 매출 시 받은 부가가치세(매출세액)보다 많을 때, 국가는 사업자가 더 낸 부가가치세를 보유할 정당한 이유가 없어 반환하는 것으로서 그 지급청구의 법적 성질을 민법상 부당이득반환청구로 구성하는 것도 가능하다. (중략) 또한 민사소송으로 보는 실무 관행도 확립된 상황이므로, 다수의견과 같이 구태여 부가가치세 환급세액 지급청구에 관해서만 당사자소송의 대상으로 보는 것은 국민의 권리구제수단 선택이나 소송실무상 혼란만 일으킬 우려가 있다는 측면에서 바람직하지 않다.

Ⅳ 해설

1. 이 사건 판결의 의의

세금을 납부한 후 세금 부과의 근거가 된 과세처분이 취소 또는 무효로 확정되면 국가가 보유하고 있는 세금은 부당이득이 된다. 따라서 국가는 납세자에게 납부받은 세금(이를 '환급금'이라 한다)과 이자(이를 '환급가산금'이라 한다)를 반환해야 한다. 그런데 만약 국가가 이를 반환하지 않으면 납세자는 소송으로 환급금의 반환을 청구하는 수밖에 없다. 기존에 대법원은 납세자가 환급금 반환을 청구하는 소송을 모두 민사소송으로 보았다. 민사소송으로 보게 되면 피고는 권리의무의 주체인 대한민국이 되고 민사법원(이 사건에서는 '서울중앙지방법원'을 말한다)에 소송을 제기해야 한다. 이 사건 1심법원은 기존의 대법원 판례에 따라 관할법원이 적법하다고 보고 원고 승소 판결을 선고하였다.

그러나 원심법원과 대법원은 관할법원이 서울중앙지방법원이 아니므로 관할 위반이 발생하였다고 보고 본안 심리를 하지 않은 채 관할법원으로 이송해야 한다는 판결을 하였다.[6] 그 이유는 부가가치세 환급금 청구는 국가가 세금을 납부받았는지와 관계없이 부가가치세법령에 따라 직접 발생하므로 일반적인 환급금청구와 같은 부당이득반환의 성질이 아니라는 것이다. 따라서 부가가치세 환급청구는 공법상 당사자소송(행정소송의 일종)이므로 관할 행정법원(행정법원이 없으면 지방법원 본원)에 소송을 제기해야 한다. 이 사건은 의정부지방법원에 제기해야 하는 당사자소송이므로 관할 위반이 발생하고 말았다. 대법원은 이런 경우 소송이 제기된 민사법원은 행정소송 관할법원으로 사건을 이송해야 한다고 본다.

이 판결은 환급금청구소송을 모두 민사소송으로 보던 종전의 판례를 전원합의체로 변경한 것으로 중요한 의의를 가진다. 하지만 모든 환급금청구소송을 당사자소송으로 보는 것이 아니라, 부가가치세 환급금청구소송만 당사자소송으로 보고 있으므로 다른 환급금청구소송은 여전히 부당이득반환청구로 민사법원에 제기해야 한다.

2. 공법상 당사자소송의 확대 방안

판례는 국가배상청구소송이나 공법상 부당이득반환청구소송 등을 민사소송으로 보고 있지만, 다수의 학설은 공법상 당사자소송으로 보아야 한다고 주장한다.[7] 법무부가 2013년 입법예고한 행정소송법 개정안에는 당사자소송을 "행정상 손실보상·손해배상·부당이득반환이나 그 밖의 공법상 원인으로 발생하는 법률관계에 관한 소송"이라고 규정하였다(안 제3조 제2호). 이 규정에 따르면 환급금청구소송은 모두 공법상 당사자소송이 되어 행정법원에 제기해야 한다. 개정안은 당사자소송을 활성화하고자 하는 목적이 있었다.[8] 그러나 입법화되지는 못했다.

---

6) 소송이 제기되면 먼저 소송이 적법요건(당사자 능력, 소의 이익, 관할 등)을 갖추었는지를 심리한다. 이를 본안전 심리라고 한다. 소송이 적법하다고 인정되어야 다음으로 청구가 이유있는지를 실질적으로 심리하게 된다. 이를 본안 심리라고 한다.

7) 박균성, 『행정법 강의(제20판)』, 박영사, 2023, 796면.

8) 박종수, "행정소송법 개정(안)이 조세법에 미치는 영향", 「조세법연구」 제19집 제1호, 한국세법학회, 2013, 187면.

17

사기 기타 부정한 행위의 개념

박 진 호

사기 기타 부정한 행위의 개념

[대법원 2018. 3. 29. 선고 2017두69991 판결]

박진호 (법무법인 율촌 변호사)

Ⅰ ▶ 사실관계 및 사건의 경과

A는 비상장법인 X 주식회사 발행주식을 1994년 이전에 A의 특수관계인인 B, C, D에게 명의신탁하였다가, 2008. 5. 2. 명의신탁한 주식을 자신 명의로 보유하던 주식과 함께 모두 E에게 양도하였고, 2008. 8. 29. 자신을 포함한 각 주식양도인의 명의로 양도소득세를 신고하였다. 그런데 세무서는 2015. 3. 원고가 양도한 주식의 가액을 과소신고하였다는 이유로 2008년 귀속 양도소득세 부과처분을 하였다.

Ⅱ ▶ 관련 규정 및 쟁점

1. 관련 규정

국세기본법 제26조의2, 국세기본법 시행령 제12조의3, 조세범처벌법 제3조

2. 쟁점

국세를 부과할 수 있는 기간, 즉 부과제척기간은 국세를 부과할 수 있는 날로부터 5년으로 하되, 납세자가 대통령령으로 정하는 사기나 그 밖의 부정행위(이하 '부정행위'라 한다)로 국세를 포탈하거나 환급·공제받는 경우 부과제척기간이 10년으로 늘어난다. 이 사건에서 세무서는 A가 명의신탁관계를 토대로 양도소득세를 신고한 행위를 부정행위로 보고 10년의 부과제척기간을 적용하여 양도소득세를 부과하였다.

113

따라서 이 사건의 쟁점은 기존에 형성된 명의신탁관계를 토대로 매매계약 등 후속 법률행위를 하고, 그 법률행위에 기초하여 한 세금신고가 국세기본법 제26조의2 제1항 제1호의 '부정행위'에 해당하는지 여부이다.

Ⅲ ▶ 법원의 판단

1. 원심법원의 판단

'부정행위'라 함은 조세의 부과와 징수를 불가능하게 하거나 현저히 곤란하게 하는 위계 기타 부정한 적극적인 행위를 말하고, 다른 어떤 행위를 수반함이 없이 단순히 세법상의 신고를 하지 아니하거나 허위의 신고를 함에 그치는 것은 이에 해당하지 않는다. 그러나 과세대상의 미신고나 과소신고와 아울러 수입이나 매출 등을 고의로 장부에 기재하지 않는 행위 등 적극적 은닉의도가 나타나는 사정이 덧붙여진 경우에는 조세의 부과와 징수를 불능 또는 현저히 곤란하게 만든 것으로 볼 수 있다(대법원 2015. 9. 15. 선고 2014두2522 판결).

A는 2008년 주식 매각 후 양도소득을 신고하면서 자신 명의로 된 주식을 양도하면서 얻은 소득만 신고하였을 뿐 B, C, D명의로 얻은 양도소득은 신고하지 않았으며, 이를 위해 B, C, D의 양도소득세 신고를 하면서 이들을 매도인으로 기재한 허위의 주식양수도계약서를 첨부하여 제출하였다. 이와 같은 신고는 누진세율 회피, 수입의 분산 등 조세회피의 목적이 있다. 따라서 A의 위 행위는 조세의 부과와 징수를 불가능하게 하거나 현저히 곤란하게 하는 위계 기타 부정한 적극적인 행위로서 '부정행위'에 해당한다.

2. 대법원의 판단

납세자가 명의를 위장하여 소득을 얻더라도, 명의위장이 조세포탈의 목적에서 비롯되고 나아가 여기에 허위 계약서의 작성과 대금의 허위 지급, 과세관청에 대한 허위 조세 신고, 허위의 등기·등록, 허위의 회계장부 작성·비치 등과 같은 적극적 행위까지 부가되는 등의 특별한 사정이 없는 한, 명의위장 사실만으로 '부정행위'로 볼 수 없다(대법원 2017. 4. 13. 선고 2015두44158 판결).

원고가 기존 명의신탁 관계가 해소되지 않은 상태에서 명의수탁자들 명의로 된 주식을 일반적인 주식 양도방법으로 처분하였을 뿐이고, 그에 관한 양도소득세를 모두 신고하였다. 나아가 명의신탁으로 인해 결과적으로 양도소득 기본공제에 다소 차이가 생겼지만, 명의신탁으로 인해 양도소득세의 세율이 달라졌다는 등의 사정도 보이지 않는 이상, 이러한 사소한 세액의 차이만을 내세워 조세 포탈의 목적에 따른 부정한 적극적 행위가 있다고 볼 수 없다. 따라서 A에게 '부정행위'가 있다고 볼 수 없고, 결과적으로 5년의 부과제척기간이 지나 과세한 이 사건 처분은 위법하다.

IV 해설

1. 부과제척기간 연장의 사유인 '부정행위'

세법은 부과권의 제척기간을 원칙적으로 5년으로 정했다. 이는 조세법률관계의 신속한 확정을 위한 것이다. 그러나 납세자가 국세에 관한 과세요건사실의 발견을 곤란하게 하거나 허위의 사실을 작출하는 등의 부정한 행위가 있는 경우에 과세관청으로서는 탈루신고임을 발견하여 부과권을 행사하기가 어렵다. 따라서 세법은 이러한 경우 부과제척기간을 10년으로 연장해 과세할 수 있도록 하였다. 판례는 부과제척기간 연장 사유인 '부정행위'는 '조세의 부과와 징수를 불가능하게 하거나 현저히 곤란하게 하는 위계 기타 부정한 적극적인 행위'이고, 다른 어떤 행위를 수반함이 없이 단순히 세법상의 신고를 하지 아니하거나 허위의 신고를 함에 그치는 것은 '부정행위'가 아니라고 본다(대법원 2013. 12. 12. 선고 2013두7667 판결). 즉, 과세관청의 부과권이 방해받을 정도가 아니라면 '부정행위'가 아니라고 보았다.

2. 중가산세 부과 내지 조세포탈죄 성립 사유인 '부정행위'와의 관계

한편, '부정행위'는 부과제척기간 연장의 사유일 뿐만 아니라 부당무신고·부당과소신고가산세(이하 '중가산세'라 한다)의 요건이자 조세포탈죄의 구성요건이기도 하다. 그런데 2009년 이전까지는 중가산세에서 '부정행위'의 개념만이 국세기본법 시행령 제27조를 통해 개별·구체적으로 열거되어 있었고, 2010. 1. 조세범처벌법을 개정하면서 조세포탈죄 구성요건인 '부정행위'의 개념이 같은 법 제3조 제6항을 통해 비로소 열거되었다. 2012. 2. 국세기본법 시행령 제12조의2 제1항을 신설, 부과제척기간 연장사유 및 중가산세의 요건인 부정행위를 조세포탈죄의 그것과 일치시켰다.

그렇다면 납세자에게 '부정행위'가 인정되는지 여부는 부과제척기간 연장사유, 중가산세 부과사유, 조세포탈죄 구성요건을 불문하고 동일할까? 법원은 위 두 가지 모두 '조세의 부과와 징수를 불가능하게 하거나 현저히 곤란하게 하는 위계 기타 부정한 적극적 행위'라는 동일한 기준으로 판단해 온 것으로 보인다(대법원 2013. 12. 12. 선고 2013두7667 판결, 대법원 2017. 4. 13. 선고 2015두44158

판결). 그런데 최근 대법원은 부정행위에 따른 부과제척기간 연장은 과세관청의 부과권 행사가 어려워진 측면을 고려한 것이므로 직원의 부정행위로 회사가 부담하는 납세의무의 부과제척기간이 연장되나, 중가산세는 납세자의 납세협력의무 불이행에 따른 제재로 부과하는 것이어서, 자기책임의 원칙상 회사 직원의 부정행위를 이유로 회사에 중가산세를 부과할 수 없다고 판결하였다(대법원 2021. 2. 18. 선고 2017두38959 전원합의체 판결). 같은 사실관계하에서 제도의 취지를 고려해 달리 판단한 것이다.

3. 타인 명의로 한 허위 세금신고의 부정행위 인정 여부

대상판결에서 A는 타인 명의로 보유한 주식을 매각하였다. 이를 통해 1인에게 귀속되었을 소득이 4인 앞으로 분산되었다. 비상장주식 양도소득세는 단일세율 체계여서 소득분산에 따른 절세효과는 없지만, 인당 250만 원 한도의 기본공제를 중복하여 적용받는다. 결과적으로 A명의의 소득이 은닉되었고, 전체적인 세부담도 일부 감소하였다. 그럼에도 법원은 A가 과거에 형성된 명의신탁관계에 따라 거래하고 그에 부수한 세금신고를 하였을 뿐이라면 부정행위에 이르지는 않았다고 보았다.

그러나 판례는 대체로 납세자가 한 차명거래와 세금신고의 동기에 과세관청의 조사권을 실질적으로 무력화하려는 '적극적 은닉의도'로 한 행위는 부정행위로 보고 있다. 예컨대 조세탈루가 목적인 부동산명의신탁(대법원 2017. 8. 24. 선고 2014두6838 판결), 부당행위계산 적용을 피하기 위해 특수관계 없는 자 명의로 거래하는 행위(대법원 2013. 12. 12. 선고 2013두7667 판결), 주권상장법인의 대주주가 대주주 아닌 자의 계좌로 주식을 거래하면서 양도소득세를 신고·납부하지 않은 행위(대법원 2015. 9. 10. 선고 2014도12619 판결)는 부정행위로 인정되었다.

4. 나가며

세무서에서 부정행위가 있었다고 보고 과세하였는데 심리 결과 부정행위가 없었다고 판단된다면, 부과제척기간이 도과한 과세처분 부분은 본세·가산세를 불문하고 전부 취소되고, 부과제척기간 이내 과세연도의 중가산세 부분도 감액된다. 부정행위 인정 여부에 따라 내야 할 세금이 크게 달라진다는 뜻이다. 형사처벌 대상인지 여부도 여기에 따라 결정된다. '부정행위' 인정 여부는 면밀히 살펴볼 필요가 있다.

18

가산세 면제의 정당한 사유 판단 시점

윤 진 규

가산세 면제의 정당한 사유 판단 시점

[대법원 2022. 1. 14. 선고 2017두41108 판결]

윤진규 (법무법인 세종 변호사)

I ▶ 사실관계 및 사건의 경과

클럽을 운영하였는데, 종업원들이 입장권을 위조하여 판매하고 그 대금을 빼돌렸다. 원고들은 2013. 2. 6. 종업원들을 고소하였고, 종업원들에 대한 유죄판결이 확정되었다.

과세관청은, 원고들이 매출을 누락하였다고 보아, 원고들에게 종합소득세 등을 부과하면서 이에 대한 신고 및 납부 불성실가산세를 부과하였다.

II ▶ 관련 규정 및 쟁점

1. 관련 규정

◆ 구 국세기본법(2013. 6. 7. 법률 제11873호로 개정되기 전의 것)

제47조의3(과소신고·초과환급신고가산세) ① 납세의무자가 법정신고기한까지 세법에 따른 국세의 과세표준 신고(…)를 한 경우로서 과세표준 또는 납부세액을 신고하여야 할 금액보다 적게 신고(…)하거나 (…)한 경우에는 다음 각 호의 구분에 따른 금액의 100분의 10에 상당하는 금액을 가산세로 한다.

제47조의4(납부불성실·환급불성실가산세) ① 납세의무자(…)가 세법에 따른 납부기한까지 국세의 납부(…)를 하지 아니하거나 납부하여야 할 세액보다 적게 납부(…)하거나 (…)받은 경우에는 다음 각 호의 금액을 합한 금액을 가산세로 한다.

2. 쟁점

원고들이 종업원들의 횡령 사실을 알게 된 시점 이후 기간의 납부불성실가산세에 관하여, 가산세를 면할 정당한 사유가 있는지를 판단하는 기준 시점이 언제인지(개별 세법에 따른 신고·납부기한인지 여부)이다.

Ⅲ ▶ 법원의 판단

1. 원심법원의 판단

원심법원은, 원고들이 종업원들의 횡령사실을 알게 된 이후에는 이를 매출로 신고하고 관련 세액을 납부할 수 있어, 정당한 사유가 없다고 보았다. 이러한 이유로 원심법원은, '신고불성실가산세'와 '2013. 2. 7. 이후에 발생한 납부불성실가산세' 부분이 적법하다고 판단하였다.

2. 대법원의 판단

대법원은, "가산세를 면할 정당한 사유가 있는지 여부는 특별한 사정이 없는 한 개별 세법에 따른 신고·납부기한을 기준으로 판단하여야 한다"는 법리를 선언하였다. 그리고 대법원은, 누락된 매출에 관한 종합소득세 등의 신고·납부기한은 원고들이 종업원들의 횡령사실을 알게 된 2013. 2. 6. 이전이므로, 위 각 신고·납부기한 당시 원고들에게는 가산세를 면할 정당한 이유가 있다고 판단하였다. 이러한 이유로 대법원은, 원고들에게 '신고불성실가산세'와 '2013. 2. 7. 이후에 발생한 납부불성실가산세'를 부과할 수 없다고 판단하여, 원심판결을 파기하였다.

Ⅳ ▶ 해설

1. 가산세의 법적 성질과 자기책임의 원리

가산세는 과세권의 행사와 조세채권의 실현을 용이하게 하기 위하여 세법에 규정된 의무를 위반한 납세자에게 세금의 형식으로 부과하는 일종의 행정상의 제재이고, 이러한 가산세는 위반행위와 제재 사이에 자기책임의 원리에 부합하는 정당한 상관관계가 있어야 할 뿐 아니라 의무 위반의 정도와 부과되는 제재 사이에 적정한 비례관계도 유지되어야 한다(대법원 2021. 2. 18. 선고 2017두 38959 전원합의체 판결 참조).

2. 신고불성실가산세

이러한 자기책임 원리의 측면에서 살펴보면, '신고불성실가산세'에 관하여, 이를 면할 정당한 사유가 있는지 판단하는 기준 시점은 신고·납부기한으로 보아야 한다. 만일 그 이후의 사정을 이유로 정당한 사유를 부정한다면, 납세의무자로 하여금 책임질 수 없는 사정을 이유로 가산세를 부과하는 결과가 되기 때문이다.

3. 원고들이 종업원들의 횡령 사실을 알게 된 이후 기간의 납부불성실가산세

(1) 가장 문제되는 부분은, 원고들이 종업원들의 횡령 사실을 알게 된 다음날인 2013. 2. 7. 이후 기간에 발생한 납부불성실가산세 부분이다.

(2) 이 사건 대법원 판결에 반대하는 논리를 상정해 보면, '납부불성실가산세는 민법상 지연이자와 유사한 성격이 있기 때문에, 적어도 원고들이 종업원들의 횡령 행위를 인식한 시점 이후 기간의 납부불성실가산세는 면제해 줄 이유가 없다'는 견해를 생각해 볼 수 있다.

그리고 이러한 견해의 논거로는, 납세자가 신고·납부기한이 경과한 후에 비로소 과소신고나 무신고 사실을 알게 된 경우 납세자가 이를 자진하여 납부하지 않더라도 이에 대해 이자 상당의 납부불성실가산세를 부과할 수 없다고 한다면, 이는 결국 세금을 납부하지 않은 사람에게 이자 상당의 이익을 부여하는 결과가 되어, 세금을 성실하게 납부한 사람과의 형평에 반한다는 점을 들 수 있다.

(3) 그러나 납부불성실가산세는 어디까지나 행정상 제재의 성격을 가지고 있으므로, 이를 부과하기 위해서는 법령에 근거가 있어야 한다. 그리고 그러한 법령의 내용은 헌법상 자기책임의 원리에 부합하여야 한다.

그런데 구 국세기본법에는, 신고·납부기한까지 과세표준 등의 신고·납부의무를 이행하지 않은 경우에 가산세를 부과하도록 정하는 규정만 있을 뿐, 납세의무자가 신고·납부기한 이후에 비로소 과소신고나 무신고 사실을 알게 되었다고 하여 어떠한 협력의무를 부과하면서 그에 관한 의무 위반을 이유로 가산세를 부과할 수 있다는 규정을 두지 않고 있다.

따라서 일단 신고·납부기한 시점을 기준으로 가산세를 면할 정당한 사유가 인정되는 이상, 신고·납부기한 이후에 과소신고 등 사실을 알게 되었다 하더라도, 이에 대해서 납부불성실가산세를 부과하

는 명문의 규정이 없기 때문에,[1] 행정상 제재인 납부불성실가산세를 부과할 수는 없는 것이다.[2]

4. 이 사건 판결의 의의

이 사건 대법원 판결은, 신고 및 납부 불성실가산세와 관련하여, 헌법상 자기책임 원리에 따라 국세기본법의 문언을 충실히 해석함으로써, 가산세를 면할 정당한 사유를 판단하는 기준 시점은 특별한 사정이 없는 한 신고·납부기한이라는 법리를 명확하게 선언하였다는 점에서 의의가 크다.

---

1) 만일 이러한 규정이 존재한다면, 그때 비로소 이러한 규정을 전제로 하여, 헌법상 자기책임의 원리에 부합하는지를 구체적으로 따지는 단계에 나아가야 할 것이다.

2) 참고로 2018. 12. 31. 국세기본법이 개정되면서, 납부불성실가산세와 가산금이 납부지연가산세로 통합되었는데, 대상판결의 법리는 일원화된 이후의 납부지연가산세 중 종전의 납부불성실가산세 해당 부분에 적용될 수 있을 것으로 생각된다.

19

위헌결정의 소급효가 차단된 과세처분의 집행가능성

서 보 국

위헌결정의 소급효가 차단된 과세처분의 집행가능성

[대법원 2012. 2. 16. 선고 2010두10907 전원합의체 판결]

서보국 (충남대 법학전문대학원 원장)

I ▶ 사실관계 및 사건의 경과

소외 甲회사가 국세를 체납하고 甲회사 재산으로는 체납국세 충당이 어렵다고 판단한 과세관청은 구 국세기본법 제39조 제1항 제2호 다목(이하 '당시 세법규정'이라 한다)에 따라 甲회사 최대주주 乙(주식소유 67%)의 직계비속이자 생계를 함께하는 원고(주식소유 3%)를 과점주주이자 제2차 납세의무자로 보아, 1997. 10.경 원고를 제2차 납세의무자로 지정하고 원고에게 甲회사의 체납국세 전액(1996 사업연도 귀속 법인세 약 8억 5천만 원, 1997년 1기분 부가가치세 약 5억 3천만 원, 각 가산금 포함)을 납부하도록 통지하는 부과처분(이하 '과세처분'이라 한다)을 하였다.

그런데 그 뒤인 1998. 5.경 헌법재판소는 본 대상판결 사건과 무관하게 별도의 사건에서 원고에 대한 위 과세처분의 근거가 된 당시 세법규정이 헌법에 위반된다며 위헌결정을 내렸다.[1] 그 후 과세관청은 위헌결정의 소급효가 미치지 않는 위 과세처분을 근거로 국세징수법상 체납처분 규정에 따라 원고의 체납액 및 결손액(가산세 포함)을 징수하기 위하여 2005. 10.경 원고 명의의 예금채권을 압류하였다(이하 '압류처분'이라 한다). 이에 원고는 2009. 6.경 압류처분에 대하여 무효확인을 구하는 소를 제기하였다.

---

1) 헌법재판소 1998. 5. 28. 선고 97헌가13 결정. 본 결정에서 위헌이유로 설시한 기준은 "과점주주와 일상생활비를 공통부담한다는 이유만으로 책임범위와 한도를 뚜렷이 설정하지 않고서 일률적으로 제2차 납세의무를 지움은, 조세평등주의, 실질적 조세법률주의를 위반하고 과점주주의 재산권을 침해"한다는 점이다.

Ⅱ ▶ 관련 규정 및 쟁점

1. 관련 규정

◆ 구 국세징수법(2004. 1. 29. 법률 제7116호로 일부개정된 것)
제24조(압류의 요건) ① 세무공무원은 다음 각호의 1에 해당하는 경우에는 납세자의 재산을 압류한다.
  1. 납세자가 독촉장(납부최고서를 포함한다. 이하 같다)을 받고 지정된 기한까지 국세와 가산금을 완납하지 아니한 때

◆ 구 국세기본법(1998. 12. 28. 법률 제5579호로 개정되기 전의 것)
제39조(출자자의 제2차 납세의무) ① (…) 그 국세의 납세의무의 성립일 현재 다음 각 호의 1에 해당하는 자는 그 부족액에 대하여 제2차 납세의무를 진다.
  2. 과점주주중 다음 각목의 1에 해당하는 자
    가. 주식을 가장 많이 소유하거나 출자를 가장 많이 한 자
    나. 법인의 경영을 사실상 지배하는 자
    다. 가목 및 나목에 규정하는 자와 생계를 함께 하는 자

2. 쟁점

(1) 선행처분인 과세처분의 하자(瑕疵)의 존재여부와 그 효력

통설과 판례는 과세처분에 존재하는 하자의 중대성과 명백성이 모두 존재하는 경우에는 무효사유로 보고 그렇지 않은 경우에는 취소사유로 보고 있다. 이러한 입장에 따르면 이미 부과된 과세처분은 발령 이후에 근거법률이 위헌결정되더라도 특별한 사정이 없는 한 하자가 명백하지 않으므로 취소할 수 있는 행위에 불과하다. 이 사건에서 과세처분은 취소사유의 위법한 하자가 있으나 제소기간이 도과하여 불가쟁력이 발생하였다.

(2) 후행처분인 압류처분의 하자(瑕疵)의 존재여부와 그 근거

후행처분인 압류처분에 하자가 없다는 견해에서는 그 근거로서 위헌결정의 기속력의 한계를 주장하고 있으며, 그럼에도 불구하고 납세자의 권리구제를 위해서는 하자승계에 관한 판례법리를 적용할 수밖에 없다는 논리전개를 하고 있다.

그러나 압류처분 고유의 하자가 있다는 견해에서는 그 근거로서 압류처분을 통한 선행처분의 집행은 헌법재판소법 제47조 제1항이 규정하고 있는 위헌결정의 기속력, 특히 결정준수의무에 위반

되기 때문에 금지된다는 주장이 있다. 그 외에 압류처분의 근거규범(구 국세징수법 제24조)은 합헌이고 이를 적법하게 적용했으나 결과적으로 위헌이 될 수밖에 없는 처분인 '불형평한 처분'으로서 압류처분 고유의 하자를 주장하는 견해가 있다.2)

III ▶ 법원의 판단

[다수의견] 구 헌법재판소법 제47조 제1항은 "법률의 위헌결정은 법원 기타 국가기관 및 지방자치단체를 기속한다."고 규정하고 있는데, 이러한 위헌결정의 기속력과 헌법을 최고규범으로 하는 법질서의 체계적 요청에 비추어 국가기관 및 지방자치단체는 위헌으로 선언된 법률규정에 근거하여 새로운 행정처분을 할 수 없음은 물론이고, 위헌결정 전에 이미 형성된 법률관계에 기한 후속처분이라도 그것이 새로운 위헌적 법률관계를 생성·확대하는 경우라면 이를 허용할 수 없다. 따라서 조세부과의 근거가 되었던 법률규정이 위헌으로 선언된 경우, 비록 그에 기한 과세처분이 위헌결정 전에 이루어졌고, 과세처분에 대한 제소기간이 이미 경과하여 조세채권이 확정되었으며, 조세채권의 집행을 위한 체납처분의 근거규정 자체에 대하여는 따로 위헌결정이 내려진 바 없다고 하더라도, 위와 같은 위헌결정 이후에 조세채권의 집행을 위한 새로운 체납처분에 착수하거나 이를 속행하는 것은 더 이상 허용되지 않고, 나아가 이러한 위헌결정의 효력에 위배하여 이루어진 체납처분은 그 사유만으로 하자가 중대하고 객관적으로 명백하여 당연무효라고 보아야 한다.3)

IV ▶ 해설

대상판결은 과세처분 이후에 본건과는 다른 사건에서 조세부과의 근거가 되었던 법률규정에 대하여 헌법재판소의 위헌결정이 내려졌으나 과세처분은 이미 제소기간을 도과하여 확정되었고, 합헌적인 국세징수법 규정에 근거하여 내려진 압류처분에 대한 효력을 다투는 사건이다. 대상판결의 사건은 통상적인 하자승계법리를 적용할 수 있는 사건(근거규범과는 상관없는 하자가 처분시에 이미 존재)

---

2) 서보국, "합헌적 집행법률에 근거한 압류처분의 위헌적 결과에 대한 권리구제의 직접근거로서 헌법 제107조 제2항", 「행정판례연구」 제18권 제1호, 2013, 3면 이하.
3) [반대의견] ① 위헌결정이 있더라도 처분시에는 명백성이 부족하여 과세처분은 취소사유이며, 체납처분은 과세처분과는 별개의 행정처분이다. ② 별개의 행정처분이므로 과세처분에 기초한 체납처분 절차의 진행을 중단시키기 위해서는 별도의 입법이 필요하다. ③ 독일의 입법례와 같은 명문의 규정이 없는 우리나라에서는 압류처분을 당연무효로 볼 수 없다.

과는 다른 구조(근거규범의 사후적 위헌결정으로 인한 소급적 하자의 의제)로 이루어져 있다.

과세처분의 집행력은 과세처분의 성질상 당연히 내재하는 효력이 아니며 강제집행에 대한 별도의 근거규범인 국세징수법을 필요로 하고 있다. 이러한 법리에 따르면 과세처분의 근거규범과 압류처분의 근거규범은 구분해야 하며, 압류처분의 하자는 국세징수법 규정과 결부시켜야 한다. 따라서 선행처분의 근거규범에 대한 위헌결정의 효력에만 의지하여 곧바로 후행처분의 효력을 설명하는 것은 법논리상 비약이다.

선행처분인 과세처분의 근거규범에 대한 위헌결정으로 인해 본건 압류처분의 근거규범인 국세징수법 규정의 포섭범위가 축소적용되어야 함에도 불구하고, 과세관청은 형식논리적으로 그대로 포섭하여 원고에게 압류처분을 발령하였다. 이러한 불형평한 압류처분으로 인해 적법하게 적용하였으나 위헌적인 결과를 발생시키게 된 것이다. 따라서 과세관청은 구 국세징수법 제24조를 근거로 한 압류처분이 적법하게 발령될 요건에 '과세처분의 근거규정이 위헌결정을 받은 경우'는 제외하여야 한다. 이는 국세징수법 제24조의 문언이 포섭하는 적용범위를 합헌적으로 축소시키는 것이며 대상판결의 다수의견은 이와 같은 법적 논증을 토대로 이루어진 것이라 할 수 있다.

20

토지거래허가 잠탈 목적의 매매와 양도소득세 과세

이 상 신

20 토지거래허가 잠탈 목적의 매매와 양도소득세 과세

[대법원 2011. 7. 21. 선고 2010두23644 전원합의체 판결]

이상신 (서울시립대 세무전문대학원 교수)

I ▶ 사실관계 및 사건의 경과

원고 A는 2005. 4. 18.경 망 소외 B와 토지거래허가구역 내에 위치한 위 망 B 소유의 각 토지에 관하여 매매대금 20억 8천만 원으로 하는 매매계약을 체결하였다. 원고 A는 그 직후에 소외 C, D 등 7인과 매매대금 합계 27억 4천만 원에 이 사건 각 토지에 관한 각 전매계약을 체결하고, 그 무렵 C, D 등 7인과 위 망 B를 직접 당사자로 하는 토지거래허가를 받아 이 사건 각 토지에 관하여 C, D 등 명의로 각 소유권이전등기를 마쳤다. 피고는 2009. 1. 10. 원고 A가 이 사건 각 토지를 C, D 등에게 전매한 것이 자산의 사실상 유상 이전으로서 그로 인한 소득이 양도소득세 과세대상에 해당한다는 이유로 원고 A에게 2005년 귀속 양도소득세, 신고불성실가산세, 납부불성실가산세 등 합계 686,832,460원을 부과하는 처분을 하였다.

II ▶ 관련 규정 및 쟁점

1. 관련 규정

◆ 소득세법

제4조(소득의 구분) ① 거주자의 소득은 다음 각 호와 같이 구분한다.

  3. 양도소득 자산의 양도로 인하여 발생하는 소득

제88조(양도의 정의) ① 제4조 제1항 제3호 및 이 장에서 "양도"라 함은 자산에 대한 등기 또는 등록에 관계없이 매도, 교환, 법인에 대한 현물출자 등으로 인하여 그 자산이 유상으로 사실상 이전되는 것을 말한다.

131

2. 쟁점

토지거래허가 잠탈 목적의 매매 등 원인행위가 무효인 경우 양도소득세 과세대상이 되는지 여부 및 소유권이전등기가 말소되지 않은 채 남아 있고 매도인 또는 중간매도인이 수수한 매매대금을 그대로 보유하고 있는 경우 사실상 이전으로 보아 양도소득세 과세대상이 되는지 여부이다.

Ⅲ ▶ 법원의 판단

1. 원심법원의 판단

이 사건 매매계약 및 각 전매계약은 중간생략등기의 합의 아래 전매차익을 얻을 목적으로 체결된 것으로 처음부터 토지거래허가를 배제하거나 잠탈하는 내용의 계약이라고 할 것이어서 모두 확정적으로 무효이고, C, D 등 명의의 이 사건 각 소유권이전등기 또한 무효라고 볼 수밖에 없다. 따라서 비록 이 사건 각 전매계약에 따른 전매대금이 모두 원고 A에게 지급되었다고 하더라도 그것이 양도소득세 부과대상인 자산의 양도에 해당한다거나 원고 A에게 양도소득세 과세대상으로 삼을 수 있는 양도소득이 발생하였다고 볼 수 없으므로, 원고 A에게 양도소득세를 부과한 이 사건 처분은 위법하다.[1]

2. 대법원의 판단

구 소득세법 제88조 제1항 본문은 "제4조 제1항 제3호 및 이 장에서 '양도'라 함은 자산에 대한 등기 또는 등록에 관계없이 매도, 교환, 법인에 대한 현물출자 등으로 인하여 그 자산이 유상으로 사실상 이전되는 것을 말한다."라고 규정하고 있을 뿐 자산이 유상으로 이전된 원인인 매매 등 계약이 법률상 유효할 것까지를 요구하고 있지는 않다.

그런데 이 사건 A와 B의 매매계약과 A와 C, D 등과의 각 전매계약 및 위 망 B와 C, D 등 사이의 매매계약은 어느 것이나 국토계획법이 정한 토지거래허가를 배제하거나 잠탈하는 내용의 계약으로서 모두 확정적으로 무효라고 할 것이지만, 이미 그와 같이 무효인 매매계약에 기하여 위 망

---

1) 제1심인 수원지방법원 2010. 4. 1. 선고 2009구합6828 판결 및 제2심인 서울고등법원 2010. 10. 8. 선고 2010누13502 판결은, 매매계약이 무효인 이상 그 매매대금이 양도인에게 지급되었다 하여도 양도소득세 부과대상인 자산의 양도에 해당한다거나 자산의 양도로 인한 소득이 있었다 할 수 없으므로 양도소득세 부과대상이 아니라는 종전의 대법원 판결(대법원 1997. 3. 20. 선고 95누18383 전원합의체 판결)의 취지에 따른 것이다.

B로부터 C, D 등 앞으로 소유권이전등기가 마쳐진 채 말소되지 아니하고 남아 있고 원고 A는 C, D 등으로부터 받은 매매대금을 반환하지 아니한 채 그대로 보유하고 있으므로 이를 과세하지 않는 다면 A로 하여금 과세 없는 양도차익을 향유하게 하는 결과로 되어 조세정의와 형평에 심히 어긋나게 된다. 따라서 원고 A가 이 사건 각 토지를 C, D 등에게 전매한 것은 이 사건 각 토지를 사실상 이전한 것이므로 A에게 자산의 양도로 인한 소득이 있어 양도소득세의 과세대상이 되는 경우에 해당하여 피고의 이 사건 처분은 이러한 범위 안에서 적법하다.

Ⅳ 해설

1. 이 사건 판결의 의의

종전에는 "① 양도소득세의 과세대상은 권리이전의 원인행위가 유효하게 이루어진 것을 전제로 하는 것이고, ② '사실상 이전'이란 권리이전의 원인행위가 유효하게 이루어졌으나 권리의 이전을 위한 법률상의 성립요건으로서의 등기나 등록을 갖추지 못한 때를 의미하는 것이며, ③ 원인행위인 매매계약이 무효여서 매도인이 양도로 인한 소득을 보유할 적법한 권원이 없는 경우에는 자산의 양도가 있다거나 자산의 양도로 인한 소득이 있다고 볼 수 없다."고 보았다.

대상판결은 "미등기 전매로 또는 사실과 달리 등기원인을 증여로 소유권이전등기가 된 경우 ① 양도소득세의 과세대상은 언제나 권리이전의 원인행위가 유효한 경우만을 의미하는 것은 아니다, ② 원인행위가 무효인 경우이더라도 그 이전등기가 말소되지 않은 채 남아있고 매도인 등이 수수한 매매대금도 그대로 보유하고 있는 때에는 '사실상 이전'으로 볼 수 있다, ③ 권리이전의 원인행위가 무효이지만 그 이전등기가 이루어지고 수수한 매매대금도 그대로 보유하고 있다면 양도소득세 과세대상에 해당한다."는 점을 밝힌 최초의 판결이다.

대상판결에 대해서는 위법소득의 과세와 관련하여 양도소득에 대해서만 예외를 인정할 필요가 없으므로 타당하다고 하는 견해,[2] 강행법규를 위반하여 소유권이전등기를 이전할 수 없더라도 돈은 이미 받았고 사실과 다른 이유를 붙여 등기까지 넘겼다면 양도소득세를 과세하되 그 무효는 후발적 경정청구로 해결해야 한다는 견해,[3] 당사자들이 아예 토지거래허가를 받을 것을 예정하지 않은 채 탈법적인 방법으로 소유명의를 이전하고자 하는 경우에는 토지거래허가가 없어도 소득이 발생한 것으로 보아 과세를 허용하고 후에 대금을 반환하면 그때 경정청구에 의해서 해결하면 된다는

---

2) 이태로·한만수, 『조세법강의(신정14판)』, 박영사, 2020, 249-250면.
3) 이창희, 『세법강의(제20판)』, 박영사, 2022, 521면.

견해[4] 등 학설도 긍정적인 것으로 보인다.[5]

다만 구 소득세법상 양도를 그 원인인 계약의 유·무효와 관계없이 사실상의 이전이라고만 해석하는 것은 사법상 양도 개념과 세법상 양도 개념의 통일적 해석에 장애가 된다는 반대견해[6] 또는 세법상 원칙적으로 자산의 양도에 해당하지 않지만 그중 특정한 경우에는 조세정의와 형평에 비추어 예외적으로 양도소득세를 부과할 수 있다고 하면서 양도소득세 부과의 요건을 판례의 형태로 제시하는 것은 조세법규의 해석이 아닌 과세요건의 창설에 해당하여 조세법률주의에 위반된다는 지적이 있다.[7]

2. 대법원 판결 이후의 법규 개정 사항

구 소득세법 제88조는 2016. 12. 30. 전면 개정되었으나 동조 제1호에서 "양도란 그 자산을 유상으로 사실상 이전하는 것"이라고 정의하여 그 취지에는 변화가 없다.

---

4) 임승순, 『조세법』, 박영사, 2021, 491면.
5) 원상회복 가능성을 구체적으로 고려하고 있다는 점에서 종전 판례보다 진일보했다는 취지의 평가를 하면서 유동적 무효인 경우에도 대금이 청산된 시점에서 일단 과세하고 후에 원상회복이 되면 조정하자는 견해로, 이중교, "토지거래허가에 관한 조세법적 문제", 「조세법연구」 제19집 제3호, 한국세법학회, 2013, 109−111면.
6) 대상판결에 대한 대법관 박시환, 김지형, 전수안, 차한성, 이인복, 이상훈의 반대의견.
7) 대상판결에 대한 대법관 이인복, 이상훈의 반대의견에 대한 보충의견.

21

뇌물을 몰수 · 추징당한 후에도
소득세를 부과할 수 있는가?

이 전 오

21 뇌물을 몰수 · 추징당한 후에도 소득세를 부과할 수 있는가?

[대법원 2015. 7. 16. 선고 2014두5514 전원합의체 판결]

이전오 (전 성균관대 교수)

I ▶ 사실관계 및 사건의 경과

아파트재건축정비사업조합의 조합장으로서 공무원으로 의제되는 신분인 원고는 2008. 7. 7. 재건축상가 일반분양분을 우선 매수하려는 소외 1에게서 5,000만 원의 뇌물을, 재건축아파트 관리업체선정 대가로 소외 2에게서 3,800만 원의 뇌물을 받았다. 원고는 합계 8,800만 원의 뇌물을 수수하였다는 범죄사실로 2010. 4. 9. 특정범죄 가중처벌 등에 관한 법률 위반(뇌물)죄로 징역형 및 8,800만 원의 추징을 명하는 판결을 선고받고, 그 항소와 상고가 모두 기각되어 판결이 확정되었다. 이에 원고는 2011. 2. 16. 추징금 8,800만 원을 모두 납부하였다. 한편 과세권자인 피고는 위 8,800만 원이 소득세법 제21조 제1항 제23호가 정한 기타소득에 해당한다는 이유로 2012. 9. 1. 원고에 대하여 2008년 귀속 종합소득세 42,622,680원을 결정 · 고지하였다.

II ▶ 관련 규정 및 쟁점

1. 관련 규정

◆ 구 소득세법
제21조(기타소득) ① 기타소득은 이자소득 · 배당소득 · 부동산임대소득 · 사업소득 · 근로소득 · 연금소득 · 퇴직소득 및 양도소득외의 소득으로 다음 각 호에 규정하는 것으로 한다.
  23. 뇌물

2. 쟁점

이 사건의 쟁점은, 뇌물로 받은 금액에 대하여 추징을 선고받아 추징금을 납부한 이후에도 여전히 소득세를 부과할 수 있는지 여부이다.

Ⅲ ▶ 법원의 판단

1. 원심법원의 판단

납세자가 범죄행위로 금원을 교부받은 후 그에 대하여 원귀속자에게 환원조치를 취하지 아니한 이상 그로써 소득세법상의 과세대상이 된 소득은 이미 실현된 것이고, 그 후 납세자에 대한 형사사건에서 그에 대한 추징이 확정됨으로써 결과적으로 그 금원을 모두 국가에 추징당하게 되었더라도, 이는 납세자의 그 금품 수수가 형사적으로 처벌대상이 되는 범죄행위가 됨에 따라 그 범죄행위에 대한 부가적인 형벌로서 추징이 가하여진 결과에 불과하여 이를 원귀속자에 대한 환원조치와 동일시할 수 없으므로, 결국 그 추징 및 집행만을 들어 납세자가 범죄행위로 인하여 교부받은 금원 상당의 소득이 실현되지 아니하였다고 할 수는 없다(서울고등법원 2014. 3. 6. 선고 2013누25346 판결).

2. 대법원의 판단

형법상 뇌물·알선수재·배임수재 등의 범죄에서 몰수나 추징을 하는 것은 범죄행위로 인한 이득을 박탈하여 부정한 이익을 보유하지 못하게 하는 데 목적이 있으므로, 이러한 위법소득에 대하여 몰수나 추징이 이루어졌다면 이는 위법소득에 내재되어 있던 경제적 이익의 상실가능성이 현실화된 경우에 해당한다. 따라서 이러한 경우에는 소득이 종국적으로 실현되지 아니한 것이므로 납세의무 성립 후 후발적 사유가 발생하여 과세표준 및 세액의 산정기초에 변동이 생긴 것으로 보아 납세자로 하여금 그 사실을 증명하여 감액을 청구할 수 있도록 함이 타당하다. 즉, 위법소득의 지배·관리라는 과세요건이 충족됨으로써 일단 납세의무가 성립하였다고 하더라도 그 후 몰수나 추징과 같은 위법소득에 내재되어 있던 경제적 이익의 상실가능성이 현실화되는 후발적 사유가 발생하여 소득이 실현되지 아니하는 것으로 확정됨으로써 당초 성립하였던 납세의무가 전제를 잃게 되었다면, 특별한 사정이 없는 한 납세자는 국세기본법 제45조의2 제2항 등이 규정한 후발적 경정청구를 하여 납세의무의 부담에서 벗어날 수 있다. 그리고 이러한 후발적 경정청구사유가 존재함에도 과세관청이 당초에 위법소득에 관한 납세의무가 성립하였던 적이 있음을 이유로 과세처분을 하였다면 이러한 과세처분은 위법하므로 납세자는 항고소송을 통해 취소를 구할 수 있다.

Ⅳ ▶ 해설

1. 이 사건 판결의 의의

뇌물을 받았다가 증뢰자(贈賂者)에게 돌려준 경우에는 담세력이 사라졌다 할 것이므로 더 이상 소득세를 부과하지 못한다는 점에 별 의문이 없다. 문제는 뇌물을 임의로 반환한 것이 아니라, 몰수 또는 추징당한 경우에도 마찬가지로 해석할 것인지 여부이다.

이 점에 관하여 종전의 판례는 "납세자가 범죄행위로 인하여 금원을 교부받은 후 그에 대하여 원귀속자에게 환원조치를 취하지 아니한 이상 그로써 소득세법상의 과세대상이 된 소득은 이미 실현된 것이고, 그 후 납세자에 대한 형사사건에서 그에 대한 추징이 확정됨으로써 결과적으로 그 금원을 모두 국가에 추징당하게 될 것이 확정되었다 하더라도, 이는 납세자의 그 금품 수수가 형사적으로 처벌대상이 되는 범죄행위가 됨에 따라 그 범죄행위에 대한 부가적인 형벌로서 추징이 가하여진 결과에 불과하여 이를 원귀속자에 대한 환원조치와 동일시할 수는 없으므로, 결국 그 추징 및 집행만을 들어 납세자가 범죄행위로 인하여 교부받은 금원 상당의 소득이 실현되지 아니하였다고 할 수는 없다."고 판시함으로써 부정적으로 해석하였다.[1] 원심은 종전 판례를 좇아 이런 견해를 취하였다.

그런데 대상판결은 뇌물을 몰수 또는 추징당한 경우에도 뇌물을 임의 반환한 경우와 같이 담세력이 사라진다고 보아 더 이상 과세할 수 없다고 해석하였다.

형사처벌과 과세처분의 목적이 다르다는 점을 중시하면 종전 판례가 옳다 하겠으나, 부가적인 형벌인 몰수나 추징은 본격적인 형사처벌이라기보다 범죄행위로 얻은 이익의 박탈에 초점을 둔 제도이고, 담세력이 상실되기는 임의반환의 경우나 몰수·추징의 경우나 동일하다는 점을 생각할 때에 대상판결의 결론이 타당하다.

---

1) 대법원 1998. 2. 27. 선고 97누19816 판결, 대법원 2002. 5. 10. 선고 2002두431 판결.

2. 논리 구성의 문제점

판례는, 과세관청이 부과처분을 한 경우 그 후에 발생한 후발적 사유를 원인으로 한 경정청구 제도가 있다 하여 그 처분 자체에 대한 쟁송의 제기를 방해하는 것은 아니므로 후발적 경정청구와 별도로 과세처분의 위법을 다툴 수 있다고 본다(대법원 2002. 9. 27. 선고 2001두5989 판결). 그런 까닭에 대상판결은 이 사안에 대하여는 후발적 경정청구사유가 존재하기 때문에 이 사건 처분의 위법을 다투는 원고의 청구는 인용되어야 한다고 보았다. 대상판결은 납세자의 권익을 보호하고 일반인의 법감정에 부합한다.

다만, 대상판결은 뇌물의 추징을 명한 판결이 어떤 후발적 경정청구사유에 해당하는지는 명시하지 않고, 일단 납세의무가 성립하였다고 하더라도 그 후 몰수나 추징과 같은 위법소득에 내재되어 있던 경제적 이익의 상실가능성이 현실화되는 후발적 사유가 발생하여 소득이 실현되지 아니하는 것으로 확정되었기 때문에 이 건 과세처분은 위법하다."라는 취지로 판시하였는데 이런 논리 구성에는 찬성할 수 없다.

뇌물을 받은 것에 대하여 소득세 부과처분을 받고서 소득세를 납부하였는데, 그 후에 뇌물 상당액을 추징당하였다면 그런 사정이 과연 후발적 경정청구사유에 해당하는지 의문이다.

먼저 이 경우는 후발적 경정청구의 근거조항인 국세기본법 제45조의2 제2항 제1호에서 규정하는 '판결'에 해당한다고 볼 수 없다. 왜냐하면 후발적 경정청구사유 중 국세기본법 제45조의2 제2항 제1호에서 정한 '거래 또는 행위 등이 그에 관한 소송에 대한 판결에 의하여 다른 것으로 확정된 때'란 최초 신고·결정 또는 경정이 이루어진 후 과세표준 및 세액의 계산근거가 된 거래 또는 행위 등에 관한 분쟁이 발생하여 그에 관한 소송에서 판결에 의하여 거래 또는 행위 등의 존부나 법률효과 등이 다른 것으로 확정됨으로써 최초 신고 등이 정당하게 유지될 수 없게 된 경우를 의미하는데(대법원 2011. 7. 28. 선고 2009두22379 판결), 뇌물을 추징하는 내용의 판결이 여기에 해당한다고 볼 수는 없기 때문이다. 나아가, 회사의 도산을 후발적 경정청구사유인 계약해제(국세기본법 시행령 제25조의2 제2호)에 준하는 사유(제4호)로 본 판례가 있기는 하나(대법원 2014. 1. 29. 선고 2013두 18810 판결), 뇌물을 추징당한 경우까지 그렇게 보는 것은 지나치다. 무리하게 후발적 경정청구권을 끌어들일 것이 아니라, 과세처분 이전에 뇌물 상당액을 추징당한 경우에는 비록 당초에 위법소득에 관한 납세의무가 성립한 적이 있다 하더라도 뇌물 상당액을 추징당함으로써 담세력이 사라졌기 때문에 더 이상 과세할 수 없다고 논리 구성하는 것이 간명하고 타당하다고 생각한다.

22

가집행선고부 판결에 따른
가지급물과 이자소득의 실현

전 영 준

22 가집행선고부 판결에 따른 가지급물과 이자소득의 실현

[대법원 2011. 6. 24. 선고 2008두20871 판결]

전영준 (법무법인 율촌 변호사)

I ▶ 사실관계 및 사건의 경과

1. 사실관계

거주자인 원고는 1999년부터 2001년까지 甲에게 합계 19억 원을 대여하였고, 2002. 6. 12. 甲과 사이에 약 23억 원을 대여원리금(이하 '이 사건 대여원리금'이라 한다)으로 확정하였으며, 乙은 그 이후 위 채무에 대하여 연대보증하였다. 원고는 乙을 상대로 대여원리금의 지급을 구하는 소를 제기하였고, 청구인용 가집행선고부 제1심 판결(이하 '쟁점판결'이라 한다)에 기초하여 진행한 강제집행절차에서 2004. 11.경 461,345,781원(이하 '쟁점배당금'이라 한다)을 배당받았다. 그리고 쟁점판결은 乙의 항소 및 상고로 2005. 5. 13. 대법원에서 그대로 확정되었다.

2. 사건의 경과

피고(과세관청)는 이 사건 대여원리금에 기하여 원고가 수령한 이자와 관련하여 2000 내지 2004년 각 귀속 종합소득세를 부과하였고, 원고의 국세심사청구에 따라 그중 2004년 귀속 종합소득세를 최종적으로 180,036,400원만큼 증액하였다(이하 '쟁점처분'이라 한다).

원고는 쟁점처분의 취소를 구하는 행정소송에서, 쟁점배당금 중 이자소득의 수입시기는 실제 수령한 2004년이 아니라, 쟁점판결이 확정된 2005. 5. 13.이 속한 2005년이라고 주장하였다. 제1심 및 항소심은 원고의 주장을 배척하였다. 원고는 쟁점판결의 확정일을 쟁점배당금의 수입시기로 보는 것이 세법상 권리확정주의에 부합한다는 이유로 상고하였다.

II ▶ 관련 규정 및 쟁점

1. 관련 규정

◆ 구 소득세법(2009. 12. 31. 법률 제9897호로 개정되기 전의 것, 이하 같다)
제16조(이자소득) ① 이자소득은 당해연도에 발생한 다음 각 호의 소득으로 한다.
   12. 비영업대금의 이익

◆ 소득세법
제39조(총수입금액과 필요경비의 귀속연도등) ① 거주자의 각 연도의 총수입금액과 필요경비의 귀속연도는 총수입금액과 필요경비가 확정된 날이 속하는 연도로 한다.

◆ 구 소득세법 시행령(2010. 2. 18. 대통령령 제22034호로 개정되기 전의 것, 이하 같다)
제45조(이자소득의 수입시기) 이자소득에 대한 총수입금액의 수입할 시기는 다음 각호에 규정하는 날로 한다.
   9의2. 비영업대금의 이익 약정에 의한 이자지급일. 다만, 이자지급일의 약정이 없거나 약정에 의한 이자지급일전에 이자를 지급 받는 경우 또는 제51조 제7항의 규정에 의하여 총수입금액 계산에서 제외하였던 이자를 지급 받는 경우에는 그 이자지급일로 한다.

2. 쟁점

구 소득세법 제16조 제1항 제12호의 '비영업대금의 이익'이라 함은 금융업을 업으로 하지 않는 자가 금전을 대여하고 받는 이익을 의미한다. 비영업대금의 이익의 수입 귀속시기는 약정에 의한 이자지급일이지만, 약정이 없거나 약정된 날 전에 이자를 지급받는 때에는 실제 지급일이다(구 소득세법 시행령 제45조 제9호의2). 이 사건 쟁점은, 2014. 11. 19. 원고의 쟁점배당금의 수령이 소득세법 제39조 제1항 소정의 '확정'에 해당하여 쟁점배당금 중 이자 부분이 2004년 귀속 소득인지, 아니면 쟁점판결이 대법원에서 '확정'된 2015년 귀속 소득인지 여부이다.

Ⅲ ▶ 법원의 판단

대법원은 소득세법 제39조 제1항, 제24조 제3항, 소득세법 시행령 제51조 제7항의 내용 및 그 입법취지, 소득세법상 이자소득의 귀속시기는 당해 이자소득에 대한 관리·지배와 이자소득의 객관화 정도, 납세자금의 확보시기 등을 함께 고려하여 그 이자소득의 실현가능성이 상당히 높은 정도로 성숙 확정되었는지 여부 등을 기준으로 판단하여야 하는 점, 납세자가 가집행선고부 승소판결에 의한 배당금의 수령에 관하여 이자소득세 등을 과세당한 후 상소심에서 그 판결이 취소되어 배당금을 반환하는 경우가 발생하더라도 국세기본법 제45조의2 제2항에 의하여 그 이자소득세 등에 대한 경정청구를 함으로써 구제를 받을 수 있는 점 등에 비추어, 쟁점배당금 중 이자소득의 수입시기를 원고가 쟁점판결에 기하여 수령한 날이 속한 2004년이라고 판단한 항소심의 판단을 수긍하였다.

Ⅳ ▶ 해설

소득세법 제39조 제1항은 손익의 귀속시기를 '확정'을 기준으로 삼고 있고, 법인세 제40조 제1항도 동일한 내용을 규정하고 있다. 위 규정에 따른 소위 '권리확정주의'는 법적 기준(legal test)에 의하여 소득의 귀속시기를 정하는 원칙으로 이해된다. 대법원은 구체적 사안에서 소득에 대한 관리·지배와 발생소득의 객관화 정도, 납세자금의 확보시기 등까지도 함께 고려하여 그 소득의 실현 가능성이 상당히 높은 정도로 성숙·확정되었는지 여부를 그 기준으로 삼고 있다(대법원 1997. 6. 13. 선고 96누19154 판결, 대법원 1998. 6. 9. 선고 97누19144 판결 등).

실제 이 사건과 유사하게 가집행선고부 판결에 기하여 임의변제가 이루어진 사안에서 대법원은 과거 임의변제시를 이자소득의 발생시로 보기 어렵다는 결론을 내렸다(대법원 1988. 9. 27. 선고 87누407 판결). 물론 쟁점판결은 상급심에서 그 결론이 달라질 수 있고, 원고는 그 달라진 결론에 따라 쟁점배당금의 전부 혹은 일부를 반환하여야 하므로, 이자소득세를 미리 납부할 이유가 없다는 원고의 주장에 일응 타당성이 있다. 그러나 납세자는 국세기본법 제45조의2에 따른 경정청구를 하여 기납부한 세금을 환급받을 수 있고, 또한 원고의 이자소득에 대한 관리·지배, 소득의 객관화 정도, 납세자금의 확보시기 등에 비추어 원고가 실제 이자를 수령한 시기를 수입시기로 본 대법원 판결은 정당하다. 대법원 1988. 9. 27. 선고 87누407 판결 사안의 경우 당시 납세자의 경정청구제도가 없었으므로, 본 판결은 87누407 판결과 모순되지 않는다.

본 판결은 소송법상 판결이 확정되지 않았다고 하더라도 가집행선고부 판결에 기초하여 이자소득을 수령한다면, 그 소득의 귀속시기는 판결확정시점이 아니라 현실적인 수령시점이라고 판단한 최초의 판결이고, 이후 대법원은 가집행선고부 판결에 기초하여 기타소득을 수령한 경우에도 동일한 취지로 판단하고 있다(대법원 2019. 5. 16. 선고 2015다35270 판결).

23

양도소득세 예정신고와 확정신고의 관계

김 범 준

김범준 (서울시립대 법학전문대학원 부교수)

I ▶ 사실관계 및 사건의 경과

원고의 토지·건물(이하 '이 사건 부동산'이라 한다) 양도에 관한 사실관계는 다음과 같다.

일자	주요 사실관계
2002. 4. 15.	원고: 이 사건 부동산 양도
2002. 4. 16.	원고: 피고에게 부동산양도신고(기준시가로 양도차익을 계산)[2)]
2002. 4. 17.	원고: 피고에게 양도소득세 예정신고서 제출(이하 '이 사건 예정신고'라 한다)[3)]
2002. 4. 26.	피고: 원고에게 양도소득세(834,488,690원)[4)] 납부 안내서 교부
2002. 6. 30.	원고: 위 안내서의 납부기한(2002. 6. 30.)까지 양도소득세 미납
2002. 8. 5.	피고: 원고에게 양도소득세(981,751,400원)[5)] 납세고지(이하 '이 사건 납세고지'라 한다)
2003. 5. 31.	원고: 양도차손[6)]으로 양도소득세 확정신고(이하 '이 사건 확정신고'라 한다)

---

1) 이 글은 저자의 판례평석 "양도소득세 예정신고의 효력 및 확정신고와의 관계 – 대법원 2008. 5. 29. 선고 2006두1609 판결 –",『조세판례백선 2』, 박영사, 2015, 363면)을 수정·보완한 것이다.

2) 구 소득세법 시행령(2001. 12. 31. 대통령령 제17465호로 개정되기 전의 것) 제224조 제4항은 부동산양도신고를 한 때에 양도소득세 예정신고를 한 것으로 본다.

3) 이 글에서는 위 부동산양도신고와 양도소득세 예정신고서를 통틀어 '이 사건 예정신고'라고 한다.

4) 위 양도소득세 834,488,690원은 이 사건 예정신고의 양도소득세 산출세액에서 예정신고납부세액공제(147,262,710원)를 뺀 값이다.

5) 위 양도소득세 981,751,400원은 이 사건 예정신고의 양도소득세 산출세액(예정신고납부세액공제 147,262,710원을 빼지 않은 값)이다.

6) 원고는 이 사건 예정신고와 달리, 이 사건 확정신고에서 이 사건 부동산의 실지거래가액으로 양도차손 25,100,384원을 계산하였다.

Ⅱ ▶ 관련 규정 및 쟁점

1. 관련 규정

구 소득세법(2002. 12. 18. 법률 제6781호로 개정되기 전의 것) 제105조, 제110조

2. 쟁점

양도소득세 예정신고의 과세표준·세액이 확정신고의 과세표준·세액에 흡수·소멸되어 예정신고에 따른 징수처분이 효력을 잃는지 여부이다.

Ⅲ ▶ 법원의 판단

납세자가 예정신고를 한 후 그와 다른 내용으로 확정신고를 한 경우에는 그 예정신고에 의하여 잠정적으로 확정된 과세표준과 세액은 확정신고에 의하여 확정된 과세표준과 세액에 흡수되어 소멸한다고 보아야 하고, 이에 따라 예정신고를 기초로 이루어진 징수처분 역시 효력을 상실한다고 보아야 할 것이다.

Ⅳ ▶ 해설

1. 양도소득세 납세의무의 성립·확정 및 과세(부과)·징수처분

양도소득세의 납세의무는 과세기간이 끝났을 때 추상적으로 성립하고, 납세의무자의 '신고'로써 구체적으로 확정된다(국세기본법 제21조 제2항, 제22조 제2항 본문). 납세의무자가 신고하지 않으면, 과세관청은 정당세액을 처음으로 확정하는 처분을 한다. 이것이 과세(부과)처분의 하나인 '결정'이다(국세기본법 제22조 제2항 단서). 납세의무자의 신고에 오류·누락이 있으면, 과세관청은 과세표준·세액을 정당세액에 맞게 다시 확정하는 처분을 한다. 이것이 또 다른 과세(부과)처분인 '경정'이다(국세기본법 제22조 제2항 단서). 징수처분은 신고 또는 결정·경정으로 확정된 세액을 (국세징수법에 따라) 강제징수하는 처분이다.

2. 양도소득세 예정 · 확정신고의 관계

거주자는 양도일로부터 일정 기간 안에 양도소득 과세표준을 신고하여야 한다.[7] 이를 '예정신고'라고 부른다.[8] 예정신고를 한 거주자는 구 소득세법 제110조 제1항의 '확정신고'를 하지 않을 수 있다.[9] 다만 일정한 사유가 있을 때 거주자는 확정신고를 하여야 한다.[10]

여기서 예정신고의 효력 및 확정신고에 대한 관계가 문제 된다. 이 쟁점은 예정신고에 터 잡은 과세(부과) · 징수처분과 함께 다루어진다. 과세관청은 예정신고에 탈루 · 오류가 있을 경우 경정할 수 있고(소득세법 제114조 제2항), 예정신고세액 미납을 이유로 징수처분을 할 수 있기 때문이다(소득세법 제116조 제1항).

3. 대상판결의 의미와 다른 판결과의 관계

대상판결에 따르면, 예정신고는 잠정적 확정력을 가지므로, 다른 내용의 확정신고에 흡수 · 소멸된다.[11] 따라서 예정신고에 터 잡은 징수처분[12] 역시 함께 효력을 잃는다. 대법원의 판단 근거는

---

7) 예컨대 부동산을 양도한 때에는 그 양도일이 속하는 달의 말일부터 2개월 안에 양도소득 과세표준을 신고하여야 한다(소득세법 제105조 제1항 제1호).

8) 거주자는 양도차익이 없거나 양도차손이 생기더라도 예정신고를 하여야 한다(구 소득세법 제105조). 다만 양도소득세 예정신고를 하더라도 부과제척기간의 기산일은 (예정신고기한의 다음 날이 아니라) 확정신고기한의 다음 날이다(국세기본법 시행령 제12조의3 제1항 제1호 후문). 위 시행령 조항은 국세기본법 제26조의2의 위임범위와 한계를 벗어나거나 헌법상 평등 원칙을 위배하거나 과잉금지 원칙에 반하여 재산권을 침해한 것이 아니다(대법원 2020. 6. 11. 선고 2017두40235 판결).

9) 양도소득 확정신고는 양도소득이 생긴 과세기간의 다음 해 5. 1.부터 5. 31.까지 이루어져야 한다(구 소득세법 제110조 제4항).

10) 예정신고를 2회 이상 한 자가 이미 신고한 양도소득금액과 합산하여 신고하지 않은 경우, 2회 또는 2개 이상의 자산 양도가 이루어지고 당초신고한 양도소득산출세액이 달라지는 경우 등이 대표적인 사유이다(구 소득세법 제110조 제4항 단서, 구 소득세법 시행령 제173조 제5항). 이에 해당하지 않은 경우 양도소득과세표준 예정신고를 한 자는 확정신고를 하지 않을 수 있고, 예정신고 대상인 양도소득뿐 아니라 같은 과세기간에 귀속되는 양도소득이 따로 있더라도 같다. 따라서 이러한 때에는 예정신고 대상 양도소득에 대해서 과세표준신고서가 제출되지 않았다고 볼 수 없으므로, 그 양도소득세의 부과제척기간은 7년이 아니라 5년이다(대법원 2021. 11. 25. 선고 2020두51519 판결).

11) 대법원 2011. 9. 29. 선고 2009두22850 판결에서는 '예정신고 후 같은 내용으로 확정신고한 사안'이 다투어졌다. 위 판결은 대상판결처럼 예정신고의 잠정적 확정력을 인정한 다음, '예정신고와 동일하게 확정신고가 이루어진 경우 잠정적으로 확정된 과세표준과 세액이 확정신고에 흡수 · 소멸되지 않은 채 그대로 유지된다'라고 판시하였다. 따라서 예정신고에 기초한 징수처분은 그대로 효력을 가진다. 대법원은 그 근거로 ① 예정신고를 마친 경우 원칙적으로 확정신고를 하지 않아도 되는 점, ② 예정신고와 같은 내용으로 확정신고를 하면 양도소득세의 정산이 일어나지 않는 점, ③ 예정신고와 동일한 내용의 확정신고는 예정신고의 추인으로서 잠정적으로 확정된 과세표준과 세액을 단지 종국적으로 확정하는 것일 뿐인 점을 들었다.

12) 납세의무자가 양도소득세 예정신고를 하되 납부하지 않은 상황에서 과세관청이 예정신고납부세액공제만 적용하지 않은 채 예정신고 내용대로 납세고지를 하였다면, 이러한 내용의 납세고지는 과세처분이 아니라 징수처

① 양도소득세는 기간과세 원칙에 따라 과세기간의 양도소득을 합산하여 산출하는 점, ② 예정신고 후 일정한 사유가 발생할 경우 의무적으로 확정신고를 하여야 하는 점, ③ 예정신고납부는 예납적 성격을 갖는 점, ④ 예정신고(납부)를 이행하지 않더라도 가산세가 부과되지 않는 점13) 등이다.

2009. 12. 31. 소득세법 개정으로 예정신고납부를 하지 않은 납세의무자에게 가산세가 부과되고, 현행 소득세법도 같다. 대법원 2021. 12. 30. 선고 2017두73297 판결은 위와 같은 개정 소득세법에서도 예정신고의 잠정적 확정력을 긍정하였다. 이에 따르면, 납세의무자가 예정신고와 다른 내용으로 확정신고를 한 경우 예정신고에 터 잡은 증액경정처분 역시 효력을 잃는다. 대법원은 판시 이유로 '가산세는 예정신고납부의무의 성실한 이행을 담보하기 위한 제재이고, 예정신고에 과세표준과 세액을 종국적으로 확정하는 효력을 부여한 것이 아니다'라는 점을 들었다. 요컨대 대상판결의 법리는 현행 소득세법에서도 적용된다.

분이다(대법원 2004. 9. 3. 선고 2003두8180 판결).

13) 2009. 12. 31. 소득세법 개정 이전에는 예정신고 또는 예정신고납부를 이행하지 않더라도 가산세가 부과되지 않았다. 대상판결은 2009. 12. 31. 소득세법 개정 이전의 사례이다.

24

양도소득세 납세의무자

홍 현 주

양도소득세 납세의무자

[대법원 2014. 9. 4 선고 2012두10710 판결]

홍현주 (법무법인 세종 파트너 변호사)

I ▶ 사실관계 및 사건의 경과

　원고 1은 소외 1의 처, 원고 2와 원고 3은 소외 1 및 원고 1의 자녀들로서, 소외 1이 사망하여 원고들은 이 사건 토지를 그 상속 지분에 따라 상속하였다. 소외 1의 어머니인 소외 2는 이 사건 토지 중 일부가 소외 2의 소유라고 주장하면서 원고들을 상대로 각 소유지분에 관한 이전등기를 청구하는 소를 제기하였다. 원고 1은 이 사건 토지의 소유권을 유지할 방안으로, 이 사건 토지 중 17필지를 친언니인 소외 3에게 명의신탁하면서 소외 3명의로 증여를 원인으로 한 소유권이전등기를 마쳐 주었고, 소외 3의 남편인 소외 4에게 위 소송 등의 업무를 위임하였다. 소외 3은 제3자들에게 이 사건 토지 등을 합계 1,780,000,000원에 매도한 다음 그들에게 소유권이전등기를 마쳐 주었다.

　원고들은 소외 3을 상대로 주위적으로 명의신탁에 따른 소외 3명의의 소유권이전등기의 말소를, 예비적으로 이 사건 토지의 가액 상당의 반환을 청구하는 소를 제기하였다. 위 법원은 원고들이 소외 3에게 이 사건 토지를 명의신탁하였다고 인정하고, 이 사건 토지 중 당시까지 소외 3명의로 남아있던 15필지에 관하여는 소외 3명의의 등기 말소를 명하고, 당시 타인에게 소유권이전등기가 넘어간 나머지 2필지에 관하여는 시가 상당액 281,610,000원의 배상을 명하는 판결을 선고하였다. 이에 대하여 소외 3은 항소하는 한편, 항소심 계속 중 이 사건 토지 중 나머지 전부에 관하여도 그 매수인들 앞으로 소유권이전등기를 경료해 주었다. 위 항소심에서 원고들이 소외 3과 소외 4로부터 그들이 원고들 대신 지출한 비용(소송비용 및 등기비용 등)을 제외한 나머지 400,000,000원을 지급받기로 하는 조정이 성립되었다.

　피고는 2010. 2. 10. 원고들에게, 원고들이 이 사건 토지 중 15필지를 양도하였음을 이유로 원고들에게 양도소득세를 각 부과하는 처분을 하였다.

Ⅱ ▶ 관련 규정 및 쟁점

1. 관련 규정

(1) 구 국세기본법(2010. 1. 1. 법률 제9911호로 개정되기 전의 것) 제14조

(2) 구 소득세법(2009. 12. 31. 법률 제9987호로 개정되기 전의 것) 제88조

(3) 구 부동산 실권리자명의 등기에 관한 법률(2010. 3. 31. 법률 제10203호로 개정되기 전의 것) 제4조

2. 쟁점

이 사건의 쟁점은 명의수탁자가 명의신탁자의 위임이나 승낙 없이 임의로 명의신탁재산을 양도하고 상당한 시간이 경과한 후에 명의신탁자가 명의수탁자에 대한 소송을 통해 양도대가상당액을 회수한 경우 양도소득의 환원이 있다고 할 수 있는지 여부(명의수탁자가 명의신탁재산으로부터 얻은 양도소득을 명의신탁자에게 환원하였다고 하기 위한 경우)이다.

Ⅲ ▶ 법원의 판단

1. 원심법원의 판단

명의수탁자가 명의신탁자의 위임이나 승낙없이 임의로 명의신탁재산을 처분함으로써 얻은 양도소득이 조정 성립에 따라 명의신탁자에게 전액 환원된 경우 명의신탁자가 그 양도소득을 사실상 지배, 관리, 처분할 수 있는 지위에 있게 되었으므로 명의신탁자를 양도소득세의 납세의무자로 볼 수 있다.

2. 대법원의 판단

명의수탁자가 양도소득을 명의신탁자에게 환원하였다고 하기 위하여는 양도대가를 수령하는 즉시 전액을 자발적으로 명의신탁자에게 이전하는 등 사실상 위임사무를 처리한 것과 같이 명의신탁자가 양도소득을 실질적으로 지배, 관리, 처분할 수 있는 지위에 있어 명의신탁자를 양도의 주체로 볼 수 있는 경우라야 하고, 특별한 사정이 없는 한 단지 명의신탁자가 명의수탁자에 대한 소송을 통해 상당한 시간이 경과한 후에 양도대가 상당액을 회수하였다고 하여 양도소득의 환원이 있다고 할 수는 없다.

Ⅳ 해설

1. 명의신탁재산의 양도와 양도소득세 납세의무자

구 부동산 실권리자명의 등기에 관한 법률 제4조에 의하면 명의신탁약정 및 그에 따른 물권변동은 무효로 하되, 부동산에 관한 물건을 취득하기 위한 계약서에 명의수탁자가 어느 한쪽 당사자가 되고 상대방 당사자는 명의신탁약정이 있다는 사실을 알지 못하는 경우('계약명의신탁')에는 그 물권변동은 유효하다.

명의수탁자가 명의신탁자의 위임 내지 승낙을 받아 부동산을 양도한 경우 명의신탁자가 양도소득을 사실상 지배, 관리, 처분할 수 있는 지위에 있어서 양도소득세의 납세의무자가 되는데, 명의수탁자가 임의로 명의신탁 재산을 양도한 경우에는 양도소득이 명의신탁자에게 환원되지 않는 한 명의신탁자는 사실상 소득을 얻은 자가 아니므로 양도소득세의 납세의무자는 명의수탁자가 된다.

2. 기존 대법원 판결 및 이 사건 판결의 의의

종래 대법원은, 명의신탁된 재산의 법형식적인 소유 명의는 수탁자에게 있으나 실질적인 소유권은 신탁자에게 있으므로, 신탁자가 자신의 의사에 의해 신탁재산을 양도하는 경우에는 그가 양도소득을 사실상 지배, 관리, 처분할 수 있는 지위에 있어 양도소득세의 납세의무자가 되지만, 명의수탁자가 명의신탁자의 위임이나 승낙 없이 임의로 명의신탁 재산을 양도하였다면 그 양도 주체는 수탁자이지 신탁자가 아니고 양도소득이 신탁자에게 환원되지 않는 한 신탁자가 양도소득을 사실상 지배, 관리, 처분할 수 있는 지위에 있지도 아니하므로 양도소득세의 납세의무자가 된다고 할 수 없다고 판시하였다(대법원 1999. 11. 26. 선고 98두7084 판결[1] 등 참조).

이 사건 판결은 '양도소득이 신탁자에게 환원'되었다고 볼 수 있는지 여부에 대한 구체적인 기준을 제시하였다는 점에서 의의가 있다.

---

1) 해당 판결에서는, 수탁자가 임의로 허위채무 부담을 통한 강제경매의 방법으로 명의신탁재산을 처분하자 신탁자가 채권가압류, 손해배상청구소송 및 강제집행 등 강제적인 방법을 통하여 그 경락대금의 일부를 불법행위로 인한 손해배상으로 수령한 경우 양도소득이 신탁자에게 환원된 것으로 볼 수 없다고 판단하였다.

3. 이 사건 판결이 제시한 판단기준

이 사건 판결에서, 명의수탁자가 명의신탁자의 위임이나 승낙 없이 임의로 처분한 명의신탁재산으로부터 얻은 양도소득을 명의신탁자에게 환원하였다고 하기 위하여는, 명의수탁자가 양도대가를 수령하는 즉시 그 전액을 자발적으로 명의신탁자에게 이전하는 등 사실상 위임사무를 처리한 것과 같이 명의신탁자가 양도소득을 실질적으로 지배, 관리, 처분할 수 있는 지위에 있어 명의신탁자를 양도의 주체로 볼 수 있는 경우라야 하고, 특별한 사정이 없는 한 명의신탁자가 명의수탁자에 대한 소송을 통해 상당한 시간이 경과한 후에 양도대가 상당액을 회수하였다고 하여 양도소득의 환원이 있다고 할 수는 없다는 구체적인 판단기준이 제시되었다.

이 사건 판결은, 명의수탁자인 소외 3이 이 사건 토지의 양도대가를 수령하는 즉시 자발적으로 명의신탁자인 원고들에게 이전한 것이 아니라 원고들이 제기한 소송절차에서 상당한 시간이 경과한 후에 조정 성립에 따라 양도대가 상당액을 지급한 것에 불과하므로 그 양도소득이 명의신탁자인 원고들에게 환원되었다고 할 수 없다고 보아, 원고들이 양도소득세의 납세의무자가 될 수 없다고 판단하였다.

25

중과세율이 적용되는 미등기 양도자산인지 여부

강 지 현

25 중과세율이 적용되는 미등기 양도자산인지 여부

[대법원 2013. 10. 11. 선고 2013두10519 판결]

강지현 (법무법인 광장 파트너 변호사, 법학박사)

I ▶ 사실관계 및 사건의 경과

원고는 2002. 5.경 소외 1 사이에 소외 1 소유의 이 사건 토지를 대금 13억 6,000만 원에 매수하기로 하는 매매계약(이하 '제1 매매계약'이라 한다)을 체결하였다. 원고는 소외 1에게 계약금 1억 원을 지급한 상태에서 2002. 6. 8. 소외 2 사이에 이 사건 토지를 대금 24억 원에 매도한다는 내용의 부동산 매매계약을 체결하고, 같은 날 소외 2로부터 계약금 3억 원을 지급받았다. 소외 2는 2002. 7. 15. 다시 소외 3에게 이 사건 토지를 매수할 수 있는 권리를 대금 3억 원에 매도하되, 위 대금수령과 동시에 원고와 체결한 매매계약에 의한 모든 권리를 포기하고 이 사건 토지에 관한 등기이전서류를 구비하여 소외 3에게 넘긴다는 내용의 매매계약을 체결하였다. 그 사이 원고는 소외 1에게 이 사건 토지 매매대금 중 잔금 7억 원을 제외한 나머지 대금을 지급하였다. 원고는 2002. 8. 2. 소외 1과 소외 3이 있는 자리에서 소외 3으로부터 잔금 21억 원을 지급받아 소외 1에게 그중 7억 원을 제1 매매계약에 기한 잔금으로 지급하였고, 소외 1과 소외 3은 같은 날 이 사건 토지에 관하여 소외 1로부터 소외 3에게 직접 소유권이전등기를 경료하기 위하여 2002. 7. 20. 매매계약서를 작성하였으며, 이에 기하여 소외 3명의의 소유권이전등기가 마쳐졌다.

Ⅱ ▶ 관련 규정 및 쟁점

1. 관련 규정

◆ 구 소득세법(2003. 12. 30. 법률 제7006호로 개정되기 전의 것)

제94조(양도소득의 범위) ① 양도소득은 당해연도에 발생한 다음 각호의 소득으로 한다.

　　1. 토지(지적법에 의하여 지적공부에 등록하여야 할 지목에 해당하는 것을 말한다) 또는 건물(건
　　　물에 부속된 시설물과 구축물을 포함한다)의 양도로 인하여 발생하는 소득

　　2. 다음 각목의 1에 해당하는 부동산에 관한 권리의 양도로 인하여 발생하는 소득

　　　가. 부동산을 취득할 수 있는 권리(건물이 완성되는 때에 그 건물과 이에 부수되는 토지를 취
　　　　득할 수 있는 권리를 포함한다)

제104조(양도소득세의 세율) ① 거주자의 양도소득세는 당해연도의 양도소득과세표준에 다음 각
호의 세율을 적용하여 계산한 금액(이하 "양도소득산출세액"이라 한다)을 그 세액으로 한다.

　　3. 미등기양도자산

　　양도소득과세표준의 100분의 60

③ 제1항 제3호에서 "미등기양도자산"이라 함은 제94조 제1항 제1호 및 제2호에 규정하는 자산을
취득한 자가 그 자산의 취득에 관한 등기를 하지 아니하고 양도하는 것을 말한다. 다만, 대통령령이
정하는 자산은 제외한다.

2. 쟁점

　부동산 매매계약을 체결한 매수인이 대금을 청산하지 아니한 상태에서 매매계약상 권리의무관계
내지 매수인의 지위를 그대로 유지하면서 제3자와 다시 해당 부동산에 관한 매매계약을 체결하고
소유권이전등기를 마친 경우, 이를 구 소득세법 제104조 제1항 제3호의 미등기 자산양도로 보아
중과세율을 적용하여야 하는지 여부이다.

Ⅲ ▶ 법원의 판단

1. 원심법원의 판단

　구 소득세법 제94조 제1항은 토지 또는 건물의 양도로 인하여 발생하는 소득과 부동산을 취득할
수 있는 권리의 양도로 인한 소득을 모두 양도소득세 과세대상으로 규정하고 있는바, 여기에서 토

지의 양도라고 함은 그 등기를 마친 소유권뿐만 아니라 매수 후 그 대금의 거의 전부를 지급한 사실상의 소유권의 양도도 포함하는 것이나, 토지의 매수인이 계약금과 중도금 일부만을 지급한 정도로는 그 토지에 대한 사실상의 소유권을 취득하였다고 할 수 없고 이 상태에서 다시 타인에게 양도한 것은 매수인의 권리나 부동산을 취득할 수 있는 권리를 양도한 것에 불과하다(대법원 1983. 6. 14. 선고 81누206 판결, 대법원 1992. 9. 14. 선고 91도2439 판결 등 참조). (중략) 토지에 대한 계약금과 중도금 일부만을 지급한 상태에서 그 부동산을 취득할 수 있는 권리를 양도하는 경우에는 매매 당사자 간에 대금 완급 선이라노 소유권이선등기를 먼저 넘겨주기로 특약을 하는 등 특별한 사성이 없는 한 그 자산의 취득에 관한 등기 자체가 원칙적으로는 불가능한 것이므로 이를 양도하였다고 하여 구 소득세법 제104조 제3항 소정의 그 취득에 관한 등기를 하지 아니하고 양도한 경우에 해당한다고는 볼 수 없으므로 위 권리의 양도에 대하여 같은 법 제104조 제1항의 미등기양도자산에 관한 중과세율을 적용할 수는 없고, 통상의 양도소득세율을 적용하여야 할 것이다(대법원 1992. 9. 14. 선고 91도2439 판결, 대법원 2012. 9. 27. 선고 2010두23408 판결 등 참조)(서울고등법원 2013. 5. 9. 선고 2012누9033 판결).

2. 대법원의 판단

부동산 매매계약을 체결한 매수인이 대금을 청산하지 아니한 상태라고 하더라도 그 매매계약상 권리의무관계 내지 매수인의 지위를 그대로 유지하면서 제3자와 다시 그 부동산에 관한 매매계약을 체결한 경우에는 매수인의 명의로 부동산을 취득하여 양도하기로 하는 것이므로 이는 부동산의 양도에 해당하고, 그 후 매수인이 매도인에게 잔금을 완납하면 그 취득에 관한 등기가 가능하므로 매수인이 그 명의의 소유권이전등기를 하지 아니한 채 곧바로 제3자에게 소유권이전등기를 마쳐 주었다면 이에 대하여는 구 소득세법 제104조 제1항 제3호 소정의 미등기양도자산에 관한 중과세율을 적용하여야 할 것이다. 원고가 소외 1에게 대금을 청산하지 않은 상태에서 소외 2와 이 사건 토지에 관한 매매계약을 체결하기는 하였으나 원고가 계속하여 제1 매매계약상 권리의무관계 내지 매수인의 지위를 그대로 유지하고 있었던 이상 이는 부동산을 취득할 수 있는 권리의 양도가 아니라 부동산의 양도에 해당하고, 원고가 소외 2의 지위를 승계한 소외 3으로부터 잔금을 지급받아 소외 1에게 잔금을 완납함으로써 그 취득에 관한 등기가 가능하였음에도 원고 명의의 소유권이전등기를 하지 아니한 채 곧바로 소외 3에게 소유권이전등기를 마쳐 주었으므로 이에 대하여는 구 소득세법 제104조 제1항 제3호 소정의 미등기양도자산에 관한 중과세율을 적용하여야 한다.

Ⅳ ▶ 해설

　　원심은 부동산 매매계약을 체결한 매수인이 대금을 청산하지 아니한 상태에서 그 부동산을 전매한 것은 부동산을 취득할 권리를 양도한 것에 불과하다고 보아 구 소득세법 제104조 제1항 제3호 소정의 미등기양도자산에 관한 중과세율을 적용할 수 없다고 하였다. 그러나 대법원은 해당 매수인이 대금을 청산하지 아니한 상태라고 하더라도 그 매매계약상 권리의무관계 내지 매수인의 지위를 그대로 유지하면서 제3자와 다시 그 부동산에 관한 매매계약을 체결한 경우에는 매수인의 명의로 부동산을 취득하여 양도하기로 하는 것이므로 이는 부동산의 양도에 해당하고, 그 후 매수인이 매도인에게 잔금을 완납하면 그 취득에 관한 등기가 가능하므로, 매수인이 그 명의의 소유권이전등기를 하지 아니한 채 곧바로 제3자에게 소유권이전등기를 마쳐 주었다면 이에 대해 미등기양도자산에 관한 중과세율을 적용하여야 한다고 보아 원심판결을 파기하였다. 미등기 전매시 이를 부동산을 취득할 권리의 양도로 보면 소득세법 제55조 제1항에 따른 일반세율이 적용되는 반면, 미등기양도자산으로 보면 중과세율이 적용된다. 또한 미등기양도자산이라면 사실상 취득으로서 매수인에 대해 지방세법상 취득세 납세의무가 성립된다고 보게 될 가능성이 높다(대법원 2014. 1. 23. 선고 2013두18018 판결 참조). 따라서 미등기 전매시 미등기양도자산 해당여부는 양도소득세 중과 여부 및 취득세 납세의무 성립여부에 영향을 미치는 중요한 쟁점이다.

26

명의신탁과 다주택 중과세율의 적용

이 의 영

26	명의신탁과 다주택 중과세율의 적용
	[대법원 2016. 10. 27. 선고 2016두43091 판결]

이의영 (광주고등법원 고법판사)

I ▶ 사실관계 및 사건의 경과

원고는 서울 송파구에 있는 아파트(이하 '이 사건 아파트'라 한다)를 2009. 2. 20. 양도하고 소득세법상 1세대 1주택 특례를 적용하여 양도소득세 약 5천만 원을 신고·납부하였다. 피고(과세관청)는 원고가 이 사건 주택 양도 당시 서울 관악구에 소재하는 4채의 다른 연립주택들(이하 '이 사건 주택들'이라 한다)을 명의신탁한 실제 보유자로서 1세대 3주택 이상에 해당한다고 보아 장기보유특별공제 배제, 중과세율 규정 등을 적용하여 2014. 1. 7. 원고에게 양도소득세(가산세 포함) 약 3억 5천만 원을 추가로 납부할 것을 경정·고지하였다(이하 '이 사건 처분'이라 한다).

II ▶ 관련 규정 및 쟁점

1. 관련 규정

(1) 구 소득세법(2009. 12. 31. 법률 제9897호로 개정되기 전의 것) 제104조 제4항 제1호, 제1항 제2호의3(현행 소득세법 제104조 제7항 제3호 참조), 소득세법 시행령 제167조의3 제1항

(2) 부동산 실권리자명의 등기에 관한 법률(이하 '부동산실명법'이라 한다) 제4조

2. 쟁점

부동산실명법에 따라 원고가 이 사건 주택들에 대하여 어떠한 권리를 보유하는지, 소득세법상 원고를 이 사건 주택들의 보유자로 볼 수 있는지가 쟁점이 된다.

167

Ⅲ ▸ 법원의 판단

먼저, 대법원은 3자간 등기명의신탁과 계약명의신탁의 구별 기준에 관한 판례 법리를 인용한 다음, 이 사건 각 주택에 대한 명의신탁이 3자간 등기명의신탁에 해당한다고 본 원심의 판단을 수긍하였다.

다음으로, 대법원은 소득세법상 '1세대 3주택 이상에 해당하는 주택'인지 여부를 판단할 때 3자간 등기명의신탁에서는 명의신탁자를 명의신탁 주택의 소유자로 보아야 한다고 판시하였다. 3자간 등기명의신탁의 경우 매도인과 명의신탁자 사이의 매매계약이 여전히 유효하고 명의신탁자가 해당 주택 처분에 따른 소득세 납세의무를 진다는 점 등을 그 논거로 하였다.

Ⅳ ▸ 해설

소득세법은 1세대가 국내에 주택을 3채 이상 소유하는 경우에는 주택 양도소득에 대하여 중과세율을 적용하고 장기보유특별공제를 배제하고 있다. 대상판결은 부동산실명법이 적용되는 3자간 등기명의신탁의 경우 명의신탁자를 소득세법상 주택보유자로 보아 주택수를 산정하여야 한다는 법리를 최초로 판시한 판결이다.

1. 명의신탁의 법률관계 및 3자간 등기명의신탁과 계약명의신탁의 구별

명의신탁자와 명의수탁자 사이의 약정에 따라 명의신탁자로부터 명의수탁자 앞으로 소유권이전등기가 이루어진 2자간 등기명의신탁의 경우, 부동산실명법 제4조 제1항, 제2항 본문에 따라 명의신탁약정은 무효이고 명의수탁자 앞으로 경료된 등기도 무효이므로, 해당 부동산의 소유권은 여전히 명의신탁자에게 있다. 명의신탁자는 명의수탁자를 상대로 소유권이전등기의 말소를 청구할 수 있다.[1]

명의신탁자가 매도인으로부터 부동산을 매수하면서 등기명의만을 명의수탁자 앞으로 경료한 3자간 등기명의신탁의 경우, 부동산실명법 제4조 제1항, 제2항 본문에 따라 명의신탁약정은 무효이고 명의수탁자 명의 등기도 무효가 되어 해당 부동산은 매도인의 소유로 복귀한다. 매도인과 명의신탁자 사이의 매매계약은 유효하므로 명의신탁자는 매도인에게 소유권이전등기청구권이 있고, 이를 보

---

[1] 소유권에 기한 방해배제청구로서 등기말소를 구할 수 있을 뿐만 아니라, 부당이득반환청구로서 등기말소를 청구할 수도 있다(대법원 2010. 2. 11. 선고 2008다16899 판결 등).

전하기 위하여 매도인을 대위하여 명의수탁자 앞으로 된 소유권이전등기의 말소를 구할 수 있다(대법원 2011. 9. 8. 선고 2009다49193, 49209 판결 등).

명의수탁자가 부동산 매매계약의 당사자가 되어 매도인으로부터 부동산을 매수하고 등기명의를 명의수탁자 앞으로 경료한 계약명의신탁의 경우에는 매도인이 명의신탁약정에 대하여 알고 있었는지 여부에 따라 법률관계가 달라진다. 매도인이 악의인 경우 위 매매계약은 원시적으로 계약목적을 달성할 수 없는 무효인 계약이고, 매도인은 명의수탁자를 상대로 소유권이전등기의 말소를 구할 수 있다. 명의신탁자는 매도인에 대하여 소유권이전등기를 구할 수 없고, 다만 매수대금 상당의 부당이득반환을 구할 수 있다. 다만 매도인이 당초 계약의 무효가 밝혀진 후 명의신탁자가 매수인으로 되는 것에 대하여 동의 내지 승낙하였다면, 매도인과 명의신탁자 사이에 종전의 매매계약과 같은 내용의 양도약정이 따로 체결된 것으로 보아 소유권이전등기청구권이 인정될 여지는 있다(대법원 2003. 9. 5. 선고 2001다3220 판결 등). 매도인이 선의인 경우에는 부동산실명법 제4조 제2항 단서가 적용되어 명의수탁자 명의 등기는 확정적으로 유효하게 되고, 명의신탁자는 명의수탁자에 대하여 부동산 매수대금 상당의 부당이득반환을 구할 수 있다(대법원 2005. 1. 28. 선고 2002다66922 판결 등).

3자간 등기명의신탁과 계약명의신탁의 구별은 매도인과 매매계약을 체결한 계약당사자를 누구로 보는지, 즉 계약당사자 확정의 문제이다. 판례는 명의신탁자에게 계약에 따른 법률효과를 직접 귀속시킬 의도로 계약을 체결한 사정이 인정된다면 명의신탁자를 계약당사자로 본다(대법원 2010. 10. 28. 선고 2010다52799 판결, 대법원 2022. 4. 28. 선고 2019다300422 판결 등). 실무상 구별이 쉽지는 않다. 대상판결의 사안에서는 명의신탁자가 자신의 모친 또는 직원들의 숙소 용도로 이 사건 주택들을 구입하면서 등기명의만 가족, 친척, 직원의 이름으로 하였고, 매도인들과 중개인도 이를 알고 있었으며, 자신이 운영하던 법인을 채무자로 하여 금융기관으로부터 담보대출을 받기도 하였고, 이 사건 아파트의 양도일로부터 약 2~3년 후에는 자신 앞으로 등기명의를 이전하기도 하였는바, 3자간 등기명의신탁에 해당함이 비교적 분명하다고 보인다.

2. 소득세법상 양도소득세 납세의무자, 주택보유자 판정 등

소득세법상 1세대 1주택 또는 1세대 3주택 이상 여부를 판정할 때 명의신탁된 주택의 보유자를 누구로 볼 것인지는 이후 그 주택을 양도할 때 양도소득세 납세의무를 누가 지는지의 판단과 연결된다.

소득세법상 양도는 자산에 대한 등기 또는 등록과 관계없이 매도, 교환, 법인에 대한 현물출자 등으로 인하여 그 자산이 유상으로 사실상 이전되는 것을 말하므로(소득세법 제88조 제1호), 민법상 소유권의 이전까지 필요로 하지는 않는다. 판례는 부동산을 제3자에게 명의신탁한 경우 명의신탁자가 부동산을 양도하여 그 소득이 명의신탁자에게 귀속되었다면 국세기본법 제14조 제1항에서 정한 실질과세의 원칙상 당해 양도소득세 납세의무자는 양도의 주체인 명의신탁자로 본다(대법원 2021. 7. 29. 선고 2020다260902 판결 등). 3자간 등기명의신탁의 경우 명의신탁자가 부동산에 관한 매매계약을 체결하고 매매대금을 모두 지급하였다면 지방세법상 사실상 취득으로서 취득세 납세의무를 지고 재산세 납세의무도 있다(대법원 2018. 3. 22. 선고 2014두43110 전원합의체 판결, 대법원 2020. 9. 3. 선고 2018다283773 판결 등). 한편 명의수탁자가 양도소득세를 납부하였다고 하더라도 이는 명의수탁자와 과세관청 사이에서 해결되어야 할 문제일 뿐 명의신탁자를 상대로 양도소득세 상당의 부당이득반환청구권을 가지는 것은 아니고,[2] 그 부과처분이 취소되거나 한 경우에 명의수탁자 명의로 납부된 세액의 환급청구권은 명의수탁자에게 있다(대법원 2015. 8. 27. 선고 2013다212639 판결 등).

소득세법상 1세대 3주택 이상 양도소득에 대한 중과세 규정은 다주택 보유에 따른 담세력 등을 그 근거로 하는데, 3자간 등기명의신탁의 경우 명의신탁자는 앞서 보았듯이 계약당사자로서 매도인에 대해 소유권이전등기청구권이 있고 해당 부동산에 관하여 실질적인 지배·관리·처분권을 가지므로, 명의신탁자를 주택보유자로 보아 1세대 3주택 이상 해당 여부를 판정하는 것이 구체적 타당성의 측면에서도 설득력이 있다. 대상판결의 법리는 계약명의신탁의 경우에는 그대로 적용되지 않으므로 주의를 요한다.

---

2) 재산세, 부동산 임대사업으로 인한 종합소득세, 부가가치세 등도 마찬가지이다(대법원 2020. 11. 26. 선고 2019다298222, 298239 판결 등).

27

예정신고와 확정신고

안 승 희

27 예정신고와 확정신고

[대법원 2021. 11. 25. 선고 2020두51518 판결]

안승희 (법무법인 정상 변호사)

I ▶ 사실관계 및 사건의 경과

1. 원고는 2005. 7. 19. A도시개발 주식회사(이하 'A도시개발'이라 한다)에 토지거래허가구역 내에 있는 용인시에 소재하는 두 필지의 토지(이하 '이 사건 토지'라 한다)를 매도하였고, 2005. 9. 20. 양도가액을 기준시가로 산정하여[1] 이 사건 토지의 양도에 따른 양도소득세를 예정신고·납부하였다. 원고는 2006. 2. 28. 'A도시개발'로부터 이 사건 토지의 매매잔대금을 모두 지급받았으며, 이 사건 토지에 관한 토지거래허가구역 지정은 2009. 1. 30. 해제되었다.

한편 원고는 소외인 명의로 신탁하여 둔 용인시에 소재하는 세 필지의 토지(이하 '별건 토지'라 한다)를 2005. 7. 19. 'A도시개발'에 매도하고 2005. 9. 19. 소외인 명의로 그에 따른 양도소득세를 예정신고·납부하였으며, 2006. 2. 28.까지 별건 토지의 매매대금을 모두 지급받았으며, 위 별건 토지에 관한 토지거래허가구역 지정은 2009. 1. 30. 해제되었다.

2. 피고는 이 사건 토지의 양도시기가 매매잔대금이 모두 지급된 2006. 2. 28.이고, 원고가 2006년 귀속 양도소득세를 신고한 적이 없으므로 7년의 부과제척기간을 적용하여[2] 실지거래가액에 따른 양도가액을 기초로 세액을 계산하여, 2017. 3. 2. 원고에게 2006년 귀속 양도소득세를 부과하였다(이하 '이 사건 처분'이라 한다).

---

1) 구 소득세법(2005. 12. 31. 법률 제7837호로 개정되기 전의 것) 제96조 제1항은 양도소득세의 과세표준이 되는 자산의 양도가액을 양도 당시의 '기준시가'에 의하는 것으로 정하였는데, 2005. 12. 31. 개정된 구 소득세법(2006. 12. 30. 법률 제8144호로 개정되기 전의 것) 제96조 제1항은 자산의 양도가액을 양도 당시에 '실제로 거래한 가액'에 의하는 것으로 정하고 있다.
2) 피고는 토지거래허가구역 지정이 해제된 날(2009. 1. 30.)의 다음 연도 과세표준확정신고일의 다음 날(2010. 6. 1.)부터 기산하여 7년의 부과제척기간 내에 있다고 판단하였다.

173

| **Ⅱ** | 관련 규정 및 쟁점 |

1. 관련 규정

◆ 구 국세기본법(2010. 1. 1. 법률 제9911호로 개정되기 전의 것, 이하 같다)

제26조의2(국세부과의 제척기간) ① 국세는 다음 각 호에 규정하는 기간이 만료된 날 후에는 부과할 수 없다.

   2. 납세자가 법정신고기한내에 과세표준신고서를 제출하지 아니한 경우에는 당해 국세를 부과할 수 있는 날부터 7년간

   3. 제1호 및 제2호에 해당하지 아니하는 경우에는 당해 국세를 부과할 수 있는 날부터 5년간

◆ 구 소득세법(2009. 12. 31. 법률 제9897호로 개정되기 전의 것, 이하 같다)

제105조(양도소득과세표준 예정신고) ① 제94조 제1항 각호에 규정하는 자산을 양도한 거주자는 제92조 제2항의 규정에 의하여 계산한 양도소득과세표준을 다음 각호의 구분에 의한 기간 이내에 대통령령이 정하는 바에 의하여 납세지 관할세무서장에게 신고하여야 한다.

   1. 제94조 제1항 제1호·제2호 및 제4호의 규정에 의한 자산을 양도한 경우에는 그 양도일이 속하는 달의 말일부터 2월. 다만, 「국토의 계획 및 이용에 관한 법률」 제117조 제1항의 규정에 의한 거래계약허가구역 안에 있는 토지를 양도함에 있어서 토지거래계약허가를 받기 전에 대금을 청산한 경우에는 그 허가일이 속하는 달의 말일부터 2월로 한다.

제110조(양도소득과세표준 확정신고) ① 당해 연도의 양도소득금액이 있는 거주자는 그 양도소득과세표준을 당해 연도의 다음 연도 5월 1일부터 5월 31일까지(제105조 제1항 제1호 단서의 규정에 해당하는 경우에는 토지의 거래계약허가일이 속하는 연도의 다음 연도 5월 1일부터 5월 31일까지) 대통령령이 정하는 바에 의하여 납세지 관할세무서장에게 신고하여야 한다.

④ 예정신고를 한 자는 제1항의 규정에 불구하고, 당해 소득에 대한 확정신고를 하지 아니할 수 있다. 다만, 당해 연도에 누진세율의 적용대상 자산에 대한 예정신고를 2회 이상 하는 경우 등으로서 대통령령이 정하는 경우에는 그러하지 아니하다.

◆ 구 소득세법 시행령(2010. 2. 18. 대통령령 제22034호로 개정되기 전의 것, 이하 같다)

제173조(양도소득과세표준 확정신고) ④ 법 제110조 제4항 단서에서 "대통령령이 정하는 경우"라 함은 다음 각호의 1에 해당하는 경우를 말한다.

   1. 당해 연도에 누진세율의 적용대상 자산에 대한 예정신고를 2회 이상 한 자가 법 제107조 제2항의 규정에 따라 이미 신고한 양도소득금액과 합산하여 신고하지 아니한 경우

   2. 법 제94조 제1항 제1호·제2호 및 제4호의 규정에 의한 토지, 건물, 부동산에 관한 권리 및 기타자산을 2회 이상 양도한 경우로서 법 제103조 제2항의 규정을 적용할 경우 당초 신고한 양도소득산출세액이 달라지는 경우

2. 쟁점

원고가 이 사건 토지에 관한 양도소득세 예정신고를 하였으나, 동일한 과세연도에 원고에게 귀속되는 별건 토지의 양도소득에 관하여 명의수탁자 이름으로 예정신고를 하였을 뿐 합산·총괄하는 양도소득과세표준 확정신고를 하지 않은 경우, 원고가 이 사건 토지의 양도소득에 관한 확정신고를 할 의무를 부담하는지 여부이다.

```
┌────────────────────────────────────────────┐
│ Ⅲ ▶ 법원의 판단                              │
└────────────────────────────────────────────┘
```

1. 원심법원의 판단

원심은 명의수탁자 명의로 이루어진 별건 토지에 대한 예정신고는 납세의무자의 적법한 신고·납부가 아니고(대법원 1997. 10. 10. 선고 96누6387 판결 참조), 동일 과세연도에 2개 이상의 자산이 양도되거나 2회 이상의 자산의 양도가 있는 경우에 있어서 그 양도소득세는 각 양도자산이나 양도횟수별로 계산하여 부과되는 것이 아니라 모든 자산에 대하여 하나의 양도소득세액을 산출하여 부과하여야 하며(대법원 2001. 12. 27. 선고 2000두10083 판결 참조), 양도소득 예정신고를 한 자산 이외에 동일한 과세연도에 추가로 양도한 다른 자산이 있다면 그 자산의 양도소득 예정신고를 하지 않은 이상, 이미 양도소득 예정신고를 한 자산의 양도소득과 추가로 양도한 자산의 양도소득을 합산·총괄하는 양도소득확정신고를 해야 한다며, 원고의 이 사건 토지에 관한 예정신고로 확정신고할 의무가 없어지지 않는다고 보았다.

따라서 원고가 이 사건 토지에 관한 예정신고를 하였어도 원고에게는 무신고로 인한 7년의 부과제척기간이 적용된다고 판단하였다.

2. 대법원의 판단

구 소득세법 제110조 제4항에 의하면 그 단서의 위임에 따라 대통령령이 정한 경우에 해당하지 않는 한 예정신고를 한 자는 '당해 소득'에 대한 확정신고를 하지 않을 수 있고, 이는 예정신고를 한 양도소득 외에 동일한 과세연도에 귀속되는 양도소득이 더 있더라도 마찬가지이다.

원고가 이 사건 토지의 양도소득과 동일한 과세연도에 귀속되는 별건 토지의 양도소득에 대하여 예정신고를 하지 않아 이에 대한 확정신고를 할 의무를 진다고 하더라도, 그러한 확정신고 의무가 이미 예정신고를 마친 이 사건 토지의 양도소득에 대한 것이라고 볼 수는 없다.

결국 원고가 이 사건 토지의 양도소득에 관하여 과세표준신고서를 제출하지 않았다고 할 수는 없으므로, 그 양도소득세의 부과제척기간은 7년이 아니라 5년으로 보아야 하고, 이 사건 처분은 부과제척기간의 기산일인 2010. 6. 1.[3]부터 5년이 경과한 2017. 3. 2. 이루어졌으므로 무효이다.

Ⅳ　해설

1. 귀속연도의 산정을 잘못한 양도소득세 예정신고를 한 경우에 예정신고가 없는 것으로 보아야 하는지 여부

대상 판결이유에는 위 쟁점에 관하여 판단하지 않았으나 위 쟁점에 관한 결론을 1심과 같이 하고 있다[4]는 점에서, 1심 판결이유 중 이에 관한 부분을 살펴볼 필요는 있다. 이와 관련하여 1심은 '국세기본법이 무신고에 대해 7년의 장기 부과제척기간을 적용한 이유는 과세관청은 납세자가 제출한 과세표준과 세액에 관한 자료에 기초하여 세금이 제대로 신고·납부되었는지 확인하여 비교적 어렵지 않게 과세권 행사를 할 수 있다는 점에서, 적용되는 부과제척기간이 일반 부과제척기간인 5년인지 아니면 장기 부과제척기간인 7년인지는 납세자의 신고가 적법한지 여부보다는 납세자가 과세표준과 세액에 관한 자료를 제출하였는지 여부에 따라 결정된다고 보아야 한다'고 판단하였다.

---

3) 자산의 양도에 따른 양도소득세 부과의 제척기간은 원칙적으로 그 과세표준확정신고기한이 종료하는 시점의 다음날인 자산의 양도시기 다음 연도 6. 1.부터 진행한다. 그런데 토지거래허가구역 내의 토지거래계약이 허가를 받지 아니하여 무효의 상태에 있다면 단지 매매대금이 먼저 지급되어 양도인이 이를 보관하고 있다 하여도 이를 두고 양도소득세 과세대상인 자산의 양도에 해당한다거나 자산의 양도로 인한 소득이 있었다고 할 수 없다. 그러므로 이와 같은 경우의 양도인은 구 소득세법 제110조 제1항 소정의 당해 연도의 양도소득금액이 있는 거주자가 아니어서 과세표준확정신고의무가 없고, 그 후 토지거래허가지역의 지정이 해제되는 등의 사유로 토지거래계약이 확정적으로 유효가 된 때에 양도인에게 비로소 자산의 양도로 인한 소득이 있게 된다. 따라서 양도인은 토지거래계약이 확정적으로 유효가 된 다음 연도 5. 1.부터 5. 31.까지 과세표준확정신고를 하여야 하고, 양도소득세 부과의 제척기간은 그 다음 날부터 진행한다(대법원 2003. 7. 8. 선고 2001두9776 판결 등 참조).

4) Ⅲ.2. 대법원의 판단 중 '결국 원고가 이 사건 토지의 양도소득에 관하여 과세표준신고서를 제출하지 않았다고 할 수는 없으므로'라는 부분에서 알 수 있다.

2. 이 사건 판결의 의의

원심은 같은 귀속연도에 해당하는 이 사건 토지와 별건 토지의 각 양도소득을 합산하는 경우에 원고가 해당 귀속연도의 양도소득에 대하여 납부할 양도소득세액이 달라지므로, 원고가 이 사건 토지에 관한 예정신고를 하였더라도 이 사건 토지에 관한 원고의 확정신고의무가 없어지지 않는다고 판단하였다. 즉, 이 사건 토지의 양도소득세액은 이미 최고세율을 적용받아 변하지 않더라도 이 사건 토지의 양도소득과 별건 토지의 양도소득이 합산되면 별건 토지의 양도소득세액이 달라져서 결국 원고가 납부할 양도소득세액이 달라지는 경우였기에 원심은 위와 같이 보았다.

반면 대법원은 동일 과세연도에 별건 토지의 양도소득에 대한 예정신고를 하지 않아 확정신고를 할 의무가 있다고 하더라도, 이미 예정신고를 마친 '당해 소득'인 '이 사건 토지의 양도소득'에 대한 확정신고를 할 의무가 있지 않다고 하였다. 즉, 해당 사안은 이 사건 토지만을 놓고 보면 예정신고할 양도소득세액과 이후 별건 토지가 합해지더라도 확정신고할 양도소득세액이 동일하였기에, 이 사건 토지에 대한 확정신고의무가 없다고 판시하였다.

원심은 납세의무자인 원고의 양도소득 예정신고시 세액과 확정신고시 세액이 동일한지 여부를 기준으로 하여 이 사건 토지에 대한 확정신고의무가 있는지를 판단하였으나, 대법원은 원고의 전체 양도소득세 납부세액이 아닌 이 사건 토지만을 기준으로 하여 예정신고시 세액과 확정신고시 세액이 동일한지 여부를 기준으로 하였다는 점에서 차이가 있다.

소득세법에서는 양도소득별로 예정신고를 하도록 하면서 법령에서 정한 확정신고를 해야 하는 경우 외에는 확정신고를 할 의무가 없다는 점에서, 위 대법원의 판시는 양도소득별로 예정신고를 하도록 하는 소득세법 규정을 엄격하게 해석한 것으로 조세법률주의에 따른 타당한 결론이라고 생각된다.

28

근로소득의 범위 및 권리확정시기

김 용 택

근로소득의 범위 및 권리확정시기

[대법원 2018. 9. 13. 선고 2017두56575 판결]

김용택 (법무법인 화우 변호사)

I ▶ 사실관계 및 사건의 경과

원고는 2006.경 A사에 입사하여 2007.경 이사로 취임하였고, B관광지구 개발사업을 추진하는 총괄업무를 담당하였다. 원고는 2007. 10. 8. A사와 원고가 B관광지구 개발사업을 시행하기 위해 타 회사에서 A사로 이직하게 되었고, A사는 원고에게 구두약속한 사항에 따른 성공보상금을 지급하되, 그중 2억 원은 2007년까지, 잔금 10억 원은 2008년부터 회사의 자금사정에 따라 지급하는 것을 원칙으로 한다는 내용의 약정을 체결하였다(이하 '이 사건 약정'이라 한다). 이 약정 당시에는 A사가 B관광지구 개발사업과 관련된 대출채무 및 공사대금채무를 부담하고 있어 재정적 상황이 넉넉하지 않았고 원고 역시 이를 인지하고 있었으며, B관광지구 개발사업도 중간 정도밖에 진행되지 않았던 상태였다.

그 후 A사는 2010.경 원고에게 해고통지를 하였고, 원고는 A사가 이 사건 약정에 따른 금원을 지급하지 않는다는 이유로 2010.경 A사를 상대로 약정금의 지급을 구하는 민사소송을 제기하였다. 1심에서 A사의 12억 원 지급의무를 인정하는 판결이 선고된 후, 항소심에서 2012. 4. 20. A사가 원고에게 8억 4,000만 원(이하 '쟁점금액'이라 한다)을 지급하는 것으로 조정이 성립되었으며, 이에 따라 원고는 2012. 5. 4. A사로부터 쟁점금액을 수령하였다. 원고는 쟁점금액을 2012년 귀속 근로소득에 포함하여 소득세를 신고·납부하였다가, 쟁점금액의 귀속시기가 2007년이라고 주장하면서 경정청구를 하였는데, 과세관청이 이를 거부하였다(이하 '이 사건 처분'이라 한다).

Ⅱ ▶ 관련 규정 및 쟁점

1. 관련 규정

구 소득세법(2016. 12. 20. 법률 제14389호로 개정되기 전의 것) 제20조(근로소득) 제1항, 제39조(총수입금액 및 필요경비의 귀속연도 등)

2. 쟁점

원고가 법원 소송 및 조정을 거쳐 2012년에 수령한 쟁점금액의 근로소득 해당 여부 및 그 권리확정시기(귀속시기)가 쟁점이다.

Ⅲ ▶ 법원의 판단

근로소득은 지급형태나 명칭을 불문하고 성질상 근로의 제공과 대가관계에 있는 일체의 경제적이익을 포함할 뿐만 아니라, 직접적인 근로의 대가 외에도 근로를 전제로 그와 밀접히 관련되어 근로조건의 내용을 이루고 있는 급여도 포함된다. 과세대상 소득이 발생하였다고 하기 위하여는 소득이 현실적으로 실현되었을 것까지는 필요없다고 하더라도 소득이 발생할 권리가 실현의 가능성에 있어 상당히 높은 정도로 성숙확정되어야 하고, 따라서 그 권리가 이런 정도에 이르지 아니하고 단지 성립한 것에 불과한 단계로서는 소득의 발생이 있다고 할 수 없으며, 소득이 발생할 권리가 성숙확정되었는지는 개개의 구체적인 권리의 성질이나 내용 및 법률상·사실상의 여러 사항을 종합적으로 고려하여 결정하여야 하고, 특히 소득의 지급자와 수급자 사이에 채권의 존부 및 범위에 관하여 다툼이 있어 소송으로 나아간 경우에 그와 같은 분쟁이 경위 및 사안의 성질 등에 비추어 명백히 부당하다고 할 수 없는 경우라면 소득이 발생할 권리가 확정되었다고 할 수 없고, 판결이 확정된 때 권리가 확정된다고 보아야 한다.

IV ► 해설

1. 근로소득의 범위

노무를 제공하고 그 대가로 받는 것이라면 봉급, 급료, 보수, 세비, 상여, 수당 등 어떠한 명칭 또는 형태로 받는 것이든 모두 소득세법 제20조 제1항의 근로소득을 구성한다는 것이 확립된 판례이다. 봉급 등을 계산하는 기간단위의 장단이나 봉급 등의 지급에 있어서의 주기성의 유무, 봉급 등의 지급수단이나 형태 등을 묻지 아니하며, 직접적인 근로의 대가 이외에 근로를 전제로 그와 밀접히 관련되어 근로조건의 내용을 이루고 있는 급여 및 변형급여를 포함한다.[1]

위 법리에 따라 대법원은 이 사건과 유사하게 외국법인 국내 자회사에서 회계팀장으로 근무하면서 외국 모회사가 자회사 주식을 매각하는 업무를 보조하여 모회사로부터 매각에 따른 성공보수를 받은 사안에서, 해당 소득이 그 지급주체, 대상, 금액, 시기 등에 비추어 자회사의 다른 임원들이 받은 특별상여금과 다를 바 없다는 등의 이유로 근로소득으로 판단하였다(대법원 2017. 9. 12. 선고 2014두7992 판결).

2. 권리확정시기(귀속시기)

권리확정주의란 소득의 원인이 되는 권리의 확정시기와 소득의 실현시기 사이에 시간적 간격이 있는 경우 과세상 소득이 실현된 때가 아닌 권리가 발생한 때를 기준으로 하여 그때 소득이 있는 것으로 보고 당해연도의 소득을 산정하는 방식으로, 실질적으로는 불확실한 소득에 대하여 장래 그것이 실현될 것을 전제로 하여 미리 과세하는 것을 허용하는 것이다. 이러한 과세대상 소득이 발생하였다고 하기 위하여는 소득이 현실적으로 실현되었을 것까지는 필요 없다고 하더라도 소득이 발생할 권리가 그 실현의 가능성에 있어 상당히 높은 정도로 성숙·확정되어야 하므로, 그 권리가 이런 정도에 이르지 않고 단지 성립한 것에 불과한 단계로서는 소득의 발생이 있다고 할 수 없으며, 여기서 소득이 발생할 권리의 성숙·확정 여부는 일률적으로 말할 수 없고 개개의 구체적인 권리의 성질과 내용 및 법률상·사실상의 여러 사항을 종합적으로 고려하여 결정하여야 한다.[2]

특히, 대법원은 채권의 존부와 범위에 관하여 당사자 간에 다툼이 있어 소송을 통하여 채권의 범위가 확정된 경우에 관하여, 분쟁의 경위나 성질 등에 비추어 부당한 분쟁이 아니라면 그 소득의 귀속시기를 판결확정일이 속하는 사업연도라고 해석하였다(대법원 1993. 6. 22. 선고 91누8180 판결).

---

1) 임승순, 『조세법』, 박영사, 2021, 411면; 대법원 2007. 10. 25. 선고 2007두1941 판결, 대법원 2007. 11. 15. 선고 2007두5172 판결, 대법원 2016. 10. 27. 선고 2016두39726 판결 등.
2) 대법원 1984. 3. 13. 선고 83누720 판결, 대법원 1987. 11. 24. 선고 87누828 판결, 대법원 1997. 4. 8. 선고 96누2200 판결, 대법원 2003. 12. 26. 선고 2001두7176 판결 등.

3. 이 사건 판결의 의의

대상판결은 쟁점금액이 원고가 A사의 이사로서 제공한 근로와 대가관계에 있는 경제적 이익 내지는 근로와 밀접히 관련된 급여이므로 근로소득에 해당한다고 판단하였다. 이는 소득세법상 근로소득이 지급형태나 명칭을 불문하고 성질상 근로의 제공과 대가관계에 있는 일체의 경제적 이익을 포함하며, 직접적인 근로의 대가 이외에 근로를 전제로 그와 밀접히 관련되어 근로조건의 내용을 이루고 있는 급여 등도 포함한다는 기존 법리를 확인한 것이다.

한편, 대상판결은 A사와 원고 사이에 이 사건 약정에 따른 금원의 지급의무 전반에 관하여 다툼이 발생하여 민사소송이 제기되었고, 이러한 분쟁이 그 경위나 사안의 성질 등에 비추어 명백히 부당하다고 볼 수 없는 이상, 이 사건 약정만으로는 쟁점금액 관련 소득의 실현가능성이 상당한 정도로 성숙·확정되었다고 보기 어려우므로, 조정이 성립된 2012년에 쟁점금액에 관한 권리가 확정된 것으로 판단하여 2012년 귀속소득으로 보았다. 이 부분 판시 역시 권리확정주의 및 소득의 귀속시기에 관한 기존 판례 법리를 재확인한 것이다.

특히, 판결로 인정된 사실관계에 의하면, 이 사건 약정이 구두약속된 성공보상금을 지급하되, 그 중 일부금액을 2007년까지 먼저 지급하기로 하였으나 그 금액이 소액이고, 전체적인 취지는 A사의 자금사정에 따라 지급한다는 내용이었으며, 실제로 약정 당시 A사의 재정적 상황이 넉넉하지 않았고, 원고도 이를 인지하고 있었으며, 당시에는 원고가 수행하기로 한 B관광지구 개발사업이 중간 정도밖에 진행되지 않은 상태였다. 이를 고려하면, 적어도 약정 당시인 2007년에는 쟁점금액 관련 소득의 발생이 성숙·확정된 것으로 보기는 어려울 것이다. 그 후 성공보상금의 지급과 관련하여 분쟁이 발생하여 소송이 진행되었고 2012년에 항소심에서 조정이 성립되어 원고가 쟁점금액을 지급받았는 바, 위 소송이 명백히 부당한 것으로 보이지 않는 이상 조정성립일을 소득의 귀속시기로 보아야 한다는 것이 대법원의 판단이다. 약정 체결 시점으로부터 소득 수령 시점까지 약 5년이 경과한 상황에서, 약정 체결 시점을 귀속시기로 보기 어려운 이상, 권리확정주의 법리에 따른 귀속시기는 결국 조정이 성립되어 분쟁이 종결된 시점으로 볼 수밖에 없을 것이며, 이러한 현실적인 측면도 고려된 판단으로 이해된다.

29

엔화스왑예금거래에 대한 이자소득 과세처분

서 정 호

29	엔화스왑예금거래에 대한 이자소득 과세처분
	[대법원 2011. 4. 28. 선고 2010두3961 판결]

서정호 (법무법인 위즈 변호사)

I ▶ 사실관계 및 사건의 경과

시중은행들은 고객으로부터 원화를 받아 엔화로 환전한 후 이자율이 매우 낮은(연 0.05% 수준) 엔화정기예금에 예치시키고, 동시에 엔화정기예금과 만기일이 일치하는 선물환계약을 체결함으로써 낮은 엔화정기예금이자에 대해서만 소득세가 과세되고 거래이익의 대부분을 차지하는(연 3.95% 수준) 선물환차익에 대해서는 비과세되도록 하는 거래(즉, 엔화스왑예금거래)로 구성된 상품을 개발하여 은행 고객을 대상으로 판매하였다.

거래로 구성된 상품을 개발하여 이에 대하여, 과세관청은 엔화스왑예금거래에 따라 상품을 판매한 은행에게는 금전사용의 기회가 제공되고, 고객에게는 이에 따른 대가가 지급되었다고 보아, 엔화정기예금계약에 의한 이자뿐만 아니라 선물환계약으로부터 발생하는 이익까지도 포함한 전체가 구 소득세법(2006. 12. 30. 법률 제8144호로 개정되기 전의 것, 이하 같다) 제16조 제1항 제13호에서 정한 이자소득에 해당한다고 보았다.

II ▶ 관련 규정 및 쟁점

1. 관련 규정

구 소득세법 제16조 제1항은 제3호 및 제9호에서 국내에서 받는 예금(적금·부금·예탁금과 우편대체를 포함한다)의 이자와 할인액 및 대통령령이 정하는 채권 또는 증권의 환매조건부매매차익을 이자소득의 하나로 열거하여 규정하면서, 2001. 12. 31.부터는 유형적 포괄주의의 형태인 제13호를 신설하여 제1호 내지 제12호의 소득과 유사한 소득으로서 금전의 사용에 따른 대가의 성격이 있는 것 역시 이자소득으로 규정하고 있다. 그러나 구 소득세법은 외환거래에서 환율의 차이를 통하여

187

발생하는 외환매매이익(선물환차익)과 같이 과세대상으로 열거하지 않은 소득에 대하여는 과세를 할 수 있는 직접적인 조문을 두고 있지 않는다.

2. 쟁점

엔화스왑예금거래에서 발생한 선물환거래의 차익(즉, 외환매매이익)이 엔화정기예금계약(거래)에 의한 이자에 포함된다고 볼 수 있는지, 그렇지 않고 예금이자와는 별도로 선물환계약(거래)으로부터 발생하는 이익(외환매매이익)으로서 구 소득세법상 열거되어 있지 아니한 소득에 해당하여 이자소득으로 과세할 수 없는지가 쟁점이다.

Ⅲ ▶ 법원의 판단

1. 원심법원의 판단

원심법원은, 은행이 고객으로부터 자금을 조달하기 위하여 어떠한 방식의 금융상품거래계약을 체결할 것인가의 문제는 그 목적 달성의 효율성, 조세 등 관련 비용의 부담 정도 등을 고려하여 스스로 선택할 사항이라는 전제를 한 다음, 선물환계약에 의하여 발생하는 고객의 수익은 선물환계약 시 미리 약정한 선물환율과 현물환율의 차이로 발생하는 것이므로 선물환거래로 인한 차익을 예금의 이자 또는 이에 유사한 것으로서 소득세 과세대상에 해당한다고 보기 어렵다고 판시하였다.

2. 대법원의 판단

대법원은, 동일한 경제적 목적을 달성하기 위하여서도 여러 가지 법률관계 중 하나를 선택할 수 있으므로 그것이 과중한 세금의 부담을 회피하기 위한 행위라고 하더라도 가장행위에 해당한다고 볼 특별한 사정이 없는 한 유효하다고 보아야 하며, 실질과세의 원칙에 의하여 납세의무자의 거래행위를 그 형식에도 불구하고 조세회피행위라고 하여 그 효력을 부인할 수 있으려면 조세법률주의 원칙상 법률에 개별적이고 구체적인 부인규정이 마련되어 있어야 한다고 판시하였다.

이 사건에서 고객들은 자신이 소유하던 원화를 엔화로 바꾸어 은행에 예치하고 만기에 예금에 대한 이자는 거의 없으나 계약 체결일 당시에 이미 약정된 선물환율에 의한 선물환매도차익(즉, 선물환차익)을 얻게 되므로 결과적으로 확정금리를 지급하는 원화정기예금상품과 유사하나 소득세법상 선물환매도차익이 비과세되므로 원화정기예금과 대비하여 상대적으로 고수익을 확보할 수 있었던 엔화스왑예금거래를 하였다.

이에 대하여 대법원은 원심법원과 동일하게 선물환거래로 인한 차익을 예금의 이자 또는 이에 유사한 것으로 이자소득세의 과세대상에 해당한다고 보기 어렵다고 판단하였다.

Ⅳ　해설

1. 이 사건 판결의 의의

엔화스왑예금거래의 구조는 3개의 계약으로 구성되어 있다. 첫 번째 계약은 고객이 은행으로부터 현물환율로 원화를 매도하고 엔화를 매입하는 현물환계약이고, 두 번째 계약은 고객이 매입한 엔화를 엔화정기예금에 예치하는 것이며, 세 번째 계약은 정기예금 만기일에 미리 정해진 환율로 고객이 은행에게 원화를 매입하고 엔화를 매도하는 선물환계약이다. 이 사건에서 과세관청은 선물환거래에서 발생한 선물환차익까지 실질적으로 정기예금 이자와 동일하다고 보아 이자소득에 해당한다고 본 것이고, 대법원은 선물환계약이 가장행위에 해당하는 등 특별한 사정이 없는 이상 유효한 것이고, 엔화정기예금계약에 포함되어 일체가 되었다고 보기 어렵다고 판단을 한 것이다.

대상판결에서 대법원은 비록 결과적으로 조세절감의 효과를 가져온다고 하더라도 그 행위가 가장행위 등의 특별한 사정이 존재하지 아니하는 한 납세자의 사적자치 및 계약자유의 원칙에 기반한 선택을 존중한 것이라고 할 수 있다.

대상판결 이후에도 대법원은 소위 '골드뱅킹'사건에서 투자상품에서 발생하는 소득이 수익분배의 성격이 없는 경우에는 소득세법령상 배당소득으로 과세할 수 없다는 취지의 판시를 하여 동일한 태도를 유지하였다(대법원 2016. 10. 27. 선고 2015두1212 판결 참조).

2. 대상판결 이후의 소득세법령 개정

대상판결 이후 소득세법(2012. 1. 1. 법률 제11146호로 개정된 것) 제16조 제1항 제13호를 신설하여 이자소득과 결합하여 지급되는 파생상품의 거래 또는 행위로부터의 이익도 이자소득으로 과세할 수 있는 근거 규정을 마련하고, 소득세법 시행령(2012. 2. 2. 대통령령 제23588호로 개정된 것)상 이자소득의 범위와 관련하여 제26조 제5항을 신설하여 이자부 상품과 파생상품의 계약이 실질상 하나의 상품과 같이 운용되는 경우에는 결합되어 발생하는 모든 이익을 이자소득으로 보도록 관련법령을 정비하였다.

30

주식소각과 주식 양도의 구별 기준

김 승 호

주식소각과 주식 양도의 구별 기준

[대법원 2019. 6. 27. 선고 2016두49525 판결][1)]

김승호 (법무법인 태평양 변호사)

I ▶ 사실관계 및 사건의 경과

원고는 2010. 11. 15. 소외 회사에게 원고 소유의 토지를 약 62억 원에 매도하였고, 2011. 1. 12. 소유권이전등기를 마쳐주었으며, 소외 회사는 같은 날 원고에게 매매대금을 송금하였다.

원고는 2011. 1. 12. 임시주주총회 결의를 거쳐 원고의 일부 주주들(이하 '양도주주들'이라 한다)로부터 원고의 주식 4,980주(전체주식의 49.8%, 이하 '이 사건 주식'이라 한다)를 약 57억 원에 매수하고 양도주주들에게 매매대금을 송금하였다.

원고는 2012. 4. 5. 임시주주총회를 개최하여 양도주주들로부터 취득한 이 사건 주식을 소각하기로 결의한 다음 2012. 5. 10. 자본감소의 변경등기를 하였다.

피고는 2013. 6. 10. 이 사건 주식 매매대금의 지급이 감자대가의 선지급이라는 이유로 위 매매대금 상당액을 업무무관가지급금으로 보아 업무무관가지급금에 대한 인정이자 상당액을 익금 산입하여 2011 및 2012 사업연도 법인세 합계 약 2억 원을, 양도주주들이 이 사건 주식을 취득한 가액과 위 매매대금의 차액만큼을 의제배당으로 보아 2012 사업연도 배당소득세 약 7억 원을 각 경정·고지하였다(이하 '이 사건 처분'이라 한다).

---

1) 『조세판례백선 2』에서 주식소각과 주식 양도의 구별기준으로 검토된 대법원 2010. 10. 28. 선고 2008두19628 판결 이후에 같은 쟁점으로 여러 판례들이 선고되었고, 이 중 대표적인 판례이다.

II ▶ 관련 규정 및 쟁점

1. 관련 규정

> ◆ 소득세법
> 제17조(배당소득) ① 배당소득은 해당 과세기간에 발생한 다음 각 호의 소득으로 한다.
>   3. 의제배당(擬制配當)
> ② 제1항 제3호에 따른 의제배당이란 다음 각 호의 금액을 말하며, 이를 해당 주주, 사원, 그 밖의 출자자에게 배당한 것으로 본다.
>   1. 주식의 소각이나 자본의 감소로 인하여 주주가 취득하는 금전, 그 밖의 재산의 가액(價額) 또는 퇴사·탈퇴나 출자의 감소로 인하여 사원이나 출자자가 취득하는 금전, 그 밖의 재산의 가액이 주주·사원이나 출자자가 그 주식 또는 출자를 취득하기 위하여 사용한 금액을 초과하는 금액

2. 쟁점

법인의 자기주식 취득이 자산거래인 주식의 양도에 해당하는지 또는 자본거래인 주식의 소각 내지 자본의 환급에 해당하는지를 구별하는 기준이 쟁점이다.

III ▶ 법원의 판단

1. 원심법원의 판단

원심은 이 사건 주식의 거래가 주식소각방법에 의한 자본감소절차의 일환으로 이루어진 것이라고 판단하면서, 다음과 같은 사유를 들었다.

(1) 원고가 사업의 원천이 되는 토지의 절반 가까이를 양도하여 마련한 돈으로 구 상법(2011. 4. 14. 법률 제10600호로 개정되기 전의 것, 이하 같다)상 취득이 제한되어 있는 자기주식을 취득하면서 그 처분을 위한 어떠한 대책도 세우지 않았고, 위 토지의 매수인이 양도주주들 중 한 명이 대표이사이자 최대주주로 있는 소외 회사였다.

(2) 소규모 비상장회사로서 주주들이 모두 대표이사의 친인척들로 구성되었고 설립 이래 한 번도 주주 변동이 이루어지지 않았던 원고가 전체 주식의 49.8%나 되는 이 사건 주식을 취득한 다음 1년 3개월 동안 그 처분을 위하여 상당한 노력을 하였다고 볼 만한 증거가 없다.

(3) 원고와 양도주주들 사이의 주식매매계약서, 이 사건 주식 취득을 위한 임시주주총회 의사록 등에 이 사건 주식의 향후 처리에 관한 내용이 기재되어 있지 않다.

(4) 실제로 이 사건 주식이 소각됨으로써 그만큼 자본 감소가 발생하였다.

2. 대법원의 판단

주식의 매도가 자산거래인 주식 양도에 해당하는지 또는 자본거래인 주식소각이나 자본 환급에 해당하는지는 법률행위 해석의 문제로서 거래의 내용과 당사자의 의사를 기초로 판단해야 하지만, 실질과세의 원칙상 단순히 계약서의 내용이나 형식에만 의존할 것이 아니라, 당사자의 의사와 계약체결의 경위, 대금의 결정방법, 거래의 경과 등 거래의 전체 과정을 실질적으로 파악하여 판단해야 한다.

이러한 법리에 비추어 살펴보면, 원심의 판단에 자본거래와 자산거래의 구분에 관한 법리를 오해한 잘못이 없다.

IV ▶ 해설

1. 주식 양도와 주식소각의 구별 기준

이 사건 판결은 종래 확립된 대법원 판례에 따라 자산거래인 주식 양도에 해당하는지 아니면 자본거래인 주식소각에 해당하는지를 법률행위 해석의 문제로 보아 거래의 내용과 당사자의 의사를 기초로 판단하고 있다.[2] 실질과세의 원칙상 계약서의 내용이나 형식에만 의존할 것이 아니라, 당사자의 의사와 계약체결의 경위, 대금의 결정방법, 거래의 경과 등 거래의 전체 과정을 실질적으로 파악하여 판단해야 한다.

---

[2] 자기주식의 법적 성격에 관하여, 자산으로 보는 자산설과 자본으로 보는 미발행주식설이 있다. 자기주식의 취득에 관하여 자산설은 손익거래로 보고, 미발행주식설은 자본거래(자본의 환급)로 본다. 자세한 내용은 황남석, "상법상 배당가능이익에 의한 자기주식 취득의 쟁점", 「상사법연구」 제31권 제3호, 한국상사법학회, 2012, 67면 이하; 진상범, 주석 상법, 회사2, 한국사법행정학회, 2021, 575면.

2. 주식 양도와 주식소각을 구별하기 위한 요소들

(1) 자본감소절차의 실행

법인이 주주로부터 자기주식을 매수하기에 앞서 주주총회에서 감자결의를 하고, 그 주식을 취득한 후 곧바로 그 액면금 상당의 자본금을 감소시키는 한편, 이를 회계처리한 경우에 이러한 자기주식의 취득은 주식소각방법에 의한 자본감소절차의 일환으로 이루어진 것이다(대법원 2002. 12. 26. 선고 2001두6227 판결).

법인이 자기주식을 취득한 이후에 주주총회에서 자본감소의 결의를 한 경우에도 자기주식의 취득, 감자결의, 대금 지급 등이 시간적으로 근접해 있고, 순차적으로 절차가 이행되었다면 거래의 전체 과정에 비추어 주식소각으로 인정될 여지가 있다(대법원 2010. 10. 28. 선고 2008두19628 판결).

주주총회에서 법인이 매입하는 자기주식의 대금은 매입할 때마다 분할하여 지급하기로 하고 주식소각절차는 주식 매입이 완료된 시점에 완료하였다고 하더라도 그러한 사정만으로 법인이 주식소각의 목적 없었다고 볼 수는 없다(대법원 2013. 5. 9. 선고 2012두27091 판결[3][4]).

실제로 주식소각이 이루어졌는지 여부는 그 취득 목적을 구분하는 중요한 요소가 될 수 있다(이 사건 판결).

반면, 법인이 자기주식을 취득한 후 자본감소절차를 진행하지 않다가 과세예고통지를 받게 되자 뒤늦게 과세처분을 피하기 위해 자본감소절차를 밟은 경우에는 주식소각의 목적으로 자기주식을 취득한 것으로 보기 어렵다[대전고등법원 2011. 12. 1. 선고 2011누1571 판결, 대법원 2012. 4. 2.자 2011 두32119 판결(심리불속행)].

(2) 당사자의 의사와 계약체결의 경위

법인이 주주로부터 취득하는 주식의 매각가능성이 낮은 상황을 알고도 자기주식을 취득한 경우에는 법인에게 주식소각의 목적이 있었다고 인정될 여지가 있다.

---

3) 이 판결에서 피고 과세관청은 원고가 주식소각의 목적 없이 자기주식을 취득한 것은 상법상 자기주식의 취득금지 규정에 위반하여 무효이고, 원고가 주식대금을 특수관계인으로부터 즉시 회수하지 아니한 이상 이 사건 주식대금은 업무와 무관하게 지급한 가지급금에 해당한다고 보았다.

4) 상법 규정에 위반한 자기주식 취득의 효력에 관하여, 대법원 2006. 10. 12. 선고 2005다75729 판결은 구 상법상 명시적으로 허용되는 경우 외의 자기주식은 당연히 무효라고 보았고, 대법원 2021. 10. 28. 선고 2020다 208058 판결은 개정 상법이 자기주식취득 요건을 완화하였다고 하더라도 여전히 법이 정한 요건과 절차에 의하지 않은 자기주식취득은 효력이 없다고 판시하였다. 다만, 대법원 2021. 7. 29. 선고 2017두63337 판결은 회사가 자기주식 취득의 통지를 하면서 이사회에서 결의한 일부 사항을 누락하였다는 이유만으로는 자기주식 취득거래를 무효로 볼 수 없다고 판시하였다. 상법 규정에 위반한 자기주식 취득의 효력에 관한 학설은 진상범, 앞의 주석서, 568면 이하.

① 주주가 법인에게 주식을 양도하기 이전에 여러 차례 제3자에게 매각을 시도하였으나 모두 실패로 끝나 장차 제3자 매각 전망이 더욱 사라진 상태에서 법인에게 주식을 양도한 경우(위 2008두 19628 판결).

② 법인이 2대주주로부터 자기주식을 취득한 외에 다른 자기주식을 취득한 적이 없을 뿐만 아니라 그 자기주식을 처분한 적도 없고 그동안 다른 주주들의 보유 주식수에도 아무런 변화가 없었던 경우(위 2012두27091 판결).

③ 소규모 비상장회사로서 주주들이 모두 대표이사의 친인척들로 구성되었고 설립 이래 한 번도 주주 변동이 이루어지지 않았던 법인이 전체 주식의 49.8%나 되는 자기주식을 취득한 경우(이 사건 판결).

한편, 이사회 의사록, 주주총회 의사록, 회계자료 등에 주식소각의 내용이 있는 경우에는 법인의 주식소각 목적이 인정될 여지가 있다[서울고등법원 2014. 1. 10. 선고 2012누2881 판결, 대법원 2014. 11. 27.자 2014두2645 판결(심리불속행)].

(3) 거래의 경과

법인이 자기주식을 처분하려는 시도를 하지 않았다면 자기주식을 매각하려는 의사가 없는 것이므로 주식소각의 목적이 있었다고 볼 여지가 있다(이 사건 판결).

3. 이 사건 판결의 의의

이 사건 판결은 종래 대법원 판례들에 따라 자산거래인 주식 양도와 주식소각의 구별은 실질과세의 원칙상 계약서의 내용과 형식뿐만 아니라, 당사자의 의사와 계약체결의 경위, 대금의 결정방법, 거래의 경과 등 거래의 전체 과정을 실질적으로 파악하여 판단해야 한다고 판시하면서, 이들을 구별하는 요소로 법인이 자기주식의 처분가능성이 낮다는 사정을 알고 있었는지, 자기주식을 처분하려는 시도를 하였는지, 주식의 소각 등 자본감소절차를 실행했는지 등을 제시한 점에 의의가 있다.

31

사업소득과 기타소득(전문가 인적용역)의 구분

김 신 희

31 사업소득과 기타소득(전문가 인적용역)의 구분

[대법원 2017. 7. 11. 선고 2017두36885 판결]

김신희 (법무법인 대륙아주 변호사)

I ▶ 사실관계 및 사건의 경과

원고는 법무법인에 소속된 변호사로서 2009년부터 2013년까지 다수의 개인 파산 사건에 파산관재인으로 선임되어 파산관재인 업무를 수행하고, 그 보수로 9억 원가량(이하 '이 사건 보수'라 한다)을 수령하고 이 사건 보수를 소득세법 제21조 제1항 제19호 다목에 따른 기타소득으로 보아 80%의 필요경비를 적용하여 종합소득세 신고·납부하였다. 피고 역삼세무서장은 이 사건 보수가 사업소득에 해당한다고 보아(80% 필요경비 공제 부인[1]) 2015. 5. 10. 2009년 내지 2013년 귀속 종합소득세 합계 2억 원가량을 각 경정·고지하였다.

II ▶ 관련 규정 및 쟁점

1. 관련 규정

◆ 소득세법

제19조(사업소득) ① 사업소득은 해당 과세기간에 발생한 다음 각 호의 소득으로 한다.

　20. 제1호부터 제19호까지의 규정에 따른 소득과 유사한 소득으로서 영리를 목적으로 자기의 계
　　　산과 책임 하에 계속적·반복적으로 행하는 활동을 통하여 얻는 소득

제21조(기타소득) ① 기타소득은 이자소득·배당소득·사업소득·근로소득·연금소득·퇴직소득 및

---

[1] 기타소득은 연간 300만 원 이하는 납세자가 분리과세를 선택할 수 있고(소득세법 제14조 제3항 제8호 가목), 기타소득으로 받은 금액의 70~90%에 상당하는 금액을 필요경비로 공제받을 수 있으므로(시행령 제87조) 사업소득보다는 기타소득으로 보는 것이 납세자에게 매우 유리하다.

양도소득 외의 소득으로서 다음 각 호에서 규정하는 것으로 한다.

19. 다음 각 목의 어느 하나에 해당하는 인적용역(제15호부터 제17호까지의 규정을 적용받는 용역은 제외한다)을 일시적으로 제공하고 받는 대가

　　다. 변호사, 공인회계사, 세무사, 건축사, 측량사, 변리사, 그 밖에 전문적 지식 또는 특별한 기능을 가진 자가 그 지식 또는 기능을 활용하여 보수 또는 그 밖의 대가를 받고 제공하는 용역

2. 쟁점

이 사건의 쟁점은 법원에 의해 선임된 파산관재인이 업무수행의 대가로 받은 이 사건 보수가 사업소득인지 기타소득인지 여부이다.

Ⅲ▶ 법원의 판단

1. 원심법원의 판단

원심은 원고가 2009년부터 2013년까지 지급받은 이 사건 보수가 약 9억 원으로 결코 액수가 적지 아니하고, 원고의 수입에서 차지하는 비중이 약 25%이며, 파산관재인이 공익적 성격이 강하게 띤다고 하더라도 수익을 얻으려는 목적이 없었다고 보기 어렵고 비록 파산관재인으로서의 보수의 발생 가능성과 규모 등이 가변적이라 하더라도 이는 경제활동의 여건에 따라 소득의 발생과 규모가 좌우될 수밖에 없는 사업소득의 내재적 한계에 불과한 점 등을 종합하여 보면 영리목적으로 계속성·반복성을 가지고 파산관재 업무를 수행하였다고 봄이 상당하고 이 사건 보수를 기타소득으로 보기 어렵다고 판시하였다.

2. 대법원의 판단

대법원은 어떠한 소득이 사업소득에 해당하는지 아니면 일시소득인 기타소득에 해당하는지는 그 소득이 발생한 납세의무자의 활동 내용, 기간, 횟수, 태양 그 밖에 활동 전후의 모든 사정을 고려하여 그것이 수익을 목적으로 하고 있는지, 계속성·반복성이 있는지 등을 사회통념에 따라 판단하여야 한다는 전제하에 원심의 사실 인정과 같은 사유로 이 사건 보수는 원고가 영리를 목적으로 자기의 계산과 책임으로 계속적·반복적으로 하는 활동을 통하여 얻은 사업소득에 해당한다고 판시하였다.

Ⅳ ▶ 해설

대상판결은 사업소득과 기타소득의 구분기준에 관한 기존 대법원의 입장을 재확인한 판결이다 (대법원 1989. 3. 28. 선고 88누8753 판결, 대법원 2001. 4. 24. 선고 2000두5203 판결 등). 대상판결은 법원에 의해 선임되어 공익적인 역할을 수행하는 파산관재인이라 하더라도 그 업무에 대한 대가의 액수, 업무의 기간, 지속성 등을 고려하여 영리를 목적으로 계속성·반복적으로 하는 사업활동의 일환으로 볼 수 있는 경우에는 파산관재인의 보수도 사업소득에 해당한다고 판시하였다.

기타소득은 사업소득, 이자소득, 배당소득, 근로소득, 연금소득, 퇴직소득, 양도소득 외의 소득으로서 소득세법 제21조에 열거한 소득을 의미하며 대체로 일시적, 우발적으로 발생하는 소득이다. 어떤 소득이 사업소득에 해당한다면 기타소득에 해당할 여지는 없다. 소득세법 제21조 제1항 제19호 다목에서 변호사, 공인회계사, 세무사 등 전문가의 인적용역을 기타소득으로 규정하고 있고, 대상판결에서 변호사인 원고는 파산관재인으로 인적용역을 제공한 것이므로 기타소득으로 볼 여지도 있었다. 그러나 대상판결은 파산관재인 업무를 수행하고 받는 보수가 많고 활동기간이 길다는 점을 주된 이유로 사업성이 있다고 판단한 것으로 보인다.

실제 사례에서 어떤 소득이 사업소득인지 기타소득인지 여부에 대한 구분이 쉽지 않다. 대법원은 탤런트등 연예인이 받는 전속계약금이 소득세법상 기타소득으로 규정되어 있었으나 연기자 겸 광고모델로서 활동하고 받은 수입은 모두 수익을 올릴 목적으로 한 것이고 사회통념상 하나의 독립적인 사업활동으로 볼 수 있을 정도의 계속성과 반복성을 갖추고 있다는 이유로 사업소득이라고 판시하였고(대법원 2001. 4. 24. 선고 2000두5203 판결), 의사가 자신이 이사장으로 있던 의료법인에 자신이 개발한 의료기술을 양도하고 3년 동안 22회에 걸쳐 나누어 받은 소득에 대해서는 계속적이고 반복적인 활동을 하였다고 보기 어려우므로 기타소득으로 보아야 한다는 취지로 판시하였다(대법원 2012. 12. 13. 선고 2012두19649 판결[2]).

대법원은 사업소득 여부를 '납세의무자의 활동 내용, 기간, 횟수, 태양 그 밖에 활동 전후의 모든 사정을 고려하여 사회통념에 따라 판단하여야 한다'고 하나 그 기준은 명확하지 않고 납세자로서는 예측하기 어렵다. 소득세법에서 사업소득으로 보는 소득금액의 기준 등을 제시하는 것도 고려해볼 만하다.[3]

---

[2] 심리불속행 기각 판결(하급심 인천지방법원 2012. 11. 16. 선고 2011구합31122 판결) 참조.
[3] 남현우, "소득세 과세에 있어서 사업소득 구분에 관한 연구", 「조세논총」 제7권 제2호, 2022, 186-189면.

32

해고 노동조합원이 신분보장규정에 따라 받은 금원이 기타소득 중 사례금에 해당하는지 여부

이 승 준

32 해고 노동조합원이 신분보장규정에 따라 받은 금원이 기타소득 중 사례금에 해당하는지 여부

[대법원 2017. 11. 9. 선고 2017두44244 판결]

이승준 (법무법인 가온 변호사)

Ⅰ ▶ 사실관계 및 사건의 경과

원고는 A주식회사의 근로자들로 구성된 A노동조합(이하 '이 사건 노동조합'이라 한다)의 위원장으로 재직하다가, 2007. 1.경 회사에서 해고되었다. 원고는 2007. 10.경까지는 이 사건 노동조합의 위원장으로 재직하였고, 그 이후부터인 2009. 12.경부터 2012. 5.경까지 이 사건 노동조합의 산업별 연합단체 또는 상급단체에서 지부장 등의 직책으로 각 재직하였다. 원고는 이 사건 노동조합으로부터 당해 조합의 신분보장규정(이하 '이 사건 규정'이라 한다)에 따라 2007. 1.경부터 2012. 5.경까지 조합원의 조합비로 조성한 신분보장기금에서 생계비와 퇴직급여 적립금 명목으로 합계 약 4억 7천만 원(이하 '이 사건 금원'이라 한다)을 지급받았다.

피고는 원고가 위와 같이 지급받은 이 사건 금원이 기타소득 중 '사례금'에 해당함에도 종합소득세를 신고·납부하지 않았다고 판단하여, 2015. 1. 6. 원고에게 종합소득세 합계 약 1억 4천만 원을 결정·고지하였다.

II ▶ 관련 규정 및 쟁점

1. 관련 규정

◆ 구 소득세법(2013. 1. 1. 법률 제11611호로 개정되기 전의 것)[1]

제21조(기타소득) ① 기타소득은 이자소득·배당소득·사업소득·근로소득·연금소득·퇴직소득 및 양도소득 외의 소득으로서 다음 각 호에서 규정하는 것으로 한다.

　　17. 사례금

2. 쟁점

대상판결의 쟁점은 해고 노동조합원이 신분보장규정에 따라 받은 이 사건 금원이 구 소득세법 제21조 제1항 제17호에 따른 '사례금'에 해당하는지 여부이다.

III ▶ 법원의 판단

1. 원심법원의 판단

원심법원은, 이 사건 규정의 목적이 조합원 등의 정신적·경제적인 피해를 최소화하려는 것인 점, 이 사건 규정에 의한 생계비 등 지급은 조합활동으로 불이익을 입은 모든 조합원들을 대상으로 하는 것은 아니고 회사로부터 보상금을 받은 조합원 등은 지급대상에서 제외하는 점, 보상기준 또한 조합에 대한 기여도와 무관하게 각 사유별로 지급 액수가 일률적으로 정해져 있는 점 등을 종합하면, 이 사건 금원은 노동조합 활동 도중 해고, 구속되거나 재해 등을 당한 조합원들의 생계보장 등을 복지를 위해 지급되는 상호부조 성격의 돈으로 보인다고 판시하였다.

---

1) 대상판결은 원고의 2007년 내지 2012년 귀속 소득에 관한 것이다. 다만, 2009. 12. 31. 법률 제9897호로 소득세법이 개정되어 '부동산임대소득'이 삭제되고 부동산임대소득이 '사업소득'에 포함된 점을 제외하면 소득세법 제21조 제1항의 문언은 큰 차이가 없다.

2. 대법원의 판단

대법원은, 이 사건 금원은 조합활동으로 불이익을 입은 해고자와 그 가족에게 종전의 생활수준을 보장하기 위해 지급되는 것으로서, 그 금액 산정방식이 해고 전 받던 임금 전액에 상당한 금액으로 미리 일정하게 정해져 있을 뿐 아니라, 그 지급을 위해서는 대의원 결의가 필요하고, 만일 해고 무효의 승소판결을 받아 회사로부터 일시보상을 받는 등의 경우에는 환불할 의무가 발생하므로, 이 사건 금원은 일단 근로를 제공함으로써 받은 급여에 해당한다고 보기 어렵다고 판시하였다.

이어서 대법원은, 이 사건 노동조합이 이 사건 금원을 비롯하여 해고자 등에게 생계비 등을 지급하는 목적은, 조합원이 신분상·재산상의 불이익을 당할 위험을 감수하고 주도적인 조합활동을 하였을 뿐만 아니라 해고 후에도 이 사건 노동조합과 연관된 활동을 한 경우, 그 활동을 통하여 이 사건 노동조합에 기여한 것에 대한 사례의 뜻으로 해당 조합원에게 금원을 지급함으로써 종전과 같은 생활수준을 보장해주겠다는 것인 점, 나아가 이 사건 노종조합은 이러한 신분보장 장치를 규정의 형태로 만들어 놓고 그 재원이 되는 신분보장기금을 마련하여 그 지급을 보장함으로써 조합원들이 적극적으로 조합활동을 할 수 있도록 독려할 수 있는 점, 지급 기간과 액수에 비추어 보더라도 이 사건 금원은 5년 4개월여에 걸쳐 월평균 약 743만 원씩 총 4억 7,500여만 원이 지급된 점 등을 종합할 때, 이 사건 금원은 단순한 상호부조 성격의 돈이라고 보기는 어렵고, 조합활동 등을 고려하여 그에 대한 사례의 뜻으로 지급되었다고 보는 것이 타당하다고 판시하였다.

Ⅳ ▶ 해설

1. 소득세법과 과세소득의 규정방식과 기타소득

우리나라 소득세법은 소득을 발생원천에 따라 이자소득, 배당소득, 사업소득, 근로소득, 연금소득, 기타소득, 퇴직소득, 양도소득 등으로 구분하여 제한적으로 열거한 뒤 열거된 소득만 과세대상으로 규정하고 있기 때문에 소득원천설의 입장에서 열거주의방식을 채택한 것으로 평가된다. 따라서 소득세법에서 규정하고 있는 종류 이외의 소득은 비록 담세력이 있는 소득이라 하더라도 과세대상에서 제외된다.[2]

---

2) 이에 반해 법인세법은 순자산증가설의 입장에서 소득의 발생원천을 구분하지 아니한 채 법인의 각 사업연도의 소득을 법인세 과세대상소득으로 삼는 포괄주의방식을 채택하고 있다(제3조 제1항).

나아가 소득세법은 위 각 소득유형별로 과세표준의 계산, 세율 등 과세방식에 일정한 차이를 두고 있는바, 납세자가 얻은 소득이 구체적으로 어떠한 소득유형에 해당하는지에 관한 소득구분 문제는, 납세의무의 존부 자체를 결정지을 뿐만 아니라 구체적인 과세금액의 크기에도 영향을 주게 된다.

이는 기타소득의 경우에도 마찬가지이다. 기타소득이란 이자소득·배당소득·사업소득·근로소득 등 이외의 소득으로서 소득세법 제21조 제1항 각 호에 열거된 일시적·우발적으로 얻은 소득을 의미하므로, 위 각 유형의 소득이 아니면서 기타소득으로 열거되어 있지도 아니하면 과세대상에 해당하지 않는다. 또한 기타소득 중 특정 유형의 소득에 대해서는 일정비율의 필요경비를 인정하는 특별규정3)을 두고 있는 등 소득유형에 따라 구체적인 과세상 취급에도 차이가 있다.

2. 대상판결의 의의

대상판결에서는 이 사건 금원이 구 소득세법 제21조 제1항 제17호의 '사례금'으로 구분되는지 여부가 다투어졌다. 이 사건 금원이 소득세법에 열거된 기타소득인 사례금에 해당하지 않으면 과세대상에서 제외될 수 있기 때문이다. 그런데 소득세법은 사례금을 기타소득의 하나로 규정하면서도 정의규정이나 판단기준을 두고 있지 않다. 대법원은 "사례금이란 사무처리 또는 역무의 제공 등과 관련하여 사례의 뜻으로 지급되는 금품을 의미하고, 이에 해당하는지는 당해 금품 수수의 동기·목적, 상대방과의 관계, 금액 등을 종합적으로 고려하여 판단하여야 한다."는 입장이다(대법원 2013. 9. 13. 선고 2010두27288 판결 등 참조).

이 사건 금원은 조합활동으로 인한 피해에 대한 생계보장의 성격으로서 노동조합이 조성한 기금을 통해 일종의 공제조합과 같은 역할을 제공한 것이지, 노동조합에 대한 역무의 사례라 볼 수는 없다는 비판도 있다.4) 그러나 이 사건 금원이 수수된 주된 동기·목적이 불이익을 감수하고 노조활동을 통해 조합에 기여한 것에 대한 사례의 뜻으로 지급된 것으로 보이고, 특히 그 지급기간과 액수(5년 4개월에 걸쳐 월평균 약 743만 원, 총액 약 4억 7천만 원 지급)에 비추어 단순 생계보장 혹은 상호부조 성격의 것으로 보기는 어렵다고 판단된다. 대상판결은 소득세법에 명확한 정의규정이 없는 상황에서 사례금의 판단기준에 관한 기존 판례의 법리를 한층 더 구체화한 점에서 의의가 있다.

---

3) 그 외 기타소득의 필요경비는 해당 과세기간의 총수입금액에 대응하는 비용으로서 일반적으로 용인되는 통상적인 것의 합계액으로 산정된다(소득세법 제37조 제2항, 소득세법 시행령 제87조).
4) 김정식, "해고 노조원에게 지급한 지원금(생계비 등)이 사례금이다?: 대법원 2017. 11. 9. 선고 2017두44244를 중심으로", 「세무사」 제41권 제2호, 2023, 87면; 양승엽, "해고근로자에게 지급한 노동조합 신분보장기금의 법적 성격", 「월간 노동리뷰」 통권 제154호, 한국노동연구원, 2018, 128－129면.

33

추계과세

윤 현 석

[대법원 2010. 10. 14. 선고 2008두7687 판결]

윤현석 (원광대 교수)

I ▶ 사실관계 및 사건의 경과

원고가 운영하는 식당(이하 '이 사건 식당'이라 한다)은 대구에 소재하는 음식점으로서 돼지갈비를 전문적으로 판매하고 있는데, 그 사업자등록이 1991. 1. 15.부터 1996. 3. 31.까지는 원고 명의로 되어 있었고, 그 후 다른 사람 명의로 변경되었다. 피고 동대구세무서장은 2004. 5. 20.부터 같은 해 7. 31.까지 사이에 이 사건 식당에 대하여 세무조사를 실시하였고, 그 결과 종업원들의 진술 등을 토대로 이 사건 식당의 실사업자를 원고로 확정하였다. 피고는 이 사건 식당의 카운터에 설치된 포스시스템(POS System)에 입력된 2003. 10. 19.부터 2004. 5. 19.까지의 실제 매출액과 원고가 신고한 같은 기간의 원·부재료 매입액을 기초로 이 사건 비용관계비율(실제 매출액 ÷ 원·부재료비 매입액)로 산정하였고, 포스시스템상 매출액의 입력자료가 없는 2001. 4. 20.부터 2003. 10. 18.까지의 기간에 대하여 실지조사로 확인한 원·부재료비에 이 사건 비용관계비율을 적용하여 수입금액을 추계한 후 이를 토대로 2001년 2기분부터 2003년 2기분까지의 부가가치세 부과처분(이하 '이 사건 부가가치세 부과처분'이라 한다)을 하였다. 한편 피고 포항세무서장은 위와 같이 추계한 수입금액과 원고가 신고한 수입금액과의 차액을 수입금액에 가산하고, 원고가 신고한 필요경비 중 증빙서류가 없는 금액을 필요경비에서 공제하는 등으로 2001년부터 2003년까지의 종합소득세 부과처분(이하 '이 사건 종합소득세 부과처분'이라 한다)을 하였다.

II ▶ 관련 규정 및 쟁점

1. 관련 규정

(1) 구 부가가치세법(2003. 12. 30. 법률 제7007호로 개정되기 전의 것) 제21조 제2항 단서, 구 부가가치세법 시행령(2003. 12. 30. 대통령령 제18175호로 개정되기 전의 것) 제69조 제1항 제5호

(2) 구 소득세법(2009. 12. 31. 법률 제9897호로 개성뇌기 선의 것) 세80조 세3항 단서, 소득세법 시행령 제144조 제1항 제5호, 제4항

2. 쟁점

(1) 수입금액 추계방법의 합리성과 타당성에 관한 증명책임

(2) 매출액을 추계할 경우 필요경비도 추계하여야 하는지 여부

III ▶ 법원의 판단

1. 원심법원의 판단

원고의 포스시스템에 입력된 매출액은 판매와 동시에 입력된 자료로서 원고에 대한 세무조사과정에서 확인된 다른 자료들과 비교해 볼 때 신빙성이 높은 것으로 볼 수 있고 달리 실제 매출액을 확인할 수 있는 자료가 제출되지 않은 점, 원·부재료는 돼지고기와 음료수, 주류로서 이 사건 식당의 매출과 가장 직접적인 관련성이 있는 요소들인 데다가 특정업체들로부터 상당기간 동안 지속적으로 납품받아 왔으며 납품업체들은 규모가 크고 그 거래에 관하여 세금계산서 등을 발행하기 때문에 그 거래금액은 비교적 정확하다고 볼 수 있는 점, 이 사건 비용관계비율은 특별한 사정이 없는한 재료비나 음식요금의 변동이 있더라도 상당한 기간 동안은 그대로 유지된다고 봄이 상당한 점 등을 고려하면, 이 사건 비용관계비율은 합리적으로 산정되었다고 할 수 있으므로 그에 따른 이 사건 부가가치세 및 종합소득세 부과처분은 적법하다고 판단하였다.

2. 대법원의 판단

수입금액의 추계가 정당한 것으로 시인되기 위해서는 수입금액을 추계할 수 있는 요건을 갖추었다는 것만으로 부족하고, 추계의 내용과 방법이 구체적인 사안에서 가장 진실에 가까운 수입금액의 실액을 반영할 수 있도록 합리적이고 타당성이 있는 것이어야 하며, 추계방법의 적법 여부가 다투어지는 경우에 합리성과 타당성에 대한 증명책임은 과세관청에 있지만, 과세관청이 관계 규정이 정한 방법과 절차에 따라 추계하였다면 합리성과 타당성은 일단 증명되었고, 구체적인 내용이 현저하게 불합리하여 수입금액의 실액을 반영하기에 적절하지 않다는 점에 관하여는 이를 다투는 납세자가 증명할 필요가 있다.

이 사건 포스시스템에 입력된 매출액은 판매와 동시에 입력된 자료로서 세무조사과정에서 확인된 다른 자료들과 비교해 볼 때 신빙성이 높은 것으로 볼 수 있는 등 원심판단을 수긍하였다.

추계조사결정이란 납세자의 과세표준을 장부나 증빙 기타 직접적인 과세자료에 의해 결정하지 않고, 동업자권형, 단순경비율이나 기준경비율 등 통계적·경험적 근거에 의해 결정하는 방법이다. 추계로 결정된 금액은 아무리 정밀한 방법으로 하더라도 실제 금액에 가까울지언정 실제 금액 자체일 수는 없으므로, 실지조사방법에 의하여 소득금액을 결정할 수 있는 때에는 추계조사방법으로 결정할 수 없고, 추계조사결정은 과세표준 결정에 있어 최후의 선택이 되어야 할 것이다.[1]

추계과세에 있어서 입증의 대상이 되는 것은 추계과세의 적법 요건인 추계의 필요성, 합리성, 타당성 등 직접 사실이라고 할 것이고, 추계를 조성하는 수입금액이나 관련 필요경비는 간접사실로서 입증의 대상은 아닌 것으로 해석된다.[2] 따라서 수입금액의 추계가 정당한 것으로 시인되기 위해서는 수입금액을 추계할 수 있는 요건을 갖추었다는 것만으로 부족하고, 추계의 내용과 방법이 구체적인 사안에서 가장 진실에 가까운 수입금액의 실액을 반영할 수 있도록 합리적이고 타당성이 있는 것이어야 하며, 추계방법의 적법 여부가 다투어지는 경우에 합리성과 타당성에 대한 증명책임은 과세관청에 있지만, 과세관청이 관계 규정이 정한 방법과 절차에 따라 추계하였다면 합리성과 타당성은 일단 증명되었고, 구체적인 내용이 현저하게 불합리하여 수입금액의 실액을 반영하기에 적절하

1) 이태로·한만수, 『조세법강의』, 박영사, 2018, 412면.
2) 강석규, "소득금액 추계방법의 합리성에 대한 입증책임 및 수입금액 추계시 필요경비 산정방법", 「대법원판례해설」 제86호, 법원도서관, 2011, 109면.

지 않다는 점에 관하여는 이를 다투는 납세자가 증명할 필요가 있다. 이는 증거와의 거리를 고려하여 증명책임의 전환을 인정한 것이다.[3]

한편 소득금액의 추계에 있어서 수입금액을 추계하는 경우 필요경비도 반드시 추계에 의하여야 하는지에 관하여 논란이 있을 수 있다. 수입금액이든, 필요경비이든 실지조사에 의하여 산정하는 것이 가능한 경우에는 반드시 실지조사에 의하여야 하며, 추계에 의할 수는 없다는 것이다. 따라서 필요경비를 산출할 수 있는 장부 또는 증빙서류가 없어서 단순경비율이나 기준경비율을 적용하여 과세표준을 추계조사의 방법으로 결정하는 경우에도 총수입금액을 계산할 수 있는 증빙시류가 있다면 총수입금액은 이를 근거로 하여 실지조사결정하여야 한다. 또한 수입금액을 추계조사할 경우에도 비치·기장된 장부와 증빙서류를 근거로 소득금액을 계산할 수 있을 때에는 그 장부에 의하여 비용을 실사하여 과세표준과 세액을 조사·결정하여야 한다.[4] 그러므로 소득금액을 추계함에 있어서도 수입금액이나 필요경비 중 실지조사에 의하여 산정가능한 것은 실지조사에 의하여야 하는 것을 원칙[5]으로 하며, 실지조사가 불가능한 경우에 한하여 추계가 허용되는 것이다.

본 판결은 추계과세에 있어 입증책임에 관한 일반 법리를 재확인하고 이를 구체적 사안에 적용하여 추계과세의 적법성을 판단한 것으로 선례적 역할을 하였으며, 또한 매출액을 추계방법으로 결정하더라도 필요경비는 실지조사로 결정할 수 있다는 법리를 선언한 것으로 그 의의가 있다.

---

3) 이러한 납세자의 증명, 즉 과세관청이 행한 추계과세에 대한 소송 등 절차에서 납세자가 장부나 증빙자료를 실액자료로 제시하여 처분의 위법을 다투는 것을 실액반증이라고 한다.
4) 임승순, 『조세법』, 박영사, 2022, 480면.
5) 대법원 1996. 1. 26. 선고 95누6809 판결, 대법원 1999. 1. 15. 선고 97누20304 판결 등도 같은 취지이다.

34

양도소득세 부당행위계산부인 시
상증세법을 준용하여 상장주식의 시가를 산정하도록 한
소득세법 시행령의 효력

하 태 흥

양도소득세 부당행위계산부인 시 상증세법을 준용하여 상장주식의 시가를 산정하도록 한 소득세법 시행령의 효력

[대법원 2020. 6. 18. 선고 2016두43411 전원합의체 판결]

하태흥 (김 · 장 법률사무소 변호사)

I ▶ 사실관계 및 사건의 경과

원고는 2011. 10. 18. 형인 A에게 주권상장법인 X회사의 주식 116,022주(이하 '이 사건 상장주식'이라 한다)를 시간외대량매매 방식으로 매도하면서 그 매매대금을 한국거래소 최종시세가액인 1주당 65,500원으로 정하였고, A는 이를 매수함으로써 X회사의 최대주주가 되었다. 원고는 위 종가를 적용한 매매대금을 양도가액으로 하여 양도소득세를 신고하였다. 그러나 과세관청은 원고를 비롯한 최대주주 등이 X회사 주식의 50%를 초과하여 보유하고 있다는 이유로 평가기준일 이전·이후 각 2개월간의 종가 평균액 64,178원에 최대주주 등 할증률 30%를 가산한 1주당 83,431원이 이 사건 상장주식의 1주당 시가에 해당하고, 이 경우 원고가 특수관계인인 형에게 시가보다 낮은 가액으로 양도함으로써 양도소득세 부담을 부당히 감소시켰다고 보았다. 원고는 수정신고 후 경정청구 거부처분을 받아 불복하였다.

II ▶ 관련 규정 및 쟁점

1. 관련 규정

구 소득세법(2012. 1. 1. 법률 제11146호로 개정되기 전의 것) 제101조는 제1항에서 양도소득세 부당행위계산부인을 정하면서 제5항(이하 '이 사건 모법 조항'이라 한다)에서 '제1항에 따른 부당행위계산에 필요한 사항은 대통령령으로 정한다.'라고 규정하였다. 구 소득세법 시행령(2012. 2. 2. 대통령령 제23588호로 개정되기 전의 것) 제167조 제5항(이하 '이 사건 시행령 조항'이라 한다)은 양도소득세 부당행위계산부인의 전제가 되는 시가를 '상속세 및 증여세법을 준용하여 평가한 가액'에 의하도록 정하였는데, 구 상속세 및 증여세법 제63조 제1항과 제3항은 상장주식의 시가를 '평가기준일 이전·이후 각 2개월 동안 공표된 매일의 한국거래소 최종 시세가액'에 의하되, 최대주주 및 특수관계인에 대해 위 가액에 20% 또는 30%를 가산하도록 하고 있다. 한편 구 법인세법 시행령 제89조 제1항은 법인세 부당행위계산부인과 관련하여 상장주식의 시가를 '거래일의 한국거래소 최종 시세가액'으로 정하고 있다.

2. 쟁점

대상판결의 쟁점은 이 사건 시행령 조항이 위임입법 한계 일탈, 재산권 침해 등으로 위헌·위법하여 무효인지 여부이다. 실질적으로는 양도소득세 부당행위계산 부인 시 상장주식의 시가를 상증세법에 따라 산정하는 것이 정당한지를 다루고 있다.

Ⅲ ▶ 법원의 판단

1. 다수의견

다수의견(7인)은 다음과 같은 이유에서 이 사건 시행령 조항을 유효로 보았다.

부당행위계산 부인에 관한 소득세법의 규정들에 대한 해석으로 '시가'의 의의 내지 개념적 징표를 도출할 수 있는데, 이 사건 시행령 조항에서 상장주식의 시가를 평가하는 방법을 규정한 것은 소득세법의 이러한 위임에 따른 것이다. '정상적인 거래에 의하여 형성된 객관적인 교환가격'을 찾기 어려운 상황에 탄력적으로 대처하기 위하여 입법자에게 상당한 정도의 입법재량을 부여하였으므로, 이 사건 시행령 조항은 법률의 위임 목적에도 부합하고 법률의 위임범위를 벗어나지 않았다.

상장주식의 급격한 시세변동을 고려할 때 이 사건 시행령 조항 중 '거래일 전·후 각 2개월 동안 종가 평균액'을 상장주식의 시가로 간주하는 규정에는 합리성과 정당성이 있다. 최대주주 등이 보유한 상장주식은 경영권 프리미엄이 있어 그 가치가 높게 평가되므로 현실적으로 경영권 이전의 결과가 발생하였는지와 무관하게 '최대주주 등 할증 규정'을 적용하는 것 역시 합리성과 정당성이 있다. 상장주식을 개인 또는 법인이 양도한 경우에 각각 규율하는 법령이 다르므로, 법인세법 시행령 제89조 제1항을 준용하지 않고 상증세법 규정을 준용하도록 한 것도 합리적인 입법재량의 범위 내에 있다. 따라서 헌법상 재산권의 침해, 평등원칙의 위배가 없다.

2. 반대의견

반대의견(6인)은 다음과 같은 이유를 들어 이 사건 시행령 조항을 무효로 보았다.

양도소득세와 상속세 및 증여세는 그 성격과 과세요건이 상이하기 때문에 상증세법상의 시가 규정은 상속재산 및 증여재산의 가액 평가에 한하여 적용되어야 하고, 소득세법상 양도소득금액을 계산하는 데 적용할 수 없다. 부당행위계산부인의 전제인 시가는 국민의 납세의무에 관한 기본적·본질적 과세요건이므로 국회가 법률로써 정해야 한다. 이 사건 모법 조항은 법률의 시행에 필요한 집행명령을 발할 수 있다는 의미일 뿐 과세요건까지 위임한 것으로 볼 수 없다. 따라서 이 사건 시행령 조항은 헌법상 위임입법의 한계를 일탈한 것으로서 조세법률주의 원칙에 위배된다.

상장주식의 시가를 '양도일 이전·이후 각 2개월 동안 공표된 종가의 평균액'으로 산정할 경우, 양도 당시를 기준으로 자산의 양도가액을 산정하는 소득세법 규정과 부당행위계산부인의 판단기준 시점이 거래 당시라는 원칙에 반한다. 상장주식의 양도가 경영권 프리미엄의 이전을 수반하지 않는 경우도 있음에도 일률적으로 '최대주주 등 할증규정'을 적용하여 양도차익을 의제하는 것은 소득세법상 부당행위계산 제도의 취지에 반한다. 따라서 이 사건 시행령 조항은 조세평등원칙, 납세자 재산권보장 원칙에 위배되며, 자산의 양도가액을 실지거래가액으로 정한 모법인 소득세법 제96조 제1항 등에도 위배되므로 무효이다.

IV 해설

1. 대상판결의 의의와 문제되는 배경

전원합의체에 관여하는 13인 법관 중 대법원장을 제외한 대법관 12인의 의견이 절반으로 갈려 팽팽하게 대립한 것처럼 이 사건 판결의 평석 또한 다수의견을 지지하는 것[1]과 반대의견을 지지하는 것[2]으로 나뉘었다. 종래 이 사건 시행령 조항이 유효함을 전제로 한 판결은 많았으나, 대상판결

---

[1] 감병욱·류창현, "상장주식의 양도에 대한 소득세법상 부당행위계산 부인에 있어 그 시가의 평가방법", 택스넷 실무해설, 2021. 11. 10.; 김정범, "부당행위계산부인으로 인한 양도소득 산정의 기준이 되는 시행령 조항의 위헌·위법성 여부", 「판례연구」 제35권 제1호, 서울지방변호사회, 2021; 이정원, "특수관계인 사이의 상장주식 양도 시 양도대상 상장주식의 시가산정 방법", 「대법원판례해설」 제124호, 법원도서관, 2020.
[2] 박진호, "2020년 국세기본법 및 소득세법 판례회고", 「조세법연구」 제27집 제2호, 한국세법학회, 2021; 백제흠," 2020년 분야별 중요판례분석 24. 조세법", 법률신문 2021. 7. 8.; 유철형, "특수관계인간 거래 상장주 시가 상증세법 준용케 한 소득세법령의 무효 여부", 유철형 변호사의 2020년 대법원 세금판례평석 모음 5, 세정일보, 2020; 이전오, "2020년 조세법 중요판례평석", 「인권과 정의」 제497호, 대한변호사협회, 2021; 채용현, "상장주

은 이 사건 시행령 조항의 유효성을 최초로 직접 판단하였다.

양도소득세 부당행위계산부인은 특수관계인 간의 양도거래에서 실지거래가액과 시가의 차이가 3억 원 또는 시가의 5% 이상일 경우 과세관청이 실지거래가액을 부인하고 시가에 따라 양도소득을 다시 계산하도록 하는 제도이다. 부당행위계산 부인대상인지를 판단하려면 '시가'의 산정이 필수적이다.

비상장주식의 경우, 소득세법과 상증세법 및 법인세법은 시가 평가방법을 동일하게 정하고 있다. 즉, 1주당 순손익가치와 순자산가치를 3과 2의 비율로 가중평균한 가액을 시가로 하되, 최대주주 등의 보유주식에 대하여는 할증평가를 한다. 이에 반하여 상장주식의 경우, 소득세법과 상증세법은 평가기준일 이전·이후 각 2개월 동안의 종가를 시가로 정함과 아울러 최대주주 등 할증평가 규정을 두고 있으나, 법인세법은 거래일의 종가를 시가로 정하고 최대주주 등 할증평가도 하지 않는다.

상장주식의 대규모 거래는 시간외대량매매 방식으로 종가거래를 하는 것이 일반적이다. 개인과 법인 간의 종가거래는 그 실지거래가액을 시가로 보면서도(소득세법 제167조 제6항) 개인 간의 종가거래에 대하여는 시가로 보지 않는 문제가 있다. 또한 거래일 후 2개월이 지나야 시가 산정이 가능하여 매매거래 당시에는 부당행위계산 부인대상 여부와 부인되는 금액을 알 수 없다는 문제도 있다.

2. 두 의견의 본질적 차이와 숨은 함의

다수의견과 반대의견이 입장 차이를 보이는 본질적인 이유는 부당행위계산부인의 전제인 '시가'의 개념을 달리 보기 때문이다. 다수의견은 부당행위계산부인의 본질상 시가의 개념은 의제된 가격이기 때문에 거래일 전후 일정 기간의 평균액도 무방하다고 본다. 반대의견은 양도소득세가 거래 당시에 형성되는 실지거래가액을 원칙으로 삼기 때문에 시가 역시 거래일의 가격이어야 하고 그래야 부당행위를 피할 수 있는 예측가능성도 생긴다고 본다.

반대의견은 부당행위계산부인에서 과세요건인 '시가'의 내용 또는 기본적 평가방법이 명확히 법률에 규정되어 있어야 한다고 보는데, 법률(소득세법)이 시행령에 위임하고 그 시행령이 다시 법률(상증세법)을 준용하도록 하는 어색함을 지적하고 있다. 다수의견도 부당행위계산부인의 전제인 '시가'가 법률에 규정될 사항임을 정면으로 부정하지는 않는 듯하다. 법률(소득세법)에 직접적으로 '시가'의 내용이 정의되어 있지 않기 때문에 다수의견은 부당행위계산부인에 관한 소득세법의 규정에 간접적으로 시가의 개념이 녹아 있다고 보면서 시행령은 그 내용을 구체화한 것으로 보고 있으나, 이 사건 시행령 조항이 정하는 '시가'의 내용이 법률 자체에서 충분히 예측가능하다거나 기술적인

식 양도소득세 계산 시 상증세법상 시가평가 조항을 준용하도록 한 구 소득세법 시행령 조항의 위헌·위법성", 「판례연구」 제36권 제2호, 서울지방변호사회, 2023.

내용만 정한 것인지는 다소 의문이다.[3]

　　다수의견은 부당행위계산부인의 본질상 저가양도의 상대방이 증여이익을 얻게 된다는 이유로 상증세법상 평가방법을 양도소득세에 적용해도 무방하다고 보면서도, 개인과 법인의 경우 각각 규율하는 법령이 다르기 때문에 양도소득세에 관하여 매매거래일의 가격을 시가로 정하지 않은 것이 부당하지 않다고 보고 있다. 개인이 법인과 다른 개인에게 동시에 상장주식을 같은 금액의 종가거래로 양도하는 경우 개인과 법인의 거래는 부당행위계산 부인대상도 아님에도, 개인 간의 거래만 부당행위계산 부인대상이 된다는 점에서, 다수의견에는 형평성의 문제가 있어 보인다.

　　반대의견에도 약점이 없는 것은 아니다. 저가양도에 관한 부당행위계산부인은 시가로 양도한 것처럼 재구성하여 실지거래가액과의 차액을 증여한 것으로 보는 것이다. 반대의견은 상증세법상 일정 기간의 평균액을 시가로 보는 상장주식 평가방법이 양수인의 증여세에서는 문제가 없다고 보면서도 양도인의 양도소득세에 대하여는 거래일 종가를 시가로 보아야 하는 문제에 관하여는 추가로 논증하지 않고 있다. 결국 반대의견에 따르면 법원이 사실상 새로운 입법을 하는 결과를 가져온다.

3. 대상판결 이후의 신설 조문

　　반대의견이 채택되지는 않았으나 입법적 개선의 필요성이 있다는 점은 충분히 피력되었다. 대상판결 이후 소득세법 시행령(2021. 2. 17. 대통령령 제31442호로 개정된 것)은 제167조 제7항에 "제5항에도 불구하고 주권상장법인이 발행한 주식의 시가는 「법인세법 시행령」 제89조 제1항에 따른 시가로 한다."는 규정을 신설하였다. 이로써 개인과 개인이 상장주식을 종가거래하는 경우 그 실지거래가액이 시가에 해당되어 더 이상 부당행위계산 부인대상에 해당하지 않게 되었다. 반대의견에 따라 실질적 부당성은 제거된 듯 보이나, 과세요건인 시가를 법률로써 직접 정하지는 않았다는 점에서는 다수의견이 유지된 측면도 있다.

---

3) 법률에서 상증세법 규정을 준용하도록 하는 이 사건 시행령 조항의 내용이 예측된다면, 이후 법인세법 규정을 따라 평가하도록 한 신설 시행령 규정은 법률의 위임을 벗어난 내용을 정한 것이 된다.

35

구 소득세법 시행령 제167조 제6항이
양도소득 부당행위계산부인규정상 시가를
법인세법상 부당행위계산부인규정상 시가와
일치시키는 규정인지 여부

신 호 영

35

구 소득세법 시행령 제167조 제6항이 양도소득 부당행위계산부인 규정상 시가를 법인세법상 부당행위계산부인규정상 시가와 일치시키는 규정인지 여부

[대법원 2021. 5. 7. 선고 2016두63439 판결]

신호영 (고려대 법학전문대학원 교수)

I ▶ 사실관계 및 사건의 경과

1. 이 사건 주식의 양도 및 양도소득세 신고 · 납부

원고는 2012. 5. 24. 특수관계인인 에스디와이 주식회사에 원고가 최대주주인 동양이엔피 주식회사(코스닥시장 상장법인) 발행주식 680,000주(이하 '이 사건 주식'이라 한다)를 1주당 8,800원 합계 5,984,000,000원에 시간외대량매매방식으로 양도(이하 '이 사건 양도'라 한다)하였다. 당일 이 사건 주식의 거래소 최종 시세가액(이하 '종가'라 한다)은 1주당 9,200원이었다. 원고는 2012. 8. 31. 양도가액을 5,984,000,000원으로 하여 이 사건 양도에 관한 양도소득세 등을 신고 · 납부하였다.

2. 과세처분

피고는 구 소득세법 시행령(2017. 2. 3. 대통령령 제27828호로 개정되기 전의 것, 이하 같다) 제167조 제5항에 의하여 준용되는 2013. 5. 28. 개정 전 구 상속세 및 증여세법(이하 '상증세법'이라 한다) 제60조 제1항 후문, 제63조 제1항 제1호 가목, 나목 및 제3항에 따라 이 사건 주식의 시가를 평가기준일인 2012. 5. 24. 이전 · 이후 각 2개월 동안 공표된 매일의 종가 평균액 9,565원에 최대주주 보유주식 등에 대한 할증률 20%를 곱하여 이를 가산한 1주당 11,478원(= 9,565원 × 120/100)으로 산정한 다음, 소득세법 제101조 제1항, 2017. 2. 개정 전 구 소득세법 시행령 제167조 제3항 제1호, 제4항에 따라 이 사건 주식의 양도가액을 위 시가에 의하여 계산하여, 2015. 1. 5. 원고에게 2012년 귀속 양도소득세 490,823,050원을 경정 · 고지하였다(이하 '이 사건 처분'이라 한다).

Ⅱ ▶ 관련 규정 및 쟁점

1. 관련 규정

소득세법 제101조 제1항, 구 소득세법 시행령 제167조 제3항 제1호, 제4항, 제5항, 제6항

2. 쟁점

구 소득세법 시행령 제167조 제6항 본문(이하 '이 사건 시행령 조항'이라 한다) "개인과 법인간에 재산을 양수 또는 양도하는 경우로서 그 대가가 법인세법 시행령(2021. 2. 17. 대통령령 제31443호로 개정되기 전의 것) 제89조의 규정에 의한 가액에 해당되어 당해 법인의 거래에 대하여 법인세법 제52조의 규정이 적용되지 아니하는 경우에는 법 제101조 제1항의 규정을 적용하지 아니한다."가 양도소득 부당행위계산부인 규정상 시가를 법인세법상 시가와 일치시키는 규정인지 여부이다.

Ⅲ ▶ 법원의 판단

이 사건 시행령 조항의 의미는 특수관계에 있는 개인과 법인 사이의 주식 등 재산 양도에서 '그 대가가 법인세법 시행령 제89조에서 정한 시가에 해당함'을 전제로 하여 해당 법인의 거래에 대하여 부당행위계산부인에 관한 법인세법 제52조가 적용되지 않는 경우, 그 상대방인 개인에 대하여도 양도소득 부당행위계산부인에 관한 소득세법 제101조 제1항을 적용하지 않는다는 것이다. 개인이 한국거래소에서 특수관계에 있는 법인에 상장주식을 양도한 경우에는 2021. 2. 17. 개정 전 구 법인세법 시행령 제89조 제1항이 정하는 시가인 해당 거래일의 종가로 양도한 때에 한하여 이 사건 시행령 조항에 따라 개인에게 양도소득 부당행위계산부인 규정이 적용되지 않는다.

Ⅳ ▶ 해설

1. 양도소득의 부당행위계산부인제도

(1) 의의

양도소득의 부당행위계산부인제도(소득세법 제101조)는 거주자가 특수관계에 있는 자와의 거래에서 정상적인 경제인의 합리적인 방법에 의하지 아니하고 소득세법 시행령 제167조 제3항 각호에 열거된 거래형태를 빙자하여 남용함으로써 조세부담을 부당하게 회피하거나 경감시켰다고 하는 경우에 과세권자가 이를 부인하고 법령에 정한 방법에 의하여 객관적으로 타당해 보이는 양도소득이 있는 것으로 의제하는 제도이다(대법원 2017. 1. 25. 선고 2016두50686 판결 등).

(2) 저가 양도, 고가 양수에 따른 양도소득 부당행위계산부인 요건과 효과

양도소득의 부당행위계산부인의 요건은 ① 특수관계인과의 거래일 것, ② 행위·계산이 부당할 것, ③ 양도소득에 대한 조세의 부담을 감소시키는 행위로서 법에서 정한 유형에 포함될 것이다. 소득세법 시행령 제167조 제1항 제1호는 양도소득 부당행위계산 유형의 하나로서 특수관계인으로부터 시가보다 높은 가격으로 자산을 매입하거나 특수관계인에게 시가보다 낮은 가격으로 자산을 양도한 때를 규정한다.

양도소득의 부당행위계산부인 요건이 충족되면 과세관청은 취득가액 또는 양도가액을 시가에 의하여 계산한다. 거래상대방은 상증세법(제35조 제1항 등)이나 법인세법에 따라 증여세나 법인세를 부담할 수 있다.

(3) 부당행위계산부인규정에서의 시가

시가는 부당행위계산 판정의 핵심기준이고, 소득금액 산정의 필수요소이다(대법원 2020. 6. 18. 선고 2016두43411 전원합의체 판결). 판례는 시가란 통상적이고 정상적인 거래에 의하여 형성된 객관적 교환가격으로 주관적인 요소가 배제된 것이어야 하고 교환가치가 적정하게 반영된 것이어야 한다고 한다(대법원 1998. 7. 10. 선고 97누10765 판결 등).

2. 이 사건 양도 당시 상장주식의 시가에 관한 규정

상증세법상 상장주식의 시가는 평가기준일 이전 이후 2개월 동안 공표된 종가의 평균액이고(상증세법 시행령 제63조 제1항 제1호 가목), 양도하는 주식이 최대주주 등이 보유하는 주식인 경우에는 평균액에 20%를 할증한 금액을 시가로 한다(상증세법 시행령 제63조 제3항). 이 사건 양도 당시 법인세법상 부당행위계산부인 규정의 적용에 있어 상장주식의 시가는 거래일의 종가이다(구 법인세법 시행령 제89조 제1항). 그리고 이 사건 양도 당시 양도소득의 부당행위계산부인 규정의 적용에 있어 시가는 양도자산의 종류를 가리지 않고 상증세법상 평가규정을 준용하여 평가한 가액에 따른다(구 소득세법 시행령 제167조 제5항).

3. 이 사건 판결과 이 사건 시행령 조항의 의미

이 사건 양도 당시 시가 산정 규정에 따르면 양도소득 부당행위계산부인 규정의 적용에 있어 이 사건 상장주식의 시가는 양도일 전후 2개월간 종가평균액과 그 평균액에 20%의 할증률을 곱한 금액을 더한 금액인 데 대하여 법인에 대한 부당행위계산부인규정의 적용에 있어 상장주식의 시가는 거래일의 종가이므로 개인이 양도소득세 과세대상 상장주식을 법인에게 양도하는 경우에는 개인과 법인에 대한 부당행위계산부인 규정의 적용에 있어 그 핵심인 시가가 다르게 되는 문제가 발생한다.

그런데 이 사건 시행령 조항은 개인과 법인 간에 재산을 양도·양수하는 경우로서 법인세법상 시가에 해당되어 법인의 거래에 대하여 부당행위계산부인 규정이 적용되지 않는 경우에는 양도소득의 부당행위계산부인 규정을 적용하지 않는다고 규정한다.

이 사건 판결은 이 사건 시행령 조항이 개인과 법인 사이의 주식 등 재산 양도에서 '그 대가가 법인세법 시행령 제89조에서 정한 시가에 해당되어'라고 하고 있는 점을 주된 근거로 하여 이 사건 양도 대가가 법인세법상 시행령상 시가에 해당하는 경우에만 양도소득의 부당행위계산부인 규정의 적용이 배제된다고 한다고 판단한다. 이 사건 시행령 조항의 문언과 양도소득의 부당행위계산부인 규정에서의 시가를 상증세법 제60조 등 평가규정을 준용하여 평가한 가액에 따라 산정하도록 명확히 규정하고 있는 소득세법 시행령 제167조 제5항에 비추어 이 사건 시행령 조항은 개인과 법인과의 양도소득세 과세대상 자산의 양도대가가 법인세법상 부당행위계산부인 규정에서의 시가와 일치되는 경우에 한하여 양도소득의 부당행위계산부인 규정이 적용되지 않는 것으로 정하고 있다고 이해할 수 있다. 이 사건 판결의 태도를 수긍할 수 있다.

그런데 2021. 2. 17. 개정된 법인세법 시행령 제89조 제1항은 개정 전과 같이 상장주식에 대하여는 거래의 종가를 시가로 인정하되 사실상 경영권 이전이 수반되는 경우에는 그 가액의 20%를 가산하도록 규정하고, 2021. 2. 17. 신설된 소득세법 시행령 제167조 제7항은 양도소득 부당행위계산부인 규정의 적용에 있어 상장주식의 시가는 법인세법에 따른 시가로 하도록 규정한다. 이러한 개정에 의하여 개인과 법인 사이의 상장주식 양도거래에 대한 부당행위계산부인 규정의 적용에 있어 개인과 법인에 대한 적용 시가의 차이에 따른 문제는 발생하지 않게 되었다. 따라서 이 사건 시행령 조항은 상장주식의 양도와 관련하여 더이상 의미가 없을 것으로 보인다.

36

공동사업장에 토지를 무상으로 제공한 경우 부당행위계산 부인대상 해당 여부

이 학 철

36 공동사업장에 토지를 무상으로 제공한 경우 부당행위계산 부인대상 해당 여부

[대법원 2005. 3. 11. 선고 2004두1261 판결]

이학철 (연세대 법학전문대학원 조교수, 변호사)

I ▶ 사실관계 및 사건의 경과

원고는 자신이 소유한 토지 지상에 건물을 신축하여 특수관계자(동생)와 각 1/2 지분으로 소유권 보존등기를 마친 후, 동생과 공동사업자로 신고를 하고 위 토지와 그 지상 건물을 일괄하여 임대하여 임대소득을 얻은 다음 이를 손익분배비율인 각 50%의 비율에 따라 배분하는 방식으로 임대사업을 영위하였다.

피고는 원고가 특수관계자인 동생에게 위 토지 중 1/2을 무상으로 사용하게 함으로써 조세의 부담을 부당하게 감소시킨 것으로 보아 소득세법 제41조 제1항에 따라 이를 부인하고, 무상 사용에 관한 임대료 상당의 소득금액을 추계의 방법으로 산정하여 2001. 12. 8. 원고에 대하여 1996년 내지 1998년 귀속 종합소득세를 부과·고지하였다.

II ▶ 관련 규정 및 쟁점

1. 관련 규정

(1) 구 소득세법(1998. 12. 28. 법률 제5580호로 개정되기 전의 것, 이하 같다) 제41조, 제43조, 제87조

(2) 구 소득세법 시행령(1998. 12. 31. 대통령령 제15969호로 개정되기 전의 것, 이하 같다) 제98조

2. 쟁점

특수관계자 간에 공동사업을 영위하면서 공동사업자 중 1인이 당해 공동사업장에 그 소유의 토지를 무상으로 제공한 경우, 이를 특수관계자인 다른 공동사업자에게 무상으로 임대한 것으로 보아 부당행위계산부인의 대상에 해당하는지 여부이다.

Ⅲ ▶ 법원의 판단

원심법원인 서울고등법원은 공동사업의 경우에는 소득이 발생한 공동사업장별로 그 소득금액을 계산한 다음 소득분배비율에 따라 각 공동사업자별로 계산하면 된다고 할 것이어서, 공동사업자 중 1인이 그 소유 토지 중 일부를 특수관계자인 다른 공동사업자에게 무상으로 임대한 것으로 보아 구 소득세법 제41조 제1항 소정의 부당행위계산 부인규정을 적용하고 그에 대한 임대소득을 위 토지 소유자의 종합소득에 가산한 처분은 위법하다고 판단하였고, 대법원은 위와 같은 원심의 판단에 공동사업자의 소득금액 계산 내지는 부당행위계산부인의 법리를 오해한 위법이 없다고 판단하였다.

Ⅳ ▶ 해설

1. 부당행위계산부인 제도

부당행위계산 부인규정은 납세자의 행위 또는 계산이 객관적인 사실에 합치되고 법률상 유효, 적법한 것으로 회계상으로는 정확한 계산이라 하더라도 그 행위나 계산이 세법에서 규정한 특수관계자 간의 거래로 조세의 부담을 부당하게 감소시키는 유형의 거래에 해당되는 경우, 조세법적으로 그러한 행위나 계산을 부인하고 정부가 세법이 정한 방법에 따라 소득금액을 계산하는 제도로, 실질과세의 원칙을 보충하여 공평과세를 실현하고자 하는 데 그 취지가 있다(대법원 1992. 1. 21. 선고 91누7637 판결).

부당행위계산 부인규정이 적용되기 위한 요건으로는 먼저 당사자 요건으로서 특수관계가 있는 자와의 거래일 것, 객관적 요건으로서 행위나 계산이 경제적 합리성을 결하여 부당하다고 평가될 수 있을 것 그리고 결과 요건으로 조세의 부담을 감소시켰을 것이 요구된다. 한편, 부당행위계산은 경제적 합리성을 결한 거래로 인하여 조세의 부담이 감소되면 족하므로 당사자에게 조세회피의 목적이 있거나 경제적 손실이 있어야 하는 것은 아니고(대법원 1996. 7. 12. 선고 95누7260 판결), 특수관계자 사이의 임대가 부당행위계산에 해당하는지는, 특수관계에 있지 아니한 자에게 당해 토지 등을 정상적으로 임대하였다고 가정한 경우 형성되었을 임대료를 기준으로 하여 그것이 싼 임대료인지를 기준으로 판단한다(대법원 1989. 9. 26. 선고 88누7071 판결).

2. 공동사업에 대한 소득금액 계산 특례

부동산임대소득, 사업소득 또는 산림소득이 있는 공동사업장에 대해서는 먼저 당해 소득이 발생한 공동사업장을 1 거주자로 보아 소득금액을 계산한다(구 소득세법 제8조 제1항, 제43조 제1항). 이후 공동사업장에서 발생한 소득금액을 손익분배비율에 따라 공동사업자별로 분배하여 각 분배된 소득금액에 따라 공동사업자별로 그 소득금액을 과세한다(구 소득세법 제43조 제2항, 제2조의2 제1항). 위와 같은 소득금액 계산의 특례는 공동사업장의 경우 해당 공동사업장을 기준으로 총수입금액과 필요경비가 발생하는 특성을 고려하여, 공동사업장에 있어서 소득금액 계산의 편의를 도모하도록 하는 것에 그 취지가 있다(대법원 1989. 9. 26. 선고 88누7071 판결).

3. 이 사건 판결의 의의

특수관계자 개인 사이에 토지를 무상으로 임대할 경우, 부당행위계산 부인규정의 적용대상에 해당하는 것은 분명하다. 그러나 특수관계자들이 공동사업을 영위하는 경우 공동사업자 중 1인이 그 소유의 토지를 공동사업에 무상으로 제공하는 경우에는 부당행위계산 부인규정의 대상에 해당하는지가 명확하지 않다. 공동사업의 경우, 공동사업자 중 1인이 토지를 무상으로 제공하는 상대방이 특수관계자인 다른 공동소유자 개인 또는 소득금액 계산에 있어 1 거주자로 보는 공동사업장 중 무엇으로 보는지에 따라 달리 판단될 수 있기 때문이다.

이 사건 판결은, 공동사업자가 당해 공동사업장에 토지 등 부동산을 무상으로 제공하는 것은 다른 공동사업자 개인이 아니라 공동사업장에 제공하는 것으로 보아야 함을 전제로 부당행위계산부인의 대상에 해당하지 않는다고 판시하였다는 점에서 의의가 있다.[1]

---

1) 다만, 타인의 부동산을 무상으로 사용함에 따라 이익을 얻은 경우 증여세가 과세되므로, 위 사안에서도 공동사업의 손익분배비율 등을 고려할 때, 공동사업자 일방이 토지 소유자인 공동사업자의 부동산을 무상으로 사용하는 것으로 평가될 수 있는 경우에는 증여세 납세의무가 성립할 수 있다(상속세 및 증여세법 제37조 제1항; 정재훈, "2005년도 소득세법 판례회고", 「조세법연구」 제12집 제1호, 세경사, 398면).

37

비영리내국법인의 고유목적사업 관련 지출을 수익사업의 손금으로 산입할 수 있는지 여부

김 무 열

비영리내국법인의 고유목적사업 관련 지출을 수익사업의 손금으로 산입할 수 있는지 여부

[대법원 2020. 5. 28. 선고 2018두32330 판결]

김무열 (부산광역시의회 입법재정담당관 연구위원)

I ▶ 사실관계 및 사건의 경과

대한지방행정공제회(이하 '원고'라 한다)는 대한지방행정공제회법에 따라 설립되어 지방자치단체의 공무원 또는 지방행정사무에 종사하거나 종사하였던 자 등에 대한 효율적인 공제제도를 확립·운영함으로써 이들의 생활안정과 복지증진을 도모함을 목적으로 하는 비영리내국법인(이하 '비영리법인'이라 한다)이다.

원고는 2010 사업연도 손익계산서상 고유목적사업준비금 전입액 240,392,668,398원(= 퇴직급여준비금 205,504,862,880원 + 한아름목돈준비금 30,443,295,340원 + 제급여준비금[1] 4,444,510,178원)을 계상하고, 그중 고유목적사업준비금 한도액 239,180,777,128원을 초과하는 1,211,891,270원을 손금불산입하여 피고에게 법인세를 신고·납부하였다.

원고는 2014. 3. 27. 피고에게, 위 고유목적사업준비금 전입액 240,392,668,398원 중 위 퇴직급여준비금 및 한아름목돈준비금 합계 235,948,158,220원(이하 '이 사건 부가금'이라 한다)은 수익사업의 손금(이자비용)으로 산입하고 나머지 제급여준비금 4,444,510,178원만 고유목적사업준비금으로 계상하는 것으로 고유목적사업준비금조정명세서를 수정한 후 제급여준비금 4,444,510,178원은 고유목적사업준비금 한도액의 범위 내에 있으므로 이를 전액 손금손입하여야 한다는 이유로 당초 2010 사업연도 법인세 신고 시 고유목적사업준비금 한도초과액으로 손금불산입 신고한 부분인 1,211,891,270원을 손금으로 인정하여 2010 사업연도 법인세 374,972,628원을 환급하여 달라는 취지의 경정청구를 하였다.[2]

---

1) 사망급여금, 요양위로금, 재해급여금, 가족사망급여금, 출산급여금, 특별부가금의 합계액이다.
2) 이 경우 고유목적사업준비금 4,444,510,178원은 한도 범위 내에 해당하여 전부 손금산입되므로 당초신고시 한도초과액 1,211,891,270원(240,392,668,398원 − 239,180,777,128원)이 손금불산입되었던 것과 비교하면 1,211,891,270원이 더 손금에 산입된다.

피고는 2014. 5. 15. '원고는 대한지방행정공제회법에 의해 설립된 비영리법인으로서 그 설립목적에 따라 회원 상호간의 공동이익 증진·상호부조 등을 목적으로 영위하는 공제사업은 수익사업에 해당되지 아니하고, 고유목적사업부문에서 지출한 비용인 부가금은 수익사업부문의 손금으로 처리할 수 없다는 이유로 원고의 위 경정청구에 대한 거부처분(이하 '이 사건 거부처분'이라 한다)을 하였다. 원고는 이에 불복하여 2014. 7. 29. 조세심판원에 심판청구를 제기하였으나, 2016. 4. 14. 기각되었다.

Ⅱ ▶ 관련 규정 및 쟁점

1. 관련 규정

이 사건과 관련된 규정은 구 법인세법(2010. 12. 30. 법률 제10423호로 개정되기 전의 것) 제3조 제1항(현행 제4조 제1항), 비영리법인의 고유목적사업준비금의 손금산입에 관한 제29조 제1항, 제3항 제4호(현행 제29조 제5항 제4호) 및 비영리법인의 수익사업에 대한 구분경리의무 규정인 제113조 제1항이다.

이 규정들은 비영리법인이 고유목적사업준비금으로 계상한 부분에 대하여 고유목적사업 등에 지출하기 전이라도 미리 손금에 산입할 수 있도록 허용하는 대신 고유목적사업준비금을 손금에 계상한 사업연도의 종료일 이후 5년이 되는 날까지는 고유목적사업 등에 지출이 이루어져야 한다는 점을 전제로 하여 5년 동안 과세를 이연함으로써 비영리법인이 공익사업을 원활하게 수행할 수 있도록 하기 위한 것이다.

또한, 비영리법인에 대하여 수익사업과 고유목적사업 등을 각각 다른 회계로 구분하여 기록하여야 하고, 수익사업에서 생기는 소득에 대하여만 과세하면서도 고유목적사업 등에 지출하기 위한 고유목적사업준비금을 일정 한도액의 범위 안에서 수익사업의 손금에 산입할 수 있도록 한 것이다.

2. 쟁점

첫째, 이 사건에서 원고의 퇴직급여사업과 한아름목돈예탁급여사업이 고유목적사업인지 여부가 쟁점이며, 이와 관련하여 퇴직급여 부담금과 한아름목돈예탁급여 부담금을 재원으로 하여 각종 금융상품이나 부동산 등에 투자하는 것을 수익사업으로 보고, 이에 따른 운용수익의 일정한 부분을 지급하는 경우 이자비용으로 인정하여 수익사업에 대한 손금으로 산입할 수 있는지가 쟁점이다.

둘째, 이 사건 부가금을 비영리법인의 구분경리 원칙에 따라 고유목적사업준비금 전입액으로 처리하는 것과 별도로 이자비용과 동일하게 보아 수익사업에 관련된 손금으로 처리하는 것(수익비용대응의 원칙)이 가능한지가 쟁점이다.

Ⅲ ▶ 법원의 판단

1. 원심법원의 판단

원심법원(서울고등법원 2017. 11. 23. 선고 2017누60859 판결)은 비영리법인이 수익사업에서 얻은 소득을 고유목적사업 등에 지출한 경우, 그 지출금을 고유목적사업준비금의 손금산입한도액 범위 안에서 손금에 산입하는 것과 별도로 비엉리법인의 선택에 따라 이를 수익사업의 수익에 대응하는 비용으로 보아 손금에 산입하는 것이 허용된다고 판단하면서 피고의 경정청구 거부처분을 취소했다. 그에 대한 논리로는 이 사건 부가금의 지급은 차입금에 대한 이자의 지급과 본질적으로 유사하며, 부가금은 금전의 사용에 따른 대가로서 지급받는 회원들의 입장에서는 소득세법상 이자소득세의 과세대상이 되므로 원고의 입장에서는 이자비용에 해당한다는 점이다. 아울러서 원고가 회원으로부터 부담금을 예치받아 이를 각종 금융기관과 부동산 등에 투자하여 얻는 수익금으로 부가금을 지급하는 운용방식은 은행 기타 금융기관의 운용방식과 다를 바가 없다는 점이다.

2. 대법원의 판단

첫째, 구 대한지방행정공제회법(2012. 10. 22. 법률 제11491호로 개정되기 전의 것)의 규정과 원고의 정관에 따르면 퇴직급여사업과 한아름목돈예탁급여사업은 회원들의 생활안정과 복지증진을 도모할 목적으로 하는 '회원에 대한 급여의 지급'을 위한 사업으로서 원고의 고유목적사업에 해당한다고 판단하였다. 또한, 이 사건 부가금은 고유목적사업인 급여사업에 지출한 것으로서 수익사업의 소득을 얻기 위한 이자비용으로 지출한 비용으로 볼 수 없다고 판단하였다.

둘째, 이 사건 부가금은 원고의 고유목적사업인 급여사업에 지출된 것이므로 구 법인세법 제113조 제1항에 따라 구분경리의 원칙이 지켜져야 한다고 판단하였다. 또한, 2010 사업연도 손익계산서상에도 '고유목적사업준비금 전입액'으로 수익사업 부문의 비용항목에 회계처리되어 있었다. 이를 근거로 이 사건 부가금을 이자비용과 동일하게 보아 수익사업에 관련된 손금으로 산입하게 된다면 고유목적사업준비금에 대한 손금산입 한도액 규정을 둔 법인세법의 규정을 형해화시킬 수 있다고 판단하였다.

따라서 비영리법인이 수익사업에서 얻은 소득을 고유목적사업 등에 지출한다고 하더라도, 특별한 사정이 없는 한 이는 수익사업의 소득을 얻기 위하여 지출한 비용으로 볼 수 없으므로, 이를 고유목적사업준비금의 손금산입 한도액 범위 안에서 손금에 산입할 수 있을 뿐, 이와 별도로 비영리법인의 선택에 따라 그 지출금을 수익사업의 수익에 대응하는 비용으로 보아 손금에 산입할 수 없다고 판단하였다.

Ⅳ ▶ 해설

1. 의의

비영리법인이 수익사업을 영위하는 경우에, 구 법인세법이 수익사업에 속하는 것과 수익사업이 아닌 기타의 사업에 속하는 것을 각각 별개의 회계로 구분하여 경리하도록 규정하는 비영리법인의 구분경리 원칙을 토대로 한나는 점을 고려한 것으로 보인다. 아울러 구 법인세법은 비영리법인에 대한 과세에 있어서도 수익사업과 고유목적사업 등을 구분하고 수익사업에서 생기는 소득에 대하여만 과세하는 한편, 고유목적사업 등에 지출하기 위한 고유목적사업준비금을 일정 한도액의 범위 안에서 예외적으로 수익사업의 손금에 산입할 수 있도록 하고 있다. 이러한 대법원의 판단은 고유목적사업 준비금에 대한 손금산입 한도액을 규정을 둔 구 법인세법 취지에도 부합하며, 비영리법인의 고유목적사업준비의 손금산입 법리, 고유목적사업과 수익사업의 구분경리 등에 관한 법리를 확인해줬다는 점에 의의가 있다.[3]

특히 고유목적사업과 수익사업을 구분하여 고유목적사업을 위한 비용은 그에 대한 손금으로 산입해야 하며, 이를 납세자의 주관적인 선택의 따라 수익사업의 손금으로 처리하는 것은 납세의무의 범위에 지대한 영향 미치게 되어 과세형평에도 맞지 않다.

2. 대법원의 판단에 대한 비판

고유목적사업준비금 손금산입 범위를 축소시켜 고유목적사업의 장려라는 입법취지를 훼손하는 결과가 초래되었다고 비판하는 견해도 있다. 아울러서 비영리법인에게도 내국법인과 같이 수익사업에 있어서는 수익비용대응의 원칙이 적용되어야 하는데 이를 확인해주지 않은 대법원의 판단을 비판하는 견해도 있다.[4]

---

3) 유철형, "[판세] 비영리법인 고유목적사업 지출 부가금 직접 수익사업 손금 산입되나?", 세정일보, 2020.
4) 정기상, "비영리법인의 고유목적사업준비금 손금산입에 관한 고찰", 「세무와 회계 연구」 제11권 제4호, 2022, 157-192면.

38

법인의 매출누락에 의한 소득처분 시
사외유출의 범위 및 이에 관한 입증책임의 소재

김 신 언

법인의 매출누락에 의한 소득처분 시 사외유출의 범위 및 이에 관한 입증책임의 소재

[대법원 1999. 5. 25. 선고 97누19151 판결]

김신언 (앤트세무법인 세무사, 미국 일리노이주 변호사)

I ▶ 사실관계 및 사건의 경과

원고는 컴퓨터 제조 및 판매업을 영위하는 법인으로서 1992. 1. 1.부터 12. 31.까지 매입처로부터 14회에 걸쳐 금 21,349,909원의 컴퓨터 및 주변기기를 무자료로 매입하고 같은 기간 동안 소비자들에게 세금계산서의 발행 없이 금 29,883,675원에 판매하면서 1992년 귀속 법인세 신고 시 매출액과 매입가액을 각각 익금과 손금에서 누락하였다.

이에 대하여 피고는 매출액과 매입가액의 차액인 금 8,542,766원(29,883,675원-21,349,909원)을 원고 회사의 대표이사에게 상여 처분하고 갑종근로소득세 927,140원을 부과 고지하였다. 그런데 피고는 이후 1994. 10. 1. 원고에 대하여 차액이 아닌 매출액 전액이 대표이사의 상여에 해당한다는 이유로 당초 소득처분액과의 차액인 21,340,909원을 추가로 상여처분하고 그로 인한 갑종근로소득세 6,209,350원을 원고에게 다시 부과 고지하였다.

원심(서울고등법원 1994. 10. 24. 선고 95구30293 판결)은 피고가 1994. 10. 1.에 추가로 고지한 갑종근로소득세 6,209,350원의 부과처분을 취소하였으나 대법원은 원심판결을 파기하고 사건을 서울고등법원으로 환송하였다.

II ▶ 관련 규정 및 쟁점

1. 관련 규정

구 법인세법(1994. 12. 22. 법률 제4804호로 개정되기 전의 것) 제32조 제5항 및 법인세법 시행령 제94조의2

2. 쟁점

법인이 매출가액과 매입가액을 각각 누락하여 신고하였지만, 세무조사 과정에서 매출누락에 대응하는 매입가액이 확인된 경우에도 법인의 매출누락 전액을 대표자 상여 처분하는 것의 당부이다.

Ⅲ ▶ 법원의 판단

1. 원심법원의 판단

원심은 매출누락액에 대응하는 매입비용으로 원고가 금 21,340,909원을 지출하여 원고의 대표이사에게 소득이 현실적으로 귀속되었다고 볼 수 없으므로 과세처분을 취소하는 판결을 하였다.

2. 대법원의 판단

그러나 대법원은 법인이 매출누락금액뿐만 아니라 그 대응경비까지 밝혀졌다고 하더라도 특별한 사정이 없는 한 매출원가 등 대응경비가 포함된 매출누락액 전부가 사외로 유출된 것으로 보아야 하고, 매출누락 전액이 사외로 유출된 것이 아니라고 볼 특별한 사정은 이를 주장하는 법인이 입증하여야 한다는 판결을 하였다. 더욱이 과세관청이 법인세 과세표준 신고 당시 경비로 누락된 금액을 특별히 법인의 경비로 인정하여 법인의 소득금액 계산에서 공제해 주었다 하더라도, 구체적 그 사정을 심리하지 않은 채 법인의 부담으로 지출된 경비를 사외 유출되어 대표자 등에게 귀속되는 소득처분금액에서 당연히 공제해야 하는 것은 아니라고 하였다.

Ⅳ ▶ 해설

1. 과세표준 계산과 소득처분 귀속의 구분

대법원은 종전부터 납세자가 장부를 허위로 기장한 경우에도 추후 수입누락에 대응되는 누락된 경비가 확인된다면 법인세 계산 시 이를 공제할 수 있다(대법원 1993. 9. 24. 선고 93누6232 판결)고 하였다. 그러나 소득처분에 있어서는 매출누락액에 대응되는 경비가 밝혀졌더라도 "다른 사정이 없는 한" 원가상당액(대응경비)까지 포함된 매출누락액 모두를 사외유출된 것으로 보아야 한다(대법원

1984. 2. 28. 선고 83누381 판결)는 입장을 고수하고 있다. 대상판결도 대법원 1986. 9. 9. 선고 85누556 판결, 대법원 1990. 12. 26. 선고 90누3751 판결을 인용하면서 "특별한 사정이 없는 한" 원료매입비 등을 포함하여 매출누락 전액을 사외유출로 보며, 다만 사외로 유출되지 않았다는 "특별한 사정"을 법인이 입증한다면 사외유출로 보지 않는다고 판시하였다.

　일반적으로 실질과세원칙은 독일을 중심으로 경제적 실질을 의미하는 것으로 세법의 해석 및 적용영역에서 공평과세원칙의 실천원리로 볼 수 있다.[1] 따라서 사외유출이 아니라는 점을 객관적으로 입증한 경우에는 법인뿐만 아니라 그 귀속자의 소득처분 금액에서 제외하는 것이 타당하나. 그런데 대상판결은 과세관청까지도 법인세 신고 시에 경비로 신고하지 아니한 금액을 특별히 법인의 경비로 인정하여 법인의 소득금액 계산에서 공제해 주었다는 이유만으로 이를 대표자 개인에게 지급된 것으로 의제되는 소득금액에서도 "당연히" 공제될 수는 없다고 한 점에 주목할 필요가 있다. 그 이유에 대하여 대법원은 만약 당연히 공제하게 되면, 소득처분의 대상이 된 소득의 귀속에 관한 심리 없이 법인세의 과세표준인 소득과 소득 처분할 익금산입액의 범위를 혼동하게 된다고 판시하고 있다. 즉, 해당 소득처분을 받은 대표자 등이 매출누락액 중에서 법인의 매입에 해당하는 경비를 다시 법인계좌에 입금하거나 해당 거래처에 직접 지급하였다는 사실을 입증하여 그 귀속을 명확히 하여야 한다는 것으로 이해할 수 있다.

2. 이 사건 판결의 의의

　현실적으로 개인과는 달리 법인은 세법에서도 사업용 계좌를 특정하고 있지 않았고, 법인 명의의 계좌가 아니더라도 대표이사가 횡령 등의 의도가 없이 관행상 또는 특정한 사유로 인해 개인계좌를 통해 법인의 대금 결제 등을 한 사실이 입증된 것이라면 세법에서 이를 사외유출로 볼 이유가 없는 "특별한 사정"에 해당한다고 판단된다. 대상 판결문에서도 적시한 바와 같이 법인의 수익을 사외로 유출시켜 "자신에게 귀속시킨 금전 중 법인을 위하여 사용된 것임이 분명하지 아니한 것"이 바로 근로소득에 해당한다(대법원 1997. 12. 26. 선고 97누4456 판결 등)고 함으로써 이러한 해석을 가능하게 한다. 이후 실무적으로도 국세청은 법인세법 기본통칙 67－106…11에서 매출누락액의 사실상 귀속자가 별도로 부담한 동 매출누락액에 대응하는 원가상당액으로서 부외처리되어 법인의 손금으로 계상하지 아니하였음이 입증되는 금액을 제외하고 소득 처분하도록 개정(2001. 11. 1.)하였다. 따라서 실무상 기계적으로 무조건 매출누락액 전부를 사외유출로 처분하지 않고 있다.

　한편, 대상판결은 법인의 매입경비에 충당하였다는 입증책임이 여전히 법인에게 있다고 판시함으로서 소득처분을 받는 대표자 등에게 전환되지는 않는다는 것을 알 수 있다. 소득의 귀속이 명목뿐이

---

1) 임승순·김용택, 『조세법(제24판)』, 박영사, 2024, 62－63면.

고 그 소득을 얻은 자가 따로 있다는 점은 이를 주장하는 자에게 입증책임이 있다(대법원 1984. 12. 11. 선고 84누505 판결)는 점에서 상여처분을 받은 대표자에게 입증책임을 전가할 수 있지만, 소득처분이 이루어지고 난 이후 경정청구를 거치지 않고 법인의 세무조사 기간에 이를 바로 잡을 수 있는 기회를 제공한 것으로 해석할 수 있다. 실질과세원칙이 법인격 부인의 문제가 아닌 진실한 법률관계로서 개인의 소득이 존재하는지 여부에 대하여 확인하는 것2)이라는 점에서도 타당하다고 생각된다.

---

2) 옥무석, "실질귀속의 원칙", 『조세판례백선』, 박영사, 2005, 40면.

39

피합병법인이 보유하던 합병법인 발행주식을
승계취득하여 처분하는 경우, 그 처분이익이 합병차익에
포함되어 익금산입대상에서 제외되는지 여부

임 한 솔

39 피합병법인이 보유하던 합병법인 발행주식을 승계취득하여 처분하는 경우, 그 처분이익이 합병차익에 포함되어 익금산입대상에서 제외되는지 여부[1]

[대법원 2005. 6. 10. 선고 2004두3755 판결]

임한솔 (법무법인 광장 변호사, 국제조세협회 YIN KOREA 부회장)

I ▶ 사실관계 및 사건의 경과

주식회사 A(이하 '원고'라 한다)는 2000. 7. 1. B(이하 '피합병회사'라 한다)를 흡수합병하였는데, 합병 전 피합병회사는 원고의 주식 254,000주(이하 '이 사건 주식'이라 한다)를 보유하고 있었다. 원고는 피합병회사를 합병한 후 이 사건 주식을 252,232,678원의 자기주식으로 계상하였다가, 2000. 11. 14. C에 이를 1,974,492,500원에 매각하고, 매각대금에서 위 주식에 대한 장부가액 252,232,678원을 제한 차액인 1,722,259,822원을 자기주식 처분이익으로 계상하였다. 그리고 원고는 2000년 귀속 법인세에 관하여 위 자기주식 처분이익 1,722,259,822원을 익금산입하여, 납부할 세액으로 321,259,020원을 산출하고 이를 신고하였다.

그 후 원고는, 2002. 9. 26. 위 자기주식 처분이익 1,722,259,822원은 합병차익에 포함되는 자본거래로서 법인세법의 과세대상에 포함되지 않는다는 사유로 납부할 세액을 92,154,110원으로 경정청구하였으나, 종로세무서장(이하 '피고'라 한다)은 2002. 10. 4. 당초신고가 정당하다는 이유로 위 경정청구를 거부하는 처분을 하였고, 원고는 경정청구 거부처분의 취소를 구하는 소를 제기하였다. 원고의 주된 주장은 합병법인이 합병으로 인하여 승계취득한 피합병법인 보유의 합병법인의 발행주식에 대한 처분이익은 구 법인세법(2004. 12. 31. 법률 제7317호로 개정된 것. 이하 같다) 제17조 제3호 본문의 "합병차익"으로서 익금불산입 대상이라는 것이었고, 피고는 합병으로 인하여 합병법인이 보유하던 합병법인의 발행주식을 승계취득한 경우라도 자기주식의 처분이익은 구 법인세법 제15조

---

[1] 이 평석은 2023. 11. 6. 대법원 특별실무연구회에서 발표한 발표문 및 2023. 11. 30. 발간된 「조세법연구」 제29집 제3호에 "자기주식 취득과 처분에 관한 현행 과세체계 평가 및 입법적 개선방안 검토 —상법과의 관계를 중심으로—"라는 주제로 게재된 논문 중 일부를 편집하여 소개한 것임을 밝혀둔다.

제1항, 제3항, 구 법인세법 시행령(2005. 3. 8. 대통령령 제18736호로 개정된 것. 이하 같다) 제11조 제2호에 따라 익금산입 대상이므로 피고의 거부처분은 적법하다고 주장하였다.

Ⅱ ▶ 관련 규정 및 쟁점

1. 관련 규정

구 법인세법 제15조 제1항, 제3항, 제17조 제3호, 구 법인세법 시행령 제11조 제2호, 법인세법 시행령(2009. 2. 4. 대통령령 제21302호로 개정된 것) 제11조 제2호의2

2. 쟁점

대상판결에서는 '합병법인이 합병으로 인하여 피합병법인이 보유하던 합병법인의 발행주식(자기주식)을 승계취득하여 처분하는 경우, 그 처분이익이 합병차익에 포함되어 익금산입대상에서 제외되는지 여부'가 문제되었다.

관련 규정을 구체적으로 살펴보면, 구 법인세법 제15조 제1항에서는 익금을 "당해 법인의 순자산을 증가시키는 거래로 인하여 발생하는 수익의 금액"으로 정하되 "자본 또는 출자의 납입 및 이 법에서 규정하는 것을 제외"하는 것으로 하여 자본거래(자본 또는 출자의 납입 등)로 인한 수익의 경우에는 익금불산입하도록 정하고 있다. 같은 법 제17조에서는 자본거래로 인해 수익이 익금불산입되는 경우를 구체적으로 정하고 있는데, 그중 하나로 제3호에서 "합병차익"을 정하고 있다.

한편 같은 법 제15조 제3항은 "제15조 제1항의 규정에 의한 수익의 범위 및 구분등에 관하여 필요한 사항은 대통령령으로" 정하도록 하고 있고, 그에 따라 구 법인세법 시행령 제11조 제2호에서는 익금산입대상 수익의 범위로서 "자산(자기주식을 포함한다)의 양도금액"을 정하고 있다.

이상의 관련 규정을 종합하여 살펴보면, 자기주식의 양도금액은 일반적으로 익금산입대상 수익에 해당하기는 하지만, 합병법인이 합병으로 인하여 피합병법인이 보유하던 합병법인의 발행주식(자기주식)을 승계취득하여 처분하는 특수한 국면의 경우에는, 해당 자기주식의 처분이익이 합병이라는 자본거래에서 비롯된 것으로서 익금불산입대상 수익인 '합병차익'에 속한다고 보아야 하는 것은 아닌지 의문이 있을 수 있다. 이 때문에, 그러한 경우의 자기주식 처분이익을 익금산입대상 수익으로 볼지(구 법인세법 시행령 제11조 제2호), 아니면 자본거래에서 비롯된 것으로서 익금불산입대상 수익으로 볼지 여부(구 법인세법 제17조 제3호)가 쟁점이 되는 것이다.

Ⅲ ▶ 법원의 판단

1. 제1심 및 원심법원의 판단

서울행정법원은 '합병법인이 합병으로 인하여 피합병법인이 보유하던 합병법인의 발행주식을 승계취득하여 처분하는 것은 자본의 증감에 관련된 거래로서 자본의 환급 또는 납입의 성질을 가지므로 자본거래로 봄이 상당하고, 그 처분이익은 구 법인세법 세17조 제3호 본문에서 말하는 합병차익에 포함된다'는 이유로 원고의 청구를 인용하였고(서울행정법원 2003. 7. 24. 선고 2003구합3994 판결), 피고가 이에 항소하였으나 서울고등법원은 동일한 이유로 피고의 항소를 기각하였다(서울고등법원 2004. 3. 18. 선고 2003두15180 판결).

2. 대법원의 판단

이에 피고가 상고하였으나 대법원은 상고를 기각하였다. 대법원은, "관련 규정의 체계와 그 규정들의 취지에 비추어 보면, 법인의 자기주식 처분이익은 그것이 자본거래로 발생한 합병차익에 해당하는 경우에는 익금산입대상에서 제외되고, 그 외에 자기주식의 취득과 처분이 법인의 순자산을 증감시키는 거래에 해당하는 경우 그 처분이익은 익금산입의 대상이 되는 것으로 보아야 할 것이다. 그런데 (중략) 합병법인이 합병으로 인하여 피합병법인이 보유하던 합병법인의 발행주식(자기주식)을 승계취득하여 처분하는 것은 자본의 증감에 관련된 거래로서 자본의 환급 또는 납입의 성질을 가지므로 자본거래로 봄이 상당하고 그 처분이익은 법 제17조 제3호에서 말하는 합병차익에 포함되어 익금산입대상에서 제외된다고 할 것이다."고 판시하였다.

Ⅳ ▶ 해설

1. 이 사건 판결의 의의

종전 판례는 법인세법 시행령이 자기주식의 양도금액을 익금산입대상으로 삼기 전부터 합병과정에서 자기주식이 취득 및 처분되는 국면과 관련하여 '협의의 자기주식(피합병법인이 보유하고 있던 합병법인의 주식을 승계취득함으로써 취득하는 자기주식)'과 '포합주식(합병법인이 보유하고 있던 피합병법인의 주식에 대해 주식을 발행함으로써 취득하는 자기주식)'의 경우를 나누고, 전자의 처분이익은 자본거래에서 발생한 것으로 과세대상이 아니지만, 후자의 처분이익은 손익거래에서 발생한 것으로서 과세대상이라는 입장을 형성하였고,[2] 대상판결 역시 이러한 판례입장을 좇아 선고된 것이다.

그런데 협의의 자기주식 처분이익을 자본거래로 보는 판례의 입장에 대응하여 정부는 2009. 2. 4. 대통령령 제21302호로 법인세법 시행령 제11조 제2호의2를 개정하면서 '자기주식의 양도금액'을 수익의 하나로 규정한 다음, 그 괄호 안에 "합병법인이 합병에 따라 피합병법인이 보유하던 합병법인의 주식을 취득하게 된 경우를 포함한다"는 내용을 추가하여, 협의의 자기주식 처분이익 역시 손익거래로서 익금산입대상이 된다는 입장을 취하여 명시적으로 종전 판례와 배치되는 입법을 하였다. 이러한 시행령의 개정에도 불구하고 학계에서는 시행령의 유효성을 긍정하는 학설과 부정하는 학설(종전 판례의 입장을 지지하는 견해)로 나뉘고 있었는데, 최근 선고된 대법원 2022. 6. 30. 선고 2018두54323 판결은 종전 판례의 입장을 변경하여 2009년 개정된 시행령의 유효성을 인정하고 협의의 자기주식 처분이익이 손익거래로 인한 것이므로 익금산입대상이라는 판단을 내렸다. 즉 대법원은, "협의의 자기주식은 피합병법인의 자산으로서 법인세법 제17조 제1항 제5호가 정한 합병차익을 산정하는 요소가 되기는 하지만 합병 이후 합병법인이 이를 처분하는 행위는 합병과는 구별되는 후속거래로서 순수한 자본거래에 해당한다고 보기 어렵다. 또한 협의의 자기주식 역시 양도성과 자산성을 가질 뿐만 아니라 합병에 따라 자기주식을 자산으로 취득하였다가 처분하여 이익을 얻는 것이 다른 사유로 자기주식을 취득하였다가 처분하여 이익을 얻는 것과 본질적으로 다르지 아니하다. 이러한 사정 등에 비추어 보면, 협의의 자기주식 처분이익은 법인세법 제15조 제1항이 익금에서 제외되는 것으로 정한 대상이나 법인세법 제17조 제1항 제5호가 정한 합병차익에 해당한다고 볼 수 없다."고 보고 위 시행령 조항이 종전 판례와 배치되는 것으로서 모법의 위임 범위를 벗어나거나 조세법률주의에 반하여 무효라는 원고의 주장을 배척하였다.

2. 판결 이후의 경과

2009. 2. 4. 개정된 법인세법 시행령 제11조 제2호의2 및 위 시행령의 유효성을 긍정하는 대법원 2022. 6. 30. 선고 2018두54323 판결의 선고로 인해, 협의의 자기주식 처분이익이 자본거래로서 익금산입대상이 아니라는 취지의 종전 판례 및 대상판결의 입장은 변경된 것으로 보인다.

---

2) 대법원 1980. 12. 23. 선고 79누370 판결, 대법원 1992. 9. 8. 선고 91누13670 판결, 대법원 1995. 4. 11. 선고 94누21583 판결 등.

40

구 도시재개발법상 재개발조합이 비영리법인인지 여부

박 훈

구 도시재개발법상 재개발조합이 비영리법인인지 여부

[대법원 2005. 5. 27. 선고 2004두7214 판결]

박 훈 (서울시립대 세무학과 교수)

I ▶ 사실관계 및 사건의 경과

사당제○구역주택개량재개발조합(이하 '사당재개발조합'이라 한다)은 2001. 3. 31. 2000 사업연도에 보류시설 26세대 아파트를 분양하여 발생한 순익 18억 2천 9백여만 원에 대해 7억 2천 70여만 원의 법인세를 자진신고납부하였다. 사당재개발조합은 2021.9.6. 보류시설 26세대 아파트 분양과 관련하여 법인세 납부의무가 없다며 법인세 경정청구를 하였다. 법인세 납부의무가 없기 위해서는, 사당재개발조합이 먼저 법인세법상 비영리법인이어야 하고, 사당재개발조합이 관리처분계획에서 보류시설로 지정된 아파트를 조합의 해산일 이후에 일반 분양하여 얻은 수입이 청산소득에 해당하여야 한다.

이에 과세관청은 사당재개발조합은 조합원이 각자 지분권을 가지고 있을 뿐만 아니라, 그 지분권의 양도가 가능하고, 조합 청산시 잔여재산을 분배받게 되므로 법인세법상 비영리내국법인으로 볼 수 없다고 경정청구 거부처분을 하였다. 1심(서울행정법원 2003. 4. 29 선고 2002구합29975 판결), 2심(서울고등법원 2004. 6. 9. 선고 2003누9079 판결), 대법원 모두 비영리법인인 것과 청산소득을 모두 인정하여 원고승소판결을 내렸다.

Ⅱ ▶ 관련 규정 및 쟁점

1. 관련 규정

(1) 구 도시재개발법(1995. 12. 29. 법률 제5116호로 전문 개정되기 전의 것)[1]

(2) 구 법인세법(1998. 12. 28. 법률 제5581호로 전문 개정되기 전의 것) 제1조 제1항[2]

2. 쟁점

구 도시재개발법상 주택개량재개발조합이 법인세법상 비영리법인에 해당하는지 여부이다.

Ⅲ ▶ 법원의 판단

1. 원심법원의 판단

원심은 사당재개발조합은 법인세법 제1조 제1항 소정의 특별법에 의하여 설립된 법인으로서 민법 제32조에 규정된 설립목적 및 그와 유사한 설립목적을 가진 법인으로서 비영리법인에 해당한다고 봄이 상당하고, 그 정관에 따라 잔여재산인 이 사건 보류시설 분양대금을 해산 당시 조합원에게 종전 토지 등의 가액의 비율에 따라 분배하였다는 사정만으로는 사당재개발조합을 비영리내국법인이 아니라고 할 수는 없다고 판단하였다. 비영리법인으로 보는 여러 근거 중 하나로 "원고 조합원이 법인인 원고 조합의 재산에 대하여 사적소유 형태인 지분권을 가진다거나, 원고 조합의 이득에 대하여 분배를 받는 것도 생각하기 어려운 점"을 들고 있다.

2. 대법원의 판단

대법원도 원심과 같이 사당재개발조합(구 도시재개발법상 주택개량재개발조합)이 법인세법상 비영리내국법인에 해당한다고 판단하였다.

---

1) 현재 구 도시재개발법 제18조 제1항은 폐지되어, 「도시 및 주거환경정비법」 제38조 제1항에서 정하고 있다.
2) 구 법인세법(1998. 12. 28. 법률 제5581호로 전문 개정되기 전의 것) 제1조 제1항의 비영리법인에 대한 규정은 현재 제2조 제2호에서 정하고 있다.

Ⅳ ▶ 해설

1. 법인세법상 영리법인과 비영리법인의 구분

국세기본법이나 법인세법에서는 "영리법인"을 정의하고 있지는 않다. 오히려 "비영리법인"에 대해서는 법인세법 제2조(대상판결 당시에는 제1조)에서 "비영리내국법인", "비영리외국법인"을 정의하고 있다. 그리고 비영리내국법인은 법인세법 제2조 제2호에서 ① 「민법」 제32조에 따라 설립된 법인 ② 「사립학교법」이나 그 밖의 특별법에 따라 설립된 법인으로서 「민법」 제32조에 규정된 목적과 유사한 목적을 가진 법인(대통령령으로 정하는 조합법인 등이 아닌 법인으로서 그 주주(株主)·사원 또는 출자자(出資者)에게 이익을 배당할 수 있는 법인은 제외한다) ③ 「국세기본법」 제13조 제4항에 따른 법인으로 보는 단체("법인으로 보는 단체") 중 어느 하나에 해당하는 법인으로 정의하고 있다.

위와 같이 세법에서는 법인의 영리성을 가지고 있는지의 여부를 판단하는 기준을 그 법인이 영리사업을 하는지 여부를 기준으로 하는 것이 아니라, 그 법인의 사업에서 생긴 이익을 사원 또는 주주에게 이익을 분배할 목적으로 하는지의 여부를 기준으로 한다고 할 수 있다.

2. 재개발조합의 법인세법상 비영리법인

대상판결 당시 도심지와 주거지역에 대한 재개발사업은 도심지재개발사업, 주택개량재개발사업, 재건축 및 주거환경개선사업으로 크게 구분하였다. 이 중 주택개량재개발사업은 집단화된 불량주택을 정비하는 사업을 말한다.

구 도시재개발법 및 도시 및 주거환경정비법(2002. 12. 30. 제정되어 2003. 7. 1.부터 시행된 것, 약칭하여 '도시정비법'이라 한다)에서의 판례 및 다수설은 재개발사업의 주체로서 재개발조합을 '행정주체(공법인)'로 그 지위를 인정하여 구 도시재개발법상의 여러 행위들(사업시행계획, 관리처분계획, 청산금 부과 등)을 행정처분으로 간주하여 그에 관한 쟁송을 행정소송(항고소송 또는 공법상 당사자소송)으로 다투도록 하고 있다.[3] 위와 같이 재개발조합에 대해서는 공법인의 지위가 인정되고 있다. 반면 법인세법상 영리법인과 비영리법인의 구별은 일반적으로 사법인에 대한 것이므로, 재개발조합이 비영리법인이라고 해석하는 것은 어려울 수도 있다.

---

3) 현행 도시정비법상 재개발조합에 대해서는, 민법상의 사단법인에 관한 규정을 준용해야 한다는 견해로는, 함인선, "도시정비법상의 주택재개발조합의 법적 지위", 「사법」 통권 제17호, 사법발전재단, 2011, 81-82면 참조.

3. 이 사건 판결의 의의

대상판결은 명확하게 구 도시재개발법상 주택개량재개발조합이 특별법에 의하여 설립된 법인으로서 민법 제32조에 규정된 설립목적 및 그와 유사한 설립목적을 가진 비영리법인에 해당한다고 판단하였다는 데 그 의의가 있다.[4] 영리법인과 비영리법인의 구별은 영리성 유무에 따라 쉽게 판단할 수 있는 것처럼 보이지만, 특별법상 설립된 법인의 경우에는 그 구분이 어려울 수도 있다. 이 사건 조합과 같이 소합원에게 무엇인가 분배를 한다고 하여 조합, 즉 비영리법인의 영리성을 바로 인정해야 하는 것은 아니다.

그리고 구 주택건설촉진법(2003. 5. 9. 법률 제6916호 주택법으로 전문 개정되기 전의 것)에 의한 인가를 받아 설립된 주택조합이 건축한 주택을 일반분양하여 소득이 발생한 경우 주택조합은 국세기본법상 법인으로 보는 법인격이 없는 단체로서 법인세법상 비영리내국법인에 해당된다는 판례가 비슷한 시기에 나온 바 있다(대법원 2005. 6. 10. 선고 2003두2656 판결).

---

[4] 이 판례에 대한 세부적인 평석은, 고영구, "가. 구 도시재개발법상 주택개량재개발조합이 법인세법상 비영리법인에 해당하는지 여부(적극), 나. 구 도시재개발법상 주택개량재개발조합이 관리처분계획에서 보류시설로 지정된 아파트를 조합의 해산일 이후에 일반 분양하여 얻은 수입이 비영리내국법인의 청산소득에 해당하는지 여부", 「대법원판례해설」 제55호, 2005, 475-501면 참조

41

채무의 출자전환 시 시가초과금액을 주식발행액면
초과액에서 제외한 법인세법 시행령 규정의 효력

양 승 종

41 채무의 출자전환 시 시가초과금액을 주식발행액면초과액에서 제외한 법인세법 시행령 규정의 효력

[대법원 2012. 11. 22. 선고 2010두17564 전원합의체 판결]

양승종 (김·장 법률사무소 변호사)

I ▶ 사실관계 및 사건의 경과

1. 양회 제조 및 판매업을 영위하는 원고는 2001.경 기업구조조정촉진법에 의한 부실징후기업으로 지정된 후, 2003. 8. 5. 채권금융기관과 사이에 원고의 채무를 2005년 말까지 액면가액으로 출자전환하는 내용의 경영정상화 약정을 체결한 다음, 위 약정에 따라 2005. 2. 4.부터 같은 해 11. 30.까지 채무의 출자전환을 완료하였다.

2. 원고는 2005 내지 2007 사업연도 법인세 신고 시 출자전환 과정에서 발행된 주식(액면가액 1주당 5,000원)의 발행가액(1주당 40,000원)과 시가(1주당 15,800원)와의 차액(이하 '쟁점금액'이라 한다)을 채무면제이익으로 보아 익금에 산입하였다. 원고는 2008. 5. 6. 피고에 대하여 쟁점금액은 구 법인세법 제17조 제1호에서 정한 주식발행액면초과액이므로 익금 산입 대상에 해당하지 않는다고 보아 법인세의 경정을 청구하였으나, 피고는 2008. 5. 30. 쟁점금액은 구 법인세법 시행령 제15조 제1항 후문에 비추어 익금 산입 대상에 해당한다는 이유로 원고의 경정청구를 거부하였다.

II ▶ 관련 규정 및 쟁점

1. 관련 규정

구 법인세법(2005. 12. 31. 법률 제7838호로 개정되기 전의 것) 제17조 제1호는 자본거래로 인한 수익으로서 익금에 산입하지 아니하는 것으로 '주식발행액면초과액'을 규정하였다. 한편, 구 법인세법 시행령(2006. 2. 9. 대통령령 제19328호로 개정되기 전의 것) 제15조 제1항 후문(이하 '쟁점 시행령 규정'이라 한다)은 "법 제17조 제1호의 주식발행액면초과액에 있어서 채무의 출자전환으로 주식을 발행하는 경우로서 당해 주식의 시가가 액면가액 이상이고 발행가액 이하에 해당하는 경우에는 시가에서 액면가액을 차감한 금액을 말한다."고 규정하고 있다.

2. 쟁점

이 사건 출자전환에 따라 발행된 주식은 1주당 액면가액 5,000원, 발행가액 40,000원, 시가는 15,800원이다. 따라서 모법인 구 법인세법 제17조 제1호에 따라 익금에 산입되지 않는 주식발행액면초과액은 35,000원(발행가액 40,000원 - 액면가액 5,000원)인 데 반해, 쟁점 시행령 규정은 주식발행액면초과액 중 일부 금액(시가 - 액면가액)인 10,800원(시가 15,800원- 액면가액 5,000원)만을 익금불산입 대상으로 규정하고 있다. 따라서 대상판결에서 쟁점 시행령 규정에 따라 주식발행액면초과액 35,000원 중 추가로 익금에 산입되지 않는 금액은 24,200원(발행가액 40,000원 - 시가 15,800원)으로서 대상판결의 쟁점금액에 해당한다. 그러므로 쟁점 시행령 규정이 구 법인세법 제17조 제1호에 규정된 주식발행액면초과액의 범위를 제한하여 과세대상을 확장함으로써 조세법률주의원칙에 위배되고 위임입법의 한계를 일탈함으로써 헌법에 위반되어 무효인지, 쟁점금액은 채무면제에 해당하여 실질과세원칙에 따라 익금 산입 대상으로 볼 수 있는지가 쟁점이다.[1]

Ⅲ 법원의 판단

1. 원심 등 하급심의 판단[2]

1심법원은 쟁점 시행령 규정은 구 법인세법 제17조 제1호에 규정된 주식발행액면초과액의 의미를 구체화하는 것이므로 무효가 아니라고 판단하였으나, 원심법원은 쟁점 시행령 규정은 구 법인세법 제17조 제1호의 해석상 가능한 것을 명시한 것에 지나지 않거나 모법의 취지에 근거하여 이를 구체화하기 위한 것으로 볼 수 없다고 보아 무효라고 판단하였다.

---

1) 구 법인세법(2005. 12. 31. 법률 제7838호로 개정된 것) 제17조 제1항 제1호 단서는 채무의 출자전환 시 주식의 시가를 초과하여 발행된 금액을 주식발행액면초과액의 범위에서 제외하여 입법적으로 해결하였다.
2) 서울행정법원 2009. 8. 28. 선고 2009구합9000 판결, 서울고등법원 2011. 11. 3. 선고 2011누19828 판결.

2. 대법원의 판단

대법원은 다수의견에서 구 법인세법 제17조 제1호에 규정된 주식발행액면초과액은 문언상 액면 이상의 주식을 발행한 경우 그 액면을 초과한 금액을 의미하는 바, 납세자에게 불리하게 과세대상을 확장하는 쟁점 시행령 규정은 모법의 규정과 부합하지 아니하는 등 조세법률주의에 반하여 무효라고 판단하였다. 반대의견으로 쟁점 시행령 규정은 모법 해석상 가능한 것을 명시한 것에 지나지 아니하거나 모법 조항의 취지에 근거하여 이를 구체화하기 위한 것이므로 무효라고 할 수 없다는 의견을 제시하였다.

Ⅳ ▶ 해설

1. 법인세법상 자본거래의 취급 및 조세법규상 차용 개념의 해석

법인세법은 손익거래와는 달리 출자의 납입 등과 같은 자본거래를 익금 또는 손금에 산입하지 않도록 규정하고 있는 바(제15조 제1항, 제17조, 제19조, 제20조), 이는 자본거래의 경우 출자자와 법인 간에 법인의 영업활동을 하기 위한 자금인 자본이 무상으로 이전되는 특성을 고려한 것이라고 할 수 있다. 대상판결에서와 같이 채무의 출자전환으로 주식을 발행하는 경우로서 당해 주식의 시가가 액면가액 이상이고 발행가액 이하에 해당하는 경우 출자전환되는 채무 중 발행주식의 시가를 초과하는 부분(대상판결에서는 24,200원 = 발행가액 40,000원 − 시가 15,800원)은 채무자 입장에서는 채무면제의 효과가 있다. 이러한 시가초과부분을 법 문언에 충실하게 주식발행액면초과액으로 보아 익금에 산입하지 않을지, 아니면 채무면제이익의 경제적 실질에 따라 익금 산입 대상으로 보아야 하는지가 문제된다.

한편, 구 법인세법 제17조 제1호의 주식발행액면초과액의 의미에 대해서는 법인세법에서 명시적으로 규정하지 않았다. 이와 관련하여 2003. 12. 30. 대통령령 제18174호로 개정되기 전의 법인세법 시행령 제15조 제1항은 동 의미를 구 상법 제459조 제1항 제1호에 해당하는 금액으로 한다고 규정하였는데, 상법 규정은 액면 이상의 주식을 발행한 때에는 그 액면을 초과한 금액을 자본준비금으로 적립한다고 규정하고 있다. 구 법인세법 제17조 제1호에 규정된 '주식발행액면초과액'은 상법에서 이미 확립된 의미를 부여 받고 있는 개념인 바, 이와 같이 조세법에서 민사법 등 다른 법 분야에서 확립된 개념을 차용하는 경우 이를 해당 법 분야에서 확립된 의미와 내용으로 해석할지 아니면 조세법 독자적으로 해석할 수 있는지가 문제된다. 대상판결은 구 법인세법 제17조 제1호의 주식발행액면초과액은 상법에서 이미 확립된 개념이고, 구 법인세법 시행령 제15조 제1항도 주식발행액면초과액을 상법상 정의된 금액으로 규정하고 있었던 점 등을 들어 구 법인세법 제17조 제1호의 주식발행액면초과액은 시가 초과 부분도 포함하는 전체 금액(35,000원 = 발행가액 40,000원 – 액면가액 5,000원)으로 판단하였다.

2. 조세법률주의와 실질과세의 원칙과의 관계

세법상 실질과세의 원칙을 들어 발행주식의 시가초과부분(발행가액 – 시가)은 채무면제와 경제적 효과가 동일하므로 주식발행액면초과액에서 제외되어야 한다는 견해가 있을 수 있다. 조세법률주의와 실질과세의 원칙과의 관계와 관련하여 대법원 2012. 1. 19. 선고 2008두8499 전원합의체 판결은 실질과세의 원칙은 조세법률주의와 상호 보완적이고 불가분적인 관계에 있다고 판단하였다. 대상판결에서 다수의견은 신주발행의 경우 신주인수인은 납입기일에 그 인수한 주식에 대한 인수가액의 전액을 납부할 의무가 있고, 신주발행의 효력은 발행예정주식 중 납입기일에 납입이 이루어진 주식에 한하여 발생한다는 상법 규정을 들어, 채무의 출자전환 시 출자전환되는 채무 전부가 주식에 대한 인수가액으로 납입된 것으로 인정되어야만 발행예정주식 전부에 대하여 신주발행의 효력이 발생하는 것이므로(발행가액 전액, 대상판결에서는 40,000원), 채무 중 발행주식 시가초과 부분(발행가액 – 시가, 대상판결에서는 24,200원)만을 별도로 떼어 내어 '주식에 대한 납입금'으로서의 실질을 부인할 수는 없다고 판단하였다.[3][4]

3. 대상판결의 의의

대상판결은 구 법인세법 제17조 제1호의 주식발행액면초과액을 해석함에 있어 채무의 출자전환 시 당해 주식의 시가가 액면가액 이상이고 발행가액인 이하인 경우에도 그 문언에 충실하게 상법 관련 규정에 따라 액면초과금액을 의미한다고 판단하였는 바, 조세법규에 대한 해석원칙으로 확립된 엄격해석의 원칙을 재확인하였다는 데 그 의의가 있다.

---

3) 대상판결에서 세법해석문제에서 상법 개념을 그대로 차용하는 것에 대한 문제제기로는 양인준, "2012년 국세기본법 판례회고", 「조세법연구」 제19집 제1호, 한국세법학회, 2013, 378-379면 참조.
4) 대상판결의 반대의견에 찬성하는 견해로는 이정란, "채무의 출자전환과 채무면제이익", 부산대학교 법학연구 제55권 제1호(통권 제79호), 2014, 350-352면; 황남석, "시가초과금액을 채무면제이익으로 규정한 법인세법 시행령의 효력", 로앤비 홈페이지, 2013. 1. 31. 참조.

42

법인세법상 특수관계자의 범위 및 판단기준

이 상 우

법인세법상 특수관계자의 범위 및 판단기준

[대법원 2011. 7. 21. 선고 2008두150 전원합의체 판결]

이상우 (김 · 장 법률사무소 변호사)

I ▶ 사실관계 및 사건의 경과

갑 법인(원고)의 주식 49%를 보유한 을은 병 법인의 주식 20%를 보유하고 있었고, 갑 법인은 병 법인에게 주식을 양도하고 자금을 대여하였다. 과세관청(피고)은 갑 법인이 병 법인과 구 법인세법 제52조 및 구 법인세법 시행령 제87조 제1항 제4호에 의한 특수관계에 해당함을 전제로, 법인세법 제52조의 부당행위계산부인 규정을 적용하여 주식 시가 및 시중금리와 갑 법인이 실제 받은 금액과의 차액을 익금 산입하고, 위 대여금을 특수관계자에 대한 업무무관가지급금으로 보아 차입금의 지급이자 상당액을 손금부인하는 과세처분을 하였다.

이에 대하여 갑 법인은 병 법인과 이러한 특수관계에 해당하지 않는다는 이유로 과세처분을 다투는 취소소송을 제기하였는데, 제1심은 위 특수관계에 해당한다는 이유로 갑 법인(원고) 패소 판결을 선고하였고, 항소심도 같은 취지로 갑 법인의 항소를 기각하였다.

그러나 대상판결인 대법원 2011. 7. 21. 선고 2008두150 전원합의체 판결은 아래 법원의 판단 부분에서 기재한 것처럼 갑 법인이 병 법인과 위와 같은 특수관계에 해당하지 않는다는 이유로 원심을 파기 · 환송하였다.

II ▶ 관련 규정 및 쟁점

구 법인세법(2010. 12. 30. 법률 제10423호로 개정되기 전의 것) 제52조 제1항은 납세의무자인 법인이 특수관계자와 한 거래 또는 그로 인한 소득 금액의 계산을 부당행위계산부인 대상으로 규정하면서 특수관계자의 범위를 대통령령에 위임하고 있고, 그 위임에 따라 대통령령은 아래와 같이 규정하고 있었다.

271

◆ 구 법인세법 시행령(2002. 12. 31. 대통령령 제17826호로 개정되기 전의 것)

제87조(특수관계자의 범위) ① 법 제52조 제1항에서 "대통령령이 정하는 특수관계에 있는 자"라 함은 법인과 다음 각호의 1의 관계에 있는 자(이하 "특수관계자"라 한다)를 말한다.

  1. 임원의 임면권의 행사, 사업방침의 결정 등 당해 법인의 경영에 대하여 사실상 영향력을 행사하고 있다고 인정되는 자(괄호 생략)와 그 친족
  2. 주주등(소액주주를 제외한다. 이하 이 관에서 같다)과 그 친족
  3. 법인의 임원·사용인 또는 주주등의 사용인(괄호 생략)이나 사용인 외의 자로서 법인 또는 주주 등의 금전 기타 자산에 의하여 생계를 유지하는 자와 이들과 생계를 함께 하는 친족
  4. 제1호 내지 제3호에 해당하는 자가 발행주식총수 또는 출자총액의 100분의 30이상을 출자하고 있는 다른 법인

법인세법령상 특수관계 판단의 기준이 되는 구 법인세법 시행령 제87조 제1항 각 호의 특수관계자의 범위를 판단함에 있어서 (1) 납세의무자인 법인을 기준으로 하여 그와 각 호의 관계에 있는 자만이 특수관계에 해당한다고 볼 것인가(이하 '일방관계설'이라 한다), 이에 한정하지 않고 납세의무자인 법인과 거래를 한 상대방을 기준으로 납세의무자인 법인이 각 호의 관계에 있는 경우에도 위 거래상대방이 특수관계자에 해당한다고 보는 것, 즉 납세의무자인 법인과 거래상대방 양쪽 모두를 기준으로 하여 각 호의 관계를 인정할 것인지(이하 '쌍방관계설'이라 한다) 여부가 이 사건의 쟁점이다.

이 사건의 경우, 일방관계설에 의하면 갑 법인의 주주인 을이 병 법인의 발행주식의 20%를 보유하고 있으므로 위 법인세법 시행령 제87조 제1항 제4호의 '30% 이상' 출자 요건을 충족하지 못하여 갑 법인은 병 법인과 특수관계에 해당하지 않는다. 반면 쌍방관계설에 의하면 거래상대방인 병 법인을 기준으로 보면 병 법인의 주주인 을이 갑 법인의 발행주식 49%를 보유하고 있어 병 법인은 갑 법인과 위 제4호의 특수관계에 해당하므로 갑 법인과 을 법인은 위 특수관계에 해당한다고 볼 수 있다.

Ⅲ ▶ 법원의 판단

구 법인세법 제52조 제1항은 납세의무자인 법인이 특수관계자와 한 거래 또는 그로 인한 소득금액의 계산을 부당행위계산부인 대상으로 규정하면서 특수관계자의 범위를 대통령령에 위임하고 있고, 그 위임에 따라 구 법인세법 시행령 제87조 제1항은 납세의무자인 법인과 같은 항 각호의 1의 관계에 있는 자를 특수관계자로 규정하고 있으므로, 문언상 납세의무자인 법인을 기준으로 하여 그와 각호 1의 관계에 있는 자만이 특수관계자에 해당한다고 보아야 한다. 이와 달리 납세의무자인

법인과 거래를 한 상대방을 기준으로 납세의무자인 법인이 각호의 1의 관계에 있는 경우에 위 거래 상대방이 특수관계자에 해당한다고 보는 것은 위 시행령 조항의 문언에 반하여 허용될 수 없다. 뿐만 아니라, 특수관계자의 범위를 어떻게 정할지는 입법정책의 문제이므로 위 시행령 조항을 문언과 달리 확장해석하거나 유추해석하는 방법으로 특수관계자의 범위를 넓혀야 할 이유도 없다.

이와 달리 판시한 대법원 1991. 5. 28. 선고 88누7248 판결 등을 비롯한 같은 취지의 판결들은 이 판결의 견해에 배치되는 범위 내에서 이를 모두 변경하기로 한다.

Ⅳ 해설

1. 이 사건 판결의 의의

법인세법상 부당행위계산부인 규정의 적용대상인 특수관계 규정의 적용범위와 관련하여, 납세의무자인 법인을 기준으로 하여 그와 각 호의 관계에 있는 자만이 특수관계에 해당한다고 볼 것인가(일방관계설), 이에 한정하지 않고 납세의무자인 법인과 거래상대방 양쪽 모두를 기준으로 하여 각 호의 관계를 인정할 것인지(쌍방관계설)가 과거부터 논란이 되어 왔다.

일방관계설은 시행령 제87조 제1항 본문이 "특수관계에 있는 자라 함은 법인과 다음 각호의 1의 관계에 있는 자를 말한다"라고 규정하여 납세의무자인 법인을 기준으로 특수관계 여부를 판단하는 형식을 취하고 있으므로 그 문언 해석에 충실한 견해이다.

쌍방관계설은 시행령 제87조 제1항에서 납세의무자인 법인과 같은 항 각호의 1의 '관계'에 있는 자를 특수관계자로 규정하고 있는데, '관계'란 둘 이상의 주체가 서로 관련을 맺는 것을 의미하므로 거래상대방을 기준으로 하여 납세의무자인 법인이 각호의 1에 해당하는 경우에도 각호의 1의 '관계'에 있다고 할 수 있고, 위 시행령 규정이 종전 규정과 달리 같은 항 각호의 '관계'에 있는 자를 특수관계자로 보도록 개정된 점에 비추어 보더라도 이러한 해석이 타당하다는 것이다.

대상판결 이전에 대법원은 구 법인세법 시행령 제46조 제1항 제1호 소정의 특수관계(개정 후 시행령 제87조 제1항 제2호에 해당) 판단에 있어서 쌍방관계설의 입장을 밝힌 바 있고(대법원 1991. 5. 28. 선고 88누7248 판결 등), 과세관청의 실무[1] 역시 쌍방관계설에 따른 입장을 밝히고 있었다.

대상판결은 Ⅲ.법원의 판단에서 인용한 바와 같이 법령의 문언해석상 일방관계설에 따른 특수관계의 판단이 타당하며, 이는 입법정책의 문제로서 위 시행령 조항을 문언과 달리 확장해석하거나 유추해석하는 방법으로 특수관계자의 범위를 넓혀야 할 이유도 없다고 하면서, 이와 달리 쌍방관계

---

1) 법인세법기본통칙 52-87…1.

설을 채택하였던 과거 대법원 판결(대법원 1991. 5. 28. 선고 88누7248 판결 등)을 비롯한 같은 취지의 판결들을 변경하였다. 대상판결의 논거와 결론에 찬성한다.

2. 관련 규정 개정

한편 기획재정부는 대상판결이 선고된 이후로 세법상 특수관계자 규정(국세기본법 제2조 제20호, 법인세법 시행령 제87조)에서 '본인노 그 특수관계인의 특수관계인으로 본다'는 취지의 문언을 추가하여 쌍방관계설에 의하여 특수관계인 범위를 판단할 수 있게 하였다. 이와 같이 대상판결이 선고된 직후, 세법 개정으로 쌍방관계설이 도입된 것은 사법부의 견제 기능에 따라 우리 헌법상의 조세법률주의가 올바로 작동한 사례로 생각된다.

43

원천징수의무자의 원천납세의무자에 대한 구상권과 증명책임

최 원

43 원천징수의무자의 원천납세의무자에 대한 구상권과 증명책임

[대법원 2016. 6. 9. 선고 2014다82491 판결]

최 원 (아주대 법학전문대학원 교수)

Ⅰ ▶ 사실관계 및 사건의 경과

원고는 투자매매업, 투자중개업 등을 하는 회사이고, 피고는 1997. 9.경부터 1999. 1.경까지 원고의 대표이사로 재직한 자이다. 서울지방국세청장은 2004. 4.경 원고에 대하여 정기 세무조사를 한 결과, 피고가 1998. 9.경부터 10.경 사이에 제3자를 개입시킨 우회채권매매거래를 통하여 원고로부터 채권을 저가에 양수함으로써 약 5억 원의 이익을 얻은 것을 부당행위계산으로 보아 그 이익액을 원고의 익금으로 산입함과 동시에 사외유출된 피고의 1998년 귀속 소득금액으로 보고 2004. 6. 29. 원고에게 소득금액변동통지를 하였다. 원고는 2004. 7. 12. 원천징수의무자로서 피고의 변동된 소득금액에 대한 근로소득세 및 주민세로 약 2억 5천만 원을 원천징수세액으로 납부하였다. 원고는 2011. 10.경 피고에 대하여 위 원천징수세액 상당액의 지급을 구하는 이 사건 부당이득금청구소송을 제기하였다. 1심은 공시송달 판결로 원고 승소하였고, 2심에서는 피고가 원천징수의무자에 의한 구상권의 일부 또는 전부를 거절하기 위해서는 원천납세의무자인 피고가 납세의무의 존부 및 범위를 주장·입증하여야 하고 이 사건 거래가 부당행위계산에 해당한다는 취지로 원고 승소판결하였는 바, 피고의 상고로 이 사건 대법원에 이르렀다.

277

Ⅱ ▶ 관련 규정 및 쟁점

1. 관련 규정

◆ 법인세법 시행령

제106조(소득처분) ① 법 제67조에 따라 익금에 산입한 금액은 다음 각 호의 구분에 따라 처분한다.

1. 익금에 산입한 금액(법 제27조의2 제2항에 따라 손금에 산입하지 아니한 금액을 포함한다)이 사외에 유출된 것이 분명한 경우에는 그 귀속자에 따라 다음 각 목에 따라 배당, 이익처분에 의한 상여, 기타소득, 기타 사외유출로 할 것. 다만, 귀속이 불분명한 경우에는 대표자(괄호 생략)에게 귀속된 것으로 본다.

    가. 귀속자가 주주등(임원 또는 직원인 주주등을 제외한다)인 경우에는 그 귀속자에 대한 배당

---

2. 쟁점

법인세법 시행령 제106조 제1항에 따라 소득처분이 이루어지는 경우, 원천징수세액을 납부한 원천징수의무자가 원천납세의무자에게 민사소송의 방법으로 구상권을 행사할 때, 원천징수세액을 납부한 사실뿐만 아니라 원천납세의무의 존부 및 범위에 관한 증명책임을 지는지 여부가 이 사건의 쟁점이다.

Ⅲ ▶ 법원의 판단

대법원은 이 사안에서 원천징수의무자가 원천납세의무자에게 원천징수세액에 대한 구상권을 행사하는 경우 그 증명책임은 원칙적으로 원천징수의무자에게 있다는 취지로 원심판결을 파기하고 동 사건을 원심으로 환송하였다. 대법원은 이 판결에서 "원천징수의무자가 (원천납세의무자에게) 구상권을 행사할 때에는 국가에 원천징수세액을 납부한 사실뿐만 아니라 원천납세의무자의 납세의무가 존재한 사실까지 증명하여야 하는 것이 원칙이므로, 과세관청의 대표자 상여 소득처분 및 소득금액변동통지에 따라 원천징수세액을 납부한 법인이 구상권을 행사하고자 하는 경우에도 마찬가지로 원천징수의무자인 법인은 원천징수세액을 납부한 사실뿐만 아니라 원천납세의무자인 대표자의 납세의무가 존재한 사실을 증명할 책임이 있다."고 하였다.

Ⅳ ▶ 해설

1. 원천징수의무자의 원천납세의무자에 대한 구상권

원천징수의무자와 원천납세의무자의 법률관계는 사법상의 법률관계이다. 따라서 특별한 사정이 없이 원천징수의무자가 원천납세의무자에게 소득금액을 지급시 원천징수세액을 공제·징수하지 못하고 이를 국가에 납부하였다면 원천납세의무사에게 구상권을 행사할 수 있다. 대법원은 전원합의체 판결에서 "원천징수제도는 원천납세의무자가 실체법적으로 부담하고 있는 원천납세의무의 이행이 원천징수라는 절차를 통하여 간접적으로 실현되는 제도로서 원천징수세액의 납부로 인하여 원천납세의무자는 국가에 대한 관계에서 당해 납세의무를 면하게 되므로, 원천징수의무자가 원천납세의무자로부터 원천징수세액을 원천징수함이 없이 이를 국가에 납부한 경우에는 원천납세의무자에 대하여 구상권을 행사할 수 있(다)."고 하였다(대법원 2008. 9. 18. 선고 2006다49789 전원합의체 판결).

법인세 과세표준의 신고·결정 또는 경정이 있는 때 익금에 산입하거나 손금에 산입하지 아니한 금액을 사외유출된 귀속자에게 소득처분함으로 인하여(법인세법 제67조, 같은 법 시행령 제106조 제1항) 그 변동된 소득금액에 대한 원천징수세액을 그 법인이 원천징수의무자로서 국가에 납부하는 경우에도 원천납세의무자인 그 소득금액의 귀속자에게 구상권을 행사할 수 있음은 위 전원합의체 판결의 취지와 같다. 그러므로 원천징수의무자인 법인은 그 귀속자가 상여처분을 받은 그 법인의 대표자 또는 임·직원이건 배당처분을 받은 주주이건 기타소득처분을 받은 그 밖의 자이건 관계없이 구상권을 행사할 수 있다.

또한 대법원은 그 소득금액의 귀속이 불분명하여 대표자에게 '인정상여'[1]로 소득처분하는 경우에도 대표자에게 구상권을 행사할 수 있다고 하고, 그 논거로 "대표자 인정상여에 있어서 법인이 원천징수의무를 이행하였음에도 그 익금산입액의 귀속이 불분명하다는 사유만으로 법인의 대표자에 대한 구상권행사를 부정한다면, 이는 사실상 원천납세의무는 없고 원천징수의무만 있게 되어 원천징수제도의 기본 법리에 어긋나는 부당한 결과에 이르게 된다."는 점을 들고 있다(대법원 2008. 9. 18. 선고 2006다49789 전원합의체 판결).

---

[1] '인정상여'라는 용어는 법률용어가 아니라 세무행정에서 관행적으로 사용되고 있는 용어이다. 대법원은 "법인세법상의 대표자에의 인정상여제도는 그 대표자에게 그러한 소득이 발생한 사실에 바탕을 두는 것이 아니라 법인에 의한 세법상의 부당행위를 방지하기 위하여 그러한 행위로 인정될 수 있는 일정한 사실에 대해 그 실질에 관계없이 무조건 대표자에 대한 상여로 간주하도록 하는 데 그 취지가 있는 것"이라고 하였다(대법원 1992. 7. 14. 선고 92누3120 판결).

2. 원칙적 증명책임

일반적인 원천징수의무자와 원천납세의무자의 법률관계에 있어서 원천징수의무자가 원천납세의무자를 상대로 구상권을 행사하는 경우 그 요건사실에 대한 증명책임은 원천징수의무자에게 있다. 이는 조세법률관계에 있어서 과세관청이 납세의무자를 상대로 과세처분을 하는 경우 그 요건사실에 대한 증명책임을 과세관청이 지고 있는 경우와 그 취지가 동일하다(대법원 2013. 3. 28. 선고 2010두20805 판결 등). 원천납세의무자의 입장에서 보면 과세관청이나 원천징수의무자나 모두 법률에 따라 조세의 징수권을 가지고 있는 '징수기관'일 따름이므로 납세의무의 존부와 그 범위의 특정 및 증명책임과 관련하여 양자 중 어느 쪽에 이행을 하건 그로 인한 유·불리가 발생하여서는 아니 되기 때문이다.[2] 즉 원천납세의무자가 과세관청과 직접 과세처분취소소송을 하건, 원천징수의무자와 구상금지급청구소송을 하건 그 증명책임과 관련하여 어느 쪽이건 동일한 부담을 지는 것이 원천징수의무 제도를 둔 취지에 부합한다.

따라서 원천징수의무자가 원천납세의무자에게 구상권을 행사하기 위해서는 국가에 원천징수세액을 납부한 사실[3]뿐만 아니라 원천납세의무자에 대한 과세요건에 해당되는 원천납세의무의 존부 및 범위에 대한 증명책임을 아울러 갖는다. 이 사건 판결은 이러한 원칙이 사외유출된 소득금액에 대한 귀속자가 분명하여 법인에 대한 소득처분으로 그 원천징수의무가 의제되는 경우에도 당연히 적용된다는 점을 확인하고 있다. 이 사안과 같이 과세관청이 법인에게 부당행위계산부인을 하고 소득처분을 하는 경우의 대부분은 그 소득금액의 귀속자가 분명하게 특정되는 것이므로 이러한 원칙적 증명책임이 적용된다고 할 것이다.

3. 예외적 증명책임

다만, 법인의 익금산입되거나 손금불산입된 소득금액이 사외유출되었더라도 그 귀속이 불분명하여 대표자에 대한 인정상여로 소득처분이 이루어져 그 법인이 원천징수세액을 납부하고 그 대표자를 상대로 구상권을 행사하는 경우에는 위의 원칙적 증명책임과는 그 결론을 달리한다. 이는 해당 법령의 법문이 "귀속이 불분명한 경우에는 대표자에게 귀속된 것으로 본다."고 함으로써(법인세법 시행령 제106조 제1항 제1호 각 목 외 본문의 단서), 입법기술상 그 소득금액의 귀속을 '의제'하고 있기

---

2) 자세한 내용은 최원, "원천징수의 법률관계에 관한 소고", 「조세연구」 제15권 제2호, 한국조세연구포럼, 2015, 31-33면 참조.
3) 좀 더 구체적으로 보자면, 원천징수의무자가 납부한 세액 전부를 구상금으로 청구할 수 있는 것이 아니라, '법률상 정당하게 납부하여야 할 원천징수세액'의 범위 내에서 원천징수의무자가 국가에 실제로 납부한 세액을 원천납세의무자에게 청구할 수 있을 것이다.

때문이다.4) 따라서 그 법인의 대표자가 자기 외 제3자에게 귀속되었다는 점을 증명하여야만 비로소 납세의무를 면할 수 있다. 이는 법령의 규정에 따른 증명책임의 전환이다.5)

대법원은 이 경우 그 증명책임과 관련하여 "대표자는 익금산입액의 귀속이 불분명하다는 사유로 상여처분된 소득금액에 대하여는 특별한 사정이 없는 한 그 금액이 현실적으로 자신에게 귀속되었는지 여부에 관계없이 원천징수의무자인 법인이 납부한 근로소득세액 상당을 당해 법인에게 지급할 의무가 있고, 이 경우 법인의 구상금청구를 거절하기 위해서는 법인의 업무를 집행하여 옴으로써 그 내부사정을 누구보다도 잘 알 수 있는 대표자가 인정상여로 처분된 소득금액이 자신에게 귀속되지 않았을 뿐만 아니라 귀속자가 따로 있음을 밝히는 방법으로 그 귀속이 분명하다는 점을 증명하여야 한다."고 하고 있다(대법원 2008. 9. 18. 선고 2006다49789 전원합의체 판결). 대표자가 그 책임을 면하기 위해서는 그 소득금액이 '자신에게 귀속되지 않았다'라는 사실뿐만 아니라 '그 귀속자'가 누구인지를 정확하게 증명하여야 한다. 이는 위 관련 규정의 법문을 사법상 증명책임의 일반원칙인 법률요건분류설에 따라 해석하여 그 구체적인 증명요건을 설시한 것이다.6)

4. 이 판결의 의의

이 사건 판결은 조세소송에 있어서 과세요건 사실에 대한 증명책임이 과세관청에 있다는 원칙이 원천징수의무자가 원천납세의무자에게 구상금을 청구하고 있는 경우에도 그대로 적용되어야 함을 확인하고 있다. 원천납세의무자의 입장에서는 과세관청이나 원천징수의무자나 모두 법률에 따라 조세의 징수권을 부여받은 '징수기관'임은 아무런 차이가 없기 때문이다.

또한, 법인에 익금산입되거나 손금불산입된 소득금액이 사외유출되었으나 그 귀속이 불분명하여 법령의 규정에 따라 그 귀속을 법인의 대표자에게 의제하는 경우에 대한 위 예외적 증명책임을 설시한 위 전원합의체 판결이 원칙적 증명책임을 설시한 이 사건 판결보다 세상에 먼저 나옴으로 인하여 그 귀속이 분명하다는 이유로 소득처분하는 경우에도 위의 예외적 증명책임이 적용되는지에 관하여 의문이 상당하였는바, 이 사건 판결로 그 원칙적 입장을 분명하게 밝혀 그 귀속이 불분명한 예외적인 경우와 구별함으로써 원천징수의무자의 구상금청구 사건에 대한 재판을 담당하고 있는 법원 및 사건 당사자들에게 그 증명책임과 관련한 명확한 기준을 제시하였다는 데 이 사건 판결의 의의가 있다.

---

4) 다만, 이 규정의 내용과 관련하여 법인의 대표자에게 실제로 귀속되지 않은 소득임에도 납세의무를 부과하는 것이 헌법상의 조세평등원칙이나 과잉금지원칙에 반하여 위헌이라는 주장이 있을 수 있다.
5) 자세한 내용은 최원, 앞의 논문, 32–33면 참조.
6) 이 전원합의체 판결에 대한 상세한 평석은 최원, "귀속불명소득의 대표자 인정상여와 원천징수의무자의 구상권 범위", 『조세판례백선 2』, 박영사, 2015, 254–260면 참조.

44

부당행위계산부인규정상 이익분여의 의미

양 인 준

44 부당행위계산부인규정상 이익분여의 의미

[대법원 2010. 11. 11. 선고 2008두8994 판결]

양인준 (서울시립대 세무전문대학원/법학전문대학원 교수)

I ▶ 사실관계 및 사건의 경과

원고는 유가증권의 매매·위탁매매·인수 등을 목적으로 하는 주식회사이다. 원고는 1999. 12. 1. 특수관계자인 소외 갑 회사가 100만 주의 유상증자를 실시할 때, 대주주인 소외 A회사와 소외 B회사가 신주인수권을 포기한 이 사건 실권주 876,878주를 1주당 액면가인 5,000원에 인수한 후 2004. 3.경 이를 양도하였다. 한편, 위 인수 당시 소외 갑 회사는 결손금이 누적되어 있던 관계로 주식의 1주당 평가액이 유상증자 전에는 (−)14,128원, 유상증자 후에는 (−)12,813원이어서 유상증자를 전후하여 모두 음수임이 명백하였고, 다만 그 절대치만 감소하였다.

원고는 2004 사업연도(2003. 4. 1.~2004. 3. 31.) 법인세 신고시 이 사건 주식의 액면가와 기발행 주식의 평가액(321.75원)의 차액 중 원고가 취득한 주식수와 신주인수를 포기한 소외 A회사, B회사의 지분율(876,878주/906,878주)을 반영하여 산출한 4,104,242,036원을 이 사건 실권주의 취득가액에서 제외하여 손금불산입으로 세무조정하고 이를 신고하였다. 그 후 원고는 2004. 7. 20. 피고에게 이 사건 실권주의 양도차익을 산정함에 있어서 위 평가액의 차액을 양도에 대응하는 취득가액으로 손금산입함으로써 위 2004 사업연도 법인세 중 1,108,145,350원을 감액하여 달라는 경정청구를 하였으나, 피고는 이를 거부하였다.

II ▶ 관련 규정 및 쟁점

법인세법 제15조 제1항, 제52조 제1항, 구 법인세법 시행령 제88조 제1항, 제89조 제6항의 규정을 모아 보면, 법인의 증자에 있어서 신주를 시가보다 높은 가액으로 인수하는 경우와 같이 자본거래로 인하여 당해 법인과 특수관계인 다른 주주들 간에 이익을 분여하거나 분여받은 경우 이익

상당액을 익금에 산입하여야 하고, 그 이익의 계산방법은 상속세 및 증여세법(이하 '상증세법'이라 한다) 시행령 제29조 제3항을 준용한다고 규정한다.[1] 특히 법인세법 제52조 제4항, 구 법인세법 시행령(2006. 2. 9. 대통령령 제19328호로 개정되기 전의 것) 제88조 제1항 제8호 나목은 법인의 증자에 있어서 신주를 배정받을 수 있는 권리의 전부 또는 일부를 포기한 주주와 특수관계에 있는 주주등인 법인이 그 신주를 시가보다 높은 가액으로 인수함으로써 이른바 실권주주에게 이익을 분여한 경우를 부당행위계산부인의 대상으로 규정하고 있다.

그런데 위 사실관계에서 보았듯, 비록 실권주를 고가로 인수하더라도 실권주주가 보유하고 있던 주식의 1주당 가액이 모두 음수로 평가되고 단지 그 음수의 절대치가 감소한 것에 불과한 경우라면, 실권주주가 이익을 분여받았다고 보아 부당행위계산부인의 대상으로 삼을 수 있는지 여부가 쟁점이었다. 이는 부당행위계산부인의 기본법리 및 세법 지도원리인 조세공평에 관한 체계적 검토를 요하는 쟁점이 된다.

III ▶ 법원의 판단

1. 원심법원의 판단[2]

신주를 시가보다 높은 가액으로 인수함으로써 산식에 의하여 차액이 산정된다고 하더라도, 증자 전·후의 주식가액이 모두 음수로 평가되는 경우에는 신주를 인수한 자가 신주인수를 포기한 주주에게 분여한 이익이 있다고 볼 수 없으므로 부당행위계산 부인의 대상이 된다고 볼 수 없고, 구 상증세법 시행령 제29조 제3항 단서는 이와 같은 당연한 법리를 조문화한 것이므로 창설적 규정이라기보다는 확인적 규정이라고 볼 것이다. 이 사건에 대하여 보건대, 소외 [갑] 회사가 이 사건 [실권주를] 발행할 무렵 누적결손 상태에 있었던 사실, 구 상증세법 시행령 제54조 제1항, 제2항 제2호에 의하여 결손법인인 소외 2 주식회사의 주식을 순자산가치에 의하여 평가하면 이 사건 [실권주]의 증자 전후의 1주당 평가액이 증자 전에는 △ 14,128원, 증자 후에는 △ 12,813원인 사실에 의하여 이 사건 [실권주]의 증자 전·후의 주식가액이 모두 음수임이 명백한 이상, 이 사건 [실권주

---

1) 위 상증세법 시행령 제29조 제3항 단서에 의하면, 법인이 자본을 증가시키기 위하여 신주를 시가보다 높은 가액으로 발행하고, 당해 법인의 주주가 신주를 배정받을 수 있는 권리를 포기한 경우 실권주를 배정받은 자가 이를 인수함으로써 그와 특수관계에 있는 신주인수 포기자가 얻은 이익을 계산함에 있어 증자 전·후의 주식 1주당 가액이 모두 영 이하인 경우에는 이익이 없는 것으로 본다고 하면서 그 부칙 제2조에서 위 개정조항은 2003. 1. 1. 이후 최초로 증여하는 분부터 적용한다고 규정한다. 참고로 현행 상증세법 시행령 규정으로는 제29조 제2항에서 마찬가지 규정을 두었다.
2) 1심법원의 판단도 원심법원의 그것과 대동소이하다.

를] 인수한 원고가 신주인수를 포기한 다른 주주 등에게 분여한 이익이 없다 할 것이다. 따라서 이 사건 [실권주]의 인수는 법인세법 소정 부당행위계산 부인의 대상이 되지 않는다.

2. 대법원의 판단

법인세법 제52조 제4항, 구 법인세법 시행령 제88조 제1항 제8호 나목은 법인의 증자에 있어서 신주를 배정받을 수 있는 권리의 전부 또는 일부를 포기한 주주(이하 '실권주주'라 한다)와 특수관계에 있는 주주등인 법인이 그 신주를 시가보다 높은 가액으로 인수함으로써 실권주주에게 이익을 분여한 경우를 부당행위계산부인의 대상으로 규정하고 있다. 여기서 실권주주에게 이익을 분여한 경우라 함은 신주의 고가인수로 인하여 실권주주가 보유하고 있던 주식의 1주당 가액이 상승하는 것을 의미하는데, 신주의 고가인수가 있더라도 이를 전후하여 실권주주가 보유하고 있던 주식의 1주당 가액이 모두 음수로 평가되고 단지 그 음수의 절대치가 감소한 것에 불과하다면 그 주식의 가액은 없다고 보아야 하므로 그 주식의 가액이 상승하였다고 할 수 없고(대법원 2003. 11. 28. 선고 2003두4249 판결 등 참조), 따라서 이러한 경우는 신주의 고가인수로 인하여 신주 발행법인의 일반 채권자들이 이익을 분여받았음은 별론으로 하고 적어도 실권주주가 이익을 분여받았다고 할 수는 없으므로 위 규정에 의한 부당행위계산부인의 대상이 될 수 없다. [따라서] 원심의 위와 같은 사실인정과 판단은 정당한 것으로 수긍할 수 있고, 부당행위계산부인의 요건에 관한 법리오해 등의 위법이 없다.

Ⅳ 해설

1. 판례의 입장에 대한 찬반론[3]

아래와 같은 점들을 순차적으로 고려한다면 신주의 고가인수가 있더라도 이를 전후하여 실권주주가 보유하고 있던 주식의 1주당 가액이 모두 음수로 평가되는 경우 실권주주가 이익을 분여받았다고 할 수 없어서 판례의 입장이 타당하다는 지적이 있다.[4] 실권주의 고가인수가 부당행위계산부

---

[3] 법인세법 시행령 제88조 제1항 제8호의 신설 이전의 대법원 판례에서는 같은 법령조항 제1호(자산의 고가매입)를 적용하기도 하였다는 지적도 있다. 제8호 신설 전후의 대법원 판례의 동향에 대해서는, 이상우, "신주의 고가 인수에 있어 법인세법상 부당행위계산부인규정의 적용 문제", 『조세실무연구 Ⅳ』, 김·장 법률사무소, 2013, 263 – 270면.

[4] 강석규, "실권주를 고가 인수하더라도 인수 후 주식가액이 음수인 경우 부당행위계산 부인의 대상이 될 수 있는지 여부", 「대법원판례해설」 제86호, 법원도서관, 2011, 40 – 42면.

인의 대상이 되려면 법인이 신주인수권을 포기하거나 실권주를 고가로 인수하는 것이 부당할 것, 그로 인해 특수관계에 있는 다른 주주에게 이익을 분여하였을 것, 법인소득에 대한 조세부담을 감소시켰을 것 등 세 가지 요건을 모두 충족해야 한다. 그런데 이 사안의 두 번째 요건의 충족 여부에 의문이 있기 때문이라는 것이다. 즉, 신주의 고가인수가 있더라도 이를 전후하여 실권주주가 보유하고 있던 주식의 1주당 가액이 모두 음수로 평가된다면 그로 인한 이익분여의 상대방은 실권주주가 아니라 실권주 법인의 채권자로 보아야 하고, 실권주를 인수한 자와 그 채권자 사이에 특수관계가 없는 이상 부당행위계산부인의 대상이 될 수 없다. 설사 실권주를 인수한 자와 그 채권자 사이에 특수관계가 있다고 하더라도 신주인수권의 포기와 실권주의 인수 사이에 그 채권자가 관여한 부분이 없기 때문에 실권주를 인수한 자와 채권자 사이에는 거래관계를 설정하기 어렵고 이로 인하여 부당행위계산부인의 대상이 될 수 없다는 것이다. 다른 한편, 1주당 가액이 거래를 전후하여 모두 음수인 경우라면 증가된 주식의 1주당 가액이 없다고 보는 것이 재산의 가액평가규정에 부합한다는 점이나, 주주 유한책임제도를 들어 주식 가치가 음수라는 것 자체가 애초 성립할 수 없다는 점을 들어 판례의 타당성을 수긍하는 견해도 있다.[5]

　　반면, 다음과 같은 두 관점에서 위 판례의 타당성에 각기 의문을 표하는 견해도 있다. 첫째, 이익분여의 의미를 넓게 해석한다면 이 사안의 경우 이익분여가 없었다고 단정하기 어렵다는 입장이 있다.[6] 증자 전후 주식 1주당 가액이 음수여서 특수관계인인 실권주주에게 현행세법상 과세가능한 담세력을 인정하기 어렵다는 특별하고도 우연한 사정을 이유로 전형적인 부당행위계산의 한 유형인 신주 고가인수를 그 적용대상에서 아예 제외하는 것은 타당하지 않다는 것이다. 그런 맥락에서 '이익 분여'의 의미를 '주는 자'에 초점을 맞추어 '소득에 대한 조세부담의 부당한 감소를 가져오는 행위 또는 계산'으로 해석하면 그 적용대상에 포함시킬 수 있다고 본다. 실제 대법원도 분여된 '이익'의 의미를 언제나 좁게, 산술적 개념으로만 해석한 것이 아니라는 점도 하나의 논거로 든다.[7] 둘째, 상증세법상 증여로 과세될 수 있는 행위에 대해 반대로 법인세법에서 이익분여가 없었다고 판단할 수 있는지에 의문이 있다는 입장이다.[8] 증여세 과세와의 체계적 정합성, 즉 세법의 전체적

---

5)　강석규, 『조세법 쟁론(2022 개정판)』, 삼일인포마인, 2022, 723면; 정광진, "2010년 법인세법 판례 회고", 「조세법연구」 제17집 제1호, 한국세법학회, 2011, 495−496면.

6)　김의석, "부당행위계산부인 제도상의 '이익 분여'의 의미와 범위", 『조세판례백선 2』, 박영사, 2015, 263−265면.

7)　가령 대법원 2009. 4. 23. 선고 2006두19037 판결, 대법원 2009. 5. 14. 선고 2006두11224 판결 등. 이들 판결의 견지에서 본다면, 본 판결처럼 부채초과 법인에서 부채 감소는 장래 순자산이 (+)가 될 가능성이 높아지거나 그 시기가 앞당겨지기 때문에 법인이 증자 후 즉시 청산할 것이 예정되어 있는 경우가 아니고 계속기업(going concern)을 전제로 한다면 신주의 고가인수는 장래가 아닌 인수시점에 주주에게 긍정적 영향과 도움이 된다는 점, 즉 그런 기업의 부채가 줄어드는 것은 신주를 고가로 인수한 주주의 특수관계인인 실권주주에게 사실상 이익이라는 지적으로, 김의석, "부당행위계산부인 제도상의 '이익 분여'의 의미와 범위", 『조세판례백선 2』, 박영사, 2015, 266면.

8)　이준봉, "법인세법상 주요 쟁점에 대한 판례의 동향과 전망", 「조세법연구」 제22집 제3호, 한국세법학회,

체계의 측면에서 보자는 것이다. 신주의 고가인수로 인한 부당행위계산행위부인의 경우 법령상 요건 중 하나가 '특수관계자인 주주 사이의 이익분여'인데, 이런 행위의 경우 이익분여가 있었는지는 경제적 실질에 따라 판단하여야 함은 당연하다. 한편, 이러한 행위에 대해서는 증여세가 과세된다.[9] 이처럼 증여세로 과세되는 경우, 그래서 부당행위계산부인도 문제된 경우에는 기타사외유출로 소득처분을 함이 원칙이다.[10] 이런 틀에서 본다면 증여과세가 되는 경우에 손쉽게 이익분여가 없었다고 할 수 있는지 의문이라는 것이다.[11] 더 나아가, 이 관점에서는 결손법인이라고 해서 달리 볼 이유도 없다고 주장한다. 이 사건 실권주의 고가인수에 있어서 시가초과분의 실질이 현금이라는 재산을 무상으로 이전한 것과 다른 것으로 봐야 하는지 의문이 생기기 때문이다. 가령 증여세 과세에서는 결손법인에게 채권자가 있었는지 여부를 기준으로 재화의 이전이 있었는지를 달리 취급하지 않는다. 오히려 채권자가 있음을 가정하고서 법인채무를 변제하는 경우에 있어서 해당 법인이 그 변제로 인하여 받는 이익을 증여 대상으로 삼고 있음을 고려하자는 것이다.

2. 본 판례의 의의와 남은 해석쟁점

본 판결은 특수관계자가 포기한 실권주를 고가로 인수한다고 하더라도 인수 전후의 가격이 모두 음수인 경우에는 이익분여가 없어 부당행위계산부인규정이 적용되지 않고 고가인수의 이익은 단지 법인의 일반 채권자에게 귀속된다는 점을 밝히고 있다. 부당행위계산부인규정의 의미, 특히 그 관련 규정상의 '이익분여'의 규범적 의미를 명확히 했다는 점에서 본 대법원 판례의 의의를 찾을 수 있다. 다만 법인에 채권자가 존재하지 않을 경우에 본 판례가 달리 적용되어야 하는지 여부가 분명하지 않다는 점에서 일부 해석문제는 여전히 남는다.[12]

2016, 125－126면.

9) 정확히는 이익을 '받는' 자가 개인인 경우에 생기는 문제이다.

10) 이창희, 『세법강의(제21판)』, 박영사, 2023, 1093면.

11) 일반론 차원에서 그렇다는 것이고, 뒤에서 보듯 법인세법 시행령 제89조 제6항, 상증세법 시행령 제29조 제2항(구 상증세법 시행령 제29조 제3항)도 충분히 고려한다면 적어도 이 사안에서 적절한 반론인지에 대해서는 의문이 남는다.

12) 상증세법에서 결손법인의 경우 법인의 채권자가 존재하는 것과 무관하게 증여로서 과세하고 오히려 채권자가 있는 경우를 상정하여 법인채무를 변제하는 경우에 있어서 해당 법인이 그 변제로 인하여 받는 이익을 증여의 대상으로 삼고 있다는 점을 법인세 과세와의 정합성에 비추어 어떻게 반영할 것인지가 분명하지 않다. 즉, 상증세법상 증여로 과세되는 행위에 대하여 법인세법상으로는 이익의 분여가 없다고 판단하는 것이 상충되는 것으로 볼 여지가 있다는 점에서 해석문제가 남는다는 지적도 있다. 가령 이준봉, 앞의 글, 126면. 하지만 법인세법 시행령 제89조 제6항이 "제88조 제1항 제8호 및 제8호의2 규정에 의하여 특수관계인에게 이익을 분여한 경우 상증세법 시행령 제29조 제2항을 준용한다"고 규정하고 있고, 상증세법 시행령 같은 조항은 "증자 전·후의 주식 1주당 가액이 모두 영 이하인 경우에는 이익이 없는 것으로 본다"고 규정하고 있다. 이들 규정에 따르면 증자 전·후의 주식 1주당 가액이 모두 음수인 경우에는 분여된 이익이 없다는 것이므로, 사실상 해석문제가 생길 여지가 별로 없다고 본다.

45

특수관계인이 발행한 신주를 시가보다 높은 가액으로 인수하는 경우 부당행위계산부인 적용 여부

김 재 승

특수관계인이 발행한 신주를 시가보다 높은 가액으로 인수하는 경우 부당행위계산부인 적용 여부

[대법원 2014. 6. 26. 선고 2012두23488 판결]

김재승 (전남대 법학전문대학원 교수)

I ▶ 사실관계 및 사건의 경과

X주식회사(원고)는 Y주식회사의 최대주주로 Y회사의 유상증자에 참여하여 자신에게 배정된 신주 및 다른 주주의 실권주를 인수·납입하였다. 신주의 발행가액은 시가보다 높은 가액이었다. 이후 X회사는 인수한 신주 전부를 매각하였는데, 그 과정에서 많은 처분손실이 발생하였다. X회사는 신주인수 및 인수한 신주매각과 관련하여 복잡한 세무조정을 거쳐 해당 사업연도 법인세를 신고하였다. 요약하면, X회사가 인수한 1주당 가액과 (X회사가 평가한) 시가와의 차액에 인수한 주식 수를 곱한 것만큼 처분손실이 줄어든 것으로(그만큼 과세표준은 증가한다)하여 해당 사업연도 법인세를 신고하였다.[1]

그러나 관할 세무서장은 X회사가 인수한 주식시가를 X회사가 평가한 것보다 더 낮게 산정하고 (그 결과 과세표준이 신고한 것보다 증가한다), 법인세법 시행령 제88조 제1항 제1호를 적용하여 특수관계인으로부터 '자산을 시가보다 높은 가액으로 매입하는 경우'에 해당한 것으로 보아 법인세를 증액경정처분하였다.[2]

---

1) 지면 관계상 세무조정과 관련된 내용을 많이 축소하기도 하였으나, 세무조정에 익숙하지 않은 순수 법학도에게는 어려운 내용이다. X회사는 신주인수와 관련하여 세무조정을 하였고, 또 인수한 주식의 처분과 관련하여 세무조정을 하였다. 사실 신주인수와 관련된 세무조정은 필요 없는 것이었다.
2) 본 사건에 적용되는 당시 법인세법 제88조 제1항 제1호 및 제8호 나목의 규정은 현행 규정과 차이가 없다.

II ▶ 관련 규정 및 쟁점

1. 관련 규정

◆ 구 법인세법 시행령(2007. 2. 28. 대통령령 제19891호로 개정되기 전의 것)
제88조(부당행위계산의 유형 등) ① 법 제52조 제1항에서 "조세의 부담을 부당히 감소시킨 것으로 인정되는 경우"라 함은 다음 각호의 1에 해당하는 경우를 말한다.
  1. 자산을 시가보다 높은 가액으로 매입 또는 현물출자받았거나 그 자산을 과대상각한 경우
  8. 다음 각목의 1에 해당하는 자본거래로 인하여 주주등인 법인이 특수관계자인 다른 주주등에 게 이익을 분여한 경우.
    나. 법인의 자본(출자액을 포함한다)을 증가시키는 거래에 있어서 신주(괄호 생략)를 배정·인 수받을 수 있는 권리의 전부 또는 일부를 포기(괄호 생략)
  9. 기타 제1호 내지 제8호에 준하는 행위 또는 계산 및 그 외에 법인의 이익을 분여하였다고 인 정되는 경우.

2. 쟁점

X회사가 Y회사가 발행한 신주를 시가보다 높은 가액으로 인수한 것이, 법인세법 시행령 제88조 제1항 제1호의 '자산을 시가보다 높은 가액으로 매입하는 경우'에 해당하는지[3] 여부이다.

III ▶ 법원의 판단

1. 원심법원의 판단

1심법원(서울행정법원 2012. 1. 18 선고 2011구합23436 판결)은 X회사가 신주를 시가보다 높은 가액으로 인수한 것은 법인세법 시행령 제88조 제1항 제1호의 '자산을 시가보다 높은 가액으로 매입하는 경우'에 해당하는 것으로 보아 원고의 청구를 기각하였다.

반면, 원심법원(서울고등법원 2012. 9. 26 선고 2012누5451 판결)은 X회사가 신주를 시가보다 높은 가액으로 인수한 것은 법인세법 시행령 제88조 제1항 제1호의 '자산을 시가보다 높은 가액으로 매

---

3) 신주를 인수한 법인에게 제88조 제1항 제1호를 적용한다는 것이 함의하는 것은, (i) 인수법인이 발행법인에 이 익을 분여한 것이 있다는 것과 (ii) 신주인수 행위를 투자자산 취득으로 간주한다는 것이다.

입하는 경우'에 해당하지 않는 것으로 보아 1심법원의 판결을 취소하였다.

2. 대법원의 판단

대법원은 원심판결을 유지하는 판결을 하였다. "주주인 법인이 특수관계자인 다른 법인으로부터 그 발행 신주를 시가보다 높은 가액으로 인수하였다고 하더라도, 이는 법인세법 시행령 제88조 제1항 제1호의 '자산을 시가보다 높은 가액으로 매입하는 경우'에 해당하지 않는다."라고 판시하였다.

이에 더하여, 본 사안에서 직접 쟁점이 된 것은 아니지만, 다음 두 가지의 적용법위 내지 해석기준을 제시하였다. 그 하나는, 신주를 시가보다 높은 가액으로 인수(고가인수)한 경우에, 시행령 제88조 제1항 제1호의 '자산을 시가보다 높은 가액으로 매입하는 경우'에 해당하지 않을뿐더러, 포괄규정인 같은 항 제9호의 '이에 준하는 행위'를 적용할 수도 없다. 또 다른 하나는, 신주의 고가인수로 인하여 다른 주주에게 이익 분여가 발생할 수 있는데, 이익을 분여받은 다른 주주가 특수관계인인 경우에 법인세법 시행령 제88조 제1항 제8호 나목을 적용하여 이익을 분여한 자에게 부당행위계산부인을 할 수 있다.

요약하자면, 대법원의 판시내용은 신주의 고가인수에서 주주인 인수법인과 발행법인 사이에는 부당행위계산부인이 적용될 수 없으며, 특수관계인인 각 주주 사이에 이익분여가 있는 경우 법인세법 시행령 제88조 제1항 제8호 나목을 적용하여 부당행위계산부인을 할 수 있다.

Ⅳ 해설

1. 이 사건 판결의 의의

증자는 전형적인 자본거래로 증자로 인한 자금의 유입은 발행회사의 익금항목이 아니다. 법인세법 제15조 제1항은 이를 명확히 밝히고 있다. 이러한 성질은 발행가액이 시가를 초과하는 경우나, 시가에 미달하는 경우나 차이가 없다. 마찬가지로, 전형적인 자본거래인 증자에 참여한 주식인수인과 발행회사와의 사이에 '소득에 대한 조세의 부담을 감소시킨' 경우가 발생할 수 없으므로 부당행위계산부인 규정이 적용되지 않는다. 그러므로 이 점에서만 보면, 본 대법원 판결은 당연한 귀결이라고 할 수도 있다. 그러나 제88조 제1항 제8호가 신설되기 이전에 발생한 사안에서, 대법원은 제88조 제1항 제1호를 적용하여,[4] 시가보다 높게 발행한 신주를 인수한 법인주주는 부당행위계산부

---

4) 물론 당시 시행령은 제88조가 아니지만, 내용은 다름이 없다.

인 대상이 된다고 판시한 바 있다.[5] 그러므로 명시적으로 밝히지는 않았지만, 본 판결은 과거의 판결은 수정한 것으로서 의미가 있다.

다음으로, 대법원은 신주발행의 경우에 발행법인과 주주인 인수법인과의 사이에는 부당행위계산이 적용되지 않고, 대신 특수관계인인 주주 사이에서만 적용될 수 있다는 점을 명확히 하였다. 대법원의 판결내용은 이런 표현을 쓰지는 않았지만, 다음과 같은 내용을 담고 있다. "신주발행에서 발행회사가 얻은 이익은 없으며, 특수관계인에 해당하는 주주는 이익을 얻을 수 있으나, 이 이익은 발행회사로부터 온 것이 아니라 다른 주주로부터 온 것이다."

2. 추가로 생각할 점

본 사건은 신주를 시가보다 높게 발행한 경우인데, 신주를 시가보다 낮게 발행한 경우(저가인수)에도, 본 사건에서의 대법원 해석은 똑같이 적용될 것이다. 저가인수의 경우에도 고가인수와 관련하여 본 판결에서 설시한 판시내용과 달라질 이유가 없기 때문이다. 그러므로 신주발행의 경우, 발행가액이 시가보다 높든 낮든 상관없이, 발행법인과 주주인 인수법인 사이에는 부당행위계산부인의 적용이 없고, 시행령 제88조 제1항 제8호에 따라 특수관계인인 주주 사이에서만 부당행위계산부인의 적용문제가 발행한다.

세법은 증자 등 자본거래와 관련하여 부당행위계산부인이 적용되는 경우에 부당행위계산을 한 자(이익을 분여한 자)뿐만 아니라, 이익을 분여받은 상대방도 과세한다. 이익을 분여받은 자가 법인인 경우에는 법인세법 시행령 제11조 제8호에 따라 분여받은 이익이 익금에 산입되며, 개인인 경우에는 상속세 및 증여세법 제39조 등에 따라 증여이익이 과세된다.[6]

---

5) 대법원은 주주가 발행회사 주식을 인수한 것을 투자자산을 취득한 것과 유사한 것으로 보고 있다(대법원 2004. 2. 13. 선고 2002두7005 판결).

6) 발행법인의 주주가 법인과 개인으로 구성되어 있는 경우, 증자와 관련하여 부당행위계산 부인이 적용되는 경우에도, 분여받은 이익이 과세되지 않은 경우도 발생할 수 있다. 이에 대한 자세한 논의는 생략한다.

46

의약품 리베이트 비용 등의 손금 허용여부

조 용 민

46 의약품 리베이트 비용 등의 손금 허용여부

[대법원 2015. 1. 15. 선고 2012두7608 판결]

조용민 (조세심판원 과장, 변호사)

I ▶ 사실관계 및 사건의 경과

의약품 도매업체인 A법인은 B법인 등 제약회사로부터 의약품을 구입하여 병의원 등에 공급하는 업무를 하여 왔다. A법인은 제약회사로부터 의약품을 구입해 판매하는 대가로 ○○억 원 상당의 판매장려금을 받았다. A법인은 제약회사로부터 받은 위 판매장려금을 2004년 내지 2008년 사이에 다시 ① 의약품의 선택권자이자 구매업체인 약국 등에 장려금으로 일부 제공하고(이하 '쟁점 1비용'이라 한다), ② 종합병원이 실시하는 의약품 구매계약 입찰에 필요한 제약회사 발행 공급확인서를 확보하고 의약품을 조달하기 위하여 B법인에게 일부 제공하였으며(이하 '쟁점 2비용'이라 한다), ③ B법인의 요청으로 C병원이 우회 설립한 의약품 도매상인 D에게 일부 제공하였다(이하 '쟁점 3비용'이라 한다). 처분청은 A법인이 제약회사로부터 받은 판매장려금을 A법인의 익금에 산입하는 한편, 위 쟁점 1, 2, 3비용의 지출사실이 확인되지 않는다는 이유로 손금으로 인정하지 않고 대표자 상여로 인한 소득금액변동통지처분을 하였다. A법인은 이에 불복하여 소송을 제기하였고, 소송도중 회생절차 개시 결정을 받았으며, A법인의 대표이사이던 원고가 회생절차의 관리인으로 선임되어 이 사건 소송 절차를 수계하였다.

II ▶ 관련 규정 및 쟁점

1. 관련 규정

(1) 개요

이 사건 판결의 기초가 되는 세법규정은 법인의 손금에 관한 규정이다. 이 사건에서는 A법인이 의약업계에서 리베이트를 준 것이 의약 관련 규정에 위반된 것이냐도 함께 검토되었고, 따라서 의약 관련 규정도 함께 살펴볼 필요가 있다.

299

(2) 법인세법상 손금 규정

법인세법은 제14조 제1항, 제15조 제1항 및 제19조 제1항을 통해서 순자산증가설을 채택하고 있다. 순자산증가설에 의하면 법인의 지출은 원칙적으로 그 내용을 따지지 않고 손금에 산입되어 과세표준을 줄이게 된다. 그런데 법인세법은 다시 제19조 제2항에서 손금에 관하여 "그 법인의 사업과 관련하여 발생하거나 지출된 손실 또는 비용으로서(이하, '업무관련성'이라 한다) 일반적으로 인정되는 통상적인 것이거나(이하 '통상성'이라 한다), 수익과 직접 관련된 것(이하 '수익관련성'이라 한다)"으로 한정하고 있다. 우리 법인세법은 위법한 소득을 얻기 위하여 지출된 비용이나 지출 자체에 위법성이 있는 소위 '위법비용'의 손금산입 여부에 관해서는 아무런 규정을 두고 있지 않으나, 우리 학설과 판례는 위법비용의 손금산입 문제를 법인세법 제19조 제2항의 해석과 관련하여 논의하고 있다.

(3) 의약관련 규정

구 약사법 시행규칙(2008. 12. 1. 보건복지가족부령 제77호로 개정되기 전의 것, 이하 '개정전 약사법 시행규칙'이라 한다) 제62조 제1항 제5호는 당초 "의약품 도매상은 의료기관 등 개설자에게 의약품 판매촉진 목적으로 현상품·사은품 등 경품류를 제공하지 아니할 것"이라는 규정을 두고 있다가, 2008. 12. 1. 개정되면서(이하 '개정후 약사법 시행규칙'이라 한다) "의약품 도매상은 의료인, 의료기관 등 개설자에게 의약품 판매촉진 목적으로 금전, 물품, 편익, 노무, 향응, 그 밖의 경제적 이익을 제공하지 아니할 것"으로 바뀌었다. 또한 개정후 약사법 시행규칙에서는 제6조 제1항 제7호에서 약사, 한의사가 의약품 구매 등 업무와 관련하여 부당하게 금품 또는 향응을 수수하는 행위를 금지하는 조항도 신설되었다. 이 사건 쟁점 1, 2, 3비용은 개정후 약사법 시행규칙 이전에 현금 등이 지급된 것으로 개정전 약사법 시행규칙은 '경품류' 제공만 금지하고 있었으므로 일견 비용의 지출 자체가 법령에 위반된 것은 아니다.

2. 쟁점

이 사건 판결상 대법원에서 문제가 된 쟁점은 쟁점 1, 2, 3비용이 과연 법인세법상 손금으로 인정될 수 있느냐 하는 것인데, 쟁점 1, 2, 3비용이 지출된 사실에 대해서는 원심과 대법원의 판단이 동일하여 순자산증가설의 측면에서는 손금으로서의 요건을 갖춘 것이 된다. 다만 법인세법 제19조 제2항은 손금의 요건으로 업무관련성, 통상성, 수익관련성을 요구하고 있는데 쟁점 1, 2, 3 각 비용이 이 요건을 갖추었는지가 문제된다.

Ⅲ ▶ 법원의 판단

1. 원심법원의 판단

원심법원은 쟁점 1, 2, 3 각 비용이 모두 통상적인 것이고 사회질서에 심히 반하는 것이 아니어서 법인세법상 손금의 요건을 갖춘 것이라고 판단했다. 원심법원은 우선 쟁점 1, 2, 3 각 비용의 지출이 법령에 위반되지 않았다는 점(위 Ⅱ. 2. 참조)을 감안하여 원고의 주장을 인용하였다. 원심법원은 위법소득, 통상성, 사회질서위반, 순자산증가설 등 이론적인 측면과 관련하여서도 설시하였는데, 세법은 과세대상 소득의 존재 및 범위 여부에 더 초점을 두어 적용되어야 하고, 소득 및 세법 이외의 여타의 규범적 요소에 따라 과세소득이 달라지는 것은 조심스러워야 한다는 입장이었던 것으로 보인다. 특정 비용을 위법비용이나 사회질서에 반하는 지출이라는 이유로 손금산입을 부인하게 되면 해당 비용의 지출자는 (세법이 아닌) 관련 법령에 따른 재제를 받게 됨과 동시에 세법상 손금불산입이라는 불이익을 받게 되는데, 이는 국가에 의해 이중적인 불이익을 받는 것으로 평가될 여지가 있고 조세를 통해 경제적 불이익을 주는 것이 타당하냐는 문제가 발생될 수 있는 것이다.

이와 관련하여 원심법원은 A법인이 제약회사로부터 받은 판매장려금을 거의 대부분 그대로 사례금으로 지급하여 경제적 이익을 받은 것이 없고(그런데 이 사건 처분에 따르면 제약회사로부터 받은 판매장려금은 익금에 산입되어 과세대상에 포함되는데 지급한 사례금은 손금으로서 부인된다), 의약품을 제조하는 제약회사, 의약품을 소비하는 약국이나 병원 등에 비해 A법인 등 도매상은 경제적 약자의 지위에 있다는 사정도 감안하였다.

2. 대법원의 판단

대법원은 쟁점 2, 3비용에 대해서는 원심법원과 판단을 같이하였으나 쟁점 1비용에 대해서는 원심법원과는 달리 손금의 요건을 갖추지 못하였다고 보았다. 다만 쟁점 1비용이 실제로 외부로 유출(약국 등에 지급)된 사실에는 변함이 없으므로, A법인의 대표자에 대한 상여처분이 취소되어야 한다고 본 것은 대법원과 원심법원의 판단이 같다.

대법원이 원심법원과 판단을 달리하게 된 주요한 점은 법인의 지출이 지출 당시의 제반 법령을 위반한 것이 아니더라도 사회질서에 위반하여 지출된 것으로 평가될 수 있고 그 경우 손금에 산입할 수 없는데 쟁점 1비용이 이에 해당하고, 다른 의약품 도매상이 그 사업을 수행하면서 통상적으로 지출하는 것에 해당한다고 보기도 어렵다고 보았기 때문이다.[1] 그리고 이 사건 대법원 판결은

---

1) 강석규, 『조세법 쟁론』, 삼일인포마인, 2022, 586면은 사회질서에 반하는 비용은 사회 평균인의 입장이라면 지

사회질서에 위반하여 지출된 비용에 해당하는지 여부는 그러한 지출을 허용하는 경우 야기되는 부작용 그리고 국민의 보건과 직결되는 의약품의 공정한 유통과 거래에 미칠 영향, 이에 대한 사회적 비난의 정도, 규제의 필요성과 향후 법령상 금지될 가능성, 상관행과 선량한 풍속 등 제반 사정을 종합적으로 고려하여 사회통념에 따라 합리적으로 판단하여야 한다고 보았다. 이와 관련하여 대법원은 쟁점 1비용이 사회질서에 반하는 것으로 본 이유로, 의약품 도매상이 약국 등 개설자에게 의약품 판매촉진의 목적으로 경제적 이익을 제공하는 행위는 소비자에게 불필요한 의약품의 판매로 이어서 의약품의 오·남용을 초래할 가능성이 있고, 궁극적으로는 국민 건강에 악영향을 미칠 우려도 있으며, 나아가 이러한 경제적 이익제공행위는 의약품 유통체계와 판매질서를 해치고 의약품의 가격 상승으로 연결될 뿐만 아니라 결국 건강보험 재정의 악화를 가져와 그 부담은 현실적으로 의약품에 대하여 제한된 선택권밖에 없는 국민에게 전가될 수 있다는 점 등을 들었다.

Ⅳ ▶ 해설

1. 이 사건 판결의 의의

이 사건 판결은 '위법비용'의 손금산입 문제와 관련하여 지출된 비용이 지출 당시의 현행법령에 위반되지 않더라도 규범적 평가를 통해 사회질서에 위반된다고 판단된다면 법인세법 제19조 제2항의 요건을 충족하지 못하여 손금에 해당되지 않는다는 점과 사회질서에 위반되는지 여부에 관한 구체적 기준을 제시하였다는 중요한 의의가 있다. 다만, 이 사건 판례에서 언급된 "향후 법령상 금지될 가능성"과 같은 사정은 사법부가 입법의 필요성을 예측하여 판단할 수 있다는 것보다는 이 사건에서처럼 비용 지출 당시에는 법령에 위반된 것이 아니었으나 지출 직후 법령의 개정으로 해당 비용 지출(쟁점 1비용)이 금지 대상에 포함됨이 확인되었던 점을 고려하였다고 봄이 타당할 것이다.

출하였을 것으로 기대하기 어려운 이례적인 비용이므로 통상성의 요건을 갖추었다고 보기 어렵다고 설명한다.

2. 사회질서 및 위법비용와 손금인정 여부에 대한 여타의 사례들

이 사건 판결 전후로 사회질서 위반 내지 위법비용이라는 이유로 손금산입에 관해 다투어진 사례들을 소개하면 다음과 같다.

(1) 이 사건 판결 이전의 판례들

이 사건 판결 이전의 사례들에서 대법원은 이 사건 판결에서보다 남세력에 따른 과세원칙, 즉 순자산증가원칙을 조금 더 강조하였던 것으로 보인다. 종래 대법원은 "법인세는 원칙적으로 다른 법률에 의한 금지의 유무에 관계없이 담세력에 따라 과세되어야 하고 순소득이 과세대상으로 되어야 하는 점 등"을 고려하여야 위법비용의 "손금산입을 인정하는 것이 사회질서에 심히 반하는 등의 특별한 사정이 없는 한 손금으로 산입함이 타당하다"고 하면서, 폐기물처리업자가 불법으로 매립을 위탁하는 등으로 비용을 지출한 경우에도 손금산입을 인정하였고(대법원 1998. 5. 8. 선고 96누6158 판결), 신탁겸영은행이 신탁보전금 중 일부를 지출할 의무가 없음에도 관계 법령 및 감독기관의 규제를 위반하여 지출한 사안에서도 손금성을 인정하였다(대법원 2009. 6. 23. 선고 2008두7779 판결).

(2) 이 사건 판결 이후의 판례들

이 사건 판결 이후의 판례들에서는 사회질서 위반 내지 위법비용과 관련하여 손금산입을 부인한 사례들이 확인되고 있다. 대법원은 유흥주점 운영자가 유흥주점의 유흥접객원과 영업상무 등에게 지급한 성매매 수당 내지 성매매 손님 유치 수당은 성매매 및 그것을 유인하는 행위를 전제로 지급된 것으로서 그 비용의 지출은 선량한 풍속 기타 사회질서에 심히 반하여 필요경비로 인정할 수 없다고 하였고(대법원 2015. 2. 26. 선고 2014도16164 판결), 파이프를 설치하는 업체들이 입찰 포기의 대가로 담합사례금을 지급하고 서로 분배하여 수수한 사례에서도 해당 담합사례금을 '일반적으로 용인되는 통상적인 비용'이나 '수익과 직접 관련된 비용'에 해당한다고 볼 수 없어 이를 손금에 산입할 수 없다고 하였다(대법원 2017. 10. 26. 선고 2017두51310 판결). 반면에 선박기자재 제조사가 조선사에 제품을 공급하는 과정에서 발주자인 선주에게 수수료 명목의 비용을 지급한 사안에서는 이를 사회질서에 반한다고 볼 수 없어 손금으로 인정하여야 한다고 보았다(대법원 2016. 4. 28. 선고 2016두32862 판결). 거래관계에서 리베이트가 지급되었다고 하더라도 해당 거래관계가 속한 업종과 리베이트의 파급효과 등에 따라 손금인정여부는 달라질 수 있다고 볼 수 있을 것이다.

3. 통상성과 수익관련성의 문제

법인세법 제19조 제2항은 업무관련성과 통상성 또는 수익관련성을 갖춘 것을 손금의 요건으로 하는데 업무관련성이 통상성과 수익관련성 모두와 연결된 요건이 되는 것인지에 관한 논의가 있고,[2] (업무관련성은 문제되지 않는다는 경우에서라면) 통상성과 수익관련성 둘 중 하나의 요건만 갖추면 손금에 해당될 수 있다. 그런데 이 사건 판결에서는 쟁점 1비용이 사회질서에 위반된 것으로서 통상적인 것은 아니라고 하면서도 수익관련성 여부는 판단하지 않았다는 지적이 있다.[3] 비용의 지출 자체가 실정법을 위반한 경우와 달리 실정법 위반은 아닌 경우로서 위법비용으로 평가된 경우에는 수익관련성의 요건이 충족될 경우가 많다고 설명되는데,[4] 쟁점 1비용은 실정법 위반은 아니었다는 점에서 수익관련성 여부가 별도로 논의될 필요가 있었던 것으로 보인다.

---

2) 이에 관한 개괄적 설명은, 임승순·김용택, 『조세법』, 박영사, 2023, 628면 참조.
3) 강석규, 앞의 책, 596~598면; 백제흠, '제약업계 리베이트가 법인세법상 손금에 해당하는지 여부', 한국세정신문, 2016. 9. 8.
4) 강석규, 앞의 책, 595면 참조.

47

퇴직급여 지급규정에 의한 임원 퇴직급여 지급의
법인세법상 손금산입 한계

김 철

퇴직급여 지급규정에 의한 임원 퇴직급여 지급의 법인세법상 손금 산입 한계

[대법원 2016. 2. 18. 선고 2015두50153 판결][1]

김 철 (법무법인 이강 변호사)

I ▶ 사실관계 및 사건의 경과

1. 원고(변경 전 상호 유한회사 A)는 2010. 4. 29. 유한회사 B와 주식회사 C 등을 흡수합병하였다. 합병 전 회사들은 모두 주식회사 D(이하 'D'라 한다)의 계열회사이다.

2. 소외 1과 소외 2는 합병 전 A와 합병 전 B의 이사로, 소외 3은 합병 전 C의 이사로 근무하면서 급여를 지급받아 오다가, 소외 1의 급여가 2009. 8.부터 종전 급여의 약 6배로, 소외 2와 소외 3의 급여는 2009. 9.부터 종전급여의 약 4배로 각각 인상되었다.

3. 합병 전 C는 2009. 7. 1. 주주총회를, 합병 전 A와 합병 전 B는 2009. 10. 30.에 임시사원총회를 개최하였는데, 그 결의로 퇴직하는 임원(이사 및 감사)에게 '퇴직 직전 3월의 평균임금 × 재임연수 × 지급률(20배)'의 산식에 따라 계산한 퇴직금을 지급한다는 내용의 임원퇴직금 지급규정을 마련하였다. 이에 따라 합병 전 회사들은 인상된 월 급여를 기초로 새로 마련한 임원퇴직금 규정을 적용하여, 2009. 9. 28. 합병 전 A에서 퇴직한 이사 소외 1, 2009. 12. 31. 합병 전 B에서 퇴직한 이사 소외 2, 2009. 12. 23. 합병 전 C에서 퇴직한 이사 소외 3에게 각각 퇴직급여를 지급하였다.

4. 과세관청은 합병 전 C 등이 임원 소외 1 등에게 지급한 퇴직급여가 사회통념상 과다한 것으로 보아 D가 2004 사업연도 당시에 적용하였던 임원퇴직금 지급기준인 '1년간 급여 × 1/10 × 근속연수 × 지급율(5배)'(이하 '구 퇴직금 지급기준'이라 한다)에 따라 임원별 퇴직급여 지급한도액(이하 '퇴직금 지급한도액'이라 한다)을 계산한 다음, 임원 소외 1 등의 각 신고퇴직금에서 퇴직금 지급한도액을 초과하는 금액은 과다 지급된 퇴직금으로 보아 손금불산입하였다. 동시에 2013. 1. 2. 합병 전 C 등에게 임원 소외 1 등의 신고퇴직금에서 퇴직금 지급한도액을 초과하는 금액에 대하여 손금

---

1) 같은 날 선고된 대법원 2015두53398 판결도 같은 취지이다.

불산입하여 2009 사업연도 법인세를 경정·고지하였고, 초과액을 임원에 대한 인정상여로 소득처분하여 소득금액변동통지를 하였다.

Ⅱ ▶ 관련 규정 및 쟁점

1. 관련 규정

◆ 법인세법 시행령

제44조(퇴직급여의 손금불산입) ④ 법인이 임원에게 지급한 퇴직급여 중 다음 각 호의 어느 하나에 해당하는 금액을 초과하는 금액은 손금에 산입하지 아니한다.

1. 정관에 퇴직급여(퇴직위로금 등을 포함한다)로 지급할 금액이 정하여진 경우에는 정관에 정하여진 금액

2. 제1호 외의 경우에는 그 임원이 퇴직하는 날부터 소급하여 1년 동안 해당 임원에게 지급한 총급여액[「소득세법」제20조 제1항 제1호 및 제2호에 따른 금액(같은 법 제12조에 따른 비과세소득은 제외한다)으로 하되, 제43조에 따라 손금에 산입하지 아니하는 금액은 제외한다]의 10분의 1에 상당하는 금액에 기획재정부령으로 정하는 방법에 의하여 계산한 근속연수를 곱한 금액. 이 경우 해당 임원이 직원에서 임원으로 된 때에 퇴직금을 지급하지 아니한 경우에는 직원으로 근무한 기간을 근속연수에 합산할 수 있다.

⑤ 제4항 제1호는 정관에 임원의 퇴직급여를 계산할 수 있는 기준이 기재된 경우를 포함하며, 정관에서 위임된 퇴직급여지급규정이 따로 있는 경우에는 해당 규정에 의한 금액에 의한다.

2. 쟁점

법인세법 시행령 제44조 제4항 제1호, 제5항에 의하면, 임원의 퇴직급여가 정관이나 '퇴직급여지급규정'에 따라 지급되면 손금으로 산입된다. 이 경우 정관이나 퇴직급여지급규정에 근거를 두기만 하면 언제든지 산입되는 손금으로 인정받을 수 있는지 문제된다. 대상판결에서 원고는 퇴직금지급규정에 의하여 퇴직금을 지급하였기 때문에 전부 손금에 산입된다고 주장하였다.

III ▶ 법원의 판단

임원 퇴직급여 규정이 종전보다 퇴직급여를 급격하게 인상하여 지급하는 내용으로 제정 또는 개정되고, 제정 또는 개정에 영향을 미칠 수 있는 지위에 있거나 그와 밀접한 관계에 있는 사람이 퇴직임원으로서 급격하게 인상된 퇴직급여를 지급받게 되며, 그에 따라 지급되는 퇴직급여액이 퇴직임원의 근속기간이나 근무내용 또는 다른 비슷한 규모의 법인에서 지급되는 퇴직급여액 등에 비추어 볼 때 도저히 재직기간 중의 근로나 공헌에 대한 대가라고 보기 어려운 과다한 금액이고, 규정 자체나 법인의 재무상황 또는 사업전망 등에 비추어 그 이후에는 더 이상 그러한 퇴직급여가 지급될 수 없을 것으로 인정되는 등 특별한 사정이 있는 경우에는, 퇴직급여 규정은 실질적으로 근로의 대가로서 퇴직급여를 지급하기 위한 것이 아니라 퇴직급여의 형식을 빌려 임원에게 법인의 자금을 분여하기 위한 일시적 방편에 불과하므로, 이 경우에는 구 법인세법 시행령 제44조 제4항 제2호에 따라 산정되는 금액을 넘는 부분은 퇴직급여로 손금에 산입될 수 없다.

IV ▶ 해설

1. 법인세법 시행령 제44조의 입법 취지

임원에게 퇴직급여를 자의적으로 과도하게 지급한다면, 회사의 재정건전성에 악영향을 미칠 수 있고, 일반적으로 인정되는 통상적인 것도 아니므로(법인세법 제19조 제2항), 손금으로 산입할 필요성이 있다고 하기는 어렵다. 법인세법 시행령 제44조는 퇴직소득이 근로소득에 비하여 가볍게 과세됨을 악용하여 임원에게 퇴직급여 명목으로 이익을 나눠주는 것을 대비하기 위한 규정이다.[2]

2. 임원 퇴직급여 규정의 제한적 해석 필요성

제1심, 항소심에서는 부당행위계산부인 규정의 적용 여부가 다루어진 반면, 대상판결에서는 시행령 제44조가 규정한 임원 퇴직급여 규정의 해석·적용을 통해 과세의 적법여부를 판단하였다. 대상판결에서 임원 퇴직급여 규정특수관계자인 임원에게 경제적 합리성을 결여하여 비정상적으로 많은 퇴직급여를 지급하는 것은 '법인의 이익을 분여하는 것'으로 법인세법 제52조 제1항 및 시행령 제

---

2) 기준을 초과하여 지급되는 퇴직금에 대하여는 임원에게 상여로 소득처분된다.

88조 제1항 제9호에 따라 부당행위계산 부인의 대상이 될 수 있다.[3]

다만 부당행위계산 부인 규정이 적용되기 위하여는 퇴직금의 범위를 정하기 위한 '시가'가 결정되어야 하는데, 법인세법 시행령 제89조에 시가(적정한 퇴직금)를 산정하는 기준이 마련되어 있지 않다. 대상판결의 원심(대전고등법원 2015. 7. 22. 선고 (청주)2014누5591 판결)에서도 부당행위계산 부인 규정 적용을 긍정하면서도, '시가'에 대한 과세관청의 주장·증명이 미흡하다고 보았다.

법인세법 시행령 제44조 제4항 제1호, 제5항에 따른 '임원퇴직금 지급규정'은 상법상 의결절차와 의결내용이 정당할 뿐 아니라, 임원의 퇴직 시마다 퇴직금(퇴직위로금 포함)을 임의로 지급할 수 없도록 정한 일반적이고 구체적인 기준으로서 당해 법인이 계속적이고 반복적으로 적용하여 온 규정이다.

대상판결은 부당행위계산부인 규정의 적용이 어렵다는 실무상 어려움을 임원 퇴직급여 규정의 제한적인 해석을 통해 극복하려고 하는 것으로 보인다. 시행령 제44조 제4항 제1호에서 정관을 근거로 퇴직급여를 정하도록 한 취지는, 주주총회 특별결의사항(상법 제434조)인 정관을 변경하기 위하여는 엄격한 절차를 거쳐야 하므로, 법인의 소득을 부당하게 감소시킬 위험이 적다고 보았기 때문이다. 따라서 특정인에게만 적용하기 위하여 제·개정된 정관 규정 또는 그 위임에 따른 퇴직급여 지급 규정은 '계속성·반복성'을 구비하지 못하였으므로 이에 해당하지 않는다는 것이다.[4]

3. 대상판결의 의미

임원 퇴직급여 규정에 절차적 하자가 없다 하더라도, 퇴직급여의 형식을 빌려 특정 임원에게 자금을 나누어준 경우 그 퇴직급여 지급의 근거가 된 임원 퇴직급여 규정의 세법상 효력을 부인할 수 있게 되어 선례로서의 가치가 크다. 대상판결은 일응 부당행위계산부인 규정의 적용을 배제하자는 취지의 판결은 아닌 것으로 이해될 수 있는데, 향후 법원 판단을 지켜보아야 할 것이다.[5]

---

3) 행정해석 또한 부당행위계산 부인 규정 적용을 긍정한다(서이 46012－11540, 2003. 8. 25; 법인세과－ 450, 2010. 5. 14. 등).

4) 김성환·심규찬, "2016년 조세 분야 판례의 동향", 「특별법연구」 제14권, 사법발전재단, 2017, 549면.

5) 한편 대법원은 "법인이 지배주주인 임원에게 지급한 보수가 임원의 직무집행에 대한 정상적인 대가라기보다는 주로 법인에 유보된 이익을 분여하기 위하여 대외적으로 보수의 형식을 취한 것에 불과한 경우, 법인세법 시행령 제43조에 따라 손금에 산입할 수 없다"고 판시하였다(대법원 2017. 9. 21. 선고 2015두60884 판결).

48

공사계약의 해제로 인하여 실현되지 않는
소득의 귀속시기

곽 태 훈

곽태훈 (법무법인 율촌 변호사)

I ▶ 사실관계 및 사건의 경과

원고는 주택신축판매업 등을 영위하는 법인으로서 2008. 1.경부터 아파트 및 상가 총 3,634세대(이하 '이 사건 아파트 등'이라 한다)를 건설하면서 2008 내지 2010 사업연도에 전체 세대수 중 96.4%를 분양하였다. 이에 원고는 이 사건 아파트 등의 작업진행률과 분양률을 기준으로 2008 내지 2010 사업연도 법인세를 신고·납부하였다(다만 2008 사업연도에는 소득금액이 이월결손금으로 모두 공제되어 법인세를 납부하지 않았다).

이후 이 사건 아파트 등의 분양계약은 수분양자들의 잔금 미지급 등으로 인하여 전체 분양세대 중 2011 사업연도에 약 17%, 2012 사업연도에 약 6%, 2013 사업연도에 약 11%가 해제되었다.

원고는 위 각 사업연도 법인세를 신고하면서 위와 같이 분양계약이 해제된 부분에 대하여 해제일이 속한 사업연도의 '영업 외 손실'로 계상하였다가, 2013. 3. 29. 분양계약의 해제로 감소된 분양률을 기준으로 2008 내지 2010 사업연도 법인세를 재산정한 다음, 피고에게 2009 사업연도의 법인세에 대한 환급을 구하는 경정청구를 하였으나, 피고는 이를 거부하였다.

원고는 조세심판원에 심판청구를 하였고, 조세심판원은 "2012. 1. 1. 이후 개시하는 사업연도 전까지 해제된 분양계약에 대하여는 당초부터 분양계약이 없었던 것으로 하여 2009 사업연도의 과세표준 및 세액을 경정하고, 나머지 심판청구를 기각한다"는 결정을 하였다. 이에 따라 당초 거부처분 중에서 2012 내지 2013 사업연도에 이루어진 분양계약의 해제 부분에 관하여 2009 사업연도 법인세에 대한 후발적 경정청구(이하 '이 사건 잔존 경정청구'라 한다)를 거부하는 부분만이 남게 되었고, 원고는 소로써 그 취소를 구하였다.

II ▶ 관련 규정 및 쟁점

국세기본법은 계약 해제 등과 같은 후발적 사유의 발생으로 인하여 사후적으로 소득이 실현되지 않는 것으로 확정된 경우에는 '당초 사업연도'의 익금 산입에서 제외할 수 있도록 하는 후발적 경정청구 제도를 두고 있다. 그런데 법인세법 시행령이 2012. 2. 2. 대통령령 제23589호로 개정되면서 신설된 제69조 제3항(이하 '이 사건 조항'이라 한다)은 공사계약의 해제로 인해 실현되지 않은 소득금액은 '그 해약일이 속하는 사업연도'의 손금에 산입하도록 규정하였고, 부칙 제2조(일반적 적용례)에서는 개정 시행령을 2012. 1. 1. 이후 최초로 개시하는 사업연도 분부터 적용하는 것으로 규정하였다.

대상판결에서는 이 사건 조항의 적용범위와 관련하여 부칙 제2조의 해석이 문제되었다. 즉, i) 분양계약 해제 사업연도가 2012. 1. 1. 이후이면 이 사건 조항이 적용되는 것인지(원심의 입장), ii) 아니면 2012. 1. 1. 이후부터 개시하는 사업연도 분 과세에 대한 후발적 경정청구에만 이 사건 조항이 적용되는 것인지(대법원 입장)가 문제되었다.

III ▶ 법원의 판단

1. 원심법원의 판단

이 사건 조항에서 말하는 '해약일이 속하는 사업연도'는 해당 계약의 해제가 이루어진 사업연도로서 개정 시행령 부칙 제2조에 따라 분양계약 해제가 이루어진 사업연도가 2012. 1. 1. 이후이면 이 사건 조항이 적용되므로, 2012. 1. 1. 이후의 분양계약 해제로 말미암아 실현되지 않은 소득금액은 그 해제일이 속하는 사업연도에 차감하여야 한다.

따라서 2012. 1. 1. 이후인 2012 내지 2013 사업연도에 이루어진 분양계약 해제는 2009 사업연도 법인세에 대한 후발적 경정청구사유가 될 수 없다(서울고등법원 2016. 10. 26. 선고 2016누34426 판결).

2. 대법원의 판단

후발적 경정청구를 제한하는 규정은 그 적용시기를 명시적으로 정하고 있는 등의 특별한 사정이 없는 한 그 규정의 시행 전에 이루어진 잘못된 당초의 과세에 대한 후발적 경정청구권에는 영향을 미치지 못한다고 보아야 한다. 그런데 개정 시행령 부칙 제1조는 시행일에 관하여 "이 영은 공포한 날부터 시행한다."라고 규정한 다음, 제2조는 일반적 적용례로 "이 영은 2012. 1. 1. 이후 최초로 개시하는 사업연도 분부터 적용한다."라고 규정하고 있을 뿐, 이 사건 조항에 관한 개별적 적용례를 별도로 규정하고 있지 않다.

따라서 이 사건 조항은 2012. 1. 1. 이후부터 개시하는 사업연도 분 과세에 대한 후발적 경정청구에 적용되고, 그 전의 사업연도 분 과세에 대하여는 비록 그 이후에 후발적 경정청구사유가 발생하였더라도 적용되지 않는다고 해석되며, 결국 2009 사업연도 법인세에 관한 이 사건 잔존 경정청구에는 적용되지 않는다.

IV 해설

1. 이 사건 규정과 후발적 경정청구의 관계

법인세법 제40조 제1항은 "내국법인의 각 사업연도의 익금과 손금의 귀속사업연도는 그 익금과 손금이 확정된 날이 속하는 사업연도로 한다."라고 규정하여 익금의 귀속시기에 관해 이른바 권리확정주의 입장을 취하고 있다. 권리확정주의는 실질적으로 불확실한 소득에 대하여 장래의 실현을 전제로 미리 과세하는 것을 허용하는 취지이다. 그렇다면 만약 일정한 후발적 사유의 발생으로 인하여 소득이 실현되지 않는 것으로 확정되었다면 당초 성립하였던 납세의무는 그 전제를 상실하게 되므로, 납세자는 잘못된 당초의 과세에 대한 감액을 청구할 수 있어야 형평에 맞다. 실제로 구 국세기본법(2015. 12. 15. 법률 제13552호로 개정되기 전의 것) 제45조의2 제2항, 구 국세기본법 시행령(2017. 2. 7. 대통령령 제27833호로 개정되기 전의 것) 제25조의2는 후발적 사유 발생시 '당초 사업연도'의 익금 산입에서 제외할 수 있도록 하는 후발적 경정청구 제도를 인정하고 있다.

그런데 2012. 2. 2. 대통령령 제23589호로 개정된 법인세법 시행령은 이 사건 조항을 신설하여 공사계약의 해제로 인해 실현되지 않은 소득금액을 (당초 사업연도가 아니라) '그 해약일이 속하는 사업연도'의 손금에 산입하도록 규정하였다. 이로써 납세자의 후발적 경정청구권은 일정 부분 제한되는 결과가 되었다. 일례로, 후발적 사유가 발생한 사업연도에 결손금이 누적되어 있거나 사실상 휴·폐업 상태여서 차감할 익금이 없는 경우에도 후발적 사유가 발생한 사업연도의 손익으로만 반영하도록 하는 것은 납세자의 권리구제에 미흡하고 형평에도 어긋나는 결과가 되는 것이다.

이에 대상판결은 후발적 경정청구를 제한하는 규정은 그 적용시기를 명시적으로 정하고 있는 등의 특별한 사정이 없는 한 그 규정의 시행 전에 이루어진 잘못된 당초의 과세에 대한 후발적 경정청구권에는 영향을 미치지 못한다고 판시하면서, 부칙 제2조는 이 사건 조항의 적용시기를 명시적으로 규정한 것이 아니라고 판단하였다.

결론적으로 대상판결 사안에서 2009년도에 분양된 이 사건 아파트 등에 관하여 그 분양계약 해제가 2012. 1. 1. 이후에 이루어졌더라도 2009 사업연도 법인세에 대해서는 이 사건 조항이 적용되지 않고, 구 국세기본법에 따라 경정청구가 가능하다.

2. 대상판결의 의의

대상판결은 계약 해제가 법인세에 있어서 원칙적으로 후발적 경정청구사유가 된다는 종전 입장(대법원 2014. 3. 13. 선고 2012두10611 판결 등)을 당연한 전제로 삼고 있다. 나아가 대상판결은 이 사건 조항이 2012. 1. 1. 이후부터 개시하는 사업연도 분의 과세에 대한 후발적 경정청구에 한하여 적용되고, 그 이전 사업연도의 과세에 대하여는 비록 그 이후에 후발적 경정청구사유가 발생하더라도 적용되지 않는다고 판시하여, 후발적 경정청구를 제한하는 이 사건 조항의 적용범위를 엄격하게 한정한 데에 의의가 있다.

49

지방자치단체에 기부한 기부금의 법인세법상 손금
산입여부와 부당행위계산부인 적용

황 태 상

49 지방자치단체에 기부한 기부금의 법인세법상 손금 산입여부와 부당행위계산부인 적용

[대법원 2018. 3. 15. 선고 2017두63887 판결]

황태상 (법무법인 세종 파트너 변호사, 공인회계사)

I ▶ 사실관계 및 사건의 경과

원고 주식회사 강원랜드(이하 '원고' 또는 '강원랜드'라 한다)는 폐광지역 개발 지원에 관한 특별법에 근거하여 카지노업, 관광호텔업 등을 목적으로 설립된 주식회사이고, 태백관광개발공사는 태백시가 리조트 사업을 하기 위하여 민간업체와 공동출자하여 설립한 공사이다. 2012. 8.경 당시 태백시는 원고의 주주(주식 1.25% 보유)로서 양자는 특수관계인이고, 태백관광개발공사는 원고가 2012. 7. 15. 위 공사의 주식 11.7%를 보유함에 따라 양자 역시 특수관계인이었다. 아울러 태백시는 태백관광개발공사의 주식 50% 이상을 보유하여 양자 또한 특수관계인이었다.

원고는 2012. 7. 26. 지정기탁 사유를 '태백관광개발공사 정상화 유도를 통한 지역경제 활성화 기여'로, 사용목적과 사용용도를 '태백관광개발공사 긴급운영자금 지원을 통한 정상화 유도 등 지역경제 활성화 기여'로 정하여 태백시에 150억 원을 지정기탁 하겠다는 취지의 지정기탁서를 제출하였고, 태백시는 기부심사위원회를 열어 원고가 기탁하는 지정기부금을 접수하기로 하였다. 이에 따라 원고는 2012. 8.부터 2013. 8.까지 합계 150억 원(이하 '이 사건 기부금'이라 한다)을 태백시에 지급(이하 '이 사건 기부행위'라 한다)하였고, 원고는 기부액을 손금에 산입한 후 2012 내지 2013 사업연도 법인세를 신고·납부하였다. 태백시는 원고로부터 이 사건 기부금을 받은 후 태백관광개발공사에 이 사건 기부금을 교부하였고, 태백관광개발공사는 이를 운영자금으로 사용하였다.

이에 대해 피고 영월세무서장(이하 '피고'라 한다)는, 이 사건 기부금은 원고가 특수관계인의 지위에 있는 태백관광개발공사에 직접지원을 하는 것이 문제가 있다고 판단하여 제3자인 태백시를 통하여 우회 지원을 한 것으로 법인세법 제52조의 부당행위계산 부인규정을 적용하여 손금산입 불인정하여야 한다고 판단하고, 2015. 6. 18. 원고에게 2012 사업연도 법인세로 2,266,146,860원(가산세 포함)을 부과하는 처분과 2013사업연도 법인세로 1,803,584,000원(가산세 포함)을 부과하는 처분(위 각 처분을 이하 '이 사건 각 처분')을 하였다.

Ⅱ 관련 규정 및 쟁점

1. 관련 규정

◆ 구 법인세법(2018. 12. 24. 법률 제16008호로 개정되기 전의 것)
제52조(부당행위계산의 부인) ① 납세지 관할 세무서장 또는 관할지방국세청장은 내국법인의 행위 또는 소득금액의 계산이 대통령령으로 정하는 특수관계인(이하 "특수관계인"이라 한다)과의 거래로 인하여 그 법인의 소득에 대한 조세의 부담을 부당하게 감소시킨 것으로 인정되는 경우에는 그 법인의 행위 또는 소득금액의 계산(이하 "부당행위계산"이라 한다)에 관계없이 그 법인의 각 사업연도의 소득금액을 계산할 수 있다.

부당행위계산 부인 제도는, 법인이 특수관계에 있는 자와의 거래에서 정상적인 경제인의 합리적인 방법에 의하지 아니하고 일정한 거래형태를 빙자하여 남용함으로써 조세부담을 부당하게 회피하거나 경감시켰다고 하는 경우에 과세권자가 이를 부인하고 법령에 정한 방법에 의하여 객관적으로 타당해 보이는 소득이 있는 것으로 의제하는 제도이다. 이는 실질과세원칙을 구체화하여 공평과세를 실현하고자 함에 그 입법 취지가 있다(대법원 1990. 7. 24. 선고 89누4772 판결, 대법원 2020. 6. 18. 선고 2016두43411 전원합의체 판결 등 참조).

2. 쟁점

이 사건 기부행위 당시의 법인세법 제24조에 따르면, 내국법인이 지출한 법정기부금(국가, 지방자치단체 등에 대한 기부금)과 지정기부금(사회복지법인 등에 대한 기부금)의 경우에는 일정 한도 내에서 손금 산입이 가능하나, 그 외의 기부금(비지정기부금)은 손금에 산입하지 않는다.

이 사건에서는 원고의 이 사건 기부금을 (ⅰ) 그 외형에 따라 태백시(지방자치단체)에 지출한 기부금(법정기부금)으로 보아 손금에 산입할 것인지, (ⅱ) 부당행위계산 부인 규정을 적용하여 태백관광개발공사에 지출한 기부금(비지정기부금)으로 보아 손금에 산입하지 않을 것인지가 문제되었다.

Ⅲ ▶ 법원의 판단

1. 원심법원의 판단

이 사건 기부금은 외형상 법인세법 제24조 제2항 제1호의 국가나 지방자치단체에 무상으로 기증하는 금품에 해당한다. 그러나 이 사건 기부행위는 그 실질에 있어 태백관광개발공사에게 자금을 지원하는 행위임에도 원고와 특수관계에 있는 태백시에 대한 기부행위의 외관을 취함으로써 기부금액 상당을 손금에 산입하여 원고의 조세 부담을 경감시킨 행위라고 평가함이 타당하다. 따라서 피고가 실질과세의 원칙 또는 법인세법에 따른 부당행위계산 부인규정을 적용하여 이 사건 기부금을 원고의 손금에 산입하지 아니한 이 사건 처분은 적법하다.

2. 대법원의 판단

원고의 이 사건 기부행위는 이러한 기부금품법의 규정에 따라 공익적 목적을 달성하기 위하여 그 상대방 및 수혜자를 태백시로 하여 이루어진 것으로서 거기에 별다른 조세회피의 목적이 있었다고 보기 어려운 만큼, 이 사건 기부금은 손금산입이 허용되는 법정기부금에 해당하는 것으로 보아야 하고, 그 최종적인 결과만을 내세워 이 사건 기부행위와 태백시의 자금지원행위를 하나의 행위 또는 거래라고 섣불리 단정하여 과세대상으로 삼아서는 아니 된다. 따라서 이 사건 기부행위가 건전한 사회통념이나 상관행에 비추어 경제적 합리성을 결여한 것으로서 부당행위계산 부인대상에 해당한다고 단정하기는 어렵다고 할 것이다.

Ⅳ ▶ 해설

1. 부당행위계산 부인 규정의 적용 한계

법인세법 제52조에서 규정한 부당행위계산부인은 법인이 특수관계에 있는 자와의 거래에 있어 정상적인 경제인의 합리적인 방법에 의하지 아니하고 법인세법 시행령 제88조 제1항 각 호에 열거된 여러 거래형태를 빙자하여 남용함으로써 조세부담을 부당하게 회피하거나 경감시킨 경우에 과세권자가 이를 부인하고 법령에 정하는 방법에 의하여 객관적이고 타당하다고 보이는 소득이 있는 것으로 의제하는 제도로서, 경제인의 입장에서 볼 때 부자연스럽고 불합리한 행위계산을 하여 경제적 합리성을 무시하였다고 인정되는 경우에 한하여 적용되는 것이고, 경제적 합리성의 유무에 관한 판단은 거래행위의 여러 사정을 구체적으로 고려하여 과연 그 거래행위가 건전한 사회통념이나 상관행에 비추어 경제적 합리성을 결여한 비정상적인 것인지의 여부에 따라 판단하여야 한다(대법원 2012. 11. 29. 선고 2010두19294 판결 등).

한편, 증여세 사안이기는 하나 대법원은 기본적으로 "납세의무자는 경제활동을 할 때 동일한 경제적 목적을 달성하기 위하여 여러 가지의 법률관계 중의 하나를 선택할 수 있고 과세관청으로서는 특별한 사정이 없는 한 당사자들이 선택한 법률관계를 존중하여야 하며, 또한 여러 단계의 거래를 거친 후의 결과에는 손실 등의 위험 부담에 대한 보상뿐 아니라 외부적인 요인이나 행위 등이 개입되어 있을 수 있으므로, 여러 단계의 거래를 거친 후의 결과만을 가지고 실질이 증여 행위라고 쉽게 단정하여 증여세의 과세대상으로 삼아서는 아니 된다"는 입장에 있다(대법원 2017. 1. 25. 선고 2015두3270 판결 등).

2. 이 사건 판결의 의의

이 사건으로 돌아와 살펴보면, ① 원고는 폐광지역 개발 지원에 관한 특별법에 따라 낙후된 폐광지역의 경제를 진흥시켜 균형발전 및 주민생활 향상을 도모하기 위해 설립된 공기업인 점, ② 원고는 태백관광개발공사의 정상화를 통하여 지역경제의 활성화 등에 기여할 공익적 목적으로 이 사건 기부행위에 이르게 된 것인 점, ③ 이 사건 기부행위의 상대방과 수혜자를 태백시로 볼 실질적인 사정이 있는 점(태백시의 1,460억 원 상당의 지급보증 등), ④ 부당행위계산부인의 요건(경제적 합리성 결여 등) 충족에 대한 주장·증명책임은 원칙적으로 과세관청에 있는 것인데, 원고에게 거래 방식상 대안이 있었다는 사정만으로 경제적 합리성의 존재에 대한 증명책임이 납세의무자인 원고에게 전환된 것처럼 취급하는 것은 부당한 점, ⑤ 원고는 정상적이고 합법적인 거래 방식 중 하나를 선택한 것이고, 원고로서도 굳이 세부담이 큰 거래 방식을 선택해야 할 의무는 없는 점 등을 고려하면, 이 사건 기부행위가 특수관계인 사이에 이루어진 것으로서 최종 실질 수혜자는 태백관광개발공사이며 결과적으로 원고가 손금산입이라는 법인세법상의 이익을 얻었다는 결과에만 집중하여, 이 사건 기부행위가 경제적 합리성을 무시한 비정상적인 우회행위에 해당하여 부당행위계산부인 규정의 적용대상이 된다고 판단하는 것은 부당하다.

이 사건 판결은 실무상 자주 문제가 되는 부당행위계산 부인 규정의 적용 한계와 관련하여 기부금 손금산입의 관점에서 구체적인 기준을 제시하였다는 의미가 있다. 또한, 과세관청이 납세자의 어떠한 거래나 행위의 결과에 집착한 나머지 함부로 그 거래나 행위를 재구성하는 것을 제지한 사례라는 점에서도 큰 의미가 있다.

50

합병 시 영업권과 합병평가차익의 과세

이 중 교

합병 시 영업권과 합병평가차익의 과세

[대법원 2018. 5. 11. 선고 2015두41463 판결]

이중교 (연세대 법학전문대학원 교수)

I ▶ 사실관계 및 사건의 경과

원고는 농약 등을 생산, 판매하는 상장법인인데, 2007. 2. 16. 동일 그룹 내 계열사로서 반도체 등을 제조, 판매하는 A법인을 흡수합병하고 2007. 5. 3. 합병등기를 마쳤다. 원고와 A법인은 자본시장 관련 법령 규정에 따라 평가기준일인 2007. 2. 15. 원고와 A법인의 주가를 기준으로 합병비율을 산정하였고, 합병 신주 이외에 합병교부금은 따로 지급하지 않았다.

원고는 기업회계기준에 따라 합병일의 합병신주 가액이 A법인의 순자산 공정가액을 초과하는 293,180,303,610원(= 592,368,777,610원 − 299,188,474,000원)을 영업권으로 계상하였으나, 2007 사업연도 법인세를 신고할 때에는 위 금액이 세법상 영업권에 해당하지 않는 것으로 세무조정을 하였다. 피고는 위 금액이 세법상 영업권에 해당한다는 전제하에 합병평가차익으로 익금산입하여 2013. 3. 12. 원고에게 법인세 약 671억 원 등을 부과하는 처분을 하였다.

II ▶ 관련 규정 및 쟁점

1. 관련 규정

구 법인세법(2009. 12. 31. 법률 제9898호로 개정되기 전의 것) 제17조 제1항 제3호는 합병차익은 익금불산입하나, 다만 대통령령이 정하는 합병평가차익을 제외한다고 규정하였고, 그 위임을 받은 구 법인세법 시행령(2010. 6. 8. 대통령령 제22184호로 개정되기 전의 것) 제12조 제1항 제1호, 제15조 제2항은 합병평가차익은 합병법인이 피합병법인으로부터 자산을 평가하여 승계한 경우 그 평가액 중 피합병법인의 장부가액을 초과하는 금액을 말한다고 규정하였다. 한편 위 법인세법 시행령 제24조는 합병법인이 계상한 영업권은 합병법인이 피합병법인의 자산을 평가하여 승계한 경우로서 피합

325

병법인의 상호·거래관계 기타 영업상의 비밀 등으로 사업상 가치가 있어 대가를 지급한 것에 한하여 감가상각자산으로 한다고 규정하였다.

2. 쟁점

합병법인이 피합병법인의 순자산가액을 초과하여 합병대가를 지급한 경우 기업회계에서는 그 차액을 영업권으로 계상한다. 그러나 법인세법에서는 기업회계상의 영업권 중 일정한 요건을 갖춘 경우에만 자산성을 인정하여 감가상각의 대상으로 하는 한편, 합병평가차익으로 과세한다. 대상판결의 쟁점은 법인 합병의 경우 영업권 가액을 합병평가차익으로 과세할 수 있는 요건이 무엇인지에 관한 것이다.

Ⅲ▶ 법원의 판단

법인 합병의 경우 영업권 가액을 합병평가차익으로 과세하기 위해서는 합병법인이 피합병법인의 상호 등을 장차 초과수익을 얻을 수 있는 무형의 재산적 가치로 인정하여 그 사업상 가치를 평가하여 대가를 지급한 것으로 볼 수 있어야 한다. 이때 사업상 가치의 평가 여부는 합병의 경위와 동기, 합병 무렵 합병법인과 피합병법인의 사업 현황, 합병 이후 세무신고 내용 등 여러 사정을 종합하여 객관적으로 판단하여야 하고, 기업회계기준에 따라 영업권이 산출된다는 것만으로 이를 추단할 수 없다. 이러한 법리를 적용하여 대법원은 원고가 회계장부에 영업권으로 계상한 금액은 기업회계기준에 따른 것일 뿐 피합병법인인 A법인의 상호·거래관계 그 밖의 영업상 비밀 등을 초과수익력 있는 무형의 재산적 가치로 인정하고 사업상 가치를 평가하여 대가를 지급한 것으로 보기 어려우므로 회계상 영업권 가액을 합병평가차익으로 과세할 수 없다고 판단하였다.

Ⅳ▶ 해설

1. 영업권과 합병평가차익의 의의

영업권은 기업의 전통, 사회적 신용, 입지조건, 특수한 제조기술, 특수거래관계의 존재 등을 비롯하여 제조판매의 독점성 등으로 동종의 사업을 영위하는 다른 기업이 올리는 수익보다 큰 수익을 올릴 수 있는 초과수익력이라는 무형의 재산적 가치를 의미한다(대법원 2004. 4. 9. 선고 2003두7804 판결 등). 법인의 합병과정에서 피합병법인이 무형의 재산적 가치인 영업권을 가지고 있는 경우에 합병법인은 피합병법인의 순자산가액을 초과하는 합병대가를 지급하는데, 이때 합병대가와 피합병법인의 순자산가액의 차액이 바로 영업권에 해당한다.[1] 한편 합병평가차익은 합병법인이 피합병법인으로부터 자산을 평가하여 승계한 경우에 그 평가액 중 피합병법인의 장부가액을 초과하는 금액이다. 합병평가차익은 피합병법인의 자산가치 상승분을 합병을 계기로 과세하기 위한 개념이다.[2]

2. 합병대가와 피합병법인의 순자산가액의 차액에 대한 기업회계 및 세법상 취급

합병회계준칙 등 기업회계기준에 의하면, 합병법인은 원칙적으로 매수법으로 회계처리를 해야 한다. 따라서 기업회계기준상 합병법인은 피합병법인의 자산을 시가로 승계하고, 합병대가가 피합병법인의 순자산가액보다 클 때 그 차액을 영업권으로 계상한다.

한편 1998. 12. 31. 개정된 법인세법 시행령 제24조 제1항 제2호 가목은 영업권을 감가상각할 수 있는 무형고정자산의 일종으로 규정하였는데, 그중 합병 영업권에 대하여는 합병법인이 피합병법인의 자산을 평가하여 승계한 경우로서 피합병법인의 상호, 거래관계 기타 영업상의 비밀 등으로 사업상 가치가 있어 대가를 지급한 것에 한하여 감가상각을 허용하였다. 이는 합병법인이 매수법에 의하여 피합병법인의 자산을 시가로 평가하여 승계하는 경우에 영업권을 계상할 수 있고, 합병대가가 피합병법인의 순자산가액을 초과하는 합병차손 전부를 영업권으로 계상할 수 있는 것이 아니라 그중 사업상 가치가 있는 것으로 인정되는 금액만을 영업권으로 계상할 수 있음을 의미한다.[3]

기업회계의 경우에는 합병대가가 피합병법인의 순자산가액을 초과하는 합병차손 전부를 영업권으로 계상하는 반면, 법인세법의 경우에는 합병차손 중 사업상 가치가 있는 금액만 영업권으로 계상하는 차이가 있다.

---

1) 합병법인이 피합병법인으로부터 승계한 순자산가액이 합병대가보다 적은 경우 그 부족액을 합병차손이라고 하므로 영업권은 합병차손의 일종이다.

2) 2009. 12. 31. 법인세법 개정 시 개편된 합병 세제는 피합병법인이 합병법인에게 자산을 양도한 것으로 보아 피합병법인에게 자산양도차익을 과세하므로 합병평가차익의 개념이 불필요해졌다.

3) 재정경제부, "1998 간추린 개정세법", 1999, 269면은 자산성이 없는 단순한 합병차손은 영업권으로 인정되지 않고, 시가에 의한 합병 시에만 영업권이 인정된다는 점을 명확히 기술하고 있다.

3. 합병 영업권을 합병평가차익으로 과세하기 위한 요건

종전에 기업들은 합병 영업권을 익금에 산입하지 않고 그 감가상각비만 손금에 산입하는 방법으로 과세소득을 줄였다. 그러자 국세청은 2003. 9. 27. 합병 영업권이 자산이므로 합병 영업권 가액을 합병평가차익으로 익금에 산입할 수 있다는 예규를 내놓았다.[4] 위 예규에 의하면 합병시점에 영업권 가액을 익금에 산입하고, 추후 내용연수에 나누어 감가상각비를 손금에 산입하므로 납세자의 세부담이 증가한다.

대상판결은 법인 합병의 경우 회계상 영업권 가액을 전부 합병평가차익으로 과세할 수 있는 것이 아니라 합병법인이 피합병법인의 상호 등을 장차 초과수익을 얻을 수 있는 무형의 재산적 가치로 인정하여 그 사업상 가치를 평가하여 대가를 지급한 것으로 볼 수 있는 경우에 한하여 합병평가차익으로 과세할 수 있다고 판시하였다. 합병 영업권을 합병평가차익으로 과세할 수 있는 요건이 별도로 규정되어 있지 않았으므로 합병 영업권의 감가상각 요건을 규정한 구 법인세법 시행령 제24조 제4항에 근거하여 합병 영업권의 합병평가차익 과세요건을 제시한 것이다.[5] 이러한 법리에 기초하여 대상판결은 피합병법인인 A법인의 결손금이 누적되어 재무구조가 취약한 점, 원고가 법인세 신고 시 회계상 영업권을 영업권에 해당하지 않는 것으로 신고한 점 등을 고려하여 원고가 회계장부에 영업권으로 계상한 금액은 기업회계기준에 따른 것일 뿐 세법상 영업권의 자산 요건을 갖추었다고 볼 수 없다고 판단하였다.[6]

자본시장 관련 법령에 근거하여 산정된 합병대가는 자본시장에서 결정된 주가에 기반한 것으로서 다른 어떠한 가격보다 피합병법인의 기업가치를 객관적으로 반영하는 지표이므로 자본시장 관련 법령에 따른 합병대가를 기준으로 영업권을 산정하였다면 특별한 사정이 없는 한, 사업상 가치를 평가한 것으로 인정할 수 있다는 비판이 있으나,[7] 재무상태가 좋지 않은 A법인을 합병하면서 순자산가치에 웃돈까지 얹어준다는 것은 합리적이지 않다는 점을 고려하여 세법상 영업권의 자산 요건을 부인한 것이다.

---

4) 토지, 건물 등 사업용 유형고정자산의 경우에는 사업목적성 요건, 지분연속성 요건, 사업계속성 요건 등 과세이연요건을 충족하면 합병평가차익 상당액을 손금에 산입하여 과세이연을 할 수 있었으나(구 법인세법 제44조 제1항, 구 법인세법 시행령 제80조 제1항), 영업권은 과세이연의 대상이 아니었다.

5) 이의영, "구 법인세법상 합병시 영업권 가액을 합병평가차익으로 과세하기 위한 요건", 「대법원판례해설」 제116호, 법원도서관, 2018, 126면.

6) 이에 비해 대상판결과 같은 날 선고된 대법원 2018. 5. 11. 선고 2017두54791 판결의 경우에는 합병 시점에 피합병법인이 높은 영업이익률을 보였고, 원고가 세법상 영업권으로 신고한 점 등을 들어 세법상 영업권으로 인정할 여지가 크다고 판단하였다.

7) 대표적으로 김성균, "합병평가차익에 대한 과세─대법원 2018.5.11. 선고 2015두41463 판결을 중심으로─", 「중앙법학」 제43권 제1호, 2019, 319─354면; 이중교, "합병 시 영업권과 합병평가차익의 과세문제─대법원 2018.5.11. 선고 2015두41463 판결을 중심으로─", 「조세법연구」 제26집 제1호, 한국세법학회, 2020, 181─214면 참조.

4. 대상판결의 의의

대상판결은 2009. 12. 31. 법인세법이 개정되어 자산양도차익 중심으로 합병세제가 개편되기 이전의 사안에서 합병 영업권을 합병평가차익으로 과세하기 위한 요건을 최초로 제시하였다는 점에서 의의가 있다. 위 법인세법 개정으로 영업권은 합병매수차손으로 대체되었으나, 합병매수차손에 대한 법인세법 시행령 제80조의3 제2항은 "합병법인이 피합병법인의 상호·거래관계, 그 밖의 영업상의 비밀 등에 대하여 사업상 가치가 있다고 보아 대가를 지급한 경우"라고 규정하고 있으므로 대상판결의 사업상 가치 평가 요건에 관한 법리는 현행 합병 세제에도 적용될 수 있다.

51

물적분할과 과세이연

우 지 훈

물적분할과 과세이연

[대법원 2018. 6. 28. 선고 2016두40986 판결][1][2]

우지훈 (대법원 재판연구관)

I ▶ 사실관계 및 사건의 경과

1. 원고는 2008. 5. 1. ○○공장의 화학제품제조 및 도시개발 사업부문을 다른 사업부문에서 물적 분할(이하 '이 사건 분할'이라 한다)하여 분할신설법인을 설립하였다.

2. 원고는 2008. 4. 25. ○○공장 부지를 담보로 은행들로부터 대출을 받은 뒤, 대출금 중 일부만을 분할신설법인에 승계하였다.

3. 원고는 위 대출을 받기 위해 2008. 4. 22. 은행과 부동산담보신탁계약을 체결하였고, 은행에 ○○공장 부지의 소유권이전등기를 해 주었다. 이후 원고는 ○○공장 부지의 등기명의를 돌려받아 분할신설법인에게 소유권을 넘겨주었고, 분할신설법인은 2008. 5. 9. 신탁을 원인으로 은행에 소유권이전등기를 해 주었다.

4. 이 사건 분할 전 ○○공장의 화학제품제조 사업부문에는 95명의 직원이 근무하고 있었는데, 그중 8명이 분할신설법인에 승계되었다.

5. 분할신설법인은 2008. 5. 9. 및 2008. 8. 31. 각 분할대상 사업부문에 관하여 원고와 용역위탁계약 등을 체결한 후, 각종 업무를 위탁하였다.

6. 원고는 이 사건 분할이 과세이연 요건을 충족하였다고 보아, 2008 사업연도 법인세 신고시 분할로 인한 자산양도차익을 주식의 압축기장충당금으로 계상하여 손금에 산입하고, 부가가치세법상 과세대상 재화의 공급에 해당하지 않는 것으로 처리하였다.

7. 피고들은 이 사건 분할이 적격요건을 갖추지 못하였다고 보아 원고에게 법인세와 부가가치세를 각 부과하였다.

---

1) 해당 판결에 대한 상세한 평석은, 우지훈·박훈, "세법상 물적분할의 적격요건-대법원 2018. 6. 28. 선고 2016두40986 판결을 중심으로-",「서울법학」제26권 제2호, 서울시립대학교, 2018 참조.
2) 이하 이 글에서 다루고자 하는 대상판결의 의의와 관련된 사실관계, 쟁점 및 판단만을 축약하여 기재하였다.

Ⅱ ▶ 관련 규정 및 쟁점

1. 관련 규정

(1) 구 법인세법(2009. 12. 31. 법률 제9898호로 개정되기 전의 것) 제47조 제1항, 제46조 제1항, 구 법인세법 시행령(2010. 6. 8. 대통령령 제22184호로 개정되기 전의 것) 제83조 제1항, 제2항

(2) 구 부가가치세법(2010. 1. 1. 법률 제9915호로 개성되기 전의 것) 제6조 제6항 제2호, 구 부가가치세법 시행령(2010. 2. 18. 대통령령 제22043호로 개정되기 전의 것) 제17조 제2항

2. 쟁점

위 관련 규정(1)에 따르면, 분할법인이 물적분할에 의하여 분할신설법인의 주식을 취득하는 경우로서 ① 독립된 사업부문, ② 포괄승계, ③ 사업의 계속성, ④ 지분의 계속성 등의 적격요건을 갖춘 때에는 분할법인의 자산양도차익 상당액을 위 주식의 압축기장충당금으로 계상하여 손금산입하고 해당 주식의 처분 시까지 법인세 과세를 이연한다. 또한 위 관련 규정(2)에 따르면, 적격요건을 갖춘 분할의 경우 부가가치세 과세대상이 되는 재화의 공급으로 보지 않는다.

대상판결에서는 이 사건 분할이 위 적격물적분할의 과세이연 특례요건을 갖추었는지가 문제되었다.

Ⅲ ▶ 법원의 판단

1. ① '독립된 사업부문 요건'이란 기능적 관점에서 분할 이후 기존의 사업 활동을 독립하여 영위할 수 있는 사업부문이 분할되어야 함을 뜻한다. ② '포괄승계 요건'이란 독립된 사업부문 요건을 보완하는 것으로서, 해당 사업 활동에 필요한 자산·부채가 분할신설법인에 한꺼번에 이전되어야 함을 뜻한다. ③ '사업의 계속성 요건'이란 분할 전후 사업의 실질적 동일성이 유지되도록 하는 것으로서, 처분 또는 직접 사용 여부는 실제의 사용관계를 기준으로 객관적으로 판단한다. ④ '지분의 계속성 요건'이란 분할법인이 대가로 분할신설법인 주식만을 취득하여야 한다는 것이다.

2. 위 법리에 비추어 이 사건 분할은 조직형태의 변화가 있을 뿐 기업의 실질적인 동일성은 계속 유지되어 과세이연 요건을 모두 충족한 것으로 봄이 타당하다.

Ⅳ 해설

1. 핵심 논점

분할에 관한 세법상 핵심 논점은 분할시점에 과세를 할 것인지, 아니면 이연할 것인지이다. 입법자가 이와 같이 과세이연 등의 혜택을 부여하는 취지는 '기업구조조정지원'과 '조세회피방지'에 있다고 보인다.

2. 대상판결의 의의

대상판결은 물적분할의 적격요건에 관한 법리와 구체적인 판단기준을 최초로 설시하였다는 점에서 의의가 있다. 구체적으로 대상판결의 타당성을 검토하면 다음과 같다.

(1) 독립된 사업부문 요건에 관하여

이 사건 분할대상 각 사업부문은 기존의 다른 사업부문에서 독립하여 사업 활동의 영위가 가능한 것으로 보이고, 해당 사업부문의 내용과 기능적 특성상 기존 사업부문의 종업원들이 일부를 제외하고 분할신설법인으로 옮겨가지 않았다 하더라도 독립된 사업부문의 분할이 아니라 할 수 없다.

(2) 포괄승계 요건에 관하여

구 법인세법 시행령 제82조 제3항 제2호 단서는 공동으로 사용하던 자산 등 필수적이거나 직접적인 관련이 있는 자산임에도 불구하고 분할하기 어려운 자산과 부채 등을 예외적으로 포괄승계 대상에서 제외하고 있고, 구 법인세법 시행규칙(2010. 6. 30. 기획재정부령 제159호로 개정되기 전의 것) 제41조의2 제2호는 위 예외에 해당하는 부채가 무엇인지에 대해서 규정하고 있다. 대상판결의 원심판결문에 기재된 사실관계를 살펴보면, ○○공장 부지를 담보로 한 차입금 채무는 원고의 다른 사업부문에도 공통된 것으로 보이고, 그중 회사채 상환, 법인세 납부 등에 사용될 일부를 제외한 나머지만을 분할신설법인에 승계시킨 것을 적격요건 불비로 보기 어렵다.

(3) 사업의 계속성 요건에 관하여

실질과세원칙에 비추어 거래의 주체, 대외적인 사업의 명의, 업종의 거래실무, 관리·처분권한의 귀속 및 비용부담관계, 해당 자산의 특성과 사용현황 등을 종합적으로 고려하여 분할신설법인이 사회통념상 직접 사용한 것으로 볼 수 있다면, 업무를 위탁하여 승계한 자산을 사용한 경우에도 직접 사용과 동일한 것으로 보아야 한다.

한편 신탁법상의 신탁등기설정은 승계한 고정자산가액의 처분으로 볼 여지가 있고, 민법상의 신탁도 경우에 따라 승계한 고정자산가액의 처분으로 볼 수 있다. 다만 신탁의 목적과 실질, 신탁계약서에 따른 자산의 용도 및 그 점유·사용·관리의 주체, 비용부담관계, 업종의 거래실무 및 대외적인 거래명의, 해당 자산의 특성과 사용현황 등을 종합적으로 고려하여 특별한 사정이 인정될 경우 적격요건을 갖춘 것으로 보아야 한다. 수탁자인 은행이 ○○공장 부지를 사용하거나 수익한 적 없고, 분할신설법인이 ○○공장 부지를 승계 당시의 현황 그대로 각 사업부문에 직접 사용하고 있다는 등 이 사건에서의 제반 사실관계가 위 특별한 사정에 해당한다는 전제에서 이 사건 분할은 적격요건을 갖추었다고 볼 수 있다.

(4) 지분의 계속성 요건에 관하여

원고는 분할의 대가로 분할신설법인의 주식만을 받았으므로, 적격요건을 갖추었다. 분할 직전에 대출받은 차입금 중 일부가 분할신설법인에 승계되지 않았다는 사정은 분할대가와 아무런 관련이 없다.

52

결손금 감액경정이 항고소송의 대상이 되는
행정처분인지 여부

우 도 훈

52 결손금 감액경정이 항고소송의 대상이 되는 행정처분인지 여부

[대법원 2020. 7. 9. 선고 2017두63788 판결]

우도훈 (법무법인 세종 변호사)

I ▶ 사실관계 및 사건의 경과

주식회사 A(원고)는 2010 내지 2014 사업연도에 모두 결손금이 발생한 것으로 법인세 과세표준 및 세액을 신고하였다. 남인천세무서장(피고)은 2015. 5. 28. 주식회사 A가 특수관계인에 대한 매출채권을 정당한 사유 없이 비특수관계인인 일반거래처에 대한 매출채권의 평균 회수기일보다 지연회수한 것으로 보아, 그 지연회수한 매출채권의 인정이자 상당 금액에 대해 부당행위계산부인 규정을 적용하여 그 금액을 주식회사 A의 익금으로 산입하고, 2010 내지 2014 사업연도의 결손금을 감액하는 경정을 하였다(위 인정이자 상당 금액의 익금산입 이후에도 여전히 2010 내지 2014 사업연도에 모두 결손금이 발생한 상태이다). 주식회사 A는 남인천세무서장의 위와 같은 결손금 감액경정처분의 취소를 구하는 소를 제기하였다.

II ▶ 관련 규정 및 쟁점

1. 관련 규정

◆ 구 법인세법(2009. 12. 31. 법률 제9898호로 일부개정되어 2010. 1. 1. 시행된 것)
제13조(과세표준) 내국법인의 각 사업연도의 소득에 대한 법인세의 과세표준은 각 사업연도의 소득의 범위안에서 다음 각 호에 따른 금액과 소득을 순차로 공제한 금액으로 한다.
  1. 각 사업연도의 개시일전 10년 이내에 개시한 사업연도에서 발생한 결손금으로서 그 후의 각 사업연도의 과세표준계산에 있어서 공제되지 아니한 금액. 이 경우 결손금은 제14조 제2항의 결손금으로서 제60조에 따라 신고하거나 제66조에 따라 결정·경정되거나, 「국세기본법」 제45조에 따라 수정신고한 과세표준에 포함된 결손금에 한정한다.[1]

2. 쟁점

(2019. 12. 31. 법인세법 개정 이후) 결손금 감액경정이 항고소송의 대상이 되는 행정처분인지 여부이다.

III ▶ 법원의 판단

1. 원심법원의 판단

원심법원은 다음과 같은 이유를 들어 2019. 12. 31. 법인세법 개정 이후에도 대법원 2002. 11. 26. 선고 2001두2652 판결의 법리[2]가 그대로 적용될 수 있다고 보아 소를 각하하였다.

① 2009. 12. 31. 법인세법 개정으로 과세표준 계산에서 공제될 수 있는 결손금의 범위가 축소된 것으로 볼 수는 있지만, 위 개정 전에도 결손금이 제한없이 공제되던 것은 아니었으므로, 위 개정 전후에 있어서 결손금 모두가 공제되는 것은 아니라는 점에 있어 차이 없다.

---

1) 2009. 12. 31. 법인세법 개정 전에는 제2문 부분이 없었으나, 위 개정으로 인하여 제2문 부분이 신설되었다.
2) 세무공무원이 법인의 각 사업연도의 익금과 손금을 산정하여 소득금액을 계산하고 이에 따라 과세표준을 결정하는 것은 항고소송의 대상이 되는 행정처분이 아니므로, 그 결정에 잘못이 있는 경우 그에 따라 이루어진 과세처분의 효력을 다투는 절차에서 이를 주장할 수 있고, 또 어느 사업연도에 속하거나 속하게 될 손금의 총액이 그 사업연도에 속하게 될 익금의 총액을 초과하는 금액은 모두 법인세법상 결손금에 해당하고, 법인의 과세표준 등 확정신고나 정부의 조사·결정에 따른 과세표준 등 확정시에 결손금으로 조사된 금액만이 결손금에 해당하는 것이 아니다.

② 위 2001두2652 판결은 결손금이나 과세표준 결정의 법적 성격 자체로 인하여 과세표준 결정의 처분성을 부정하였던 것으로 볼 수 있다.

③ 공제하는 결손금의 범위를 어떻게 정하고 있는지의 문제와 쟁송의 대상이 무엇이 되어야 하는지는 논리적 또는 법적으로 당연히 영향을 미치는 관계에 있다고 할 수 없고, 과세표준 결정 자체만으로 해당 법인이나 기타 관계자들의 법률적 지위에 직접적인 법률적 변동이 발생된다고 보기 어렵다.

④ 2009. 12. 31. 법인세법 개성으로 인하여 원고가 경정 과세표준 자체에 대하여 다투지 아니하면 후행 과세처분의 효력을 다툴 수 없게 된다고 볼 만한 특별한 사정을 찾기 어렵다.

2. 대법원의 판단

대법원은 다음과 같은 이유를 들어 원심판결을 파기하였다.

"개정 법인세법이 시행된 2010. 1. 1. 이후 최초로 과세표준을 신고한 사업연도에 발생한 결손금 등에 대하여 과세관청의 결손금 감액경정이 있는 경우, 특별한 사정이 없는 한 납세의무자로서는 결손금 감액경정 통지가 이루어진 단계에서 그 적법성을 다투지 않는 이상 이후 사업연도 법인세의 이월결손금 공제와 관련하여 종전의 결손금 감액경정이 잘못되었다거나 과세관청이 경정한 결손금 외에 공제될 수 있는 이월결손금이 있다는 주장을 할 수 없다고 보아야 할 것이므로, 이러한 과세관청의 결손금 감액경정은 이후 사업연도의 이월결손금 공제와 관련하여 법인세 납세의무자인 법인의 납세의무에 직접 영향을 미치는 과세관청의 행위로서, 항고소송의 대상이 되는 행정처분이라고 봄이 타당하다."

IV ▶ 해설

1. 기존 대법원 판결

내국법인의 각 사업연도에 속하는 손금의 총액이 그 사업연도에 속하는 익금의 총액을 초과하는 경우, 그 초과하는 금액을 각 사업연도의 '결손금'으로 하고(법인세법 제14조 제2항), 이러한 '결손금'은 일정한 조건하에서 그 뒤 사업연도 과세표준 산정시 이월결손금으로 공제될 수 있다(법인세법 제14조). 따라서 과세관청이 손금불산입(익금산입) 항목을 적출하여 각 사업연도의 결손금을 감액하는 경정을 하였는데 그러한 과세관청의 판단이 위법한 경우, 납세자는 과세관청의 위법한 판단에 의하여 그 뒤 사업연도 과세표준에서 공제될 수 있는 이월결손금을 잃게 되는 불이익을 입을 수 있다.

그런데 만약 과세관청의 결손금 감액경정 이후에도 그 뒤 사업연도에 대한 법인세 부과처분의 효력을 다투면서 기존의 결손금 감액경정이 위법하므로 이월결손금이 추가로 공제되어야 한다는 등의 주장을 할 수 있다면, 제한적인 범위에서나마 위와 같은 불이익은 해소될 수 있을 것이다. 이러한 경우에는 기존 결손금 감액경정으로 인하여 다음 사업연도 이후로 이월되는 결손금이 줄어든 결과 정당한 세액에 비해 과다하게 부과된 법인세액의 당부를 다투는 방법으로 기존의 결손금 감액경정의 위법성에 대한 판단을 받을 수 있기 때문이다. 대상판결 이전의 대법원 판례는 위와 같은 전제하에서 결손금 감액경정은 항고소송의 대상이 되지 않는 것으로 보았다(대법원 1996. 9. 24. 선고 95누12842 판결3) 등).

2. 법령의 개정 및 이 사건 판결

2009. 12. 31. 법인세법이 개정되어, 각 사업연도의 소득으로부터 과세표준을 산정하는 과정에서 공제하는 '이월결손금'의 범위에 관한 규정인 법인세법 제13조 제1항 제1호에 "이 경우 결손금은 제14조 제2항의 결손금으로서 제60조에 따라 신고하거나 제66조에 따라 결정·경정되거나, 「국세기본법」 제45조에 따라 수정신고한 과세표준에 포함된 결손금에 한정한다"는 내용의 제2문이 추가되었다. 이로 인하여, (i) 납세자가 법인세 과세표준 및 세액 신고 시 신고한 결손금, (ii) 과세관청이 경정 또는 결정한 결손금, (iii) 납세자가 수정신고 시 신고한 결손금에 한하여 그 뒤 사업연도에 이월결손금으로 공제할 수 있게 되었다.

그런데 위와 같이 개정된 규정에 따르면, 과세관청이 결손금이 있는 사업연도에 대한 감액경정을 하면서 위법한 판단을 한 경우, 그 뒤의 사업연도에 대한 법인세 부과처분에 대한 불복을 하면서 기존의 결손금 감액경정의 위법성을 다툴 수 있는지 여부가 불분명하게 되었다. 위법한 결손금 감액경정이 된 사업연도의 '정당한 결손금'은 법인세법 제13조 제1항 제1호 제2문에서 정한 결손금의 범위에 포함된다고 보기 어렵기 때문이다(그 '정당한 결손금'은 납세자가 신고 또는 수정신고하거나 과세관청이 경정 또는 결정한 결손금이라고 보기 어렵기 때문이다).

이와 관련하여 대법원은 대상판결에서, 위 법인세법 개정 이후에는 결손금 감액경정 통지가 이루어진 단계에서 그 적법성을 다투지 않는 이상 이후 사업연도 법인세의 이월결손금 공제와 관련하여 종전의 결손금 감액경정이 잘못되었다거나 과세관청이 경정한 결손금 외에 공제될 수 있는 이월결

---

3) 대상 사안의 원심판결이 인용하고 있는 대법원 2002. 11. 26. 선고 2001두2652 판결은 결손금 감액경정이 항고소송의 대상이 되는지 여부에 대한 직접적인 판단을 한 것이 아니라, 위 95누12842 판결을 인용하면서 과세처분이 확정된 사업연도 이후에도 그 뒤 사업연도의 법인세 부과처분의 효력을 다툼에 있어서는 종전 과세표준 결정이 잘못되었다는 점 등을 다툴 수 있다는 판단을 한 것이다.

손금이 있다는 주장을 할 수 없다고 보았고, 이러한 전제하에서 결손금 감액경정은 항고소송의 대상이 되는 행정처분이라는 판단을 하였다.

3. 이 사건 판결의 의의

"행정청의 어떤 행위를 행정처분으로 볼 것이냐의 문제는 추상적, 일반적으로 결정할 수 없고, 국민의 권리의무에 직접적으로 영향을 미치는 행위라는 점을 염두에 두고, 그 행위와 상대방 등 이해관계인이 입는 불이익과의 실질적 견련성 등을 참작하여 개별적으로 결정"하여야 한다(대법원 2007. 10. 11. 선고 2007두1316 판결). 2009. 12. 31. 법인세법 개정 이전에는 그 결손금이 어떠한 절차를 거쳐 확정되었는지와는 무관하게 '각 사업연도 개시일 전 몇 년 이내에 개시한 사업연도에서 발생한 결손금으로서 그 후의 각 사업연도의 과세표준계산에 있어 공제되지 아니한 금액'에 대해서는 이월결손금으로서 공제가 될 수 있었으나, 위 법인세법 개정으로 인하여 제13조 제1항 제1호에 제2문이 추가됨으로써 납세자가 신고 또는 수정신고하거나 과세관청이 경정 또는 결정한 것이 아닌 이상 그 결손금은 이월결손금으로 공제될 수 없게 되었다. 그 결과 위법한 결손금 감액경정의 당부를 그 뒤 사업연도에 대한 법인세 부과처분에서 다투는 것이 가능한지 여부가 불분명하게 되었고, 이 사건 판결은 이와 관련하여 결손금 감액경정 통지가 이루어진 단계에서 그 감액경정 자체로 인하여 국민의 권리와 의무에 직접적인 영향을 미치는 행위가 있었다고 보아 결손금 감액경정의 처분성을 인정한 것이다.

53

기부채납과 부가가치세

최 정 희

기부채납과 부가가치세

[대법원 1990. 4. 27. 선고 89누596 판결]

최정희 (건양대 세무학과 교수)

I ▶ 사실관계 및 사건의 경과

개발회사인 원고는 1981. 10. 20. 인천직할시에 상가와 지하도를 건설하고, 이를 기부채납하는 부관을 붙인 도시계획사업시행허가를 받았고, 또 원고는 위 시설물을 기부채납하면서 15년간 이를 무상사용할 수 있는 허가도 받았다. 1983. 12. 29. 원고는 준공검사를 마치고 위 지하도 및 상가시설물을 기부채납하였다. 이에 피고 인천세무서장은 원고 개발회사가 인천직할시에 재화를 공급하고 그 대가로 지하상가의 무상사용권을 취득한 것으로 보아 이에 대하여 부가가치세 부과처분을 하였다.

II ▶ 관련 규정 및 쟁점

1. 관련 규정

◆ 구 부가가치세법
제7조(용역의 공급) ① 용역의 공급은 계약상 또는 법률상의 모든 원인에 의하여 역무를 제공하거나 재화·시설물 또는 권리를 사용하게 하는 것으로 한다.
제12조(면세) ① 다음 각호의 재화 또는 용역의 공급에 대하여는 부가가치세를 면제한다.
　18. 국가·지방자치단체·지방자치단체조합 또는 대통령령이 정하는 공익단체에 무상으로 공급하는 재화 또는 용역
제13조(과세표준) ① 재화 또는 용역의 공급에 대한 부가가치세의 과세표준은 다음 각호의 가액의 합계액(이하 "供給價額"이라 한다)으로 한다. 다만, 부가가치세는 포함하지 아니한다.
　2. 금전 이외의 대가를 받는 경우에는 자기가 공급한 재화 또는 용역의 시가

2. 쟁점

부가가치세는 사업자가 행하는 재화 또는 용역의 공급을 과세대상으로 하며, 이 중 용역의 공급이란 계약상 또는 법률상의 모든 원인에 따른 것으로서 역무를 제공하거나 시설물, 권리 등 재화를 사용하게 하는 것을 의미한다. 한편, 국유재산법에 따르면 "기부채납"이란 국가 외의 자가 법에서 정한 일정한 재산의 소유권을 무상으로 국가에 이전하여 국가가 이를 취득하는 것을 말한다. 원고가 국가에 기부채납하는 것은 민법상 증여에 해당하고, 기부채납 후 원고에게 부여되는 15년의 사용권도 사용대차에 대응하는 무상의 것이다.

당시 부가가치세법에 따르면[1] 과세대상 재화·용역의 공급이라 하더라도 "국가·지방자치단체·지방자치단체조합 또는 대통령령이 정하는 공익단체에 무상으로 공급하는 재화 또는 용역"은 면세의 대상이 된다. 또한, 대가를 받지 아니하고 타인에게 용역을 공급하는 용역의 무상공급은 용역의 공급으로 보지 않기 때문에 부가가치세 과세대상 거래가 아니다.

이 사건에서의 주된 쟁점은 원고인 개발회사가 소유권을 무상으로 국가에 이전하는 지하도 및 상가시설의 기부채납이 재산 소유권의 무상이전으로 부가가치세법상 과세가 면제되는 면세대상이거나, 과세대상에서 제외되는지, 아니면 원고의 인천직할시에 대한 기부채납과 기부채납으로 인한 시설의 무상사용권이 실질적·경제적 대가관계가 있기 때문에 부가가치세 과세대상이 여부이다.

Ⅲ ▶ 법원의 판단

원고의 사건 공공시설의 설치사업은 구 부가가치세법 제7조 제1항 및 같은 법 시행령 제18조 제1항이 규정하는 건설용역의 공급에 해당하는 것으로 볼 수 있으며, 원고가 위 도시계획사업시행인가와는 별개의 처분으로 인천직할시로부터 이건 지하상가의 무상사용허가를 받은 이 사건 원고의 건설용역공급과 원고에 대한 지하상가의 무상사용허가가 법률형식상의 대가관계가 결여되어 있다

---

1) 현행 부가가치세법도 동일한 내용을 포함하고 있다.
　제12조(용역 공급의 특례) ② 사업자가 대가를 받지 아니하고 타인에게 용역을 공급하는 것은 용역의 공급으로 보지 아니한다. 다만, 사업자가 대통령령으로 정하는 특수관계인(이하 "특수관계인"이라 한다)에게 사업용 부동산의 임대용역 등 대통령령으로 정하는 용역을 공급하는 것은 용역의 공급으로 본다.
　제26조(재화 또는 용역의 공급에 대한 면세) ① 다음 각 호의 재화 또는 용역의 공급에 대하여는 부가가치세를 면제한다.
　20. 국가, 지방자치단체, 지방자치단체조합 또는 대통령령으로 정하는 공익단체에 무상(無償)으로 공급하는 재화 또는 용역

고 하더라도 인천직할시가 지하상가의 무상사용권을 원고에게 허가하여 준 것은 지하상가의 무상
사용권을 대가로 제공하고 민자를 유인하여 예산을 절감하면서 공공시설을 설치하기 위한 취지에
서 나온 것이라 할 것으로 그 행위형식여하에 불구하고 경제적 대가관계에 있으므로 원고가 건설용
역을 제공하고 지하상가 무상사용권을 그 대가로 취득하였다고 하여 한 이 사건 부가가치세 부과처
분은 적법하다. 또한, 이 사건 부가가치세과세표준은 구 부가가치세법 제13조 제1항 제2호에 의하
여 위 용역의 시가, 즉 공사비의 총액이 되어야 한다.

Ⅳ 해설

1. 부가가치세 과세대상 거래

부가가치세란 재화의 거래나 용역의 제공 거래에서 창출되는 부가가치에 대하여 과세하는 세금
으로 1년에 2번 과세되며, 우리나라는 거래단계마다 전단계 세액공제방식을 적용하여 매출세액에
서 매입세액을 차감하여 부가가치세액을 계산하고 있다. 부가가치세는 상품(재화)과 서비스(용역)를
계약상 또는 법률상 모든 원인에 따라 인도·양도하거나 제공하는 거래에 대하여 부과된다.

그러나 일정한 경우에는 부가가치세 과세가 면제되는 경우가 있는데, 이를 면세라고 하며, 국가,
지방자치단체 또는 지방자치단체조합이 공급하는 재화 또는 용역으로서 대통령령으로 정하는 일정
한 것은 면세가 된다. 또한 사업자가 대가를 받지 아니하고 타인에게 용역을 공급하는 것은 용역의
공급으로 보지 않기 때문에 부가가치세가 과세되지 않는다. 이 사건의 시설물 기부채납의 경우 부
가가치세법상 재화의 공급인지, 아니면 용역의 공급인지 구분해야 하며, 또한 두 가지 경우 중 하
나로 분류될 경우 부가가치세 과세대상인지 아닌지를 살펴보아야 한다.

2. 기부채납이 과세대상 거래에 해당하는지 여부

기부채납이란 국가 외의 자가 법령에서 정하는 일정한 재산의 소유권을 무상으로 국가에 이전하
여 국가가 이를 취득하는 것이다. 기부채납의 가장 일반적인 유형은 기부채납의 대가로 일정기간
기부자가 무상사용권을 취득하는 것인데, 구체적으로 국가 소유토지에 시설물을 건설·준공한 후
기부채납하고 그 대가로 일정기간 사용·수익권을 취득하는 것을 예로 들 수 있다. 기부채납은 기
부자가 그의 소유재산을 국가·지방자치단체의 공유재산으로 증여하는 의사표시를 하고 국가·지방
자치단체는 이를 승낙하는 채납의 의사표시를 함으로써 성립하는 증여계약이므로(대법원 1996. 11.

8. 선고 96다20581 판결), 기부채납 절차는 증여재산의 귀속에 관한 일반법원리가 적용되고 있다.

기부채납이 재화의 공급에 해당하는지, 용역의 공급에 해당하는지 그 구별기준이 명확하지는 않지만, 판례는 이미 완성된 물건이나 시설 등의 소유권이 기부채납자에게 실질적으로 귀속된 것으로 볼 수 있는 경우에는 이를 기부채납하고 그 대가로 무상사용권을 취득한 경우에는 재화의 공급으로 보고, 사전에 국가 등과 기부채납 및 무상사용 조건에 대한 협의가 이루어지고 도시계획법 등에 따른 승인을 얻는 등의 절차를 거친 다음 그 완성과 함께 소유권이 국가에 귀속되는 경우에는 용역의 제공으로 판단하고 있다. 이 사건은 도시계획사업시행허가를 받아 지하도 및 상가시설을 완성하여 기부채납하고 그 대가로 무상사용권을 얻은 경우로 이는 건설용역의 제공이라 할 것이다.

다음으로 이 사건 건설용역의 제공이 부가가치세 과세대상인지 여부를 판단하기 위해서는 기부행위와 그에 대한 무상사용권 간의 경제적 관계가 있는지 여부를 판단해야 한다. 해당 사건에 있어서 기부행위와 무상사용권은 법형식적으로 부가가치세법상 계약 또는 법률상 원인에 따른 거래는 아니지만, 실질적으로 대가관계 여부를 따져보았을 때에는 실질적 경제적 대가관계를 인정할 수 있기 때문에 부가가치세 과세대상인 용역의 공급이라고 볼 수 있다. 그리고 대가성이 인정되어 무상의 공급이 아니므로, 부가가치세법상 면세대상도 아니고, 용역의 무상공급에 해당하여 부가가치세 과세대상에서 제외되는 것도 아니다(대법원 1991. 3. 12. 선고 90누7227 판결).

3. 기부채납과 무상사용권에 대한 부가가치세 공급시기와 과세표준

이 사건 기부채납이 부가가치세 과세대상이 되는 용역의 공급에 해당한다면, 부가가치세 과세시기를 결정하는 용역의 공급시기는 역무의 제공이 완료되는 때(부가가치세법 제16조 제1항 제1호)인 기부채납시로 보아야 할 것이다. 그리고 시설물 등을 완성하여 기부채납하고, 기부자는 금전 외의 대가인 무상사용권을 대가로 받았으므로 부가가치세 과세표준은 공급한 용역의 시가상당액(부가가치세법 제29조 제3항 제2호)[2]이 되고, 이 사건에서는 시설전체에 대한 공사비총액이 과세표준이 된다.[3]

---

2) 대법원 1990. 3. 27. 선고 89누3656 판결, 대법원 1991. 3. 12. 선고 90누6972 판결.
3) 기부의 대가로 시설 중 일부의 무상사용권을 취득한 경우라 하더라도 그것이 시설전부에 대한 대가로 인정되는 이상 과세표준은 시설 전체에 대한 공사비 총액이다. 이호원, "시설물의 기부채납과 부가가치세", 「특별법연구」 제4권, 사법발전재단, 1994, 113－114면.

4. 이 사건 판결의 의의

1977. 7. 1. 부가가치세법 시행 후 사업자가 기부채납을 하고 무상사용권을 허가받은 경우 부가가치세 과세처분 사례가 확립되지 않은 1990년대에 이 사건은 원고의 비과세관행 성립 주장을 배척하고 일정기간 동안 무상사용을 조건으로 국가 등에게 기부채납하는 경우, 기부채납행위와 일정기간 동안의 기부채납자산의 무상사용권과는 실질적인 경제적 대가관계에 있다고 해서 부가가치세 과세대상으로 판단한 것에 의의가 있다. 기부채납의 부가가치세 과세 근거에 대한 해석 이외에도 기부채납이 재화의 공급에 해당하는지, 용역의 공급에 해당하는지에 대한 기준 및 기부채납이 건설용역의 제공으로 이루어질 경우의 과세표준에 대해서도 판정기준을 제시함으로 기부채납에 대한 부가가치세 과세의 기초적인 해석기준을 제시했다는 점에서 의의가 있다.

54

토지의 조성 등을 위한
자본적지출과 매입세액의 공제여부

정 병 문

54

토지의 조성 등을 위한 자본적지출과 매입세액의 공제여부

[대법원 1995. 12. 21. 선고 94누1449 전원합의체 판결]
[대법원 2010. 1. 14. 선고 2007두20744 판결]

정병문 (김 · 장 법률사무소 변호사)

I ▶ 사실관계 및 사건의 경과

1. 94누1449 판결

주식회사 A가 골프장 내의 그 소유부지 조성공사와 관련하여 지출한 자본적 지출에 관련된 매입세액이 구 부가가치세법(1993. 12. 31. 법률 제4663호로 개정되기 전의 것) 제17조 제2항 제4호, 같은 법 시행령 제60조 제6항 소정의 불공제 대상이 되는 매입세액에 해당하는지 여부

2. 2007두20744 판결

주식회사 B가 지방자치단체 소유의 토지를 대부받아 골프장 부지 조성 공사비용을 지출하고 골프장을 일정기간 사용한 후, 그 골프장을 기부채납하기로 한 사안에서, 위 대법원 94누1449 판결 이후 법령의 개정이 되었음에도 94누1449 판결의 법리가 적용되는지 여부 및 비용지급 주체가 토지소유자가 아닌 임차인인 경우 매입세액 공제가 되는지 여부이다.

II ▶ 관련 규정 및 쟁점

구 부가가치세법 제17조 제2항 제4호 및 부가가치세법 시행령 제60조 제6항

Ⅲ	법원의 판단

1. 94누1449 판결

(1) 1993. 12. 31. 개정 전 구 부가가치세법 제17조 제2항 제4호에서 매입세액 불공제대상으로 삼는 면세되는 재화 또는 용역을 공급하는 사업에 관련된 매입세액에 해당하는지 여부는 당해 사업이 면세사업이나 과세사업이냐에 따라 판단하여야 한다.

(2) 1993. 12. 31. 개정 전 구 부가가치세법 시행령 제60조 제6항이 구 부가가치세법 제17조 제2항 제4호 소정의 불공제 매입세액에는 토지의 조성 등을 위한 자본적 지출에 관련된 매입세액을 포함한다라고 규정한 취지는, 토지의 조성 등에 따른 거래행위가 같은 법 제17조 제2항 제4호가 전제로 하고 있는 부가가치세의 납부의무가 면제되는 사업을 영위하기 위한 목적으로 이루어진 경우에 한하여 그 토지의 조성 등을 위한 자본적 지출에 관련된 매입세액을 매출세액에서 공제하지 않는다는 당연한 이치를 규정한 것으로 볼 것이다.

(3) 골프장 부지인 토지의 조성공사 용역의 공급에 대한 부가가치세는 그 토지 자체의 공급에 대한 것이 아니라 토지를 골프장으로 사용하기에 적당한 토지로 조성하기 위한 용역의 공급에 대한 매입세액임이 분명하므로, 그것이 수익적 지출에 대한 매입세액이든지 자본적 지출에 대한 매입세액이든지 간에 사업을 위하여 사용될 용역에 대한 매입세액으로서 골프장업의 매출세액에서 당연히 공제되어야 한다.

(4) 구 부가가치세법 제17조 제2항에서 규정한 매입세액 불공제대상 이외에 사업관련성이 인정되는 매입세액은 구 부가가치세법 제17조 제2항에서 열거하고 있는 것 외에는 같은 법 제17조 제1항에 따라 모두 공제되어야 하며, 이러한 특별규정 없이 그 공제를 부인할 수 없다는 것은 조세법률주의 원칙상 당연한 귀결이므로 개정된 부가가치세법(1993. 12. 31. 법률 제4663호로 개정된 것) 제17조 제2항 4호와 같이 법률을 개정하여 해결할 일이지 과세관청이 갑자기 시행령만을 개정하여 이를 공제하지 않을 수 있도록 용인하는 것은 조세법률주의의 근간을 훼손하는 일이라 하지 않을 수 없다.

2. 2007두20744 판결

1993. 12. 31. 개정된 부가가치세법 제17조 제1항 제2호, 부가가치세법 시행령 제60조 제6항 소정의 '토지의 조성 등을 위한 자본적 지출'은 토지 소유자인 사업자가 당해 토지의 조성 등을 위하여 한 자본적 지출을 의미한다고 봄이 타당하므로, 당해 토지의 소유자가 아닌 사업자가 토지의 조성 등을 위한 자본적 지출의 성격을 갖는 비용을 지출한 경우 그에 관련된 매입세액은 특별한 사정

이 없는 한 법 제17조 제2항 제4호, 시행령 제60조 제6항 소정의 매입세액 불공제대상인 토지관련 매입세액에 해당하지 않는다.

IV ▶ 해설

1. 94누1449 판결

골프장 조성비용 중 토지의 자본적 지출에 대한 비용은 과세사업인 골프장업을 영위하기 위하여 지출한 비용 및 당해 토지의 가치를 상승시키기 위한 비용이라는 양면이 있기 때문에 이에 관련된 매입세액의 공제를 허용할 것인가가 문제가 된다.

이와 관련하여 1993. 12. 31. 개정전 부가가치세법 제17조 제2항 제4호는 매입세액 불공제 대상으로 면세되는 재화 또는 용역을 공급하는 사업에 관련된 매입세액이라고 규정하고 1993. 12. 31. 개정 전의 부가가치세법 시행령 제60조 제6항에서 법 제17조 제2항 제4호 소정의 매입세액 불공제 대상으로 토지의 조성 등을 위한 자본적 지출에 관련한 매입세액을 규정하고 있었다.

위와 같이 제60조 제6항 소정의 토지 관련 매입세액의 범위에 대하여 법 제17조 제2항 제4호에서 불공제대상으로 면세되는 재화 또는 용역을 공급하는 사업에 관련된 매입세액이라고 규정하고 있어서 법 제17조 제2항 제4호에 따라 매입세액 불공제 대상은 면세사업에 관련된 매입세액만을 보아야 한다는 견해와 위 시행령 제60조 제6항의 문언에 따라 사업관련성을 따질 필요 없이 모든 매입세액이 불공제 대상이 된다는 견해가 대립되었으나 위 전원합의체 판결에서는 면세사업과 관련된 매입세액만이 불공제대상이 된다는 견해를 취하였다.

위 각 견해의 논거들은 위 대법원 판결에 자세히 설시되어 있는데, 다수 의견(면세사업 관련 매입세액만 불공제 대상이 된다는 견해)은 법 제17조 제2항 제4호가 제한적이고 열거적인 규정임을 전제로, 법 제17조 제2항 제4호의 "면세되는 재화 또는 용역을 공급하는 사업에 관련된 매입세액(투자에 관련된 매입세액을 포함한다)"에 따라 매입세액의 공제 여부는 당해 사업이 면세사업이냐 과세사업이냐에 달려 있으며, 따라서 과세사업을 위하여 지출한 매입세액은 그것이 설사 면세되는 재화 또는 용역에 관련된 것이라 할지라도 법 제17조 제1항의 매입세액 공제에 관한 원칙적 규정에 근거하여 당연히 이를 매출세액에서 공제하여야 하는 것이다. 이와 같이 이해하는 한 시행령 제60조 제6항이 위 법 제17조 제2항 제4호 소정의 불공제 매입세액에는 토지의 조성 등을 위한 자본적 지출에 관련된 매입세액을 포함한다라고 규정한 취지는, 토지의 조성 등에 따른 거래행위가 법 제17조 제2항 제4호가 전제로 하고 있는 부가가치세의 납부의무가 면제되는 사업을 영위하기 위한 목적으로 이루어진 경우에 한하여 그 토지의 조성 등을 위한 자본적 지출에 관련된 매입세액을 매출세액에서 공제하지 않는다는 당연한 이치를 규정한 것으로 볼 것이지, 그렇지 않고 면세사업이든 과세사업이든 이를 가릴 것 없이 모든 사업자가 자기 사업을 영위하기 위하여 토지조성 등을 하는 데 자본적 지출을 한 경우 이에 관련된 매입세액을 일률적으로 불공제 대상으로 삼는다는 뜻을 규정한 것이라고 해석할 수 없다라고 판시하여, 토지 관련 매입세액도 면세사업과 관련하여 지출된 것에 한하여 불공제대상이고, 과세사업과 관련하여 지출된 것은 공제대상이 된다고 판단하였다.

그러나 1993. 12. 31. 위 시행령 제60조 제6항의 근거규정인 법 제17조 제2항 제4호에서 불공제 대상으로 면세사업과 관련된 매입세액과는 별도로 토지관련 매입세액을 규정하여, 개정 후에는 개정 전과 달리 위 시행령 제60조 제6항의 토지 조성과 관련된 매입세액을 면세사업과 관련된 매입세액으로 한정할 수 없고, 모든 토지조성과 관련된 매입세액은 매출세액에서 공제될 수 없게 되었다.

2. 2007두20744 판결

앞서 본 바와 같이 위 94누1449 판결에서 토지 관련 매입세액도 면세사업과 관련하여 지출된 것에 한하여 불공제대상이고, 과세사업과 관련하여 지출된 것은 공제대상이 된다고 판단한 후 법령개정으로 인하여 토지 조성에 관련된 매입세액의 경우 매출세액에서 공제될 수 없게 되었고, 이 부분에 대하여 2007누20744 판결에서 확인하였다.

그러나 국가 등의 토지에 골프장을 조성하여 일정기간 무상으로 골프장을 사용하면서 골프장 사업을 영위하다가 이를 기부채납하는 한 사안에 대하여 기부채납의 대가로 무상사용권을 취득하였다고 보아 이를 재화의 공급이 있다고 보고 있다. 만약 위 사안과 달리 기부자가 자신의 토지에 토지 조성을 위하여 자본적 지출을 한 경우 그 관련된 매입세액은 부가가치세법 제17조 제2항 제4호, 시행령 제60조 제6항에 해당하여 매입세액 불공제 대상이 되는 것은 명백하다. 그러나 이 사건과 같이 기부자가 국가 등의 소유 토지에 건물이나 시설물 등을 축조하여 기부채납하는 경우 이는 재화의 공급에 해당하는 경우라도 토지가 본인의 소유가 아니라서 토지의 공급에 해당하지 않는 것은 명백하다. 과연 이 경우 기부자가 토지 조성 등을 위하여 지출한 비용이 토지 관련 매입세액에 해당하여 불공제 대상이 되는지 여부에 대하여 논란이 있을 수 있다.

이에 대하여 대법원은 토지는 면세재화이어서 토지의 거래에 대하여 매출세액을 부과하고 있지 않기 때문에 그와 관련한 매입세액도 공제를 허용하지 않고 있고, 토지의 자본적 지출은 토지의 취득원가에 산입되는 방법으로 회수되는데, 토지의 임차인 등과 같이 토지의 소유자가 아닌 경우에는 자본적 지출을 하더라도 그 비용을 취득원가에 산입하여 회수할 수 없다는 등의 이유로 '토지의 조성 등을 위한 자본적 지출'은 토지 소유자인 사업자가 당해 토지의 조성 등을 위하여 한 자본적 지출을 의미한다고 봄이 타당하므로, 당해 토지의 소유자가 아닌 사업자가 토지의 조성 등을 위한 자본적 지출의 성격을 갖는 비용을 지출한 경우 그에 관련된 매입세액은 특별한 사정이 없는 한 매입세액 공제를 받을 수 있다고 판단하였다.

3. 위 판결들의 의의

위 94누1449 판결은 토지조성 등을 위한 자본적 지출을 위한 관련된 매입세액 관련한 1993. 12. 31. 개정전 구 부가가치세법 시행령 제60조 제6항을 해석함에 있어 모법인 구 부가가치세법 제17조 제2항 제4호의 위임범위 내에서 해석하여야 하는바, 즉 모법에서 불공제 대상으로 면세사업에 관련된 매입세액을 규정하고 있어 그 시행령을 해석함에 있어 면세사업과 관련한 자본적 지출을 불공제 대상으로 판단하여야 한다고 판시하여 위임입법의 해석에 관한 대법원의 판단을 볼 수 있어 그 의의가 있고, 위 2007두20744 판결은 토지조성 등을 위한 자본적 지출을 위한 관련된 매입세액에 관한 해석이 위 일련의 법령 개정으로 인하여 그 매입세액이 불공제 대상으로 정리되었다는 것을 판시함과 아울러 그 비용 지출의 주체가 토지 소유자가 아닌 경우에는 불공제 대상에서 제외된다는 것을 판단한 것에 그 의의가 있다.

55

부가가치세 과세권이 미치는 거래인지
여부의 판단기준

박 기 범

부가가치세 과세권이 미치는 거래인지 여부의 판단기준

[대법원 2006. 6. 16. 선고 2004두7528, 7535 판결]

박기범 (법무법인 세종 파트너 변호사)

I ▶ 사실관계 및 사건의 경과

원고들(주식회사 한국외환은행 외 9)은 부가가치세 면세사업인 금융업을 영위하는 은행들로서, 1990년대 초반부터 벨기에에 본부를 두고 있는 S.W.I.F.T(Society for Worldwide Interbank Financial Telecommunication, 국제은행간 금융통신조직, 이하 'SWIFT'라 한다)에 가입하여 SWIFT가 운영하는 전용통신망을 이용한 해외은행과의 자금결제, 금융거래, 신용장개설 등의 거래메시지 전송 용역을 공급받고 그 대가로서 SWIFT에 사용료를 지급하여 왔다.

피고들(남대문세무서장 외 2)은, SWIFT는 국내사업장이 없는 비거주자 또는 외국법인으로서 원고들은 구 부가가치세법 제34조 제1항의 규정에 따라 SWIFT에 지급한 사용료에 대한 부가가치세를 징수하여 대리납부할 의무가 있음을 전제로 원고들에게 각 부가가치세부과처분(이하 '이 사건 처분'이라 한다)을 하였다.

원고들은 이 사건 처분의 취소를 구하는 소를 제기하였으나 제1심에서 청구기각되었고, 이에 불복하였으나 항소심과 상고심에서 각각 항소기각, 상고기각되었다.

Ⅱ 관련 규정 및 쟁점

1. 관련 규정

◆ 구 부가가치세법(1999. 12. 28. 법률 제6049호로 개정된 것)

제7조(용역의 공급)[1] ① 용역의 공급은 계약상 또는 법률상의 모든 원인에 의하여 역무를 제공하거나 재화·시설물 또는 권리를 사용하게 하는 것으로 한다.

제10조(거래장소)[2] ② 용역이 공급되는 장소는 다음 각호에 규정하는 곳으로 한다.

 1. 역무가 제공되거나 재화·시설물 또는 권리가 사용되는 장소

제34조(대리납부)[3] ① 다음 각호의 1에 해당하는 자로부터 용역의 공급을 받는 자(供給받은 당해 用役을 課稅事業에 供하는 경우를 제외한다)는 그 대가를 지급하는 때에 부가가치세를 징수하고 제18조 제2항 및 제19조 제2항의 규정을 준용하여 대통령령이 정하는 바에 의하여 사업장 또는 주소지 관할세무서장에게 납부하여야 한다.

 1. 소득세법 제120조 또는 법인세법 제94조의 규정에 의한 국내사업장(이하 이 條에서 "國內事業場"이라 한다)이 없는 비거주자 또는 외국법인

2. 쟁점

용역이 제공되는 장소가 국내인지(부가가치세 과세권이 미치는 거래인지) 여부이다.

Ⅲ 법원의 판단

구 부가가치세법 제10조 제2항 제1호는 용역이 공급되는 장소를 '역무가 제공되거나 재화·시설물 또는 권리가 사용되는 장소'라고 규정하고 있으므로, 과세권이 미치는 거래인지 여부는 용역이 제공되는 장소를 기준으로 판단하여야 할 것이다.

SWIFT가 원고들에게 공급하는 이 사건 용역의 주된 내용은 국내에 SWIFT 통신망을 연결하여 SWIFT가 표준화한 메시지양식에 따라 원고들이 입력한 금융기관 간 송금의뢰 통지, 자금이체 지

---

1) 현행 부가가치세법 제11조.
2) 현행 부가가치세법 제19조, 제20조.
3) 현행 부가가치세법 제52조.

시, 외화자금 매매나 대출·예금계약 성립 등의 확인통지, 신용장 개설통지 등의 외환거래에 대한 메시지를 위 통신망을 이용하여 전송하고 이를 일정기간 저장하는 것이며, 이러한 거래메시지의 전송은 SWIFT 통신망을 이용하는 데 필요한 소프트웨어가 설치된 원고들의 국내 점포의 단말기에서 SWIFT 통신망에 접속(Log in)하여 표준화된 메시지양식에 따라 거래메시지를 입력함으로써 이루어짐을 알 수 있는바, SWIFT 통신망을 이용하는 원고들로서는 이 사건 용역 중 가장 중요하고 본질적인 부분은 SWIFT가 표준화한 메시지양식에 따라 입력한 외환거래에 대한 메시지가 전송되는 것인데, 이러한 SWIFT 통신망 접속 및 메시지의 전송이 이루어지는 곳은 원고들의 국내 점포이므로, 이 사건 용역의 제공장소는 국내라 할 것이고, SWIFT 통신망을 이용한 메시지 전송 및 저장의 기계적 또는 기술적 작업이 해외에서 이루어졌다고 하더라도 달리 볼 것은 아니다.

같은 취지에서 원심이 이 사건 용역의 제공장소가 국내임을 전제로 원고들에게 이 사건 부가가치세 대리납부의무가 있다고 판단한 것은 정당하다.

Ⅳ 해설

1. 부가가치세의 기초와 과세권의 배분

부가가치세는 재화를 생산, 유통하거나 용역을 제공하는 모든 단계에서 창출되는 부가가치에 대한 조세이다. 부가가치세에 관한 각 나라의 과세권을 정하는 기준으로, 전 세계가 소비한 재화나 용역 가운데 각 나라가 생산한 것에 대하여 과세권을 부여하는 생산지 과세원칙과 전 세계가 소비한 재화나 용역 가운데 각 나라가 소비한 것에 대하여 과세권을 부여하는 소비지 과세원칙이 있다. 각 국가들이 일반적으로 채택하고 있는 방식은 소비지 과세원칙이고, 한국 역시 부가가치세법에 명문의 규정을 두고 있지는 않지만 소비지 과세원칙에 입각한 것으로 본다.[4] 소비지 과세원칙하에서 재화와 용역의 공급장소는 과세권과 직접 관련되는 중요한 요소이다.

2. 부가가치세법상 용역의 공급장소

구 부가가치세법 제10조 제2항 제1호는 용역이 공급되는 장소로 '역무가 제공되거나 재화·시설물 또는 권리가 사용되는 장소'를 규정하고 있다. 여기서 재화·시설물·권리의 경우에는 '사용'이라는 법문언이 '사용자(소비자)'가 그 주체임을 전제하고 있는바, 이에 따르면 사용자에 의하여 사용되

---

4) 이창희, 『세법강의(제12판)』, 박영사, 2014, 1005 − 1007면.

는 장소를 공급장소로 한 것이 분명하다(사용자 기준). 그러나 역무의 경우에는 '제공'의 주체는 공급자가 되는 반면 '제공'의 객체는 소비자가 되므로, '역무가 제공되는 장소'라는 법문언만으로는 공급장소가 명확하지 아니하고, 특히 역무 공급자의 소재국과 역무 소비자의 소재국이 다를 때 공급장소를 어느 나라로 보아야 할 것인가가 문제된다.[5] 이는 기술의 발전으로 국경을 넘어 이루어지는 전자상거래가 확연히 증가하고 있는 현 상황에서 한층 중요한 문제로 부각되고 있다.

3. 대상판결의 의의

대상판결은 두 가지 측면의 의의가 있다. 첫째, 대상판결은 SWIFT가 원고들에게 공급하는 용역은 '원고들이 SWIFT 통신망 접속하여 입력한 메시지를 전송'하는 것이고, 이는 '재화·시설물·권리의 사용'이 아닌 '역무의 제공'에 해당한다고 보고 있다. 이에 따라 자연스럽게 '역무가 제공되는 장소'에 관한 판단이 요구된다.[6]

둘째, 대상판결은 '역무가 제공되는 장소'는 용역의 가장 중요하고 본질적인 부분이 이루어지는 장소를 의미한다는 법리를 제시하고 있다. 나아가 대상판결은 이 사건 용역 중 가장 중요하고 본질적인 부분은 원고들이 SWIFT 통신망에 접속하여 입력한 메시지를 전송하는 것이므로, 용역의 공급장소는 이러한 역무가 이루어지는 국내 점포의 소재국인 대한민국이라고 판단함으로써 구체적 판단에 있어서 역무 생산자보다는 역무 소비자의 입장에 가까운 것으로 보인다.[7] 이처럼 '용역의 가장 중요하고 본질적인 부분이 이루어지는 장소'라는 기준은 역무 공급자의 소재국과 역무 소비자의 소재국이 다를 때 공급장소를 결정하는 기준이 될 수 있는 것으로 보이나, 그 용역의 본질이 무엇인지의 판단은 결국 개별 사안에 따라 달라질 수 있다.

---

5) 공급장소의 결정 기준에 관한 의견 대립에 관하여는, 남성우, "국제적 용역거래의 공급장소에 관한 대법원 판례의 경향", 「조세법연구」 제24집 제2호, 한국세법학회, 2018 참고.

6) 용역의 공급장소는 국내라는 대상판결의 결론에는 동의하면서도, 그 결론의 근거로 SWIFT가 제공하는 용역은 '역무의 제공'이 아닌 'SWIFT통신망을 이용할 수 있는 권리의 사용용역'으로 보아야 하고, 따라서 용역의 공급장소는 원고들(사용자)이 권리를 사용하는 장소인 대한민국이 된다는 견해가 있으나(이상기, "부가가치세 과세권이 미치는 거래인지 여부의 판단 기준", 『조세판례백선 2』, 박영사, 2015), SWIFT가 제공하는 용역을 사용용역으로 구성할 수 있을지 다소 의문이다.

7) 이와 관련하여 SWIFT의 입장에서는 용역의 주된 부분은 회원은행들이 입력·발송한 메시지를 교환할 수 있는 통신망을 제공관리하고, 발송된 메시지를 전송 및 저장하는 것으로 볼 수 있으며 이러한 통제장치가 소재한 해외를 용역의 수행장소로 볼 수 있으나, 이와 달리 대상판결이 용역의 공급장소는 국내라고 결론을 내린 것은 소비자의 입장에서 용역의 중요하고 본질적인 부분을 판단하였기 때문이고, 이는 소비지 과세원칙에 부합한다는 견해가 있다(조일영, "국내은행이 S.W.I.F.T(Society for Worldwide Interbank Financial Telecommunication, 국제은행간 금융통신조직)으로부터 제공받은 이 사건 외환거래 메시지 전송용역이 외국법인이 국내에서 공급하는 용역에 해당하여 국내은행이 부가가치세 대리납부의무를 부담하는지 여부(2006. 6. 16. 선고 2004두7528, 7535 판결: 2006하, 1375)", 「대법원판례해설」 제61호, 법원도서관, 2006).

4. 대법원 2022. 7. 28. 선고 2018두39621 판결과의 비교 검토

(1) 사건의 개요 및 판결의 요지[8]

신용카드업을 영위하는 내국법인인 원고들은 미국법인(국내사업장 부존재)인 원고들보조참가인(이하 '참가인'이라 한다)과 참가인의 상표 등을 국내에서 사용할 수 있는 라이선스계약을 체결하고 국내에서 참가인의 상표를 부착한 신용카드를 발급하여 왔다. 원고들은 참가인에게 상표권 사용의 대가 및 시스템을 통한 신용카드 해외 결제 등 포괄적 역무의 대가로 분담금(이하 '이 사건 분담금'이라 한다)을 지급하였다.

피고들은 참가인이 공급한 용역의 공급장소는 국내라고 보아, 원고들이 부가가치세 대리납부의무를 이행하지 않았다는 이유로 부가가치세를 부과하였다.

원심인 서울고등법원은 먼저 이 사건 분담금 중 상표권 사용의 대가 부분에 관하여, 원고들은 국내에서 참가인의 상표 등을 부착하여 신용카드를 발급하거나 인터넷 홈페이지, 가입신청서 등에 표시하는 방법으로 상표권을 사용하고 있으므로 상표권이 사용되는 장소는 국내로 보아야 하고, 다음으로 이 사건 분담금 중 시스템을 통한 신용카드 해외 결제 등 포괄적 역무의 대가 부분에 관하여, 해당 역무는 참가인이 원고들의 국내사업장에서 시스템에 접속할 수 있도록 결제 네트워크 장비와 소프트웨어를 설치 및 연결해줌으로써 실현되고, 신용카드 소지자가 참가인의 해외 가맹점에서 결제하면 원고들이 국내사업장에서 이 사건 시스템에 접속하여 신용카드 거래승인, 정산, 결제 등과 관련된 정보를 전달받거나 전달함으로써 역무의 목적을 달성하게 되는 점에 비추어 용역의 중요하고도 본질적인 부분이 국내에서 이루어졌다고 할 것이므로, 역무제공의 장소는 국내로 보아야 한다고 판단하였다(서울고등법원 2018. 2. 8. 선고 2017누38104 판결). 또한 대법원은 원심인 서울고등법원 판결의 위 판단을 지지하였다(대법원 2022. 7. 28. 선고 2018두39621 판결).

(2) 판결의 의의

해당 판결은 대상판결과 비교하여 두 가지 측면의 의의가 있다. 첫째, 해당 판결은 참가인이 제공하는 용역을 상표권 사용용역과 시스템을 통한 신용카드해외결제 등 포괄적 역무의 제공용역으로 나누어서 각각의 공급장소를 판단하고 있다.

둘째, 해당 판결은 '역무가 제공되는 장소'의 판단기준에 관한 기존의 법리(용역의 가장 중요하고 본질적인 부분이 이루어지는 장소)를 재확인하면서, 더 나아가 "역무가 제공되기 위해서 이를 제공받는 자의 협력행위가 필요한 경우에는 그 협력행위가 어디에서 이루어졌는지도 아울러 고려하여 역무의

---

8) 본 판례평석의 목적에 맞게 사실관계 및 판결요지를 요약하여 설명하였다.

중요하고도 본질적인 부분이 어디에서 이루어졌는지를 판단하여야 한다"라고 하여, 역무 소비자의 협력행위(예컨대 시스템 이용을 위하여 접속하는 행위 등)를 고려하여야 한다는 법리를 제시함으로써, 역무의 제공 장소 판단에 있어서 역무 소비자에 가까운 입장을 보다 분명히 하였다. 그리고 원심인 서울고등법원 판결은, 원고들이 '역무형 용역'에 대해서는 부가가치세법이 소비지과세원칙을 정하고 있지 않으므로 용역의 소비장소가 아닌 공급자를 기준으로 용역의 공급행위가 이루어지는 장소를 거래장소로 보아야 한다고 주장한 데 대하여, 부가가치세법은 소비지과세원칙을 전적으로 채택하고 있고, 역무의 제공에 관해서만 제공지 과세원칙을 채택한 것이라고 보기 어려우며, '역무가 제공되는 장소'란 용역이 현실적으로 수행된 장소뿐만 아니라 그러한 용역이 사용되는 장소까지 포함하는 의미로 보아야 한다고 판단하였다. 이러한 해당 판결 및 원심판결의 판시는, 현행 부가가치세법 제53조의2가 국내사업장이 없는 외국법인이 국내에 정보통신망 등을 통하여 전자적 용역을 제공하는 경우에는 국내에서 공급되는 것으로 간주된다고 규정한 것과도 맥락을 함께하는 것이다.

56

경품을 제공하는 게임장 사업자의
부가가치세 과세표준

김 두 형

경품을 제공하는 게임장 사업자의 부가가치세 과세표준

[대법원 2008. 9. 25. 선고 2008두11211 판결]

김두형 (경희대 법학전문대학원 교수)

I ▶ 사실관계 및 사건의 경과

원고는 일정한 물리적 장소에 입장한 이용자들이 그곳에 설치된 다수의 게임기를 이용하여 성인용 릴게임을 즐기게 하는 게임장 운영 사업자이다. 이용자가 현금을 게임기에 투입하면 화면상 크레딧(credit)으로 적립되고 이것을 사용하여 게임을 할 수 있다. 이용자는 윈(win)창의 점수가 쌓이면 그 점수를 액면가 5,000원짜리 상품권으로 환산하여 경품용 상품권을 게임기에서 배출할 수 있다. 상품권은 매회 짧은 시간에 미리 설정한 게임 조건의 결과에 따라 그 지급 여부가 결정되는데, 각 이용자의 숙련된 게임 기술은 전혀 필요 없으며 오로지 우연에 의해 당첨 여부 및 확률이 다르게 결정된다. 그런데 상당수 게임장이 과당경쟁을 하면서 업주가 게임기를 조작하여 승률을 100% 이상으로 높이거나 고배당 연타 기능을 설정하는 등 실질적으로 사행성을 띠는 문제점이 있다. 이 경우 사업자는 게임장 자체의 영업이익이 감소되지만 별도로 불법 상품권 환전소를 운영하여 그 교환 수수료를 통해 수익을 올리게 된다.

원고는 운영하는 사업장의 부가가치세 신고에 있어서 게임기 이용자의 현금투입액에서 경품으로 지급한 상품권 금액을 차감한 가액을 과세표준으로 산정하였다. 이에 과세처분청은 원고 사업장에 대한 세무조사를 실시하여 원고가 구입하여 제공한 상품권의 수량으로 과세표준을 추계하는 한편 게임기 이용자의 투입금액 전액을 부가가치세가 포함된 공급대가로 보아 원고에게 부가가치세를 경정하여 고지하였다. 원고는 이에 불복하여 소정의 절차를 거쳐 부가가치세 부과처분취소를 구하는 소를 제기하였으나 원심에서 기각하자 이에 상고하였다.

Ⅱ ▶ 관련 규정 및 쟁점

부가가치세법 제29조에 따르면 재화·용역의 공급에 대한 부가가치세 과세표준은 금전 대가인 공급가액이고, 사업자가 재화·용역을 공급받는 자에게 지급하는 장려금이나 이와 유사한 금액은 과세표준에서 공제하지 않는다.

통상 게임장에는 수 십 대의 게임기를 통제하는 중앙컴퓨터에 평균배당률이 97%로 미리 입력되어 있어서 이용자가 투입하는 현금 중 이 비율에 해당하는 금액은 무조건 이용자들에게 배당된다. 이 경우 부가가치세법상 게임장의 공급가액 계산에 있어서 게임기 이용자가 현금투입 후 당첨금으로 받아가는 상품권 가액 상당을 과세표준에서 공제해야 타당한지 해석상 문제가 된다.

Ⅲ ▶ 법원의 판단

부가가치세는 소득세·법인세와 달리 실질적인 소득이 아닌 형식적인 거래의 외형에 대하여 부과하는 거래세의 형태를 띠고 있어 비용공제의 개념이 없고, 사업자의 손익 여부와 무관하게 부과되는 점, 상품권을 경품으로 제공하는 게임장에서 게임업자가 제공하는 것은 게임기 이용이라는 용역뿐이고 상품권은 게임기 이용 후 게임기 이용자별로 우연한 결과에 따라 부수적으로 제공되는 경품으로서 부가가치세법 소정의 장려금적 성격이 있다고 볼 여지가 있는 점, 행정규칙에서 게임업자가 경품을 현금화하는 것을 엄격히 제한하고 있어 상품권을 현금과 동일시할 수 없는 점과 게임업자로서는 스스로 부가가치세가 부과되지 않는 상품권을 구입하여 경품으로 제공한 결과로 그 매입세액을 공제받지 못하는 것인 점 등을 종합하여 고려하면, 게임장에서의 부가가치세 과세표준을 산정함에 있어서 게임기 이용자들이 게임기에 투입한 총금액에서 게임업자가 게임기 이용자들에게 경품으로 제공한 상품권의 액면가액 또는 그 취득가액을 공제할 수는 없다고 봄이 타당하다.[1]

---

1) 이 판결에 대한 평석으로 조성권, "상품권 제공 게임장에서의 부가가치세 과세표준 산정방법", 「대법원판례해설」 제76권, 법원도서관, 2008.

IV ▶ 해설

1. 대상판결에 대한 검토

과세표준 산정 시 게임기에 투입된 현금총액에서 경품용 상품권 지급액을 공제할지에 대하여 공제설과 불공제설에 따라 아래와 같이 견해가 나뉜다.

(1) 게임장 사업자가 공급하는 용역의 실질

공제설에 의하면 사업자가 제공하는 용역의 실질은 이용자들 사이에 부의 재분배가 일어나도록 게임기 이용 장소 및 수단을 마련해 주는 것에 불과하다. 게임 과정에서 게임기에 투입되는 금액 중 평균배당률에 해당하는 일정 금액의 경품용 상품권 배출이 필수적으로 예정되어 있어 사업자와 이용자 사이에 일부 금액의 반환이 확정된 것이며 그 나머지 금액만 실제로 사업자가 용역을 제공하고 얻는 대가라고 본다.

불공제설에 의하면 사업자가 제공하는 것은 게임기 이용이라는 용역일 뿐이고 이용자가 게임기에 투입하는 금액은 게임기 이용이라는 용역 전체에 대한 대가이다. 경품용 상품권은 게임기 이용 당시 확정적으로 지급이 예정되어 있는 것이 아니라 단지 기대 확률에 의해 지급될 가능성에 불과하므로 공급가액 자체가 변경되는 것은 아니라고 본다.

(2) 경품용 상품권 제공의 성질

공제설은 이용자가 게임을 하는 주된 목적은 경품용 상품권을 얻는 데 있다고 본다. 이 상품권은 게임 과정에서 게임기로부터 배출되는 것이지 게임기 이용 용역의 제공이 완료된 후 별도로 제공되는 것이 아니므로 장려금의 성격을 가지는 것이 아니다. 더욱 이용자는 현금 투입액보다 더 큰 금액의 상품권을 획득할 수도 있어서 장려금의 성격에도 맞지 아니한다. 비록 게임장 용역과 상품권이라는 재화를 따로 구분하여 대가를 지급하지 않더라도 이용자가 투입한 현금은 게임장 용역과 재화인 상품권을 공급받는 것에 대한 대가이다. 다만, 상품권은 공급하더라도 화폐대용증권이라서 과세대상 재화의 공급으로 볼 수 없다.

반면에 불공제설은 경품용 상품권의 성질을 이용자가 게임에 흥미를 갖도록 게임에 부수하거나 게임 후에 제공하는 장려금 유사한 것으로 본다. 만일 이용자가 투입한 금액보다 훨씬 더 큰 액수의 상품권을 받더라도 이는 확률적으로 당첨되기 어려운 이례적인 경품에 불과할 뿐이다. 상품권은 게임기 이용자가 게임을 즐기면서 우연히 당첨된 결과에 따라 제공될 뿐이지 게임기에 투입한 금액 일부가 게임기 이용과 별도로 상품권 공급에 대한 대가로서 제공되는 것은 아니다.

2. 이 사건 판결의 의의

이 판결은 게임기 이용자가 일정한 게임 조건을 충족한 경우에 한하여 경품용 상품권을 지급받기 때문에 그 상품권은 단순한 시상금 내지 장려금에 해당하는 것이라고 해석함으로써 부가가치세 과세표준 산정에 있어서 상품권 지급액 불공제설을 취하고 있다. 부가가치세는 소득이 아니라 매출외형에 과세하는 조세라는 점에서만 보면 이러한 논리는 부가가치세법의 기본구조에 충실해 보이는 점이 있다.

하지만 게임장 전체의 개인단말기는 평균적으로 높은 배당률을 보장하도록 중앙통제컴퓨터에 입력되어 있는 점, 실질적으로 이용자들이 게임물을 단순히 오락으로서 즐기기보다 게임 조건을 적중시켜 경품을 획득하는 데 주된 관심을 가지는 점에서 사행성 게임장의 운영 현실을 간과한 측면이 있다. 실제 이용자의 현금투입액을 공급가액으로 부가가치세를 산정한 결과 업체의 수익을 초과하는 과다한 세액이 산출되는 경우 헌법상 재산권보장과 실질적 조세법률주의를 침해하는 것은 아닌지 문제될 수 있으나 헌법재판소는 소극적으로 해석한 바 있다(헌법재판소 2011. 2. 24. 선고 2009헌바11, 2010헌바230(병합) 결정).

57

매입세액 공제의 요건인 '사업 관련성'의 의미

조 윤 희

매입세액 공제의 요건인 '사업 관련성'의 의미

[대법원 2012. 7. 26. 선고 2010두12552 판결]

조윤희 (법무법인 율촌 변호사)

I ▶ 사실관계 및 사건의 경과

원고는 재래시장이 있던 이 사건 부지에 주상복합건물을 신축·판매하는 내용의 이 사건 정비사업을 추진하면서, 이 사건 부지 내 토지 면적의 75.6%를 소유하고 있던 A 회사 주식의 인수에 필요한 자문을 제공받기 위하여 2006. 8. 7. B 회사와 이 사건 컨설팅계약을 체결하고, 2007. 1. 5. 그 용역대금 25억 원(이하 '이 사건 컨설팅대금'이라 한다)을 지급하였다.

원고는 B 회사의 자문을 거쳐 A 회사 주식을 인수한 다음, 2006. 12. 29. A 회사와 이 사건 정비사업에 관하여 사업승인신청 전의 제반 업무 및 소요자금 조달, 사업과 관련된 인허가 업무 등 실질적인 업무 일체를 원고가 수행하되, 사업주체는 A와 공동명의로 한다는 내용의 공동사업약정을 체결하였다.

피고는, 2007. 9. 3. A 회사 주식은 원고가 시행하는 주상복합건물의 신축 및 판매에 직접 사용되는 재화나 용역이 아니므로 이 사건 컨설팅대금에 대한 매입세액은 구 부가가치세법(2010. 1. 1. 법률 제9915호로 개정되기 전의 것, 이하 같다) 제17조 제2항 제2호가 규정한 '사업과 직접 관련이 없는 지출에 대한 매입세액'에 해당한다는 이유로 매입세액 공제를 부인하여 이 사건 부가가치세 부과처분을 하였다.

II ▶ 관련 규정 및 쟁점

1. 관련 규정

구 부가가치세법 제17조 제1항 제1호, 제17조 제2항 제2호(현행 부가가치세법 제38조 제1항 제1호, 제39조 제1항 제4호)

2. 쟁점

구 부가가치세법 제17조 제1항 제1호는 매출세액에서 공제되는 매입세액의 하나로 '자기의 사업을 위하여 사용되었거나 사용될 재화 또는 용역의 공급에 대한 세액'을 규정하여 '사업 관련성'[1]을 매입세액 공제요건으로 정하였다. 그런데 제17조 제2항 제2호는 공제되지 아니하는 매입세액의 하나로 '사업과 직접 관련이 없는 지출에 대한 매입세액'을 규정하여 사업과의 '직접' 관련성을 매입세액 공제의 요건으로 추가한 것이 아닌가 하는 의문이 있었다.

이 사건에서는 원고의 A 회사 주식 취득이 매입세액 공제요건인 '이 사건 정비사업과의 관련성'을 충족하는지가 다투어졌다. 이를 해결하기 위해서는 구 부가가치세법 제17조 제1항 제1호와 제17조 제2항 제2호의 관계를 살펴보아야 하고, '사업 관련성'의 구체적인 의미도 규명하여야 한다.

III ▶ 법원의 판단

1. 원심법원의 판단

이 사건 컨설팅대금은 이 사건 정비사업 자체의 추진을 위하여 직접 필요한 것이라기보다는 원고가 이 사건 정비사업 추진과정에서 지배적 지위를 확보하고 아울러 사업수익의 증대방안을 모색하기 위한 사업 기반의 조성을 위하여 투입한 비용에 지나지 않는다.

결국 피고가 이 사건 컨설팅대금을 이 사건 정비사업과 직접 관련이 없는 지출이라고 본 것은 정당하다.

2. 대법원의 판단

구 부가가치세법 제17조는 매출세액에서 공제하는 매입세액에 관하여 제1항에서 '자기의 사업을 위하여 사용되었거나 사용될' 재화 또는 용역의 공급이나 수입에 대한 세액에 해당하는 이상 그 전부를 공제하도록 규정함으로써 그 기준을 사업 관련성에 두고 있으며, 같은 조 제2항 제2호에서 공제하지 아니하는 매입세액의 하나로 들고 있는 '사업과 직접 관련이 없는 지출에 대한 매입세액'은 부가가치세의 원리상 당연히 매출세액에서 공제될 수 없는 경우를 규정하고 있는 것으로 이해된다 (대법원 1995. 12. 21. 선고 94누1449 전원합의체 판결 등 참조).

---

1) 정확하게 말하면 '과세사업과의 관련성'이다.

따라서 사업 관련성이 없는 지출에 대한 매입세액은 구 부가가치세법 제17조 제1항, 제2항 제2호에 의하여 매출세액에서 공제될 수 없다고 할 것이고, 여기에서 사업 관련성의 유무는 지출의 목적과 경위, 사업의 내용 등에 비추어 그 지출이 사업의 수행에 필요한 것이었는지를 살펴 개별적으로 판단하여야 한다.

원고가 이 사건 정비사업을 추진하기 위해서는 이 사건 부지 내 토지 면적의 대부분을 소유하고 있던 A 회사의 주식을 인수할 필요가 있었던 것으로 보이므로, 그 주식인수를 위한 이 사건 컨설팅대금의 지출은 이 사건 정비사업의 수행에 필요한 것으로서 사업 관련성이 있어 그에 대한 매입세액은 구 부가가치세법 제17조 제1항, 제2항 제2호에서 규정한 불공제대상 매입세액에 해당하지 않는다고 봄이 상당하다.[2]

Ⅳ 해설

1. 들어가며

원심은 구 부가가치세법 제17조 제2항 제2호의 '직접'이라는 문구에 주목하여 '사업 관련성'의 의미를 좁게 해석하였다.[3] 그와 달리 대법원은 부가가치세의 기본원리에 입각하여 구 부가가치세법 제17조 제1항 제1호와 제17조 제2항 제2호가 규정한 '사업 관련성'을 동일하게 보면서 그 의미를 원심법원보다 넓게 인정하였다. 아래에서는 차례로 양자의 관계와 '사업 관련성'의 의미를 살펴본다.

2. 구 부가가치세법 제17조 제1항 제1호와 제17조 제2항 제2호의 관계[4]

위 조항들의 관계에 대해서는, ① 양자를 표리의 관계로 보아 동일한 내용을 규정한 것으로 보는 견해와 ② 후자를 '직접 관련성'이 있는 매입세액만을 공제대상으로 정한 특별규정으로 보는 견해가 가능하다. ①의 견해에 따르면, 후자의 '직접'이라는 문구는 큰 의미가 없고, 결국 양자는 같은 내용을 규정한 것에 불과하다. 그러나 ②의 견해에 따르면, 사업 관련성이 인정되어 제17조 제1항

---

2) 다만 이 사건 정비사업은 이 사건 부지에 주상복합건물을 신축하여 판매하는 사업으로, 토지 분양 등 면세사업도 포함하고 있다. 따라서 이 사건 컨설팅대금 지출의 사업 관련성이 인정되더라도, 그 매입세액은 과세사업에 관한 부분만 매출세액에서 공제된다.

3) 원심의 판단을 '사업 관련성' 자체는 인정하면서 '직접'이라는 추가 요건을 충족하지 못하였다는 취지로 볼 여지도 있다. 그러나 사업 관련성을 '직접' 관련성과 그 이외의 경우로 구분하는 것이 쉽지 않고, 원심도 '직접'의 의미를 따로 밝히고 있지 않으므로, '사업 관련성'을 좁게 해석한 것으로 본다.

4) 이는 현행 부가가치세법 제38조 제1항 제1호와 제39조 제1항 제4호의 경우에도 마찬가지이다.

제1호의 요건을 충족하는 매입세액이라도 추가로 '직접 관련성'이 인정되지 않으면 공제될 수 없다.

　　대법원은 이미 1995. 12. 21. 선고 94누1449 전원합의체 판결에서 구 부가가치세법 제17조 제2항 제2호를 부가가치세의 원리상 당연한 내용을 규정한 것으로 보았다.[5] 이러한 판례의 태도는 ①의 견해로 이해되고, 대상판결의 입장도 같다.

　　전단계세액 공제제도를 채택하여 부가가치세의 부담을 최종 소비자에게 전가하고 있는 우리 부가가치세법의 체계 및 취지에 비추어 볼 때, 사업자가 사업상 필요에 의해 지출하는 비용에 대한 매입세액은 특별한 사정이 없는 한 공제하는 것이 바람직한 점, 구 부가가치세법 제17조 제1항 제1호는 매입세액 공제요건을 적극적으로 규정한 반면, 제17조 제2항 제2호는 이를 소극적으로 규정하는 형식을 취하고 있는데, 양자가 '사업 관련성' 요건을 다르게 규정한 것으로 볼 합리적인 이유가 없는 점, 아래에서 보는 바와 법인세에서도 손비의 요건인 '사업 관련성'을 비교적 넓게 인정하고 있는데, 손비의 요건을 갖춘 지출에 대해서 굳이 매입세액 공제를 부인할 이유가 없는 점 등에 비추어 보면, 대상판결의 입장이 타당하다고 생각된다.

3. 사업 관련성의 의미

　　매입세액의 공제요건인 '사업 관련성'의 의미에 관해서는 논의가 그리 활발하지 않았고, 판례에서 쟁점이 된 경우도 많지 않았다.[6]

　　다만 법인세법 제19조 제2항은 손비의 요건 중 하나로 역시 '사업 관련성'을 규정하고 있는데,[7] 이를 '필요성'으로 파악하는 견해도 있고,[8] '사업 수반성'으로 보는 견해도 있다.[9] 어느 견해든 비

---

5) 소수의견이 "부가가치세법 제17조 제2항 제2호에 해당하는 매입세액은 그 규정이 없더라도 제17조 제1항 제1호의 반대해석에 따라 당연히 불공제되어야 한다."라고 판시한 것도 같은 취지이다.

6) 대법원은, 항만하역 및 이에 관련되는 부대사업을 목적으로 하는 원고 회사가 '사업상 필요'에 따라 항만 부두공사의 잔여공사를 인수하여 완공한 후 그 사용료를 면제받는 조건으로 이를 국가에 기부채납한 경우 사업 관련성을 인정하였다(대법원 1991. 4. 26. 선고 90누7272 판결). 반면, 전광판을 직접 이용하지 아니한 채 단순히 이를 매체로 하여 광고대행업무만을 수행하는 원고가 전광판 운영자에게 법률상·계약상 근거 없이 전광판 운영에 소요되는 전력비를 지출한 경우(대법원 2007. 9. 20. 선고 2005두11036 판결), 아동복제조업을 하는 원고가 단지 재산증식 목적으로 토지 및 건물 등을 매수한 경우(대법원 1987. 3. 24. 선고 86누489 판결)는 사업 관련성을 부정하였다. 그 밖에 대법원 1986. 6. 24. 선고 85누682 판결도 사업 관련성을 부정하였다.

7) 법인세법 제19조 제2항은 "손비는 그 법인의 사업과 관련하여 발생하거나 지출된 손실 또는 비용으로서 일반적으로 인정되는 통상적인 것이거나 수익과 직접 관련된 것으로 한다."고 규정하고 있다.

8) 김완석·황남석,『법인세법론(개정증보판)』, 삼일인포마인, 2022, 277면에 의하면, 미국 내국세법 제162조(a)에서의 손금의 정의 중 '통상적이고 필요한(ordinary and necessary) 비용' 중 '필요한(necessary)'이라는 문언이 사업 관련성을 지칭한 것인데, 미국의 판례는 그 의미를 '납세의무자의 사업의 신장에 적절하며 도움을 주는 것(appropriate and helpful)'으로 판시하면서 '해당 사업에 반드시 필수불가결한 것이어야 할 필요는 없다'고 한다.

9) 김중곤, "법인세법상 손금 인정 기준", 「사법논집」 제38집, 법원도서관, 2004, 326면. 이창희 교수도 '사업과

교적 넓게 사업 관련성을 인정한다.

대상판결은 "사업 관련성의 유무는 그 지출이 사업의 수행에 필요한 것이었는지를 살펴 개별적으로 판단하여야 한다"고 판시함으로써 법인세에서와 같이 사업 관련성을 '필요성'의 의미로 파악하고 있는 것으로 보인다. 법인세에서의 손비와 부가가치세에서의 '매출세액에서 공제되는 매입세액'은 그 의미와 기능이 다르기는 하지만, 그 요건으로 규정한 '사업 관련성'의 문언에 차이가 없고, 양자에 대하여 '사업 관련성'을 달리 인정할 합리적 이유도 없다. 대상판결의 입장이나 결론은 타당하다고 생각한다.

4. 보론 - 구 부가가치세법 시행령 제63조 제3항의 성격

대상판결에서 직접 다루지는 않았지만, 구 부가가치세법 제17조 제7항(현행 제39조 제1항 제4호)의 위임에 따라 사업과 직접 관련이 없는 지출의 범위를 정하고 있는 구 부가가치세법 시행령(2010. 2. 18. 대통령령 제22043호로 개정되기 전의 것, 이하 같다) 제63조 제3항[10]이 열거적 규정인지도 따져볼 필요가 있다.

구 부가가치세법 제17조 제1항 제1호와 제17조 제2항 제2호가 표리의 관계에서 매입세액 공제의 요건을 규정한 이상, 구 부가가치세법 시행령 제63조 제3항은 상위법령인 위 법률조항의 해석 및 운용을 위한 규정으로서, 사업과 직접 관련이 없는 지출로 볼 수 있는 경우를 예시한 것으로 봄이 타당하다고 생각된다.

5. 대상판결의 의의

부가가치세법은 매입세액 공제의 요건으로 '사업 관련성'을, 법인세법은 손비의 요건으로 '사업 관련성'을 규정하고 있다. 이 판결은 매입세액 공제의 요건인 '사업 관련성'의 의미를 밝힘과 아울러 그 판단기준을 제시한 최초의 선례라는 데에 그 의의가 있다. 법인세법상 손비의 요건인 '사업 관련성'의 판단에도 시사점을 제공해 준다.

관련하여'를 '이윤추구 과정에서'로 해석하여 같은 입장을 취하고 있는 것으로 보인다[이창희, "손금산입 요건으로서의 통상경비", 『상사판례연구(Ⅴ)』, 박영사, 2000, 446면].
10) 부가가치세법 시행령이 2013. 6. 28. 대통령령 제24638호로 개정되면서 제77조로 자리를 옮겼다.

58

공급하는 자의 특정

강 성 모

58 공급하는 자의 특정

[대법원 2016. 2. 18. 선고 2014두13812 판결]

강성모 (서울시립대 세무학과 부교수)

I ▶ 사실관계 및 사건의 경과

원고(甲 회사)는 에이(A) 그룹[1]의 자회사인 캐나다 법인이다. 원고는 1999. 12. 23. 인천광역시와 51:49 지분으로 인천대교 건설사업을 추진하기 위하여 특수목적법인인 乙 주식회사를 설립하였다.

원고는 1999. 12.경부터 2003. 3.경까지 乙 주식회사의 본점 사무실에서 그 고용인을 통하여 乙 주식회사에 인천대교 건설사업과 관련한 자문, 구조, 기술 및 기타 엔지니어링 서비스, 건설 관련 기획, 사업계획서 준비 등의 용역을 제공하고 그 결과물로 사업제안서 등을 마련하였다.

원고는 2003. 5.경 영국법인 丁 회사의 자회사인 戊 회사에 위 용역 결과물을 양도하였다.

한편 乙 주식회사는 회계법인의 실사를 통해 2003. 4. 10. 및 2003. 9. 5.에 용역 대금을 확정한 후, 丁 회사에 그 대금을 지급하였다.

원고는 용역을 수행할 당시 국내사업장을 보유하고 있지 않다고 보아 부가가치세 신고·납부를 하지 않았다. 그러나 과세권자는 원고가 乙 주식회사의 본점 사무실을 국내사업장으로 하여 용역을 수행하였고 그 공급이 이루어진 시기는 용역 대금이 확정된 날이 된다고 보았다. 이러한 이유로 원고에게, 2010. 7. 15. 2003년 제1기분 부가가치세 부과·고지를 하였고, 2010. 11. 17. 2003년 제2기분 부가가치세 부과·고지를 하였다.

---

1) 전 세계적인 사업 관리 및 인프라 구축 서비스를 주된 사업으로 한다.

II ▶ 관련 규정 및 쟁점

1. 관련 규정

계약상 또는 법률상의 모든 원인에 따라 역무를 제공하면 용역의 공급으로 부가가치세 과세를 한다(부가가치세법 제11조 제1항 제1호). 이때 용역이 공급되는 시기는 역무의 제공이 완료되는 때이다(부가가치세법 제16조 제1항 제1호). 시설물, 권리 등 재화를 사용하게 해도 용역의 공급이다(부가가치세법 제11조 제1항 제2호). 이때 용역이 공급되는 시기는 시설물, 권리 등 재화가 사용되는 때이다(부가가치세법 제16조 제1항 제2호). 만약 할부 또는 조건부로 용역을 공급할 때는 대가의 각 부분을 받기로 한 때를 용역이 공급되는 시기로 본다(부가가치세법 제16조 제2항, 부가가치세법 시행령 제29조 제1항). 그러나 이러한 잣대로 용역이 공급되는 시기를 판단하지 못할 수 있다. 역무의 제공이 완료되는 때 또는 대가를 받기로 한 때를 용역이 공급되는 시기로 볼 수 없다면, 역무의 제공이 완료되고 그 공급가액이 확정되는 때가 용역이 공급되는 시기다(부가가치세법 제16조 제2항, 부가가치세법 시행령 제29조 제2항 제1호). 이 사건에 적용되는 옛 법령도 같은 취지의 규정을 두고 있었다(구 부가가치세법(2006. 12. 30. 법률 제8142호로 개정되기 전의 것, 이하 같다) 제9조 제4항, 구 부가가치세법 시행령(2010. 2. 18. 대통령령 제22043호로 개정되기 전의 것, 이하 같다) 제22조 제3호).

2. 쟁점

사업자가 역무의 제공을 완료하였으나 공급가액이 확정되지 아니한 상태에서 다른 사업자에게 용역 대금 채권을 양도했다면 누가 부가가치세 납세의무를 부담하느냐가 다투어졌다. 용역 결과물의 양도는 용역 대금 채권의 양도라는 판단이 전제된다. 채권을 양도한 이후에 공급가액까지 확정이 되어야 비로소 용역이 공급되는 시기가 된다면, 아직 용역이 공급되는 시기가 도래하기 전에 용역 대금 채권을 양도한 셈이다. 그리고 용역 대금 채권의 양도 때문에 역무를 제공한 자와 대가를 받는 자가 달라진다. 이때 누구를 공급하는 자로 볼 것이냐가 주요 쟁점이다.

Ⅲ ▶ 법원의 판단

대법원은, 어떤 사업자가 역무의 제공을 완료하였으나 공급가액이 확정되지 아니한 상태에서 다른 사업자에게 용역 대금 채권을 양도하고 그 후 비로소 공급가액이 확정되었다면 애초의 사업자를 공급하는 자로 보아야 한다고 판시하였다. 역무의 제공을 완료한 것은 애초의 사업자일 뿐만 아니라 용역 대금 채권의 양도로 공급하는 자의 지위에 어떠한 영향을 미치지 못한다는 이유를 제시하였다.

Ⅳ ▶ 해설

1. 부가가치세 납세의무자

(1) 용역의 내용이 되는 역무를 실제로 수행한 자

원고는 비용을 부담하여 인천대교 건설사업에 관한 전반적인 사업 관리 용역을 실제로 수행하였다. 이는 乙 주식회사를 위한 것이었다. 그리고 용역 결과물의 소유권을 이전하기 전에 역무의 제공을 대부분 마쳤다. 사업상 독립적으로 재화 또는 용역을 공급하면 그 공급의 주체인 사업자가 납세의무자가 된다(구 부가가치세법 제2조 제1항. 현행 규정은 부가가치세법 제2조 제3호, 제3조 제1항 제1호). 원고는 계약을 원인으로 하여 乙 주식회사에 역무를 제공하였다. 이는 용역의 공급이다(구 부가가치세법 제7조 제1항. 현행 규정은 부가가치세법 제11조 제1항 제1호). 그리고 원고는 용역을 사업상 독립적으로 공급하였다. 따라서 이러한 역무의 제공은 사업자가 행하는 용역의 공급으로 부가가치세 과세를 하는 거래다(구 부가가치세법 제1조 제1항 제1호. 현행 규정은 부가가치세법 제4조 제1호). 그리고 다른 특별한 사정이 없으면, 원고는 사업자로서 부가가치세를 납부할 의무가 있다.

(2) 역무 제공자와 대가 수령자의 분리

역무를 제공한 원고는 그 대가를 직접 받지 않았다. 몇 과정을 거쳐 최종적으로 대가를 받은 자는 丁 회사다. 역무를 제공한 자와 대가를 받은 자가 일치하지 않는다.

공급받는 자 쪽에서 내놓는 금전, 물건 등과 같은 경제적 가치가 있는 것이 공급과 관련한 것이냐를 기준으로 대가냐 아니냐를 판단할 수 있다. 대법원은 실질적·경제적 대가관계라는 잣대로 판단한다(대법원 1993. 12. 10. 선고 93누12503 판결, 대법원 1997. 10. 10. 선고 96누3463 판결). 그런데 거래를 한 당사자와 대가를 주고받는 당사자를 분리해서 거래 구조를 짤 수 있다. 예를 들어, 역무를 제공한 자 이외의 자가 대가를 받을 수 있다. 역무를 제공받은 자가 아닌 제삼자가 대가를 지급할 수도 있다. 그렇다고 해서 대가를 주고받지 않았다고 할 수는 없다. 공급가액이 달라지지도 않는다.

2. 용역이 공급되는 시기

원고는 자기가 비용을 부담하여 인천대교 건설사업과 관련하여 오랜 기간에 걸쳐 역무를 제공하였다. 그런데 역무의 제공이 완료되는 때 또는 대가를 받기로 한 때를 용역이 공급되는 시기라고 할 수는 없는 사정이 있있다.[2] 역무의 제공이 완료되고 그 공급가액이 확정된 때(구 부가가치세법 제9조 제4항, 구 부가가치세법 시행령 제22조 제3호. 현행 규정은 부가가치세법 제16조 제2항, 부가가치세법 시행령 제29조 제2항 제1호)가 용역이 공급되는 시기로 보아야 한다. 그리고 그 시기는 용역 결과물이 양도된 이후다.

3. 용역 결과물 양도의 의미

용역이 공급되는 시기는 법률적으로 정해진다. 그런데 원고는 그 시기 이전에 戊 회사에 용역 결과물을 양도하였다. 원고는 이러한 법률행위에 따라 사업의 주체가 원고에서 戊 회사로 바뀌었고, 따라서 戊 회사가 공급하는 자가 된다는 취지로 주장하였다. 그런데 원고는 용역 결과물 양도 이전에 이미 역무의 제공을 마쳤다. 문제는 용역 결과물의 양도와 대금의 정산이 납세의무자를 바꿀 수 있는 특별한 사정이라 할 수 있느냐다. 그런데 원고가 제공한 역무는 제공하는 그 시점에 효용을 다한다. 사업제안서와 같은 문서를 만들기는 했지만, 중요한 것은 제공한 역무 그 자체다. 이러한 이유에서 대법원은 원고가 2003. 5.경 戊 회사에 양도한 것은 용역 대금 채권이라고 판단한 것 같다. 그렇다면 용역을 공급하는 자의 지위가 戊 회사로 변경되거나 이전되는 것은 아니다.

4. 이 사건 판결의 의의

특별한 사정이 없으면 역무를 제공하는 행위 또는 재화를 사용하게 하는 행위를 한 자가 납세의무자가 된다. 설령 이러한 행위를 한 자가 대가를 직접 받지 않았다는 등의 사정이 있어도 납세의무자가 달라지지는 않는다.

이 사안에서 대법원은, 용역 결과물 양도라는 법률행위를 용역 대금 채권의 양도라 해석하였다. 결과적으로 원고가 역무의 제공을 마쳤으나 아직 용역이 공급되는 시기는 도래하기 전에 용역 대금 채권을 양도하였다고 하였다. 그리고 이러한 채권의 양도는 공급하는 자의 지위에 영향을 미치지 않는다는 점을 명확히 하였다.

---

2) 구체적인 사실관계는 원심인 서울고등법원 2014. 9. 25. 선고 2013누11392 판결 참조.

59

신탁거래와 부가가치세 납세의무자

이 정 란

신탁거래와 부가가치세 납세의무자

[대법원 2017. 5. 18. 선고 2012두22485 전원합의체 판결]
[대법원 2017. 6. 15. 선고 2014두6111 판결]

이정란 (부산대 법학전문대학원 교수)

I ▶ 사실관계 및 사건의 경과

원고 A는 상가건물(이하 '이 사건 건물'이라 한다)의 매수자금에 사용하기 위하여 피고보조참가인 B은행으로부터 42억 원을 대출받았다. 동 대출금채무를 담보하기 위하여 2008. 6. 30. 수탁자인 C 부동산신탁 주식회사(이하 'C부동산신탁'이라 한다)와 이 사건 건물에 관하여 신탁원본의 우선수익자를 B은행으로, 수익권증서 금액을 58억 8,000만 원으로 정한 부동산담보신탁계약(이하 '이 사건 신탁계약'이라 한다)을 체결한 후 소유권이전등기를 마쳤다. 그 후 A가 위 대출금채무를 제때 변제하지 못하자 B은행은 C부동산신탁에 환가를 요청하였으나 공개매각이 수차례 유찰되었다. 이에 B은행이 2009. 2. 23. 수의계약으로 위 대출원리금과 같은 액수인 45억 원에 이 사건 건물의 소유권을 취득하였다. 피고는 위탁자인 A가 B은행에게 이 사건 건물을 공급함으로써 부가가치세의 납세의무자가 되었다고 보아 2010. 1. 16. 원고에게 2009년 제1기분 부가가치세를 부과하는 이 사건 처분을 하였다.

II ▶ 관련 규정 및 쟁점

1. 관련 규정

신탁재산과 관련된 재화 또는 용역을 공급하는 경우 납세의무자가 누구인가에 대한 판단은 현행 부가가치세법 제3조(납세의무자) 제2항 내지 제5항에서 규정하고 있으며, 신탁 관련 제2차 납세의무 및 물적납세의무에 관하여는 같은 법 제3조의2, 위탁자의 지위를 이전할 때 납세의무자를 판단하는 내용은 제10조 제8항에서 다루고 있다.

2. 쟁점

이 사건의 쟁점은 신탁관계에 있어서 부가가치세를 부담할 자가 누구인지를 판단하는 것이다. 종전 대법원에서는 신탁부동산의 소유권은 신탁시점에 위탁자로부터 수탁자로 이전되기는 하지만 그 신탁재산의 처분으로 인한 이익은 최종적으로 위탁자에게 귀속되므로 원칙적으로 부가가치세 납세의무자는 '위탁자'로 판단하였다. 다만, 신탁계약에 있어서 위탁자 이외의 수익자가 지정되어 신탁의 수익이 우선적으로 수익자에게 귀속되는 타익신탁의 경우는 '수익자'를 부가가치세 납세의무자로 보았다. 하지만 대법원은 이 사건 판결에서 신탁부동산의 처분에 따른 부가가치세 납세의무자를 '수탁자'로 변경하였으며, 후속판결에서도 그 입장을 재확인하였다.

Ⅲ ▶ 법원의 판단

1. 원심법원의 판단

종전 대법원의 입장에 따라 원심은 위탁자인 원고 A와 수탁자인 C부동산신탁이 B은행을 우선수익자로 하는 내용의 이 사건 신탁계약을 체결하였고 이는 이른바 담보신탁이면서 타익신탁에 해당하여, 이 사건 건물의 양도로 인한 부가가치세의 납세의무자는 이 사건 신탁계약의 수익자인 B은행이므로, 이 사건 처분은 납세의무자가 아닌 자(위탁자 A)에 대한 것으로서 위법하다고 판단하였다.

2. 대법원의 판단

대법원은 위탁자인 원고 A가 부가가치세 납세의무자가 아니라는 원심과 동일한 결론을 내렸지만, 아래와 같은 이유로 신탁재산의 관리·처분에 있어서 부가가치세 납세의무자를 위탁자나 수익자로 본 기존의 판례에서 수탁자로 판례를 변경하였다.

(1) 부가가치세법은 부가가치 창출을 위한 '재화 또는 용역의 공급'이라는 거래 그 자체를 과세대상으로 하고 있을 뿐 그 거래에서 얻은 소득이나 부가가치를 직접적인 과세대상으로 삼고 있지 않으므로, 부가가치세법상 납세의무자에 해당하는지 여부 역시 원칙적으로 그 거래에서 발생한 이익이나 비용의 귀속이 아니라 재화 또는 용역의 공급이라는 거래행위를 기준으로 판단하여야 한다.

(2) 부가가치세의 과세원인이 되는 재화의 공급으로서 인도 또는 양도는 재화를 사용·소비할 수 있도록 소유권을 이전하는 행위를 전제로 하므로, 재화를 공급하는 자는 위탁매매나 대리와 같이

부가가치세법에서 별도의 규정을 두고 있지 않는 한 계약상 또는 법률상의 원인에 의하여 재화를 사용·소비할 수 있는 권한을 이전하는 행위를 한 자를 의미한다.

　(3) 수탁자가 위탁자로부터 이전받은 신탁재산을 관리·처분하면서 재화를 공급하는 경우 수탁자 자신이 신탁재산에 대한 권리와 의무의 귀속주체로서 계약당사자가 되어 신탁업무를 처리한 것이므로, 이때의 부가가치세 납세의무자는 재화의 공급이라는 거래행위를 통하여 재화를 사용·소비할 수 있는 권한을 거래상대방에게 이전한 수탁자로 보아야 하고, 그 신탁재산의 관리·처분 등으로 발생한 이익과 비용이 거래상대방과 직접적인 법률관계를 형성한 바 없는 위탁자나 수익자에게 최종적으로 귀속된다는 사정만으로 달리 볼 것은 아니다.

Ⅳ ▶ 해설

1. 신탁제도 및 신탁과세이론

　신탁법에 따른 신탁이란 신탁을 설정하는 자(위탁자)와 신탁을 인수하는 자(수탁자) 간의 신임관계에 기하여 위탁자가 수탁자에게 특정의 재산을 이전하거나 담보권의 설정 또는 그 밖의 처분을 하고 수탁자로 하여금 일정한 자(수익자)의 이익 또는 특정의 목적을 위하여 그 재산의 관리, 처분, 운용, 개발, 그 밖에 신탁 목적의 달성을 위하여 필요한 행위를 하게 하는 법률관계를 말한다(신탁법 제2조).

　신탁과 관련한 과세이론은 신탁재산을 독립된 납세의무 주체로 인정할 수 있는지 여부에 따라 신탁실체설과 신탁도관설의 대립이 있다. 신탁재산을 독립된 납세의무의 주체로 보는 신탁실체설의 입장에서는 신탁재산 자체 또는 수탁자가 각각 납세의무자가 될 수 있다. 반면 신탁을 단순한 도관으로 보는 입장에서는 신탁단계에서는 별도로 과세하지 않고, 수익이 실질적으로 귀속되는 자를 납세의무자로 보게 된다. 현행 법인세법과 소득세법은 기본적으로 신탁도관설의 입장에서 신탁재산에 귀속되는 소득은 그 신탁의 이익을 받을 수익자를 납세의무자로 보고 있다(법인세법 제5조 제1항, 소득세법 제2조의3 제1항).[1]

---

1) 김영순, "조세판례회고(下) : 납세자 권리보호 관점에서", 「조세논총」 제2권 제4호, 한국조세법학회, 2017, 81면.

2. 이 사건 판결의 의의

대법원은 이 사건 판결 이전까지 신탁관계에 있어 부가가치세 납세의무자를 자익신탁의 경우 위탁자로, 타익신탁의 경우 수익자로 보았다. 이는 신탁재산의 관리·처분으로 발생한 이익과 비용이 최종적으로 누구에게 귀속되는지를 따져서 부가가치세 납세의무자를 판단한 것으로, 구 부가가치세법 제6조 제5항 위탁매매 규정(현행 제10조 제7항)을 신탁관계에 준용한 결과였다.

이러한 종전 대법원 판결에 대하여 신탁으로 대내외적인 소유권이 수탁자에게 이전된다는 기존 판례 논리와 배치되며, 부가가치세 부과와 관련하여 신탁법상 신탁과 위탁매매의 차이를 구별하지 못하였다는 점, 징세실무상 신탁재산을 체납처분의 대상으로 삼을 수 없다는 점 등의 비판이 제기되어 왔다.

대법원은 이 사건 판결에서 신탁재산의 관리·처분과 관련한 부가가치세 납세의무자를 수탁자로 변경하였다. 이러한 대법원의 판례변경은 수탁자가 신탁재산의 권리와 의무의 주체라는 신탁의 법리, 부가가치세는 실질적인 소득이 아닌 거래의 외형에 대하여 부과하는 거래세 형태를 띠고 있음을 명확히 하였다는 점, 신탁과 관련한 부가가치세법상 거래당사자를 쉽게 인식할 수 있고, 과세의 계기나 공급가액의 산정 등에서도 혼란을 방지할 수 있다는 점 등을 고려하면 타당한 판결이라 판단된다. 또한 이 사건 판결은 이후 부가가치세법상 신탁관계와 관련한 입법적 보완을 촉진하는 계기가 되었다.

3. 후속판결의 검토

대법원은 이 사건 판결 이후에도 후속 판결[2]을 통하여 부가가치세는 거래의 외형에 대해 부과되는 거래세라는 점을 강조하면서, 신탁재산의 관리·처분으로 재화를 공급하는 자인 납세의무자는 사법상 재화의 소유자인 수탁자라는 점을 재확인하였다.[3]

---

2) 대법원 2017. 6. 15. 선고 2014두6111 판결, 대법원 2017. 6. 15. 선고 2014두13393 판결, 대법원 2017. 11. 14. 선고 2014두47099 판결 등.
3) 방진영, "부동산 신탁과 부가가치세 문제", 「조세법연구」 제24집 제2호, 한국세법학회, 2018, 113면.

4. 판례변경 이후 입법적 보완

(1) 2017년 개정 내용

이 사건 판결 및 후속판결의 취지와는 달리 종전 판례대로 과세하기 위해 2017. 12. 19. 법률 제15223호로 개정되어 2018. 1. 1.부터 시행된 부가가치세법에서는 여전히 위탁자를 납세의무자로 보면서 예외적으로 담보신탁에서 담보권실행에 따른 처분의 경우 수탁자가 재화를 공급하는 것으로 보도록 하는 규정(제10조 제8항)과 함께 납세의무자인 위탁자가 부가가치세를 체납한 경우 보충적으로 수탁자에게 물적 납세의무를 지우는 규정(제3조의2)을 신설하였다. 또한 신탁의 설정, 종료 및 수탁자의 변경과 같은 신탁재산의 형식적인 이전은 재화의 공급으로 보지 아니한다는 규정(제10조 제9항 제4호)을 신설하였다.

(2) 현행 조문

이후 2020. 12. 22. 법률 제17653호로 개정되어 2022. 1. 1.부터 시행되고 있는 현행 부가가치세법에서는 결국 변경된 판례를 받아들여 신탁세제 선진화를 위해 신탁재산과 관련한 재화 또는 용역을 공급하는 경우의 납세의무 규정을 정비하였다.[4]

이를 살펴보면 원칙적으로 신탁재산별로 수탁자를 납세의무자로 규정하고, 신탁재산에 실질적 지배·통제 권한이 위탁자에게 있는 경우 등 예외적인 경우에만 위탁자를 납세의무자로 보도록 하였다(제3조 제2항, 제3항). 아울러 수탁자 과세의 경우 수탁자가 납부하여야 하는 부가가치세 등을 신탁재산으로 충당하여도 부족한 경우에는 그 신탁의 수익자(신탁이 종료되어 신탁재산이 귀속되는 자 포함)가 지급받은 수익과 귀속된 재산의 가액을 합한 금액을 한도로 하여 그 부족한 금액에 대하여 제2차 납세의무를 부담하도록 하고, 위탁자 과세의 경우에는 기존과 마찬가지로 수탁자가 신탁재산을 한도로 물적납세의무를 부담하는 것으로 하였다(법 제3조의2 제1항, 제2항).[5]

4) 구법 제10조 제8항을 삭제하는 대신 납세의무자를 규정하고 있는 제3조 조문의 항번을 개정하여 신탁 관련 납세의무의 적용에 필요한 사항을 제2항 내지 제5항으로 신설하였으며, 제3조의2 조문 또한 신탁 관련 제2차 납세의무를 추가하면서 조문의 제목과 내용이 신탁 관련 제2차 납세의무 및 물적납세의무로 확장되었다.
5) 임승순·김용택, 『조세법』, 박영사, 2023, 987면.

60

온실가스 감축실적이 부가가치세법상 재화인지 여부

황 헌 순

60 온실가스 감축실적이 부가가치세법상 재화인지 여부

[대법원 2018. 4. 12. 선고 2017두65524 판결]

황헌순 (계명대 세무학과 조교수)

I ▶ 사실관계 및 사건의 경과

원고(이하 '원고' 또는 '갑 회사'라 한다)는 석유화학제품의 제조·판매업을 영위하는 법인으로서, 정부가 2005년부터 실시해 온 온실가스 배출 감축사업(Korea Voluntary Emission Reduction, 이하 'KVER'이라 한다)에 참여하여, 정부로부터 KVER 사업을 위탁받은 에너지관리공단(현재는 한국에너지공단으로 명칭을 변경하였다. 이하 '공단'이라 한다)에 원고의 온실가스 감축실적(이하 '감축실적'이라 한다)을 판매하는 형식으로 공단으로부터 2010년 제1기(부가가치세 과세기간을 말한다. 이하 같다)에 326,137,977원, 2010년 제2기에 29,057,261원, 2011년 제1기에 630,194,988원 합계 985,390,226원(이하 '이 사건 지급금'이라 한다)을 수령하였다. 원고는 이 사건 지급금에 대하여 세금계산서를 발급·교부하지 않았고, 이 사건 지급금을 부가가치세 과세표준에 포함시키지 않았다.

이에 대해 피고(세무서장)는 원고가 공단에 감축실적을 판매한 것은 부가가치세법상 재화의 공급에 해당한다고 보아, 원고에게 부가가치세 합계 164,707,950원(이 사건 지급금을 부가가치세가 포함된 공급대가로 보아 계산한 매출세액에 가산세를 더한 것)을 경정·고지하였다(이하 '이 사건 각 처분'이라 한다). 원고는 2010년 제1기분 부가가치세에 불복하여 2015. 10. 5. 이의신청을 하였으나 2015. 11. 12. 기각결정을 받았고, 이 사건 각 처분에 불복하여 2016. 2. 4. 조세심판원에 조세심판을 청구하였으나 2016. 4. 27. 기각결정을 받았다.

Ⅱ ▶ 관련 규정 및 쟁점

1. 관련 규정

(1) 구 부가가치세법(2013. 6. 7. 법률 제11873호로 전부 개정되기 전의 것) 제1조 제1항 제1호(현행 제4조 제1호 참조), 제2항(현행 제2조 제1호 참조), 제5항(현행 제2조 제1호 참조), 제6조 제1항(현행 제9조 제1항 참조), 구 부가가치세법 시행령(2013. 6. 28. 대통령령 제24638호로 전부 개정되기 전의 것) 제1조 제2항(현행 제2조 제1항 제2호, 제2항 참조)

(2) 구 부가가치세법(2013. 6. 7. 법률 제11873호로 전부 개정되기 전의 것) 제1조 제1항 제1호(현행 제4조 제1호 참조), 제2항(현행 제2조 제1호 참조), 제5항(현행 제2조 제1호 참조), 제6조 제1항(현행 제9조 제1항 참조), 구 부가가치세법 시행령(2013. 6. 28. 대통령령 제24638호로 전부 개정되기 전의 것) 제1조 제2항(현행 제2조 제1항 제2호, 제2항 참조)

2. 쟁점

온실가스 감축실적이 부가가치세법상 재화에 해당하는지 여부이다.

Ⅲ ▶ 법원의 판단

본 판결에서 대법원은 다음과 같이 판시했다.

[1] 구 부가가치세법(2013. 6. 7. 법률 제11873호로 전부 개정되기 전의 것) 제1조 제1항 제1호, 제2항, 제5항, 제6조 제1항, 구 부가가치세법 시행령(2013. 6. 28. 대통령령 제24638호로 전부 개정되기 전의 것) 제1조 제2항의 내용과 취지 및 부가가치세는 소비재의 사용·소비행위에 담세력을 인정하는 세제이므로 과세대상이 되는 재화인지를 판단하기 위한 재산적 가치의 유무는 거래 당사자의 주관적인 평가가 아닌 재화의 경제적 효용가치에 의하여 객관적으로 결정하여야 한다는 부가가치세의 특성 등을 종합하면, 부가가치세의 과세거래인 '권리의 공급'에 해당하기 위해서는 현실적으로 이용될 수 있고 경제적 교환가치를 가지는 등 객관적인 재산적 가치가 인정되어 재화로서의 요건을 갖춘 권리의 양도 등이 이루어져야 한다.

[2] '온실가스배출 감축실적 정부구매 및 거래기준'(지식경제부공고 제2009-327호) 등에 따르면 갑 회사가 인증받아 판매한 감축실적은 사업자, 거래중개 전문기관 등 사이에서 거래되거나 정부에

판매될 수 있었고, 민간거래가 활성화되기 전이라 하더라도 정부가 일정한 가액으로 감축실적을 구매하였다면 적어도 정부가 구매한 가액만큼의 재산적 가치는 인정할 수 있는 것이므로, 당장의 수요나 이용방법이 없다고 하여 감축실적의 재산적 가치를 부인할 수는 없고, 공단이 갑 회사에 지급금을 지급하면서 갑 회사의 감축실적을 삭감하고 그 결과를 취합하여 정부에 보고한 것은 '감축실적의 귀속'에 해당하여 부가가치세법상 재화의 공급이라고 볼 수 있으므로, 갑 회사의 감축실적의 판매는 부가가치세 과세대상 재화의 공급에 해당하고, 지급금은 사업자가 정부에 감축실적을 공급한 대가로 봄이 타당하고 감축사업의 조성 및 재정상 원조라고 보기 어려우므로 부가가치세 과세표준에 포함되어야 한다고 본 원심판단이 정당하다고 하였다.

IV ▶ 해설

1. 부가가치세법상 재산 가치 유무에 대한 당사자 간 다툼

부가가치세(Value-Added Tax)는 재화나 용역이 생산·제공되거나 유통되는 모든 단계에서 창출된 부가가치를 과세표준으로 하여 과세하는 조세이다.[1] 부가가치세법 제2조 제1호는 '"재화"란 재산 가치가 있는 물건 및 권리를 말한다. 물건과 권리의 범위에 관하여 필요한 사항은 대통령령으로 정한다.'[2]고 규정하며, 동조 제2호는 '"용역"이란 재화 외에 재산 가치가 있는 모든 역무(役務)와 그 밖의 행위를 말한다. 용역의 범위에 관하여 필요한 사항은 대통령령으로 정한다.'고 규정하고 있다.

본 판결은 위 조문들과 함께 살펴볼 때, 해당 사안에서 문제된 감축실적이 부가가치세법상 "재산 가치가 있는 재화"인지 여부에 대해 법해석상 다툼이 발생한 것이다.

원고는 정부가 원고로부터 감축실적을 구매하기는 했지만, '해당 감축실적은 정부가 구매하는 것 외에는 실제 시장에서 거래된바 없어 교환가치를 인정할 수 없고, 명목상의 실적에 불과하여 현실적인 이용가치도 없으므로 부가가치세법상 재화로 볼 수 없다는 점'을 주된 주장으로 하며, 해당 과세처분의 위법성을 주장했다. 즉, 원고는 부가가치세법상 재산 가치가 인정되기 위해서는 실제 시장에서의 거래를 바탕으로 한 실제 이용가치를 중요한 판단기준으로 본 것으로 이해된다.

---

[1] 임승순, 『조세법』, 박영사, 2021, 916면.
[2] 재화의 개념과 범위의 입법연혁에 대해서는 이중교, "온실가스 감축실적의 거래에 대한 부가가치세 과세－대법원 2018. 4. 12. 선고 2017두65524 판결에 대한 평석을 겸하여－", 「법학연구」 제29권 제1호, 2019, 258면 이하. 그 밖에 권형기, "부가가치세법상 '공급'의 해석에 관한 연구", 「조세법연구」 제27집 제2호, 한국세법학회, 2021, 89면 이하도 참조.

이에 반해, 과세관청과 법원은 '해당 감축실적이 사업자, 거래중개 전문기관 등 사이에서 거래되거나 정부에 판매될 수 있었고, 민간거래가 활성화되기 전이라 하더라도 정부가 일정한 가액으로 감축실적을 구매하였다면 적어도 정부가 구매한 가액만큼의 재산적 가치는 인정할 수 있는 것'으로 보아 부가가치세법상 재화의 공급으로 인정한 것이다.

2. 이 사건 판결의 의의

이 사건 판결의 의의는 부가가치세법상 재화인지 여부의 판단기준이 되는 '재산적 가치의 유무'는 거래당사자의 주관적인 평가에 따라 달라져서는 아니되며, 그 재화의 경제적 효용가치에 의하여 객관적으로 결정되어야 한다는 점에 있다고 판단된다.

대법원은 원고가 해당 감축실적 거래대상의 한정, 당장의 수요나 이용방법이 없다는 점에서 부가가치세법상 재화에 해당하지 않는다고 본 것을 주관적인 평가로 판단한 것으로 이해된다. 이러한 점은 정부가 일정한 가액으로 감축실적을 구매한 점을 볼 때, 적어도 정부가 구매한 가액만큼은 재산적 가치를 인정할 수 있으며, 당장의 수요나 이용방법 여부는 해당 감축실적의 재산적 가치 판단과는 별도로 살펴보아야 한다는 것이다.

따라서 원고에게 온실가스 감축실적에 관한 당장의 수요나 이용방법이 없다 하더라도, 정부가 구매한 부분에 대해서는 재산적 가치를 인정할 수 있으며, 원고는 해당 실적을 정부에게 양도하고 이에 대해 대가를 수령하는 것을 재화의 공급으로 판시한 점에서, 부가가치세법상 재화의 공급에 대한 판단기준을 제시한 점에서 의의와 중요성이 있다 할 것이다.[3]

---

3) 현행 부가가치세법이 적용된다면, 권리가 물건 외의 재산적 가치가 있는 것을 의미하는 포괄적인 개념이기 때문에 해당 감축실적은 부가가치세법상 권리에 해당한다 할 것이다(이중교, 앞의 논문, 276면).
   본 판결은 이외에도 해당 감축실적과 관련하여, 에너지관리공단이 원고에게 보낸 공문으로 인한 신의성실의 원칙 위반 여부, 이에 대한 가산세 부과의 적법 여부 등에 대해서도 다툼이 있었지만, 본 글에서는 부가가치세법상 재화인지 여부에 대한 논의에 대해서만 살펴본 바이다.

61

출자전환 후 무상소각하기로 정한
회생채권의 대손세액 공제 여부

임 수 연

임수연 (수원지방법원 부장판사)

I ▶ 사실관계 및 사건의 경과

갑이 원고에게 재화 등을 공급하였는데, 원고가 외상매출채권을 변제하지 못한 상태에서 원고에 대한 회생절차가 진행되었고, 2014. 2. 18. '갑의 원고에 대한 외상매출채권 중 일부는 현금으로 변제받고 나머지는 출자전환하기로 하되 그 출자전환에 의하여 발행된 주식 전부에 대하여 무상감자한다'는 내용의 회생계획인가결정이 있었다. 출자전환이 이루어진 주식은 이틀 후 무상감자 절차를 거쳐 소각되었다.

갑은 위 외상매출채권 전액에 대해 대손이 발생한 것으로 보고 2014년 1기분 부가가치세 신고를 하였으나, 관할세무서장은 현금변제액을 제외한 나머지 출자전환된 채권에 대하여 대손이 발생한 것으로 인정하여 그 10/110 상당의 대손세액을 공제해주었다. 피고 세무서장은 갑이 공제받은 대손세액 상당을 원고의 매입세액에서 차감하여 원고에 대하여 2014년 1기분 부가가치세를 증액경정고지하였다.

II ▶ 관련 규정 및 쟁점

1. 관련 규정

◆ 부가가치세법

제45조(대손세액의 공제특례) ① 사업자는 부가가치세가 과세되는 재화 또는 용역을 공급하고 외상매출금이나 그 밖의 매출채권(부가가치세를 포함한 것을 말한다)의 전부 또는 일부가 공급을 받은 자의 파산·강제집행이나 그 밖에 대통령령으로 정하는 사유로 대손되어 회수할 수 없는 경우에는 다음의 계산식에 따라 계산한 금액(이하 "대손세액"이라 한다)을 그 대손이 확정된 날이 속하는 과세기간의 매출세액에서 뺄 수 있다. (단서 생략) 대손세액 = 대손금액 × 110분의 10

③ 제1항 및 제2항을 적용할 때 재화 또는 용역을 공급받은 사업자가 대손세액에 해당하는 금액의

전부 또는 일부를 제38조에 따라 매입세액으로 공제받은 경우로서 그 사업자가 폐업하기 전에 재화 또는 용역을 공급하는 자가 제1항에 따른 대손세액공제를 받은 경우에는 그 재화 또는 용역을 공급받은 사업자는 관련 대손세액에 해당하는 금액을 대손이 확정된 날이 속하는 과세기간에 자신의 매입세액에서 뺀다. (단서 생략)

◆ 구 부가가치세법 시행령(2019. 2. 12. 대통령령 제29535호로 개정되기 전의 것)
제87조(대손세액 공제의 범위) ① 법 제45조 제1항 본문에서 "파산·강제집행이나 그 밖에 대통령령으로 정하는 사유"란 「소득세법 시행령」 제55조 제2항 및 「법인세법 시행령」 제19조의2 제1항에 따라 대손금으로 인정되는 사유를 말한다 위 규정은 대상 판결 선고 후인 2019. 2. 12. 대통령령 제29535호로 다음과 같이 2호를 추가하는 것으로 개정되었다.

◆ 부가가치세법 시행령
제87조(대손세액 공제의 범위) ① 법 제45조 제1항 본문에서 "파산·강제집행이나 그 밖에 대통령령으로 정하는 사유"란 다음 각 호의 어느 하나에 해당하는 경우를 말한다.
   1. 「소득세법 시행령」 제55조 제2항 및 「법인세법 시행령」 제19조의2 제1항에 따라 대손금으로 인정되는 경우
   2. 「채무자 회생 및 파산에 관한 법률」에 따른 법원의 회생계획인가 결정에 따라 채무를 출자전환하는 경우. 이 경우 대손되어 회수할 수 없는 금액은 출자전환하는 시점의 출자전환된 매출채권 장부가액과 출자전환으로 취득한 주식 또는 출자지분의 시가와의 차액으로 한다.

◆ 구 법인세법(2018. 12. 24. 법률 제16008호로 개정되기 전의 것)
제19조의2(대손금의 손금불산입) ① 내국법인이 보유하고 있는 채권 중 채무자의 파산 등 대통령령으로 정하는 사유로 회수할 수 없는 채권의 금액(이하 "대손금"이라 한다)은 해당 사업연도 2018. 12. 24. 법률 제16008호로 '대통령령으로 정하는 사업연도'로 개정되었다. 여기서 대통령령으로 정하는 사업연도란 법인세법 시행령 제19조의2 제3항에서 다음과 같이 규정하였다.
③ 법 제19조의2 제1항에서 "대통령령으로 정하는 사업연도"란 다음 각 호의 어느 하나의 날이 속하는 사업연도를 말한다.
   1. 제1항 제1호부터 제5호까지, 제5호의2 및 제6호에 해당하는 경우에는 해당 사유가 발생한 날
   2. 제1호 외의 경우에는 해당 사유가 발생하여 손비로 계상한 날
의 소득금액을 계산할 때 손금에 산입한다.

◆ 법인세법 시행령
제19조의2(대손금의 손금불산입) ① 법 제19조의2 제1항에서 "대통령령으로 정하는 사유로 회수할 수 없는 채권"이란 다음 각 호의 어느 하나에 해당하는 것을 말한다.
   5. 「채무자 회생 및 파산에 관한 법률」에 따른 회생계획인가의 결정 또는 법원의 면책결정에 따라 회수불능으로 확정된 채권

2. 쟁점

사업자가 재화 등을 공급하였으나 공급받은 자의 파산 등 대손사유로 그 외상매출금을 회수할 수 없는 경우, 공급한 사업자는 대손세액을 매출세액에서 공제할 수 있고(부가가치세법 제45조 제1항), 이 때 공급받은 사업자는 관련 대손세액을 자신의 매입세액에서 공제해야 하고(같은 조 제3항) 이에 따라 공제받았던 매입세액을 다시 부담하여야 한다. 대손사유로 '회생계획인가의 결정에 따라 회수불능으로 확정된 채권'이라 규정(법인세법 시행령 제19조의2 제1항 제5호)되어 있는데, '외상매출채권이 회생계획에 따라 출자전환 후 곧바로 무상소각이 이루어진 경우' 대손사유에 해당하는지가 쟁점이다.

III ▶ 법원의 판단

회생계획인가결정으로 출자전환된 갑의 원고에 대한 외상매출채권 역시 법인세법 시행령 제19조의2 제1항 제5호에서 정한 '회생계획인가의 결정에 따라 회수불능으로 확정된 채권'에 해당한다고 보고, 그 대손세액을 원고에 대한 매입세액에서 공제하여 원고에게 부가가치세 증액경정고지한 처분을 적법하다고 본 원심법원의 판단을 대법원 역시 다음과 같이 판시하며 수긍하였다.

"회생계획에서 별도의 납입 등을 요구하지 아니하고 신주발행 방식의 출자전환으로 기존 회생채권 등의 변제에 갈음하기로 하면서 출자전환에 의하여 발행된 주식은 무상으로 소각하기로 정하였다면 그 인가된 회생계획의 효력에 따라 새로 발행된 주식은 그에 대한 주주로서의 권리를 행사할 여지가 없고 다른 대가 없이 그대로 소각될 것이 확실하게 된다. 그렇다면 위와 같은 출자전환의 전제가 된 회생채권 등은 회생계획인가의 결정에 따라 회수불능으로 확정되었다고 봄이 상당하다."

IV ▶ 해설

1. 문제의 상황

재화를 공급한 채권자가 채무자로부터 외상매출채권을 회수하지 못한 상태에서 채무자에 대한 회생절차가 진행되어, 채권자의 외상매출채권에 대해 채무자 신주발행의 방식으로 출자전환하고, 발행된 주식을 곧바로 무상소각하기로 회생계획이 이루어진 경우, 이와 같은 사유를 대손사유로 보게 되면, 채권자는 외상매출채권에 관한 매출세액을 대손세액으로 공제하게 되어 납부할 부가가치세가 줄어들게 되는데, 채무자로서는 그에 상응하는 금액을 매입세액에서 공제하게 되어 그 부분 부가가치세를 더 부담하게 되는 결과가 된다. 형식적으로 외상매출채권의 변제에 갈음하여 채무자의 신주 발행 주식을 소유하는 것이지만 곧 그 주식이 소각되어 실제로는 채권을 변제받지 못하게 되는 채권자, 이러한 채권의 대손사유를 인정할 경우 그 채권에 관한 매입세액 부분만큼 다시 부가가치세를 부담하게 되는 채무자 이 양 당사자의 형평 중 어느 것을 더 고려해야 하는지가 이 논의의 쟁점 국면이라 하겠다.

2. 견해의 대립

(1) 대손세액 공제 긍정설

① 외상매출채권이 출자전환 후 무상소각되는 것은 외상매출채권에 관해 채무면제를 하는 것과 다를 바가 없다.

② 회생계획에서 출자전환 후 그 주식이 무상소각되는 것으로 예정된 채권은 법인세법 시행령 제19조의2 제1항 제5호에서 대손사유로 규정한 '회생계획인가결정에 따라 회수불능으로 확정된 채권'이라는 개념에 포섭된다.

③ 만일 출자전환시 매출채권이 변제되어 만족을 얻은 것이라 보게 되면, 채권자로서는 실제 거래징수하지 못한 매출세액까지도 부담하게 되는 반면, 채무자는 채권자에게 대금을 지급하지 못하였음에도 그 부분을 매입세액에 가산하여 부가가치세에 관한 과세이득을 보게 된다.

(2) 대손세액 공제 부정설

① 외상매출채권은 회생계획인가결정에 따라 출자전환되었다가 그 후 감자되는 것으로 외상매출채권은 출자전환으로 변제에 갈음하여 전액 소멸한 것이고, 그 이후 무상소각은 출자전환과 관련 없는 별개의 행위이다.

② 법인세법 시행령 제19조의2 제1항 제5호에서는 대손사유를 '회수불능으로 확정된 채권'이라고만 규정했을 뿐 '출자전환 후 무상소각되는 채권'에 대해서는 언급이 없다.

③ 대손세액공제를 인정할 경우 채무자가 그 매입세액만큼 다시 부담해야 하는 결과 채무자 회생의 취지에 반한다.

3. 검토 및 대상판결의 의의

외상매출채권이 회생계획에서 출자전환된 후 무상소각되기로 정해졌다면 이러한 외상매출채권은 '회생계획인가결정에 따라 회수불능으로 확정된 채권'으로서 대손사유에 해당한다고 보는 것이 타당하다.

회생계획에서 채권이 출자전환되더라도 그 출자전환된 주식의 무상소각이 동반된 경우 채권자로서는 발행받은 회생채무자 주식을 행사하지 못하고 바로 상실하게 되어 채권자가 그 주식에 대한 권리를 행사할 기회조차 없다는 것이 채권자, 채무자, 회생법원 모두에게 명백하다. 이는 외상채권에 대한 채무면제의 결과와 다를 바가 없다. 회생절차에서 채무면제가 있을 경우 이를 '회생계획인가결정에 따라 회수불능으로 확정된 채권'으로 보고 있다. 그런데 채무면제의 경우 회생채무자에게 채무면제익이 발생하여 그 부분 법인세가 부과되게 되어 이를 방지하기 위해 외상채권에 대한 출자전환 후 무상소각이라는 형식을 취한다고 한다. 즉 출자전환 후 무상소각이라는 행위형식 자체가 채무자 편의를 위한 형식인데, 이에 더하여 채권자가 채무면제와 달리 대손세액공제를 받을 수 없다고 해석하는 것은 부당하다.

본래 주식의 소각에는 주주총회 특별결의, 회사채권자에 대한 이의기회 부여 절차 등 상법상 엄격한 요건과 절차들이 필요한데, 회생계획인가결정에 따른 출자전환 후 무상소각의 경우 상법상 엄격한 요건들이 적용되지 않고, 회생계획에 따라 당연히 실행된다. 당사자들이 자유로운 의지에 따라 행위형식을 선택하고 합의할 수 있는 경우와 달리 회생법원, 관리인의 주도하에 채무자의 회생을 위한다는 취지에서 이처럼 외상매출채권의 출자전환 및 무상소각이라는 회생계획안을 부득이 받아들이게 되는 회생채권자에 대해서, 행위형식에 엄격히 얽매이기 보다는 실질을 파악하여 세법관계를 살펴야 할 필요성이 있다.

외상매출채권에 관한 출자전환만 예정된 회생계획의 경우와는 사정이 다르다. 회생계획에서 출자전환시 그 채무가 주식으로 전액 변제 내지 대물변제로 소멸하였다고 보는데(대법원 2003. 4. 14. 선고 2002다20964 판결, 대법원 2005. 1. 27. 선고 2004다27143 판결 등), 이는 출자전환만 있을 경우의 얘기이고, 출자전환에 이어 바로 무상소각까지 회생계획에서 직접 정하고 있는 사안에서는 출자전환된 주식이 소각되어 채무를 면제해주는 것과 다를 바 없으므로 이는 회생계획에서 회수불능으로 확정된 채권으로 보아야 한다.

대상판결도 이와 같은 사정들을 고려하여 외상매출채권을 출자전환한 후 무상소각하기로 회생계획인가결정이 있었던 경우, 채무면제와 마찬가지로 회생계획인가결정에 따라 회수불능으로 확정된 채권에 해당하여 대손세액으로서 공급자의 매출세액뿐 아니라 공급받는 자의 매입세액에서 공제할 수 있음을 긍정하였다.

62

의무사용약정 해지와 공급가액

최 성 근

의무사용약정 해지와 공급가액

[대법원 2019. 9. 10. 선고 2017두61119 판결]

최성근 (영남대 법학전문대학원 교수)

I ▶ 사실관계 및 사건의 경과

원고는 정보통신사업 등을 영위하는 법인으로, ① 이동전화 서비스 이용자와 사이에, 이용자가 선택하는 요금제에 따라 이동전화 이용 요금을 정하되, 이용자가 이동전화 서비스를 일정 기간(약정기간) 동안 이용할 것을 약정하는 경우 이동전화 단말기 대금과 이동전화 요금의 일부 등을 할인해주고 만약 이용자가 약정기간 내에 그 약정을 위반하여 중도 해지할 경우에는 위 할인금액 범위 내에서 일정 금액의 위약금 또는 할인반환금을 받기로 하는 내용의 약정을, ② 인터넷통신 서비스 이용자와 사이에, 이용자가 선택하는 요금제에 따라 인터넷통신 이용 요금을 정하되, 이용자가 일정 기간(약정기간) 동안 이용할 것을 약정하는 경우 무상으로 경품(상품권이나 자전거 등)을 제공하거나 인터넷 요금 및 모뎀이나 셋톱박스 등 단말기에 대한 임대료의 일부 등을 할인해주고 만약 이용자가 약정기간 내에 그 약정을 위반하여 중도 해지할 경우에는 위 할인금액 범위 내에서 일정 금액의 위약금 또는 할인반환금을 받기로 하는 내용의 약정을 각 체결하여 왔다.

원고는 2011년 1기부터 2014년 1기까지의 부가가치세를 신고함에 있어서, 원고와 일정기간 의무사용약정을 체결하고 이동전화 요금, 인터넷통신 요금 및 모뎀 임대료·인터넷통신 단말기 등을 할인 제공받았다가 중도 해지한 이용자들로부터 수령한 위약금 또는 할인반환금(이하 '위약금 등'이라 한다)을 과세표준에 포함하여 신고하였다.

원고는 2014. 7. 25. 피고에게 2011년 1기분 위약금 등에 관한 부가가치세의 환급을 구하는 경정청구를 하였고, 피고는 2014. 11. 10. 원고에게 경정청구액 전부를 환급하였다.

원고는 2014. 11. 19. 피고에게 2011년 2기분부터 2013년 2기분까지의 위약금 등에 관한 부가가치세의 환급을 구하는 경정청구를 하였다. 이에 대하여 피고는 2015. 1. 27. 원고에게 이동전화 요금, 인터넷통신 요금 및 모뎀 임대료 등(용역)의 할인액을 기준으로 산정된 위약금 등의 경우 용역의 공급 없이 받은 위약금에 해당하여 부가가치세 과세대상이 아니라는 이유로 이에 대한 부가가치세를 환급하였다. 반면에 인터넷통신 서비스를 공급하면서 제공된 단말기의 할인금액을 기준으로 산정된 위약금 등의 경우에는 당초 판매 시 매출로 인식하지 않았던 금액을 약정 위반에 근거하여 '잔여 약정기간에 따라 일정 금액을 받는 장비판매대금 회수의 성격'을 가지므로 재화의 공급에 대한 대가로 보아 부가가치세 과세표준에 포함하여야 한다는 이유로 이에 관한 경정청구를 거부하였다(1차 거부처분).

원고는 2015. 1. 29. 2014년 1기분 위약금 중 이동전화 요금, 인터넷통신 요금 및 모뎀 임대료 등(용역)의 할인금액을 기준으로 산정된 위약금 등에 관한 부가가치세의 환급을 구하는 경정청구를 하였다. 이에 대하여 피고는 2015. 3. 31. 위 위약금 등(용역)의 경우에도 용역의 공급대가에 해당하므로 부가가치세 과세표준에 포함되어야 한다는 이유로 원고의 경정청구를 거부하였다(2차 거부처분).

원고는 이 사건 각 처분에 불복하여 2015. 4. 20. 심사청구를 하였으나, 국세청장은 2015. 7. 21. 원고의 청구를 기각하였다. 이에 원고는 피고를 상대로 부가가치세경정거부처분의 취소를 구하는 소송을 제기하였다.

Ⅱ. 관련 규정 및 쟁점

1. 관련 규정

부가가치세법 제29조 제1항 및 제3항 제1호

2. 쟁점

이 사건의 쟁점은, 이동전화 또는 인터넷통신 서비스 이용자가 해당 서비스를 일정기간 이용할 것을 약정하고 이동전화 요금, 인터넷통신 요금 및 모뎀 임대료·인터넷통신 단말기 등을 할인 제공받았다가 중도 해지하여 지급한 위약금 등이 부가가치세법 제29조 제1항 및 제3항 제1호에서 규정하는 부가가치세의 과세표준이 되는 공급가액에 포함되는지 여부이다.

Ⅲ ▶ 법원의 판단

1. 원심법원의 판단

원심은 이 사건 위약금 등은 원고가 의무사용약정을 체결한 이용자에게 제공한 재화나 용역에 대한 공급의 대가가 아니라 원고가 계약을 위반한 이용자들로부터 받은 손해배상의 예정으로서, 부가가치세의 과세대상에 해당하지 않는다고 판단하였다.

이 같은 판단을 함에 있어서는, 원고가 이용자에게 제공하는 이동통신 등 서비스 용역의 공급에 대한 대가는 이용자가 원고에게 당초의 할인된 요금제 약정에 따라 매달 요금을 납부함으로써 이미 지급되었고, 약정기간이 만료되기 전에 이용자가 서비스이용약정을 해지함으로써 이미 할인받은 금액 중의 일부를 원고에게 지급한다고 하더라도 이는 이용자의 위약으로 인한 우연한 결과이므로 이를 용역의 공급대가라고 할 수 없다는 점을 주된 이유로 들었다.

2. 대법원의 판단

대법원은 이 사건 위약금 등은 원고와 의무사용약정을 체결한 이용자가 중도해지를 선택하는 경우 할인받은 금액 중 일부를 추가로 납부해야 하는 금액으로 볼 수 있어, 원고의 재화 또는 용역의 공급과 대가관계에 있다고 판단하였다.

이 같은 판단을 함에 있어서는, ① 의무사용약정에 따른 이동전화 요금 등의 할인은 이용자의 중도해지를 해제조건으로 하는 조건부 할인으로서 이용자는 의무사용 기간을 유지하여 끝까지 이동전화 요금 등의 할인을 받거나 중도해지를 하고 할인받은 금액의 일부를 반환하는 것을 선택할 수 있었던 점, ② 이용자가 지급하는 위약금은 할인받은 금액의 반환이라는 성격을 가지고, 일정 기간이 지난 후에 반환하여야 하는 금액이 줄어드는 것은 단지 장기간 서비스를 이용한 이용자의 부담을 경감하기 위한 조치에 불과하다고 볼 수 있는 점 및 ③ 설령 원고가 일정한 공급조건에 따라 할인하여 준 요금을 에누리로 보아 공급가액에서 제외하여 세금계산서를 발급하였더라도 부가가치세법 제32조 제7항 및 부가가치세법 시행령 제70조 제1항 제3호에 따라 그 증가분에 대하여 수정세금계산서를 발급할 수 있었을 것인 점을 주된 이유로 들었다.

Ⅳ　해설

1. 대상판결의 의의

대상판결은 어떠한 금원이 부가기치세의 과세대상인 재화나 용역의 공급에 대한 대가인지 아니면 부가가치세 과세대상에 해당하지 아니하는 위약금이나 손해배상금인지를 판단함에 있어서는 그 형식이 아니라 실질을 기준으로 판단하여야 한다는 것을 확인하였고, 이동통신사업자에게 지급하는 중도해지 위약금 등이 이동통신 등 서비스의 공급과 대가관계에 있다는 것을 명확하게 밝혔다는 점에 그 의의가 있다.

2. 금전으로 대가를 받는 경우의 부가가치세 과세표준

부가가치세법 제29조 제1항은 "재화 또는 용역의 공급에 대한 부가가치세의 과세표준은 해당 과세기간에 공급한 재화 또는 용역의 공급가액을 합한 금액으로 한다"라고 규정하고, 제3항은 "제1항의 공급가액은 다음 각 호의 가액을 말한다. 이 경우 대금, 요금, 수수료, 그 밖에 어떤 명목이든 상관없이 재화 또는 용역을 공급받는 자로부터 받는 금전적 가치 있는 모든 것을 포함하되, 부가가치세는 포함하지 아니한다"라고 규정하면서 제1호에서 '금전으로 대가를 받는 경우: 그 대가'라고 규정하고 있다.

이들 규정의 문언을 정리하면, 부가가치세의 과세표준이 되는 공급가액이란 금전으로 받는 경우 재화나 용역의 공급과 대가관계에 있는 가액, 즉 대가를 말한다. 그러므로 재화나 용역의 공급대가가 아닌 위약금이나 손해배상금 등은 공급가액이 될 수 없다(대법원 1984. 3. 13. 선고 81누412 판결, 대법원 1997. 12. 9. 선고 97누15722 판결 등). 그러나 재화나 용역을 공급하는 자가 이를 공급받은 자로부터 위약금 등의 명목으로 금전을 지급받았다고 하더라도 그 실질이 재화나 용역의 공급과 대가관계에 있는 것이라면 이는 부가가치세 과세표준이 되는 공급가액에 포함된다고 봄이 타당하다.

3. 대가관계가 있는지 여부의 판단

대법원은 부가가치세의 과세대상이 되기 위해서는 재화나 용역의 공급과 그 반대급부 간에 실질적·경제적 대가관계가 있어야 한다고 보고 있다. 대법원 1996. 6. 14. 선고 95누14428 판결, 대법원 1997. 10. 10. 선고 96누3463 판결, 대법원 1999. 7. 9. 선고 97누14927 판결 등이 대표적으로 그러한 취지를 설시하고 있다.[1]

---

1) 권형기, "부가가치세법상 '공급'의 해석에 관한 연구", 「조세법연구」 제27집 제2호, 한국세법학회, 2021, 109 −

대법원은 대상판결에서 이 사건 위약금 등의 지급은 이동전화 또는 인터넷통신 서비스 이용자가 해당 서비스를 일정기간 사용할 것을 약정하고 할인을 받아오다가 중도해지를 하는 경우 할인받은 금액 중 일부를 반환하는 것으로 원고의 재화 또는 용역의 공급에 대한 대가에 해당한다고 판단하였다. 이 같은 판단은 위약금 등의 약정과 그 이행이라는 법률행위의 형식보다는 그 실질적·경제적 대가관계에 착안한 것으로서 타당하다.

4. 대가관계가 있는 금전의 범위

대법원은 부가가치세 과세표준인 공급가액에 포함되는 대가관계가 있는 금전, 즉 대가의 범위와 관련하여, 이 사건에서 제반 사정에 비추어 위약금 등은 그중 일부의 명목이 위약금으로 되어 있다 하더라도 전체적으로 볼 때 재화 또는 용역의 공급에 대한 대가로 보아야 한다고 판단하였다.

다만, 이 같은 추상적인 판단기준을 이동통신사업자에게 지급하는 중도해지 위약금 등에 일률적으로 적용하는 것은 적절하지 아니하고,[2] 위약금 등이 사용기간 동안 할인받은 금액과 그에 상응하는 이자를 초과하는 부분이 있다면 이는 명목상으로는 물론 실질상으로도 위약금 등에 해당하는 것이므로 부가가치세 과세표준이 되는 공급가액에 해당하지 아니한다고 보는 것이 적절하다고 여겨진다.[3]

110면 참조.
[2] 유철형, "위약금도 부가세 과표 '공급가액'에 포함되나", 세정일보, 2019. 11. 20 참조.
[3] 이에 대해서는 공급가액의 산정에서 가장 중요한 것은 당사자가 그 거래에서 목적물의 가격을 얼마로 결정하고 거래하였느냐이고 특별한 사정이 없으면 목적물의 객관적 가치라는 것은 의미가 없다는 견해가 있다, 강성모, "2019년 부가가치세 판례회고", 「조세연구」 제20권 제1호, 한국조세연구포럼, 2020, 102면.

63

지점 명의로 발급받은 세금계산서가
사실과 다른 세금계산서에 해당하는지 여부

마 옥 현

63 지점 명의로 발급받은 세금계산서가 사실과 다른 세금계산서에 해당 하는지 여부

[대법원 2021. 10. 28. 선고 2021두39447 판결]

마옥현 (법무법인 광장 변호사)

I ▶ 사실관계 및 사건의 경과

원고는 2000. 4. 10. 부가통신사업 등을 목적으로 하는 회사로서 서울 강남구 역삼동 소재지를 본점 사업장으로 하여 사업자등록을 하였고, 2014년 무렵부터 용인시 소재 물류센터를 사업에 활용하다가 2015. 12. 7. 용인 물류센터를 사업장 소재지(용인 사업장)로 종목을 보통창고업으로 한 사업자등록을 하였다. 원고는 2014. 6. 1.부터 2016. 5. 31.까지 A회사와 용인 물류센터 등에서의 제품 입고·출고·보관 등 제반물류 업무 처리 위탁업무에 관한 내용의 물류대행서비스계약을 체결한 뒤 A회사에 용인 물류센터에서의 물류처리업무를 위탁해 왔다. 원고와 A회사는 2015. 6. 1.부터 2015. 11. 30.까지 용인 물류센터에서 발생한 물류대행수수료의 정산차액(정산수수료)을 A회사가 원고에게 청구하기로 약정하였다.

원고는 2015. 6.부터 2015. 11.까지 A회사로부터 공급받은 물류대행용역에 관해서는 공급받는 자를 '본점 사업장'으로 기재한 세금계산서를 수취하여 부가가치세 신고 시 매입세액을 공제하였다. 그런데 원고는 위 정산수수료에 관해서는 2015. 12. 21. A회사로부터 공급받는 자를 '용인 사업장'으로 한 세금계산서(이하 '이 사건 세금계산서'라 한다)를 수령한 다음, 2016. 1. 22. 용인 사업장에 관한 2015년 제2기분 부가가치세 확정신고를 하면서 이 사건 세금계산서의 매입세액을 공제하여 환급세액을 신고하였다.

과세관청은, 정산수수료는 용인 사업장이 아닌 본점 사업장의 매입에 해당하므로 원고의 본점 사업장이 아닌 원고의 용인 사업장이 수취한 이 사건 세금계산서는 '공급받는 자'가 실제와 달라 '사실과 다른 세금계산서'에 해당한다고 보았고, 이를 전제로 용인 사업장이 신고한 이 사건 세금계산서의 매입세액 공제를 부인하고 관련 가산세(세금계산서불성실 가산세와 초과환급신고 가산세)를 부과하였다. 이에 따라 과세관청은 원고에 대해서 원고가 신고한 환급세액(용인 사업장 관련)에서 이 사건 세금계산서 매입세액과 가산세액을 차감한 금액을 환급세액으로 결정·통지하였다.

421

한편 원고는 2016. 10. 14. 본점 사업장에 관한 2015년 제2기 부가가치세 신고에 이 사건 세금
계산서의 부가가치세를 매입세액으로 추가하는 과세표준 및 세액 경정청구, 이의 신청을 통하여
2017. 4. 6. 이 사건 세금계산서의 매입세액 전액을 환급받았다.

Ⅱ ▶ 관련 규정 및 쟁점

1. 관련 규정

구 부가가치세법(2016. 1. 19. 법률 제13805호로 개정되기 전의 것) 제39조 제1항 제2호는 세금계산
서의 필요적 기재사항의 전부 또는 일부가 사실과 다르게 적힌 경우의 매입세액을 매출세액에서 공
제하지 아니한다고 규정하고, 같은 법 제60조 제3항 제2호는 사업자가 재화 또는 용역을 공급받지
아니하고 세금계산서 등을 발급받은 경우에는 가산세 부과대상이 된다고 규정하고 있다. 원고는 수
취한 이 사건 세금계산서가 재화나 용역의 공급이 없는 가공의 세금계산서라거나 사실과 다른 세금
계산서에 해당하지 않으므로 위 법 제39조 제1항 제2호와 제60조 제3항 제2호에 따른 매입세액 불
공제 및 가산세 부과대상이 안 된다고 주장하였다. 부가가치세법은 사업자의 부가가가치세 납세지
가 사업장의 소재지이고(제6조), 사업자에게 사업장마다 사업 개시일부터 20일 이내에 사업장 관할
세무서장에게 사업자등록을 하여야 한다(제8조) 등의 의무를 부담함으로써 소위 '사업장별 과세 원
칙'을 규정하고 있다. 이러한 사업장별 과세 원칙에 비추어 이 사건 세금계산서가 사실과 다른 세금
계산서에 해당하는지 여부가 문제된다.

2. 쟁점

본점 사업장이 용역 등의 공급자임에도 지점 사업장 명의로 세금계산서를 발급하는 경우에는 사
실과 다른 세금계산서에 해당한다는 유권해석 등 실무 관행이 존재하였으나, 본점 사업장이 용역
등을 공급받았음에도 지점 사업장이 그 명의로 세금계산서를 수취하는 경우에도 부가가치세법 제
39조 제1항 제2호의 '사실과 다른 세금계산서'에 해당하는지 실무상 논란이 되었는데, 이 사안은
후자가 쟁점이다.

Ⅲ ▶ 법원의 판단

1. 원심법원의 판단

제1심법원(수원지방법원 2020. 9. 3. 선고 2020구합60070 판결)은, 부가가치세는 사업장 과세의 원칙을 취하고 있으므로 각 사업장은 과세상 독립된 장소적 단위로서 실질적인 과세단위가 된다고 할 것인데, A회사로부터 물류대행용역을 체결하고 그 용역을 '공급받는 자'는 원고의 용인 사업장이 아니라 원고의 본점 사업장이므로 원고의 용인 사업장을 공급받는 자로 기재한 이 사건 세금계산서는 부가가치세법 제39조 제1항 제2호의 '사실과 다른 세금계산서'에 해당하므로 정산수수료에 관한 매입세액은 매출세액에서 공제될 수 없고, 또한 이는 부가가치세법 제60조 제3항 제2호의 '사업자가 재화 또는 용역을 공급받지 아니하고 세금계산서를 발급받은 경우'에 해당한다고 판단하였다.

제2심법원(수원고등법원 2021. 4. 30. 선고 2020누14171 판결)은, 제1심법원의 판결을 그대로 인용하면서, 추가로 원고가 착오 또는 과실로 '공급받는 자'를 잘못 기재한 것에 불과하다는 주장에 대해서, 이 사건 세금계산서가 용인 사업장의 사업자등록번호가 기재되어 용인 사업장에 발급되었고 용인 사업장 관할 세무서에 부가가치세 신고를 한 사정 등에 비추어 이를 단순히 사업장 표시를 잘못 기재한 '필수적 기재사항의 오류'로 볼 수 없다는 이유 등으로 이를 받아들이지 아니하였다.

2. 대법원의 판단

본점 사업장과 용인 사업장을 각 보유한 원고가 A회사와 물류대행서비스계약을 체결하고 물류대행용역을 공급받은 사업장은 원고 본점 사업장이지 용인 사업장이 아니므로 '공급받는 자'를 용인 사업장으로 하여 작성된 이 사건 세금계산서는 '사실과 다른 세금계산서'에 해당한다.

Ⅳ ▶ 해설

대상판결은 본점 사업장과 지점 사업장을 모두 보유한 사업자가 본점 사업장이 제공받은 용역에 대해서 지점 명의의 매입세금계산서를 발급받아 지점 사업장의 부가가치세 신고 시 이를 매입세액 공제한 경우 해당 매입세금계산서는 사업자가 재화 또는 용역을 공급받지 아니하고 세금계산서를 발급받은 것으로서 '사실과 다른 세금계산서'에 해당한다는 법리를 명확히 선언하였다. 과세실무(부가가치세법 기본통칙 32-69-4 제2항)가 마치 본점 사업장 또는 지점 사업장 어느 곳이든 선택적으로 매입세금계산서를 수취할 수 있는 것처럼 해석될 여지가 있었고, 기존 판례(대법원 2019. 8. 30. 선고 2016두62726 판결)에서 공급하는 자가 아닌 공급받는 자가 명의대여받은 사업자 명의로 세금계산서를 수취한 사안에서 명의차용자인 사업자가 실제로 사업장을 운영한 경우라면 이러한 매입세금계산서가 사실과 다른 세금계산서에 해당하지 않으므로 매입세액공제가 가능하다고 판단하였는데, 과연 이 사건의 사안과 같이 지점 사업장 명의의 세금계산서에 대해서도 이러한 기존 판례 법리가 확장하여 적용될 수 있을지 여부와 그러한 취지로 과세실무를 이해할 수 있는지 여부가 관심 포인트였다. 대상판결은 실제 용역의 공급을 받은 적이 없는 지점 사업장 명의로 수취한 매입세금계산서는 사실과 다른 세금계산서에 해당한다고 선언함으로써 부가가치세법상 '사업장별 과세 원칙'이 세금계산서 수취와 관련하여 적용되는 범위를 명확히 하였고, 실무상 불분명한 점을 해소하고 기존 판례의 적용 범위를 한정하였다는 데 중요한 의미가 있는 판결이라고 평가된다.

여론(餘論)으로서, 이 사안에서는 본점 사업장이 지점 사업장을 대신하여 이 사건 세금계산서상의 부가가치세를 매입세액으로 공제받을 수 있는지 여부가 문제될 수 있을 것인데, 과세관청은 이 사안에서 본점 사업장의 매입세액 추가 경정청구를 수긍하였다. 그런데 이는 대상판결의 판시에 따라 부가가치세법상의 '사업장별 과세 원칙'을 그대로 견지한다면 본점 사업장의 사업자는 '세금계산서를 발급받지 아니한 경우'에 해당하여 매입세액의 추가 공제가 어렵다고 볼 여지가 충분하다. 그렇지만 이 사건 정산수수료를 지급한 본점 사업장 입장에서는 착오 또는 과실에 기하여 공급받는 자를 잘못 기재하게 함으로써 세금계산서의 필수적 기재사항에 오류가 발생하였다고 보아 매입세액의 공제를 인정할 수 있다는 점 등에서 과세관청의 경정청구 인용은 그 나름의 합리성이 있다고 볼 수 있으므로 논리적인 모순이 존재한다고 단정할 수는 없다고 판단된다.

64

이동통신 단말기 보조금과 에누리 및 조세중립성

권 형 기

이동통신 단말기 보조금과 에누리 및 조세중립성

[대법원 2022. 8. 31. 선고 2017두53170 판결]

권형기 (법무법인 평안 변호사, 공인회계사)

I ▶ 사실관계 및 사건의 경과

원고는 이동통신서비스업 등을 영위하는 법인으로서 원고가 소속된 그룹의 계열사가 단말기를 구매한 후 대리점에 공급하였으며, 이후 대리점은 이용자에게 단말기를 판매하였다. 이때 원고는 원고의 이동통신 서비스를 이용하는 자가 단말기를 일시에 구입하는 경우에는 일정 금원을 보조금으로 일시에 지급하고, 대리점이 서비스 이용자에게 단말기를 할부로 판매하는 경우에는 매월 이동통신서비스 이용료를 청구할 때 단말기 할부채무 중 일정액을 할인하여 주었다(이하 '이사건 보조금'이라 한다).

원고는 2008년 2기부터 2010년 2기까지의 부가가치세 신고를 함에 있어 원고의 대리점으로부터 단말기를 구입하는 이동통신서비스 이용자에게 지원하는 보조금을 과세표준에 포함하여 신고하였다. 이후 원고는 이사건 보조금이 구 부가가치세법(2011. 12. 31. 법률 제11129호로 개정되기 전의 것, 이하 같다) 제13조 제2항 제1호의 '에누리액'에 해당한다고 보아 부가가치세 환급을 구하는 경정청구를 하였다. 피고는 이사건 보조금이 부가가치세법상 에누리액에 해당하지 않는다고 보아 경정청구를 모두 거부하는 처분을 하였다.

II ▶ 관련 규정 및 쟁점

1. 관련 규정

◆ 구 부가가치세법

제13조(과세표준) ① 재화 또는 용역의 공급에 대한 부가가치세의 과세표준은 다음 각 호의 가액(價額)을 합한 금액(이하 "공급가액"이라 한다)으로 한다. 다만, 부가가치세는 포함하지 아니한다.
② 다음 각 호의 금액은 과세표준에 포함하지 아니한다.
   1. 에누리액
③ 재화 또는 용역을 공급한 후의 그 공급가액에 대한 대손금(貸損金)·장려금(獎勵金)과 이와 유사한 금액은 과세표준에서 공제하지 아니한다.

◆ 구 부가가치세법 시행령

제52조(부당대가 및 에누리등의 범위) ② 법 제13조 제2항 제1호에 규정하는 에누리액은 재화 또는 용역의 공급에 있어서 그 품질·수량 및 인도·공급대가의 결제 기타 공급조건에 따라 그 재화 또는 용역의 공급당시의 통상의 공급가액에서 일정액을 직접 공제하는 금액으로 한다.

2. 쟁점

(1) 이 사건 보조금이 에누리액에 해당하는지 여부
(2) 동일한 경제적 효과이지만 다른 법적 형식인 경우 조세중립성 원칙의 적용

III ▶ 법원의 판단

　대법원은 부가가치세 법령의 내용과 입법 취지, 부가가치세는 재화 또는 용역의 공급이라는 거래 그 자체를 과세대상으로 하여 개별 거래를 단위로 거래징수되는 점 등을 종합하여 보면, 부가가치세의 과세표준에 포함되지 않는 에누리액에 해당하기 위해서는 사업자가 공급한 재화 또는 용역의 공급가액에서 직접 공제된 금액이어야 하고, 이와 동일한 경제적 효과가 발생하더라도 이는 해당 재화 또는 용역의 공급가액에 대한 에누리액에 해당한다고 볼 수 없다고 판단하였다. 이후 이사건 보조금은 단말기를 구입하는 이용자가 대리점에 지급해야 할 단말기 대금 중 일부를 대신 변제한 것이고, 원고와 이용자 사이에 이동통신용역에서 이사건 보조금을 직접 공제하기로 하는 의사의 합

치가 있었다고 보기 어려우므로 이사건 보조금은 에누리액에 해당하지 않는다고 설시하였다.

또한, 부가가치세법상 단말기 공급거래와 이동통신용역 공급거래는 구분하여 개별적으로 판단하여야 하고, 이동통신사업과 단말기 공급사업을 함께 하는 다른 이동통신사업자들과 이동통신사업만을 하는 원고를 동일하게 취급할 수 없다는 사정 등을 이유로 이사건 보조금을 에누리액이 아니라고 보는 것이 조세중립성 원칙 및 조세평등의 원칙에 반한다고 볼 수 없다고 판단하였다.

Ⅳ 해설

1. 원고의 주장

본 사안에서 원고의 첫 번째 주장은 이사건 보조금이 에누리액에 해당하기에 공급가액에 포함되지 않는다는 것이다. 그러나 쟁점 조항은 반대급부로 수령한 '공급가액'에 포함되는 금원 중 일정 금원(에누리액)을 그 대가에 포함시키지 않는다는 규정으로서, 에누리액의 판단 이전에 동 금원이 공급가액에 포함되기 위해서 '직접적인 대가관계'가 있어야 한다. 따라서 원고는 이에 더하여 조세중립성 원칙이 적용되어야 한다고 주장한 것으로 보인다.

2. 유사 사건에서의 판단

본 사안은 유사 사건의 대법원 판결(대법원 2015. 12. 23. 선고 2013두19615 판결)과 동일한 경제적 효과가 있음에도 대법원은 이를 달리 판단하였다. 유사 사건의 사실관계를 보면 이동통신사업자인 甲(당해 사건에서의 원고, 이하 본 단락에서 '원고'라 한다)이 대리점 사업자에게 단말기를 판매하면서 출고가격 전액을 공급가액으로 하여 부가가치세를 신고·납부하였으며, 원고는 일정 기간 동안 이동통신용역을 이용하기로 약정한 가입자에게 보조금을 지원하기로 하였다. 구체적으로는 원고는 제조사로부터 단말기를 납품받아 대리점에 출고가격으로 판매하지만, 대리점은 일정 요건을 갖춘 가입자에 대해서는 매입가격에서 보조금을 공제하여 감액된 가격으로 단말기를 판매하고 대금을 받았고, 대리점이 가입자로부터 받는 대금만을 원고에게 지급하면 원고에 대한 대금이 모두 결제된 것으로 보았다.

이때 대법원은 원고가 보조금의 용도를 단말기의 대가를 결제하는 것으로 제한하여 실질적으로 보조금 상당액을 할인받을 수 있는 권리를 부여하였고, 가입자도 보조금을 감액한 대금만을 지급하였으며, 대리점도 보조금을 제한 대금을 원고에게 지급하였기에, 원고와 대리점 간 약정상 보조금 상당액

은 원고의 대리점에 대한 단말기 공급가액에서 직접 공제되는 가액에 해당한다고 판단하였다.[1]

3. 학계의 논의

대상판결과 유사 사건에서 다른 결론에 이른 것에 대해서 학계의 입장은 엇갈린다. 판례의 입장을 지지하는 견해로는 별도의 법인을 설립하였다면 매출, 법인세, 부가가치세 등은 모두 별도로 부담하여야 하고 거래상대방에 대한 반대급부의 반환이 아니기에 판매장려금으로 반대급부에 포함된다는 견해,[2] 원고가 공급한 이동통신서비스와는 관련성이 없으므로 판매장려금으로 보아야 한다는 견해[3] 등이 있다. 반면, 판례의 입장을 비판하는 견해로는 원고와 이용자와의 관계에서 이동통신용역 공급대가를 실질적으로 감액하는 효과를 가져오기에 조세중립성 원칙에 반할 수 있다는 견해,[4] 동일한 단말기와 동일한 보조금을 지급받더라도 통신사에 따라 부담하는 부가가치세가 달라지는 것은 조세중립성 원칙에 반할 수 있다는 견해[5] 등이 있다.

4. 평석

대상판결의 취지와 같이 원고의 보조금은 '직접성'을 결여하고 있어 부가가치세법상 '에누리액'의 범위에 포함되지 않는다고 해석될 수 있다. 이는 부가가치세 과세범위의 산정은 직접적인 대가관계를 전제로 하는 것이기에, 에누리액의 경우에는 직접적인 대가관계가 있다는 점을 전제로 한 이후 공급가액에서 제외되는 것이기 때문이다.

그러나 '에누리액'이 과세범위에서 제외되는 것과 별개로, 부가가치세의 과세범위에서 제외되거나 차감되어야 하는 부분을 반드시 '에누리액'의 해당 여부만으로 한정하는 것이 타당한 것인지는 의문이다.[6] 에누리액은 반대급부의 감액을 하는 것을 의미하고 판매장려금은 판매장려를 목적으로 지급하는 금품을 포함하는 개념으로 볼 수 있으나,[7] 실제 매입을 장려하기 위하여 별도의 금품을

---

1) 기타 대법원 2003. 4. 25. 선고 2001두6586, 6593, 6609, 6616, 6623, 6630, 6647, 6654, 6661 판결도 참조.
2) 공현진·박훈, "반대급부 확정 측면에서 본 휴대폰 단말기 보조금의 매출에누리 여부", 「조세와 법」 제10권 제1호, 서울시립대학교 법학연구소, 2017, 41–42면.
3) 안경봉, "단말기보조금과 부가가치세법상 에누리", 「법학논총」 제29권 제3호, 국민대학교 법학연구소, 2017, 224면.
4) 이강민, "이동통신사업자가 이용자에게 지원하는 단말기 보조금이 에누리액에 해당하기 위한 조건", 2022. 10. 10. 국세신문.
5) 박설아, "단말기 약정보조금의 부가가치세법상 매출에누리 인정 여부", 「법조」 제65권 제5호, 법조협회, 2016, 295–296면. 단, 이 글은 결론에 있어서 대상판결과 유사 사건이 모두 잘못되었다고 보고 있다.
6) 대법원이 에누리액의 범위를 넓게 보고 있다는 견해로는 이창희, 『세법강의』, 박영사, 2022, 1109면.
7) 공현진·박훈, 앞의 논문, 2017, 16면.

지급하는 방식의 판매장려금과 달리 공급가액을 낮추는 방식으로 매출에누리와 동일한 경제적 효과를 가져오는 판매장려금이 많고 이 경우 판매장려금과 매출에누리액은 구분이 어려운 측면이 있다.[8] 뿐만 아니라 ECJ의 Elida Gibbs 판결[9]에서와 같이 최종 소비자가 지급한 대가를 초과할 수 없다는 부가가치세법의 기본법리(조세중립성 원칙)에 따른다면 대상판결을 충분히 달리 볼 수도 있고, 유사 사건과 경제적 효과가 같은 사안이기에 경쟁중립성 원칙에 따라 판단할 여지도 있다. 앞서 본 비판적 학설 역시 대부분 에누리액 자체에 해당한다는 주장이 아닌, 조세중립성 원칙에 따라 판단하여야 한다는 취지로 보인다. 조세중립성 원칙은 부가가치세법의 해석뿐만 아니라 입법에 있어서도 적용되어야 할 부분이기에, 이와 같은 점에 대한 충분한 설시 없이 결론을 내린 것에 아쉬운 점이 있다.[10]

5. 대상판결의 의의와 한계

대상판결은 마일리지 거래에 관한 여러 대법원 판결들[11]의 법리설시와도 연결되는 측면이 있다. 대상판결은 부가가치세법의 문구에 충실하게 직접적인 대가의 제외요소인 에누리액 역시 직접성을 필요로 함을 확인하였다는 점에 의의가 있다. 단, 대상판결의 원심에서 조세중립성 원칙에 관한 주장에 대해 충분한 설명을 하지 않았음에도 대상판결에서도 추가적인 법리설시도 없이 이를 그대로 확정하였다는 점에서 그 한계가 있다. 사법부가 부가가치세법상 조세중립성 원칙의 적용범위와 한계에 대해 법리설시를 하지 못한다면, 입법적으로 공급자가 수령할 대가를 실질적으로 감소시키는 거래는 과세표준에서 차감하도록 법령 개정이 필요하다는 견해도 참고할 수 있을 것이다.[12]

---

8) 유지선·정지선, "부가가치세법상 매출에누리 및 판매장려금의 구분", 「조세와 법」 제8권 제2호, 서울시립대학교 법학연구소, 2015, 71면.

9) Elida Gibbs Ltd v Commissioners of Customs and Excise(C-317/94), Judgment of the Court(Sixth Chamber) of 24 October 1996.

10) 상세는 권형기·이정환, "부가가치세법상 '조세중립성 원칙'에 관하여", 「조세학술논집」 제39집 제1호, 한국국제조세협회, 2023, 217-259면.

11) 대법원 2016. 8. 26. 선고 2015두58959 전원합의체 판결, 대법원 2016. 10. 13. 선고 2015두37693 판결, 대법원 2023. 6. 1. 선고 2019두58766 판결 등.

12) 이전오, "2022년 조세법 중요판례평석", 「인권과 정의」 통권 제513호, 대한변호사협회, 2023, 193면.

65

부가가치세법상 에누리

손 호 철

부가가치세법상 에누리

[대법원 2022. 11. 17. 선고 2022두33149 판결]

손호철 (법무법인 홉스앤킴 변호사)

I 사실관계 및 사건의 경과

1. 원고는 이동통신사업자(B)의 이동통신용역 업무를 대행하면서, B로부터 단말기를 구매하여 고객에게 판매하는 대리점 사업자로, 대리점 계약을 체결하면서 B가 원고에게 공급하는 단말기 등 물품의 공급가액을 B가 원고에게 고지한 출고가격으로 하되, 시장여건에 따라 공급가액 등의 변경이 필요한 경우 상호 협의하여 정하기로 약정하였다.

2. B는 'B 멤버십'에 등록한 고객에게 '포인트'를 부여하고 있는데, 2012년 제2기부터 2016년 제2기까지의 과세기간 동안 고객이 단말기만 변경하는 경우 단말기의 가격 중 일부를 포인트 5만 점 한도에서 대신 결제할 수 있도록 하였다.

3. 원고는 영업방침에 따라 해당 요건을 갖춘 고객에게 단말기 구입가격 중 일부를 포인트로 결제하게 한 뒤 나머지 대금만을 지급받았고, B에는 매월 말 판매된 단말기 대금을 정산·지급하면서 고객에게 공제하여 준 포인트액을 제외한 나머지 대금만을 지급하였다.

4. 원고는 단말기 대금 전액을 공급가액으로 하여 부가가치세를 신고하였다가, 포인트액이 에누리액에 해당한다고 주장하며 부가가치세의 일부 환급을 구하는 취지의 경정청구를 하였으나, 피고는 이를 거부하였다(이하 '이 사건 처분'이라 한다).

II ▶ 관련 규정 및 쟁점

1. 관련 규정

◆ 구 부가가치세법(2017. 12. 19. 법률 제15223호로 개정되기 전의 것)[1]
제29조(과세표준) ⑤ 다음 각 호의 금액은 공급가액에 포함하지 아니한다.
  1. 재화나 용역을 공급할 때 그 품질이나 수량, 인도조건 또는 공급대가의 결제방법이나 그 밖의
     공급조건에 따라 통상의 대가에서 일정액을 직접 깎아 주는 금액

2. 쟁점

이동통신단말기 대리점이 이동통신회사의 영업방침에 따라 고객에게 단말기 구입가격 중 일부를 포인트로 결제하게 하고 나머지 대금만을 지급받아 이를 이동통신회사에 단말기 대금으로 지급하는 경우, 그 포인트액이 대리점의 고객과의 관계 및 이동통신회사와의 관계에서 각 에누리액에 해당하는지 여부이다.

III ▶ 법원의 판단

  1. 포인트 상당액은 원고의 고객에 대한 단말기 공급가액 및 B의 원고에 대한 단말기 공급가액에서 각각 직접 공제되는 에누리액에 해당하고, 포인트액에 대한 세액은 원고의 매출세액과 매입세액에서 동시에 차감되어야 한다.

  2. 따라서 포인트 상당액만큼 원고의 매출세액이 감소하여도 납부세액이 감소하는 것은 아니므로, 원심이 포인트 상당액이 원고의 고객에 대한 단말기 공급과 관련된 에누리액에 해당할 뿐 B의 원고에 대한 단말기 공급과 관련된 에누리액에는 해당하지 않는다는 이유로 처분이 위법하다고 한 판단은 에누리액의 요건, 부가가치세 납부세액의 산정 등에 관한 법리를 오해한 잘못이 있다.

---

1) 구 부가가치세법(2013. 6. 7. 법률 제11873호로 전부 개정되기 전의 것) 제13조 제1항, 제2항 제1호 및 구 부가가치세법 시행령(2013. 6. 28. 대통령령 제24638호로 전부 개정되기 전의 것) 제52조 제2항도 같은 취지로, 별도 인용 생략.

IV ▶ 해설

관련 규정은, 재화나 용역을 공급할 때 공급조건에 따라 통상의 대가에서 일정액을 직접 깎아 주는 금액은 공급가액에 포함하지 않는데, 이를 '에누리액'이라고 한다. 이 금액을 공급가액에 포함하지 않는 이유는 거래상대방으로부터 지급받는 금액이 아니기 때문이다.

대상판결의 사안에서 고객이 단말기 결제대금 중 일부를 포인트로 결제한 금액은 원고가 금전으로 지급받은 것이 아니므로 "일정액을 직접 깎아 준 금액"으로 보고 공급가액에 포함하지 않을 수 있다.

한편, 부가가치세법은 공급가액을 금전과 금전 외의 대가로 구분하면서, '금전 외의 대가'는 어떠한 명목이든 상관없이 금전적 가치가 있는 모든 것을 포함한다고 규정하고 있는데(부가가치세법 제29조 제3항), 통신사에서 제공하는 포인트는 단말기대금의 결제 또는 영화이용권 구매 등 여러 수단으로 사용할 수 있으므로 경제적 가치가 있는 것으로 평가되고 있으므로, "금전 외의 대가"를 받은 것으로 보아 공급가액에 포함할 수도 있다.

일반적으로 사업자는 고객이 포인트, 쿠폰, 마일리지 등을 사용한 금액에 대하여, 그 금액의 전부 또는 일부를 해당 포인트 등을 발행한 다른 사업자로부터 금전으로 보전받게 되므로, 결국 포인트 결제액으로서 금전으로 보전받은 금액은 깎아 준 금액이 아니라 실제로 대가를 지급받은 것으로 볼 여지가 충분하다.

대상판결의 사안에서도 피고는 "포인트로 결제된 부분은 추후 B에게 지급하는 단말기 물품대금에서 공제하는 방식으로 보전되었으므로, 포인트에 상당한 금액을 지급받았다 할 것이어서, 에누리액이라고 볼 수 없다"고 주장하였다.

그런데 대법원 2016. 8. 26. 선고 2015두58959 전원합의체 판결은 "에누리액은 그 발생시기가 공급시기 전으로 한정되지 아니하고, 공제·차감의 방법에도 특별한 제한이 없으므로, 공급자가 재화나 용역의 공급 시 통상의 공급가액에서 일정액을 공제·차감한 나머지 가액만을 받는 방법뿐만 아니라, 공급가액을 전부 받은 후 그중 일정액을 반환하거나 또는 이와 유사한 방법에 의하여 발생할 수 있다"는 법리를 전제로, 포인트·마일리지·쿠폰 등 결제방식을 불문하고 고객이 직접 금전으로 결제하지 않는 부분은 에누리액으로 과세표준에 포함될 수 없으며, 위 포인트 등 결제액을 제3자로부터 보전받는 경우에도 마찬가지라고 판단한 바 있고, 대상판결 또한 고객이 포인트로 결제한 금액은 사후에 금전으로 보전받았다고 하더라도 에누리액에 해당한다고 판시하였다.

위 사안에서 흥미로운 부분은 원고가 B에게 단말기 대금을 정산할 때 고객이 사용한 포인트액을 제외한 나머지 대금만을 지급하였는데, 이는 원고가 고객으로부터 포인트를 넘겨받아 원고와 B 사이의 단말기 거래대금의 일부로 사용한 것이므로 이를 다시 원고와 B 사이의 거래에서 에누리액으로 볼 수 있는지 문제되었다.

　　대상판결의 원심은 이동통신대리점인 원고와 고객 사이에는 단말기보조금을 공급가액에서 공제하는 약정이 있어서 에누리액에 해당하는 반면, 원고와 통신사 사이에는 그와 같은 약정이 없기 때문에 에누리액에 해당하지 않는다고 판단하였다.

　　그러나 대법원은 포인트 결제액은 원고의 고객에 대한 단말기 대금은 물론 B의 원고에 대한 단말기 대금에서 각각 공제되는 에누리액에 해당하고, 포인트 결제액에 대한 부가가치세액은 원고의 매출세액과 매입세액에서 동시에 차감되어야 하므로, 포인트 결제액만큼 매출세액이 감소한다고 하여 납부세액이 그만큼 감소하는 것은 아니라는 점을 들어 원심을 파기하였다.

　　원심의 결론에 따르면 원고는 고객에게 단말기를 판매할 때에는 포인트액을 공제하고 금전으로 결제된 금액에 대하여만 매출세액을 납부하고, B에게 단말기 대금을 지급할 때에는 포인트액이 공제되지 않은 단말기 대금 전액에 대한 매입세액을 공제받음으로써, 포인트액에 상당한 금전을 지급하지도 않았으면서도 그에 대한 매입세액을 환급받는 부당한 이익을 누릴 수 있었는데, 대상판결은 이를 바로잡은 정당한 판결이라고 생각된다.

　　납세자가 에누리액을 주장하는 것은 그에 해당하는 세액을 환급받기 위함인데, 매출세액이 줄어들어 환급세액이 발생함과 동시에, 매입세액 또한 줄어들게 됨에 따라, 이미 환급받은 세액에 대한 징수세액이 발생하므로 결과적으로 환급세액이 없게 되었다.

V 판결의 의의

　　대상판결은 에누리액에 관한 종전의 법리를 유지하면서, 매출세액은 물론 매입세액과 관련하여도 같은 법리가 적용됨을 분명히 하였다는 점에서 의의가 있다. 다만, 포인트, 마일리지 등 다양한 형태의 결제수단이 사용되고 있고, 사업자가 이를 제3자로부터 금전으로 보전받음으로써 대가의 전부를 지급받는 경우에도 포인트 결제액을 굳이 에누리액으로 보아야 하는지 의문이 있다.

　　그런데 구 부가가치세법 시행령(2017. 2. 7. 대통령령 제27838호로 개정된 것) 제61조 제1항은, '제3자적립마일지리지로 결제받고 제3자로부터 금전으로 보전받은 금액(제9호)'을 공급가액에 직접 포함하도록 규정함으로써 대상판결의 사안과 같은 포인트 결제액을 공급가액에 포함하도록 하였다. 그러나 시행령의 개정만으로 포인트결제액을 에누리액으로 보는 대법원의 일관된 판례가 바뀌어야 하는지 유사한 사안에서 다툼이 계속되고 있다.

66

공동상속인에 대한 납부고지

임 승 순

66 공동상속인에 대한 납부고지

[대법원 1993. 12. 21. 선고 93누10316 전원합의체 판결]

임승순 (법무법인 화우 변호사)

I ▶ 사실관계 및 사건의 경과

관할 과세관청(피고)이 1991. 12. 21.로 망 소외인의 공동상속인인 원고들에 대하여 상속세 등을 부과함에 있어서, 납세의무자의 성명란에는 원고들 각자의 성명과 그 뒤에 연이어 나머지 상속인들의 수를 함께 표기하는 방식으로 "원고 1외 5인" 등으로 기재하고, 상속인들 전원이 납부하여야 할 총세액과 그에 대한 과세표준 및 세율이 기재된 납세고지서 6통에 연대납세의무자별 고지세액명세서를 첨부하여 이를 각기 원고들에게 송달하였다. 원고들은 상속세 부과처분에 대한 취소소송을 제기한 후 쟁송절차에 이르러 원고들에 대한 위와 같은 납세고지 방식이 위법하다고 다투었다.

II ▶ 관련 규정 및 쟁점

1. 관련 규정

(1) 구 상속세법 제18조, 제25조의2, 구 상속세법 시행령 제19조
(2) 국세징수법 제9조, 국세징수법 시행규칙 제6조

2. 쟁점

공동상속인에 대한 상속세 납세고지의 적법성이다.

III ▶ 법원의 판단

1. 원심법원의 판단

원심(서울고등법원 1993. 3. 26. 선고 92구24617 판결)은, 상속세 납세고지서에 납세의무자들의 성명과 과세연도, 세목, 세액 및 그 산출근거, 납부기한 및 납부장소를 명시하는 외에 납세의무자별로 부과세액을 특정함과 아울러 그 산출근거 내지 계산명세를 첨부하여야 하는데, 이 사건 납세고지서는 납세의무자를 위와 같이 "원고 1외 5인" 등이라고만 기재하고 상속인들 전원이 납부하여야 할 총세액과 그에 대한 과세표준과 세율만을 기재하였을 뿐이므로 그 고지절차가 위법하여 과세처분이 취소되어야 한다고 판단하였다.

2. 대법원의 판단

대법원은 아래와 같은 이유로 원심판결을 파기 환송하였다.

[1] 공동상속인의 연대납세의무는 다른 공동상속인이 각자 납부할 상속세를 납부하지 아니할 것을 요건으로 하여 성립하는 것이 아니므로, 공동상속인에 대하여 각자의 납세의무를 구체적으로 확정시키는 효력을 지니는 납세고지는 공동상속인별로 각자에게 개별적으로 납부하여야 할 세액을 구분·특정하여 하여야 하지만 각 공동상속인에 대하여 확정된 조세채무의 이행을 청구하는 효력을 지니는 징수고지는 연대납세의무가 있는 상속세 전부에 대하여 할 수 있다.

[2] 과세관청이 상속세 납세고지서에 납부할 총세액과 그 산출근거인 과세표준과 세율 공제세액 등을 기재함과 아울러 공동상속인 각자의 상속재산점유비율(상속분)과 그 비율에 따라 산정한 각자가 납부할 상속세액 등을 기재한 연대납부의무자별 고지세액명세서를 그 납세고지서에 첨부하여 납세고지서에 납세자로 표시된 공동상속인에게 각기 교부하였다면, 납세고지서에 납부할 총세액을 기재한 것은 상속세법 제18조 제1항에 따라 공동상속인이 연대하여 납부할 의무가 있는 총세액을 징수고지액으로 표시한 것이고, 공동상속인 각자가 납부하여야 할 세액은 납세고지서에 첨부되어 교부된 연대납세의무자별 고지세액명세서에 의하여 개별적으로 부과고지되었다고 봄이 상당하므로, 위와 같은 방식에 따라서 공동상속인에 대하여 한 납세고지는 적법한 부과고지와 징수고지로서의 효력을 아울러 가진다.

Ⅳ ▶ 해설

1. 납부고지 및 납부고지서[1]

납부의 고지는 일차적으로, 법 규정에 따라 성립한 조세채무의 내용을 구체적으로 확정하여 이를 납세의무자에게 통지하는 절차로서 개별세법에서 "과세관청이 과세표준과 세액을 결정 또는 경정한 때에는 납부고지서에 의하여 이를 통지하여야 한다"라고 규정한 것(법인세법 제70조, 같은 법 시행령 제109조 참조)은 바로 이와 같은 '부과고지'를 규정한 것이다. 일반적으로 납부고지의 하자를 논하는 경우는 이와 같은 부과고지에 관한 것이다.

한편 국세징수법 제6조 제1항은, "관할 세무서장은 납세자로부터 국세를 징수하려는 경우 국세의 과세기간·세목·세액·산출근거·납부하여야 할 기한(납부고지를 하는 날부터 30일 이내의 범위로 정한다) 및 납부장소를 적은 납부고지서를 납세자에게 발급하여야 한다"고 규정하고 있다.

이와 같은 국세징수법상 납부의 고지는 일차적으로 조세채무의 이행을 구하는 징수고지로서의 성격을 가지며, 이는 곧 사법상 이행의 최고에 해당한다. 다만 뒤에서 보는 바와 같이 우리 법은 부과고지와 징수고지를 하나의 납부고지서에 의하여 행하도록 규정하고 있어 현행법상 납부고지서에 의한 납부고지는 양자의 성질을 동시에 갖게 된다.

2. 공동상속인의 연대납부의무

(1) 규정의 내용 및 성격

우리 법상 공동상속인은 전체 상속재산을 과세표준으로 하여 산정한 상속세액에 관하여 각자 상속재산 점유비율에 따른 고유의 납세의무를 부담하면서(상증세법 제3조의2 제1항), 다른 한편 전체 상속세액에 관하여 각자가 받았거나 받을 재산을 한도로 연대납부의무를 부담하는(같은 조 제3항) 이중적 형태의 납세의무를 부담한다.

세법은 조세징수의 실효성을 확보하고 공평과세를 실현하기 위한 취지에서 제2차 납세의무(국세기본법 제38조 내지 제41조)나 물적 납세의무(국세기본법 제42조 제1항, 상증세법 제4조의2 제9항, 부가가치세법 제3조의2), 원천징수의무(소득세법 제127조 제1항, 법인세법 제73조 제1항)와 같이 본래의 납세의무에 연동되어 있는 여러 가지 납세의무 제도를 마련하고 있으며 연대납부의무에 관한 규정도 이 중의 하나에 해당한다. 이러한 경우를 통상 '납세의무의 확장'이라고 부른다.

---

1) 원래 검토대상 판결에서 사용된 용어는 당시 법령에 따라 연대납세의무와 납세고지서로 되어 있지만 이 글에서는 그 후 개정된 국세징수법의 규정내용에 따라 연대납부의무와 납부고지서로 통일한다.

(2) 연대납부의무의 집행적격

1) 제2차 납세의무와의 비교

본래의 납세의무에서 확장된 납세의무가 언제 어떻게 확정되어 집행적격을 갖는가가 문제된다. 기본적으로 납세의무의 확정이란 과세요건이 충족되었다는 사실 및 그와 같이 충족된 과세요건에 기한 과세표준과 세액을 공적으로 확인하는 절차이다. 제2차 납세의무를 예로 들면, 제2차 납세의무가 발생하기 위해서는, ① 주된 납세의무자의 조세의 체납이 있고, ② 그에 대하여 강제징수를 집행하여도 징수할 금액에 부족이 있어야 하므로 제2차 납세의무의 확정이란 제2차 의무자에 대한 납부통지를 통하여 위와 같은 과세요건이 충족되었는지 여부 및 그에 따라 납부하여야 할 과세표준 및 세액을 공적으로 확인하는 의미를 갖는다. 이에 따라 제2차 납세의무는 제2차 납세의무자에 대한 납부통지에 의하여 구체적으로 확정된다(국세기본법 제22조 제3항, 국세징수법 제7조 제1항, 대법원 1990. 4. 13. 선고 89누1414 판결).

2) 공동상속인의 연대납부의무의 경우

공동상속인의 연대납부의무를 비롯한 세법상 연대납부의무에 관하여 국세기본법은 연대채무에 관한 민법 규정을 준용하도록 규정하고 있는 이외에(국세기본법 제25조의2) 납세의무의 확정 등에 관한 별도의 규정을 두지 않고 있다.

공동상속인의 연대납부의무의 경우 공동상속인이라는 신분관계에 의하여 당연히 성립하고 과세표준 및 세액도 본래의 납세의무와 동일하므로 본래의 납세의무의 확정 이외에 연대납부의무의 확정 여부를 다시 따질 필요는 없다고 보아야 한다.[2] 자동확정방식이 아니라 본세의 확정과 함께 당연히 집행적격을 가지므로 별도의 확정절차를 필요로 하지 않는다는 이해가 보다 정확할 것이다. 다만 각 상속인별로 고유의 납세의무의 확정을 위해서 전체 상속인들에 대하여 각각 별도의 납부고지가 이루어져야 한다(상속세 및 증여세법 제77조). 실무상 위와 같은 각자의 고유의 납세의무분과 전체 징수세액을 함께 기재한 납부고지서를 모든 상속인들에게 개별적으로 통지하는 방식으로 상속인들 각자의 고유의 납부의무에 대한 통지가 이루어지고 있고,[3] 대상판결에서 그 적법성이 다투어진 것이다.

---

2) 공동상속인에 대한 연대납부의무에 관하여 우리와 규정체계가 유사한 일본의 판례도 같은 입장이다. 일본최고재판소 1980년(昭和 55년) 7월 1일 판결. 그 평석은 新井隆一, "共同相續人の連帶納付義務", 別冊 ジュリスト 租稅判例百選 有斐閣 1983. 106頁.

3) 상속세 및 증여세 사무처리 규정 제45조 제1항 제1호, 국세징수법 기본통칙 9-0-1.

3. 대상판결의 취지 및 타당성

대상판결이 공동상속인에 대한 상속세부과처분 납부고지서에 납부의무자 각자의 상속분에 따라 부과세액을 구분·특정함과 아울러 전체 세액에 대한 산출근거 내지 계산명세를 기재 또는 첨부하여야 한다고 판단한 것은 공동상속인이 고유의 납부의무 분(分)과 다른 상속인의 납세의무에 대한 연대납부의무 분(分)을 아울러 갖는 이중적 성격과 납부고지서가 부과고지 및 징수기능을 함께 가지고 있음을 감안한 것으로 이해된다. 대상판결은 공동상속인의 연대납부의무는 상속인 각자의 납부의무 확정에 대응하여 당연히 발생하고 별도의 확정절차를 필요로 하지 않으며, 그에 따라 고유의 납세의무자에 대한 이행청구 없이도 곧바로 연대납세의무자에 대한 전부의 이행청구가 가능하다고 보는 법리를 전제하고 있다.[4]

이와 관련하여 국세기본법 제22조 제1항 내지 제3항은, 부과과세방식을 포함하여 세액의 확정방식에 관하여 규정하고 있는데 부과과세방식을 취한 상속세 및 증여세법은 상속세 본세에 관한 과세표준과 세액의 결정·고지에 관한 규정만을 두고 있을 뿐(같은 법 제76조, 제77조), 공동상속인의 연대납부의무에 관하여는 과세표준과 세액의 결정·고지에 관한 별도의 규정을 두지 않고 있다. 앞에서 본 바와 같이 국세기본법은 제2차 납세의무자와 보증인 및 물적납세의무자에 대하여 별도의 납부통지에 관한 규정을 두고 있으나 연대납부의무자에 대하여는 마찬가지로 별도의 납부통지 규정을 두지 않고 있다.

이와 같이 국세기본법과 개별세법에서 납세의무 확정방식에 관하여 별도의 규정을 두지 않고 있는 것은 국세기본법상 연대납부의무는 본세에 대한 연대납부책임으로서 본세의 확정과 함께 별도의 확정(결정)절차 없이 집행적격을 갖는다는 것을 전제한 것으로 볼 수밖에 없다.

4. 공동상속인의 연대납부의무에 대한 징수고지의 범위 및 방법

공동상속인에 대한 납부고지와 관련하여 상속인 각자의 고유의 납세의무와 연대납부의무에 기한 전세 세액의 납부를 명하는 징수고지를 어떠한 방식으로 하여야 법리에 어긋나지 않고 징수절차상 효과적인지에 관하여 여러 견해가 있을 수 있으나 어쨌든 집행의 대상과 단계에 따라서 여러 가지 복잡한 양상이 전개될 수밖에 없다는 점은 분명하다. 대상판결은 납세고지서가 부과고지와 징수고

---

4) 이와 같은 판례의 입장에 반대하여, 위 납부고지를 공동상속인 각자에 대한 고유의 납세의무와 확장된 연대납부의무를 한꺼번에 확정시키는 부과처분으로 이해하는 것이 낫다는 견해로, 윤지현, "공동상속인들이 부담하는 상속세 연대납세의무의 절차법적 쟁점들 검토", 「조세법연구」 제26집 제3호, 한국세법학회, 2020, 593면. 한병기, "공동상속인의 상속세 연대납세의무에 대한 판례이론의 비판적 검토", 「조세법연구」 제27집 제1호, 한국세법학회, 2021, 201면.

지의 기능을 겸유하고 있음에 착안하여 현행 과세실무상 이루어지는 납세고지방식에 관하여 나름대로 합리적인 판단을 한 것으로 여겨진다. 공동상속인의 상속세 연대납부의무는 그 담세력의 기초를 상속재산에 두고 과세관청은 공동상속인들의 상속분이 내부적으로 어떻게 정해지는가에 관계없이 상속재산으로 담보되는 전체 상속세액을 징수할 필요성이 있기 때문이다. 한편 공동상속인이 각자가 상속받은 재산의 범위 내에서 연대납부책임을 부담하는 것과 관련하여 징수세액의 초과고지가 발생할 수 있는데 이와 같은 징수세액의 초과고지는 그 초과분의 범위 내에서는 효력이 발생하지 않는다는 의미에서 당연무효로 보아야 하고, 납세자로서도 어느 단계에서든지 그 위법을 다툴수 있다고 볼 것이다(대법원 2016. 1. 28. 선고 2014두3471 판결). 현재 실무상으로는 이와 같은 초과징수고지를 방지하기 위해서 납부고지서에 "고지된 징수세액은 각 상속인별로 해당 상속인의 상속받은 재산 범위 내로 제한된다."는 안내 문구를 기재하고 있다.

5. 결론

대상판결 사안의 경우 납부고지서에 전체 징수세액의 기재만 있을 뿐 공동상속인 각자의 연대납부책임 한도액(각자가 받은 상속재산 범위 내의 금액)의 기재가 없어 징수고지액 중 각자의 책임 한도액을 초과하는 부분은 효력이 없으나 정당세액 범위 내의 징수고지는 유효하게 이루어졌다고 보아야 하고 같은 취지의 대상판결은 타당하다. 다만 납부고지서에 위와 같은 연대납부책임의 한도액을 적절한 방법으로 기재하는 것은 필요하고 실제로 그와 같은 내용으로 실무의 개선이 있었음은 앞에서 본 바와 같다.

67

상속재산 협의분할시 공동상속인 중 1인이
고유의 상속분을 초과하는 재산을 취득한 경우
증여로 볼 수 있는지 여부

조 서 연

67 상속재산 협의분할시 공동상속인 중 1인이 고유의 상속분을 초과하는 재산을 취득한 경우 증여로 볼 수 있는지 여부

[대법원 1985. 10. 8. 선고 85누70 판결]

조서연 (법무법인 세종 변호사)

I ▶ 사실관계 및 사건의 경과

망인은 1980. 5. 14. 사망하였다. 상속인으로는 망인의 네 자녀인 원고(장남), 차남, 장녀 및 차녀가 있었다. 상속인들은 1981. 7.경 상속재산 중 부동산 8필지는 원고(장남)가, 2필지는 차녀가 각 상속받고 차남과 장녀는 각 현금 500,000원을 상속받는 것으로 상속재산분할협의를 하였다. 원고와 차녀는 상속받은 부동산에 대하여 같은 달 재산상속을 원인으로 한 소유권이전등기를 경료하였다. 이후 원고는 상속받은 부동산 중 일부를 매도하여 위 재산상속으로 인한 상속세 금 88,783,150원, 방위세 금 17,756,630원 합계 금 106,539,780원을 납부하였다.

피고(동대문세무서장)는 원고가 위와 같이 협의분할에 의하여 상속받은 부동산이 그 고유상속지분을 초과하므로 그 초과부분은 차남 및 장녀로부터 증여받은 것이라고 인정하여 원고에 대하여 증여세 금 8,715,720원, 방위세 금 1,743,144원을 고지하였다.

449

Ⅱ ▶ 관련 규정 및 쟁점

1. 관련 규정

◆ 민법

제1013조(협의에 의한 분할) ① 전조의 경우외에는 공동상속인은 언제든지 그 협의에 의하여 상속재산을 분할할 수 있다.

제1015조(분할의 소급효) 상속재산의 분할은 상속개시된 때에 소급하여 그 효력이 있다. 그러나 제삼자의 권리를 해하지 못한다.

2. 쟁점

상속재산 협의분할시 공동상속인 중 1인이 고유의 상속분을 초과하는 재산을 취득한 경우 증여로 볼 수 있는지 여부이다.

Ⅲ ▶ 법원의 판단

민법 제1015조에 의하면, 상속재산의 분할은 상속개시된 때에 소급하여 그 효력이 있다고 규정하고 있는바, 이는 분할에 의하여 각 공동상속인에게 귀속되는 재산이 상속개시 당시에 이미 피상속인으로부터 직접 분할받은 자에게 승계된 것을 의미하여 분할에 의하여 공동상속인 상호간에 상속분의 이전이 생기는 것이 아니다.

그러므로 공동상속인 상호간에 상속재산에 관하여 민법 제1013조의 규정에 의한 협의분할이 이루어 짐으로써 공동상속인 중 1인이 고유의 상속분을 초과하는 재산을 취득하게 되었다고 하여도 이는 상속개시 당시에 피상속인으로부터 승계받은 것으로 보아야 하고 다른 공동상속인으로부터 증여받은 것으로 볼 것이 아니다.

IV ▶ 해설

1. 상속재산분할의 소급효와 증여세

상속의 개시에 따라 형성되는 공동상속인 사이의 공유관계(민법 제1006조)는 잠정적 법률관계여서 그 해소를 통해 상속재산을 상속인들에게 분배하는 절차가 필요하다. 그것이 '상속재산의 분할'이라고 할 수 있다. 그 분할의 방법은 유언이 있는 경우 유언에 의하고(민법 제1012조), 유언이 없으면 공동상속인들의 협의에 의하며(민법 제1013조 제1항), 협의가 이루어지지 않는 경우 민법 제269조의 공유물분할절차를 준용해 가정법원의 심판으로 분할한다(민법 제1013조 제2항). 즉 민법은 상속재산 분할에 관해 ① 유언, ② 협의분할, ③ 재판분할의 3가지 유형을 정하고 있다.

상속인은 협의분할을 통해 고유의 상속분을 받을 수 있지만, 자신의 상속분을 다른 상속인에게 귀속시키는 것도 가능하다. 예컨대 상속재산으로 시가 1,000만 원 상당의 부동산이 있고 상속인으로 두 자녀(A, B)가 있으며 특별수익이나 기여분 등이 없는 경우, 각 자녀는 각 1/2 지분을 분할받을 수 있는 것이 원칙이다. 다만 협의분할을 통해 자녀 A가 위 부동산을 단독으로 분할받는 것으로 정하는 것도 가능하다. 그런데 자녀 B는 애당초 1/2 지분을 분할받을 수 있었으므로, 결국 상속재산분할협의를 통해 이러한 권리를 포기함으로써 자녀 A에게 부동산 1/2 지분을 증여한 것과 실질이 같다고 볼 수도 있다. 위 판례사안에서 과세관청도 이러한 관점에서 대부분의 부동산을 상속받은 장남에게 증여세를 부과하였다.

그러나 민법 제1015조에 따르면 상속재산의 분할은 상속개시된 때에 소급하여 그 효력이 있다. 상속재산분할은 언제든지 가능하지만, 일단 상속재산분할이 있으면 상속이 개시된 때부터 분할되어 상속인에게 승계된 것으로 보는 것이다.

법원은 위와 같은 협의분할의 소급효를 중시하여 공동상속인 상호간에 상속재산에 관하여 협의분할이 이루어짐으로써 공동상속인 중 일부가 고유의 상속분을 초과하는 재산을 취득하게 되었다고 하더라도 이는 상속개시 당시에 소급하여 피상속인으로부터 승계받은 것으로 보아야 하고 다른 공동상속인으로부터 이를 증여받은 것으로 볼 것은 아니라고 판시하였다. 이러한 판례의 태도는 협의분할의 소급효의 법리에 합치할 뿐 아니라 당사자의 의사에도 부합한다.

2. 재분할과 증여세

상속재산 분할협의에 따라 상속등기가 마쳐진 이후에도, 공동상속인들은 언제든지 그 협의를 해제하고 새로운 분할 협의를 할 수 있다. 하지만 민법 제1013조에 따른 상속재산 분할 절차가 완료되었다면, 일응 공동상속인 사이의 잠정적 공유관계가 해소되고 상속 개시시에 소급하여 각 상속인별로 상속재산이 일응 종국적으로 귀속되는 법률효과가 발생하게 된다. 그 이후의 분할협의 해제나 재분할이 있는 경우에는 위 판례 이후 신설된 상증세법 제4조 제3항 본문에 따라 증여세의 부과 대상이 될 수 있다(대법원 2002. 7. 12. 선고 2001두441 판결 등 참조).

현행 상속세 및 증여세법은 제4조 제3항에서 "상속개시 후 상속재산에 대하여 등기·등록·명의개서 등(이하 "등기등"이라 한다)으로 각 상속인의 상속분이 확정된 후, 그 상속재산에 대하여 공동상속인이 협의하여 분할한 결과 특정 상속인이 당초 상속분을 초과하여 취득하게 되는 재산은 그 분할에 의하여 상속분이 감소한 상속인으로부터 증여받은 것으로 보아 증여세를 부과한다. 다만, 제67조에 따른 상속세 과세표준 신고기한까지 분할에 의하여 당초 상속분을 초과하여 취득한 경우와 당초 상속재산의 분할에 대하여 무효 또는 취소 등 대통령령으로 정하는 정당한 사유가 있는 경우에는 증여세를 부과하지 아니한다."고 규정하고 있다.

결국 상속개시 후 최초의 분할합의가 이루어져 이에 따라 확정된 상속분의 정리를 하는 과정에서 법정상속분을 초과하여 취득하는 것은 증여세 과세대상이 아니지만, 협의분할에 따른 등기 등으로 각 상속인의 상속분이 확정된 이후, 상속세 과세표준 신고기한이 지나 별도의 의사에 기하여 재분할을 한 결과 특정 상속인이 당초 상속분을 초과하여 취득하는 재산은 증여세 과세대상이 될 것이다.

68

자산 저가양수·도에 대한
소득세와 증여세의 중복과세

이 동 식

자산 저가양수 · 도에 대한 소득세와 증여세의 중복과세

[대법원 1999. 9. 21. 선고 98두11830 판결]

이동식 (경북대 법학전문대학원 교수)

I ▶ 사실관계 및 사건의 경과

갑(원고)은 1994. 3. 31. 소외 비상장 내국법인 A회사(이하 '소외회사'라 한다) 주식 21,000주를 그 남편의 형(시숙)인 소외 을로부터 그리고 19,000주를 자신의 동생 소외 병으로부터 각각 주당 액면가액인 5,000원에 양수하였다.

삼성세무서장(피고)은 위 주식 양수도거래 당시 적정시가를 20,781원으로 보고, 원고의 위 거래는 원고와 세법상 특수관계에 있는 을과 병(이하 '을등'이라 한다)이 원고에게 시가보다 저렴한 가격에 자산을 매도한 것으로 판단하였다. 이에 따라 피고는 이 매매에 대해 구 상속세법(1994. 12. 22. 법률 제5193호로 개정되기 전의 것) 제34조의2 제1항을 적용하여 을등이 원고에게 자산을 저가매도하여 적정 시세와의 차액 상당을 증여한 것으로 간주하여 원고에게 증여세 부과처분(이하 '이 사건 처분'이라 한다)을 하였다.[1] 이에 대해 원고는 이 사건 처분의 취소를 구하는 행정쟁송을 제기하였다.

II ▶ 관련 규정 및 쟁점

1. 관련 규정

◆ 구 상속세법(1994. 12. 22. 법률 제5193호로 개정되기 전의 것)
제29조의3(증여재산의 범위) ① 제29조의2 제1항 제1호의 규정에 해당하는 자에 대하여는 증여받은 재산 전부에 대하여 증여세를 부과한다.

---

[1] 을로부터 증여받은 부분에 대해서는 1996. 12. 1. 149,820,670원의 부과처분이 이루어졌고, 병으로부터 증여받은 부분에 대해서는 1997. 4. 1. 129,290,470원의 부과처분이 있었다.

③ 제1항 및 제2항의 경우에 소득세법에 의하여 소득세가 부과되는 때에는 증여세를 부과하지 아니한다.

제34조의2(저가·고가양도시증여의제) ① 제34조의 규정에 해당하는 경우를 제외하고 현저히 저렴한 가액의 대가로써 재산을 대통령령이 정하는 특수관계에 있는 자에게 양도하였을 경우에는 그 재산을 양도한 때에 있어서 재산의 양도자가 그 대가와 시가와의 차액에 상당한 금액을 양수자인 대통령령이 정하는 특수관계에 있는 자에게 증여한 것으로 간주한다.

◆ 구 소득세법(1994. 12. 22. 법률 제4803호로 전부 개정되기 전의 것)

제55조(부당행위계산) ① 정부는 부동산소득·사업소득·기타소득·양도소득 또는 산림소득이 있는 거주자의 대통령령이 정하는 행위 또는 계산이 그 거주자와 특수관계 있는 자와의 거래로 인하여 당해 소득에 대한 조세의 부담을 부당하게 감소시킨 것으로 인정되는 때에는 그 거주자의 행위 또는 계산에 관계없이 당해 연도의 소득금액을 계산할 수 있다.

2. 쟁점

이 사안의 경우 구 상속세법 제34조의2 제1항에 따라 원고에게 증여세가 부과되고 증여세를 과세하는 경우 적정시가는 20,781원이며 증여세액이 관련 규정에 따라 정확하게 계산되었다는 점에 대해서는 당사자 간에 다툼이 없다. 또한, 이러한 경우 구 소득세법 제55조 제1항에 따라 을등에게 양도소득세를 과세할 수 있으며 이 경우 양도가액을 실제매매가격이 아니라 적정시가를 기준으로 하여 세액계산을 하게 된다는 점에 대해서도 다툼이 없다. 이렇게 되면 적정시가와 실제매매가격과의 차액에 대해 을등에게 양도소득으로 소득세 과세를 하게 된다. 이처럼 을등에게 양도소득으로 소득세 과세를 한 경우 구 상속세법 제29조의3 제3항에 따라 원고에게 증여세를 부과하지 못하는 것인지 여부가 쟁점이 되었다.

당시 상속세법규정에 따라 저가양수시 증여의제규정에 따라 양수인에게 증여세를 과세하고 양도인에게는 부당행위계산부인규정을 적용하여 소득세 과세를 하면 실제로 동일한 소득에 대해[2] 양수인에게는 증여세 과세를 하고 양도인에게는 소득세 과세를 하는 것이 된다. 구 상속세법 제29조의3 제3항에서 증여세와 소득세의 이중과세조정을 하는 규정을 입법해두었으니 이 사안 역시 이 규정을 적용할 수 있는 것이 아닌지 여부가 논란이 된 것이다.

---

2) 이때 동일한 소득이라 함은 적정시가와 실젬매매가격과의 차액 상당액을 의미한다.

III ▶ 법원의 판단

위 쟁점에 대해 대법원은 이러한 사안이 구 상속세법 제29조의3 제3항을 적용하여 원고에게 증여세를 과세할 수 없는 경우에 해당하지 않는다고 판시하였다.3)

"증여세와 양도소득세는 납세의무의 성립요건과 시기 및 납세의무자를 서로 달리하는 것이어서 과세관청이 각 부과처분을 함에 있어서는 각각의 과세요건에 따라 실질에 맞추어 독립적으로 판단하여야 할 것으로 구 소득세법(1994. 12. 22. 법률 제4803호로 전부 개정되기 전의 것) 제55조 제1항, 구 소득세법 시행령(1994. 12. 31. 대통령령 제14467호로 전부 개정되기 전의 것) 제111조 제1항 제1호, 제2항 제1호와 구 상속세법(1996. 12. 30. 법률 제5193호 상속세 및 증여세법으로 전문 개정되기 전의 것) 제34조의2 제1항, 구 상속세법 시행령(1994. 12. 31. 대통령령 제14469호로 개정되기 전의 것) 제41조 제1항, 제2항 제1호의 규정들의 요건에 모두 해당할 경우 양자의 중복적용을 배제하는 특별한 규정이 없는 한 어느 한 쪽의 과세만 가능한 것은 아니라 할 것인바, 구 상속세법 제29조의3 제3항은 제1항 및 제2항의 경우(증여받은 재산에 대하여 증여세를 부과할 경우)에 소득세법에 의하여 소득세가 부과되는 때에는 증여세를 부과하지 아니한다고 규정하고 있으나, 그 문언 내용이나 증여세가 소득세의 보완세로서의 성격도 가지는 점에 비추어 보면 위 규정은 수증자에 대하여 증여세를 부과하는 경우 그에 대하여 소득세가 부과되는 때에는 증여세를 부과하지 아니한다는 뜻으로 읽혀지고, 따라서 위 규정은 앞서 본 양도소득세 규정과 증여세 규정의 중복적용을 배제하는 특별한 규정에 해당하지 않는다(대법원 1999. 9. 21. 선고 98두11830 판결)."

IV ▶ 해설

1. 이 사건 판결의 의의

자산을 시세보다 저렴하게 매매하는 것을 세법에서 그대로 인정할 경우 다음과 같은 문제가 발생한다. 을등은 주식양도에 따른 양도소득세 과세시 저렴한 가격을 양도가격으로 한 결과 소득세 세부담을 줄일 수 있다. 그리고 양수자인 원고는 저렴한 가격에 자산을 양수한 결과 실질적으로 대가 없이 부의 이전을 받았지만 증여세를 부과할 수 없어서 증여세 회피가능성이 발생할 수 있다.

---

3) 이 사건의 원심법원이었던 서울고등법원도 유사한 논리로 원고의 청구를 기각하는 판결을 하였다(서울고등법원 1998. 6. 18. 선고 97구45152 판결).

이러한 문제를 해결하기 위해 세법은 소득세법상 부당행위계산부인제도를 통해 양도인의 양도소득세 과세시 양도가액을 부인할 수 있는 제도를 입법하였고 증여세 과세시에는 이와 같은 거래를 증여로 보아 과세하도록 하는 규정을 입법하였다. 이렇게 과세를 하니 동일한 금액(1주당 15,781원＝20,781원－5,000원)에 대해 한 번은 을등에게 양도소득으로 과세하고 또 한번은 원고에게 증여세로 과세하는 현상이 발생한 것이다. 구 상속세법 제29조의3 제3항은 소득세와 증여세의 이중과세 조정을 하는 규정을 두고 있다. 하지만 대법원은 수증인에게 동일한 소득에 대해 소득세와 증여세가 중복과세되는 경우에만 이 규정을 적용할 수 있는 것으로 판단했다.[4] 그런데 이러한 대법원 판결은 우리 세제의 체계적 해석에 부합하지 않는 것으로 평가할 수 있는 측면이 있다. 현형 세제는 100% 무상거래를 한다고 하여 증여자가 양도소득를 회피하였다고 보아 양도소득세 과세를 하지는 않고 수증자에게 증여세 과세만 한다. 그렇다면 이 사안처럼 저가거래를 하는 경우 양도인에게는 실제매매가격기준으로 양도소득세를 과세하고 양수인에게 적정시가와의 차액에 대해 증여세 과세를 하면 충분한 것으로 볼 수 있다. 이러한 견해에 대해서는 소득세 과세는 실현된 자본이득에 대한 과세이고, 증여세 과세는 수증이익에 대한 것이므로 담세력 원천에 따라 이중과세라고 단정하기 어렵다고 보아 대법원의 입장을 지지하는 견해도 있다.[5]

2. 이 사건 판결 이후의 상황

이 사건 판결 이후 관련 규정은 위치가 많이 변하였지만 내용을 큰 틀에서 그대로 유지되고 있다.[6] 해당 쟁점에 대한 대법원의 입장도 그래도 유지되고 있어서 같은 내용의 판결이 계속되고 있다(대법원 2015. 10. 29. 선고 2013두15224 판결 등). 결국은 입법적 조치가 있어야만 해결될 것으로 보인다.

---

4) 이 사안에서는 증여자라고 할 수 있는 양도인에게 소득세가 과세되고 수증자에게 증여세가 과세되는 경우이다. 즉, 과세대상 소득이 동일하다고 하더라도 납세의무자가 다른 경우이다.
5) 임승순·김용택, 『조세법(제22판)』, 박영사, 2022, 460면; 한만수, "소득과 수증의 과세상 관계에 관한 고찰", 「조세법연구」 제8집 제2호, 한국세법학회, 2021, 71면.
6) 증여세와 소득세의 이중과세조정은 현재 상속세 및 증여세법 제4조의2 제3항에서 규정하고 있다.

69

주식 명의신탁에 대한 증여의제에 있어 조세회피목적

조 일 영

69 주식 명의신탁에 대한 증여의제에 있어 조세회피목적

[대법원 2006. 5. 12. 선고 2004두7733 판결]

조일영 (법무법인 태평양 변호사)

I ▶ 사실관계 및 사건의 경과

1. ○○건설 주식회사(이하 '소외 회사'라 한다)의 창업주인 A(명의신탁자)는 소외 회사 설립(1968. 2. 20.) 당시 상법상 주식회사 설립에 요구되는 발기인 수를 채우기 위함과 아울러 원고(명의수탁자)를 소외 회사에 입사시켜 중용할 의도에서 소외 회사의 발행주식을 원고 이름으로 인수하였고, 이후 1990.경 소외 회사가 영위하는 토목공사업의 면허기준을 맞추기 위하여 3차례에 걸쳐 증자를 실시하면서 종전 소유주식 수에 따라 새로 발행된 신주 역시 원고 이름으로 각 인수하였다(위 증자 전후의 소외 회사 주식보유 비율은 A가 약 48%, 원고가 약 44%이다).

2. 피고는, A가 원고 명의로 인수한 위 각 신주에 대하여 당시 시행되던 구 상속세법(1990. 12. 31. 법률 제4283호로 개정된 것, 이하 같다)상의 명의신탁재산 증여의제규정을 적용하여 원고에게 증여세 합계 약 16억여 원을 부과하였다.

II ▶ 관련 규정 및 쟁점

1. 관련 규정

구 상속세법(1993. 12. 31. 법률 제4662호 개정되기 전의 것) 제32조의2 제1항(현행 상속세 및 증여세법 제45조의2 제1항 참조)

2. 쟁점

주식 명의신탁에 대한 증여의제에 있어 조세회피목적의 인정 여부이다.

461

Ⅲ ▶ 법원의 판단

1. 원심판결의 요지

원심은 A가 위 주식을 원고 이름으로 인수함으로써 세법상 각종의 불이익을 받는 과점주주로서의 지위를 면하게 된 점, 신주 인수 당시 소외 회사의 이익잉여금이 23억 원을 초과하고 있어 소외 회사의 내표이사인 A로서는 언제든지 배당을 실시하여 종합소득세 등을 회피할 가능성이 있었던 점, 자녀에게 해당 주식을 증여하면서 수탁자가 자녀에게 매도하는 것처럼 가장함으로써 증여세와 양도차익 과세를 회피할 수도 있는 점 등에 비추어 보면, A가 원고 이름으로 이 사건 주식을 인수함에 있어 조세를 회피할 목적이 없었다고 단정할 수는 없다고 판단하였다.

2. 대법원 판결의 요지

대법원은, (1) "명의신탁이 조세회피목적이 아닌 다른 이유에서 이루어졌음이 인정되고 그 명의신탁에 부수하여 사소한 조세경감이 생기는 것에 불과하다면 그와 같은 명의신탁에 '조세회피목적'이 있었다고 볼 수는 없다"고 전제한 후, (2) (i) A가 당초 원고에게 위 주식을 명의신탁한 것은 상법상 발기인 수의 충족과 원고의 중용을 위한 것이었고, 이후 증자시 종전 소유주식 수에 따라 신주인수권이 부여됨에 따라 원고 이름으로 신주를 인수한 것일 뿐이며, (ii) 소외 회사 설립 이후 30년이 지난 현재까지 조세체납이나 배당을 실시한 적이 없어 A가 과점주주로서의 제2차 납세의무나 주식배당소득에 대한 누진적 종합소득세 부담을 회피한 사실이 없고, 나아가 (iii) 설령 소외 회사가 배당을 실시하였다고 하더라도 원고의 연간 소득액이 소득세법상 최고세율이 적용되는 금액을 초과하여 명의신탁 전·후로 사실상 회피되는 종합소득세는 거의 없으며, (iv) 과점주주가 되더라도 증자에 의한 신주 인수취득에 해당하여 구 지방세법상의 간주취득세는 발생할 여지가 없는 점 등에 비추어 볼 때, 명의신탁 당시 A에게 조세회피의 목적이 없었다고 봄이 상당하며, (3) 단지 장래 조세경감의 결과가 발생할 수 있는 가능성이 존재할 수 있다는 막연한 사정만으로 달리 볼 것은 아니라고 보아, 조세회피목적이 있었다고 본 원심판결을 파기하였다.

Ⅳ ▶ 해설

1. 명의신탁재산의 증여의제규정 및 판례의 변천[1]

명의신탁재산에 대한 증여의제규정은 1974. 12. 21. 구 상속세법 개정 시 처음 신설된 이래, 헌법재판소에서 여러 차례 위헌 여부가 쟁점이 될 정도로 논란의 대상이 되었고,[2] 이에 여러 차례 규정 내용의 변경이 있었으며, 대법원 판례 또한 위 규정의 해석과 관련하여 몇 번에 걸친 변화가 있었다.

즉, 원래 구 상속세법(1990. 12. 31. 법률 제4283호로 개정되기 전의 것) 제32조의2 제1항에는 조세회피목적이 증여의제의 요건으로 규정되어 있지 않았으나, '조세회피목적'이 있는 경우에 한하여 위 규정이 적용된다는 헌법재판소의 한정합헌결정(헌법재판소 1989. 7. 21. 선고 89헌마38 결정)이 있은 후, 회피목적의 대상이 되는 조세가 '증여세'에 한정되는지 아니면 모든 조세가 포함되는지가 논란의 대상이 되었다.

대법원은 ① 처음에는 증여세에 한정된다고 보아 그 실질이 증여로 볼 수 없는 모든 경우가 증여의제의 과세대상에서 제외된다는 입장(이른바 '推定說'의 입장)을 취하였다가(대법원 1991. 3. 27. 선고 90누8329 판결, 대법원 1992. 3. 10. 선고 91누3956 판결 등), ② 1990. 12. 31. 상속세법 개정 시 제32조의2 제1항 단서에 조세회피목적이 없는 경우에는 증여의제 대상에서 제외한다는 규정(이하 '단서규정'이라 한다)[3]을 신설하여 '조세회피목적'을 증여의제의 요건으로 명문화한 이후에는 '회피목적의 조세를 증여세에 한정할 수 없고, 조세회피목적이 없었다는 점에 관한 입증책임은 이를 주장하는 명의자(수탁자)에게 있다'는 입장(이른바 '制裁說'의 입장)으로 태도를 변경(대법원 1999. 12. 24. 선고 98두13133 판결 등)한 이래 현재까지 이를 그대로 유지하고 있다.[4]

---

1) 증여의제의 과세요건인 '조세회피목적'과 관련된 부분에 한정한다.
2) 비록 합헌결정이 있었으나 매번 재판관 3, 4인의 반대의견(위헌의견)이 있을 정도로 논쟁이 심하였고, 현재도 이에 대한 위헌주장이 계속하여 제기되고 있는 실정이다.
3) 제32조의2(제3자 명의로 등기 등을 한 재산에 대한 증여의제) ① 권리의 이전이나 그 행사에 등기·등록·명의개서 등(이하 "등기 등"이라 한다)을 요하는 재산에 있어서 실질소유자와 명의자가 다른 경우에는 국세기본법 제14조의 규정에 불구하고 그 명의자로 등기 등을 한 날에 실질소유자가 그 명의자에게 증여한 것으로 본다. 다만, 타인의 명의를 빌려 소유권이전등기를 한 것 중 부동산등기특별조치법 제7조 제2항의 규정에 의한 명의신탁에 해당하는 경우 및 조세회피목적 없이 타인의 명의를 빌려 등기 등을 한 경우로서 대통령령이 정하는 때에는 그러하지 아니하다.
4) 이는 의제규정에서 추정규정으로, 다시 의제규정으로 복귀하기까지 계속하여 그대로 유지된다.
   - 1996. 12. 30. 전문개정된 상속세 및 증여세법 제43조 제1항이 종전의 증여의제규정에서 증여추정규정으로 변경된 이후에도 종전 판례의 태도를 그대로 유지하였고(대법원 2004. 6. 11. 선고 2004두1421 판결, 대법원 2005. 1. 28. 선고 2004두1223 판결 등), 다시 증여의제규정으로 복귀한 1998. 12. 28. 개정된 상속세 및 증여세법 제41조의2하에서도 마찬가지로 그대로 유지하였다(대법원 2004. 12. 23. 선고 2003두13649 판결 등).

이러한 대법원의 태도변경과 관련하여 헌법재판소는 대법원의 해석이 합헌적인 올바른 해석이라는 입장을 취하였고,[5] 과세당국은 1993. 12. 31. 상속세법 개정 시 조세회피목적의 대상이 되는 조세의 범위를 증여세 이외에 다른 조세까지 포함하는 것으로 하는 제32조의2 제3항 규정(현행 상속세 및 증여세법 제45조의2 제6항)을 신설하였는데, 이 규정 또한 헌법재판소에 의하여 합헌으로 선언됨에 따라,[6] 더 이상 회피목적인 '조세'의 범위가 증여세에 한정되어야 한다고 다툴 여지는 없게 되었다.

2. 조세회피목적에 대한 합목적적 해석의 필요성

명의신탁재산의 증여의제에 있어서 조세회피목적이 없었다는 점에 대한 증명책임은 명의자인 수탁자(납세자)에게 있고(확립된 판례의 입장임),[7] 앞서 본 바와 같이 위 단서규정 신설 이후 회피목적이 되는 조세에는 증여세뿐만 아니라 국세, 지방세 등 모든 조세가 포함되므로, 명의자(납세자)로서는 명의신탁에 의하여 경감 또는 배제될 수 있는 모든 조세에 관하여 회피할 목적이 없었음을 증명하여야만 한다.

그러나 이를 증명하는 것은 세법 전문가가 아닌 일반인으로서는 거의 불가능에 가까운 것이고, 명의신탁이 있으면 크든 작든 어느 정도의 조세부담의 감소가능성은 항상 존재하게 되는데, 이러한 가능성이 존재하기만 하여도 조세회피목적이 있었던 것으로 인정된다면 당초 '조세회피목적'을 증여의제의 과세요건으로 요구하게 된 의미가 상실되는 결과를 초래하게 된다.

이와 관련하여 대법원은 이른바 '추정설'에서 '제재설'로 입장을 변경한 이후, 실제로 조세회피목적이 없다고 인정한 사례가 별로 없을 정도로[8] '조세회피목적'의 부존재에 대한 입증을 엄격하게 요구하여 온 것으로 보인다. 대법원은 '주식을 명의신탁한 것은 기업공개에 대비하는 목적 이외에도 과점주주로 받게 되는 세법상의 불이익을 피하고 과도한 종합소득세의 부담을 경감시키려는 목적도 있었으므로 조세회피의 목적이 없었다고 할 수 없다'고 하거나(대법원 1996. 4. 12. 선고 95누13555 판결, 대법원 1998. 6. 26. 선고 97누1532 판결 등), '소외 회사가 영업부진으로 계속 결손이 나서 실제 주주에게 배당을 실시하지 아니하였다고 하여 주식의 명의신탁 당시 조세(누진세율에 의한 종합소득세)회피의 목적이 없었다고 할 수도 없다'고 하여(대법원 1999. 7. 23. 선고 99두2192 판결, 대법원 2005. 1. 27. 선고 2003두4300 판결), 조세회피의 결과가 현실적으로 나타나지 않고 잠재적 가능성으로만 존재하는 경우에도 조세회피목적이 있는 것으로 보아 '조세회피의 목적'을 상당히 넓게 해석한 것으로 보인다.

---

5) 헌법재판소 1998. 4. 30. 선고 96헌바87, 97헌바5·29(병합) 결정 참조. 다만, 재판관 9인 중 4인이 위 단서의 '조세'에 증여세 아닌 다른 조세가 포함되는 것으로 해석하는 한 헌법에 위반된다는 반대의견을 표시하였다.

6) 헌법재판소 2004. 11. 25. 선고 2002헌바66 결정, 헌법재판소 2005. 6. 30. 선고 2004헌바40, 2005헌바24(병합) 결정 참조.

7) 대법원 1996. 8. 20. 선고 95누9174 판결, 대법원 2005. 1. 27. 선고 2003두4300 판결 등.

8) 대법원인 조세회피목적이 없다고 인정한 사례로는, 대법원 1996. 5. 10. 선고 95누10068 판결, 대법원 1996. 5. 28. 선고 96누4848 판결 외에는 쉽게 찾기 어렵다.

그러나 명의신탁 증여의제로 부과되는 증여세의 성질이 '조세'가 아니라 조세회피를 목적으로 한 명의신탁에 대한 '제재'의 성격을 가지고 있음에도, 회피되는 세액과는 관계없이 '명의신탁재산의 가액'을 기준으로 일률적으로 증여세가 부과되는 점, 특히 증여의제의 주된 적용대상이던 부동산 명의신탁은 1995. 7. 1.부터 시행된 부동산 실권리자 명의등기에 관한 법률의 적용으로 증여의제 과세대상에서 제외되어 부동산 명의신탁에 대하여 부과되는 과징금은 부동산가액(기준시가)의 30%에 해당하는 금액의 범위 안에서 명의신탁의 기간·목적 등에 따라 5%~30%의 부과율이 적용되고 있음에도 불구하고, 주식의 명의신탁에 대하여는 증여의제규정에 의하여 일률적으로 고율[9]의 증여세를 부과하는 것은 조세형평이나 비례의 원칙에 반하는 측면이 있는 점, 더구나 명의신탁을 주도하는 자는 신탁자임에도 명의신탁에 대한 제재로 행해지는 증여세는 수탁자에게 부과될 뿐만 아니라 명의신탁자에게 조세회피의 목적이 있는 한 명의자인 수탁자에게 그 목적이 없다 하더라도 증여의제규정의 적용을 회피할 수 없다는 것은 명의신탁을 이용한 조세회피에 대한 제재의 필요성을 감안하더라도 부당해 보이는 점 등에 비추어 볼 때, 단순히 명의신탁으로 인하여 회피된 조세가 발생하였다거나 조세회피의 가능성이 존재한다는 사정만으로 일률적으로 증여세를 부과하기보다는, 구체적인 사안에서 명의신탁에 이르게 된 목적, 회피될 수 있는 조세의 종류·액수 및 실제 회피결과의 발생 여부 등을 살펴 '조세회피목적'을 합목적적으로 해석하거나 조세회피목적의 부존재에 대한 증명을 다소 완화하여 적용할 필요가 있다.

3. 대상판결의 검토

이 사건 대상판결은 '조세회피목적'이 있었는지와 관련하여, 먼저 명의신탁이 조세회피목적이 아닌 다른 목적에서 이루어졌는지를 가장 우선적으로 고려하고 있다. 명의신탁이 조세회피목적이 아닌 다른 목적에서 이루어졌음이 인정되는 경우에는 비록 현실적으로 명의신탁에 부수하여 사소한 조세경감이 있다거나 단지 장래의 조세경감의 결과가 발생할 수 있는 가능성이 있다고 하더라도 조세회피목적이 있다고 볼 수 없다는 것이다.

위 판결에 의하면, 명의신탁에 이르게 된 다른 뚜렷한 목적이 있는 경우에는 비록 조세회피 내지 경감의 결과가 발생하였다고 하더라도 그 회피 내지 경감의 액수가 미미하거나, 장래 막연한 조세회피 내지 경감의 가능성이 있는 정도에 불과하여 명의신탁 당시 이를 의도하였다고 보기 어려운 경우에는 조세회피목적이 없다고 보아야 한다는 것으로서, '조세회피목적'의 부존재에 대해 엄격한 증명을 요구하던 종전 판례의 태도를 완화하여 '조세회피목적'을 합리적으로 제한해석하고 있다는 점에서 타당한 판결이라 생각된다.

명의신탁이 있으면 어느 정도의 조세부담의 감소가능성은 항상 존재하기 때문에 단순히 명의신

---

9) 현행 상속세 및 증여세법은 명의신탁재산의 가액에 따라 10~50%의 누진세율이 적용된다.

탁에 부수하여 사소한 조세경감이 발생하거나 장래 조세경감의 가능성이 존재한다는 이유만으로 조세회피목적이 없는 것으로 인정받지 못한다면, 조세회피의 '목적'을 사실상 조세회피의 '개연성에 대한 인식' 정도로 확장해석하게 되어 명의신탁재산의 무차별한 증여의제로 인한 위헌적 소지를 배제하기 위하여 '조세회피목적'을 요구한 위 규정의 입법취지에도 반하게 되는 점에서 보더라도 위 대법원 판결의 설시는 타당한 것으로 생각된다.

이후 같은 취지에서 증명책임을 다소 완화하여 조세회피목적이 있었다고 볼 수 없다고 본 판례들10)이 최근까지도 계속 나오고 있으나, 다른 한편에서는 "입증책임을 부담하는 명의자로서는 명의신탁에 있어 조세회피목적이 없었다고 인정될 정도로 조세회피와 상관없는 뚜렷한 목적이 있었고, 명의신탁 당시에나 장래에 있어 회피될 조세가 없었다는 점을 객관적이고 납득할 만한 증거자료에 의하여 통상인이라면 의심을 가지지 않을 정도의 입증을 하여야 할 것"이라거나(대법원 2006. 9. 22. 선고 2004두11220 판결), "명의신탁의 목적에 조세회피목적이 포함되어 있지 않은 경우에만 증여로 의제할 수 없다고 보아야 하므로, 다른 목적과 아울러 조세회피의 목적도 있었다고 인정되는 경우에는 여전히 증여로 의제된다"(대법원 2009. 4. 9. 선고 2007두19331 판결, 대법원 2017. 2. 21. 선고 2011두10232 판결)고 판시하여 엄격한 증명을 요하던 종래로 돌아간 듯한 판결들도 선고되고 있는데, 그 판단기준에 대한 제시가 없어서 실무상 혼란스러운 측면이 없지 않다.

과연 어느 정도가 조세회피를 의도한 것으로 볼 수 없는 사소한 조세경감에 해당하는지, '명의신탁에 부수하여 사소한 조세경감이 생기는 것'과 '다른 목적과 아울러 조세회피의 의도도 있었다고 인정되는 것'의 판단기준은 무엇인지, 명의신탁이 조세회피가 아닌 다른 목적에 의한 것임이 입증되고 현실적으로 조세회피의 결과가 발생하지는 않았으나, 조세경감의 가능성이 있는 경우는 조세회피목적이 있다고 볼 것인지 등에 대하여는 위 판시만으로는 분명하지 않다. 명확한 판단기준의 제시가 필요한 부분으로 앞으로 계속적인 판례의 축적을 통하여 해결되어야 할 과제라고 생각된다.

4. 대상판결의 의의

대상판결은 종래 지나치게 엄격한 증명을 요구함으로써 위헌논란이 끊임없이 제기되어 왔던 명의신탁재산의 증여의제규정과 관련하여, 위 규정의 위헌적 요소를 배제하기 위한 합헌적 해석의 필요에 의하여 과세요건으로 자리하게 된 '조세회피목적'의 개념을 그 입법취지 등에 맞추어 합리적으로 제한해석하고 있다는 점에서 그 의의가 있다고 할 것이다.

---

10) 대법원 2006. 5. 25. 선고 2004두13936 판결, 대법원 2006. 6. 9. 선고 2005두14714 판결, 대법원 2008. 11. 27. 선고 2007두24302 판결, 대법원 2014. 5. 16. 선고 2014두786 판결, 대법원 2017. 6. 19. 선고 2016두 51689 판결, 대법원 2017. 12. 13. 선고 2017두39419 판결, 대법원 2018. 10. 25. 선고 2013두13655 판결 등.

70

이익잉여금의 자본전입에 따라 배정된 무상주가
명의신탁 증여의제 과세대상에 해당하는지 여부

허 원

이익잉여금의 자본전입에 따라 배정된 무상주가 명의신탁 증여의제 과세대상에 해당하는지 여부

[대법원 2011. 7. 14. 선고 2009두21352 판결]

허 원 (고려사이버대 교수)

I ▶ 사실관계 및 사건의 경과

원고 1은 2000. 9. 29. A주식회사의 실질주주인 甲, 乙, 丙, 丁으로부터 A주식회사가 발행한 액면 5,000원의 기명식 보통주 5,000주(지분율 50%, 액면가 합계 25,000,000원, 이하 '이 사건 제1주식'이라 한다)를 명의신탁받았다. 이후 A주식회사 발행 주식 중 일부는 실질주주들 명의로 변경되었고, 일부는 원고2 명의로 명의수탁자가 변경되었으며, 실질주주들이 원고들에게 명의신탁한 주식은 아래와 같다.

주주	주식수	지분율	액면가 합계
원고 1	4,500주	45%	22,500,000원
원고 2	1,500주^(주1)	15%	7,500,000원

(주1) 이하 '이 사건 제2주식'이라 한다

한편, 서울지방국세청의 2006년도 세무조사 결과 원고들과 실질주주들 사이의 명의신탁관계가 밝혀졌고, 이에 피고들을 비롯한 과세관청들은 이 사건 제1, 2주식에 관하여 상속세 및 증여세법(2007. 12. 31. 법률 제8828호로 개정되기 전의 것, 이하 '구 상증세법'이라 한다) 제45조의2 명의신탁재산의 증여의제 규정에 따른 증여세를 부과하였고, 원고들은 이를 전액 납부하였다.

그런데 A주식회사가 2005. 2. 14. 이익잉여금을 자본금에 전입함에 따라 신주를 발행하여 기존 주주 주식 1주당 3주를 무상으로 분배하는 무상증자를 하였고, 이에 따라 원고 1은 13,500주(=4,500주×3, 이하 '이 사건 제3주식'이라 한다), 원고 2는 4,500주(=1,500주×3, 이하 '이 사건 제4주식'이라 한다)를 각 배정받았다. 피고들은 이익잉여금의 자본전입에 따라 명의상의 주주에게 무상으로 주식이 배분된 때에는 실질주주가 명의상의 주주에게 새로이 명의신탁을 한 것으로 보아야 한다는 이유로 원고들에게 이 사건 제3, 4주식에 관하여 증여세 부과처분(이하 '이 사건 각 처분'이라 한다)을 하였다.

이에 원고들은 이 사건 각 처분에 불복하여 2008. 1. 29. 조세심판원에 심판청구를 하였으나, 2008. 6. 30. 각 심판청구를 기각하는 결정을 받았고, 이후 행정소송을 제기하여 제1심 및 제2심에서 모두 승소하였다. 피고가 이에 상고하였으나 대상판결은 피고의 상고를 기각하였다.

Ⅱ ▶ 관련 규정 및 쟁점

1. 관련 규정

◆ 구 상속세 및 증여세법(2007. 12. 31. 법률 제8828호로 개정되기 전의 것)
제45조의2(명의신탁재산의 증여의제) ① 권리의 이전이나 그 행사에 등기등을 요하는 재산(토지와 건물을 제외한다. 이하 이 조에서 같다)에 있어서 실제소유자와 명의자가 다른 경우에는 국세기본법 제14조의 규정에 불구하고 그 명의자로 등기등을 한 날(그 재산이 명의개서를 요하는 재산인 경우에는 소유권취득일이 속하는 연도의 다음 연도 말일의 다음 날을 말한다)에 그 재산의 가액을 명의자가 실제소유자로부터 증여받은 것으로 본다. 다만, 다음 각호의 1에 해당하는 경우에는 그러하지 아니하다.
  1. 조세회피의 목적없이 타인의 명의로 재산의 등기등을 하거나 소유권을 취득한 실제소유자 명의로 명의개서를 하지 아니한 경우

2. 쟁점

이 사건의 쟁점은 주식 발행법인이 이익잉여금을 자본에 전입함에 따라 기존 주식의 명의수탁자에게 보유주식에 비례하여 배정된 무상주가 명의신탁 증여의제 규정의 적용대상이 되는지 여부이다.

Ⅲ ▶ 법원의 판단

대법원은 이 사안에 대해 상증세법상 명의신탁 증여의제 규정은 국세기본법 제14조에서 정한 실질과세원칙에 대한 예외의 하나로서 명의신탁이 조세회피 수단으로 악용되는 것을 방지하여 조세정의를 실현하고자 하는 한도 내에서 제한적으로 적용되는 규정인 점, 주식의 실제소유자와 명의자가 다른 상태에서 주식 발행법인이 이익잉여금을 자본에 전입함에 따라 명의인에게 무상주가 배정되더라도 발행법인의 순자산이나 이익 및 실제주주의 지분비율에는 변화가 없으므로 실제주주가

무상주에 대하여 자신의 명의로 명의개서를 하지 아니하였다고 해서 기존 주식의 명의신탁에 의한 조세회피목적 외에 추가적인 조세회피목적이 있다고 할 수 없는 점 등을 고려하면, 특별한 사정이 없는 한 기존 명의신탁 주식 외에 이익잉여금의 자본전입에 따라 기존 명의수탁자에게 보유주식에 비례하여 배정된 무상주는 명의신탁 증여의제 규정의 적용대상이 되지 않는다고 판시하였다. 즉, A주식회사가 이익잉여금을 자본에 전입하면서 원고들에게 기존에 명의신탁받은 주식 수의 비율에 따라 배정한 무상주를 실질주주와 원고들 간 새로운 명의신탁으로 본 피고들의 이 사건 증여세 과세처분은 위법하다고 판단한 것이다.

IV ▶ 해설

1. 무상주 배정의 의미와 관련 판례, 과세관청의 입장 변화

이 사안은 기존 주주의 추가적인 출자 없이 무상주가 배정되는 경우 기존의 명의신탁 주식이 분할된 것에 불과하여 보유주식의 실질가치에 변동을 가져오지는 않지만, 별도의 독립된 신주가 발행된다는 점에서 새로운 명의신탁이 발생한 것으로 볼 수 있는가가 주요한 쟁점이 된 사건이다. 기존 주주에게 무상으로 신주가 배정되는 경우로는 준비금의 자본전입을 통한 무상신주 배정과 이익잉여금 중 배당가능이익을 현금으로 배당하지 않고 자본에 전입하는 주식배당이 있을 수 있는데, 이 사건은 주식배당이 발생한 경우이다. 법원은 이 판례의 선고 전까지 자본잉여금의 자본전입에 따른 무상주 배정에 대해서는 명의신탁 증여의제 적용대상이 되지 않는다는 판단을 확립하였으나,[1] 이익잉여금을 재원으로 하는 무상주의 배정에 대해서는 명확한 판단이 존재하지 않았다. 이에 과세관청은 종래 모든 무상주의 배정 사례에 명의신탁 증여의제 규정을 적용하여 부과처분을 내려오다가 자본잉여금의 자본전입에 따른 무상주 배정에 대한 대법원의 입장이 확립된 이후 이익잉여금의 자본전입에 따른 무상주 배정만을 명의신탁 증여의제 규정 적용대상으로 보는 부과처분을 이어왔다.[2]

---

1) 대법원 2006. 9. 22. 선고 2004두11220 판결, 대법원 2009. 3. 12. 선고 2007두1361 판결, 대법원 2009. 3. 12. 선고 2007두8652 판결 등.
2) 이익잉여금의 자본전입은 소득세법상 의제배당으로 보아 소득세가 과세되는 반면, 자본잉여금의 자본전입은 소득세법상 의재배당에 해당하지 않는다는 점이 차별 취급의 근거가 되었다.

2. 이 사건 판결의 의의

대상판결은 이익잉여금의 자본전입에 따라 기존의 명의수탁자가 수취하는 무상주에 대하여 원칙적으로 명의신탁 증여의제 규정의 적용대상이 되지 않는다는 법리를 명확히 한 최초의 판결로서 의의가 있다. 또한 상증세법상 명의신탁 증여의제 규정이 국세기본법상 실질과세원칙에 대한 예외의 하나로서 제한적으로 적용되어야 한다는 것과 그 적용에 있어서 조세회피목적의 유무가 중요한 판단기준이 된다는 것을 분명히 하였다는 점에서 큰 의미를 갖는다. 그리고 '특별한 사정이 없는 한' 이익잉여금의 자본전입에 따른 무상주 배정을 명의신탁 증여의제 규정의 적용대상으로 볼 수 없다고 설시함으로써, 구체적 사정의 판단에 따라 그 실질이 새로운 명의신탁으로 볼 수 있는 경우에는 동 규정의 적용대상이 될 수 있음을 유보하고 있다는 점에도 의미가 있다.

71

부부간 금전이체시 증여가 추정되는지 여부

김 태 희

71 부부간 금전이체시 증여가 추정되는지 여부

[대법원 2015. 9. 10. 선고 2015두41937 판결]

김태희 (법무법인 평산 대표변호사)

I ▶ 사실관계 및 사건의 경과

전업주부인 원고는 2006. 3.부터 2008. 10.까지 35회에 걸쳐 근로소득자인 남편 甲으로부터 ○○억 원의 금전(이하 '이 사건 금전'이라 한다)을 이체받았다. 원고는 이 사건 금전에 자신의 자금을 더하여 금융상품 투자 등을 하였다.

피고는 2012. 5. 원고에게, "甲으로부터 이 사건 금전을 증여받았다"는 이유로 증여세 부과처분을 하였다.

II ▶ 관련 규정 및 쟁점

1. 관련 규정

상속세 및 증여세법 제2조, 제44조, 제45조, 민법 제830조

2. 쟁점

부부간 금전이체시 증여가 추정되는지 여부(증명책임의 소재)이다.

Ⅲ ▶ 법원의 판단

1. 원심법원의 판단

증여자로 인정된 자 명의의 예금이 인출되어 납세자 명의의 예금계좌 등으로 예치된 사실이 밝혀진 이상 그 예금은 납세자에게 증여된 것으로 추정되므로, 그와 같은 예금의 인출과 납세자 명의로의 예금 등이 증여가 아닌 다른 목적으로 행하여진 것이라는 등 특별한 사정이 있다면 이에 대한 입증의 필요는 납세자에게 있다(대법원 2001. 11. 13. 선고 99두4082 판결).

따라서 이 사건 금전이 원고 계좌로 입금된 이상 원고에게 증여된 것으로 추정되므로, 원고는 증여가 아닌 다른 목적으로 입금된 것임을 증명하여야 하는데, ① 「금융실명거래 및 비밀보장에 관한 법률」에 따라 예금명의자만이 예금의 법률상 지배·처분을 할 수 있는 점, ② 민법의 부부별산제에 따라 부부 일방의 명의로 취득한 재산은 특유재산으로 하는 점(민법 제830조 제1항), ③ 甲은 직접 예금계좌를 개설·관리할 수 있었고 원고 계좌를 이용하여야 할 이유가 없을 뿐 아니라, 원고는 자신의 금융자산과 함께 자신의 명의로 금융상품에 투자한 점 등에 비추어 볼 때, 증여가 아닌 투자목적의 금전이체임을 단정하기 어려워 증여 추정이 번복되지 않는다. 따라서 증여세 부과처분은 적법하다.

2. 대법원의 판단

조세부과처분 취소소송의 구체적인 소송과정에서 경험칙에 비추어 과세요건사실이 추정되는 사실이 밝혀진 경우에는 과세처분의 위법성을 다투는 납세의무자가 문제된 사실이 경험칙을 적용하기에 적절하지 아니하다거나 해당 사건에서 그와 같은 경험칙의 적용을 배제하여야 할 만한 특별한 사정이 있다는 점 등을 증명하여야 하지만, 그와 같은 경험칙이 인정되지 아니하는 경우에는 원칙으로 돌아가 과세요건사실에 관하여 과세관청이 증명하여야 한다. 부부 사이에서 일방 배우자 명의의 예금이 인출되어 타방 배우자 명의의 예금계좌로 입금되는 경우에는 증여 외에도 단순한 공동생활의 편의, 일방 배우자 자금의 위탁 관리, 가족을 위한 생활비 지급 등 여러 원인이 있을 수 있으므로, 그와 같은 예금의 인출 및 입금 사실이 밝혀졌다는 사정만으로는 경험칙에 비추어 해당 예금이 타방 배우자에게 증여되었다는 과세요건사실이 추정된다고 할 수 없다. 따라서 증여세 부과처분은 위법하다(파기환송).

IV ▶ 해설

1. 조세소송에서의 증명책임과 증여추정

조세부과처분 취소소송에서 과세요건사실의 존재에 대한 증명책임은 원칙적으로 과세관청에게 있으나, 경험칙에 비추어 과세요건사실이 추정되는 사실이 밝혀지면 납세자가 경험칙 적용의 대상이 되지 아니하는 특별한 사정(추정을 번복할 사정)에 대한 승명을 하여야 한다. 법률상 추정의 경우에도 납세자가 추정되는 사실을 반증으로 번복하여야 할 의무를 부담한다.

과거 법원은 예금거래의 특수성에 비추어 과세관청에 의하여 증여자로 인정된 자 명의의 예금이 인출되어 납세자 명의의 예금계좌에 입금되면 그 예금이 납세자에게 증여된 것으로 '사실상 추정'하여 과세관청의 증명책임을 완화하여 왔는데(대법원 1997. 2. 11. 선고 96누3272 판결, 대법원 2011. 11. 13. 선고 99두4082 판결 등), 2013. 1. 1. 법률 제11609호로 상속세 및 증여세법이 개정되면서 제45조 제4항[1]이 신설되어, "실명이 확인된 계좌에 보유하고 있는 재산은 명의자가 그 재산을 취득한 것으로 추정하여 제1항(재산 취득자금 증여 추정)을 적용"하도록 '법률상 추정'이 명문화되었다. 따라서 과거의 주류적 판례 및 현행 법령에 따르면 납세자가 증여 외의 다른 목적으로 금전이체가 행하여진 것이라는 등의 특별한 사정을 증명함으로써 증여 추정을 번복하여야 한다. 이 사건의 경우, 부부관계에도 이러한 일반론이 적용되어야 하는지, 부부관계는 예외로 하여야 하는지가 쟁점이 되었다.

2. 부부별산제도 및 재산의 귀속

부부의 일방이 혼인 중 그의 단독 명의로 취득한 재산은 그 명의자의 특유재산으로 추정되고(민법 제830조 제1항), 그 재산의 취득에 있어 다른 일방의 협력이 있었다거나 내조의 공이 있었다는 것만으로는 그 추정이 번복되지 않는다. 다만, 다른 일방이 실제로 당해 재산의 대가를 부담하여 취득하였음을 증명한 경우에는 그 추정이 번복되고, 그 대가를 부담한 다른 일방이 실질적인 소유자로서 편의상 명의자에게 이를 명의신탁한 것으로 인정할 수 있다(대법원 1995. 2. 3. 선고 94다42778 판결, 대법원 2000. 12. 12. 선고 2000다45723 판결 등 참조).[2]

---

1) 제45조(재산 취득자금 등의 증여 추정) ① 재산 취득자의 직업, 연령, 소득 및 재산 상태 등으로 볼 때 재산을 자력으로 취득하였다고 인정하기 어려운 경우로서 대통령령으로 정하는 경우에는 그 재산을 취득한 때에 그 재산의 취득자금을 그 재산 취득자가 증여받은 것으로 추정하여 이를 그 재산 취득자의 증여재산가액으로 한다. ④ 「금융실명거래 및 비밀보장에 관한 법률」 제3조에 따라 실명이 확인된 계좌 또는 외국의 관계 법령에 따라 이와 유사한 방법으로 실명이 확인된 계좌에 보유하고 있는 재산은 명의자가 그 재산을 취득한 것으로 추정하여 제1항을 적용한다.
2) 특유재산의 추정이 번복되어 취득자금을 부담한 사람의 소유라고 본 판결의 주류는 부부간 부동산의 명의신탁

3. 이 사건 판결의 의의

법원은 금전이체가 있으면 그 금전이 납세자에게 증여된 것으로 '사실상 추정'하여 과세관청의 증명책임을 완화하여 왔다. 이는 거래원인을 알기 어려운 예금거래의 특수성, 외부인으로서는 차명계좌인지 여부를 파악하기 어려운 사정 등을 감안하여 공평의 관점에서 증거영역을 지배하는 납세자로 하여금 증여가 아닌 다른 원인으로 자금이 이체된 것이라는 증명을 하도록 한 것으로 보인다.

그러나 부부는 생활·경제 공동체로서 부동산의 명의신탁도 허용되는 특수한 관계이다(부동산 실권리자명의 등기에 관한 법률 제8조 제2호). 부부 사이의 금전이체의 경우 공동생활의 편의, 자금의 위탁관리, 가족을 위한 생활비 지급 등 여러 원인이 있을 수 있으므로, 이 사건 판결은 위와 같은 추정을 배제하고 원칙으로 돌아가 과세관청으로 하여금 과세요건사실을 증명하도록 한 데에 그 의의가 있다.

그런데 이 사건 판결의 대상이 된 거래 이후인 2013년에 상속세 및 증여세법 제45조 제4항이 신설되어 금전이체시 '법률상 증여 추정'이 되었기 때문에 이 사건 판결이 여전히 유효하다고 볼 수 있을지 이견이 있을 수 있다. 그러나 대법원은 1990. 12. 31. 상속세 및 증여세법의 개정으로 '재산취득자금 등의 증여 추정'이 명시적으로 규정된 이후에도 입증책임의 소재와 정도에 대하여 종전과 동일한 입장을 취하고 있는 점에 비추어 볼 때,[3] 부부 사이의 금전이체시에는 증여 추정 규정의 적용을 완화할 것으로 보인다.

여부가 쟁점인 사안이었다. 이에 관하여, 부부간에는 금융자산의 경우에도 자금의 출처를 중시하여 특유재산의 추정이 번복된다는 견해로는 이예슬, "부부간 예금이체에 대하여 증여가 추정되는지 여부", 「대법원판례해설」 제106호, 법원도서관, 2016, 80, 84면 참조.

[3] 박훈, "금융재산 관련 증여추정규정의 체계정립 및 입증에 대한 소고 : 「상속세 및 증여세법」 제45조 제4항을 중심으로", 「조세와 법」 제7권 제2호, 서울시립대학교 법학연구소·조세재정연구소, 2014, 79, 86면 참조.

72

즉시연금보험의 상속세 및 증여세 과세기준

심 규 찬

심규찬 (법무법인 태평양 변호사)

I ▶ 사실관계 및 사건의 경과[1]

A는 2012. 5. 30. 등 4회에 걸쳐 계약자 및 수익자를 A로, 피보험자를 자녀 B, C로 하여 즉시연금보험계약 4건을 체결하고 보험료를 모두 납부하였다.

A가 2012. 6. 18. 사망하자, 상속인 B, C는 2012. 12.경 즉시연금보험의 계약상 권리가 상증세법상 정기금을 받을 권리에 해당한다고 보아 그에 따라 상속재산가액을 평가하여 상속세를 신고하였다.

X세무서장은 2013. 11. 1. 보험료를 상속받은 것으로 보아야 한다는 이유로 즉시연금보험의 가액을 납입보험료로 평가하여 B, C가 신고한 상속세액과의 차액을 결정·고지하는 이 사건 처분을 하였다.

II ▶ 관련 규정 및 쟁점

1. 관련 규정

◆ 구 상속세 및 증여세법(2013. 1. 1. 법률 제11609호로 개정되기 전의 것)
제60조(평가의 원칙 등) ① 이 법에 따라 상속세나 증여세가 부과되는 재산의 가액은 상속개시일 또는 증여일(이하 "평가기준일"이라 한다) 현재의 시가(時價)에 따른다. 이 경우 제63조 제1항 제1호 가목 및 나목에 규정된 평가방법으로 평가한 가액(제63조 제2항에 해당하는 경우는 제외한다)을 시가로 본다.

---

[1] 대법원 2016. 9. 23. 선고 2015두49986 판결의 사실관계 및 사건의 경과만을 정리하였다.

제65조(그 밖의 조건부 권리 등의 평가) ① 조건부 권리, 존속기간이 확정되지 아니한 권리, 신탁의 이익을 받을 권리 또는 소송 중인 권리 및 대통령령으로 정하는 정기금(定期金)을 받을 권리에 대해서는 해당 권리의 성질, 내용, 남은 기간 등을 기준으로 대통령령으로 정하는 방법으로 그 가액을 평가한다.

2. 쟁점

피상속인에게 귀속되는 보험계약상 지위에 대하여 상속세를 부과하기 위해서는 상속재산가액이 산정되어야 한다. 이에 대해 구 상속세 및 증여세법 제65조 제1항을 적용하여 계산한 정기금의 현재가치가 상속재산의 시가라는 납세자의 견해와 납입보험료가 상속재산의 시가라는 과세관청의 견해가 대립되었는바, 상속재산가액을 산정하는 방법이 이 사건의 쟁점이다.

III ▶ 법원의 판단

1. 원심법원의 판단

보험료 상당액은 불특정 다수인 사이에 자유롭게 거래가 이루어지는 경우에 통상적으로 성립된다고 인정되는 이 사건 보험계약상의 권리 또는 지위의 가액에 해당하므로, A가 납입한 보험료 상당액이 B, C가 상속한 이 사건 보험계약상의 권리 또는 지위의 시가로 봄이 타당하다.

2. 대법원의 판단

피상속인에게 귀속되는 보험계약상 지위는 여러 권리를 발생시키는 것이고 그 자체의 시가를 곧바로 산정할 수 있는 적절한 방법이 없는 반면, 상속개시 시점에 보험계약을 해지하거나 청약을 철회하여 지급받을 수 있는 각종 환급금 등 그 보험계약상 여러 권리의 금전적 가치를 산정할 수 있고 그와 같은 권리들이 서로 양립할 수 없는 관계에 있다면, 특별한 사정이 없는 한 그러한 권리들의 가액 중 가장 높은 것이 해당 상속재산의 재산적 가치에 가장 부합한다고 할 것이므로, 이를 기준으로 상속세를 부과할 수 있다.

IV ▶ 해설

1. 견해의 대립

대상판결은 상속·증여세의 절세수단으로 많이 활용된 즉시연금보험의 시가 산정이 문제되었다. 즉시연금보험은 보험계약자가 일시에 목돈을 불입하고 이후 장기간에 걸쳐 수익자가 연금 형식의 보험금을 수령하는 상품이다. 부모가 즉시연금보험에 가입하면서 보험료를 일시에 납입한 후 곧바로 계약자 및 수익자를 자녀로 변경한 경우에는 증여세가 문제되고, 부모가 사망하는 경우에는 상속세가 문제된다. 앞서 I.항에서 사실관계를 소개한 대법원 2016. 9. 23. 선고 2015두49986 판결은 상속세 사안인 반면, 대법원 2016. 9. 28. 선고 2015두53046 판결은 증여세가 동일한 쟁점으로 다투어졌다.

정기금의 현재가치가 상속재산의 시가라는 납세자의 견해는, 즉시연금보험이 보험계약기간 동안 받을 연금 수령권으로 구성되어 있다고 전제한 후 위 권리로부터 수령할 금전을 연 할인율에 의한 현재가치로 환산한 금액의 합계액이 즉시연금보험의 평가액이라는 주장이다. 하지만 생존연금의 월 보험금은 매년 계약체결일을 기준으로 변동되는 당시 공시이율에 연동하여 보험자가 정한 금액이 그 액수가 된다. 장래에도 동일한 액수의 월 보험금이 계속 지급되리라고 단정할 수 없는 이상 정기금 권리 방법으로 즉시연금보험의 시가를 산정할 수는 없다.

반면 과세관청은 보험의 계약상 지위 일체가 상속인에게 한꺼번에 이전되는 것이므로 피상속인이 기납부한 납입보험료 전액이 적당한 평가액이라고 주장하였다. 불특정 다수인이 같은 내용의 보험계약을 체결하고자 하였다면 해당 보험에서 정한 보험료와 동일한 금액을 지급하였어야 할 것이므로, 그 보험료 액수가 자유롭게 거래가 이루어지는 통상적 보험상품의 가치라는 것이 주된 논거이다. 하지만 자녀들이 상속한 즉시연금보험의 계약자 및 수익자 지위 자체가 시장에서 불특정다수인 사이에 거래되는 재산이라고 보기 어렵고, 재산의 취득가액을 곧바로 그 시가로 보는 문제점이 있다.

한편 이 사건의 제1심은 청약철회 기간 이내라면 철회로 인한 환급금을, 그 기간 이후라면 해지환급금을 시가로 보아야 한다고 판단하였다. 특히 환급금이 정기금 수급권 등을 기초로 한 다른 평가액보다 더 평가액이 높다면 환급금을 기준으로 증여세를 산정하는 것이 타당하다는 입장이다.

대법원도 제1심 판단이 타당하다고 보았다. 약관에 따르면 일정기간 내에 청약철회를 할 경우 납입보험료 전액을 환급받을 수 있고, 계약 소멸 전까지는 미리 정해진 산출방법에 따라 계산된 해지환급금을 지급받을 수 있도록 되어 있는 점을 감안할 때 그 환급금이 수령할 보험금 등의 환산액보다 큰 경우에는 환급금에 따라 과세하여야 한다고 판단한 것이다. 자녀들이 상속받은 것은 즉시연금보험의 계약자 및 수익자 지위이고, 그와 같은 지위를 이전받아 곧바로 계약을 해지하였다면 보험사로부터 약관이 정한 바에 따라 해지환급금을 지급받을 수 있으므로, 설령 실제로 청약철회권 또는 해지권을 행사하지 않았더라도 평가기준일 당시의 해지환급금액이 계약자 및 수익자 지위의 시가에 가장 부합한다고 본 것으로 이해된다.

2. 이 사건 판결의 의의

보험계약에 따라 보험금만 수령하는 경우와 달리 보험계약자 및 수익자 지위 자체를 전부 이전받는 경우 그 금전적 가치를 정확히 평가하는 방법은 명시적 규정을 두고 있지 않다. 따라서 시가를 초과하지 않으면서도 최대한 근접한 것을 찾아낼 수밖에 없다. 이 사건에서 문제가 된 보험계약상 지위는 가액을 평가하기 어려운데, 그 이유는 보험계약에서 발생할 수익이 모두 조건부로 되어 있기 때문이다. 보험금으로 구성되는 연금 등이 모두 피보험자의 사망이라는 조건과 결부되어 그 가액이 변동됨은 기본이고, 생존연금조차 매년 생존 여부에 따라 변동되는 공시이율을 적용하게 되어 있어 추가적 금액변동도 전제되어 있다. 해지환급금 또한 해지를 할 것인지 여부, 한다면 언제 할 것인지에 따라 산출되는 이익이 모두 달라지는 특색이 있다. 이에 대상판결은 보험계약상 지위의 가액을 일률적으로 정할 수 없는 제반 사정들을 고려하여 환급금이 조건부 산정기준이라고 판단하였는바, 상속인에게 이전된 경제적 가치에 최대한 근접한 기준을 찾고자 한 점에서 의의가 크다 할 것이다.

73

명의신탁 증여의제의 중복적용 제한

김 성 환

명의신탁 증여의제의 중복적용 제한

[대법원 2017. 2. 21. 선고 2011두10232 판결]

김성환 (법무법인 광장 변호사)

I ▶ 사실관계 및 사건의 경과

1. 원고의 부(父) 갑은 2005. 1. 27. A증권사에, 2005. 1. 28. B증권사에 각각 원고 명의로 차명 증권계좌를 개설하고 투자금을 입금하여, 2007. 5. 22.경까지 지속적으로 수십 종류의 상장주식을 수백 회 넘게 매수·매도하였다.

2. 갑이 위 증권계좌들을 통하여 보유하게 된 이 사건 각 주식에 관하여 2005. 12. 31., 2006. 3. 31., 2006. 12. 31. 및 2007. 3. 31.에 원고 명의로 명의개서가 되었다.

3. 피고는 갑이 이 사건 각 주식을 원고에게 명의신탁하였다고 보아 구 상속세 및 증여세법 (2007. 12. 31. 법률 제8828호로 개정되기 전의 것, 이하 같다) 제45조의2 제1항(이하 '이 사건 법률조항'이라 한다)을 각각 적용[1]하여 2007. 9. 6. 원고에게 위와 같이 명의개서된 주식에 관하여 증여세를 부과하는 이 사건 처분을 하였다.

---

1) 다만 피고는 2006. 12. 31.분 주식은 2005. 12. 31.분 주식과 다른 종목이거나, 같은 종목이면 수량이 증가한 부분만 증여의제 대상으로 하였고, 2007. 3. 31.분 주식은 2006. 3. 31.분 주식과 다른 종목이거나, 같은 종목이면 수량이 증가한 부분만 증여의제 대상으로 하였는데, 이는 동일한 주식을 그대로 보유하였을 가능성이 있는 경우에는 증여의제 규정을 최초 명의개서시점에 1회만 적용하기 위한 조치로 짐작된다. 한편 3. 31.분과 12. 31.분을 따로 묶어서 종목·수량의 상이 여부를 별도로 비교한 이유는 각각 매년 3월 말 결산법인이 발행한 주식과 12월 말 결산법인이 발행한 주식으로서 서로 동일한 주식이 아닐 가능성이 높기 때문으로 보인다 (12월 말 결산법인이 사업연도를 변경하여 3월 말 결산법인으로 되는 것이 불가능하지는 않지만 현실적으로는 많지 않다).

| Ⅱ | 관련 규정 및 쟁점 |

1. 관련 규정

◆ 구 상속세 및 증여세법(2007. 12. 31. 법률 제8828호로 개정되기 전의 것)
제45조의2(명의신탁재산의 증여의제) ① 권리의 이전이나 그 행사에 등기 등을 요하는 재산(토지
와 건물을 제외한다. 이하 이 조에서 같다)에 있어서 실제소유자와 명의자가 다른 경우에는 국세기
본법 제14조의 규정에 불구하고 그 명의자로 등기 등을 한 날(그 재산이 명의개서를 요하는 재산인
경우에는 소유권취득일이 속하는 연도의 다음 연도 말일의 다음 날을 말한다)에 그 재산의 가액을
명의자가 실제소유자로부터 증여받은 것으로 본다.

2. 쟁점

이 사건의 쟁점은 취득자금이 실질적으로 동일한 복수의 주식에 관하여 명의신탁 증여의제 규정
을 재차 적용할 수 있는지 여부이다.

Ⅲ　법원의 판단

이 사건 법률조항은 권리의 이전이나 그 행사에 등기 등을 요하는 재산에 관하여 실제소유자와
명의자가 다른 경우에는 국세기본법 제14조의 규정에 불구하고 그 명의자로 등기 등을 한 날에 그
재산의 가액을 명의자가 실제소유자로부터 증여받은 것으로 본다는 것이다. 그런데 ① 이는 조세회
피목적의 명의신탁행위를 방지하기 위하여 실질과세원칙의 예외로서 실제소유자로부터 명의자에게
해당 재산이 증여된 것으로 의제하여 증여세를 과세하도록 허용하는 규정이므로, 조세회피행위를
방지하기 위하여 필요하고도 적절한 범위 내에서만 적용되어야 하는 점, ② 이 사건과 같은 주식의
경우에 관하여 보면, 증여의제 대상이 되어 과세되었거나 과세될 수 있는 최초의 명의신탁 주식이
매도된 후 그 매도대금으로 다른 주식을 취득하여 다시 동일인 명의로 명의개서를 한 경우에 그와
같이 다시 명의개서된 다른 주식에 대하여 제한 없이 이 사건 법률조항을 적용하여 별도로 증여세
를 부과하는 것은 증여세의 부과와 관련하여 최초의 명의신탁 주식에 대한 증여의제의 효과를 부정
하는 모순을 초래할 수 있어 부당한 점, ③ 최초의 명의신탁 주식이 매도된 후 그 매도대금으로 취
득하여 다시 동일인 명의로 명의개서되는 이후의 다른 주식에 대하여 각각 별도의 증여의제 규정을

적용하게 되면 애초에 주식이나 그 매입자금이 수탁자에게 증여된 경우에 비하여 지나치게 많은 증여세액이 부과될 수 있어서 형평에 어긋나는 점 등을 고려할 때, 최초로 증여의제 대상이 되어 과세되었거나 과세될 수 있는 명의신탁 주식의 매도대금으로 취득하여 다시 동일인 명의로 명의개서된 주식은 그것이 최초의 명의신탁 주식과 시기상 또는 성질상 단절되어 별개의 새로운 명의신탁 주식으로 인정되는 등의 특별한 사정이 없는 한 다시 이 사건 법률조항이 적용되어 증여세가 과세될 수는 없다고 봄이 타당하다.

Ⅳ ▶ 해설

1. 이 사건 법률조항의 경과 및 이 사건 판결의 배경

이 사건 법률조항의 원형은 1974. 12. 21. 구 상속세법 개정 때 신설된 제32조의2인데, 현재와 유사한 상태(다만 조세회피목적은 요구되지 않았음)로 개정된 것은 1981. 12. 31. 개정법부터이다. 이에 관해 헌법재판소는 조세회피목적 없이 명의신탁을 한 경우에는 위 규정을 적용할 수 없다는 취지의 한정합헌결정을 하였고(헌법재판소 1989. 7. 21. 선고 89헌마38 결정), 그에 따라 1990. 12. 31. 개정 때 단서가 신설되어 '조세회피목적 없이 타인의 명의를 빌려 등기하는 등의 경우'는 증여의제 대상에서 제외되었다. 이후 헌법재판소는 일관되게 이 사건 법률조항이 '실질과세원칙의 예외'[2]로서 합헌이라고 판시하여 왔으나, 그럼에도 불구하고 명의신탁일 뿐 증여가 아닌데도 증여세를 과세하는 이 사건 법률조항이 과연 정당하고 적절한지에 관한 논란은 계속되어 왔다.

이 사건 판결의 사안은 원고의 부(父) 갑이 원고 명의로 차명 증권계좌를 여럿 개설하여 수년간 주식 투자를 해온 경우로서, 보유주식 자체에서 발생한 배당금을 제외하면 최초 투자금 외에 추가로 투입된 자금은 거의 없었다. 만일 갑이 원고에게 최초 투자금을 증여하였더라면 그에 대하여 1회의 증여세만 부과되었을 것인데도, 주식 명의신탁으로 인정됨으로써 새로 취득한 주식의 명의개서가 이루어질 때마다 각각 이 사건 법률조항이 수차례 적용되어 결국 최초 투자금의 몇배에 달하는 주식가액이 증여세 과세대상으로 된 것이다. 이에 관해서는 새로운 명의개서시점에 각각의 명의신탁이 별개로 성립된 것이므로 이 사건 법률조항이 재차 적용되는 것이 마땅하다는 입장과 함께, 명의신탁으로 인해 실제로 회피된 조세가 그다지 많지 않은데도[3] 특히 상장주식에 투자하는 개인 소액주주

---

[2] 증여가 아닌데도 증여세를 부과하는 규정이므로 실질과세원칙의 예외에 해당하지만, 명의신탁을 규제하고자 하는 입법목적의 정당성 등에 비추어 합헌이라는 취지이다.

[3] 배당소득의 합산과세 회피로 인해 연간 수백만 원 정도의 종합소득세 회피가 가능하였다.

에게 투자금 원본의 수 배에 달하는 증여세를 부과하는 것은 너무 가혹하다는 비판이 가능하였다.

2. 이 사건 판결의 의의와 사정범위 및 한계

대법원은 이 사건 판결을 통하여 이 사건 법률조항의 중복적용을 제한하는 법리를 최초로 판시하였다. 이 법리에 의하면, ① 최초로 증여의제 대상이 되어 과세되었거나 과세될 수 있는 명의신탁 주식의 매도대금으로 취득하여 다시 동일인 명의로 명의개서 된 주식인 경우, ② 그것이 최초의 명의신탁 주식과 시기상 또는 성질상 단절되어 별개의 새로운 명의신탁 주식으로 인정되는 등의 특별한 사정이 없는 한, 이 사건 법률조항을 재차 적용하여 증여세를 과세할 수 없게 된다.

위 법리 중 ① 부분은 사실인정의 영역에 속하는 것으로서, 개별 사안마다 '최초 증여의제 대상 주식의 매도대금'으로 '이후 증여의제 대상 주식'을 취득한 것인지 여부가 증거에 의해 판단되어야 한다. 그에 따라 단체법상의 거래를 통해 새로운 명의신탁 주식으로 변경된 경우4)에는 상대적으로 위 요건이 수월하게 입증될 수 있는 반면에, 이 사건 판결 사안과 같이 개인이 투자목적으로 상장 주식을 여러 차례 사고판 경우에는 위 요건의 입증이 곤란할 수 있다.5) 이 사건 판결 법리의 적용 범위를 확대하여 납세자를 폭넓게 구제하기 위해서는 이 부분의 입증책임을 과세관청에게 지워야 할 것이나, 대법원은 이에 관한 증명의 필요는 납세자에게 있다고 판시하였다(대법원 2020. 6. 25. 선고 2019두36971 판결). 입증책임의 일반론에 충실한 판시이지만, 정작 이 사건 판결의 출발점이 되었던 상장주식을 여러 차례 거래하는 개인 소액주주의 구제에 미흡하게 되었다는 점은 아이러니이자 이 사건 판결 법리가 갖는 한계라고 할 것이다.

위 법리 중 ② 부분인 '최초의 명의신탁 주식과 시기상 또는 성질상 단절되어 별개의 새로운 명의신탁 주식으로 인정되는 등의 특별한 사정'은 과세관청이 입증해야 할 것인데, 구체적으로 어떠한 경우가 이에 해당할 수 있을 것인지는 아직 명확하지 않다.6)

---

4) 주식의 포괄적 교환(대법원 2018. 3. 29. 선고 2012두27787 판결), 합병(대법원 2019. 1. 31. 선고 2016두 30644 판결) 등. 대법원 2022. 9. 15. 선고 2018두37755 판결은 기존 명의신탁 주식의 담보대출금으로 취득한 새로운 주식에 관해서도 그 명의개서 전에 기존 명의신탁 주식을 매도하고 그 매도대금으로 담보대출금을 변제하였다면 위 중복적용 제한법리가 적용될 수 있다고 판시하였다.
5) 이 사건 판결의 파기환송심은 재판부의 조정권고에 의하여 과세관청의 직권취소 및 납세자의 소 취하로 종결되었으나, 유사한 다른 사안은 원고가 이 부분 입증을 다하지 못하였다는 이유로 결국 패소하였다(대법원 2017. 3. 22. 선고 2014두42117 판결의 파기환송심인 서울고등법원 2018. 8. 22. 선고 2017누77925 판결, 대법원 2017. 4. 13. 선고 2012두5848 판결의 파기환송심인 서울고등법원 2017. 12. 8. 선고 2017누123 판결 등. 각 미상고확정).
6) 참고로 기존 명의신탁 주식을 토대로 유상증자가 되어 추가 취득한 새 주식에 관해서는 위 중복적용 제한법리가 적용되지 아니한다(대법원 2017. 10. 26. 선고 2014두38491 판결 등). 다만 유상증자의 경우 기존 명의신탁 주식의 매도대금이 아니라 별도 유상증자대금의 납입으로 취득되는 것이므로, 이 사건 판결 법리 중 ① 부분이 충족되지 않아서 ② 부분을 나아가 따질 필요가 없고, 실제로 2014두38491 판결이유에서도 이 사건 판

 이 사건 판결에서 대법원이 내세운 세 가지 근거 중 두 번째에서, '(재차 증여의제가 되면) 최초의 명의신탁 주식에 대한 증여의제의 효과를 부정하는 모순을 초래'한다는 부분은 마치 이 사건 법률조항이 일단 적용되면 명의신탁자에게서 명의수탁자로 '증여'가 된 것으로 '의제'하는 것처럼 오해될 소지가 있으나, 이 사건 법률조항은 그 문언과 달리 '증여로 의제'하는 효과를 발생시키는 것이 아니라 '증여가 이루어진 것처럼 증여세를 과세'하는 데에 그친다는 것이 대법원 판례의 확고한 입장이다.7) 이 논거를 제외하면 이 사건 판결은 조세 사건에서 보기 드물게 대법원이 형평과 필요성만을 논거로 삼아 법 문언을 제한하여 과세범위를 축소시킨 사례에 해당한다. 그 때문에 이 사건 판결이 법원의 법해석 권한을 넘어 사실상 입법권을 행사한 것이라는 비판도 있을 수 있으나, 이 사건 법률조항을 둘러싼 끊임없는 위헌 논란을 고려해보면 합헌적 법률해석의 소산이라고도 할 수 있다.

결 법리를 원용하지 않았다.
 7) 대법원 2006. 9. 22. 선고 2004두11220 판결 및 이 사건 판결 이후에 선고된 대법원 2017. 10. 26. 선고 2014두38491 판결 등 참조. 명의신탁 증여의제 규정이 적용되더라도 해당 재산이 명의수탁자에게 '증여된 것으로 의제'되지는 않으므로, 명의신탁자가 사망하면 명의수탁자가 아닌 명의신탁자의 상속재산이 된다(대법원 2004. 9. 24. 선고 2002두12137 판결).

74

주식등변동상황명세서에 의해
명의개서 여부 판정시 증여의제일

이 경 진

주식등변동상황명세서에 의해 명의개서 여부 판정시 증여의제일

[대법원 2017. 5. 11. 선고 2017두32395 판결]

이경진 (법무법인 화우 변호사)

I ▶ 사실관계 및 사건의 경과

갑은 1998년 의류 제조 및 판매업 등을 목적으로 하는 주식회사를 설립하였다. 서울지방국세청장은 이 사건 회사에 대한 주식변동조사 등을 실시하여 이 사건 회사가 발행한 주식의 실제 소유자가 갑이나 설립 당시 소외 을 등 4인에게 주식을 명의신탁한 후 매매와 유상증자 과정을 거치면서 총 19명의 임직원등 명의로 명의신탁을 반복해 왔는데, 2006. 12.경 원고들에게 각 7,000주씩 합계 49,000주의 이 사건 회사 주식(이하 '이 사건 주식'이라 한다)을 명의신탁하였다고 보고 피고들에게 과세자료를 통보하였고, 피고들은 원고들에게 상증세법 제45조의2에 따른 증여세를 각 부과하였다.[1] 이 사건 회사는 주주명부를 작성하지 아니하였고, 2007. 3. 31. 관할세무서장에게 법인세과세표준신고서를 제출하면서 원고들의 주식양수내역이 기재된 주식등변동상황명세서를 함께 제출하였다.

II ▶ 관련 규정 및 쟁점

1. 관련 규정

◆ 구 상증세법(2007. 12. 31. 법률 제8828호로 개정되기 전의 것)
제45조의2(명의신탁재산의 증여의제) ① 권리의 이전이나 그 행사에 등기등을 요하는 재산(토지와 건물을 제외한다)에 있어서 실제소유자와 명의자가 다른 경우에는 국세기본법 제14조의 규정에 불구하고 그 명의자로 등기등을 한 날(그 재산이 명의개서를 요하는 재산인 경우에는 소유권취득일이

---

[1] 원고들은 이 사건 회사의 주식등변동상황명세가 제출된 2007. 3. 31.을, 피고들은 양도소득과세표준 신고서에 주식 양도일자로 기재된 2006. 12. 27.을 증여의제일(평가기준일)로 주장하였다.

속하는 연도의 다음연도 말일의 다음 날을 말한다)에 그 재산의 가액을 명의자가 실제소유자로부터 증여받은 것으로 본다.

③ 제1항의 규정을 적용함에 있어서 주주명부 또는 사원명부가 작성되지 아니한 경우에는 법인세법 제109조 제1항 및 제119호의 규정에 의하여 납세지 관할세무서장에게 제출한 주주등에 관한 서류 및 주식등변동상황명세서에 의하여 명의개서 여부를 판정한다.2)

2. 쟁점

주주명부 또는 사원명부를 확인할 수 없어 구 상증세법 제45조의2 제3항에 따라 주식등변동상황명세서 등에 의하여 명의개서 여부를 판정하는 경우, 증여의제일이 언제인지 여부(＝주식등변동상황명세서 등의 제출일)이다.

Ⅲ▶ 법원의 판단

구 상증세법(2007. 12. 31. 법률 제8828호로 개정되기 전의 것) 제45조의2 제3항(이하 '이 사건 법률조항'이라 한다)은 주식등변동상황명세서 등에 주식 등의 소유자 명의를 실제 소유자와 다르게 기재하여 조세를 회피하려고 하였더라도 주주명부나 사원명부 그 자체가 없어 명의개서가 이루어지지 아니한 경우에는 상증세법 제45조의2 제1항 본문을 적용할 수 없었던 문제점을 보완하여 그러한 경우에도 증여세를 과세하려는 것이다(대법원 2014. 5. 16. 선고 2011두11099 판결 참조). 그런데 이 사건 법률조항은 납세지 관할 세무서장에게 제출한 주식등변동상황명세서 등에 의하여 명의개서 여부를 판정한다고 규정하고 있을 뿐 구체적으로 어떤 일자를 주식등변동상황명세서 등에 따른 증여의제일로 볼 것인지에 대하여 규정하고 있지 않다. 한편 과세관청이 주식등변동상황명세서 등을 과세자료로 활용할 수 있다고 하더라도 이는 과세목적상 협력의무 이행의 일환으로 사업연도 중 주식 등의 변동 상황을 기록하는 문서에 불과한 것이어서, 주주권 행사 등의 기초가 되는 주주명부와는

---

2) 구 상증세법 제45조의2 제3항은 당초 2003. 12. 31. 법률 제7010호로 신설된 후 2015. 12. 15. 법률 제13557호로 제4항으로 변경되었다. 이후 2019. 12. 31. 법률 제16846호로 개정되면서 제4항 후단에 "이 경우 증여일은 증여세 또는 양도소득세 등의 과세표준신고서에 기재된 소유권이전일 등 대통령령으로 정하는 날로 한다."고 신설 규정하고, 2020. 2. 11. 대통령령 제30391호로 동법 시행령 제34조의2를 신설하여 주식등변동상황명세서에 의해 명의개서를 판정하는 경우의 증여일을 '① 증여세 또는 양도소득세 등의 과세표준신고서에 기재된 소유권이전일, ② 법 제45조의 2 제4항 전단의 주식등변동상황명세서에 기재된 거래일의 순서에 따라 정한 날로 규정하였다.

본질적으로 차이가 있다. 또한 주식등변동상황명세서에는 주주명부의 명의개서일과 같이 당해 회사가 주식양도사실을 확인한 일자가 별도로 나타나 있지도 않다. 따라서 이러한 주식등변동상황명세서 등에 비록 주식의 양도일이나 취득일이 기재되어 있다고 하더라도, 바로 그 시점에 다수의 주주와 관련된 법률관계를 처리할 목적에서 마련된 주주명부에 명의개서가 이루어진 것과 동등한 효력을 부여할 수는 없다. 다만 주식등변동상황명세서 등이 제출되면 그때 비로소 주식 등의 변동상황이 회사를 비롯한 외부에 명백하게 공표되어 명의신탁으로 인한 증여의제 여부가 판정될 수 있는 것이므로, 그와 같이 실제소유자와 명의자가 다른 주식의 변동사실이 외부에 분명하게 표시되었다고 볼 수 있는 위 명세서 등의 제출일을 증여세 목적에 따른 증여의제일로 보아야 한다.

IV ▶ 해설

1. 이 사건 규정의 연혁 및 의미

명의신탁이 증여로 의제되는 요건 중 '실제 소유자와 명의자가 다른 경우'란 실제 소유자와 명의자가 다르게 등기·등록·명의개서되어 있는 것을 의미하며, 위 등기·등록은 주주명부나 사원명부에 작성되는 것을 의미한다. 이에 따른 증여시기는 명의자로 등기, 등록, 명의개서 등을 한 날로서, 주식의 경우 '명의개서를 한 날'은 상법에 의하여 취득자의 성명과 주소를 주주명부에 기재한 때를 말한다. 따라서 주주명부나 사원명부가 작성된 법인의 경우에는 그 기재를 기준으로 명의개서 여부를 판정하고, 주주명부나 사원명부가 작성되지 않은 경우에는 납세지 관할세무서장에게 제출한 주주 등에 관한 서류 및 주식등변동상황명세서에 의하여 명의개서 여부를 판정한다.

구 상증세법(2003. 12. 30. 법률 제7010호로 개정되기 전의 것)에 의하면 주주명부가 작성되어 있는 경우에만 명의신탁 주식에 대하여 증여세를 부과할 수 있었다. 대법원은 주주명부가 아닌 주식등변동상황명세서를 기준으로 명의개서를 판정함에 있어, "주식이동상황명세서를 주주명부와 동일시할 수 없으므로 위 명세서에 주식의 이동상황을 기재해 신고했더라도 주식의 명의개서가 되었다고 할 수 없다"고 하여 주주명부에 명의개서를 하지 아니한 이상 명의신탁증여의제에 따른 증여세를 과세할 수 없다고 일관되게 판시하여 왔다.[3] 이에 따라 주권을 발행하지 않거나 주주명부도 작성하지 않는 특히 소규모 비상장회사의 경우 명의신탁증여의제 규정을 적용할 수 없는 문제점이 발생하였다. 이를 해결하고자 구 상증세법 제45조의2는 제3항에 "제1항을 적용할 때 주주명부 등이 작성

---

3) 대법원 1993. 4. 27. 선고 93누3103 판결, 대법원 1994. 2. 22. 선고 93누14196 판결, 대법원 2004. 2. 27. 선고 2003두13762 판결, 대법원 2007. 2. 7. 선고 2005두10200 판결 등.

되지 않은 경우는 주식등변동상황명세서에 의해 명의개서를 판정한다"는 내용을 신설하고, 부칙 제 10조에서 "위 제3항 규정은 위 법 시행 후 주주등에 관한 서류 및 주식등변동상황명세서를 제출하는 분부터 적용한다"는 경과규정을 두었다.

2. 이 사건 판결의 의의

명의신탁 증여의제일인 명의개서를 한 날은 증여세 과세표준을 결정하는 주식의 평가기준일로서 과세요건 사실이 되고, 증여세 부과제척기간 산정기준이 되므로 중요하다. 이 사건 법률조항은 주주명부 또는 사원명부가 작성되지 않은 경우 납세지 관할 세무서장에게 제출한 주식등변동상황명세서 등에 의하여 명의개서 여부를 판정한다고 규정하였으나, 구체적으로 주식등변동상황명세서등에 기재된 거래일과 주식등변동상황명세서 등의 제출일 중 어떤 날짜를 증여의제일로 볼 것인지에 대하여 규정하지 않아 해석상 논란이 되었다. 이 사건 판결은 이러한 경우 주식등변동상황명세서가 제출된 날을 증여의제일로 보아야 한다고 최초로 밝힌 데 그 의의가 있다. 주식등변동상황명세서 등에 주식의 양도일이나 취득일이 기재되어 있더라도, 바로 그 시점에 다수의 주주와 관련된 법률관계를 처리할 목적에서 마련된 주주명부에 명의개서가 이루어진 것과 동등한 효력을 부여할 수는 없고, 다만 주식등변동상황명세서 등이 제출되면 그때 주식의 변동상황이 회사를 비롯한 외부에 명백하게 공표되어 명의신탁으로 인한 증여의제 여부가 판정될 수 있다고 보아 위 명세서 등의 제출일을 증여의제일로 본 것이다. 후속 판결에서도 증여의제일은 주식등변동상황 명세서 제출일이므로 명의신탁 합의나 주식 등 인도가 그 이전에 있었어도 과세대상이 된다고 재차 확인하였다(대법원 2018. 6. 28. 선고 2018두36172 판결 참조). 다만, 주식등변동상황명세서 제출일을 증여의제일로 본 이 사건 판결에 대하여는 당시 과세실무에 반한다는 점[4][5] 및 이 사건 법률조항은 실제 소유자와 명의자가 다르게 기재되었는지 여부를 주식등변동상황명세서의 기재에 의해 판정한다는 것이지 증여일을 의제하는 규정이 아님에도 법률상 근거 없이 위와 같이 해석함은 타당하지 않고 입법적으로 해결해야 한다는 비판이 많았다.[6][7] 이러한 문제점을 바로잡고자 상증세법은 2019. 12. 31. 관련 규

---

4) 주주 등에 관한 서류 등에 의하여 확인된 양도일에 명의개서가 된 것으로 보아야 하며, 해당 양도일을 확인할 수 없는 경우에는 주식등변동상황명세서 부표인 주식, 출자지분 양도명세서상 양도일 또는 취득일을 증여시기로 보아야 한다(상증, 기준-2015-법령해석재산-0042, 2015. 5. 7.).
5) 조세심판원도 과세관청과 같은 입장을 취하여 "주식양도·양수일에 거래가 사실상 종결된 것으로 주식등변동상황명세서상 주식양도일을 부인하고 대금청산일을 기준으로 저가양수에 따른 증여세 등을 과세한 처분은 잘못임"이라고 결정하였다(조심 2014구4303, 2014. 12. 31.).
6) 유철형, "2017년 상속세 및 증여세법 판례회고", 「조세법연구」 제24집 제1호, 한국세법학회, 2018, 406-407면; 허원, "주식등변동상황명세서에 의해 명의개서여부를 판정하는 경우 증여의제일", 삼일아이닷컴, 2017 참조.
7) 대상판결의 결론에 찬성하는 견해로는 성수현, "2018년 상속세 및 증여세법과 지방세법 판례회고", 「조세법연구」 제25집 제2호, 한국세법학회, 2019, 286면 참조.

정을 신설8)하여 주식등변동상황명세서에 의해 명의개서를 판정하는 경우의 증여일을 '① 증여세 또는 양도소득세 등의 과세표준신고서에 기재된 소유권이전일, ② 법 제45조의2 제4항 전단의 주식등변동상황명세서에 기재된 거래일의 순서에 따라 정한 날로 명확히 규정함으로써 논란을 마무리하였다.

---

8) 구 상증세법(2019. 12. 31. 법률 제16846호로 개정된 것) 제45조의2 제4항 후단 및 동법 시행령(2020. 2. 11. 대통령령 제30391호 개정된 것) 제34조의2 신설.

75

구 상속세 및 증여세법 제48조 제1항과 관련한
'최대주주 요건'의 판단시기 및 구 상속세 및 증여세법
시행령 제19조 제2항 제4호에서 정한 '재산을
출연하여 비영리법인을 설립한 자'의 의미

한 원 교

구 상속세 및 증여세법 제48조 제1항과 관련한 '최대주주 요건'의
판단시기 및 구 상속세 및 증여세법 시행령 제19조 제2항 제4호에서
정한 '재산을 출연하여 비영리법인을 설립한 자'의 의미

[대법원 2017. 4. 20. 선고 2011두21447 전원합의체 판결]

한원교 (법무법인 율촌 변호사)

I ▶ 사실관계 및 사건의 경과

원고는 소외 甲 등으로부터 3억 1,000만 원을 출연받아 2002. 10. 17. 그 설립허가를 받고, 같은
해 11. 5. 그 설립등기를 마친 재단법인이다. 甲은 내국법인인 乙주식회사의 발행주식총수 12만 주
중 8만 4,000주(발행주식총수 중 70%)를, 甲의 사촌동생인 소외 甲´는 나머지 3만 6,000주(발행주식
총수 중 30%)를 각 소유하고 있었는데, 2003. 4. 28. 甲은 7만 2,000주(발행주식총수 중 60%)를, 甲´
는 3만 6,000주(발행주식총수 중 30%)를 각 원고에 출연함으로써 원고에게 합계 90%의 주식(이하
'이 사건 주식'이라 한다)을 증여하였다.

이에 피고는, 원고가 2003. 4. 28. 甲과 甲´로부터 이 사건 주식을 출연받은 것은 원고의 공익목
적사업의 효율적인 수행을 위한 것이기는 하지만, 구 상속세 및 증여세법(2007. 12. 31. 법률 제8828
호로 개정되기 전의 것) 제48조 제1항 단서에서 규정한 공익법인이 내국법인의 의결권 있는 발행주
식총수의 100분의 5를 초과하여 출연받은 경우에 해당한다고 보아 2008. 9. 3. 원고에게 2003년
귀속분 증여세 14,041,937,000원(가산세 4,011,982,000원)을 부과하는 이 사건 처분을 하였다.

Ⅱ▶ 관련 규정 및 쟁점

1. 관련 규정

◆ 구 상속세 및 증여세법(2007. 12. 31. 법률 제8828호로 개정되기 전의 것. 이하 '구 상증세법'
　이라 한다)
제16조(공익법인 등의 출연재산에 대한 상속세과세가액 불산입) ① 상속재산 중 피상속인 또는 상
속인이 종교·자선·학술 기타 공익을 목적으로 하는 사업을 영위하는 자(이하 "공익법인 등"이라
한다)에게 출연한 재산의 가액에 대하여는 제67조의 규정에 의한 신고기한(상속받은 재산을 출연
하여 공익법인 등을 설립하는 경우로서 부득이한 사유가 있는 경우에는 그 사유가 종료된 날부터
6월을 말한다) 이내에 출연한 경우에 한하여 상속세과세가액에 산입하지 아니한다.
② 제1항의 규정을 적용함에 있어서 내국법인의 의결권 있는 주식 또는 출자지분(이하 이 조와 제
48조, 제49조 및 제78조제4항·제7항에서 "주식 등"이라 한다)을 출연하는 경우로서 출연하는 주
식 등과 다음 각호의 1의 주식 등을 합한 것이 당해 내국법인의 의결권 있는 발행주식총수 또는 출
자총액(이하 이조와 제48조·제49조 및 제63조 제3항에서 "발행주식총수 등"이라 한다)의 100분의
5를 초과하는 경우에는 그 초과하는 가액을 상속세과세가액에 산입한다.다만, 제49조 제1항 각호
외의 부분 단서에 해당하는 것으로서 독점규제및 공정거래에관한법률 제9조의 규정에 의한 상호출
자제한기업집단(이하 "상호출자제한기업집단"이라 한다)과 특수관계에 있지 아니하는 공익법인 등
에 당해 공익법인 등의 출연자와 특수관계에 있지 아니하는 내국법인의 주식 등을 출연하는 경우로
서 대통령령으로 정하는 경우에는 그러하지 아니하다.
제48조(공익법인 등이 출연받은 재산에 대한 과세가액 불산입등) ① 공익법인 등이 출연받은 재산
의 가액은 증여세과세가액에 산입하지 아니한다. 다만, 공익법인 등이 내국법인의 주식 등을 출연
받은 경우로서 출연받은 주식 등과 다음 각호의 1의 주식 등을 합한 것이 당해 내국법인의 의결권
있는 발행주식총수 등의 100분의 5를 초과하는 경우(제16조제2항 각호 외의 부분 단서의 규정에
해당하는 경우를 제외한다)에는 대통령령이 정하는 방법에 의하여 계산한 초과부분을 제외한다.

◆ 구 상속세 및 증여세법 시행령(2003. 12. 30. 대통령령 제18177호로 개정되기 전의 것. 이하
　'구 상증세법 시행령'이라 한다)
제13조(공익법인 출연재산에 대한 출연방법 등) ④ 법 제16조 제2항 각호외의 부분 단서에서 "당
해 공익법인 등의 출연자와 특수관계에 있지 아니하는 내국법인"이라 함은 다음 각호의 1에 해당하
지 아니하는 내국법인을 말한다.
　1. 출연자(출연자가 사망한 경우에는 그 상속인을 말한다. 이하 이 조, 제37조 제2항·제4항 및
　　제38조 제9항에서 같다) 또는 그와 특수관계에 있는 자(출연자와 제6항 각호의 1의 관계에 있
　　는 자를 말하되, 당해 공익법인 등을 제외한다)가 주주 등이거나 임원(법인세법 시행령 제43
　　조 제6항의 규정에 의한 임원을 말한다. 이하 같다)의 현원(5인에 미달하는 경우에는 5인으로
　　본다. 이하 이 항에서 같다)중 5분의 1을 초과하는 내국법인으로서 출연자 및 그와 특수관계

에 있는 자(출연자와 제6항 각호의 1의 관계에 있는 자를 말한다)가 보유하고 있는 주식 등의 합계가 가장 많은 내국법인1)

⑥ 법 제16조 제2항 제2호에서 출연자 및 그와 특수관계에 있는 자가 다른 공익법인 등에 출연한 동일한 내국법인의 주식 등에는 상속인과 출연당시 다음 각 호의 1의 관계에 있는 자가 재산을 출연한 다른 공익법인 등이 보유하고 있는 주식 등을 포함한다.

 3. 제19조 제2항 제3호 내지 제8호의 1에 해당하는 자. 이 경우 "주주등 1인"은 "상속인"으로 본다.

제19조(금융재산 상속공제) ② 법 제22조 제2항에서 "대통령령이 정하는 최대주주 또는 최대출자자"라 함은 주주 또는 출자자(이하 "주주 등"이라 한다) 1인과 다음 각호의 1에 해당하는 관계가 있는 자의 보유주식 등을 합하여 그 보유주식 등의 합계가 가장 많은 경우의 당해 주주 등을 말한다.

 4. 주주 등 1인과 제1호 내지 제3호의 자가 이사의 과반수를 차지하거나 재산을 출연하여 설립한 비영리법인

2. 쟁점

구 상증세법 제48조 제1항과 관련한 '최대주주 요건'의 판단시기 및 구 상증세법 시행령 제19조 제2항 제4호에서 정한 '재산을 출연하여 비영리법인을 설립한 자'의 의미이다.

Ⅲ ▶ 법원의 판단

1. 원심법원의 판단

(1) 주식 출연 직전의 시점을 기준으로 출연자 등이 최대주주의 지위에 있는지를 판단하여서는 아니 되고, 주식을 출연한 결과에 따라 출연자 등이 최대주주의 지위에 있는지를 판단해야 한다(이와 같은 견해를 '출연결과설'이라고 칭하기로 한다).

(2) 구 상증세법 시행령 제19조 제2항 제4호 소정의 '주주가 재산을 출연하여 설립한 비영리법인'이라 함은 주주가 재산을 출연한 결과로 설립에 이른 비영리법인을 의미하는 것으로 볼 것이지 주주가 재산을 출연하고 또한 설립행위(정관의 작성)를 할 것을 요구하는 것이 아니다(이와 같은 견해를 '불요설'이라고 칭하기로 한다).

---

1) 구 상증세법 제48조 제1항과 관련한 '최대주주 요건'을 정하고 있는 부분이다.

2. 대법원의 판단

(1) 다수의견의 요지

1) 구 상증세법 제48조 제1항과 관련한 '최대주주 요건'은 주식이 출연된 후의 시점을 기준으로 판단하여야 한다. 주식이 출연된 후의 시점을 기준으로 판단하여야 상속세나 증여세를 회피하면서 내국법인에 대한 지배수단으로 악용할 가능성이 큰 주식 출연행위와 그렇지 않은 주식 출연행위를 합리적이고 조화롭게 구분할 수 있으며, 조세법률주의를 지켜낼 수 있다.

2) 조세법규의 해석 원칙과 입법취지, 시행령 제19조 제2항 제4호의 입법연혁, 특수관계에 있는 비영리법인의 범위를 정한 다른 조세법규의 내용, 정관작성이나 이사선임 등의 설립행위가 공익법인의 운영과정에서 미치는 영향력 등을 종합하면, 시행령 제19조 제2항 제4호에서 정한 '재산을 출연하여 비영리법인을 설립한 자'란 비영리법인의 설립을 위하여 재산을 출연하고 정관작성, 이사선임, 설립등기 등의 과정에서 그 비영리법인의 설립에 실질적으로 지배적인 영향력을 행사한 자를 의미한다고 보아야 한다(이와 같은 견해를 '필요설'이라고 칭하기로 한다).

(2) 반대의견의 요지

1) 구 상증세법 제48조 제1항과 관련한 최대주주 요건의 판단기준시점은 주식의 출연 당시라고 볼 수밖에 없다. 법 문언이 "출연자와 '특수관계에 있지 아니하는' 내국법인의 주식 등을 '출연하는' 경우"라고 규정하여 출연 당시를 기준으로 출연자와 내국법인 사이의 특수관계 유무를 판단하도록 규정한 것은 이러한 취지를 정확히 반영한 것이고, 따라서 최대주주 요건이 충족되었는지를 다수의견과 같이 주식이 출연된 이후의 시점을 기준으로 판단할 여지는 없다(이와 같은 견해를 '출연당시설'이라고 칭하기로 한다).

2) 출연자와 공익법인 사이의 특수관계를 가리는 요건으로서 구 상증세법 시행령 제19조 제2항 제4호에 정한 '재산을 출연하여 설립한 비영리법인'은 출연자가 재산을 출연함으로써 설립에 이른 비영리법인을 의미한다.

Ⅳ ▶ 해설

1. 각 견해에 따른 이 사건 처분의 적법 여부

최대주주 요건의 판단시점과 관련하여 출연결과설이 타당하다는 입장에 따르더라도, 불요설에 입장에서 '재산을 출연하여 비영리법인을 설립한 자'의 의미를 파악하면 이 사건 처분은 적법하다. 출연자인 甲이 원고가 설립될 당시 재산을 '출연'한 적이 있기 때문에 줄연자 甲과 해당 공익법인인 원고는 특수관계에 있고, 출연자 甲은 출연 이후에도 최대주주의 지위에 있기 때문이다. 반대의견은 출연당시설과 불요설의 입장에서 이 사건 처분이 적법하다고 보고 있다.

그러나 다수의견은 필요설의 입장에서, 주식을 출연한 甲이 원고의 정관작성, 이사선임 등의 설립과정에서 실질적으로 지배적인 영향력을 행사함으로써 원고를 설립한 것으로 볼 수 있는지에 대하여 면밀하게 심리할 필요가 있다는 이유로 원심판결을 파기하였다.

2. 최대주주 요건의 충족 여부를 판단하는 기준 시점

구 상증세법이 공익법인에 대한 주식의 출연 등을 제한하는 이유는, 출연자가 공익법인을 내국법인에 대한 지배수단으로 이용하면서도 상속세 또는 증여세를 회피하는 것을 막기 위한 것이므로, 출연자가 재산을 출연받은 공익법인의 의사결정을 좌우할 수 없는 때에는 증여세가 부과되지 않는 것이 타당하다. 이러한 점에서 '최대주주 요건'이 충족하는지 여부는 '출연 직전'의 시점이 아닌 '출연 직후'의 시점을 기준으로 판단해야 한다는 점에서 출연결과설이 입법취지에 부합한다.

나아가 구 상증세법 제48조 제1항 단서 규정에서 출연된 주식의 수를 합산하는 것은, 하나의 공익법인에 주식을 수회에 걸쳐 분할하여 출연함으로써 공익법인을 통하여 내국법인을 지배하면서도 증여세 부담을 회피하는 것을 막기 위한 규정이다. 위 규정이 주식이 출연된 이후 공익법인이 보유하는 주식의 수를 기준으로 과세요건을 정하고 있는 이상, 그 적용을 배제하기 위한 비과세요건인 구 상증세법 제16조 제2항 단서 규정 또한 주식이 출연된 이후의 시점을 그 기준으로 삼고 있다고 보아야 한다는 점에서도, 출연결과설이 타당하다.

3. 재산을 출연하여 비영리법인을 설립한 자의 의미

불요설은 구 상증세법 시행령 제19조 제2항 제4호의 문언 중 '설립' 부분을 도외시하거나 무의미한 것으로 만드는 해석으로서, 조세법규 해석의 원칙에 반하는 해석이다. 나아가 구 상증세법 시행령 제19조 제2항 제4호는 1990. 12. 31. 대통령령 제13196호로 개정된 상속세법 시행령 제41조 제2항 제4호 규정 중 '양도자와 제1호 및 제2호의 자가 설립을 위한 출연금의 100분의 50 이상을 출연하고 그중 1인이 설립자인 비영리법인'이라는 문언이 그 개정과정에서 다소 변경된 것인 점을 고려하더라도, 필요설이 타당하다.

4. 대상판결의 의의

대상판결은 내국법인에 주식을 출연한 자가 출연 전에 내국법인의 최대주주의 지위에 있었다는 사정만으로 출연자의 선의를 배제하고 공익법인을 내국법인을 지배하는 수단으로 악용하는 것으로 낙인찍는 것은 합헌적 해석의 범위를 벗어나는 것으로 받아들일 수 없고, 출연자 및 그와 특수관계에 있는 자가 주식이 출연된 이후에 최대주주의 지위에 있는 때에 한하여 과세할 수 있다고 판시함으로써 '최대주주 요건'의 판단시기를 최초로 선언함과 아울러, 출연자가 비영리법인 설립 당시 재산을 출연하고 나아가 비영리법인의 설립과정에서 지배적인 영향력을 행사하여야 출연자와 비영리법인 간의 특수관계를 인정할 수 있다고 최초로 판단한 판결이다.

76

증여세 관련 실질과세원칙의 적용

김 경 하

76 증여세 관련 실질과세원칙의 적용

[대법원 2017. 1. 25. 선고 2015두3270 판결]

김경하 (한양사이버대 재무·회계·세무학과 교수)

I ▶ 사실관계 및 사건의 경과

소외 회사는 무기 자체발광물질의 생산납품을 전문으로 하는 회사로서 1999. 4. 28. 설립되어 2007. 10. 25. 코스닥시장에 상장되었고, 원고는 소외 회사의 최대주주이자 대표이사이다.

1. 전환사채의 전환권 행사

소외 회사는 제품 생산 및 회사 운영에 필요한 자금 조달을 위하여 2005. 12. 6. A법인과 조기상환에 관하여 규정하고 있는 사채 인수계약을 체결하고, 2005. 12. 9. A법인에게 전환사채를 발행하였다. 원고는 2006. 12. 29. 조기상환권을 행사하여 A법인으로부터 이 사건 전환사채 중 일부를 양수하였고, 2008. 11. 18. 양수한 전환사채 전부에 대해 전환권을 행사하여 우선주를 받았으며, 2008. 11. 20. 우선주를 보통주로 전환·취득하였다. 피고는 2011. 7. 7. 원고가 2008. 11. 20. 보통주 주가와 전환가액과의 차액 상당을 증여받았다고 하여 원고에게 증여세를 부과하였다.

2. 신주인수권부사채의 신주인수권 행사

(1) 소외 회사는 단기의 운영자금 조달을 위하여 2006. 12. 7. B법인과 신주인수권부사채의 행사에 관하여 규정하고 있는 사채 인수계약을 체결하고 2006. 12. 12. B법인에게 해외신주인수권부사채를 발행하였으며 이후 해외신주인수권부사채는 사채와 신주인수권증권으로 분리되어 매각되었다. 원고는 2006. 12. 15. 신주인수권증권의 50%를 양수하고 2009. 9. 14. 신주인수권을 행사하여 행사가격에 보통주를 취득하였다. 피고는 2011. 7. 7. 원고가 2009. 9. 14. 보통주 주가와 행사가액과의 차액 상당을 증여받았다고 보아 원고에게 증여세를 부과하였다.

(2) 소외 회사는 회사 운영자금 조달을 위하여 2008. 4. 8. C법인과 신주인수권부사채의 행사에 관하여 규정하고 있는 사채 인수계약을 체결하고 C법인에게 사모신주인수권부사채를 발행하였다. 같은 날 원고는 본 사채로부터 분리된 신주인수권증권의 50%를 양수하고 20010. 4. 20. 신주인수권을 행사하여 행사가격에 보통주를 취득하였다. 피고는 2011. 7. 7. 원고가 20010. 4. 20. 보통주의 주가와 행사가액과의 차액 상당을 증여받았다고 하여 원고에게 증여세를 부과하였다.

Ⅱ ▶ 관련 규정 및 쟁점

1. 관련 규정

구 상속세 및 증여세법(2010. 1. 1. 법률 제9916호로 개정되기 전의 것, 이하 '구 상증세법'이라 한다) 제2조 제4항[1]

2. 쟁점

납세의무자가 여러 단계의 거래를 거친 경우 그 결과만으로 구 상증세법 제2조 제4항에 따라 증여세를 과세할 수 있는지 여부이다.

Ⅲ ▶ 법원의 판단

전환사채 또는 신주신수권부사채의 발행부터 원고의 조기상환권·전환권 또는 신주인수권 행사에 따른 신주의 취득까지 2년이 경과한 시간적 간격이 있는 일련의 행위들이 별다른 사업상 목적이 없이 증여세를 부당하게 회피하거나 감소시키기 위하여 비정상적으로 이루어진 행위로서, 그 실질이 소외 회사의 대주주인 원고에게 그 소유주식비율을 초과하여 신주를 저가로 인수하도록 하여 시가와 전환가액 또는 취득가액과의 차액 상당을 증여한 것과 동일한 연속된 하나의 행위 또는 거래

---

1) 이 조항은 2013. 1. 1. 법률 제11609호로 개정 시 제4조의2로 조문 번호가 이동되었다가, 2015. 12. 15. 법률 제13557호로 전문 개정 시 삭제되었다. 본 규정이 상증세법에서 삭제되었다고 하더라도 국세에 공통적으로 적용되는 국세기본법 제14조에 따라 우회 거래나 다단계 거래에 대하여 실질과세원칙을 적용하는 것에는 달라진 것이 없다고 볼 수 있다.

라고 단정하기는 어려우므로, 구 상증세법 제2조 제4항을 적용하여 증여세를 과세할 수는 없다.

Ⅳ ▶ 해설

1. 증여세 실질과세원칙의 적용 관련

구 상증세법 제2조 제4항은 2003. 12. 30. 법률 제7010호로 개정 시 신설되었는데, 우회 거래나 다단계 거래로 상속세나 증여세를 부당하게 감소시킨 경우 경제적인 실질에 따라 당사자가 직접 거래한 것으로 보거나 연속된 하나의 거래로 재구성하여 과세할 수 있다는 것이다. 이 규정의 입법목적은 실질과세원칙을 구 상증세법에서 명시적으로 규정함으로써 상속세 또는 증여세 부담을 회피하거나 감소시키려는 조세회피행위를 규제하여 과세의 평등을 실현하고자 하는 것이다.

납세의무자는 경제활동을 할 때 특정한 목적 달성을 위하여 어떠한 법적 형식을 취할 것인지 선택할 수 있고 과세관청 입장에서는 특별한 사정이 없는 한 당사자들이 선택한 법적 형식에 따른 법률관계를 존중하여야 한다. 또한 여러 단계의 거래를 거친 결과에는 손실 등 위험부담에 대한 보상뿐 아니라 당해 거래와 직접적 관련성이 없는 당사자의 행위 또는 외부적 요인 등이 반영되어 있을 수 있으므로, 최종적인 경제적 효과나 결과만을 가지고 그 실질이 직접적인 증여에 해당한다고 단정하여 증여세를 과세해서는 안 될 것이다. 증여세에 대한 실질과세원칙을 규정하는 본 조항을 적용하기 위해서는 납세의무자가 선택한 거래의 법적 형식이나 과정이, 사회통념 또는 거래관행 상 객관적으로 증여세 회피 의도가 있는 것으로 인식되고 일반인이라면 통상적으로 선택할 합리적 거래형식에 해당하지 않는 경우로서, 처음부터 조세회피의 목적을 달성하기 위한 수단에 불과하여 그 재산 이전의 실질이 직접적인 증여를 한 것과 동일하다고 평가될 수 있어야 한다.

전환사채의 발행 · 전환권 행사 및 신주인수권부사채의 발행 · 신주인수권 행사와 관련하여 전환권 또는 신주인수권 행사로 발생한 이익을 직접 증여한 것으로 볼 수 있는지에 대한 해석을 할 때에는 당사자가 그와 같은 거래형식을 취한 목적, 제3자를 개입시키거나 단계별 거래 과정을 거친 경위, 그와 같은 거래방식을 취한 것에 대하여 세부담의 경감 외에 사업상의 필요 등 다른 합리적 이유가 있는지 여부, 각각의 거래 또는 행위 사이의 시간적 간격, 그와 같은 거래형식을 취한 데 따른 손실 및 위험부담의 가능성 등을 종합적으로 고려하여야 할 것이다. 대상판결 사례에서의 당사자들은 서로 이익이 상충되는 관계에 있고 각자 자신의 이익을 얻기 위해 사채 인수계약을 체결한 것으로 보이고, 그 계약은 자금조달의 필요성이라는 사업 목적을 위해서 이루어진 것이며, 사채의 발행 행위로부터 전환권 또는 신주인수권 행사로 인한 신주의 취득이라는 행위까지 2년이 넘는 상당한 기간이 소요되었고, 원고는 주가가 변동할 위험을 감수하면서 그 행위를 선택한 것이라는 점에서 대상판결의 결론은 타당하다고 판단된다.

2. 이 사건 판결의 의의

대상판결은 증여세 관련 실질과세원칙과 관련하여 구 상증세법 제2조 제4항을 적용할 수 있는 구체적인 기준을 제시하지는 못했지만, 동 조항의 법리를 최초로 확인해 준 판결이라는 점에서 의의가 있다. 개별적·구체적 사안에 따라 증여세 관련 실질과세원칙의 적용할 여부는 달리 판단되어야 할 것이지만, 두 개 이상의 거래로 인하여 발생하는 증여세와 관련하여 실질과세원칙의 적용 여부가 문제되는 사안에 대하여 대상판결은 중요한 참고자료가 될 것으로 생각된다.

77

상속세 및 증여세법 제40조 제1항의 적용대상이 되는 자본시장법상 인수인의 범위

임 수 혁

77 상속세 및 증여세법 제40조 제1항의 적용대상이 되는 자본시장법상 인수인의 범위

[대법원 2019. 5. 30. 선고 2017두49560 판결]

임수혁 (법무법인 광장 변호사)

I ▶ 사실관계 및 사건의 경과

원고가 최대주주로 있는 N주식회사(이하 'N사'라 한다)는 2009. 10. 23. S투자증권주식회사(이하 'S투자증권'이라 한다)와 권면총액 40억 원의 신주인수권부사채(이하 '이 사건 신주인수권부사채'라 한다)를 발행하는 계약(이하 '이 사건 계약이라 한다)을 체결하였고, 이 사건 계약에 따라 S투자증권은 이 사건 신주인수권부사채를 모두 취득하였다. S투자증권은 2009. 11. 23. 이 사건 신주인수권부사채에서 분리한 권면액 10억 원의 신주인수권(이하 '이 사건 신주인수권'이라 한다)을 5,000만 원에 원고에게 양도하였다. 원고는 2011. 9. 16. 주당 986원에 이 사건 신주인수권을 행사하여 N사의 주식 1,014,198주를 교부받았다.

피고는, S투자증권이 구 상속세 및 증여세법(2011. 12. 31. 법률 제11130호로 개정되기 전의 것, 이하 '구 상증세법'이라 한다) 제40조 제1항 제1호 나목 괄호에서 규정한 구 자본시장과 금융투자업에 관한 법률(2013. 5. 28. 법률 제11845호로 개정되기 전의 것, 이하 '구 자본시장법'이라 한다) 제9조 제12항에 따른 "인수인"에 해당함을 전제로, 구 상증세법 제40조 제1항 제2호 나목을 적용하여, 원고가 이 사건 신주인수권을 행사하여 976,000,752원의 전환이익을 얻었다고 보아, 원고에게 증여세 347,454,330원(가산세 포함)을 결정, 고지하였다(이하 '이 사건 처분'이라 한다).

Ⅱ ▶ 관련 규정 및 쟁점

1. 관련 규정

◆ 구 상속세 및 증여세법(2011. 12. 31. 법률 제11130호로 개정되기 전의 것)

제40조(전환사채 등의 주식전환 등에 따른 이익의 증여) ① 전환사채, 신주인수권부사채(신주인수
권증권이 분리된 경우에는 신주인수권증권을 말한다) 또는 그 밖의 주식으로 전환·교환하거나, 주
식을 인수할 수 있는 권리가 부여된 사채(이하 이 조에서 "전환사채등"이라 한다)를 인수·취득·양
도하거나, 전환사채등에 의하여 주식으로의 전환·교환 또는 주식의 인수를 함으로써 다음 각 호의
어느 하나에 해당하는 이익을 얻은 경우에는 그 이익에 상당하는 금액을 그 이익을 얻은 자의 증여
재산가액으로 한다.

  1. 전환사채등을 인수·취득함으로써 얻은 다음 각 목의 어느 하나에 해당하는 이익

    나. 전환사채등을 발행한 법인(「자본시장과 금융투자업에 관한 법률」에 따른 주권상장법인으
      로서 같은 법 제9조 제7항에 따른 유가증권의 모집방법으로 전환사채등을 발행한 법인은
      제외한다. 이하 이 항에서 같다)의 최대주주나 그와 특수관계에 있는 자로서 주주인 자가
      그 법인으로부터 전환사채등을 시가보다 낮은 가액으로 그 소유주식 수에 비례하여 균등
      한 조건으로 배정받을 수 있는 수를 초과하여 인수·취득(「자본시장과 금융투자업에 관한
      법률」 제9조 제12항에 따른 인수인으로부터 인수·취득한 경우를 포함한다. 이하 이 항에서
      "인수등"이라 한다)함으로써 얻은 이익

  2. 전환사채등에 의하여 주식으로의 전환·교환 또는 주식의 인수를 하거나 전환사채등을 양도함
    으로써 얻은 다음 각 목의 어느 하나에 해당하는 이익

    나. 전환사채등을 발행한 법인의 최대주주나 그와 특수관계에 있는 자로서 주주인 자가 그 법
      인으로부터 전환사채등을 그 소유주식 수에 비례하여 균등한 조건으로 배정받을 수 있는
      수를 초과하여 인수등을 한 경우로서 전환사채등에 의하여 교부받았거나 교부받을 주식의
      가액이 전환가액등을 초과함으로써 얻은 이익

◆ 구 자본시장과 금융투자업에 관한 법률(2013. 5. 28. 법률 제11845호로 개정되기 전의 것)

제9조(그 밖의 용어의 정의) ⑪ 이 법에서 "인수"란 증권을 모집·사모·매출하는 경우 다음 각 호
의 어느 하나에 해당하는 행위를 하는 것을 말한다.

  1. 제삼자에게 그 증권을 취득시킬 목적으로 그 증권의 전부 또는 일부를 취득하는 것

  2. 그 증권의 전부 또는 일부에 대하여 이를 취득하는 자가 없는 때에 그 나머지를 취득하는 것
    을 내용으로 하는 계약을 체결하는 것

⑫ 이 법에서 "인수인"이란 증권을 모집·사모·매출하는 경우 제11항 각 호의 어느 하나에 해당하는
행위를 하는 자를 말한다.

2. 쟁점

구 상증세법 제40조 제1항 제2호 나목은, 발행법인의 최대주주가 발행법인으로부터 전환사채 등 (전환사채, 신주인수권부사채, 신주인수증권, 그 밖에 주식으로 전환, 교환, 인수할 수 있는 권리가 부여된 사채)을 그 소유주식 수에 비례하여 균등한 조건으로 배정받을 수 있는 수를 초과하여 인수, 취득한 경우로서 전환사채 등에 의하여 교부받은 주식의 가액이 전환가액 등을 초과함으로써 얻은 이익을 증여세 과세대상으로 규정한다. 그리고 이때 발행법인으로부터의 인수, 취득에는 구 자본시장법 제9조 제12항에 따른 인수인으로부터 인수, 취득한 경우도 포함된다고 규정한다(제1호 나목 괄호 부분). 발행법인의 최대주주가 자본시장법상의 인수인을 거쳐 전환사채 등을 취득한 경우도 발행법인으로부터 직접 전환사채 등을 취득한 경우와 마찬가지로 발행법인으로부터 증여이익을 받은 것으로 보아 위 규정의 적용대상에 포함시킨 것이다.

이 사건에서 발행법인의 최대주주인 원고는 발행법인인 N사로부터 직접 신주인수권을 취득한 것이 아니라, N사로부터 신주인수권부사채를 취득한 S투자증권으로부터 그 신주인수권부사채에서 분리된 신주인수권을 취득하였다. 따라서 S투자증권이 구 자본시장법 제9조 제12항에 따른 인수인에 해당하는지 여부가 이 사건의 쟁점이 된다.

Ⅲ ▶ 법원의 판단

1. 원심법원의 판단

원심은, S투자증권이 구 자본시장법상의 인수인에 해당한다고 보아 원고의 청구를 기각하였다. 즉, 원심은 (1) S투자증권이 N사로부터 이 사건 신주인수권부사채를 취득한 것은 원고 측에서 다시 신주인수권의 50%를 매입하기로 약속하였기 때문이었던 점, (2) 이 사건 계약에는 N사가 S투자증권에게 수수료 1억 6,000만 원을 지급하기로 하는 조항과 S투자증권이 발행회사인 N사의 동의 없이 이 사건 신주인수권부사채를 자유로이 양도할 수 있고 신주인수권만을 분리하여 제3자에게 양도할 수 있는 조항이 있었던 점, (3) 이 사건 신주인수권을 제외한 나머지 신주인수권도 S투자증권의 주선으로 타인들이 인수하였던 점을 근거로, S투자증권은 제3자에게 취득하게 할 목적으로 이 사건 신주인수권을 취득한 것이므로 구 자본시장법 제9조 제12항의 "인수인"에 해당한다고 판단하였다.

2. 대법원의 판단

대법원은, 원심과 달리 S투자증권이 구 자본시장법상의 인수인에 해당하지 아니한다고 판단하고 원심판결을 파기환송하였다. 대법원은, 구 상증세법 제40조 제1항에서 정하고 있는 인수인은 전환사채 등의 발행 법인을 위하여 제3자에게 취득의 청약을 권유하여 전환사채 등을 취득시킬 목적으로 이를 취득하는 자를 의미할 뿐이고 이러한 목적 없이 단순한 투자 목적으로 취득하는 자는 특별한 사정이 없는 한 인수인에 해당하지 않는다고 판시하였다. 이러한 법리를 전제로 대법원은, S투자증 권은 N사를 위하여 제3자에게 취득의 청약을 권유하여 이 사건 신주인수권부사채 또는 신주인수권 을 취득시킬 목적으로 이 사건 신주인수권부사채를 취득하였다고 보기 어렵고, 오히려 투자자의 지 위에서 이자수익과 매도차익 등 투자수익을 얻을 목적으로 취득하였다고 봄이 타당하고, 따라서 S투 자증권은 구 상증세법 제40조 제1항에서 정하고 있는 인수인에 해당하지 아니한다고 판단하였다.

대법원이 위 판단의 근거로 삼은 사정들은 다음과 같다. (1) N사는 이 사건 신주인수권부사채를 발행한 2009. 10. 23. 당시 영업손실의 누적, 전 대표이사의 횡령·배임 혐의와 경영권 분쟁 등으로 인하여 부도위기에 놓여 있었다. (2) N사는 운영자금을 조달하기 위하여 S투자증권과 이 사건 계 약을 체결하였는데, 이 사건 계약에는 N사가 S투자증권에게 이 사건 신주인수권부사채 또는 신주 인수권의 모집·사모·매출을 위탁하거나 그 청약을 권유하는 데 필요한 사업설명서와 증권발행신 고서를 제공하는 내용이 없었다. (3) 당초 S투자증권은 이 사건 신주인수권부사채의 50%에 해당하 는 20억 원의 신주인수권을 즉시 원고 또는 원고가 주선하는 제3자에게 매각하고, 나머지 신주인수 권은 투자목적으로 보유하다가 처분하려고 하였다. 즉, N사는 당시에 이미 어려운 경영 상황에 놓 여 있어 그 신주인수권에 대한 수요가 제한적일 것으로 예상되었으므로, S투자증권으로서는 원고 측으로 하여금 신주인수권을 의무적으로 매입하게 할 필요가 있었을 뿐만 아니라 이 사건 신주인수 권부사채와 분리된 신주인수권을 곧바로 매각함으로써 수익을 조기에 실현하고자 하였다. (4) S투 자증권은 위와 같은 투자조건을 원고에게 제시하였고, 원고의 소개를 받은 소외인이 2009. 10. 23. 20억 원의 신주인수권을 매수하기로 하면서 이 사건 신주인수권부사채가 발행될 수 있었다. (5) S 투자증권은 국내외 증권의 인수·모집·사모·매출 업무를 담당하는 부서가 아니라 투자수익을 목적 으로 자기자본투자 업무를 수행하는 자산운용본부 내 담당 부서에서 자기자본으로 이 사건 신주인 수권부사채를 취득하였으며, N사가 이 사건 계약에 따라 S투자증권에게 부담하는 사채 원리금 등 을 포함한 모든 채무를 담보하기 위하여 N사 소유의 예금과 주식, 원고(배우자 포함) 소유의 주식에 대하여 근질권을, 원고 소유의 부동산에 대하여 근저당권을 각 설정하였다. (6) 그런데 N사가 2009. 11. 23. 상장폐지 실질심사 대상이 되어 N사 주식의 매매거래가 정지되면서 S투자증권은 원 고에게 S투자증권이 보유한 나머지 신주인수권을 즉시 매입할 것을 요구하였고, 원고와 다른 제3자는 같은 날 위 요구에 따라 이 사건 신주인수권을 포함한 나머지 신주인수권을 취득하였다. 이는 N사 주식이 상장폐지되어 신주인수권의 가치가 크게 떨어지기 전에 S투자증권의 나머지 신주인수권을 처분하기 위한 것이었다. 또한 이 사건 계약에 따르면 N사 주식이 한국거래소가 개설한 증권시장에서 거래가 중단되거나 거래에 중대한 제한을 받을 경우 S투자증권이 이 사건 계약을 해제하고 이 사건 계약에 관하여 발생한 모든 비용을 N사에게 청구할 수 있었으므로, 원고 측은 S투자증권의 요구를 받아들이지 않을 수 없었다. (7) 이 사건 계약에서 S투자증권이 N사의 동의 없이 이 사건 신주인수권부사채를 자유로이 양도할 수 있고 신주인수권만을 분리하여 제3자에게 양도할 수 있다고 정한 것은 S투자증권이 투자자의 지위에서 이 사건 신주인수권부사채와 신주인수권의 매각차익을 얻기 위한 것이고, N사가 이 사건 계약에 따라 S투자증권에게 수수료 1억 6,000만 원을 지급한 것도 S투자증권이 확정적인 투자수익을 얻기 위한 것으로 보인다.

Ⅳ ▶ 해설

1. 자본시장법상 인수인의 개념과 기능

자본시장법상 인수(underwriting)는 제3자에게 증권을 취득시킬 목적으로 그 증권을 취득하는 것을 말한다. 자본시장법상 인수인이 인수과정에서 발행인으로부터 증권을 취득하는 것은 그 증권을 여러 투자자들에게 다시 매각함으로써 증권을 분매(distribution)하기 위한 일시적, 경과적인(transitory) 취득이라고 할 수 있다.

구 자본시장법은 "인수"란 증권을 모집, 사모, 매출하는 경우에 (1) 제3자에게 그 증권을 취득시킬 목적으로 그 증권의 전부 또는 일부를 취득하는 것 또는 (2) 그 증권의 전부 또는 일부에 대하여 이를 취득하는 자가 없는 때에는 그 나머지를 취득하는 것을 내용으로 하는 계약을 체결하는 것이고(제9조 제11항), "인수인"이란 증권을 모집, 사모, 매출하는 경우에 이러한 행위를 하는 자(제9조 제12항)라고 규정한다.[1] 위 (1)의 행위를 총액인수 내지 확정금액인수(firm commitment underwriting)라 하고, 위 (2)의 행위를 잔액인수(stand-by underwriting)라 한다. 총액인수는 인수단이 발행증권 전량을 자신의 명의로 매입하여 투자자들에 분매하는 경우로서 발행증권이 소화되지 못하는 위험을 인수인이 부담한다. 잔액인수에서는 인수인이 먼저 증권을 취득하는 것이 아니라 투자자에 의하여

---

[1] 실정법상 인수의 범위는 조금씩 변경되었으나, 제3자에게 증권을 취득시킬 목적으로 증권을 취득한다는 핵심 개념은 동일하다. 자본시장법이 2007. 8. 3. 제정되면서 구 증권거래법상 인수의 범위에서 '모집주선'이 제외되고 '사모'가 포함되었고, 2013. 5. 28. 개정될 때 총액인수 또는 잔액인수를 전제로 발행인 또는 매출인을 위하여 증권의 취득 또는 매매에 관한 청약을 권유하는 행위(제9조 제11항 제3호)가 추가되었다.

소화되지 않고 남은 증권만을 취득한다. 투자자에게 매각되지 않은 잔량에 대한 위험을 인수인이 부담한다는 점에서는 총액인수와 차이가 없다.[2]

자본시장법상 인수인은 발행증권이 시장에서 소화되지 않는 경우에 발행인이 부담하게 되는 위험, 즉 미매각(未賣却) 위험을 떠맡는 보험인의 역할을 한다.[3] 또한 인수인은 발행시장에서 일종의 문지기(gatekeeper) 역할도 수행한다. 대법원은 "증권의 모집, 매출은 발행회사가 직접 공모하기보다는 인수인을 통하여 간접공모를 하는 것이 통상인데, 그 이유는 발행회사로서는 인수인이 가지는 공신력에 의하여 공모가 성공할 가능성이 높아질 뿐만 아니라 공모 차질로 인한 위험을 부담하게 되는 보험자의 역할을 기대할 수 있고 투자자들은 시장의 문지기(gatekeeper) 기능을 하는 인수인의 평판을 신뢰하여 그로부터 투자판단에 필요한 정보의 취득, 확인, 인증 등을 용이하게 제공받을 수 있기 때문이다"고 판시한 바 있다(대법원 2020. 2. 27. 선고 2016두30750 판결). 이러한 이유로 자본시장법은 인수인에게 발행인이 증권신고서와 투자설명서 중 중요사항에 관한 거짓 기재를 하거나 기재를 누락하는 것을 방지하는 데 필요한 적절한 주의를 기울일 의무를 부과하고(자본시장법 제71조 제7호, 자본시장법 시행령 제68조 제5항 제4호 가목), 그러한 거짓 기재 또는 기재 누락으로 인하여 증권의 취득자가 손해를 입은 경우에는 인수인에게 손해배상책임을 지우며(자본시장법 제125조 제1항 제5호), 위반행위에 대하여 고의 또는 중대한 과실이 있는 때에는 인수인에게 과징금을 부과한다(자본시장법 제429조 제1항 제1호, 제430조 제1항).

2. 자본시장법상 인수인에 해당하기 위한 요건

상법상의 인수(상법 제302조, 제474조)는 새로 발행되는 증권을 원시취득하기 위하여 증권에 대한 청약을 하고 배정받는 행위(Subscription)를 말한다. 자본시장법상의 인수에 해당하기 위해서는 상법상의 인수행위를 하는 것에서 더 나아가 인수인에게 "제3자에게 증권을 취득시킬 목적"이 있어야 한다. 자본시장법상 인수인이 인수 과정에서 증권을 취득하더라도 그 취득은 경과적인(transitory) 것이고 그 증권의 보유를 통하여서가 아니라 제3자에게 증권을 취득시키는 과정에서 수수료 등을 수취하여 수익을 올리는 것이 그 경제적 동기라는 점에서 투자 목적의 증권 취득과는 본질적인 차이가 있다.[4] 즉, "제3자에게 증권을 취득시킬 목적"은 자본시장법상 인수인 여부를 판단하기 위한 핵심 요건이 된다.

---

2) 김건식 · 정순섭, 『자본시장법(제4판)』, 박영사, 2023, 99, 268면.
3) 자본시장법상의 인수에 해당하는 underwriting이라는 용어는, 과거 영국의 보험관행상 화주가 해상보험에 가입하면서 보험서류에 서명을 하고 보험자가 화주의 성명 밑에 서명을 하는 것에서 비롯되었다고 한다(임재연, 『미국증권법』, 박영사, 2009, 193면).
4) 황남석, "상속세 및 증여세법 제40조 제1항의 해석론에 관한 몇 가지 쟁점", 「법학연구」 제28권 제3호, 2018, 313면.

증권회사는 인수업무 외에도 자신의 자금으로 투자활동을 할 수 있으므로,[5] 증권회사가 발행법인으로부터 증권을 인수하였다고 하더라도 제3자에게 증권을 취득시킬 목적으로 자본시장법상의 인수를 한 것일 수도 있고, 자기 자신이 투자수익을 누릴 목적으로 상법상의 인수를 한 것일 수도 있다. 따라서 금융위원회의 인가를 받은 금융투자업자라고 하더라도 그러한 자격만으로 당연히 자본시장법상의 인수인에 해당하는 것은 아니고,[6] 해당 거래에서 어떠한 목적으로 증권을 인수하였는지를 개별적, 구체적으로 살펴보아야 자본시장법상의 인수인에 해당하는지를 판단할 수 있다.

 ⁺ 상증세법 제40조 제1항 제1호 나목 괄호 부분은 "구 자본시장법 제9조 제12항에 따른 인수인으로부터 인수, 취득한 경우를 포함한다"고 규정하여 구 자본시장법 제9조 제12항의 정의 규정을 그대로 원용하고 있고, 위에서 본 바와 같이, 구 자본시장법 제9조 제12항은 제3자에게 증권을 취득시킬 목적으로 증권을 취득하는 것을 인수인의 요건으로 하고 있으므로, "제3자에게 증권을 취득시킬 목적"이라는 요건은 구 상증세법 제40조 제1항 제2호 나목의 과세요건으로 기능한다.[7] 따라서 구 상증세법 제40조 제1항 제2호 나목에 따른 과세처분이 적법하기 위해서는 과세관청이 이러한 주관적 요건을 증명해야 한다.

3. "제3자에게 취득하게 할 목적"에 대한 대법원의 판단

발행법인으로부터 증권을 취득한 자가 "제3자에게 취득하게 할 목적"으로 증권을 취득하였는지 여부는 당사자의 거래 동기나 목적과 같은 주관적 의사를 밝혀야 하는 문제이므로 이는 결국 관련된 간접사실들을 종합하여 판단할 수밖에 없다. 이와 관련된 간접사실로는, 사채발행계약의 협상 과정과 문구, 사채 취득에 관한 담당 부서와 자금, 관련 회계기준, 금융감독당국의 입장, 사후의 현실적인 매출 유무 등을 들 수 있다.[8]

---

5) 실무에서는 자기자본투자(principal investment) 또는 자기매매(proprietary trading)라는 용어가 사용된다.

6) 반대로, 금융위원회의 인가를 받지 않은 채 실질적인 인수행위를 한 자가 자본시장법상 인수인에 해당하는지가 문제된 바 있으나, 대법원은 인가를 받지 아니하였더라도 실질적으로 인수행위를 한 자는 자본시장법상 인수인에 해당함을 전제로 판단하였다(대법원 2019. 4. 11. 선고 2017두55268 판결 등). 다만, 이 사건에서는 S투자증권은 금융위원회의 인가를 받았기 때문에 이러한 쟁점이 문제되지는 않았다. 이 쟁점은, 2016. 12. 20. 개정 상증세법 제40조 제1항 제1호 나목에 "그 밖에 대통령령으로 정하는 방법으로 인수, 취득한 경우"가 신설되고, 그 위임에 따라 2017. 2. 7. 개정 상증세법 시행령 제29조 제4항에 "제3자에게 증권을 취득시킬 목적으로 그 증권의 전부 또는 일부를 취득한 자로부터 인수, 취득한 경우"가 신설되어, 인가를 받지 않고 실질적으로 인수행위를 한 자도 적용대상에 포함되는 것으로 입법적으로 해결되었다.

7) 김범준, "자본시장법상 인수인과 상속세 및 증여세법 제40조 제1항의 해석 — 대법원 2019. 5. 30. 선고 2017두49560 판결 및 대법원 2019. 4. 11. 선고 2017두55268 판결을 중심으로 —", 「법조」제72권 제2호, 2023, 392면.

8) 김건식·정순섭, 앞의 책, 99면; 김범준, 앞의 논문, 392면.

대상판결은, (1) S투자증권이 인수인의 역할을 실제로 수행한 적이 없었고(신주인수권의 절반은 S투자증권이 제시한 투자조건을 충족시키기 위하여 원고 스스로 물색한 제3자가 취득한 것이고, 나머지 절반은 N사가 상장폐지 실질심사 대상이 되자 S투자증권의 요구에 따라 원고가 취득한 것이므로, 실제로 제3자에게 증권을 분매한 적이 없었다), (2) S투자증권은 발행법인의 미매각위험을 인수하지도 않았으며(사채발행계약상 주식의 상장폐지 또는 거래중단과 같은 사유가 발생할 경우에는 계약 해제 및 관련 비용청구가 가능하였고 이를 담보하기 위한 근질권 및 근저당권도 설정받았다), (3) 발행증권의 공신력을 보강하는 문지기 역할도 애초에 수행할 여지가 없었고(이 사건 계약에는 이 사건 신주인수권부사채 또는 신주인수권의 모집, 사모, 매출을 위탁하거나 그 청약을 권유하는 데 필요한 사업설명서와 증권발생신고서를 제공하는 내용이 없었다), (4) S투자증권은 이 사건 신주인수권부사채의 취득 업무를 증권의 모집, 사모, 매출을 담당하는 부서가 아니라 자기자본투자 업무를 수행하는 자산운용본부 내 담당부서에서 수행하였고 자기자본으로 이 사건 신주인수권부사채를 취득하였다는 점을 근거로, S투자증권은 이 사건 신주인수권부사채를 제3자에게 취득하게 할 목적이 아니라 단순한 투자목적에서 취득하였다고 판단하였다.

4. 대상판결의 의의

자본시장법상 인수인은 증권의 모집, 사모, 매출을 원활하게 하기 위하여 발행인 또는 매출인으로부터 증권을 취득하여 그 증권을 다수의 투자자에게 다시 매각함으로써 증권을 분매하는 역할을 한다. 세법상 실질과세원칙의 관점에서 본다면, 증권의 모집, 사모, 매출 과정에서 그 발행 위험을 인수하고 관련 업무를 대신 수행하며 발행인의 공신력을 보강하는 역할을 하는 자본시장법상 인수인은, 발행인과 독립된 이해관계를 갖는 별개의 당사자라기보다는 발행인과 동일시하거나 무시할 수 있는 당사자로 볼 수 있는 측면이 있다. 구 상증세법 제40조 제1항 나목 괄호가 발행법인으로부터의 인수, 취득에는 자본시장법상의 인수인으로부터 인수, 취득한 경우도 포함된다고 규정하여 인수인을 통한 취득에 대하여까지 과세범위를 넓힌 것은 이러한 측면을 법에 반영한 것이다. 따라서 인수인이 증권을 취득하여 다른 투자자에게 분매하기 위한 것이 아니라 자기 자신이 투자하기 위한 목적으로 증권을 취득하였다면, 이는 발행법인과 최대주주 사이에 독립된 이해당사자가 개입된 것이므로 최대주주가 발행법인으로부터 전환사채 등을 취득한 것과 동일시하기 어려울 것이다. 대상판결은 구 상증세법 제40조 제1항 나목 괄호의 인수인은 발행법인을 위하여 제3자에게 취득시킬 목적으로 전환사채 등을 취득하는 자를 의미할 뿐이고 단순한 투자 목적으로 취득하는 자는 포함되지 않는다는 점을 분명히 선언하였다는 점에서 의의가 있다.

78

2014. 2. 개정된 상속세 및 증여세법 시행령
제31조 제6항이 무효인지 여부

김 상 술

78 2014. 2. 개정된 상속세 및 증여세법 시행령 제31조 제6항이 무효인지 여부

[대법원 2021. 9. 9. 선고 2019두35695 전원합의체 판결]

김상술 (정우세무회계사무소 세무사)

I ▶ 사실관계 및 사건의 경과

원고들은 그 부모와 함께 주식회사 ○○주택과 주식회사 ○○엔지니어링(이하 '이 사건 각 회사'라한다)의 발행주식 전부를 소유하고 있다.

피고들은 원고들의 아버지 최○○이 2014년과 2015년에 이 사건 각 회사에 금전을 무상으로 대여함으로써 주주인 원고들이 구 상속세 및 증여세법(2014. 1. 1. 법률 제12168호로 개정된 것, 이하 '구 상증세법'이라 한다) 제41조(현행 상증세법 제45조의5)에서 정한 이익을 얻었다고 보아, 구 상속세 및 증여세법 시행령(2014. 2. 21. 대통령령 제25195호로 개정된 것, 이하 '구 상증세법 시행령'이라 한다) 제31조 제6항에 따라 증여재산가액을 산정하여, 각각 원고들에게 2014. 1. 1. 및 2015. 1. 1. 증여분에 대한 증여세를 부과하였다(이하 '이 사건 처분'이라 한다).

II ▶ 관련 규정 및 쟁점

1. 관련 규정의 입법 취지

구 상증세법 제41조의 규정은 결손법인이나 휴면법인 등의 주식을 낮은 가격으로 자녀 등에게 취득하게 한 후 당해 법인에 재산을 증여하거나 채무를 대신 변제하는 등으로 지원하여 우량기업으로 성장시켜 법인세나 증여세의 부담 없이 부를 이전하는 변칙적인 증여행위를 방지하기 위하여 1996. 12. 30. 의제 규정으로 신설되었다가 아래 <표>와 같이 수차례의 법령개정을 거쳐 과세범위를 확대하여 왔으나, 그 간 법원이 네 차례에 걸쳐 관련 법령에 대한 무효 내지 파기환송 판결이 있자 정부는 2016. 1. 1. 이후부터는 동 규정을 아예 증여세 예시규정에서 증여의제 규정으로 개정·시행하고 있다.

527

▌ **특정법인의 범위에 대한 개정연혁**

2013년 이전	2014~2019년	2020년 이후
① 결손법인 ② 휴·폐업법인	① 결손법인 ② 휴·폐업법인 ③ 흑자 영리법인(50%)	지배주주 등의 주식보유비율 (직·간접)이 30% 이상 법인

2. 과세대상 거래의 유형

재산 또는 용역을 무상으로 제공받는 것, 재산 또는 용역을 통상적인 거래 관행에 비추어 볼 때 현저히 낮은 대가로 혹은 현저히 높은 대가로 양도 제공받은 것(차액이 시가의 30% 또는 3억 원[1] 이상 요건), 당해 법인의 채무를 면제, 인수 또는 변제받는 것, 시가보다 낮은 가액으로 당해 법인에 현물출자 하는 것, 금전을 무상 또는 낮은 이자율로 대여하는 경우[2] 등이다.

3. 쟁점

2014. 2. 개정된 상증세법 시행령 제31조 제6항이 무효인지 여부이다.

III ▶ 법원의 판단

대법원 2021. 9. 9. 선고 2019두35695 전원합의체 판결(이하 '대상판결'이라 한다)에서 구 상증세법 시행령 제31조 제6항은 모법인 구 상증세법 제41조 제1항의 규정 취지에 반할 뿐만 아니라 그 위임범위를 벗어난 것으로서 무효라고 봄이 타당하다. 그 이유는 다음과 같다.

구 상증세법 제41조 제1항은 특정법인의 범위를 확대하였을 뿐 나머지 과세요건에 대하여는 개정 전과 동일하게 규정하고 있으므로 여전히 특정법인에 대한 재산의 무상제공 등으로 인하여 그 주주 등이 상증세법상 증여재산에 해당하는 이익을 얻었음을 전제로 하는 규정으로 보아야 하고,

---

1) 2015. 12. 31. 이전에는 차액이 1억 원 이상이었으나, 저가양수·고가양도에 따른 이익의 증여(상증세법 제35조)에 맞추어 2016. 1. 1. 이후에는 3억 원으로 개정되었다.
2) 특정법인의 최대주주 등과 특수관계에 있는 자가 특정법인에게 금전을 무상으로 대여 등을 함으로써 특정법인의 주주가 증여받는 것으로 보는 이익은 결손금을 한도로 한다(국세청 서면4팀 - 1078, 2007. 4. 3.).

재산의 무상제공 등의 상대방이 특정법인인 이상 그로 인하여 주주 등이 얻을 수 있는 이익은 그가 보유하고 있는 특정법인주식 등의 가액 증가분 외에 다른 것을 상정하기 어렵다. 구 상증세법 제41조 제1항은 그 문언의 일부 개정에도 불구하고 개정 전과 마찬가지로 재산의 무상제공 등 특정법인과 거래를 통하여 그 주주 등이 이익을 얻었음을 전제로 하여 그 이익, 즉 '주주 등이 보유한 특정법인 주식 등의 가액 증가분'의 정당한 계산방법에 관한 사항만을 대통령령에 위임한 규정이라고 볼 것이다. 그런데 구 상증세법 시행령 제31조 제6항은 구 상증세법 제41조 제1항이 특정법인의 범위를 확대함에 따라 해당 거래와 관련하여 법인의 소득금액에 대한 법인세와 그 주주 등의 이익에 대한 증여세가 함께 부과될 수 있음을 고려하여 증여재산가액에서 특정법인이 부담하는 법인세 중 일정액을 공제하는 것으로 그 내용이 일부 변경되었다. 그러나 위 시행령 조항이 특정법인에 대한 재산의 무상제공 거래 등이 있으면 그 자체로 주주 등이 이익을 얻은 것으로 간주하여 주주 등이 실제로 얻은 이익의 유무나 다과와 무관하게 증여세 납세의무를 부담하도록 정하고 있는 것은 2014년 개정 전 상증세법 시행령 제31조 제6항과 동일하다.

결국 구 상증세법 시행령 제31조 제6항 역시 모법인 구 상증세법 제41조 제1항의 규정 취지에 반할 뿐만 아니라 그 위임범위를 벗어나 조세법률주의 원칙에 따라 마땅히 국회가 법률로 정하여야 할 사항인 과세요건을 창설한 것으로서 무효라고 봄이 타당하다.

IV 해설

1. 조세법률주의와 조세법 해석·적용의 원칙

헌법 제38조는 "모든 국민은 법률이 정하는 바에 의하여 납세의 의무를 진다."고 규정하고, 제59조는 "조세의 종목과 세율은 법률로 정한다."고 규정함으로써 조세법률주의를 채택하고 있다. 이러한 조세법률주의의 원칙은 과세요건 등은 국민의 대표기관인 국회가 제정한 법률로써 규정하여야 하고 그 법률의 집행에 있어서도 이를 엄격하게 해석·적용하여야 하며 행정 편의적인 확장해석이나 유추적용은 허용되지 않음을 의미하므로, 법률의 위임이 없이 명령 또는 규칙 등의 행정입법으로 과세요건 등에 관한 사항을 규정하거나 법률에 규정된 내용을 함부로 유추·확장하는 내용의 해석규정을 마련하는 것은 조세법률주의의 원칙에 반한다.[3]

---

3) 대법원 1987. 9. 22. 선고 86누694 전원합의체 판결, 대법원 2009. 10. 22. 선고 2007두3480 전원합의체 판결 등.

2. 이 사건 판결의 의의

이 사건은 위 <표>와 같이 수차례의 법령개정을 거쳐 과세범위를 확대하여 왔으나, 그간 법원이 네 차례(대법원 2003. 11. 28. 선고 2003두4249 판결, 대법원 2009. 3. 19. 선고 2006두19693 판결, 대법원 2017. 4. 20. 선고 2015두45700 판결, 대법원 2017. 4. 26. 선고 2016두56660 판결)에 걸쳐 관련 법령에 대한 무효 내지 파기환송 판결이 있었음에도 구 상증세법 시행령 제31조 제6항 역시 모법인 구 상증세법 제41조 제1항의 규정 취지에 반할 뿐만 아니라 그 위임범위를 벗어나 조세법률주의 원칙을 위배하였다 하여 '국패'로 판결한 점에서 종전의 4차례의 판결과 같은 취지의 판결로서 타당한 판결로 보인다.

79

일감 몰아주기와 자기증여

정 기 상

일감 몰아주기와 자기증여

[대법원 2022. 11. 10. 선고 2020두52214 판결]

정기상 (법무법인 광장 파트너 변호사)

I ▶ 사실관계 및 사건의 경과

원고는 내국법인 A 및 B의 대표이사로서 2012년과 2013년 기준으로 또 다른 2개의 내국법인을 통해 A의 주식을 간접적으로 보유하고 있고, B의 주식을 50% 이상 직접 보유하고 있다. A는 2012, 2013 사업연도에 B에게 의약품을 공급했고(이하 '이 사건 거래'라 한다), A의 매출액 중 B에 대한 매출액 비율은 2012 사업연도에 94.56%, 2013 사업연도에 98.65%였다. 원고는 구 상속세 및 증여세법(2015. 12. 15. 법률 제13557호로 개정되기 전의 것, 이하 '구 상증세법'이라 한다) 제45조의3에 따라 자신이 A의 지배주주 지위에서 B로부터 일정한 이익(이하 '이 사건 증여의제이익'이라 한다)을 증여받은 것으로 의제된다는 이유로 2013. 7. 31.과 2014. 6. 27. 피고에게 이 사건 거래와 관련한 증여세를 신고·납부하였다. 이후 원고는 2014. 10. 14. 피고에게 2012년 및 2013년 귀속 증여세를 환급해 달라는 내용의 경정청구를 하였으나, 피고는 2014. 12. 9. 원고의 경정청구를 거부하였다(이하 '이 사건 거부처분'이라 한다).

II ▶ 관련 규정 및 쟁점

1. 관련 규정

◆ 구 상증세법
제45조의3(특수관계법인과의 거래를 통한 이익의 증여 의제) ① 법인의 사업연도 매출액 중에서 그 법인의 지배주주와 대통령령으로 정하는 특수관계에 있는 법인에 대한 매출액이 차지하는 비율이 그 법인의 업종 등을 고려하여 대통령령으로 정하는 비율을 초과하는 경우에는 그 법인의 지배주주와 그 지배주주의 친족이 다음 계산식에 따라 계산한 이익을 각각 증여받은 것으로 본다.

| 수혜법인의
세후 영업이익 | × | 정상거래비율의 1/2[수혜법인이
중소기업(「조세특례제한법」
제5조제1항에 따른 중소기업을 말한다.
이하 이 조에서 같다) 또는
대통령령으로 정하는 중견기업에
해당하는 경우에는 정상거래비율]을
초과하는 특수관계법인거래비율 | × | 한계보유비율을
초과하는
주식보유비율 |

2. 쟁점

이 사건의 쟁점은 수혜법인의 지배주주 등이 동시에 특수관계법인의 주주인 경우 수혜법인의 지배주주 등이 특수관계법인으로부터 증여받은 것으로 의제되는 이익이 자기증여에 해당하여 구 상증세법 제45조의3에서 정한 증여세 과세대상에서 제외된다고 볼 수 있는지 여부이다.

Ⅲ ▶ 법원의 판단

대법원은 아래와 같은 이유에서 이 사건 증여의제이익이 자기증여에 따른 것이라 할 수 없다고 보아 이 사건 거부처분이 적법하다고 판단하였다.[1]

① 구 상증세법 제45조의3 제1항에 따른 증여세의 경우 증여자는 특수관계법인이고, 수증자는 수혜법인의 지배주주 등이다. 증여자인 특수관계법인은 그 주주와 구별되는 별개의 법적 주체이므로, 수증자인 수혜법인의 지배주주 등이 동시에 특수관계법인의 주주이더라도 증여자와 수증자가 같다고 할 수 없다.

② 특수관계법인은 수혜법인과의 거래로 인하여 손실을 입는 것이 아니므로, 수혜법인의 지배주주 등이 동시에 특수관계법인의 주주이더라도, 그 거래로 인한 이익과 손실이 함께 수혜법인의 지배주주 등에게 귀속되어 그 재산가치가 실질적으로 증가하지 않는다고 평가할 수도 없다.

③ 2014. 2. 21. 상증세법 시행령이 개정되면서 제34조의2 제12항 제3호에서 '수혜법인이 특수관계법인과 거래한 매출액에 지배주주 등의 그 특수관계법인에 대한 주식보유비율을 곱한 금액'을 과세제외 매출액에 포함하도록 정하는 등 증여의제이익 계산방법을 종전과 달리 정하였더라도 이 결론에 영향을 미치지 않는다.

---

1) 이 대법원 판결과 원심판결(서울고등법원 2020. 9. 23. 선고 2019누36669 판결)은 원고의 청구를 기각한 제1심 판결(인천지방법원 2019. 1. 10. 선고 2016구합50123 판결)에 대하여 상고기각, 항소기각 판결을 하였다. 따라서 대법원 판결의 요지만을 소개한다.

IV ▶ 해설

1. 증여세 완전포괄주의와 증여의제

구 상증세법 제2조 제3항에서는 '증여'를 그 행위 또는 거래의 명칭·형식·목적 등과 관계없이 경제적 가치를 계산할 수 있는 유형·무형의 재산을 직접 또는 간접적인 방법으로 타인에게 무상으로 이전(현저히 저렴한 대가를 받고 이전하는 경우를 포함한다)하는 것 또는 기여에 의하여 타인의 재산 가치를 증가시키는 것으로 정의하였다. 2003. 12. 30. 법률 제7010호로 개정된 구 상증세법 제2조 제3항에서 도입된 이 규정은 이른바 완전포괄주의를 채택한 것으로 받아들여졌고 이로써 상증세법상 '증여'는 독자적인 개념을 형성하기에 이르렀다.

재산의 무상 이전을 폭넓게 상증세법상 과세대상으로 삼는 규정을 도입한 이후에도 상증세법은 여전히 증여의제에 관한 별도의 규정을 두고 있다. '증여의제'는 말 그대로 증여에 해당되지 않거나 증여에 해당되는지 여부가 분명하지 않은 일정한 경우를 증여로 보겠다는 의미이다. 증여의제는 완전포괄주의와 맞물려 상증세법상 '증여'의 정의규정에서 정한 개념요소를 충족하지 못하는 영역을 과세영역으로 편입한다는 정책적 의미를 갖는다. 바꾸어 말하면, 증여의제규정에서 열거하고 있는 경우들은 애당초 증여의 개념요소를 모두 충족하지는 않음을 전제로 하는 것이다.[2]

2. 구 상증세법상 자기증여의 취급

'자기증여'는 말 그대로 자기가 자신에게 증여한다는 말이다. 일반적으로는 성립하기 어렵지만 자본거래 등 복잡한 법률관계가 개재된 경우에는 자기가 자신에게 증여하게 된 꼴이 되는 경우가 적지 않다. 자기증여는 구 상증세법 제2조 제3항에서 정한 증여의 개념요소를 충족하지 못한다. '증여'는 '타인에게' 재산을 무상으로 이전하는 경우이어야 하기 때문이다.[3] 구 상증세법이 자기증여에 관한 명시적인 규정을 두지 않은 것도, 자기증여가 애당초 과세대상인 증여에 해당될 수 없음을 염두에 둔 결과라고 볼 여지도 있다.

그런데 증여의제규정을 해석할 경우에는 이러한 논리를 들이댈 수 없다. 증여의제규정은 처음부터 증여의 개념요소를 흠결하는 경우를 규율하기 때문이다. 따라서 구 상증세법이 증여의제규정에서도 자기증여의 취급에 관하여 침묵하고 있는 이상 자기증여에 대하여 어떠한 증여의제규정을 적

---

[2] 증여세 완전포괄주의와 증여의제규정에 대한 전반적인 해석론으로는, 정기상, "상속세 및 증여세법상 자기증여의 취급에 관한 고찰, 「조세법연구」 제29집 제2호, 한국세법학회, 2023, 242 – 253면 참조.
[3] 경우에 따라서는 재산의 이전 자체가 없다고 볼 여지도 있다.

용하여 증여세를 과세할 수 있는지 여부는 해석론의 영역으로 넘어간다. ① 증여자와 수증자가 실질적으로 동일한지 여부, ② 그 동일성이 해당 규정에 따라 증여세의 부과대상이 될 만한 행위나 사실(과세대상)을 배제시키는지 여부, ③ 그러한 행위나 사실이 존재하지 않는 경우에도 증여세를 부과하는 것이 해당 규정의 입법취지, 목적 등에 부합하는지 여부를 종합적으로 살펴 자기증여 해당 여부와 그 비과세 범위를 획정하여야 한다.4)

3. 일감 몰아주기 증여의제 규정의 의미와 취지

구 상증세법 제45조의3에서 정한 특수관계법인과의 거래를 통한 이익의 증여의제, 즉 일감 몰아주기 증여의제는 특수관계법인이 '정상적이라고 취급될 수 있는 정도'를 넘어서는 수혜법인과의 거래를 통해 수혜법인의 지배주주 등에게 이익을 증여한 것으로 의제하는 구조이다. 즉, 정상가액에 따른 거래라고 하더라도 그것이 사회적으로 용인될 수 있는 일정한 범위를 넘는 경우 변칙적인 증여가 있었다고 보겠다는 것이다.5)

일감 몰아주기가 특수관계인 간의 거래이기는 하지만 어디까지나 정상가액에 따른 거래로서 세법상 부당행위계산 부인의 대상이 아니고, 사업의 기회를 주었다고 해서 경제적 이익을 이전한 것은 아니므로 애당초 증여의 개념을 충족하지 않는다.6) 따라서 완전포괄주의에 따르더라도 이를 증여의 범주에 넣고서 증여세를 부과하기는 어렵다. 이러한 이유로 위헌 논란을 피하기 위해 '증여의제'라는 카드를 꺼내든 것이다.

4. 이 판결의 논리구조

이 판결에서는 이 사건 증여의제이익이 자기증여에 따른 것으로 볼 수 없다는 논거로 크게 3가지를 들고 있다.7)

첫째, 구 상증세법 제45조의3은 특수관계법인과 수혜법인의 지배주주 등 간의 관계에서 성립하는데, 특수관계법인은 그 주주와는 별개의 법적 주체라는 것이다. 즉, '특수관계법인 ≠ 특수관계법인의 주주'이므로, 특수관계법인의 주주가 동시에 수혜법인의 지배주주 등이라고 하더라도 증여자

---

4) 증여의제에서 자기증여의 판단기준에 대한 상세한 설명으로는, 정기상, 앞의 논문, 268–269면 참조.
5) 일감 몰아주기 증여의제는 정당한 시가에 따른 거래에도 일정한 형식적 요건을 충족하는 특수관계법인 간의 일감 몰아주기에 대해 경제적 이익의 증여로 의제하여 수혜법인의 지배주주 등에게 과세하는 제도라는 설명으로는, 박훈·채현석·허현, 『상속·증여세 실무 해설』, 삼일인포마인, 2019, 1107면 참조.
6) 백운찬, "일감몰아주기 과세방안 도입배경 및 주요쟁점 검토", 「BFL」 제57호, 2013, 81면.
7) 이 판시의 이면에는 증여의제규정에서도 자기증여에 해당하면 증여세를 과세할 수 없다는 전제가 깔려 있다.

와 수증자가 일치하지 않아서 자기증여의 개념요소를 애당초 충족하지 않는다는 뜻이다.

둘째, 일감 몰아주기가 정상가액에 따른 거래에 해당되는 이상 수혜법인의 지배주주 등이 동시에 특수관계법인의 주주이더라도 이익과 손실이 함께 귀속되지 않는다는 것이다. 특수관계법인에게 손해가 발생하지 않아도 수혜법인의 지배주주 등이 이익을 볼 수 있으므로, 동일한 법적 주체에게 이익과 손실이 함께 귀속된다는 자기증여의 본질에 부합하지 않는다는 뜻이다.

셋째, 이 판결에서 명시적으로 언급하지는 않았지만, '수혜법인이 특수관계법인과 거래한 매출액에 지배주주 등의 그 특수관계법인에 대한 주식보유비율을 곱한 금액'을 과세제외 매출액에 포함시켜 이를 자기증여로 보는 듯하게 구 상증세법 시행령 규정이 개정되었더라도 이를 확인적 의미로 볼 수는 없다는 것이다. 즉, 이 규정의 개정을 창설적 의미로 본다면 이로써 그 규정의 시행 전에 일어난 사건에 적용될 법령의 해석에 어떠한 영향을 미치지 않는다는 취지이다.

5. 이 사건 판결의 의의와 비판론

이 사건 판결은 특수관계법인의 주주가 동시에 수혜법인의 지배주주 등에 해당하는 경우 구 상증세법 제45조의3에 따른 증여의제이익을 자기증여에 따른 것이라고 볼 수 없다고 밝힌 최초의 판결이다. 증여의제규정에서 자기증여의 해당 여부를 판단하는 구조를 설시한 판결로서 의의가 있다.

그러나 구 상증세법 제45조의3이 법인격 투과를 본질로 삼고 있는데 수혜법인과 그 지배주주 등 간에는 법인격을 투과시키면서 특수관계법인과 그 주주 간에는 엄격하게 별개의 법인격을 관철하는 것은 지나치게 형식적이고, 이 사건 증여의제이익을 자기증여에 따른 것으로 보더라도 위 규정의 취지나 목적에 반하지 않는다는 등의 이유를 들어 이 판결을 비판하는 견해가 유력하게 제시되고 있다.[8]

---

8) 이 판결에 대한 비판적인 평석으로는, 정기상, 앞의 논문, 263–269면 참조.

80

종합토지세의 납세의무자

문 필 주

80 종합토지세의 납세의무자

[대법원 1996. 4. 18. 선고 93누1022 전원합의체 판결]

문필주 (한국지방세연구원 부연구위원)

I ▶ 사실관계 및 사건의 경과

토지구획정리조합 A는 토지구획정리사업법에 정한 도시의 건전한 발전 등을 위해 설립된 조합으로서, 토지구획정리사업의 시행자이다. 토지구획정리조합 A는 종합토지세 과세기준일인 1991. 6. 1.에 토지구획정리사업상 체비지로 인가받은 31,091.8㎡ 중 토지 28,081.5㎡(이하 '이 사건 토지'라 한다)를 처분하지 않고 있었다. 1991. 10. 5. 처분청(관할지방자치단체)은 조합 A가 이 사건 토지를 사실상 소유하고 있다고 보아 종합토지세, 도시계획세, 교육세를 부과했다.

II ▶ 관련 규정 및 쟁점

1. 관련 규정

지방세법 제234조의9, 토지구획정리사업법[1) 제54조, 제57조 제4항, 제59조

2. 쟁점

(1) 체비지예정지에 대해 토지구획정리사업 시행자가 구 지방세법 제234조의9 제1항의 '토지를 사실상으로 소유하고 있는 자'에 해당하는지 여부
(2) 체비지예정지에 대해 토지구획정리사업 시행자가 구 지방세법 제234조의9 제3항의 '사용자'에 해당하는지 여부

---

1) 2000년 도시개발법에 통합되면서 폐지되었다.

Ⅲ ▶ 법원의 판단

1. 쟁점 (1)

종합토지세의 정책세제이자 수익세적 재산세로서 성격과 입법목적에 비추어 볼 때, 지방세법 제234조의9 제1항에서 말하는 '토지를 사실상으로 소유하고 있는 자'란 해당 토지에 대한 실질적 소유권을 가진 자를 말한다.

토지구획정리사업법 제59조 규정의 취지는 환지예정지 지정 또는 사용·수익의 정지처분으로 인해 사용·수익할 자가 없게 된 토지에 대한 시행자의 관리 책임을 명확하게 하기 위한 것이다. 그리고 여기서의 '관리'의 내용은 사업 목적, 사업 시행을 위한 토지의 보존·이용·개량 등이다. 같은 법 제57조 제4항은 같은 법 제59조의 시행자 관리권의 내용을 구체적으로 명문화한 것에 불과하다.

위와 같이 시행자는 환지처분의 공고가 있는 날까지는 일시적으로 체비지예정지를 관리하는 지위에 있을 뿐, 시행자 관리권의 내용과 관리권의 한시적·공익적 성격에 비추어 볼 때, 사실상 소유자에 해당한다고 볼 수 없다. 환지처분의 공고가 있는 날까지 일시적으로 체비지예정지를 관리하는 지위에 있을 뿐인 시행자에게 종합토지세를 부과하는 것은 종합토지세의 성격과 입법목적에도 어긋난다.

2. 쟁점 (2)

종합토지세의 성격과 입법목적에 비추어 볼 때, 지방세법 제234조의9 제3항에서 말하는 "소유권의 귀속이 분명하지 아니하여 사실상의 소유자를 확인할 수 없는 경우"란 소유권 귀속과 관련하여 소송중에 있거나 공부상 소유자의 생사불명 또는 행방불명으로 인해 소유자가 관리하고 있지 않는 상태의 토지등을 말한다. 따라서 이 사건 토지는 시행자가 관리하고 있고 환지처분의 공고도 없는 바, "소유권의 귀속이 분명하지 아니하여 사실상의 소유자를 확인할 수 없는 경우"에 해당한다고 볼 수 없다. 또한, 시행자인 조합 A는 이 사건 토지를 일시적으로 관리하는 지위에 있을 뿐이므로, 사용자에 해당한다고 볼 수 없다.

Ⅳ ▶ 해설

1. 대상판결의 의의

위 대법원 판결은 토지구획정리사업 시행자는 체비지예정지에 대한 형식상 소유자(공부상 소유자)일 뿐, 실질적인 소유자로서 '토지를 사실상으로 소유하고 있는 자'에 해당하지 않으며, '사용자'에도 해당한다고 볼 수 없다는 점을 최초[2]로 밝힌 것에 의의가 있다.

2. 대상판결 이후 관련 규정 개정

대상판결의 결과 체비지예정지의 재산세 납세의무자가 존재하지 않게 되자, 사업시행자를 납세의무자로 명시하는 개정[3]이 이뤄졌다.

3. 현행 지방세법상 의의

현행 지방세법상 재산세 납세의무자는 사실상 소유자를 원칙으로 한다. 보충적으로 재산세 과세기준일 현재 소유권의 귀속이 불분명하여 사실상 소유자를 확인할 수 없는 경우 사용자를 납세의무자로 한다. 이외에 특정 유형들에 대해서는 법에서 별도로 납세의무자를 특정하고 있다(지방세법 제107조).

구 지방세법(2005. 1. 5. 법률 제7332호로 개정된 것)부터 종합토지세가 국세인 종합부동산세와 지방세인 재산세로 이원화되면서, 재산세로 통합되었다. 이전의 지방세법 규정을 보면 1962년 지방세법(1961. 12. 8. 법률 제827호로 폐지제정된 것)이 폐지제정되었을 때부터 재산세의 원칙적인 납세의무자를 공부상 소유자로 규정하고 있었다. 반면, 구 지방세법(1989. 6. 16. 법률 제4128호로 개정된 것)부터 토지과다보유세를 폐지하고 종합토지세가 도입되었는데, 종합토지세의 원칙적인 납세의무자를 사실상 소유자로 규정했다. 2005년 지방세법(2005. 1. 5. 법률 제7332호로 개정된 것)부터 재산세의 원칙적인 납세의무자가 사실상 소유자로 변경되었다. 재산세의 원칙적인 납세의무자가 사실상 소유자로 변경된 것은 종합토지세의 원칙적 납세의무자 규정이 이어진 것으로 판단된다.[4] 즉, 재산세의 원칙적 납세의무자가 공부상 소유자에서 사실상 소유자로 변경된 것에는 폐지된 종합토지세의 취지가 일부 흡수되었다고 볼 수 있다.

---

2) 조헌수, "종합토지세의 납세의무자", 『조세판례백선』, 박영사, 2005.
3) 구 지방세법(1997. 8. 30. 법률 제5406호로 일부개정된 것) 제234조의9 제2항 제6호 신설.
4) 마정화, 『파산선고 이후 파산재단의 재산세 납세의무자 연구』, 한국지방세연구원, 2020.

현행 지방세법의 재산세에서 말하는 사실상 소유자는 사법상 소유자가 갖는 완전한 제반권능을 가질 것을 요하지 않고(대법원 2012. 12. 13. 선고 2010두9105 판결), 해당 재산을 배타적으로 사용·수익·처분할 수 있는 권능을 갖는 자를 말한다(대법원 2020. 11. 5. 선고 2020두43548 판결). 이러한 사실상 소유자의 의미는 대법원 판결의 반대의견에서 밝힌 사실상 소유자의 의미와 유사하다. 반대의견은 지방세법 제234조의9 제1항이 '사실상' 소유자를 종합토지세의 납세의무자로 규정한 것은 보다 실질과세원칙에 충실하기 위해 경제적 소유자5) 여부에 따라 판단하기 위한 것이라고 하면서, 사실상 소유자 판단에 있어서는 사법상의 소유자가 갖는 제반 권능을 반드시 갖추어야 하는 것은 아니라고 밝히고 있다.

대법원 판결의 반대의견이 현행 재산세 납세의무 규정에 직접적인 영향을 미친 것은 아니다. 그러나 종합토지세가 폐지된 현 상황에서도 대법원 판결이 현행 재산세 납세의무자인 사실상 소유자 논의에 시사하는 바가 있다는 점에서 의미가 있다.

---

5) 반대의견은 경제적 소유자에 대해 "사법상의 소유자가 갖는 형식적인 법률상의 외관에 불구하고 당해 토지를 경제적, 실질적인 관점에서 관찰하여 이를 배타적으로 사실상 지배하는 자"라고 설명하고 있다.

81

과점주주 전체 주식 소유비율 불변경시
취득세 간주취득 불인정

정 지 선

과점주주 전체 주식 소유비율 불변경시 취득세 간주취득 불인정

[대법원 2004. 2. 27. 선고 2002두1144 판결]

정지선 (서울시립대 세무전문대학원 교수)

I ▶ 사실관계 및 사건의 경과

원고 A 주식회사는 주택건설업, 부동산매매업 및 임대업 등을 목적으로 하여 설립된 회사로서 1997. 12. 30. B 주식회사가 실시한 유상증자에 참가하여 B 주식회사의 주식 800,000주를 취득함으로써 B 주식회사의 총발행주식 1,067,000주 중 74.98% 상당의 주식을 소유하게 되었다.

피고는 이에 따라 원고 A 주식회사가 1997. 12. 30. 위와 같은 B 주식회사의 주식을 취득함으로써 그 취득시에 지방세기본법 제46조 제2호 소정의 과점주주가 되어 B 주식회사의 자산을 취득한 것으로 보고, B 주식회사의 자산장부가액 금 13,032,886,197원에 원고의 소유주식비율인 74.98%를 곱하여 과세표준을 금 9,772,058,070원으로 산출한 다음 이를 토대로 지방세법 제15조 제2항 제3호, 농어촌특별세법 제3조 제5호, 제5조 제5항 등을 적용하여, 1999. 11. 5. 원고에 대하여 취득세(가산세 포함) 금 234,529,390원, 농어촌특별세 금 21,498,520원을 각 부과고지하였고, 원고는 같은 해 30. 피고에게 위 부과세액 전액을 납부하였다.

II ▶ 관련 규정 및 쟁점

1. 관련 규정

◆ 지방세법

제7조(납세의무자 등) ⑤ 법인의 주식 또는 지분을 취득함으로써 「지방세기본법」 제46조 제2호에 따른 과점주주 중 대통령령으로 정하는 과점주주(이하 "과점주주"라 한다)가 되었을 때에는 그 과점주주가 해당 법인의 부동산등(법인이 「신탁법」에 따라 신탁한 재산으로서 수탁자 명의로 등기·등록

이 되어 있는 부동산등을 포함한다)을 취득(법인설립 시에 발행하는 주식 또는 지분을 취득함으로써 과점주주가 된 경우에는 취득으로 보지 아니한다)한 것으로 본다. 이 경우 과점주주의 연대납세의무에 관하여는 「지방세기본법」 제44조를 준용한다.

◆ 지방세법 시행령

제11조(과점주주의 취득 등) ① 법인의 과점주주(제10조의2에 따른 과점주주를 말한다. 이하 이 조에서 같다)가 아닌 주주 또는 유한책임사원이 다른 주주 또는 유한책임사원의 주식 또는 지분(이하 "주식등"이라 한다)을 취득하거나 증자 등으로 최초로 과점주주가 된 경우에는 최초로 과점주주가 된 날 현재 해당 과점주주가 소유하고 있는 법인의 주식등을 모두 취득한 것으로 보아 법 제7조 제5항에 따라 취득세를 부과한다.

② 이미 과점주주가 된 주주 또는 유한책임사원이 해당 법인의 주식등을 취득하여 해당 법인의 주식등의 총액에 대한 과점주주가 가진 주식등의 비율(이하 이 조에서 "주식등의 비율"이라 한다)이 증가된 경우에는 그 증가분을 취득으로 보아 법 제7조 제5항에 따라 취득세를 부과한다. 다만, 증가된 후의 주식등의 비율이 해당 과점주주가 이전에 가지고 있던 주식등의 최고비율보다 증가되지 아니한 경우에는 취득세를 부과하지 아니한다.

③ 과점주주였으나 주식등의 양도, 해당 법인의 증자 등으로 과점주주에 해당되지 아니하는 주주 또는 유한책임사원이 된 자가 해당 법인의 주식등을 취득하여 다시 과점주주가 된 경우에는 다시 과점주주가 된 당시의 주식등의 비율이 그 이전에 과점주주가 된 당시의 주식등의 비율보다 증가된 경우에만 그 증가분만을 취득으로 보아 제2항의 예에 따라 취득세를 부과한다.

④ 법 제7조 제5항에 따른 과점주주의 취득세 과세자료를 확인한 시장·군수·구청장은 그 과점주주에게 과세할 과세물건이 다른 특별자치시·특별자치도·시·군 또는 구(자치구를 말한다. 이하 "시·군·구"라 한다)에 있을 경우에는 지체 없이 그 과세물건을 관할하는 시장·군수·구청장에게 과점주주의 주식등의 비율, 과세물건, 가격명세 및 그 밖에 취득세 부과에 필요한 자료를 통보하여야 한다.

2. 쟁점

원고 A 주식회사와 B 주식회사 모두 甲이 이 사건 유상증자 전에 그 주식 전부를 보유하고 있는 회사의 경우, 원고 A 주식회사가 B 주식회사의 증자에 참여하여 주식을 취득하였다고 하더라도 실질적으로 특수관계에 있는 주주들인 원고 A 주식회사와 甲 사이의 단순한 지분율 변동에 해당하는 것인지, 아니면 구성원인 주주와는 독립적으로 A 주식회사의 지분율 변동에 대하여 간주취득세를 과세할 것인지의 여부가 쟁점이다.

Ⅲ ▶ 법원의 판단

1. 원심법원의 판단

유상증자로 인한 주식취득으로 인하여 과점주주가 되었다고 하더라도, 종전 과점주주 집단의 일원으로 추가된 것일 뿐이며, 과점비율의 변동도 없다고 할 것이므로 최초로 과점주주가 된 자라고 할 수 없다. 따라서 과점주주가 아닌 주주가 최초로 과점주주가 된 것임을 전제로 한 취득세 등의 부과처분은 부당하다.

2. 대법원의 판단

과점주주 및 그의 특수관계인들이 발행주식 100% 전부를 소유하고 있는 회사의 유상증자에 참가하여 새로 주식을 취득하였으나 위 특수관계자를 포함한 과점주주 전체의 주식보유비율에는 변동이 없는 경우 간주취득세의 과세대상에서 제외된다.

Ⅳ ▶ 해설

과점주주의 간주취득세 과세에 있어서 주요한 쟁점 중 하나는 과점주주가 보유하고 있는 주식의 총비율에는 변동이 없는데, 과점주주 내의 주주 간 주식비율 또는 과점주주의 구성원에 변동이 있는 경우, 그 비율이 증가한 주주나 새롭게 과점주주의 구성원이 된 주주에게 과점주주에 대한 간주취득세를 부과할 수 있는지의 여부이다.

본 사안의 경우에도 A 주식회사가 B 주식회사의 기존 주주가 아닌 상태에서, 유상증자에 참여하여 B 주식회사의 과점주주주가 된 경우에 과점주주에 대한 간주취득세를 과세할 수 있는지의 여부가 문제된 사안이다. 즉, 원고 A 주식회사는 1995. 6. 2. 甲이 7인의 명의를 빌려 설립하였지만, 설립자금은 모두 甲이 부담하여 실질적으로 甲이 단독으로 소유한 회사였으며, B 주식회사는 A 주식회사가 유상증자에 참여하기 이전에 甲 및 甲의 특수관계인이 실질적으로 소유하는 주식의 합계가 100%였으나, 원고인 A 주식회사는 기존 주주는 아니었다.

행정법원에서는 원고는 주택건설업 등을 목적으로 설립된 회사로서 그 구성원인 주주와는 독립적으로 법률상 권리의무의 주체가 된다 할 것이어서 원고가 과점주주인지의 여부는 원고를 기준으로 판단하여야 하고, 원고의 주주가 누구인지까지를 고려하여 판단할 것은 아니라고 할 것이므로, 원고가 다른 법인의 주식을 취득함으로써 새로이 그 법인의 과점주주가 되었다고 보고 취득세 등을 부과한 처분은 적법하다고 판단하였다. 그러나 고등법원에서는 과점주주의 비율의 변동이 없는 경우에는 과점주주에 대한 간주취득세를 부과할 수 없다고 판단하였으며, 대법원에서도 동일하게 판단하였다.

본 사안의 경우에는 과점주주에 대한 간주취득세 과세 여부를 과점주주 집단 전체를 기준으로 할 것인지 또는 과점주주인 각 개인을 기준으로 할 것인지에 대한 쟁점이다. 즉, 과점주주 전체가 보유하고 있는 총보유비율의 증가 여부를 기준으로 할 것인지 또는 각 과점주주 주식비율의 증가나 새로이 과점주주가 된 특수관계인의 주식취득을 기준으로 할 것인지가 문제인 것이다.

과점주주에 대한 간주취득세라는 제도의 용어에서 알 수 있듯이, 과점주주라는 집단을 기준으로 판단하는 것이 타당하며, 과점주주 간주취득세의 과세 근거가 법인의 경영을 사실상 지배하는 자에게 부과하는 것이기 때문에 과점주주 전체가 보유하고 있는 총보유비율을 기준으로 하는 것이 타당하다고 할 것이다. 또한, 원래 주식은 취득세 과세대상이 아닌데, 과점주주에 대해서는 취득세 과세대상을 취득한 것으로 간주하여 예외적으로 과세하는 것이기 때문에 그 요건을 더욱 엄격하게 해석하는 것이 바람직하다고 할 것이다.

대법원의 판결은 이러한 법리를 확인하여 준 것으로서, 의의가 있다고 할 것이다.

82

지방세법 시행일부터 소급적용하는
조례 부칙조항의 효력

허 시 원

지방세법 시행일부터 소급적용하는 조례 부칙조항의 효력

[대법원 2011. 9. 2. 선고 2008두17363 전원합의체 판결]

허시원 (법무법인 화우 변호사)

I ▶ 사실관계 및 사건의 경과

구 지방세법(2005. 12. 31. 법률 제7843호로 개정된 것) 제253조는 '대통령령이 정하는 원자력발전'을 지역개발세의 과세대상으로 추가하였는데, 제258조 제1항에는 "지역개발세를 부과할 지역과 부과징수에 관하여 필요한 사항은 도조례가 정하는 바에 의한다."고 규정되어 있었다.

구 지방세법 제258조 제1항의 위임에 따라 경상북도는 2006. 3. 16. 구 경상북도세조례(제2909호)를 개정하면서 제71조에서 원자력발전을 지역개발세의 과세대상으로 규정하고, 제74조에서 "원자력발전에 대한 지역개발세의 부과대상지역은 도내 전지역으로 한다."고 규정하였으며, 2006. 5. 4. 조례 제2921호로 부칙 제4조 제1항을 신설하여 "원자력발전에 대한 지역개발세의 과세는 구 지방세법 시행 후 발전하는 분부터 적용한다."고 규정하였다. 또한, 전라남도는 2006. 4. 24. 구 전라남도세조례(제3057호)를 개정하면서 원자력발전에 대한 지역개발세 과세에 관하여 구 경상북도세조례와 같은 내용을 규정하면서, 부칙 제2조 제1항에서 "원자력발전에 대한 지역개발세의 부과는 구 지방세법 시행 후 발전하는 분부터 적용한다."고 규정하였다(이하 '이 사건 부칙규정들'이라 한다).

이에 따라 피고 각 지방자치단체장은 원고 한국수력원자력 주식회사에 대하여 구 지방세법 시행일인 2006. 1. 1.부터 소급하여 원자력발전에 대한 지역개발세 부과처분을 하였다.

Ⅱ ▶ 관련 규정 및 쟁점

1. 관련 규정

(1) 구 지방세법(2010. 3. 31. 법률 제10221호로 전부 개정되기 전의 것) 제253조 및 제258조

(2) 구 경상북도세조례(2010. 12. 30. 조례 제3224호로 전부 개정되기 전의 것)

(3) 구 전라남도세조례(2010. 12. 27. 조례 제3409호로 전부 개정되기 전의 것)

2. 쟁점

이 사건에서는 조례로 새로운 납세의무를 부과하는 요건에 관한 규정을 신설하면서 법률에 예외규정이 없는데도 조례의 부칙조항을 통해 조례의 시행시기 이전부터 소급하여 적용하도록 할 수 있는지 여부, 즉 이 사건 부칙규정들에 근거하여 구 경상북도세조례 및 구 전라남도세조례 시행 이전 기간에 대하여 지역개발세를 부과하는 처분이 소급과세 금지 원칙에 위배되는지 여부가 쟁점이 되었다.

Ⅲ ▶ 법원의 판단

법률에서 특별히 예외규정을 두지 아니 하였음에도 하위 법령인 조례에서 새로운 납세의무를 부과하는 요건에 관한 규정을 신설하면서 그 시행시기 이전에 이미 종결한 과세요건사실에 소급하여 이를 적용하도록 하는 것은 허용될 수 없다.

구 지방세법 제253조는 '대통령령이 정하는 원자력발전'을 지역개발세의 과세대상으로 추가하였는데, 그 법 제258조 제1항에는 "지역개발세를 부과할 지역과 부과징수에 관하여 필요한 사항은 도조례가 정하는 바에 의한다."고 규정되어 있었으므로, 원자력발전에 대한 지역개발세는 그 부과요건의 하나인 부과지역에 관한 조례가 정해져야만 비로소 부과지역이 대외적으로 확정되어 이를 부과할 수 있게 된다.

원자력발전에 대한 지역개발세는 그 부과지역이 확정된 2006. 3. 16.(경북의 경우) 또는 2006. 4. 24.(전남의 경우) 이후에 비로소 부과할 수 있게 되었음에도, 이 사건 부칙규정들은 원자력발전에 대한 지역개발세의 부과요건에 관한 규정을 그 시행시기 이전에 이미 종결한 과세요건사실에 소급하여 적용하도록 하는 것으로서 헌법 제38조, 제59조의 취지에 반하여 허용될 수 없으므로 모두 무효라 할 것이다.

Ⅳ 해설

헌법 제13조 제2항은 "모든 국민은 소급입법에 의하여 재산권을 박탈당하지 아니한다."고 규정하고 있고, 국세기본법 제18조 제2항은 "국세를 납부할 의무가 성립한 소득, 수익, 재산, 행위 또는 거래에 대해서는 그 성립 후의 새로운 세법에 따라 소급하여 과세하지 아니한다."고 규정하여 소급과세 금지 원칙을 규정하고 있다. 또한, 조세법률주의를 규정하고 있는 헌법 제38조 및 제59조도 소급과세 금지 원칙의 실정법적 근거가 된다.

따라서 국민에게 새로운 납세의무나 종전보다 가중된 납세의무를 규정하는 세법의 조항은 그 시행 이후에 과세요건이 발생하거나 충족되는 경우에 한하여 적용될 수 있고, 국가의 과세권은 납세의무자인 국민이 과세요건을 실현하는 행위 당시의 세법규정에 의해 예상할 수 있었던 법적 효과보다 불리한 처분을 할 수 없는 것이 원칙이다.

소급과세 금지 원칙의 이론적 근거는 법적 안정성 내지는 납세의무자의 신뢰보호에 있다고 설명하는 것이 일반적이다(대법원 1993. 5. 11. 선고 92누14984 판결 등). 따라서 국민의 기득권을 침해하지 않고 법적 안정성 내지 납세의무자의 신뢰보호에 위배되지 않는 일정한 경우에는 예외가 인정된다. 이와 관련하여 대법원은, 조세의무를 가중시키는 경우에는 ① 납세의무자의 신뢰가 합리적 근거를 결여하여 보호할 가치가 없는 경우, ② 그보다 중한 조세공평의 원칙을 실현하기 위하여 불가피한 경우, ③ 공공복리를 위해 간절한 필요가 있는 경우에 세법조항을 제한적으로 엄격히 해석하는 것을 전제로 예외적으로 소급과세가 허용되고, 조세의무를 감경시키는 경우에는 조세공평의 원칙에 어긋나지 않는 한 소급과세가 허용되는 것이 명백하다고 보고 있다(대법원 1983. 4. 26. 선고 81누423 판결).

이 사건의 경우 구 지방세법 제258조 제1항은 원자력발전에 대한 지역개발세의 부과요건 중 하나인 부과지역에 관하여는 조례로 규정하도록 위임하고 있으므로, 조례에서 부과지역에 관하여 규정되어야만 지역개발세를 부과할 수 있다. 이처럼 조례를 통해 부과요건이 최종적으로 확정되어 지역개발세를 부과할 수 있는 상황에서, 이 사건 부칙규정들과 같이 개정된 조례의 시행일 이전의 기간에 대해서도 지역개발세를 부과할 수 있도록 규정하면, 개정된 조례의 시행 이전에 과세요건사실이 발생한 경우에 대해서도 개정된 조례를 적용하는 것이 되어, 소급과세 금지 원칙의 위반된다. 그리고 이 사건 사안은 소급과세가 허용되는 예외적으로 경우에도 해당하지 않는다.

납세의무자에게 불리한 소급입법은 엄격하게 제한되어야 한다는 점에서 이 사건 부칙규정들이 소급과세 금지 원칙에 위배되어 무효라고 판단한 위 대법원 판결은 타당하다.

83

종합부동산세 분리과세대상 토지

마 정 화

[대법원 2015. 4. 16. 선고 2011두5551 전원합의체 판결]

마정화 (한국지방세연구원 연구위원)

I ▶ 사실관계 및 사건의 경과

원고는 2003. 9. 이 사건 토지를 매수하여 2004. 1. 그 사업시행자를 원고로 변경하는 사업시행
변경인가를 받고, 2004. 10. 도시환경정비사업시행변경인가(건축계획상 용도는 업무, 공동주택, 근린생
활시설로 주택건설계획상 아파트 112세대 포함)를 받았다.

원고는 건축법상 건축허가 및 도시정비법에 의한 사업시행인가를 받았으나, 주택법상 사업계획
승인을 받은 적은 없다. 원고는 자금사정 악화로 착공하지 못한 채 2009. 6. 이 사건 토지를 매각
하였다. 원고는 이 사건 토지를 재산세 분리과세대상으로 보아 2006년도 종합부동산세를 신고·납
부하지 않았으나, 피고는 종합합산과세대상으로 보아 2006년도분 종합부동산세 및 농어촌특별세를
부과하였다.

II ▶ 관련 규정 및 쟁점

1. 관련 규정

◆ 구 지방세법 시행령(2008. 4. 3. 대통령령 제20763호로 개정되기 전의 것)
제132조(분리과세 대상토지의 범위) ④ 법 제182조 제1항 제3호 라목에서 "대통령령이 정하는 토
지"라 함은 다음 각 호에서 정하는 토지(괄호 생략)를 말한다. (단서 생략)
　8. 「주택법」에 의하여 주택건설사업자 등록을 한 주택건설사업자(「주택법」 제32조의 규정에 의
　　한 주택조합 및 고용자인 사업주체와「도시 및 주거환경정비법」 제7조 내지 제9조의 규정에
　　의한 사업시행자를 포함한다)가 주택을 건설하기 위하여 동법에 의한 사업계획의 승인을 받은
　　토지로서 주택건설사업에 공여되고 있는 토지

2. 쟁점

주택법상 주택건설업자가 주택을 건설하기 위하여 사업계획승인을 받은 토지 이외에 도시정비법상 사업시행자가 주택을 건설하기 위하여 도시정비법에 의한 사업계획승인을 받은 토지도 지방세법상 재산세 분리과세대상에 포함되는지 여부이다.

Ⅲ 법원의 판단

1. 원심법원의 판단

구 지방세법 시행령 제132조 제4항 제8호의 '동법에 의한 사업계획의 승인을 받은 토지'에서 "동법"은 "주택법"에 의한 사업계획승인을 받은 토지를 의미하는 것으로 해석함이 문언에 충실한 해석이고, 원활한 주택공급을 위한 취지에 비추어 주택법상의 사업계획승인을 받은 경우에 한하여 적용되는 것이 상당하다는 점에서 피고가 이 사건 토지를 종합합산과세대상으로 보아 이 사건 처분을 한 것은 적법하다고 하였다.

2. 대법원의 판단

(1) 다수의견

주택법에서 정한 사업계획의 승인과 도시 및 주거환경정비법에서 정한 사업시행인가는 승인·인가권자와 법적 성격 및 목적이 다르고, 사업계획승인 대상인 주택건설사업과 이에 해당하지 않는 주택건설사업은 규모나 대지의 용도지역 등에 차이가 있어 국민의 주거생활에 미치는 영향이 다르며, 사업계획승인 대상에서 제외되는 주택건설사업은 부대시설이나 복리시설의 설치나 주택건설기준의 준수 등과 같은 각종 규율을 받지 않는 점에서 주택법상 사업계획승인의 대상이 아닌 토지는 주택건설사업에 공여되더라도 분리과세대상 토지에 포함되지 않는다.

(2) 반대의견

건축에 관한 행정절차의 간소화를 위하여 주택법상 사업계획승인 대상에서 제외하였음에도 분리과세 토지에 해당할 수 없다고 본다면 오히려 세제상 불합리한 취급이고, 주택법상 사업계획승인 대상에서 제외된 경우도 주택정책 목표 달성에 기여하는 점에서 분리과세 혜택을 부여하는 것이 취지와 목적에 부합하므로 도시환경정비사업으로서 주택건설사업에 공여되고 있는 토지는 분리과세 대상 토지에 해당한다.

Ⅳ ▶ 해설

1. 이 사건 판결의 의의

대상판결은 주상복합건축물과 같이 주택건설사업에 공여되고 있는 토지라 하더라도 '주택법에 의한 사업계획승인'을 받지 않은 경우에는 분리과세대상 토지에 해당할 수 없음을 최초로 밝힌 데 의의가 있다. 이를 위해 문리적 해석에 국한하지 않고 합목적으로 해석하면서 공법상 규제 또는 공익성 여부를 저율 분리과세 여부의 중요한 기준으로 삼고 있다. 이에 대해 관련 판결과의 정합성, 주택정책 목표와 관련된 분리과세의 취지와 판결 결과에 따른 과세 형평 문제를 근거로 다수의 견에 비판적인 견해들이 제시되었다. 이하에서는 본 결정의 타당성과 관련하여 기존에 제시된 해석론과 함께 새롭게 생각해보아야 할 관점에 대해서도 논하도록 한다.

2. 주택법에 근거한 승인 절차에 따른 차등과세에 대한 기존 평가

대상판결에서도 검토가 되었던 대법원 2008. 6. 26. 선고 2006두2626 판결(관련 판결)은 산업자원부장관의 승인을 얻어 취득한 토지로서 발전시설 등에 직접 사용하고 있는 토지를 분리과세대상으로 규정하는 구 지방세법 시행령의 해석에서 산업자원부 장관의 승인이 면제된 발전시설 등에 직접 사용하는 토지도 분리과세대상에 포함된다고 하였다. 관련판결의 조문과 유사한 규정형식으로 된 대상판결의 조문 해석에 대해 주상복합건축물도 주택법의 규제를 받고 주택공급에 기여한다는 점에서 주택법상 사업계획승인을 받는 경우와 달리 취급할 이유가 없거나,[1] 주택건설기준의 준수 등과 같은 일부 규제의 차이는 분리과세 문제를 좌우할 정도로 실질적 차이에 해당하지 않는다[2]고 평가되고 있다.

이러한 평가는 주상복합건축물에 대해 절차 간소화 차원에서 주택법에 의한 사업계획승인을 면제하게 된 점과 실제 공동주택 공급의 측면에서 '주택법에 의한 사업계획 승인'을 받은 주택건설과 차

---

[1] 백제흠, 『세법의 논점』, 박영사, 2016, 300면.
[2] 하태흥, "주상복합건축물의 주택 부분 부속토지와 분리과세대상 토지", 「대법원판례해설」 제104호, 법원도서관, 2015, 147면.

이가 없다는 점을 강조한다. 그러나 주택공급을 위해 대상 사업장에 조세 혜택 즉, 경제적 유인을 부여할 지 여부는 공법상 규율 뿐만 아니라 대상 사업장의 사업성 등 경제적 상황도 고려해야 한다.

3. 주상복합건축물의 사업성과 토지 분리과세 취지에 대한 재고

주택건설에 공여되는 토지에 대한 분리과세를 '주택법에 의한 사업계획의 승인을 받은 토지'로 제한한 것은 위법 또는 20세대 미만의 소규모 주택건설사업을 제외하기 위함이라는 해석이 있다.[3] 이에 따르면 주택법상 사업계획승인이 면제되고 20세대 이상 300세대 미만의 주택건설사업에 공여되는 토지를 포섭하도록 기술되지 않은 구 지방세법 시행령(현행 지방세법 시행령 제102조 제7항 제7호의 해당 부분은 동일하다)은 입법적 흠결이 있는 것으로 볼 수 있다. 그렇다면 1990년 분리과세대상 규정을 처음 입안할 당시 주상복합건축물에 대한 고려를 하지 않은 것일까?

주상복합건축물의 주거면적 비율을 규정하고 주택법상 사업계획승인에서 제외하는 조항은 1981년부터 등장한 것으로 주상복합건물의 주거면적비율을 확대하고 세대수를 완화해 온 추세는 주상복합건물의 사업성을 높이기 위한 과정이었다.[4] 특히 주택건설업체의 수익성 보전 차원에서 접근하여 주상복합건물은 분양가규제뿐만 아니라 주택공급규모의 제한도 받지 않게 되어 대형주택의 공급이 가능한 개발사업이 된 점에서 일반적인 주택공급과의 차별성을 생각할 여지가 있다. 즉, 주택공급에 기여하는 부분은 있으나 주상복합건축물을 유도한 본래 취지와의 괴리, 사업성 등을 고려하여 토지에 대한 분리과세대상에서 제외한 것으로도 해석할 수 있겠다.

---

3) 하태흥, 앞의 자료, 142면.
4) 윤인숙, "주상복합 및 오피스텔의 발전 방향", 「주택포럼」 제1호, 주택산업연구원, 2002 참조.

84

종합부동산세와 재산세의 이중과세조정 방법

김 민 수

84

종합부동산세와 재산세의 이중과세조정 방법

[대법원 2015. 6. 24. 선고 2012두7073 판결]

김민수 (대구광역시 세정과 주무관, 법학박사)

I ▶ 사실관계 및 사건의 경과

주택건설업을 영위하는 내국법인 원고는 2007. 10. 22. 서울특별시장으로부터 서울 성동구(이하 '이 사건 토지'라고 한다) 지상에 건축면적 ○○㎡인 주상복합건축물(이하 '이 사건 건물'이라 한다)에 대한 건축허가를 받아 2007. 11. 27. 착공신고 후 건축공사를 진행하고 있었다.

피고는 2009. 11. 16. 원고에게 이 사건 토지와 건물 중 종합부동산세(이하 '종부세'라 한다) 과세대상인 부분(이하 '주택 등'이라 한다)에 대하여[1] 2009년 귀속분으로 종부세 3,799,913,830원 및 농어촌특별세 759,982,760원 합계 4,559,896,590원을 부과하였다(이하 '이 사건 부과처분'이라 한다).[2] 피고는 이 사건 부과처분을 함에 있어서 당시 종부세법 시행규칙(2010. 4. 12. 기획재정부령 제1020호로 개정되기 전의 것) 문언에 충실하게 세액을 계산하여 부과처분을 하였다. 그 결과 종부세액에서 공제할 재산세액을 계산하는 산식[3]의 분자를 구함에 있어 주택 등의 공시가격에서 종부세 과세기준금액을 공제한 금액에 대해[4] 종부세 공정시장가액비율과 재산세 공정시장가액비율을 모두 곱하였다.[5] 원고는 이러한 방식으로 계산된 피고의 이 사건 부과처분은 잘못이라고 보고 국세불복절차를 거친 후 취소소송을 제기하였다.

---

1) 종부세는 건축물 중 주택과 토지 중 종합합산 및 별도합산 과세대상을 과세물건으로 한다.
2) 농어촌특별세법 제5조 제1항에 따라 종합부동산세 결정세액의 20%가 농어촌특별세로 부과되므로 이 사안에서 원고에게 759,982,760원의 농어촌특별세도 부과되었다.
3) 산식의 세부적 내용은 본문 아래의 표에서 소개하고 있는 개정 후 종부세법 시행령 제4조의2 참조.
4) 종부세는 주택등을 일정금액(=과세기준금액)을 초과하여 보유한 납세자에게만 부과한다.
5) 예를 들어, 공시가격 10억 주택의 경우 '(10억-6억(당시 종부세 과세기준금액[1세대 1주택은 9억])×종부세공정시장가액비율×재산세공정시장가액비율' 이렇게 되면 종부세 공정시장가액비율과 재산세공정시장가액비율 중 하나만 곱할 때보다 공제받게 되는 재산세액의 규모가 작아져서 결국 납부해야 하는 종부세액이 커지게 된다.

Ⅱ ▶ 관련 규정 및 쟁점

1. 관련 규정

피고가 이 사건 부과처분을 할 당시 종부세와 재산세의 이중과세조정은 법률에서는 구 종합부동산세법(2010. 3. 31. 법률 제10220호로 개정되기 전의 것) 제9조 제3항, 제14조 제3항, 제6항에서 규정하고 있었고, 공제하는 재산세액을 계산하는 구체적인 산식은 같은 법 시행령 제4조의2와 시행규칙 별지서식에서 규정하고 있었다. 관련 시행령과 시행규칙의 내용은 이 사건 부과처분 전후에 다음 표와 같이 개정되었다.[6]

❙ 개정 전후의 종부세법 시행령과 시행규칙 비교

2009. 2. 4. 개정 전후의 종부세법 시행령 제4조의2	
개정 전	개정 후
주택분 재산세로 부과된 세액의 합계액 × (주택분 과세기준금액을 초과하는 분에 대하여 주택분 재산세 표준세율로 계산한 재산세 상당액 / 주택을 합산하여 주택분 재산세 표준세율로 계산한 재산세 상당액)	주택분 재산세로 부과된 세액의 합계액 × (주택분 과세표준에 대하여 주택분 재산세 표준세율로 계산한 재산세 상당액 / 주택을 합산하여 주택분 재산세 표준세율로 계산한 재산세 상당액)

2009. 9. 23. 개정 전후의 종부세법 시행규칙 별지 제3호서식 부표(2)	
개정 전	개정 후

시행령 개정에도 불구하고 공제할 재산세액을 계산하기 위해서는 "해당연도에 재산세로 부과된 재산세액"과 "재산세 표준세율로 계산한 재산세액"은 파악해야 하며, 이 두 항목 중 후자를 어떻게 계산하는지에 대해 시행규칙 별지서식에서는 2009. 9. 23. 개정 전후의 시행규칙은 아래와 같이 달리 규정하고 있었다.

(감면후 공시가격−6억원[1세대 1주택은 9억 원])×재산세공정시장가액비율×0.4%(주택에 대한재산세 표준세율)	(감면후 공시가격−6억원[1세대 1주택은 9억원])×종부세공정시장가액비율×재산세공정시장가액비율×0.4%(주택에 대한재산세 표준세율)

2. 쟁점

2008년 12월에 종부세법과 지방세법이 개정되어 토지 및 주택에 대한 보유세 과세 시 과세표준 제도가 변경되었다.[7] 이러한 변경에 따라 종부세와 재산세의 이중과세조정을 담당하는 종부세법 시행령 제4조의2도 변경되었다. 그러한 종부세법과 종부세법 시행령 변경과 함께 이와 관련된 시행

---

6) 종부세법 시행령 제4조의2가 2009. 2. 4. 종전과 달리 개정된 이유는 2008. 12. 종부세법 개정으로 종부세 과세표준제도가 변경된 점을 들 수 있다. 이에 대해서는 김민수, "종합부동산세와 재산세의 이중과세조정제도", 「세무와 회계연구」 통권 제23호, 한국조세연구소, 2020, 241면 이하 참조.
7) 이에 대해서는 김민수, 앞의 글, 237면 이하.

규칙 별지서식 부분도 변경되었는데, 그 결과 종래에는 주택 등의 공시가격에서 종부세 과세기준금액을 공제한 금액에 대해 재산세 공정시장가액비율만 곱하도록 되어 있던 것이 종부세 공정시장가액비율과 재산세 공정시장가액비율을 모두 곱하도록 변경되었다. 그 결과 공제되는 재산세액이 축소되었다. 이 사건에서는 이와 같은 공제하는 재산세액의 축소가 두 세목의 이중과세를 조정하려는 입법취지에 부합하는지가 논란이 되었다. 종부세법 시행규칙에 있는 문언이 종부세법이나 시행령의 취지에 어긋나면 위법하게 되고, 위법한 시행규칙에 근거하여 처분이 행해지면 이는 처분의 위법사유가 된다.

Ⅲ ▶ 법원의 판단

1. 사실심 법원의 판단

위 쟁점에 대해 서울행정법원은 개정된 종부세법 시행규칙 별지서식은 종부세법 및 같은 법 시행령에서 정하고 있는 것보다 공제되는 재산세액의 범위를 축소한 것으로 조세법률주의에 위반된다고 판단하였다(서울행정법원 2011. 6. 2. 선고 2010구합39854 판결). 이에 대해 서울고등법원은 개정 시행규칙이 종전과 달리 규정한 것은 종부세법과 관련 법 규정이 변경된 바에 따른 것이고 상위법령에서 정한 공제되는 재산세액을 시행규칙이 부당하게 축소한 것이 아니며, 따라서 조세법률주의 위반이 아니라고 판단하였다(서울고등법원 2012. 2. 22. 선고 2011누21609 판결).

2. 대법원의 판단

대법원은 결론적으로 서울행정법원과 같은 입장을 취하였다. 우선, 대법원은 "지방세법, 종합부동산세법 및 종합부동산세법 시행령 관련 규정의 개정 경위와 취지 등에 비추어 보면, 종전 시행령 산식의 분자에 기재된 '주택 등 과세기준금액을 초과하는 분'이 이 사건 시행령 산식의 분자에 기재된 '주택 등의 과세표준'으로 변경되었다고 하더라도, 과세기준금액을 초과하는 부분에 대하여 종합부동산세와 중복 부과되는 재산세액을 공제하려는 기본 취지에는 아무런 변화가 없으므로, 공제되는 재산세액의 계산방법이 종전 시행령 산식에서 이 사건 시행령 산식으로 변경되었다고 하더라도 이러한 개정의 취지가 공제되는 재산세액의 범위를 축소·변경하려는 것이었다고 볼 수는 없다."고 판시하였다(대법원 2015. 6. 23. 선고 2012두2986 판결). 그 결과 대법원은 2009. 9. 23. 시행규칙 별지서식의 명시적 변경에도 불구하고 "2009년도 종합부동산세의 경우 주택 등 종합부동산세액에서 공제되는 재산세액은 '(공시가격 − 과세기준금액) × 재산세 공정시장가액비율 × 재산세율'의 산식에 따라 산정하여야 한다."고 판시하였다(대법원 2015. 6. 24. 선고 2012두7073 판결).

<table>
<tr><td>Ⅳ</td><td>해설</td></tr>
</table>

1. 이 사건 판결의 의의

2004년 종부세의 도입에 따라 종부세 과세기준금액을 초과하는 부분에 대해서는 재산세와 종부세의 이중과세 문제가 필연적으로 발생한다. 당시 입법자는 이러한 이중과세는 위헌이라고 보고 이를 조정해주는 규정을 입법해 두었다.[8] 그 이후 관련 규정들이 변경되었고 특히 2009. 9. 23. 종부세법 시행규칙 별지서식 변경으로 공제하는 재산세액이 과거보다 축소되는 듯하자 납세자들의 소송이 잇따랐다. 그래서 이 사건과 비슷한 시기에 유사한 대법원 판결들이 몇 건 있었다.[9] 대법원 판결들은 시행규칙 별지서식의 명시적 문언에도 불구하고 공제하는 재산세액은 과거와 동일한 산식에 따라 계산해야만 종부세법과 그 법 시행령의 취지에 부합한다고 판시하였다.

2. 이 사건 판결 이후의 상황

입법자는 이 사건에서 문제되었던 시행규칙의 이중과세조정산식 부분을 내용은 그대로 유지한 채 2015. 11. 30. 종부세법 시행령 제4조의2 제1항 부분을 개정하여 시행령에 담았다. 개정 시행령에 따라 행해진 종부세 부과처분에 대해서도[10] 납세자들이 소송을 제기하여 시행령의 위임한계 일탈을 주장하였지만, 대법원은 그 주장을 받아들이지 않고 개정 시행령은 적법하다고 판단하였다(대법원 2023. 8. 31. 선고 2019두39796 판결).[11]

---

8) 이중과세에 대한 헌법적 판단에 대해서는 이동식, 『조세법과 헌법』, 준커뮤니케이션즈, 2012, 178 – 183면.
9) 대법원 2015. 6. 23. 선고 2012두2986 판결(미간행).
10) 동일한 내용의 규정이 시행규칙에서 시행령으로 위치만 변경하였을 뿐이므로 과거에 비해 공제되는 재산세액의 축소가 발생하는 것은 동일하다.
11) 이 사건의 원심법원인 서울고등법원에서는 원고의 주장을 받아들여 개정 시행령이 위임범위를 벗어나 무효라고 판단하였다(서울고등법원 2019. 4. 3. 선고 2018누47310 판결).

85

3자간 등기명의신탁에서 취득세 납세의무자

조 현 진

조현진 (법무법인 홉스앤킴 변호사)

Ⅰ ▶ 사실관계 및 사건의 경과

원고는 2006. 12. 18. A회사로부터 이 사건 토지를 매수하고 매매대금을 모두 지급한 후, 3자간 등기명의신탁 약정에 따라 2007. 12. 27. 그 직원인 X 명의로 소유권이전등기를 마치고, 2008. 1. 10. X 명의로 취득세 등을 납부하였다. 피고는 원고가 위 토지의 실제 취득자라는 이유로 2011. 11. 8. 원고에게 취득세 등을 부과하였고, 원고는 2011. 11. 30. 위 취득세 등을 납부하였다. 원고는 2012. 5. 10. 위 토지에 관하여 '2012. 4. 13. 매매'를 원인으로 한 소유권이전등기를 마친 후 피고에게 취득세 등을 신고·납부하였다.

원고는 2012. 10. 19. 피고에게 '위 각 토지의 취득에 따른 취득세 등을 이중으로 납부하였다'는 이유로 마지막으로 신고·납부한 취득세 등을 환급하여 달라는 내용의 경정청구를 하였는데, 피고는 2012. 10. 23. 위 경정청구를 거부하는 이 사건 처분을 하였다.

Ⅱ ▶ 관련 규정 및 쟁점

1. 관련 규정

◆ 구 지방세법(2010. 1. 1. 법률 제9924호로 개정되기 전의 것, 이하 같다)

제105조(납세의무자 등) ② 부동산·차량·기계장비·입목·항공기·선박·광업권·어업권·골프회원권·승마회원권·콘도미니엄회원권 또는 종합체육시설이용회원권의 취득에 있어서는 「민법」·「광업법」·「수산업법」·「선박법」·「산림법」·「건설기계관리법」·「자동차관리법」 또는 「항공법」등 관계법령의 규정에 의한 등기·등록등을 이행하지 아니한 경우라도 사실상으로 취득한 때에는 각각 취득한 것으로 보고 당해 취득물건의 소유자 또는 양수인을 각각 취득자로 한다.

◆ 구 지방세법 시행령(2010. 7. 6. 대통령령 제22251호로 개정되기 전의 것)
제73조(취득의 시기등) ① 유상승계취득의 경우에는 다음 각호에 정하는 날에 취득한 것으로 본다.
  1. 법 제111조 제5항 제1호 내지 제4호의 어느 하나에 해당하는 유상승계취득의 경우에는 그 사실상의 잔금지급일

◆ 부동산 실권리자명의 등기에 관한 법률
제4조(명의신탁약정의 효력) ① 명의신탁약정은 무효로 한다.
② 명의신탁약정에 따른 등기로 이루어진 부동산에 관한 물권변동은 무효로 한다. 다만, 부동산에 관한 물권을 취득하기 위한 계약에서 명의수탁자가 어느 한쪽 당사자가 되고 상대방 당사자는 명의신탁약정이 있다는 사실을 알지 못한 경우에는 그러하지 아니하다.
③ 제1항 및 제2항의 무효는 제3자에게 대항하지 못한다.

2. 쟁점

3자간 등기명의신탁에서 취득세 납세의무자는 누구인지 여부이다.

Ⅲ ▶ 법원의 판단

1. 대법원 다수의견

구 지방세법(2010. 1. 1. 법률 제9924호로 개정되기 전의 것, 이하 같다) 제105조 제1항, 제2항, 제111조 제7항, 구 지방세법 시행령(2010. 7. 6. 대통령령 제22251호로 개정되기 전의 것) 제73조 제1항, 제3항 본문 규정의 문언 내용과 아울러 구 지방세법 제105조 제2항에서 규정한 '사실상 취득'이란 일반적으로 등기와 같은 소유권 취득의 형식적 요건을 갖추지는 못하였으나 대금의 지급과 같은 소유권 취득의 실질적 요건을 갖춘 경우를 말하는 점 등을 종합하여 보면, 매수인이 부동산에 관한 매매계약을 체결하고 소유권이전등기에 앞서 매매대금을 모두 지급한 경우 사실상의 잔금지급일에 구 지방세법 제105조 제2항에서 규정한 '사실상 취득'에 따른 취득세 납세의무가 성립하고, 그 후 그 사실상의 취득자가 부동산에 관하여 매매를 원인으로 한 소유권이전등기를 마치더라도 이는 잔금지급일에 '사실상 취득'을 한 부동산에 관하여 소유권 취득의 형식적 요건을 추가로 갖춘 것에 불과하므로, 잔금지급일에 성립한 취득세 납세의무와 별도로 등기일에 구 지방세법 제105조 제1항에서 규정한 '취득'을 원인으로 한 새로운 취득세 납세의무가 성립하는 것은 아니다.

이러한 법리는 매매대금을 모두 지급하여 부동산을 사실상 취득한 자가 3자간 등기명의신탁 약정에 따라 명의수탁자 명의로 소유권이전등기를 마쳤다가 그 후 해당 부동산에 관하여 자신의 명의로 소유권이전등기를 마친 경우에도 마찬가지로 적용된다.

2. 대법원 반대의견

부동산 실권리자명의 등기에 관한 법률 시행 이후 명의수탁자가 3자간 등기명의신탁 약정에 따라 매도인으로부터 부동산의 등기를 이전받은 경우에도 등기의 효력과 관계없이 명의수탁자에게 구 지방세법 제105조 제1항에서 규정한 '취득'을 원인으로 한 취득세 납세의무가 성립한다고 보아야 한다. 그리고 이러한 경우에는 명의신탁자가 부동산에 관한 매매계약을 체결하고 매매대금을 모두 지급하였더라도 구 지방세법 제105조 제2항에서 규정한 '사실상 취득'에 따른 취득세 납세의무가 성립한다고 볼 수 없고, 그 후 명의신탁자가 무효인 명의수탁자 명의의 등기를 말소하고 당초 매매계약에 기하여 자기 앞으로 소유권등기를 이전받거나 또는 명의수탁자로부터 직접 자기 앞으로 소유권등기를 이전받는다면 그 등기 시에 명의신탁자에게 구 지방세법 제105조 제1항에서 규정한 '취득'을 원인으로 한 취득세 납세의무가 성립한다.

Ⅳ ▶ 해설

다수의견이 3자간 등기명의신탁에서 납세의무자를 명의신탁자로 본 것은 부동산실명법을 적용하더라도 여전히 매매계약은 유효하고 그 법률효과는 명의신탁자에게 귀속되므로 일반 매매계약에서 매수인과 같이 잔금지급일에 구 지방세법 제105조 제2항의 사실상 취득에 따른 납세의무가 성립한다는 이유다. 명의수탁자 명의의 등기는 취득세 납세의무가 성립한 이후 사정에 불과하고 더욱이 부동산실명법에 의하면 위 등기는 무효인 점에서도 그렇다. 반대의견은 취득세는 등록세와 통합되면서 더욱 유통세적 성격이 강해졌고 명의수탁자로부터 부동산을 취득한 제3자는 선악 불문 그 소유권을 취득하므로 명의수탁자의 등기는 일반적인 원인무효 등기와는 달리 보아야 한다는 이유를 든다.

대상판결은 취득의 의의에 관한 소유권 취득설(형식설)과 실질적 가치취득설(실질설)의 대립[1]에서 한 발짝 비켜서 있다. 경제적·실질적 관점에서 완전한 소유권을 취득하였는지 여부가 아니라 소유권 취득설을 전제로 다만 사실상 취득한 시점까지 취득세 납세의무의 성립시기를 앞당길 수 있는지,

---

1) 임승순, 『조세법(제21판)』, 박영사, 2021, 1025면.

그리고 3자간 등기명의신탁도 동일하게 보아야 하는지가 문제된 사안이기 때문이다. 이런 점에서 반대의견이 구 지방세법 제105조 제2항을 민법상 성립요건주의를 일관할 경우 나타날 수 있는 불합리를 막기 위하여 취득세 납세의무의 성립 시기를 앞당긴 규정이지 취득세 납세의무의 성립 여부나 납세의무자가 누구인지를 정하기 위한 규정이 아니라고 본 점은 수긍이 간다. 그러나 일반적인 매매계약에서 취득세 납세의무가 성립하는 잔금지급일과 3자간 등기명의신탁에서 반대의견에 따라 취득세 납세의무가 성립하는 명의수탁자 명의 등기일의 사이에는 당사자 내면의 목적에 따라 납세의무자가 달라지는 난점이 있다(다수의견에 대한 대법관 김창석, 대법관 김소영의 보충의견). 또한 제3자가 선악 불문 소유권을 취득하는 것도 거래의 안전을 위하여 부동산실명법이 그와 같은 규정(제4조 제3항)을 둔 결과이지 그 당연한 귀결로서 명의수탁자가 소유권을 취득한 것으로 보기는 어렵다.[2]

계약명의신탁의 경우에는 매도인이 명의신탁약정에 관하여 선의라면 부동산실명법 제4조 제2항 단서에 따라 명의수탁자의 등기는 유효하므로 종전의 판례(대법원 2017. 9. 12. 선고 2015두39026 판결)와 같이 명의수탁자를 납세의무자로 볼 수 있을 것이다.

대상판결은 종래 불명확하였던 3자간 등기명의신탁에서 납세의무자를 명확히 정리하였다는 데 의의가 있다.

---

2) 강석규, 『조세법 쟁론(제7판)』, 삼일인포마인, 2023년, 1599면.

86

취득을 원인으로 등기가 이루어진 후 등기의 원인이
무효로 밝혀진 경우 등록면허세의 성립 여부

남 지 윤

86 취득을 원인으로 등기가 이루어진 후 등기의 원인이 무효로 밝혀진 경우 등록면허세의 성립 여부

[대법원 2018. 4. 10. 선고 2017두35684 판결]

남지윤 (한국지방세연구원 변호사)

I ▶ 사실관계 및 사건의 경과

원고는 2014. 9. 22. 이 사건 토지에 관하여 그 소유자인 소외 C의 대리인임을 자처하는 소외 D와 매매계약을 체결하여 매매계약에 따른 매매대금을 전액 지급한 뒤, 2014. 10. 원고 앞으로 소유권이전등기(이하 '이 사건 소유권이전등기'라 한다)를 마쳤으며, 2014. 10. 8. 피고에게 구 지방세법 (2015. 12. 29. 법률 제13636호로 개정되기 전의 것, 이하 같다) 제10조, 제11조를 적용하여 신고가액보다 높은 시가표준액 3,490,564,000원을 과세표준으로 하여 취득세등을 신고·납부하였다. 그런데 C의 딸인 소외 E는 '원고는 C의 위임장을 위조하여 대리인으로 행사한 D로부터 이 사건 토지를 매수한 것'이라며 원고를 상대로 이 사건 소유권이전등기의 말소를 구하는 소송을 제기하여, 2015. 6. 승소판결을 받았고, 이 판결이 그대로 확정됨에 따라 이 사건 소유권이전등기는 2015. 9. 18. 말소되었다. 이후 원고는 2015. 7.경 위 판결을 근거로 지방세기본법 제76조 제1항에 의하여 피고에게 기납부한 취득세 등을 환급해 줄 것을 청구하였으나, 피고는 이 사건 소유권이전등기가 원인무효라 하더라도 그 등기의 경료로 등록면허세 및 지방교육세 납세의무가 성립되었다고 보아 등록면허세 및 지방교육세를 결정·고지하였다. 이에 원고는 불복하여 2015. 8. 21. 조세심판원에 심판청구를 하였으나 2015. 12. 15. 기각 결정을 받았다.

| II | 관련 규정 및 쟁점 |

1. 관련 규정

◆ 구 지방세법(2015. 12. 29. 법률 제13636호로 개정되기 전의 것)

제2장 취득세

제6조(정의) 취득세에서 사용하는 용어의 뜻은 다음 각 호와 같다.

1. "취득"이란 매매, 교환, 상속, 증여, 기부, 법인에 대한 현물출자, 건축, 개수(改修), 공유수면의 매립, 간척에 의한 토지의 조성 등과 그 밖에 이와 유사한 취득으로서 원시취득, 승계취득 또는 유상·무상의 모든 취득을 말한다.

제3장 등록면허세

제23조(정의) 등록면허세에서 사용하는 용어의 뜻은 다음과 같다.

1. "등록"이란 재산권과 그 밖의 권리의 설정·변경 또는 소멸에 관한 사항을 공부에 등기하거나 등록하는 것을 말한다. 다만, 제2장에 따른 취득을 원인으로 이루어지는 등기 또는 등록은 제외하되, 다음 각 목의 어느 하나에 해당하는 등기나 등록은 포함한다.

제28조(세율) ① 등록면허세는 등록에 대하여 제27조의 과세표준에 다음 각 호에서 정하는 세율을 적용하여 계산한 금액을 그 세액으로 한다.

1. 부동산 등기

　나. 소유권의 이전 등기

　　1) 유상으로 인한 소유권 이전 등기 : 부동산 가액의 1천분의 20.

　　2) 무상으로 인한 소유권 이전 등기 : 부동산 가액의 1천분의 15. 다만, 상속으로 인한 소유권 이전 등기의 경우에는 부동산 가액의 1천분의 8로 한다.

제30조(신고 및 납부) ① 등록을 하려는 자는 제27조에 따른 과세표준에 제28조에 따른 세율을 적용하여 산출한 세액을 대통령령으로 정하는 바에 따라 등록을 하기 전까지 납세지를 관할하는 지방자치단체의 장에게 신고하고 납부하여야 한다.

2. 쟁점

이 사건의 쟁점은 취득을 원인으로 등기가 이루어진 후 등기의 원인이 무효로 밝혀져 취득세 과세대상에 해당하지 않게 된 경우, '소유권이전등기' 자체를 과세물건으로 하는 등록면허세는 납부할 의무가 있는지 여부이다.

Ⅲ ▶ 법원의 판단

1. 제1심판결

1심(인천지방법원 2016. 7. 7. 선고 2016구합50925 판결)은 원고의 청구를 기각하였다. 1심은 (ⅰ) 등록면허세의 과세대상에서 제외되는 '취득을 원인으로 하는 등기 또는 등록'의 의미는 엄격하게 해석되어어야 한다는 점, (ⅱ) 세원이 같은 세목 및 유사 세목을 통폐합하여 지방세 세목체계를 산소화함으로써 조세행정의 효율성을 증가시키기 위한 것이라는 구 지방세법 개정 취지·내용 및 연혁 등에 비추어 보면, 구 지방세법상 등록면허세 과세대상에서 제외되는 '취득을 원인으로 이루어지는 등기'에서 '취득'은 특별한 사정이 없는 한 재산권 등의 취득 그 자체가 적법·유효하게 이루어진 것을 원인으로 하는 등기에 국한된다고 보아야 한다는 점, (ⅲ) 만약 원고의 주장대로 해석하게 되면, 지방세법 전부 개정 이후로 취득세와 등록세 납세의무가 모두 성립하지 않게 되는 결과가 초래되는데, 이는 입법자가 의도한 바가 아닌 것으로 보이는 점 등을 근거로 하여 이 사건 소유권이전 등기는 구 지방세법 제23조 제1호 단서에서 정한 '취득을 원인으로 이루어지는 등기'에 해당한다고 볼 수 없다는 점을 근거로 원고 청구를 기각하였다.

2. 대법원의 판단

1심과 달리, 2심(서울고등법원 2017. 1. 18. 선고 2016누56563 판결)과 대법원은 원고의 청구가 이유 있다고 보았다. 즉, 대법원은 (ⅰ) 구 지방세법은 법문언상 등록면허세의 과세대상인 등록에서 취득을 원인으로 이루어지는 등기 등을 제외하면서 법률상 유효한 취득을 원인으로 한 등기로 한정하고 있지는 않다는 점, (ⅱ) 구 지방세법은 제30조 제1항에서 등록에 대한 등록면허세의 신고납부기한을 '등록을 하기 전까지'로 규정하고 있는 등 취득을 원인으로 이루어지는 등기 등이 사후적으로 등록면허세의 과세대상이 되는 것을 예정하고 있지 않다는 점, (ⅲ) 2010. 3. 31. 개정된 지방세법에서 취득세의 세율을 종래의 취득세와 등록세를 합산한 것으로 조정하고, 구 지방세법 제28조 제1항 제1호 나목에서 부동산 소유권이전등기에 대한 등록면허세의 세율을 규정하여 두고 있기는 하지만 조세법률주의 원칙상 이러한 사정만으로 등록면허세의 과세대상을 취득을 원인으로 등기가 이루어진 후 등기의 원인이 무효로 밝혀진 경우까지 확대할 수는 없다는 점을 근거로, 구 지방세법 제6조 제1호에서 정한 취득이라면 취득세의 과세여부만 문제될 뿐 등록면허세의 과세대상은 아니고, 취득을 원인으로 등기가 이루어진 후 등기의 원인이 무효로 밝혀져 취득세 과세대상에 해당하지 않더라도 등록면허세 납세의무가 새롭게 성립하는 것은 아니라고 판시하여 상고를 기각하였다.

Ⅳ ▶ 해설

1. 등록에 대한 등록면허세 일반

등록면허세는 취득을 원인으로 이루어지는 등기 또는 등록을 제외한 재산권과 그 밖의 권리의 설정·변경 또는 소멸에 관한 사항을 공부에 등기하거나 등록하는 경우에 등기 또는 등록이라는 단순한 사실의 존재를 과세대상으로 하여 ㄱ 등기 또는 등록을 받는 자에게 부과하는 세금으로서(대법원 2002. 6. 28. 선고 2000두7896 판결, 대법원 2018. 4. 10. 선고 2017두35684 판결 등 참조), 그 등기나 등록행위 자체에 담세력을 인정하여 부과하는 행위세적 조세이다. 이 때문에 등기·등록행위는 내부의 실질적인 권리자의 유무 또는 정당성·합법성 여부를 따지지 않고 정당한 절차에 의하여 등기·등록을 한 외형적 요건을 갖추면 과세객체가 된다. 등록에 대한 등록면허세의 납세의무자는 위와 같은 등록을 하는 자, 즉 외형상의 권리자이며, 등록을 하려는 자는 등록을 하기 전까지 납세지를 관할하는 지방자치단체의 장에게 신고하고 납부하도록 규정하고 있다.

2. 세목 조정에 따른 지방세법 개정 연혁

2011년 이전 지방세법은 취득세와 등록세 및 면허세를 각각 별도의 세목으로 규정하고 있었으나, 2011년 이를 전부 개정하여 등록세 중 취득과 관련된 과세대상을 취득세로 통합하고, 저당권, 전세권 등 취득의 전제 없이 이루어지는 등기·등록분과 면허·인사·허가 등에 과세되는 면허세를 등록면허세로 통합하였다. 이는 세원이 같은 세목 및 유사 세목을 통폐합하여 지방세 세목 체계를 간소화함으로써 납세자의 세부담 인식을 명확하게 하고 조세행정의 효율성을 증대시키기 위한 것이었다. 세율은 통합에 따른 추가 세부담 없이 개정 전 취득세 세율과 등록세 세율을 단순히 합한 세율을 개정 지방세법의 취득세 세율로 규정하였다.

3. 이 사건 판결의 의의

이 사건 판결은 2011년 전부개정으로 지방세법상 취득세와 등록세가 통합된 이후, 지방세법 제23조 제1호 단서의 '제2장에 따른 취득을 원인으로 이루어지는 등기 또는 등록'에 무효인 등기가 포함되는지 여부가 문제된 사안이다. 이 사건 판결에서는 조세법률주의를 강조하여 등기·등록의 원인이 취득이라면 그 등기시에 이미 등록면허세 과세대상에서는 제외된 것으로 해석하여, 등기의 유·무효에 관계없이 취득세 과세대상이 되는지 여부는 별론으로, 더 이상 등록면허세 과세대상이 될 수 없음을 명확히 하였다.

87

워크아웃 과정 중 증가한 지분의
과점주주 간주취득세 과세 여부

정 승 영

87

워크아웃 과정 중 증가한 지분의 과점주주 간주취득세 과세 여부

[대법원 2018. 10. 4. 선고 2018두44753 판결]

정승영 (국립창원대 세무학과 교수)

I ▶ 사실관계 및 사건의 경과

주식회사 S테크놀로지(이하 'S회사'라 한다)는 전자부품제조 및 조립업 등을 목적으로 하는 법인이다. S회사는 사업부진 등으로 인하여 회사의 재무구조가 악화되었고, S회사의 주채권은행인 산업은행은 舊 기업구조조정촉진법(이하 '기업구조조정촉진법'이라 한다) 제7조 등에 따라 2010. 11. 11. 채권금융기관협의회에 의한 기업구조개선작업(이하 '워크아웃'이라 한다)을 신청하였다. 이와 관련하여 S회사의 투자자들은 채권금융기관협의회의 경영정상화계획 등 요구에 대해 거부하였다. 이에 S회사의 과점주주인 원고는 워크아웃 절차 중단을 우려, 원고와 특수관계인들은 투자자들이 보유하고 있던 보통주 등을 매수하여 S회사의 과점주주인 원고 및 그 특수관계인의 주식보유비율이 59.96%에서 76.2%로 증가하였다.

한편, S회사의 과점주주인 원고 등은 2011. 4. 22. 주채권은행인 한국산업은행에 현재 보유하고 있는 주식 전부와 관련된 일체의 권한을 일임하는 주식포기각서, 주주총회 의결권행사 위임장 등을 작성하여 교부하였다. 이에 채권금융기관협의회의 결의에 따라 요구되는 사항이 즉시 이행되어야 하는 경영정상화계획 특별약정이 체결되었다. 다만, S회사는 경영정상화에 실패하여 워크아웃이 중단되고 파산선고 및 파산폐지결정을 받게 되었다.[1]

과세관청인 Y시 S구청장은 S회사의 과점주주인 원고가 워크아웃 절차 진행을 위한 과정 중 투자자들의 주식을 추가로 취득하여 주식보유비율이 증가하게 되었다는 점을 이유로, 구 지방세법 제7조 제5항에 따라 S회사가 소유한 부동산 및 차량 등 과세대상 물건의 가액을 과세표준으로 주식 지분증가율(16.24%) 상당의 취득세 등을 부과하는 처분(2015. 3. 2.)을 하였다가, 일부 취득세 등을 감액경정(2017. 11. 3.)하였다.

---

1) 해당 워크아웃 절차에 따라 경영정상화를 진행하는 과정에서 결국 경영정상화는 실패하여 워크아웃이 중단되었고 S회사는 2013. 4. 9. 파산이 선고되었으며, 2014. 11. 20.에는 파산폐지결정이 있었다.

Ⅱ ▶ 관련 규정 및 쟁점

1. 관련 규정

◆ 구 지방세법(2014. 1. 1. 법률 제12153호로 개정되기 전의 것)

제7조(납세의무자 등) ⑤ 법인의 주식 또는 지분을 취득함으로써 「지방세기본법」 제47조 제2호에 따른 과점주주(이하 "과점주주"라 한다)가 되었을 때에는 그 과점주주는 해당 법인의 부동산등을 취득한 것으로 본다. 다만, 법인설립 시에 발행하는 주식 또는 지분을 취득함으로써 과점주주가 된 경우에는 취득으로 보지 아니한다.[2]

◆ 구 지방세법 시행령(2015. 12. 31. 대통령령 제26836호로 개정되기 전의 것)

제11조(과점주주의 취득 등) ② 이미 과점주주가 된 주주 또는 유한책임사원이 해당 법인의 주식등을 취득하여 해당 법인의 주식등의 총액에 대한 과점주주가 가진 주식등의 비율(이하 이 조에서 "주식등의 비율"이라 한다)이 증가된 경우에는 그 증가분을 취득으로 보아 법 제7조 제5항에 따라 취득세를 부과한다. 다만, 증가된 후의 주식등의 비율이 그 증가된 날을 기준으로 그 이전 5년 이내에 해당 과점주주가 가지고 있던 주식등의 최고비율보다 증가되지 아니한 경우에는 취득세를 부과하지 아니한다.[3]

◆ 구 지방세기본법(2013. 1. 1. 법률 제11616호로 개정되기 전의 것)

제47조 제2호(현행 제46조 제2호) [내용 생략][4]

---

2) 현행 지방세법 제7조(납세의무자 등) ⑤ 법인의 주식 또는 지분을 취득함으로써 「지방세기본법」 제46조제2호에 따른 과점주주 중 대통령령으로 정하는 과점주주(이하 "과점주주"라 한다)가 되었을 때에는 그 과점주주가 해당 법인의 부동산등(법인이 「신탁법」에 따라 신탁한 재산으로서 수탁자 명의로 등기·등록이 되어 있는 부동산등을 포함한다)을 취득(법인설립 시에 발행하는 주식 또는 지분을 취득함으로써 과점주주가 된 경우에는 취득으로 보지 아니한다)한 것으로 본다. 이 경우 과점주주의 연대납세의무에 관하여는 「지방세기본법」 제44조를 준용한다.

3) 현행 지방세법 시행령 제11조(과점주주의 취득 등) ② 이미 과점주주가 된 주주 또는 유한책임사원이 해당 법인의 주식등을 취득하여 해당 법인의 주식등의 총액에 대한 과점주주가 가진 주식등의 비율(이하 이 조에서 "주식등의 비율"이라 한다)이 증가된 경우에는 그 증가분을 취득으로 보아 법 제7조제5항에 따라 취득세를 부과한다. 다만, 증가된 후의 주식등의 비율이 해당 과점주주가 이전에 가지고 있던 주식등의 최고비율보다 증가되지 아니한 경우에는 취득세를 부과하지 아니한다.

4) 본 사건의 주요 쟁점이 과점주주의 범위에 관한 사항이 아니므로, 지방세기본법 관련 규정의 내용은 생략한다.

2. 쟁점

기업구조조정촉진법상 워크아웃 절차를 정상적으로 진행하고자 경영정상화계획의 특별약정 체결 등을 전제로 주식을 취득하는 경우 그 증가된 지분비율에 대한 과점주주 간주취득세 부과가 이루어져야 하는지에 관한 당부이다.

Ⅲ ▶ 법원의 판단

1. 원심법원의 판단

지방세법 제7조 제5항에 따라 과세하는 법인의 과점주주에 대하여 그 법인의 재산을 취득한 것으로 보아 취득세를 부과하는 것(이른바 '과점주주 간주취득세')은 과점주주가 되면 해당 법인의 재산을 사실상 임의처분하거나 관리운용할 수 있는 지위에 서게 되어 그 재산을 직접 소유하는 것과 크게 다를 바 없다는 점에 담세력이 있다고 본다. '과점주주 간주취득세'의 납세의무자는 주주명부상의 주주 명의가 아니라, 주주권을 실질적으로 행사하여 법인의 운영을 지배하는지 여부를 기준으로 판단하여 정하게 된다(대법원 2016. 3. 10. 선고 2011두26046 판결). 1심법원(수원지방법원)은 원고에 대해 기업구조조정촉진법상 워크아웃의 정상적 진행을 위하여 대주주로서의 의결권 등 일체 권한을 주채권은행(한국산업은행)에 위임하는 등 대주주로서의 주주권을 실질적으로 행사하여 회사의 운영을 지배하는 지위를 상실하였다고 판단하였다(수원지방법원 2017. 8. 29. 선고 2017구합60247 판결).

반면, 2심법원(서울고등법원)에서는 워크아웃 절차에서 경영정상화계획 특별약정을 체결하는 것은 강제되어 있지 않고, 원고가 워크아웃 절차를 계속 진행할 것인지 여부를 선택하고 주주권을 위임하는 것 역시 대주주로서의 의사 선택으로 '실질적 지배의 성격'에 포함된다고 보았다. 또한 과점주주가 그 소유 주식에 관하여 의결권 행사 등을 통해 주주권을 실질적으로 행사할 수 있는지 여부는 원칙적으로 주식 취득 시점을 기준으로 판단하여야 하므로, 주식 취득 이후 주채권은행에 주식포기각서 등을 제출한 사정 등은 고려될 수 없다고 보았다. 이에 2심법원은 워크아웃 절차 진행 중 증가된 주식 비율에 대한 과점주주 간주취득세 부과는 정당하다고 판단하였다(서울고등법원 2018. 4. 25. 선고 2017누70610 판결).

2. 대법원의 판단

원고는 워크아웃 절차에 따라 무상감자가 이루어지면서 주식을 취득하게 되었고, 이어서 주채권은행(한국산업은행)에 보유주식 전부에 대한 처분권을 일임하면서 주주총회 의결권 행사 위임 등의 경영정상화계획 특별약정을 체결하였다. 이에 따라 주채권은행 등을 구성원으로 하는 채권금융기관 협의회가 S회사에 대한 실질적인 지배력을 행사하기에 이르렀다고 보인다. 따라서 워크아웃 진행 절차의 경과, 사실관계에서의 주식 취득에 따른 지분비율 증가 경위 등을 살펴볼 때 원고의 회사 운영에 대한 실질적 지배력이 증가하였다고 보기 어렵다고 판단하였다. 대법원은 지방세법상 과점주주 간주취득세 제도의 취지, 실질과세의 원칙(지방세기본법 제17조)에 비추어 보더라도 지배권의 실질적 증가 여부는 주식 취득 전후의 제반 사정을 모두 고려하여 종합적인 판단하여야 한다고 보았다. 이에 대법원은 원심법원 판결을 파기하고 환송하였다.

Ⅳ　해설

1. 과점주주 간주취득세 제도의 의의와 취지

지방세법상 과점주주 간주취득세 제도는 비상장법인이 소유하고 있는 취득세 과세대상을 과점주주가 소유주식 지분 비율만큼 취득한 것으로 간주하여 취득세를 부과하도록 제도(지방세법 제7조 제5항)이다. 해당의 과세제도는 "비상장법인의 과점주주 된 경우 당해 법인의 자산에 대한 관리·처분권을 취득하게 되므로 실질적으로 당해 법인의 자산을 취득한 것이나 다름없게 되어 공평과세 및 실질과세원칙상 취득세를 과세하는 것"이다(헌법재판소 2006. 6. 29. 2004헌바45 결정, 헌법재판소 2008. 4. 24. 2006헌바107 결정). 여기에서 과점주주에 해당하는지 여부는 과점주주 중 특정 주주 1명만을 기준으로 하지 않고 과점주주 집단이 소유한 총 주식 비율의 증가를 기준으로 판단한다(대법원 2013. 7. 25. 선고 2012두12495 판결, 대법원 2021. 5. 7. 선고 2020두49324 판결). 또한 새로운 과점주주가 되는 경우뿐만 아니라, 과점주주 집단이 소유하고 있는 총 주식 등 비율이 증가하는 경우에도 그 증가한 비율에 따라 과점주주 간주취득세를 과세한다.

한편, 지방세법상 과점주주 간주취득세 제도 의의 및 과세논리의 기초에는 과점주주 집단이 비상장법인의 경영 등에 대한 실질적인 지배권을 확보하여 행사할 수 있는 가능성이 있다는 점을 두고 있다. "과점주주는 해당 법인의 재산을 사실상 임의처분하거나 관리·운용할 수 있는 지위에 있게 되어 실질적으로 그 재산을 직접 소유하는 것과 다르지 않다"고 보기 때문이다(대법원 2019. 3. 28.

선고 2015두3591 판결). 이에 따라 주주명부상 과점주주이나 주식에 관한 권리 등을 행사하여 법인의 운영을 실질적으로 지배할 수 없는 경우에는 과점주주 간주취득세를 과세할 수 없다(대법원 2016. 3. 10. 선고 2011두26046 판결, 대법원 2017. 7. 11. 선고 2017두38058 판결, 대법원 2019. 3. 28. 선고 2015두3591 판결).

2. 이 사건 판결의 의의

이 사건 판결은 과점주주 간주취득세 제도의 의의 및 취지 등 제도의 논리적 기초에 비춰볼 때 과점주주에게 과세할 수 있는 근거 사유(법인의 재산을 사실상 임의처분하거나 관리·운용할 수 있는 지위에 있는지)를 충족하였는지에 대해 주식 취득시기뿐만 아니라 그 취득의 전후 제반 사정을 살펴보는 것이 본 제도의 취지에 부합한다는 점을 다시 한번 확인하고 있다. 기업구조조정 촉진법상 워크아웃 제도는 재무적으로 위기 상황에 있는 기업이 정상적으로 운영될 수 있도록 구조조정하는 방안의 하나로 지배주주의 경영권이 보장되는 경우도 있으나, 그렇지 않은 경우도 존재한다. 이 사건 사실관계의 워크아웃 진행 과정에서는 과점주주가 경영정상화계획 진행을 전제로 주식을 취득한 후, 그에 따른 특별약정으로 과점주주가 소유하고 있는 주식에 관한 권리 등을 실질적으로 행사하지 못하는 상태에 이르고 있다. 특히 이 사건 판결에서는 과점주주 간주취득세를 과세하는 것과 관련하여 실질과세의 원칙 관점에서 주식의 취득 전후 과정과 그 제반사정 내용까지 모두 고려하여 실질적인 지배력 증가를 확인하여야 함을 제시하고 있다는 특징이 있다.[5]

---

[5] 성수현, "2018년 「상속세 및 증여세법」과 지방세법 판례회고", 「조세법연구」 제25집 제2호, 한국세법학회, 2019, 331-332면.

88

3자간 등기명의신탁에서
부동산의 명의수탁자가 납부한 재산세가
부당이득반환의 대상이 되는지 여부

노 미 리

3자간 등기명의신탁[1])에서 부동산의 명의수탁자가 납부한 재산세가 부당이득반환의 대상이 되는지 여부

[대법원 2020. 9. 3. 선고 2018다283773 판결]

노미리 (동아대 법학전문대학원 교수)

I ▶ 사실관계 및 사건의 경과

원고들은 망인의 배우자와 자녀들이고, 피고는 망인의 동생이다. 망인은 1989.경부터 2004. 2. 17.까지 A토지에 관하여는 망인과 피고 사이의 계약명의신탁약정에 따라, B토지에 관하여는 망인과 피고, 각 매도인들 사이의 3자간 등기명의신탁약정에 따라 각각 피고 명의로 소유권이전등기를 마쳤다. 망인은 2012. 8. 9. 사망하였고, 원고들이 망인의 재산을 상속하였다. 피고는 망인이 사망한 후 2012.부터 2016.까지 A토지 및 B토지에 대한 재산세를 납부하였다. 한편, 원고들은 피고를 상대로 A토지 및 B토지에 관한 소유권이전등기 말소를 구하는 소송을 제기하였는데, A토지에 관하여는 패소하고, B토지에 관하여는 승소하였다. 이에 원고들은 이 사건에서 피고에게 A토지의 매수자금과 취득세 등 각종 취득비용을 부당이득으로 반환할 것을 청구하였고, 이에 대해 피고는 B토지의 재산세 납부에 따른 부당이득반환청구권 등을 원고들의 부당이득반환청구권과 상계한다고 주장하였다.

---

1) 3자간 등기명의신탁은 명의신탁자가 명의수탁자와 명의신탁약정을 맺고, 명의신탁자가 매매계약의 당사자가 되어 매도인과 매매계약을 체결하되, 등기는 매도인으로부터 명의수탁자 앞으로 직접 이전하는 유형을 말한다 (대법원 2022. 2. 22. 선고 2001도6209 판결). 이를 '중간생략등기형 명의신탁' 또는 '3자간 명의신탁'이라고도 하는데, 대상판결에서 '3자간 등기명의신탁'이라고 표현하고 있으므로 이 글에서는 위 용례에 따른다.

II ▶ 관련 규정 및 쟁점

1. 관련 규정

◆ 지방세법

제107조(납세의무자) ① 재산세 과세기준일 현재 재산을 사실상 수유하고 있는 자는 재산세를 납부할 의무가 있다.

2. 쟁점

3자간 등기명의신탁에서 명의신탁된 부동산에 대한 재산세를 납부한 명의수탁자에게 명의신탁자에 대하여 그 납부액 상당의 부당이득반환청구권이 있는지 여부이다.

III ▶ 법원의 판단

1. 1심법원과 원심법원의 판단

1심법원은 "B토지에 대하여, 3자간 등기명의신탁의 경우 부동산 실권리자명의 등기에 관한 법률(이하 '부동산실명법'이라 한다)에 따라 명의신탁약정과 그로 인한 등기가 무효로 되므로 명의신탁 된 부동산은 매도인 소유로 복귀하고, 다만 명의신탁자는 매도인에 대하여 매매계약에 기한 소유권이전등기를 청구할 수 있을 뿐이며(대법원 2011. 9. 8. 선고 2009다49193 판결 등), 원고들은 B토지의 각 소유자인 각 매도인들에 대하여 소유권이전등기를 구할 채권적 청구권자에 불과하여, 원고들이 B토지에 대한 재산세를 납부할 의무가 있다고 보기 어렵다."(인천지방법원 2017. 12. 15. 선고 2017가합54608 판결)라고 판시하면서 피고의 상계주장을 배척하였다. 원심법원 역시 위 쟁점에 대해 1심법원의 판단을 그대로 인용하였다(서울고등법원 2018. 8. 23. 선고 2018나2004862 판결).

2. 대법원의 판단

대법원은 "지방세법 제107조 제1항에 따라 재산세 납세의무를 부담하는 '재산을 사실상 소유하고 있는 자'는 공부상 소유자로 등재된 여부를 불문하고 당해 토지나 재산에 대한 실질적인 소유권을 가진 자를 의미한다(대법원 2012. 12. 13. 선고 2010두4964 판결 등). 명의신탁자가 소유자로부터 부동산을 양수하면서 명의수탁자와 사이에 명의신탁약정을 하여 소유자로부터 바로 명의수탁자 명의로 해당 부동산의 소유권이전등기를 하는 3자간 등기명의신탁의 경우 명의신탁자의 매수인 지위는 일반 매매계약에서 매수인 지위와 근본적으로 다르지 않으므로(대법원 2018. 3. 22. 선고 2014두43110 전원합의체 판결), 명의신탁자가 부동산에 관한 매매계약을 체결하고 매매대금을 모두 지급하였다면 재산세 과세기준일 당시 그 부동산에 관한 소유권이전등기를 마치기 전이라도 해당 부동산에 대한 실질적인 소유권을 가진 자로서 특별한 사정이 없는 한 그 재산세를 납부할 의무가 있다.

그런데 과세관청이 3자간 등기명의신탁에 따라 해당 부동산의 공부상 소유자가 된 명의수탁자에게 재산세 부과처분을 하고 이에 따라 명의수탁자가 재산세를 납부하였더라도 명의수탁자가 명의신탁자 또는 그 상속인을 상대로 재산세 상당의 금액에 대한 부당이득반환청구권을 가진다고 보기는 어렵다."(대법원 2020. 9. 3. 선고 2018다283773 판결)라고 판시하였다.[2]

Ⅳ　해설

1. 명의신탁의 법률관계

명의신탁관계는 ① 부동산 소유자로 등기된 명의신탁자가 명의수탁자 앞으로 등기를 이전하는 2자간 등기명의신탁, ② 3자간 등기명의신탁, ③ 명의신탁자가 명의수탁자와 명의신탁약정을 맺고 명의수탁자가 직접 계약의 당사자가 되어 부동산 매매계약을 체결한 후 등기는 명의수탁자 앞으로 이전하는 계약명의신탁,[3] 3가지 유형으로 구분할 수 있다. 부동산실명법 제4조 제1항 및 제2항에 따라서 명의신탁약정 및 명의신탁약정에 따른 등기는 무효이다. 다만, 계약명의신탁의 경우 매도인이 매매계약을 체결할 당시 선의였는지 악의였는지에 따라 효력이 달라진다(대법원 2018. 4. 10. 선

---

2) 1심법원과 원심은 명의신탁자를 B토지의 소유자인 각 매도인들에 대하여 소유권이전등기를 구할 채권적 청구권자에 불과하다고 보아 재산세 납부의무를 인정하지 않았지만, 대법원은 명의신탁자를 B토지에 대한 실질적인 소유권을 가진 자로 보고 재산세 납부의무를 인정하였다는 점에서 차이가 있다. 다만, 1심법원과 원심, 대법원은 모두 피고의 상계주장을 배척하였기에 결론에 있어서는 차이가 없다.
3) 김병주, "부동산 명의신탁에 따른 취득세 납세의무자", 「사법」 제54호, 2020, 568면.

고 2017다257715 판결).

명의신탁약정 및 명의신탁약정에 따른 등기는 무효이므로, 명의신탁자가 자신의 앞으로 등기를 이전할 수 있는지가 문제된다. ① 2자간 등기명의신탁의 경우 명의신탁자는 명의수탁자를 상대로 소유권이전등기말소청구 또는 진정명의회복을 원인으로 한 소유권이전등기청구를 할 수 있고(대법원 2002. 9. 6. 선고 2002다35157 판결), ② 3자간 등기명의신탁의 경우 명의신탁자는 매도인과의 매매계약이 유효하므로 명의수탁자를 상대로 소유권이전등기말소청구권을 대위행사하고 매도인을 상대로 소유권이전등기청구를 할 수 있나(대법원 1999. 9. 17. 선고 99다21738 판결, 대법원 2002. 3. 15. 선고 2001다61654 판결, 대법원 2011. 9. 8. 선고 2009다49193, 49209 판결 등). ③ 계약명의신탁의 경우에는 매도인의 선악을 불문하고 명의신탁자 앞으로 소유권이전등기를 하는 것이 불가능하다. 매도인이 선의인 경우에는 명의신탁약정이 무효이므로 명의신탁자는 명의수탁자를 상대로 어떠한 청구도 할 수 없고, 매도인과는 체결한 계약이 없으므로 매도인에게 어떠한 청구도 할 수 없다. 매도인이 악의인 경우에도 마찬가지 법리가 적용된다.

2. 3자간 등기명의신탁에서 명의신탁 재산에 대한 취득세 및 재산세 납세의무자

재산세 과세기준일인 매년 6월 1일을 기준으로 하여 재산을 사실상 소유하고 있는 자는 재산세를 납부할 의무가 있다(지방세법 제107조 제1항 및 제114조). '재산을 사실상 소유하고 있는 자'라 함은 "공부상 소유자로 등재된 여부를 불문하고 당해 토지나 재산에 대한 실질적인 소유권을 가진 자"를 말한다(대법원 1996. 4. 18. 선고 93누1022 전원합의체 판결, 대법원 2006. 3. 23. 선고 2005두15045 판결, 대법원 2012. 12. 13. 선고 2010두4964 판결 등).

한편, 대법원은 3자간 등기명의신탁에서 '취득세의 납세의무자 및 취득세 성립시기'와 관련하여, 매수인이 부동산 소유권등기 이전에 매매대금을 완납한 경우 잔금지급일에 '사실상 취득'이 이루어져 이때 취득세 납세의무가 성립하고, 사실상 취득자가 그 이후 소유권이전등기를 마치더라도 새로운 취득세 납세의무가 성립하는 것은 아니며, 이러한 법리는 3자간 등기명의신탁약정에 따라 명의수탁자 명의로 소유권이전등기를 마친 경우에도 그대로 적용된다는 입장이다(대법원 2018. 3. 22. 선고 2014두43110 전원합의체 판결). 즉, 명의신탁자가 부동산에 관한 매매계약을 체결하고 매매대금을 모두 지급하였다면, 명의신탁자에게 잔금지급일에 사실상 취득에 따른 취득세 납부의무가 성립한다. 위 1.항의 명의신탁의 법률관계 및 대법원 2014두43110 전원합의체 판결의 취지에 비추어 봤을 때, 3자간 등기명의신탁에서 명의신탁 된 부동산에 대한 실직적인 소유권을 보유하고 있는 자는 '명의신탁자'이므로, 명의신탁자가 재산세를 납부할 의무가 있다.

3. 3자간 등기명의신탁에서 재산세를 납부한 명의수탁자의 권리구제 방법

3자간 등기명의신탁의 경우 공부상 명의자는 명의수탁자로 등재되어 있으므로 과세관청은 명의수탁자에게 재산세를 부과할 수밖에 없다. 대법원은 이러한 과세처분이 당연무효가 아니라고 본다(대법원 1999. 10. 12. 선고 98다6176 판결). 그에 따라 명의수탁자가 이미 납부한 재산세를 환급받으려면 제소기간 내에 재산세 부과처분 취소소송 등을 제기해야 한다. 대상판결은 "명의수탁자에게 위와 같은 권리구제 방법이 있고, 명의수탁자가 납부한 재산세의 반환이나 명의신탁자의 사실상 이익 발생의 문제는 명의수탁자와 과세관청, 과세관청과 명의신탁자 각각의 관계에서 해결되어야 할 문제이므로, 명의수탁자가 납부한 재산세는 부당이득반환청구의 대상이 되지 않는다."라고 판시하였다.

4. 대상판결의 의의

대상판결은 대법원 2018. 3. 22. 선고 2014두43110 전원합의체 판결과 같은 입장에서, 3자간 등기명의신탁에서 재산세 납세의무자는 명의신탁자이고, 명의수탁자가 자신에게 부과된 재산세를 납부하였다고 하더라도 명의신탁자가 재산세 납세의무를 면하는 이득을 얻었다고 보기 어렵고, 따라서 명의수탁자는 납부한 재산세액 상당액에 대한 부당이득반환청구권을 갖지 않는다고 판시한 최초의 판결로서 의의가 있다.[4] 이에 대하여 누가 재산세를 최종적으로 부담할 것인가는 당사자 간 민사소송을 통해서 해결할 수도 있는 것인데, 대상판결로 인하여 명의수탁자의 민사상 반환청구가 제한되었다는 견해가 있다.[5]

---

4) 방진영, "2020년 「상속세 및 증여세법」과 지방세법 판례회고", 「조세법연구」 제27집 제3호, 한국세법학회, 2021, 517면.
5) 방진영, 앞의 논문.

89

사업시행자가 취득하는 용도폐지 정비기반시설의
취득세 과세표준 및 취득세율

허 승

사업시행자가 취득하는 용도폐지 정비기반시설의 취득세 과세표준
및 취득세율

[대법원 2019. 4. 3. 선고 2017두66824 판결]

허 승 (부산지방법원 동부지원 부장판사)

I ▶ 사실관계 및 사건의 경과

재건축조합인 원고가 시행하는 정비사업으로 기존 정비기반시설인 도로 2,466.5㎡가 용도폐지되었고, 원고는 새로운 정비기반시설인 도로, 공원 등 19,033.1㎡(이하 '이 사건 신설 시설'이라 한다)를 만들었다. 이 사건 신설 시설은 구 도시정비법에 따라 관리청인 서울특별시 강서구에 귀속되었고, 기존 정비기반시설 중 일부(이하 '이 사건 용도폐지 시설'이라 한다)가 원고에게 무상양도되어 원고가 취득(이하 '이 사건 취득'이라 한다)하였다.

원고는 원고가 이 사건 용도폐지 시설을 무상으로 승계취득하였다고 보고 취득세 과세표준을 이 사건 용도폐지 시설의 시가표준액(=개별공시지가 × 면적)인 약 85억 원, 취득세율을 3.5%로 적용하여 취득세[1]로 약 3억 원(=85억 원 × 3.5%)을 신고·납부하였다.

하지만 과세관청인 피고는 원고가 이 사건 용도폐지 시설을 이 사건 신설 시설과 교환으로 취득하였다고 보아 이 사건 용도폐지 시설의 취득세 과세표준을 이 사건 신설 시설의 감정평가액인 약 1093억 원, 취득세율을 4.0%로 적용하여 정당한 취득세가 약 43억 원(=1093억 원 × 4.0%)이라며 원고에게 그 차액 40억 원 및 가산세를 추가로 납부하라는 과세처분을 하였다.

---

1) 농어촌특별세, 지방교육세 등도 문제되었으나, 이해의 편의상 취득세에 대해서만 기재한다.

Ⅱ ▶ 관련 규정 및 쟁점

1. 관련 규정

◆ 구 도시 및 주거환경정비법(2017. 2. 8. 법률 제14567호로 전부 개정되기 전의 것, 이하 '구 도시정비법'이라 한다)

제65조(정비기반시설 및 토지 등의 귀속) ② 시장·군수 또는 주택공사등이 아닌 사업시행자가 정비사업의 시행으로 새로이 설치한 정비기반시설은 그 시설을 관리할 국가 또는 지방자치단체에 무상으로 귀속되고, 정비사업의 시행으로 인하여 용도가 폐지되는 국가 또는 지방자치단체 소유의 정비기반시설은 그가 새로이 설치한 정비기반시설의 설치비용에 상당하는 범위안에서 사업시행자에게 무상으로 양도된다.

2. 쟁점

(1) 이 사건 취득이 구 지방세법(2016. 12. 27. 법률 제14475호로 개정되기 전의 것, 이하 '구 지방세법'이라 한다)상 무상승계취득인지(취득세율 3.5%), 유상승계취득인지(취득세율 4%), 원시취득(취득세율 2.8%)인지 여부

(2) 이 사건 용도폐지 시설의 과세표준이 이 사건 용도폐지 시설의 시가표준액인 85억 원인지, 아니면 이 사건 신설 시설의 감정평가액 1,093억 원인지 여부

Ⅲ ▶ 법원의 판단[2]

1. 원심법원의 판단(원고 승소)

구 도시정비법 제65조 제2항(이하 '이 사건 규정'이라고 하고, 이 사건 규정 전단을 '전단 규정', 이 사건 규정 후단을 '후단 규정'이라 한다) 후단에 의한 이 사건 용도폐지 시설의 취득을 이 사건 신설 시설과의 교환 내지 교환과 유사한 취득이라고 볼 수 없다. 또한 후단 규정은 사업시행자가 전단 규정에 의한 재산상 손실을 보전해주는 시혜적 법률이므로 후단 규정에 의한 취득이 유상취득의 실질을 갖는다고 볼 수도 없다. 따라서 이 사건 취득은 유상승계취득이 아닌 무상승계취득이다.

---

2) 이해의 편의를 위해 판결 원문을 일부 수정하였다.

2. 대법원의 판단(피고의 상고기각)

이 사건 규정은 민간 사업시행자에 의하여 새로이 설치된 정비기반시설을 전단 규정에 따라 당연히 국가 또는 지방자치단체에 무상귀속되는 것으로 함으로써 공공시설의 확보와 효율적인 유지·관리를 위하여 국가 등에게 그 관리권과 함께 소유권까지 일률적으로 귀속되도록 하는 한편, 그로 인한 사업시행자의 재산상 손실을 합리적인 범위 안에서 보전해 주기 위하여 후단 규정에 따라 새로 설치한 정비기반시설의 설치비용에 상당하는 범위 안에서 용도폐지되는 정비기반시설을 사업시행자에게 무상양도하도록 강제하는 것이다.

원고는 후단 규정에 의하여 이 사건 용도폐지 시설을 무상으로 양도받아 취득하였다. 따라서 원고는 무상의 승계취득에 따른 과세표준과 세율 등을 적용한 취득세 등을 납부할 의무가 있을 뿐이고, 같은 취지의 원심판단은 정당하다.

Ⅳ ▶ 해설3)

1. 용도폐지 정비기반시설의 무상양도

정비사업을 시행하는 사업시행자는 자신의 비용으로 도로, 공원, 공용주차장 등 정비기반시설을 설치할 의무가 있다. 그런데 민간 사업시행자가 새로 만든 정비기반시설은 전단 규정에 따라 그 시설을 관리할 국가 등에 무상으로 귀속된다. 다만 정비사업에 따라 용도폐지되는 도로 등 정비기반시설은 후단 규정에 따라 그가 새로이 설치한 정비기반시설의 설치비용에 상당하는 범위 안에서 사업시행자에게 무상으로 양도된다.

2. 이 사건 취득의 법정 성격이 문제되는 이유

취득세는 "과세표준 × 취득세율"로 산정된다. 구 지방세법은 취득하는 물건이 무엇인지 그리고 그 물건을 어떤 방법으로 취득했는지에 따라 과세표준과 취득세율 등을 달리 정하고 있었다. 먼저 이 사건에서 문제된 토지(농지 제외)에 관한 취득세율에 대해 보면, 원시취득인 경우에는 2.8%, 무상승계취득인 경우에는 3.5%, 유상승계취득인 경우에는 4.0%이다. 다음으로 과세표준에 관해 보

---

3) 상세한 내용은 허승, "용도폐지 정비기반시설 무상양도의 지방세법상 취득 유형과 취득세율에 관한 고찰", 「저스티스」 통권 제171호, 2019 참조.

면, 원시취득이나 무상승계취득의 경우에는 시가표준액(＝개별공시지가 × 면적)을 과세표준으로 할 수 있지만, 일정한 유상승계취득의 경우에는 그 물건을 취득하는 데 든 비용(사실상의 취득가격)이 과세표준이 될 수 있다.4) 특히 교환대상 목적물에 대한 시가감정을 하여 그 감정가액의 차액에 대한 정산절차를 수반하는 방식의 교환(가치적 교환)을 통해 물건을 취득하였다고 인정되면, 상대방에게 교부한 물건의 가액이 사실상의 취득가격으로 과세표준이 된다.

이 사건 취득이 무상승계취득인지, 아니면 유상승계취득인지에 따라 취득세율이 달라진다. 나아가 이 사건 취득이 유상승계취득으로 가치적 교환의 성격을 가지고 있다고 보면, 과세표준이 원고가 자신의 비용으로 만든 신설 시설의 감정평가액 1,093억 원이 된다. 반면 이 사건 취득이 무상승계취득이라면, 과세표준은 이 사건 용도폐지 시설의 시가표준액 85억 원이다. 이 사건 취득이 교환 유사의 유상승계취득인지, 아니면 무상승계취득인지에 따라 취득세가 15배가량 차이 난다.

3. 대법원의 판단과 평가

대법원은 앞서 본바와 같이 후단 규정에 의한 원고의 이 사건 취득이 무상의 승계취득이라고 보았는데, 그 판단은 타당하다.

먼저 후단 규정이 "무상으로" 양도된다고 정하고 있으므로, 특별한 사정이 없는 한 후단 규정에 의한 취득은 무상취득으로 보아야 한다. 다음으로 법률의 규정에 의한 물건의 취득이라 하더라도 구 권리자의 권리의 제한이나 부담이 소멸된다는 등의 특별한 규정이 있어야 그 취득을 원시취득으로 볼 수 있는데 후단 규정에 의한 취득을 원시취득으로 보아야 할 근거 규정이 없기 때문이다.

---

4) 이 부분 설명은 구 지방세법(2021. 12. 29. 법률 제18655호로 일부 개정되기 전의 것)에 근거한 것으로, 과세표준에 관한 구 지방세법 규정이 2021. 12. 29. 대폭 개정되어, 2023. 1. 1. 이후의 취득에 대해서는 위 설명이 적용되지 않는다.

90

이전가격 세제와 비교가능 제3자 가격법의 적용

박 필 종

이전가격 세제와 비교가능 제3자 가격법의 적용

[대법원 2001. 10. 23. 선고 99두3423 판결]

박필종 (김·장 법률사무소 변호사)

I ▶ 사실관계 및 사건의 경과

원고는 네덜란드의 영화 배급회사인 UIPBV와 비디오 배급회사인 CIBV가 50:50 비율로 투자하여 1988. 2. 19. 설립된 내국법인으로, 위 UIPBV 및 CIBV가 공동출자하여 영국 런던에 설립한 특수관계자 회사인 UIP와 CVI로부터 1990 및 1991 사업연도에 영화 및 비디오 저작권의 사용을 허여받고, 그 사용료로 영화에 대하여 UIP에게 매출액의 69.47%(1990) 및 59.92%(1991) 상당액을, 비디오에 대하여 CVI에게 매출액의 51.13%(1990) 및 57.89%(1991) 상당액을 지급하였다.

피고는, 원고가 지급한 사용료 중 피고가 산정한 사용료율 시가에 따른 금액을 초과하는 부분에 대하여, 원고가 특수관계자인 UIP와 CVI에게 사용료를 과다하게 지급하여 이익을 분여하고 부당하게 조세부담을 감소시킨 것으로 보아 부당행위계산 부인하여 손금불산입함으로써 원고에게 1990 및 1991 사업연도 법인세를 부과하였다.[1]

피고는 사용료율 시가를 산정하면서 원고와 특수관계 없는 독립기업인 국외 1개사 및 국내 1개사가 지급한 사용료율을 산술평균하는 방법으로 시가를 산정하였는데, 구체적으로 ① 영화의 경우에는 홍콩에서 UIP 영화작품을 배급하는 독립사업자인 팬아시아가 UIP에 지급한 사용료율과 국내의 우진필름이 특수관계 없는 외국의 영화 공급사에게 지급한 사용료율을 산술평균하여 시가를 산정하였고, ② 비디오의 경우에는 대만에서 CVI 비디오작품을 배급하는 독립된 사업자인 킹비디오가 CVI에게 지급한 사용료율과 국내의 에스케이시가 특수관계 없는 외국의 비디오 공급사에게 지급한 사용료율을 산술평균하여 시가를 산정하였다.

---

1) 우리나라는 국제조세조정에 관한 법률(이하 '국조법'이라 한다)이 제정되기 전에는 이전가격 세제를 부당행위 계산부인 제도에 의하여 규율하여 오다가, 1995. 12. 6. 법률 제4981호로 국조법이 제정되면서 국조법 제4조 이하에서 이전가격과세제도를 규정하게 되었다. 이 사건에서 문제되는 1990 및 1991 사업연도 당시에는 국조법이 제정되기 전이었다.

II ▶ 관련 규정 및 쟁점

1. 관련 규정

◆ 구 법인세법 시행령(1994. 12. 31. 대통령령 제14468호로 개정되기 전의 것)
제46조(법인의 부당한 행위 또는 계산) ② 법 제20조에서 "조세의 부담을 부당히 감소시킨 것으로 인정되는 경우"라 함은 다음 각호의 1에 해당하는 경우를 말한다.
　8. 출자자 등으로부터 금전 기타 자산 또는 용역을 높은 이율·요율이나 임차료로 차용하거나 제
　　공을 받은 때
④ 제2항의 규정을 적용함에 있어서 국외의 출자자등과의 거래의 경우 시가는 다음의 방법에 의하여 계산한 금액으로 한다. 이 경우, 제1호의 적용에 있어서는 동호각목의 순에 의한다.
　1. 재고자산의 양도 또는 매입
　　가. 비교가능 제3자 가격법

2. 이 사건의 쟁점

　이 사건의 쟁점은 내국법인이 국외의 특수관계자에게 시가보다 높은 율의 사용료를 지급하였다고 보아 부당행위계산 부인을 하는 경우, 이전가격의 조정 목적상 시가 산정 방법의 기초로 삼은 제3자 가격의 적정 여부, 즉 피고가 과세근거로 삼은 시가가 구 법인세법 시행령상의 '비교가능 제3자 가격'에 해당하는지 여부이다.

III ▶ 법원의 판단

1. 원심법원의 판단

　원심은 영화의 경우에는 지리적·문화적 시장조건 등의 차이가 사용료율 결정에 별다른 영향을 주지 못하나, 비디오의 경우에는 문화수준이나 생활수준 등에 따른 지리적·경제적 시장조건의 차이가 사용료율 결정에 큰 영향을 미친다고 전제한 다음, ① 우진필름의 영화거래 사례는 원고의 지급 사용료에 대한 비교가능한 거래사례에 해당한다고 할 수 없어 피고가 팬아시아와 UIP 사이의 사용료율과 우진의 사용료율을 산술평균한 수치를 정상사용료율로 산정한 것은 위법한 반면, ② 에스케이시의 비디오거래 사례는 제품의 질에서 원고의 경우와 큰 차이가 없으므로 피고가 지리적·문화적

시장조건 등의 차이를 조정하기 위하여 킹비디오와 CVI 사이의 사용료율과 에스케이시의 사용료율을 산술평균한 수치를 정상사용료율로 산정한 것은 합리적이라고 판단하였다.

2. 대법원의 판단

이에 대하여 대법원은, "국외의 특수관계자와의 이전가격이 부당행위계산에 해당되는 것인지 여부를 판정하기 위한 전제로서 시가(정상가격)를 비교가능 제3자 가격법에 의하여 산정함에 있어서는, 국외의 특수관계자와의 거래와 동종의 재화 또는 용역에 관한 거래로서 거래조건·거래수량 등 제반 조건이 유사하여 비교가능성 있는 독립된 사업자 간 거래의 가격을 시가로 하되, 거래조건·거래수량 등 제반 조건의 차이가 있는 경우에 그 차이에 의하여 가격을 조정할 수 있는 경우에는 합리적인 방법에 의하여 조정한 후의 금액을 시가로 하여야 한다. 이 경우 비교가능성 있는 독립된 사업자 간 거래의 가격이 신뢰할 만한 수치로서 여러 개 존재하여 '정상가격의 범위'를 구성하는 경우, 국외의 특수관계자와의 이전가격이 그 정상가격의 범위 내에 들어있다면 부당행위계산 부인대상에 해당한다고 볼 수 없다."고 판시하면서, 원심법원과 그 결론을 같이하였다.

Ⅳ ▶ 해설

1. 이전가격 세제(Transfer price)[2]

이전가격(transfer price)이란 특수관계자 간에서 형성되는 거래가격으로 정상가격에 대비되는 개념이다. 다국적기업은 관련 기업 간에 재화 및 용역 거래시 거래가격을 조작함으로써 다국적기업 전체의 조세부담을 최소화하려고 하는데, 이러한 거래가격 조작에 의한 다국적기업의 조세회피행위를 규제하고 자국의 과세권을 보호하기 위한 제도가 이전가격 세제이다.

이전가격 세제에 있어서 과세권의 조정은 당사자들 간의 거래에 정상가격(arm's length price)을 찾아내어, 이와 같은 정상가격에 어긋나는 가격으로 거래한 경우에는 정상가격으로 거래한 경우를 가정하여 과세소득을 재계산하는 방법으로 이루어진다. '정상가격'에서 말하는 '정상'의 개념은 기본적으로 특수관계 없는 제3자 간에 형성되었을 거래가격을 의미하는 것이며, 이러한 원칙을 '독립기업의 원칙(arm's length principle)'이라고 한다.

---

[2] 윤지현, "이전가격 세제에 있어서 비교가능제3자가격법의 적용범위", 「판례연구」 제18집, 서울지방변호사회, 2004, 37-39면 참조.

이와 같이 이전가격 세제는 기본적으로 각국의 과세권을 조정하는 기능을 하는데, 일반적인 국제관행인 OECD의 '다국적기업과 조세행정을 위한 이전가격지침'은 '정상가격'을 찾아내는 몇 가지 방법을 제시하고 있고, 이 사건 당시 적용된 구 법인세법 역시 기본적으로 이에 따르고 있었다. 법인세법상 명시적으로 인정된 방법은 재고자산 양도 및 매입거래에 관하여는 '비교가능 제3자 가격법', '재판매가격법', '원가가산법' 및 '기타 합리적이라고 인정되는 방법'이고, 용역의 제공이나 기타의 거래에 있어서도 이러한 방법이 사용되는 것으로 규정하였다.

2. 피고가 과세근거로 삼은 시가가 구 법인세법 시행령상의 '비교가능 제3자 가격'에 해당하는지 여부

이 사건에서 과세관청이 시가를 산정하기 위하여 적용한 방법은 '비교가능 제3자 가격법'으로, 영화의 경우와 비디오의 경우를 나누어 피고의 시가 산정 방법이 구 법인세법 시행령상의 '비교가능 제3자 가격'에 해당하여 적법한지 여부를 살펴보기로 한다.

(1) 영화의 경우: 시가 산정이 위법

팬아시아의 거래사례는 제품의 질, 사용료 지급조건에 따른 거래위험 등 거래물품과 거래조건의 측면에서 원고의 거래와 매우 유사하여 이를 기초로 시가를 산정하는 것은 타당하다.

국내 우진필름의 거래사례는 원고의 거래사례와 제품의 질, 사용료 지급방법, 사용료율 산정기초에 있어서 차이가 커서 합리적인 조정으로 그 차이를 극복할 수 없으므로, 이를 기초로 시가를 산정하는 것은 부적절하다. 또한 영화의 경우에는 지리적·문화적 차이에 따른 거래조건의 차이가 크지 않으므로, 국내의 우진필름의 가격을 이용하여 팬아시아의 가격을 굳이 조정할 필요가 없다.

따라서 피고가 팬아시아의 사용료율과 우진필름의 사용료율을 산술평균하여 시가를 산정한 것은 위법하고, 결국 팬아시아의 사용료율을 영화에 대한 사용료율 시가로 보아야 한다.

(2) 비디오의 경우: 시가 산정이 적법

킹비디오의 거래사례는 제품의 질, 그 밖의 거래조건의 측면에서 원고의 거래와 매우 유사하여 이를 기초로 시가를 산정하는 것이 타당하다.

비디오의 경우에는 영화와 달리 문화수준이나 생활수준 등에 따른 시장조건의 차이가 사용료율 결정에 큰 영향을 미치므로, 킹비디오의 거래사례를 그대로 비교가능 제3자 가격으로 사용할 수 없고, 시장조건의 차이를 합리적으로 조정하여야 한다.

거래조건의 차이를 조정하는 방법은 법령상 특별히 규정되어 있지 않으므로 그 차이 조정 방법은 '합리성'이 있다고 인정되는 방법이면 적법하다고 보아야 한다. 비디오 거래에 있어서 시장조건의 차이를 조정하기 위하여 국내 에스케이시의 자료를 활용한 피고의 조치가 자의적이거나 비합리적이라고 할 수 없으므로, 피고가 킹비디오의 사용료율과 에스케이시의 사용료율을 산술평균하여 비디오 시가를 산정한 것은 '비교가능 제3자 가격법'에 의하되 시장조건의 차이를 합리적으로 조정한 것으로서 적법하다.

다만, 원고가 4분위법에 의한 정상가격 범위가 적용되어야 한다고 주장한 것에 대하여, 원심은 "특수관계거래와 유사한 사례가 있다면 그 자료만으로 시가를 산정할 수 있는 것이지 별도로 다른 자료를 추가하여 4분위법에 따른 정상가격의 범위를 살펴볼 필요는 없다" 등의 이유로 원고의 위 주장을 배척하였으나, 대법원은 국외의 특수관계자와의 이전가격이 그 정상가격의 범위 내에 들어있다면 부당행위계산 부인대상에 해당한다고 볼 수 없다고 판시하는 한편, 원심이 "더 이상 다른 자료를 추가하여 정상가격 범위를 살펴볼 필요가 없다"고 한 부분에 대하여 부적절한 설시라고 지적하였다.

3. 대상판결의 의의

대상판결은 이전가격 세제에 있어서 정상가격의 산출방법 중 하나인 '비교가능 제3자 가격법'의 구체적인 적용에 관한 선례로서, '비교가능 제3자 가격법'에서 제반 조건의 차이 조정방법의 기준으로 '합리성'을 제시하고, 납세자로서는 당해 이전가격이 '정상가격의 범위'에 포함된다는 것을 입증하여 이전가격 과세에서 벗어날 수 있다는 점을 명백히 하였다는 점에서 큰 의의가 있다.

91

전자상거래와 외국법인 고정사업장의 구성요건

백 제 흠

전자상거래와 외국법인 고정사업장의 구성요건[1)]

[대법원 2011. 4. 28. 선고 2009두19229, 19236 판결]

백제흠 (법무법인 세종 변호사)

I ▶ 사실관계 및 사건의 경과

미국법인 A는 자국에 소재한 주컴퓨터에 저장되어 있는 금융정보를 전 세계 고객에게 전자적인 방식으로 제공·판매하는 전자상거래업자이다. 원고는 A의 한국 자회사로서 A에게 한국의 금융정보 등을 수집하여 전달하고 국내 노드장비와 고객수신장비 등의 설치 및 유지관리용역을 제공하고 그 대가를 지급받았는데 그중 장비관리용역은 내국법인 B에게 하도급을 주었다. 한편 A의 해외지점 직원들은 한국을 방문하여 고객의 사무실 등에서 쟁점 서비스의 판촉활동을 수행하면서 계약조건을 안내해 주고 원고의 사무실에서 고객수신장비의 사용법 등에 대한 교육활동을 실시하였다.

A는 국내 고정사업장이 존재하지 아니한다고 보아 위 서비스 대가에 대하여 법인세를 신고·납부하지 않았고 부가가치세는 한국 고객들이 대리납부하였다. 원고는 A로부터 지급받은 용역대가에 대하여 법인세를 신고·납부하였으나 부가가치세는 영세율 적용대상 외화획득용역으로 보아 이를 납부하지 않았다.

과세관청은 A가 원고, B, 해외지점의 직원 등을 통하여 국내에서 본질적이고 중요한 사업활동을 수행하였고 노드장비와 고객수신장비 등이나 고정사업장을 구성한다고 보아 법인세 및 부가가치세를 과세하였고 원고에 대해서도 위 장비관련용역을 A의 본사가 아니라 위 고정사업장에 제공하였다는 이유로 위 영세율 적용을 배제하여 부가가치세를 과세하였다.

---

1) 2012. 3. 26.자 법률신문에 기고한 판례평석을 일부 수정보완한 것이다.

Ⅱ ▶ 관련 규정 및 쟁점

1. 관련 규정

한·미 조세조약 제9조는 제1항에서 고정사업장이란 어느 체약국의 거주자가 산업상 또는 상업상 활동에 종사하는 사업상의 고정된 장소를 의미한다고 하면서, 제2항에서는 지점, 사무소, 공장 등 다수 유형의 고징사입장을 예시적으로 열거하고 있고 제3항에서는 고정사업상에는 다음 어느 하나 또는 그 이상의 목적만을 위하여 사용되는 사업상의 고정된 장소가 포함되지 아니한다고 하면서 (e)목에서 거주자를 위한 광고, 정보의 제공, 과학적 조사 또는 예비적 또는 보조적 성격을 가지는 유사한 활동을 위한 사업상의 고정된 장소의 보유를 들고 있다.

2. 쟁점

이 사건 쟁점은 한·미 조세조약상 미국법인 A의 고정사업장이 국내에 존재하는지 여부로서 구체적으로 노드장비와 고객수신장비 등이 A가 처분권한 또는 사용권한을 가지는 사업상 고정된 장소에 해당하는지, 노드장비와 고객수신장비를 통하여 수행되는 정보의 전달, 해외지점 직원들에 의한 홍보 및 교육활동이 A의 본질적이고도 중요한 사업활동에 해당하는지 여부이다.

Ⅲ ▶ 법원의 판단

1. 원심법원의 판단

원심법원은 국내에 설치되어 있는 노드장비는 미국의 주컴퓨터로부터 가공·분석된 정보를 수신하여 고객에게 전달하는 장치에 불과한 점, 고객수신장비의 주된 기능은 A로부터 송부된 정보를 수신하는 것인 점 등에 비추어 A가 위 각 장비를 통하여 국내에서 수행하는 활동이 A의 전체 사업활동 중 본질적이고 중요한 부분을 구성한다고 볼 수 없고 나아가 A의 해외지점 직원들이 한국을 방문하여 고객의 사무실 등에서 A가 제공하는 서비스에 대한 광고, 선전 등과 같은 판촉활동을 하며 계약 조건을 안내해 주고 원고 사무실에서 고객에게 장비사용법 등에 관한 교육훈련을 실시한 것 역시 A의 본질적이고 중요한 사업활동에 해당한다고 할 수 없으므로 A의 국내 고정사업장이 존재할 수 없다고 판단하였다(서울고등법원 2009. 10. 9. 선고 2007누27747, 27754 판결).

2. 대법원의 판단

대법원은 국내에 미국법인의 고정사업장이 존재한다고 하기 위해서는 미국법인의 처분권한 또는 사용권한을 가지는 국내의 건물, 시설 또는 장치 등의 사업상의 고정된 장소를 통하여 미국법인의 직원 또는 그 지시를 받는 자가 예비적이거나 보조적인 사업활동이 아닌 본질적이고 중요한 사업활동을 수행하여야 한다고 할 것이고 여기서 본질적이고 중요한 사업활동인지 여부는 그 사업활동의 성격과 규모, 전체 사업활농에서 차지하는 비중과 역할 등을 종합적으로 고려하여 판단하여야 한다고 하면서 앞서 본 사실관계에 근거하여 A의 국내 고정사업장이 존재한다고 보지 않은 원심판단을 수긍하였다.

Ⅳ 해설

1. 조세조약상 고정사업장의 구성요건

국제거래에 있어서 외국법인의 고정사업장 내지 국내사업장의 존재 여부에 따라 세법상 과세방식의 중요한 차이가 발생한다. 외국법인이 국내사업장을 두고 있으면 그 국내사업장에 귀속되는 사업소득에 대하여 법인세를 신고 · 납부해야 하고 국내사업장이 없는 경우에는 국내원천 사업소득의 지급자가 원천징수하는 방식으로 과세된다. 또한 고정사업장이 존재하는 경우에는 통상 부가가치세법상의 사업장에도 해당하기 때문에 외국법인은 부가가치세도 신고 · 납부 의무를 지게 된다.

조세조약상 고정사업장의 구성요건으로 통상 세 가지가 제시된다. 첫째, 물적시설의 고정적 존재로서 객관적 요건으로 불린다. 기계나 장비 등도 물적시설에 포함되고 물적시설이 고정되기 위해서는 어느 정도 상당한 기간 특정장소에 위치하고 있어야 한다. 둘째, 물적시설을 사용할 권한을 갖거나 지배하고 있어야 한다는 요건으로 주관적 요건이라 한다. 기업이 어떤 장소를 통하여 사업을 수행한다는 것은 그 장소에 대하여 처분권이 있음을 의미하는 것이고 자신의 의사에 따라 그 장소를 사용하거나 사용 중단할 수 있어야 한다. 셋째, 그 물적시설을 통하여 기업의 본질적이고 중요한 사업활동이 수행되어야 한다는 요건으로서 기능적 요건이라고 한다. 외국법인의 사업활동이 본질적이고 중요한 사업활동인지 아니면 예비적이고 보조적인 사업활동인지는 상대적 가치에 의하여 판단된다. 통상 어떤 기업이 여러 물리적 장소에서 예비적 · 보조적 성격의 개별활동을 수행하고 있다고 하더라도 이들 개별활동을 모두 결합하여 한 사업장에서 수행한다고 가정할 경우 그 결합된 사업활동이 본질적이고 중요한 사업활동의 성격을 가지는 것으로 볼 수 있다면 해당 기업은 사업활동의 기능적 요건을 충족하였다고 보고 있다.

2. 전자상거래와 고정사업장의 구성요건

당사자가 물리적으로 동일한 장소에 소재하지 않고 전자적 수단을 통해서 재화와 용역에 관한 거래를 수행하는 전자상거래 경우 일반 상거래와는 달리 컴퓨터 이외의 물적시설의 존재 없이 이루어지기 때문에 일반 고정사업장의 구성요건을 기준으로 고정사업장의 존재여부를 판단할 것인지, 본질적이고 중요한 활동을 무엇으로 볼 것인지 등의 문제가 제기된다. 이에 대해 대상판결은 전자적 방법으로 금융정보를 판매하는 외국법인의 경우에도 일반 고정사업장의 법리가 적용된다는 전제에서 노드장비와 고객수신장비를 통한 정보전달 활동과 해외지점 직원들의 홍보 및 교육활동은 본질적이고 중요한 사업활동에 해당하지 않으므로 기능적 요건을 구성하지 않는다는 취지로 판단하였다.

전자상거래의 고정사업장 구성요건에 관하여 보면, 우선 고정사업장의 객관적 요건은 컴퓨터 서버의 존재 여부에 따라 판단하는 것이 타당하다. 특정장소에 고정될 수 있는 것은 다양한 서비스를 제공할 수 있는 능력을 가진 컴퓨터 프로그램을 구동하는 컴퓨터 하드웨어, 즉 컴퓨터 서버일 수밖에 없기 때문이다. OECD 모델조세조약도 같은 입장이다. 둘째, 외국법인이 컴퓨터 서버를 자신의 사업에 사용하거나 그 사용을 중지할 수 있는 권능을 가져야 주관적 요건을 구성한다고 할 것이다. 단지 타인이 설치 · 운용하는 통신시설을 이용하는 경우에는 그 통신시설에 대한 처분권을 가지지 않으므로 주관적 요건을 충족하지 않을 것이다. 셋째, 기능적 요건의 충족을 위해서는 전자상거래에서도 소득 창출을 위한 본질적이고 중요한 행위가 고정된 장소를 통해 수행되어야 할 것이다. A의 사업활동에서 가장 본질적인 부분은 정보를 수집하고 이를 가공 · 분석하여 그 부가가치를 극대화하는 부분과 이를 판매하는 부분이고, 일반 상거래에서 상품의 인도, 광고 및 홍보활동 등이 예비적 · 보조적 행위로 인정되는 것과 같이 금융정보를 전달하는 행위는 상품의 인도적 성격을 가지고 있으므로 예비적 · 보조적 행위에 해당한다고 할 것이다. OECD 모델조세조약도 보안성과 효율성을 높이기 위한 미러 서버를 통한 정보전달행위를 예비적 · 보조적 행위로 열거하고 있다. 또한, 금융정보 판매의 전자상거래에 수반되는 해외지점 직원의 홍보와 교육활동도 본질적이고 중요한 행위로 보기 어려울 것이다.

3. 이 사건 판결의 의의

대상판결은 조세조약상 고정사업장을 정면으로 다룬 최초 판결로서 고정사업장을 구성하는 객관적 요건, 주관적 요건 및 기능적 요건을 명확히 제시하였다는 점에서 큰 의미가 있다. 또한, 금융정보를 판매하는 전자상거래에 종사하는 외국법인의 경우 노드장비 등을 통한 정보의 전달, 해외지점의 직원들에 의한 홍보 및 교육활동은 본질적이고 중요한 사업활동에 해당하지 않는다고 보았는바, 전자상거래의 경우에도 일반 고정사업장의 기능적 요건이 여전히 유효함을 확인하였다는 점에서 선례적 가치가 있다.

92

조세조약 해석상 실질과세원칙의 적용 여부

김 석 환

92 조세조약 해석상 실질과세원칙의 적용 여부

[대법원 2012. 4. 26. 선고 2010두11948 판결]

김석환 (강원대 법학전문대학원 교수)

I ▶ 사실관계 및 사건의 경과

영국의 유한파트너십(Limited Partnership)인 원고들은, 2001.경 한국 내 부동산(이하 '이 사건 부동산'이라 한다)에 투자할 목적으로 룩셈부르크 법인들과 벨기에 법인들을 순차로 설립한 다음, 벨기에 법인들을 통해 내국법인인 A사의 주식 전부(이하 '이 사건 주식'이라 한다)를 인수한 다음, A사를 통하여 이 사건 부동산을 매수하여 보유하던 중 2004. 9. 이 사건 주식을 영국법인인 B사에 매각하여 주식 양도차익을 얻었다. B사는 한·벨 조세조약 제13조에 의거하여 이 사건 주식양도로 인한 소득은 양도인의 거주지국(벨기에)에서만 과세되도록 규정되어 있다는 이유로 벨기에 법인들이 취득한 위 주식 양도차익에 대해 원천징수를 하지 않았다.

이에 피고는 2006. 12. 벨기에 법인들은 조세회피목적으로 설립된 도관회사에 불과하여 이 사건 주식의 양도차익은 한·벨 조세조약이 적용되지 않고, 원고들에게 실질적으로 귀속된다고 보아 영국의 거주자인 원고들에 대하여 한·영 조세조약과 법인세법 제 조항에 따라 법인세를 부과하는 이 사건 처분을 하였다.

II ▶ 관련 규정 및 쟁점

대상판결의 쟁점은 이 사건 주식 양도소득의 실질귀속자를 벨기에 법인들이 아닌 원고들로 볼 수 있는지 여부이다. 법리적으로는, 원고들의 실질귀속자 인정의 전제로서 국내법상 실질과세원칙이 조세조약의 해석에도 적용되는지 여부이다. 따라서 이 글에서는 이와 같은 법리적 쟁점에 국한하여 대립되는 견해를 살펴보고 그 적용을 긍정한 대상판결의 의미를 평가하기로 한다.

III ▶ 법원의 판단

국세기본법 제14조 제1항에서 규정하는 실질과세의 원칙은 소득이나 수익, 재산, 거래 등의 과세대상에 관하여 그 귀속 명의와 달리 실질적으로 귀속되는 자가 따로 있는 경우에는 형식이나 외관을 이유로 그 귀속 명의자를 납세의무자로 삼을 것이 아니라 실질적으로 귀속되는 자를 납세의무자로 삼겠다는 것이므로, 재산의 귀속 명의자는 이를 지배·관리할 능력이 없고, 그 명의자에 대한 지배권 등을 통하여 실질적으로 이를 지배·관리하는 자가 따로 있으며, 그와 같은 명의와 실질의 괴리가 조세를 회피할 목적에서 비롯된 경우에는, 그 재산에 관한 소득은 그 재산을 실질적으로 지배·관리하는 자에게 귀속된 것으로 보아 그를 납세의무자로 삼아야 할 것이고,[1] 이러한 원칙은 법률과 같은 효력을 가지는 조세조약의 해석과 적용에 있어서도 이를 배제하는 특별한 규정이 없는 한 그대로 적용된다고 할 것이다.

이 사건 벨기에 법인들은 이 사건 주식의 인수와 양도에 관하여 형식상 거래당사자의 역할만을 수행하였을 뿐 그 실질적 주체는 원고들이며, 이러한 형식과 실질의 괴리는 오로지 조세회피의 목적에서 비롯되었으므로, 실질과세의 원칙에 의하여 이 사건 양도소득의 실질적 귀속자를 원고들로 보아야 하며, 이들은 영국법인이어서 한·벨 조세조약이 적용될 수 없다.

IV ▶ 해설

조세조약은 특별법으로서 일반법인 내국법에 의해 대체될 수 없으므로 국내법상 '일반규정'인 실질과세원칙이 조세조약에 영향을 미칠 수 없다거나,[2] 개별적·구체적 부인규정이 없는 한 조세회피행위라 하여 실질과세원칙에 의하여 행위계산의 효력을 부인할 수 없다는 전통적 판례의 태도 등을 근거로 실질과세원칙을 조세조약의 해석에 적용할 수 없다는 주장[3] 및 이를 긍정하는 다수의 해외 판례가 확인된다.[4] 그럼에도 다음과 같은 이유로 그 적용을 긍정한 대상판결은 타당하다.

---

1) 대법원 2012. 1. 19. 선고 2008두8499 전원합의체 판결(일명 '로담코 판결')의 설시이다.
2) 이태로, "Treaty Shopping", 「조세법연구」 제1집, 한국세법학회, 1994, 32면; K. Vogel, "Double Taxation Conventions", Kluwer Law, 1997, pp. 122－125(GAAR을 인정하기는 하되 두 나라의 조약해석에 차이가 없도록 하기 위해 두 나라가 조약에 관한 한 국내법상 실질과세를 수정하여 같은 의미에 이르는 합의를 하여야 한다고 주장한다. 일종의 절충적 입장).
3) K. Vogel, "The Influence of the OECD Commentaries on Treaty Interpretation", 54 Bulletin for International Fiscal Documentation, 2000, p. 614.
4) 대표적으로, 캐나다의 Mil (Investments) S.A. v. The Queen 판결, 2006 DTC 3307. 미국의 SDI

2003년 OECD 개정 모델협약 주석은 국내법에 규정하고 있는 일반적 남용방지원칙(General Anti-Avoidance Rule, 이하 'GAAR'이라 한다)은 조세조약과 서로 상치되지 않으며, 이러한 조항의 적용은 조세조약에 의하여 영향을 받지 않는다[5]고 확인하였다. 따라서 비엔나 협약 제26조의 pacta sunt servanda 원칙에 따라 GAAR이 조약에 규정되어야 조세조약의 혜택을 부인할 수 있다는 종전의 OECD 해석기준은 늦어도 2003년 주석의 개정을 계기로 더 이상 OECD의 해석지침이 될 수 없다.

대법원은, 일명 '쎄실톤 판결'에서 대상판결의 벨기에 법인들과 같은 '실질적 관리장소'에 해당하지 않는 경우 조약상 '거주자'성을 인정할 수 없다는 태도를 확인하였는데(대법원 1994. 4. 15. 선고 93누13162 판결), 이는 조세조약 해석에 있어서 실질과세원칙의 적용을 긍정한 것으로 평가할 수 있다. 또한 2003년 OECD 주석 변경의 영향을 받아 2006년 국제조세조정에 관한 법률 제2조의2(국제거래에 관한 실질과세)에서 다단계 거래나 우회거래의 부인 등 경제적 관찰방법을 정면으로 입법하였고, 전통적으로 법적 실질을 근거로 실질과세원칙의 적용범위를 제한하였던 판례 또한 2012년 로담코 판결을 계기로 사실상 경제적 실질로 그 적용범위를 넓힌 바 있다.[6] 그 밖에도 조세조약상 혜택을 누리기 위해 역외 도관회사를 설립하는 방법으로 원천지국의 조세부과를 회피하고자 하는 사례(일명 '조약편승'이라 한다)에서 원천지국의 국내법상의 일반적인 남용방지규정을 근거로 형식적 소유자를 내치고 실질적 소유자에게 소득을 귀속시키는 다수의 해외 판례가 있다.[7]

대상판결은 국내세법상 실질과세원칙이 국내법에 대한 특별법의 지위를 가지는 조세조약의 해석에 있어서도 적용될 수 있음을 명시적으로 판시한 최초의 판례로서 그 의의가 크며, 이 쟁점에 관한 국제조세 분야의 다양한 논의와 주장에도 불구하고 OECD 모델조세조약의 주석의 태도를 충실히 따른 것으로 평가할 수 있다.[8]

Netherlands B.V. v. CIR, 107 T.C. 161 (1996) 등.

5) 2003년 OECD 개정 모델협약 제1조(人)에 대한 주석 22-24문단.

6) 이 사건에 대한 평석으로, 윤지현, "조세조약에 있어서 거주자 개념", 「기업법연구」 제21권 제3호, 2007, 509면.

7) 대표적으로, 미국의 Aiken Industries Inc. v. Commissioner, 56 T.C. 925(1971), 이스라엘의 Yanko-Weiss Holdings Ltd. v. Holon assessing Office 등.

8) 한편, OECD는 2017년 개정 모델조세조약 제29조에 조세조약의 혜택 제한(Entitlement to Benefits) 규정(일명 'LOB 조항')을 신설하였는데, 같은 조 제9항은 GAAR이라 할 수 있는 주요목적 기준(principal purpose test)을 규정하고 있다.

93

이중거주자에 대한 조세조약상 거주지국 판단기준

이 진 우

93 이중거주자에 대한 조세조약상 거주지국 판단기준

[대법원 2019. 3. 14. 선고 2018두60847 판결]

이진우 (법무법인 태평양 변호사)

I ▶ 사실관계 및 사건의 경과

원고는 일본의 스포츠 회사(이하 '이 사건 회사'라 한다)와 계약을 체결하고 2012년부터 2014년까지 이 사건 회사가 운영하는 축구구단에서 프로축구 선수로 활동하였다. 원고는 이 사건 회사로부터 지급받은 2014년 연봉 73,386,644엔에 대하여 2015. 6. 1. 총수입금액 614,579,841원, 소득금액 444,167,541원, 외국납부세액공제 120,839,936원으로 종합소득세 확정신고를 하면서 2014년 귀속 종합소득세 34,264,181원을 납부하였다.

피고는 2016. 12. 1. 원고에게 소득금액을 단순경비율로 추계결정하는 방법으로 총결정세액을 112,472,691원으로 증액한 후 기납부세액 34,264,181원을 공제하여 2014년 귀속 종합소득세 78,208,510원을 경정·고지하였다. 이후 피고는 2017. 8. 24. 국세청 심사결정의 취지에 따라 총수입금액 757,813,329원을 적용하여 총결정세액 78,700,306원을 산출한 다음 기납부세액 34,264,181원을 공제하는 내용으로 감액경정하였다(이하 당초처분에서 감액경정되고 남은 부분을 "이 사건 처분"이라 한다).

II ▶ 관련 규정 및 쟁점

1. 관련 규정

◆ 구 소득세법(2014. 12. 23. 법률 제12852호로 개정되기 전의 것, 이하 같다)
제1조의2(정의) ① 이 법에서 사용하는 용어의 뜻은 다음과 같다.
  1. "거주자"란 국내에 주소를 두거나 1년 이상의 거소(居所)를 둔 개인을 말한다.
  2. "비거주자"란 거주자가 아닌 개인을 말한다.
제3조(과세소득의 범위) ① 거주자에게는 이 법에서 규정하는 모든 소득에 대해서 과세한다. (단서 생략)
② 비거주자에게는 제119조에 따른 국내원천소득에 대해서만 과세한다.

◆ 구 소득세법 시행령(2015. 2. 3. 대통령령 제26067호로 개정되기 전의 것, 이하 같다)
제2조(주소와 거소의 판정) ①「소득세법」(이하 "법"이라 한다) 제1조의2에 따른 주소는 국내에서 생계를 같이 하는 가족 및 국내에 소재하는 자산의 유무등 생활관계의 객관적 사실에 따라 판정한다.
③ 국내에 거주하는 개인이 다음 각호의 1에 해당하는 경우에는 국내에 주소를 가진 것으로 본다.
  1. 계속하여 1년이상 국내에 거주할 것을 통상 필요로 하는 직업을 가진 때
  2. 국내에 생계를 같이하는 가족이 있고, 그 직업 및 자산상태에 비추어 계속하여 1년이상 국내에 거주할 것으로 인정되는 때

◆ 대한민국과 일본국 간의 소득에 대한 조세의 이중과세회피와 탈세방지를 위한 협약(이하 "한일 조세조약"이라 한다)
제4조
이 협약의 목적상, "일방체약국의 거주자"라 함은 그 체약국의 법에 따라 주소, 거소, 본점 또는 주사무소의 소재지 또는 이와 유사한 성질의 다른 기준에 따라 그 체약국에서 납세의무가 있는 인을 말한다. 그러나, 이 용어는 동 체약국의 원천으로부터 발생한 소득에 대하여만 동 체약국에서 납세의무가 있는 인은 포함하지 아니한다.
이 조 제1항의 규정에 의하여 어느 개인이 양 체약국의 거주자가 되는 경우, 그의 지위는 다음과 같이 결정된다.
  가. 그는 그가 이용할 수 있는 항구적 주거를 두고 있는 체약국의 거주자로 본다. 그가 양 체약국 안에 이용할 수 있는 항구적 주거를 가지고 있는 경우, 그는 그의 인적 및 경제적 관계가 더 밀접한 체약국(중대한 이해관계의 중심지)의 거주자로 본다.
  나. 그의 중대한 이해관계의 중심지가 있는 체약국을 결정할 수 없거나 또는 어느 체약국안에도 그가 이용할 수 있는 항구적 주거를 두고 있지 아니하는 경우, 그는 그가 일상적 거소를 두고 있는 체약국만의 거주자로 본다.
  다. 그가 일상적인 거소를 양 체약국 안에 두고 있거나 또는 어느 체약국안에도 일상적인 거소를 두고 있지 아니하는 경우, 그는 그가 국민인 체약국의 거주자로 본다.

라. 그가 양 체약국의 국민이거나 또는 양 체약국 중 어느 국가의 국민도 아닌 경우, 양 체약국의 권한 있는 당국은 상호합의에 의하여 문제를 해결한다.

2. 쟁점

원고가 소득세법상 우리나라 또는 일본 양국 모두의 거주자, 즉 이중거주자에 해당하는 경우 한일 조세조약상 원고를 어느 나라의 거주자로 판단하여야 하는지 여부이다.

Ⅲ ▶ 법원의 판단

1. 원심법원의 판단

원심은 원고가 소득세법상 우리나라 또는 일본 양국 모두의 거주자에 해당할 수 있는데, 일본에는 이 사건 회사로부터 계약기간 동안 제공받은 주거가 있었을 뿐이지만, 국내에는 원고 소유의 아파트를 보유하면서 그곳을 주민등록지로 하고 있었으므로, 한일 조세조약 제4조 제2항에 따라 항구적 주거를 두고 있는 우리나라의 거주자로 보아야 한다는 취지로 판단하였다.

2. 대법원의 판단

대법원은 원고가 고등학교를 졸업한 직후 줄곧 일본 프로축구리그에서 활동하다가 이 사건 회사와 계약기간을 3년으로 하여 계약을 체결한 다음 일본 축구구단에서 프로축구선수로 활동한 점, 원고가 이 사건 회사로부터 계약기간 동안 제공받은 일본에서의 주거는 원고의 단기체류를 위한 곳이 아니라 원고가 이 사건 회사와의 계약기간 동안 계속 머물기 위한 주거장소로서 원고와 가족이 장기간 계속하여 실제 사용하기도 한 점, 국내에서 체류한 기간은 원고가 축구 국가대표로 선발되어 일시적으로 방문한 것에 불과하고, 달리 우리나라에서 사회활동이나 사업활동을 하였다고 볼 자료도 없는 점 등에 비추어, 원고는 우리나라와 일본 모두에 항구적 주거를 두고 있으나, 원고와 인적·경제적 관계가 더욱 밀접하게 관련된 체약국은 우리나라가 아닌 일본이므로 한일 조세조약상 일본의 거주자로 보는 것이 옳은데도, 위 조약에 따라 국내 거주자로 취급되어야 하므로 이 사건 처분이 적법하다고 본 원심판단에 법리오해 등의 잘못이 있다고 판단하였다.

Ⅳ ▶ 해설

1. 이중거주자의 거주지국 판단기준

기술이 발전하고 세계화가 진행됨에 따라 개인은 그 국적이나 시간, 장소적 제약에 구애받지 않고 여러 나라에서 소득 활동을 영위할 수 있게 되었고, 이에 대해 어느 나라에서 과세권을 행사할 것인지 및 여러 나라의 과세권을 인정하는 경우 그 과세권을 어떻게 배분할 것인지가 문제된다. 이 경우 조세회피 등을 통해 어느 곳에서도 과세되지 않는 이른바 이중 비과세가 발생하지 아니하도록 방지하는 것과 동시에 동일한 소득이 여러 곳에서 중복하여 과세되어서는 안된다는 두 가지 요청이 핵심적으로 고려된다. 이에 따라 각국은 각자의 과세권에 따라 각국의 소득세법상 거주자 판단기준을 마련하는 한편, 통상 거주자의 경우 전 세계 소득에 대하여, 비거주자의 경우 자국에서 발생한 소득에 한하여만 과세권을 행사하기로 정하며, 다른 나라와 체결한 조세조약을 통해 이중거주자, 즉 자국의 거주자가 동시에 다른 나라의 세법상 거주자에도 해당하는 경우 최종적으로 어느 나라의 거주자로 보아 과세권을 조정, 배분할 것인지를 정하게 된다.

OECD는 각국이 조세조약을 체결할 때 참고할 기준으로 모델 조세조약을 마련해 두었는데, 대상판결이 선고된 2019년 당시 우리나라는 94개국과의 사이에 조세조약을 체결하면서, 다수의 경우 위 모델 조세조약의 기준에 따라 이중거주자의 거주지국 판단기준을 규정해 두었다. 대상판결에서 문제가 된 한일 조세조약 제4조도 마찬가지인바, 같은 조 제2항은 어느 개인이 양 체약국의 거주자가 되는 경우 ① 그가 이용할 수 있는 항구적 주거(permanent home), ② 인적·경제적 관계가 더 밀접한 체약국(중대한 이해관계의 중심지, centr of vital interests), ③ 일상적 거소(habitual adobe), ④ 그 개인이 국민인 국가, ⑤ 상호합의의 순서에 따라 거주지를 판단하도록 정하고 있다(이른바 "tie breaker rule").

이와 관련하여, 대상판결은 "항구적 주거란 개인이 여행 또는 출장 등과 같은 단기체류를 위하여 마련한 것이 아니라 그 이외의 목적으로 계속 머물기 위한 주거장소로서 언제든지 계속 사용할 수 있는 모든 형태의 주거를 의미하는 것이므로, 그 개인이 주거를 소유하거나 임차하는 등의 사정은 항구적 주거를 판단하는 데 고려할 사항이 아니다. 이러한 항구적 주거가 양 체약국에 모두 존재할 경우에는 한·일 조세조약상 이중거주자의 거주지국에 대한 다음 판단기준인 중대한 이해관계의 중심지, 즉 양 체약국 중 그 개인과 인적 및 경제적으로 더욱 밀접하게 관련된 체약국이 어디인지를 살펴보아야 하고, 이는 가족관계, 사회관계, 직업, 정치·문화 활동, 사업장소, 재산의 관리장소 등을 종합적으로 고려할 때 양 체약국 중 그 개인의 관련성의 정도가 더 깊은 체약국을 의미한다."고 판시하면서, 원고 및 미혼인 원고의 가족들의 한일 양국에서의 주거, 체류, 생활관계 등의 구체적인 사정들을 바탕으로 원고의 경우 우리나라와 이본 모두에 항구적 주거를 두고 있으나 원고와 인적 및 경제적 관계가 더욱 밀접하게 관련된 체약국은 우리나라가 아닌 일본이므로 원고는 한일 조세조약상 일본 거주자에 해당한다고 판단하였다.

2. 이 사건 판결의 의의

대상판결은 한국의 거수자 농시에 다른 나라의 거주자로서 이중거주자에 해낭하는 성우 소세소약의 해석상 어느 국가의 거주자로 보아 과세되는지에 관한 구체적인 판단기준, 특히 항구적 주거와 중대한 이해관계의 중심지에 관하여 아래와 같은 해석기준을 제시해 주었다는 점에 그 의의가 있다.

94

과소자본세제와 조세조약상 소득구분

곽 상 민

과소자본세제와 조세조약상 소득구분

[대법원 2018. 2. 28. 선고 2015두2710 판결]

곽상민 (조세심판원 심판조사관)

I ▶ 사실관계 및 사건의 경과

원고는 싱가포르에 본점을 두고 국내에 지점을 개설하여 금융업을 영위하고 있는 법인이다.

원고 지점은 2010 사업연도 법인세 신고시 구 국제조세조정에 관한 법률(2013. 1. 1. 법률 제11606호로 개정되기 전의 것, 이하 '국조법'이라 한나) 제14조 소정의 이른바 과소자본세제를 적용하였는데, 구체적으로 원고 본점으로부터의 차입금 중 원고 본점이 출자한 지분의 6배를 초과한 부분에 대한 지급이자 상당액인 76.8억 원(이하 '이 사건 금액'이라 한다)을 손금불산입하고, 이를 '기타 사외유출'로 소득처분하였다.

피고는 원고 지점에 대한 세무조사를 실시한 후, 이 사건 금액에 대하여 '배당'으로 소득처분하고, 원고에게 소득금액변동통지를 하였다.

II ▶ 관련 규정 및 쟁점

1. 관련 규정

◆ 구 국제조세조정에 관한 법률(2013. 1. 1. 법률 제11606호로 개정되기 전의 것)
제14조(배당으로 간주된 이자의 손금 불산입) ① 내국법인(외국법인의 국내사업장을 포함한다. 이하 이 장에서 같다)의 차입금 중 국외지배주주로부터 차입(借入)한 금액이 그 국외지배주주가 주식 등으로 출자한 출자지분의 3배를 초과하는 경우에는 그 초과분에 대한 지급이자 및 할인료는 대통령령으로 정하는 바에 따라 「법인세법」 제67조에 따른 배당 또는 기타 사외유출로 처분된 것으로 보고 그 내국법인의 손금(損金)에 산입하지 아니한다. 이 경우에 차입금의 범위와 손금에 산입하지 아니하는 것으로 보는 금액의 산정방법은 대통령령으로 정한다.

633

제28조(조세조약상의 소득구분의 우선 적용) 비거주자 또는 외국법인의 국내원천소득의 구분에 관하여는 「소득세법」 제119조 및 「법인세법」 제93조에도 불구하고 조세조약이 우선하여 적용된다.

2. 쟁점

이 사건의 쟁점은 외국은행의 본 – 지점 간에 과소자본세제가 적용되어 출자지분 초과분에 상당하는 지급이자, 즉 이 사건 금액이 손금불산입되고 배당으로 소득처분되는 경우, 그에 따라 소득구분도 실질적으로 변경되는지 여부이다. '대한민국 정부와 싱가포르 정부 간의 소득에 대한 조세의 이중과세회피와 탈세방지를 위한 협약(이하 '한 – 싱 조세조약'이라 한다)'에 따르면 이자이든 배당이든 10%의 제한세율이 적용되는 점에서는 차이가 없지만, 소득구분에 따라 배당을 전제로 한 이 사건 처분 자체가 문제될 수 있고, 특히 조세특례제한법 제21조에 따른 국제금융거래 이자소득의 법인세 면제 여부가 달라진다.

Ⅲ ▶ 법원의 판단

1. 원심법원의 판단

원심법원은, 이 사건 금액이 배당으로 소득처분되었더라도 그보다 우선하는 한 – 싱 조세조약상 배당으로 볼 수 없으므로 이 사건 금액이 배당소득임을 전제로 한 이 사건 처분은 위법하다고 하였다. 구체적인 이유로는, 국조법 제28조가 외국법인의 국내원천소득의 구분에 있어 조세조약이 우선함을 명시하고 있고, 어떠한 소득을 조세조약상 이자소득으로 보면서 국내 세법상으로는 이를 배당소득으로 보아 과세하는 경우는 상정하기 어렵다는 점 등을 들었다.

2. 대법원의 판단

이에 대하여 대법원은, "외국법인의 국내사업장을 포함한 내국법인이 국외지배주주로부터 금전을 차입한 경우 차입금 중 일정 한도 초과분에 대한 지급이자는 국조법 제14조 등에서 배당으로 보아 국외지배주주의 국내원천소득으로 규정하고 있으므로 원칙적으로 배당소득에 해당하나, 해당 초과분에 대한 지급이자가 조세조약상 배당소득으로서 원천지국의 과세권이 인정되는지는 우리나라가 그 국외지배주주인 외국법인이 거주자로 되어 있는 나라와 체결한 조세조약에 따라 판단하여야 하고, 이때 만일 그 조세조약상 배당소득이 아닌 이자소득 등 다른 소득에 해당한다면 그에 따라 원천지국의 과세권 유무나 적용되는 제한세율 등이 결정된다.”고 하여, 원심법원과 그 결론을 달리하였다.

IV 해설

1. 과소자본세제(Thin Capitalization)

과소자본세제는 1995년 국조법 제정 시부터 도입된 것으로, 자기자본 대신 차입금에 과다 의존하는 경우, 과다 차입금에 대한 이자를 손금으로 인정하지 않고 더 나아가 배당으로 간주하는 제도를 말한다. 보통 모−자회사의 관계를 전제로 하나, 국조법 제14조는 명문으로 본−지점 간의 적용도 긍정하고 있는데, 과소자본으로 인해 과세소득이 감소하는 문제는 두 경우가 마찬가지이므로 적용대상으로 봄이 타당하다.

2. 이 사건 금액(초과분 지급이자)의 소득구분

(1) 생각가능한 소득구분

외국은행의 본−지점 간 대차거래에 따른 이자는 과세실무상 ‘이자’에 해당한다. 다만, 이 사건 금액은 과소자본세제가 적용되어 배당으로 소득처분되었으므로, 우리 세법상으로는 ‘배당’으로 볼 수밖에 없다.

그러나 한−싱 조세조약상으로는 이를 ‘배당’으로 보기 어렵다. 한−싱 조세조약 제10조 제4항은 배당을 “주식으로부터 생기는 소득과 분배를 하는 법인이 거주자로 되어 있는 체약국의 세법에 의하여 주식에서 생기는 소득과 동일하게 취급되는 다른 소득”으로 정의하여 법인과 관련된 것임을 전제로 하고 있는데, 원고 지점은 여기서 말하는 법인에 해당하지 않기 때문이다.

한편, 한−싱 조세조약 제11조 제5항은 이자를 “채권으로부터 발생하는 소득과 소득이 발생하는 각국의 세법에 따라 금전의 대부에서 발생되는 소득과 동일하게 취급되는 다른 소득”으로 정의하고 있는데, 이 사건 금액은 이에 부합한다.

결국, 이 사건 금액은 우리 세법상 ‘배당’, 한−싱 조세조약상 ‘이자’로 구분된다.

(2) 최종 소득구분

이 사건 금액의 최종 소득구분에 대하여는 우선 국내 세법상 소득구분을 배제하고 조세조약상 소득구분을 따라야 한다는 생각이 가능하다. 국조법 제28조에 따라 조세조약상 소득구분이 우선한다는 것이 주된 근거이다.

그러나 국조법 제28조는 조세조약 적용단계에서 국내 세법 적용효과를 배제하겠다는 취지를 확인하는 정도의 의미에 불과할 뿐, 국내 세법상 소득구분까지 무조건 동일하게 취급하여야 한다는 것으로 보기는 어렵다. 또한, 조세조약을 이유로 이 사건 금액을 다시 이자로 취급하는 것은 과소자본세제의 취지에도 어긋난다.

따라서 과소자본세제가 적용된 결과인 이 사건 금액은 국조법 제28조 등에도 불구하고 국내 세법상으로는 여전히 '배당'으로 보는 것이 타당하다. 따라서 국제금융거래에 따른 '이자'에 대한 법인세 면제 규정인 조세특례제한법 제21조는 적용될 수 없다. 다만, 원천징수를 할 때는 다시 한－싱 조세조약에 따라 국내원천 '이자'에 대한 10%의 제한세율이 적용되어야 한다. 대상판결도 같은 취지이다.

3. 대상판결의 의의

대상판결은 과소자본세제의 적용에 따른 소득처분의 의미, 그에 따른 소득구분의 실질적인 효과 및 이를 전제로 한 국내 세법과 조세조약과의 관계 등을 밝힌 최초의 판결로서 그 의의가 있다.[1] 참고로 이 사건 등과 관련하여 소득구분에 대하여 논란을 야기한 국조법 제28조는 2018. 12. 31. 국조법 개정 시 삭제되었다.[2]

---

1) 이후 동일 쟁점에 대한 것으로 대법원 2022. 5. 12. 선고 2018두58832 판결 참고.
2) 국조법 제28조 삭제의 배경 등에 대하여는 김정홍, "국제조세조정법 제28조의 삭제에 관한 소고", 계간 「세무사」 통권 제158호, 2018, 18－27면 참고.

95

수익적 소유자 개념 재정의

배 효 정

수익적 소유자 개념 재정의

[대법원 2018. 11. 15. 선고 2017두33008 판결]

배효정 (한국법학원 연구위원, 변호사, 법학박사)

I ▶ 사실관계 및 사건의 경과

국내법인인 원고는, 네덜란드 소재 글로벌 엔터테인먼트 콘텐츠 기업그룹인 B회사의 구성기업인 헝가리 소재 법인 A회사와 체결한 계약에 따라 2011. 5. 31.부터 2013. 12.까지 A회사로부터 사용허락을 받아 영화 등을 한국에 배포하였고, 그 대가로 A회사에게 135억 원 상당의 사용료(이하 '이 사건 사용료'라 한다)를 지급하였다.

원고는 「대한민국 정부와 헝가리 인민공화국 정부 간의 소득에 대한 조세의 이중과세 회피와 탈세방지를 위한 협약」(이하 '한－헝가리 조세조약'이라 한다)에 따라[1] 이 사건 사용료에 관하여 한국에서 법인세 원천징수를 하지 않았다.

한편 과세관청인 피고는, 원고와 영화 배포에 관한 사용료 계약을 체결한 A회사가 조세회피를 목적 이외에 영업상 목적에 따라 실질적 경제활동을 영위하지 않는 도관회사일 뿐이고, 이 사건 사용료와 관련한 수익적 소유자는 A회사의 모회사인 네덜란드 소재 B회사라고 보았다. 따라서 피고는 이 사건 사용료와 관하여 「대한민국 정부와 네덜란드왕국 간의 소득에 대한 조세의 이중과세회피와 탈세방지를 위한 협약」(이하 '한－네덜란드 조세조약')을 적용하여[2] 원고에게 원천징수분 법인세 및 가산세 합계 약 23억 9,100만 원 부과처분을 하였다(이하 '이 사건 처분'이라 한다).

---

1) '한－헝가리 조세조약'은 "일방체약국에서 발생하여 타방체약국의 거주자에게 지급되는 사용료에 대하여는 같은 거주자가 사용료의 '수익적 소유자'인 경우 같은 타방체약국에서만 과세한다."고 규정하고 있었다(한－헝가리 조세조약 제12조 제1항).

2) '한－네덜란드 조세조약'은 일방체약국에서 발생하고 타방체약국의 거주자에게 지급된 사용료에 관하여 사용료 총액의 15%를 타방체약국에서 과세할 수 있도록 규정하고 있었다(한－네덜란드 조세조약 제12조 제1항, 제2항).

II ▶ 관련 규정 및 쟁점

1. 관련 규정

◆ 국제조세조정에 관한 법률

제2조의2(국제거래에 관한 실질과세) ① 국제거래에서 과세의 대상이 되는 소득, 수익, 재산, 행위 또는 거래의 귀속에 관하여 사실상 귀속되는 자가 명의자와 다른 경우에는 사실상 귀속되는 자를 납세의무자로 하여 조세조약을 적용한다.

② 국제거래에서 과세표준의 계산에 관한 규정은 소득, 수익, 재산, 행위 또는 거래의 명칭이나 형식과 관계없이 그 실질 내용에 따라 조세조약을 적용한다.

③ 국제거래에서 조세조약 및 이 법의 혜택을 부당하게 받기 위하여 제3자를 통한 간접적인 방법으로 거래하거나 둘 이상의 행위 또는 거래를 거친 것으로 인정되는 경우에는 그 경제적 실질에 따라 당사자가 직접 거래한 것으로 보거나 연속된 하나의 행위 또는 거래로 보아 조세조약과 이 법을 적용한다.

2. 쟁점

이 사건에서는 이 사건 사용료에 관하여 한－헝가리 조세조약과 한－네덜란드 조세조약 중 어떠한 조세조약이 적용되는지가 문제되었다. 이 문제에 대한 판단은, 계약에 따라 원고가 지급한 이 사건 사용료의 '수익적 소유자'가 네덜란드 소재 B회사와 헝가리 소재 A회사 중 누구인지에 따라 달라질 수 있었다.[3]

III ▶ 법원의 판단

대법원은 제1심(서울행정법원 2016. 6. 16. 선고 2015구합55332 판결) 및 원심(서울고등법원 2016. 12. 13. 선고 2016누55089 판결)과는 달리,[4] '수익적 소유자'의 의미에 관하여 이를 쓰고 있는 한－헝가

---

3) 만약 수익적 소유자가 B회사라면 한－네덜란드 조세조약이 적용되고 관련 조세조약 규정에 따라 원고의 한국에서의 법인세 원천징수 납부의무는 발생하는 반면, 수익적 소유자가 A회사라면 한－헝가리 조세조약이 적용되고 관련 조세조약 규정에 따라 원고의 한국에서의 법인세 원천징수 납부의무는 발생하지 않았다.

4) 이 사건 제1심 및 원심은 국내법상 쓰고 있지 않는 '수익적 소유자'가 조세회피 및 탈세를 방지하기 위한 취지에서 조세조약상 쓰고 있는 개념이고, 국내법상 '실질과세원칙을 적용한 결과 소득이 실질적으로 귀속된 것으로 평가되는 자'라고 볼 수 있다고 판단하였다. 그리고 구체적으로 이 사건에서 헝가리 소재 A회사는 이 사건 사용료 소득에 대한 과세를 회피하기 위하여 설립된 도관회사에 지나지 않아 실질과세의 원칙에 비추어 볼 때 실질

리 조세조약 규정의 도입 연혁과 문맥 등을 종합할 때 '당해 사용료 소득을 지급받은 자가 타인에게 이를 다시 이전할 법적 또는 계약상의 의무 등이 없는 사용·수익권을 갖는 경우'를 뜻한다고 하면서 수익적 소유자에 해당하는지 여부는 사업활동의 내용과 현황, 소득의 실제 사용과 운용 내역 등 제반 사정을 종합하여 판단하여야 한다고 설시하였다. 더 나아가 조세조약의 해석과 적용에서 국세기본법상 실질과세의 원칙은 그대로 적용될 수 있기 때문에 B회사가 이 사건 사용료 소득의 수익적 소유자라고 하더라도 국세기본법상 실질과세의 원칙에 따라 조세회피목적의 조세 남용으로 판단되는 경우 그 조세조약의 적용을 부인할 수 있다고 보았다. 이를 전제로, 대법원은 이 사건의 경우 헝가리 소재 A회사가 한-헝가리 조세조약의 수익적 소유자에 해당한다고 판단하였다. 더 나아가 헝가리 소재 A회사가 네덜란드 소재 B회사의 구성기업으로서 헝가리 내에서 영위하여 온 사업 연혁, 사업부문의 구성과 사업활동의 기간 및 내용, 인적 및 물적 설비, 배포권과 사용료 소득에 관한 지배, 관리, 처분 내역 등을 종합하여 볼 때 A회사가 이 사건 사용료 소득을 실질적으로 지배·관리하였다고 판단하여 국세기본법상 실질과세원칙에 따르더라도 한-헝가리 조세조약의 적용을 부인할 수 없다고 결론내렸다.

Ⅳ 해설

1. '수익적 소유자' 개념의 의미를 명확히 한 이 사건 판결의 의의

이 사건 대법원 판결은 '수익적 소유자' 개념의 의미를 명확히 하였다는 점에서 의의가 크다. '수익적 소유자'는 이중과세 방지라는 조세조약의 목적에서 벗어나 도관회사를 통하여 조세조약의 혜택을 누리는 경우를 배제하기 위하여 영국법에서 유래한 것을 1977년 배당, 이자, 사용료 소득에 관하여 OECD 모델조세조약에 도입한 것이 시작이다.[5] 이 사건 당시 가장 가까운 2014년 개정 OECD 모델조세조약 주석서는 배당의 수취자가 타인에게 이를 전달할 계약상 또는 법률상 제약이 없이 배당을 사용하고 향유할 권한을 갖는 경우 수익적 소유자가 되고, 수익적 소유자로 인정된 경우에도 여전히 도관회사 또는 조약편승에 대응하는 조세조약 남용방지 규정과 실질과세원칙 등의 적용이 가능하다고 설명하고 있다.[6] 우리나라의 경우 헝가리, 네덜란드, 영국을 포함하여 '수익적

적으로 사용료 소득이 귀속된 것으로 평가되는 자는 A회사가 아니라 네덜란드 소재 B회사라고 판단하였다.
5) 윤지현, "수익적 소유자 개념의 해석: 최근 국내외의 동향과 우리나라의 해석론", 「사법」 제25호, 2013, 124-125면 참조.
6) 김정홍, "한·영 조세조약상 배당소득의 실질귀속자(2016. 7. 14. 선고 2015두2451 판결: 공2016하, 1195)", 「대법원판례해설」 제110호, 법원도서관, 2017, 226-228면 참조.

소유자' 개념을 포함하는 여러 조세조약을 체결한 반면, 국내 세법에는 '수익적 소유자'라는 개념을 쓰고 있지 않고 있었다. 대법원 역시 그러한 이유로 이전 여러 사건에서 '수익적 소유자' 개념을, 대체적으로는 국내 세법상 실질과세원칙에 따라 '실질귀속자'와 같은 개념으로 이해하면서도 명확하게 일관한 해석을 하지는 않았다(대법원 2012. 10. 25. 선고 2010두25466 판결, 대법원 2015. 5. 28. 선고 2013두7704 판결, 대법원 2016. 7. 14. 선고 2015두2451 판결). 그런데 이 사건에서 대법원은 위 OECD 모델조세조약 주석서에서의 해석과 같이, 수익적 소유자의 개념을 '당해 사용료 소득을 지급받은 자가 타인에게 이를 다시 이전할 법적 또는 계약상의 의무 등이 없는 사용·수익권을 갖는 경우'로 정의하면서 '실질귀속자'와는 구별되는 개념임을 명확히 하였다.

2. 조세조약에 대한 실질과세의 원칙의 적용 가능성을 확인

대법원은 이전의 판례에서 확인한 바와 같이(대법원 2012. 4. 26. 선고 2010두11948 판결), 조세조약상 '수익적 소유자'에 해당한다고 하더라도 그 의미는 실질귀속자와 다르고, 그 자체로 실질과세의 원칙 규정의 적용이 배제되는 것은 아님을 확인하였다. 따라서 이 사건에서도 A회사가 한-형가리 조세조약상 수익적 소유자에 해당하더라도 실질과세원칙에 따라 조세조약의 적용을 부인할 수 있다고 판시하였다. 다만 제1심 및 원심과 달리 대법원은 구체적으로 A회사가 단순한 도관회사가 아닐 뿐 아니라 실질과세의 원칙에 비추어 보더라도 정당한 영업행위를 영위한다는 판단에 따라 한-형가리 조세조약의 적용이 부인되지 않는다고 판단하였다.

96

한미 조세조약상 지연손해금의 소득구분

김 정 홍

한미 조세조약상 지연손해금의 소득구분

[대법원 2016. 6. 10. 선고 2014두39784 판결]

김정홍 (법무법인 광장 외국변호사, 서울시립대 세무전문대학원 겸임교수)

I ▶ 사실관계 및 사건의 경과

국내 A 임차인조합은 주식매매대금채권(이하 '이 사건 채권'이라 한다)에 대한 지급불이행에 따라, 법원으로부터 원고(미국 델라웨어주 법인)에게 주식매매대금(328억 원)과 약정지연손해금(연이율 15% 을 지급하라는 판결을 받고, 주식매매대금과 해당 약정이자(약 119억 원, 이하 '이 사건 소득'이라 한 다)를 원고에게 지급하면서 이를 '지연손해금'으로 기타소득에 해당한다고 보아 법인세법상 20% 세율을 적용하여 원천징수·납부하였다.

이에 대하여 원고는 이 사건 소득이 기타소득이 아니라 이자소득에 해당하여 한미 조세조약상 12%의 세율로 원천징수되어야 한다는 이유로, 2012. 2. 6. 피고에게 임차인조합이 원천징수하여 납부한 2009 사업연도 원천분 법인세 2,381,914,421원 중 과다 원천징수된 952,765,768원을 환급하여 달라는 경정청구를 하였으나, 피고는 2012. 3. 20. 이를 거부(이하 '이 사건 처분'이라 한다)하였다.

II ▶ 관련 규정 및 쟁점

1. 관련 규정

(1) 대한민국과 미합중국 간의 소득에 관한 조세의 이중과세회피와 탈세방지 및 국제무역과 투자의 증진을 위한 협약 제2조 제2항, 제13조 제2항, 제6항

(2) 구 법인세법(2010. 12. 30. 법률 제10423호로 개정되기 전의 것) 제93조, 구 법인세법 시행령 (2010. 12. 30. 대통령령 제22577호로 개정되기 전의 것) 제132조 제10항

(3) 구 소득세법(2009. 12. 31. 법률 제9897호로 개정되기 전의 것) 제16조 제1항

2. 쟁점

쟁점은 이 사건 소득이 한미 조세조약 제13조 제6항의 '이자소득'에 해당하는지 여부이다. 구체적으로 이 사건 소득이 위 규정의 '모든 종류의 채권으로부터 발생하는 소득(income from … debt-claims of every kind)'에 해당하는지 여부가 문제된다.

Ⅲ ▶ 법원의 판단

1. 원심법원의 판단

원심은 아래 이유로 이 사건 소득을 이자로 판단하였다.

① OECD 모델 제11조 제3항 이자의 정의는 "모든 종류의 채권으로부터 발생하는 소득. 다만 지급연체로 인한 벌과금은 이자로 간주되어서는 안 된다"고 규정하고 있으나, OECD 모델 주석은 체약국이 양자협상에서 위 단서 부분을 삭제하고 지급연체로 인한 벌과금을 이자로 취급할 수 있다고 정하고 있다. 한미 조세조약은 제13조 제6항에서 OECD 모델의 단서 부분을 별도로 규정하지 않고 있는데, 그 취지는 지급연체로 인한 벌과금을 이자로 취급하기 위한 것으로 보인다.

② 이 사건 소득은 주식매매대금채권에 대한 연 15%의 비율에 의한 약정지연손해금이므로, 한미 조세조약 제13조 제6항의 '모든 종류의 채권으로부터 발생하는 소득'으로 이자소득에 해당하고, 국내세법 관련 조항에 따르면 '재산권에 관한 계약의 위약 또는 해약으로 인하여 지급받는 손해배상으로서 그 명목 여하에 불구하고 본래의 계약 내용이 되는 지급 자체에 대한 손해를 넘어 배상받는 금전 또는 물품의 가액'에 해당하여 기타소득으로 볼 수 있다.

그러나 조세조약이 국내법의 특별법적인 지위에서 국내법보다 우선하여 적용되므로 이 사건 소득은 한미 조세조약에 따라 이자소득에 해당한다.

2. 대법원의 판단

대법원은 원심을 파기하면서 아래와 같은 이유를 제시하였다.

① 한·미 조세조약에 '모든 종류의 채권으로부터 발생하는 소득'에 관하여 특별한 정의가 없고 달리 문맥상 위 문언의 의미가 명확하지 않은데, 이 경우 동 조약 제2조 제2항 제1문에 따르면 해당 용어는 그 조세가 결정되는 체약국의 법에 따라 내포하는 의미를 가진다.

국내법에 이 사건 쟁점조항이 말하는 '모든 종류의 채권으로부터 발생하는 소득'에 해당되는 정의규정은 없으나, 국내세법 관련 조항은 이자소득으로 '제1호부터 제11호까지의 소득과 유사한 소득으로서 금전 사용에 따른 대가로서의 성격이 있는 것'을 규정하고 있는 반면, 채무의 이행지체로 인한 지연손해금은 본래의 계약의 내용이 되는 지급 자체에 대한 손해가 아니고 그 채무가 금전채무라고 하여 달리 볼 것도 아니므로 구 법인세법 제93조 제1호의 '이자소득'이 아니라 제11호 나목의 '위약금 또는 배상금'에 해당한다(대법원 1997. 3. 28. 선고 95누7406 판결 등 참조).

② OECD 모델은 '지급지체로 인한 벌과금은 이자에서 제외된다'는 제2문을 생략하고 벌과금을 이자로 취급할 수 있다고 하나, 이러한 내용은 1977년 개정판에서 비로소 신설된 것으로, 그 전에 체결된 한·미 조세조약에서 이를 참조하여 지연손해금을 이자의 범위에 포함시키기로 정하였다고 볼 수는 없다.

Ⅳ ▶ 해설

1. 이 사건 판결의 의의

이 판결은 한미 조세조약상 용어 또는 문구(모든 종류의 채권으로부터 발생하는 소득)의 특별한 정의가 없고 문맥상 그 의미가 명확하지 않은 경우 동 조약 제2조 제2항(OECD 모델 제3조 제2항)에 따라 해당 용어의 국내세법상 의미를 검토하여, 조세조약 해석에 관한 기본법리에 충실한 판단을 내렸다고 평가된다.

2. 이 사건에 관련된 몇 가지 추가 쟁점

(1) 조세조약 해석과 OECD 모델 주석: 정태적 또는 동태적 해석

조세조약 해석에 OECD 모델 주석을 어느 정도로 고려할 것인지에 대해 논란이 있으며, 우리나라는 대체로 이를 조약해석의 참고자료로 삼고 있다. 이를 전제로 조세조약이 특정 연도의 OECD 모델을 기반으로 체결되고 그 후 OECD 모델 조문 또는 주석이 변경되는 경우 해석의 준거로 어느 것을 고려할지의 문제가 있는데, 체결 당시의 주석을 중심하는 입장(정태적 해석)과 변경된 주석을 중시하는 입장(동태적 해석)으로 나뉜다. OECD는 기본적으로 동태적 해석론을 취하고 있다.

이 사건의 경우 대법원은, 1977년 OECD 모델의 조문과 해석론을 그 전에 체결된 한미 조세조약의 해석에 그대로 적용하는 것은 타당하지 않다는 판단으로 정태적 해석론을 취한 것으로 보인다.

(2) 지연손해금에 대한 미국 조세조약 정책

한미 조세조약과 비슷한 시기에 체결된 미국－필리핀 조약(1976. 10. 서명)은 쟁점 조항과 거의 같은 이자의 정의를 포함하고, 미국－중국 조약(1987년 발효)은 1977년 OECD 모델에서 지연손해금이 생략된 규정을 채택하였는데, 미국의 동 조약 해설서에는 지연손해금은 이자가 아니라는 내용을 명시적으로 두고 있다.

한편, 1996년, 2006년, 2016년 미국 모델조약 역시 지연손해금은 이자가 아니라는 단서를 이자의 정의에 명시하여, 미국 조약정책을 명확히 하고 있다. 이와 같은 미국의 입장은 이 사건 판결의 결론과 같은 것으로, 조세조약 해석은 쟁점사안에 대한 상대체약국의 입장도 고려하여 판단할 필요가 있다는 점을 시사한다.

(3) 조세조약과 국내세법상 소득구분 문제

조세조약과 국내세법상 소득구분이 다른 경우 전자가 후자의 소득구분을 변경한다는 오해가 있다. 이 사건 원심판결도 이와 같은 입장에 선 것으로 보이나, 조약상 소득구분은 조약의 해당 조항에 따라 원천지국 과세권을 제한할 뿐이며, 국내세법상 소득구분은 그대로 유지된다. 위와 같은 오해를 해소하기 위해 종전 국제조세조정에 관한 법률 제28조는 2018년 말 개정으로 삭제되었다.

97

실질적 관리장소의 개념

김 한 준

김한준 (법무법인 평안 변호사)

I ▶ 사실관계 및 사건의 경과

원고는 싱가포르 법령에 따라 설립된 유한회사로 싱가포르에 사무실과 임직원을 두고 있는 법인이다. 원고는 A은행 홍콩지점으로부터 국내회사가 발행한 여러 회사들의 전환사채 및 신주인수권부 사채(이하 'CS채권'이라 한다)을 매수하였고, CS채권 회수는 별도 내국법인을 통해 국내에서 이루어졌다. 과세당국은 원고의 실질적 관리장소가 국내에 있다고 보았고 2010. 7. 2. 원고에게 2009 사업연도 법인세를 부과하였다.

II ▶ 관련 규정 및 쟁점

1. 관련 규정

"내국법인"이란 본점, 주사무소 또는 사업의 실질적 관리장소가 국내에 있는 법인을 말한다(법인세법 제2조 제1호).

2. 쟁점

원고의 실질적 관리장소가 대한민국에 소재하여 내국법인에 해당하는지 여부이다.

Ⅲ ▶ 법원의 판단[1]

1. 원심법원의 판단

원심은, ① 원고가 주로 싱가포르 내에서 인터넷 서비스를 제공하는 사업을 영위하면서 매출을 올렸으며 CS채권 사업 외에도 타국에서 에너지 사업, 부동산투자 사업 등을 계획한 점, ② 원고의 이사회나 투자 의사결정이 싱가포르에 서버가 있는 이메일 계정 등을 통해 국내외에 걸쳐 이루어진 점, ③ CS채권 중 상당수가 애초에 국내에서 구매가 어려운 채권인 점, ④ CS채권 매입과 회수업무 일부가 국내에서 수행되었다는 사정만으로는 원고의 사업수행에 필요한 중요한 관리 및 상업적 결정이 국내에서 이루어진 것으로 볼 수 없는 점, ⑤ 원고의 실질적 관리장소를 싱가포르에서 국내로 이전된 것으로 보기도 어렵다는 점 등 이유를 들어 원고의 청구를 인용하였다.

2. 대법원의 판단

대법원은 원심을 확정하며, "'실질적 관리장소'란 법인의 사업 수행에 필요한 중요한 관리 및 상업적 결정이 실제로 이루어지는 장소를 뜻하고, 법인의 사업수행에 필요한 중요한 관리 및 상업적 결정이란 법인의 장기적인 경영전략, 기본정책, 기업재무와 투자, 주요 재산의 관리·처분, 핵심적인 소득창출 활동 등을 결정하고 관리하는 것을 말한다"고 판시하였다. 그리고 "실질적 관리장소가 어디인지는 이사회 또는 그에 상당하는 의사결정기관의 회의가 통상 개최되는 장소, 최고경영자 및 다른 중요 임원들이 통상 업무를 수행하는 장소, 고위 관리자의 일상적 관리가 수행되는 장소, 회계서류가 일상적으로 기록·보관되는 장소 등의 제반 사정을 종합적으로 고려하여 구체적 사안에 따라 개별적으로 판단하여야 한다"라고 보았다. 다만, "실질적 관리장소는 결정·관리행위의 특성에 비추어 어느 정도의 시간적·장소적 지속성을 갖출 것이 요구되므로, 실질적 관리장소를 외국에 두고 있던 법인이 이미 국외에서 전체적인 사업활동의 기본적인 계획을 수립·결정하고 국내에서 단기간 사업활동의 세부적인 집행행위만을 수행하였다면 종전 실질적 관리장소와 법인 사이의 관련성이 단절된 것으로 보이는 등의 특별한 사정이 없는 한 법인이 실질적 관리장소를 국내로 이전하였다고 쉽사리 단정할 것은 아니다"라고 덧붙였다.

---

[1] 해당 판례는 고정사업장의 존부에 대해서도 판단하면서 "해외법인이 고정사업장 또는 종속대리인을 통한 간주 고정업장을 가지고 있다고 하기 위해서는 국내에서 수행하는 활동이 '본질적이고 중요한 사업활동'이어야 하며, 예비적이거나 보조적인 것에 불과하여서는 안 된다"고 판단하였다. 관련 내용은 실질적 관리장소에 대한 본 평석의 주제에 맞추어 소개하지 않았다.

Ⅳ ▶ 해설[2]

1. 이 사건 판결의 의의

2005. 12. 31. 법인세법이 개정되면서 제1조 제1호에서 '국내에 사업의 실질적 관리장소'가 있는 경우에도 내국법인으로 규정하게 되었으나, "실질적 관리장소"의 구체적 판단 방법에 대하여 그간 시행령 등에 명시적인 정의 등이 없는 상태였다. 그 이전까지는 실질적 관리장소에 대해 하급심에서 다루어진 적이 있었으나 대법원의 명시적 판단은 그전까지 없었다. 본 판결은 대법원이 처음으로 '실질적 관리장소'의 판단기준을 밝힌 판례라는 데서 의미를 갖는다. 또한 실제 이후 대법원 2021. 2. 25. 선고 2017두237 판결 등에서 동 판례의 기준에 따라 내국법인 여부를 판단 중이다.

2. OECD 모델조약[3]의 고려

우리나라는 OECD 가입국이며 우리나라 조세조약은 OECD 모델조약을 기초로 하고 있으며, '실질적 관리장소'라는 용어는 OECD 모델조약 제4조 제3항의 문구인 "place of effective management"에 기초하여 있다.[4] 특히 이 사건 판결의 제1심은 OECD 모델조약 주석서를 참고하면서, 동 주석서상의 기준인 이사회가 개최되는 장소, 임원의 활동 장소 등을 기준으로 제시하고 있다. OECD 주석서를 참고하는 것 자체는 연혁, 입법취지 등을 고려하였을 때 일견 타당한 접근이나, 해당 주석서의 제4조의 설명이 대부분 이중거주자의 문제를 해결하는 데 있어 타이브레이커룰(tie-breaker-rule)로서 '실질적 관리장소'의 개념을 사용하는 데 초점이 맞춰져 있음을 고려할 때, 동 기준을 그대로 내국법인 인정에 있어서도 적용할 수 있는지 향후 논란의 소지가 있을 수 있다.

3. 한계 및 유의점 등

실질적 관리장소에 따라 내국법인으로 인정된다는 것은, 국내에 설립된 법인이 아니더라도 실질적 관리장소가 국내에 있으면 해당 법인의 전 세계 소득에 대하여 국내에서 법인세가 과세됨을 의미하며, 이에 따라 해외계좌 신고의무 등 제반의무도 발생한다.

---

2) 양승경·박훈, "법인세법상 "실질적 관리장소" 개념의 개정방안에 대한 소고", 「조세학술논집」 제31집 제2호, 47-100면; 최용환, "2016년 국제조세 판례회고", 「조세학술논집」 제33집 제2호, 145-151면 참조.
3) OECD, Model Tax Convention on Income and on Capital
4) 기획재정부 세제실, 『2005 간추린 개정세법』, 2005, 454면.

본 판례는 실질적 관리장소의 판단에 있어 여러 사항을 종합적으로 고려하여 하도록 하고 있으나 이는 자칫 납세자에게 혼란을 초래할 우려가 있다. 특히 대표나 임원이 수시로 외국에 체류하면서 커뮤니케이션이 온라인상에서 이루어지고, 이사회 등이 요식행위에 불과한 소규모 스타트업 등의 경우 관련 과세권이 법인 설립지인 한국에 있는지, 의사결정이 내려진 외국에 있는지 등이 여전히 불명확한 측면이 있다.

과세권이 무분별하게 확대될 수 있는 것으로 해석되는 것을 막기 위해 법원이 여러 기준 중에서도 나름의 우열(본점 소재지 등)을 정하는 것이 필요하지는 않았나 하는 아쉬움이 남는다. 특히 '실질적 관리장소' 개념 도입에 페이퍼 컴퍼니를 활용한 조세회피 차단 등의 목적이 있는 것을 고려할 때, 조세회피목적이 명백한 경우에 한하여 보충적으로 다양한 요소들을 고려하는 '원칙－예외' 형식이 대안이 될 수 있다.

98

조세조약에서 이른바 '가분적 거주자' 개념

윤 지 현

조세조약에서 이른바 '가분적 거주자' 개념

[대법원 2015. 3. 26. 선고 2013두7711 판결][1]

윤지현 (서울대 교수)

I ▶ 사실관계 및 사건의 경과

독일의 부동산 관련 투자펀드인 "TMW"는 독일, 오스트리아, 룩셈부르크의 투자자들로부터 돈을 모아 독일 법에 따른 '유한합자회사(GmbH & Co. KG)'를 설립하였다. 이 펀드는 우리나라 부동산에 투자하기로 하고, 2003. 1. 먼저 독일 내에 '유한회사(GmbH)'를 설립하였으며, 이 유한회사는 같은 해 2. 우리나라 법에 따른 유동화전문회사를 설립한 후 그 지분 100%를 보유하게 되었다. 이 우리나라 회사는 같은 해 4. 부동산을 취득하였고, 여기서 벌어들인 수익을 기반으로 위 독일 유한회사에 배당을 지급하였으며, 이때 한국-독일 조세조약이 정하는 제한세율에 따라 법인세를 원천징수하였다.

과세관청은 위 배당소득의 '실질' 귀속자가 위 유한회사 아닌 유한합자회사라고 보았고, 이에 따라 위 조약을 적용하면 결국 제한세율의 적용이 없다고 하여 원천징수의무자인 위 유동화전문회사에 법인세 원천징수분에 관한 징수처분을 하였다.

---

1) 대상판결에 관한 더 상세한 평석은, "혼성단체에 대한 조세조약 적용과 '가분적 거주자 이론' – 대법원 2015. 3. 26. 선고 2013두7711 판결", 「조세학술논집」 제32집 제3호, 2016, 1면 이하. 대법원 담당 재판연구관이 남긴 글은, 정광진, "외국의 혼성단체(Hybrid Entity)에 대한 조세조약의 적용 – 독일의 유한합자회사와 한·독 조세조약상 거주자의 의미", 「사법」 제33호, 2015, 365면 이하.

II ▶ 관련 규정 및 쟁점

1. 관련 규정

◆ 한－독 조세조약

제4조(거주자) ① 이 협정의 목적상 '일방체약국의 거주자'라 함은 주소, 거소, 본점이나 주사무소의 소재지 또는 이와 유사한 성질의 다른 기준에 의하여 그 국가의 법에 따라 그 국가 안에서 납세의무가 있는 인을 말한다.

2. 쟁점

I. 사실관계 및 사건의 경과에서 얼핏 드러났듯이 이 사건에는 몇 개의 쟁점이 있지만, 여기서는 조세조약이 정하는 '거주자' 개념에 관한 대상판결의 입장, 특히 대법원의 독특한 '가분적(可分的) 거주자' 논리를 살펴본다.[2] 이는 그 설립된 곳에서 독립된 법적 존재로서 소득세나 법인세의 납세의무를 부담하지 않는, 이른바 '투시(透視) 과세 단체' － 유한합자회사는 이에 해당한다 － 가 통상의 조세조약하에서 '거주자'가 될 수 있는지 그리고 그 범위는 어떠한지에 관한 논의이다.

III ▶ 법원의 판단

1. 원심법원의 판단

원심법원은 소득의 귀속과 관련하여 과세관청과 다른 입장 아래 문제된 징수처분을 취소하는 판결을 하였다. 대상판결에 소개된 요지는, 결국 실질과세원칙을 적용하더라도 소득이 유한회사에 귀속한다는 것이다. 독일의 유한회사는 독일에서 법인세 납세의무를 지므로 한－독 조약의 거주자에 해당하고, 따라서 위 배당소득에는 조약이 정하는 제한세율이 전면적으로 적용되어야 한다고 판단하였다.

---

2) 따라서 대상판결이 먼저 논의하는 '실질' 귀속자 그리고 본문에 언급하지 않았지만, 독일 세법의 '영업세 (Gewerbesteuer)' 납세의무가 '거주자' 판단에 미치는 영향이라는 논점은 제쳐 놓는다. 후자(後者)는 TMW 펀드의 투자가 문제된 다른 판결(대법원 2015. 5. 28. 선고 2013두7704 판결)에서 다루어졌다.

2. 대법원의 판단

이처럼 이 사건에서는 '거주자' 논점에 앞서 먼저 소득이 유한회사와 그 모회사 격인 유한합자회사 중 어디에 귀속하는지 판단해야 하는데, 대법원은 원심법원과 달리 유한합자회사에 '실질' 귀속한다고 판시하였다. 유한회사가 조세부담 감소를 위하여 설립되었다는 것이 그 주된 이유이다. 그리하여 대법원은 원심판결을 파기하였으나, 그에 앞서 추상적 일반론 차원에서는 조세조약의 거주자 논점을 두고 다음과 같은 주목할 만한 판시를 남겼다. 뒤따르는 거주자 논점에 관한 파기 후 환송심의 판단을 지도하는 법리를 굳이 제시하였다고도 말할 수 있다.

"한편 조세조약은 거주지국에서 주소, 거소, 본점이나 주사무소의 소재지 또는 이와 유사한 성질의 다른 기준에 의한 포괄적인 납세의무를 지는 자를 전제하고 있으므로, 거주지국에서 그러한 포괄적인 납세의무를 지는 자가 아니라면 원천지국에서 얻은 소득에 대하여 조세조약의 적용을 받을 수 없음이 원칙이고, 한·독 조세조약 제1조와 제4조 제1항 역시 거주지국에서 포괄적인 납세의무를 지는 거주자에 대하여만 조세조약이 적용됨을 밝히고 있다. 한·독 조세조약은 어떠한 단체의 활동으로 얻은 소득에 관하여 단체가 아니라 그 구성원이 포괄적인 납세의무를 부담하는 이른바 '투과과세 단체(Fiscally Transparent Entity)'가 '거주자'로서 조세조약의 적용대상인지에 관하여 아무런 규정을 두고 있지 않으나, 우리나라의 법인세법상 '외국법인'에 해당하는 독일의 투과과세 단체가 거주지국인 독일에서 포괄적인 납세의무를 부담하지 않는다고 하더라도 그 구성원이 위 단체가 얻은 소득에 관하여 독일에서 포괄적인 납세의무를 부담하는 범위에서는 조세조약상 독일의 거주자에 해당하여 한·독 조세조약의 적용을 받을 수 있고, 그 단체가 원천지국인 우리나라에서 얻은 소득 중 그 구성원이 독일에서 포괄적인 납세의무를 부담하지 아니하는 범위에서는 한·독 조세조약의 적용을 받을 수 없다고 보아야 한다. 그리고 독일의 투과과세 단체가 우리나라의 법인세법상 '외국법인'에 해당하더라도 독일 세법에 따라 법인세와 같은 포괄적인 납세의무를 부담하지 않는다면 이를 한·독 조세조약상 '법인'으로 볼 수는 없으므로, 원천지국인 우리나라에서 얻은 배당소득에 대하여는 그 구성원이 독일에서 포괄적인 납세의무를 부담하는 범위 안에서 한·독 조세조약 제10조 제2항 나목에 따른 15%의 제한세율이 적용될 수 있을 뿐이다."

Ⅳ　해설

　가분적 거주자 판례의 현실적 결과는, 독일·오스트리아·룩셈부르크, 세 나라의 '거주자'가 독일 법에 따라 단체를 만들고, 독일 세법이 이 단체를 '투시과세'[3]한다면, 이 단체가 독일 거주자의 지분 보유 범위 내에서 독일 거주자가 되고 다른 나라 거주자의 지분 범위에 해당하는 만큼은 거주자가 아니라는 것이다. 즉 하나의 '인(人, person)'이 조세조약의 적용을 받을 수 있는 부분과 없는 부분으로 쪼개어진다.

　이는 대단히 독특한 이해로서 OECD의 문헌에서도, 다른 나라의 해석론에서도 유례를 찾기 힘든데, 그 연원은 한국－미국 조세조약을 전제로 같은 논점을 다룬 대법원 2014. 6. 26. 선고 2012두11836 판결에 있다고 여겨진다. 대상판결에 반년 조금 넘게 앞서 선고된 이 판결의 결론은, '미국의 거주자'에 관한 한－미 조세조약 제3조 제1항 (b)호 (ii)목 단서가 "다만 조합원 또는 수탁자로서 행동하는 인의 경우에, 그러한 인에 의하여 발생되는 소득은 거주자의 소득으로서 미국의 조세에 따라야 하는 범위에 한한다"는 특이한 규정을 둔 데에서 영향을 받은 것이다. 그러나 이러한 조항이 없는 일반적인 경우라면, 하나의 '인'을 쪼개어 그중 일부만을 거주자로 보아 조세조약을 적용한다는 생각이 일반적이지는 않다. 오히려 투시과세 단체의 구성원들에게 소득을 나누어 귀속시키고 다음 단계에서 각각의 구성원이 조세조약의 거주자인지를 따짐이 보통이다.[4]

　하지만 영미법계의 '합자조합(limited partnership)'과 같은 투시과세 단체를 법인세법의 외국법인으로 보고 소득을 그에 귀속시키는 판례가 대법원 2012. 1. 27. 선고 2010두5950 판결(흔히 '론스타 판결') 이후 확립되면서, 대법원은 소득을 그 구성원들에게 나누어 귀속시키는 가능성은 스스로 배제하여 버린 듯하고 '가분적 거주자'론은 여기서 나온 궁여지책이 아닌가 싶다. 이 판례는 이론적으로도 근거가 약하고, 또 현실적으로도 독일 사람과 함께 독일 법에 따른 투시과세 단체를 만들어 투자활동 - 특별히 이상할 것 없는 행동일 수 있다 - 을 한 오스트리아나 룩셈부르크 사람에게는 조세조약의 적용을 부정한다는, 납득하기 어려운 결과를 가져온다[5]는 점에서 논란의 여지를 남긴다.

---

3) 대상판결은 '투과과세'라는 말을 쓰는데 어쨌든 같은 의미로 사용된 것이다.

4) 이에 관한 논의는, 윤지현, "단체 분류(Entity Classification)에 관한 대법원 판례와 경제협력개발기구(OECD)의 '파트너십 보고서(Partnership Report)'의 조화 가능성에 관한 검토: 해석론과 문제점을 중심으로", 「조세학술논집」 제30집 제1호, 2014, 243면 이하. 미국의 현행(2016) 모범조약에서는 제1조 제6항이 이러한 사고방식에 따른 것이다(참고로 OECD 모범조약(2017)이라면 제1조 제2항).

5) 파기 후 환송심 판결에 대한 대법원 2019. 7. 11. 선고 2016두865 판결에서 실제 그러한 결과가 확인되었다.

99

정상가격 산출에 관한 과세처분 시 증명책임의 소재

최 용 환

정상가격 산출에 관한 과세처분 시 증명책임의 소재

[대법원 2014. 8. 20. 선고 2012두23341 판결]

최용환 (법무법인 율촌 변호사, 법학박사)

I ▶ 사실관계 및 사건의 경과

원고(한국허벌라이프 주식회사)는 미국법인 XX가 100% 출자하여 설립한 내국법인으로서 XX가 제공한 기술정보를 이용하여 국내외 제3자 제조업체를 통한 OEM 방식으로 제조된 체중관리 및 영양제품 등을 구입한 후 이를 국내에서 회원으로 등록된 다단계 판매원에게 판매하는 형태의 다단계 판매업을 영위하고 있다. 원고는 XX와 사이에 라이센스 및 기술지원 계약, 프랜차이즈 및 라이센스 계약을 각 체결한 후 XX로부터 기술정보 등을 제공받고 그 대가로 XX에 기술사용료 및 프랜차이즈 사용료를 지급하고 있다. 또한 원고는 국외특수관계자인 ○○과 사이에 경영자문서비스 계약을 체결한 후 ○○으로부터 다단계판매업을 영위하기 위하여 필요한 마케팅, 전산시스템, 다단계판매원의 관리 및 회계·재무지원 등의 용역서비스를 제공받고 그 대가로 ○○에 경영자문료를 지급하고 있다.

피고(강남세무서장 외 1인)는 원고의 법인세 세무조사에서 원고가 ○○에 지급한 경영자문료(이하 '이 사건 경영자문료'라 한다)는 용역제공의 실체가 확인되지 않거나 제공된 용역이 원고의 사업과 무관하다고 보아 이를 손금불산입하는 한편, 원고가 정상가격을 초과하여 기술사용료 등을 지급한 것으로 보아 거래순이익률방법에 의하여 정상가격을 산정한 다음 정상가격을 초과하여 XX에 지급한 기술사용료 및 프랜차이즈 사용료를 손금불산입하며, 법인세를 각 경정·고지하였다. 원고는 이에 불복하여 조세심판원에 심판청구를 하였고, 조세심판원은 후원수당을 매출액에서 차감한 후 원고의 영업이익률을 재계산하고 이를 기초로 이전가격을 재산정하여 과세표준과 세액을 경정하고, 나머지 심판청구는 기각하는 결정을 하였다.

Ⅱ ▶ 관련 규정 및 쟁점

1. 관련 규정

◆ 구 법인세법(2004. 12. 31. 법률 제7289호로 개정되기 전의 것)

제19조(손금의 범위) ① 손금은 자본 또는 출자의 환급, 잉여금의 처분 및 이 법에서 규정하는 것을 제외하고 당해 법인의 순자산을 감소시키는 거래로 인하여 발생하는 손비의 금액으로 한다.
② 제1항의 규정에 의한 손비는 이 법 및 다른 법률에 달리 정하고 있는 것을 제외하고는 그 법인의 사업과 관련하여 발생하거나 지출된 손실 또는 비용으로서 일반적으로 용인되는 통상적인 것이거나 수익과 직접 관련된 것으로 한다.

◆ 구 국제조세조정에 관한 법률(2006. 5. 24. 법률 제7956호로 개정되기 전의 것, 이하 '구 국조법'
　이라 한다)

제4조(정상가격에 의한 과세조정) ① 과세당국은 거래당사자의 일방이 국외특수관계자인 국제거래에 있어서 그 거래가격이 정상가격에 미달하거나 초과하는 경우에는 정상가격을 기준으로 거주자(內國法人과 國內事業場을 포함한다. 이하 이 章에서 같다)의 과세표준 및 세액을 결정 또는 경정할 수 있다.
제5조(정상가격의 산출방법) ① 정상가격은 다음 각호의 방법 중 가장 합리적인 방법에 의하여 계산한 가격으로 한다. 다만, 제4호의 방법은 제1호 내지 제3호의 방법으로 정상가격을 산출할 수 없는 경우에 한한다.
　4. 대통령령으로 정하는 기타 합리적이라고 인정되는 방법

◆ 구 국조법 시행령(2004. 12. 31. 대통령령 제18628호로 개정되기 전의 것)

제4조(정상가격의 산출방법) 법 제5조 제1항 제4호에서 "대통령령으로 정하는 기타 합리적이라고 인정되는 방법"이라 함은 다음 각호에서 정하는 방법을 말한다.
　2. 거래순이익률방법
　　거주자와 국외특수관계자간의 국제거래에 있어 거주자와 특수관계가 없는 자간의 거래중 당해 거래와 유사한 거래에서 실현된 다음 각목에서 정하는 거래순이익률을 기초로 산출한 거래가격을 정상가격으로 보는 방법. 다만, 당해 거래와 유사한 거래를 특수관계가 없는 자와 행하지 아니한 경우에는 특수관계가 없는 제3자간의 국제거래중 당해 거래의 조건과 상황이 유사한 거래의 거래순이익률을 사용할 수 있다.
　　가. 거래순이익의 매출에 대한 비율
　　나. 거래순이익의 자산에 대한 비율
　　다. 거래순이익의 매출원가 및 판매와 일반관리비에 대한 비율
　　라. 기타 합리적이라고 인정될 수 있는 거래순이익률

2. 쟁점

법인세 부과처분 취소소송에서 과세표준의 기초가 되는 각 사업연도의 익금과 손금에 대한 증명 책임의 소재 및 손금에 대한 증명의 필요가 납세의무자에게 돌아가는 경우

III ▶ 법원의 판단

대법원은 법인세 부과처분 취소소송에서 과세처분의 적법성 및 과세요건사실의 존재에 대한 증명책임은 과세관청에게 있으므로 과세표준의 기초가 되는 각 사업연도의 익금과 손금에 대한 증명책임도 원칙적으로 과세관청에게 있다고 판단하였다. 다만, 대법원은 납세의무자가 신고한 어느 손금의 용도나 지급의 상대방이 허위라거나 손금으로 신고한 금액이 손비의 요건을 갖추지 못하였다는 사정이 과세관청에 의하여 상당한 정도로 증명된 경우에는 증명의 난이라든가 공평의 관념 등에 비추어 그러한 비용이 실제로 지출되었다거나 다른 사정에 의하여 손비의 요건이 충족된다는 점에 관한 증명의 필요는 납세의무자에게 돌아간다고 보아야 한다고 설시하였다. 따라서 대법원은 이 사건 경영자문료는 원고의 사업과 관련하여 발생하였다거나 원고의 수익과 직접 관련된 것으로 보이지 아니하고, 달리 그에 상응하는 용역이 실제로 제공되었다거나 원고의 수익발생과 합리적인 관련이 있다는 점에 관한 원고의 주장·증명이 부족하다는 이유로, 피고들이 이 사건 경영자문료를 손금불산입한 것은 적법하다고 본 원심의 판단이 정당하고, 구 법인세법상 손금의 요건이나 손금의 증명책임에 관한 법리오해 등의 위법이 없다고 판단하였다.

Ⅳ 해설

　대상판결은 다국적기업 그룹 내에서 특수관계[1]에 있는 국외특수관계자 간의 국제거래[2]에 적용된 이전가격(Transfer Price)이 정상가격(Arm's Length Price)[3]에 부합하는지 여부와 관련한 것으로서, 구 국조법 제4조 제1항은 "과세당국은 거래당사자의 일방이 국외특수관계자인 국제거래에 있어서 그 거래가격이 정상가격에 미달하거나 초과하는 경우에는 정상가격을 기준으로 거주자의 과세표준 및 세액을 결정 또는 경정할 수 있다"고 규정하고 있다. 일반적인 다국적기업, 즉 납세자는 구 국조법 제5조에서 규정한 정상가격 산출방법에 근거해서 이전가격이 정상가격을 준수하고 있다는 점을 증명하는 보고서 등의 서류를 구비하고 있으며, 과세관청은 세무조사에서 해당 서류의 검토를 통해 정상가격 준수 여부와 관련한 이전가격의 적정성을 검증한다.

　대법원은 대상판결에서 과세표준의 기초가 되는 각 사업연도의 익금과 손금에 대한 증명책임의 소재는 원칙적으로 과세관청에 있다고 판시하였는데, 이는 일반적인 과세처분 취소소송에서 과세요건에 관한 입증책임은 과세관청에 있다[4]는 점과 일치한다고 평가할 수 있다. 이러한 대상판결의 요지를 고려했을 때, 과세관청은 납세자의 이전가격에 대한 과세처분을 하기 위해서는 납세자가 제출한 자료와 거래의 실질 등을 종합적으로 고려하여 납세자가 적용한 정상가격 산출방법이 합리적이지 않다는 점을 입증해야 할 뿐만 아니라 정상가격 산출에 있어 중대한 영향을 줄 수 있는 차이 요소들이 합리적으로 조정되어 과세처분의 기준이 되는 정상가격이 산출되었다는 점을 입증할 책임이 있다고 할 수 있다. 한편, 대상판결에서 거래순이익률방법이 정상가격 산출방법으로 다뤄졌으나, 대법원의 판단은 근본적인 정상가격 산출에 관한 증명책임을 대상으로 하고 있으므로 거래순이익률방법 외의 다른 정상가격 산출방법(예컨대, 비교가능 제3자 가격방법 등)에 대해서도 동일하게 과세관청에게 증명책임이 있다고 볼 수 있다.

---

1) "특수관계"라 함은 "거래당사자의 일방이 타방의 의결권있는 주식의 100분의 50 이상을 직접 또는 간접으로 소유하고 있는 관계" 등의 관계를 의미하며, 그 세부기준은 대통령령으로 정한다(구 국조법 제2조 제1항 제8호 가목 등).

2) "국제거래"라 함은 거래당사자의 일방 또는 쌍방이 비거주자 또는 외국법인인 거래로서 유형자산 또는 무형자산의 매매·임대차, 용역의 제공, 금전의 대부·차용 기타 거래자의 손익 및 자산에 관련된 모든 거래를 말한다(구 국조법 제2조 제1항 제1호 가목 등).

3) "정상가격"이라 함은 거주자·내국법인 또는 국내사업장이 국외특수관계자가 아닌 자와의 통상적인 거래에서 적용되거나 적용될 것으로 판단되는 가격을 말한다(구 국조법 제2조 제1항 제10호).

4) 임승순·김용택, 『조세법(제23판)』, 박영사, 2023, 341면; 과세처분의 적법성에 대한 입증책임은 과세관청에 있으므로 어느 사업연도의 소득에 대한 법인세 과세처분의 적법성이 다투어지는 경우 과세관청으로서는 과세소득이 있다는 사실 및 그 소득이 당해 사업연도에 귀속되었다는 사실을 입증하여야 한다(대법원 2000. 2. 25. 선고 98두1826 판결 등).

우리나라를 포함한 전 세계 이전가격 관련 규정의 국제적 기준이라고 할 수 있는 OECD 이전가격 과세지침(2010년 개정본)[5] 4.16 문단은 입증책임(Burden of Proof)이 납세자에게 있더라도 과세관청은 자신의 이전가격 계산이 독립기업 원칙(Arm's Length Principle)에 부합한다는 것을 납득시킬 수 있는 준비가 되어야 하며, 마찬가지로 납세자도 입증책임을 누가 지든 간에 자신의 이전가격이 독립기업원칙에 부합한다는 것을 납득시킬 수 있는 준비가 되어야 한다고 명시하고 있다. 이는 증명책임 분배원칙[6]으로 볼 수 있는데, 대상판결을 구체적으로 살펴보면 이전가격 과세처분을 위한 정상가격에 대한 증명책임이 일차적으로는 과세관청에 있고, 이후에는 납세자의 반대 증명책임이 존재한다고 해석할 수 있다.

과세관청과 납세자 모두 궁극적으로 정상가격 산출과 관련한 명확하고 충분한 기준을 마련해야 할 것으로 판단되나, 그 기준은 납세자의 이전가격 거래와 관련한 사실관계 및 정상가격 산출방법에 따라 상이할 것이다. 대상판결은 이전가격 과세실무에서 가장 빈번하게 사용되는 정상가격 산출방법인 거래순이익률방법[7]의 적용 시 정상가격 산출에 있어 중대한 영향을 줄 수 있는 차이 요소들에 대한 합리적인 차이조정의 필요성을 판시한 선례로서 중요한 의미가 있다.

---

5) 원문은 "다국적기업과 과세당국을 위한 OECD 이전가격 과세지침(OECD Transfer Pricing Guidelines for Multinational Enterprises and Tax Administrations)"이며, 대상판결의 선고 전인 2010년 개정본과 이후 2017년 및 2022년 개정본 모두 입증책임과 관련한 내용에 중대한 변동사항은 없는 것으로 확인된다.

6) 김필용, "2014년도 국제조세 판례회고", 「조세학술논문집」 제31집 제2호, 2015, 132면.

7) UN 이전가격 매뉴얼(United Nations Practical Manual on Transfer Pricing) 4.5.11.1 문단에 따르면, 거래순이익률방법은 이전가격 분쟁에서 가장 많이 사용되는 정상가격 산출방법이다. 또한 우리나라 감사원의 『정상가격 산출기준 운용실태에 대한 감사보고서(2017년 8월)』에 따르면, 국세청이 2012년부터 2016년까지 5년간 실시한 177건의 이전가격조사 중 119건(약 67%)이 거래순이익률방법을 통해 정상가격을 산출한 것으로 확인되었다. 우리나라 국세청의 『2022 APA 연차보고서(2023년 12월)』에서는 2022년까지 국내에서 처리된 APA (정상가격 산출방법 사전승인) 총 666건 중 600건(약 90%)이 거래순이익률방법을 사용했다고 명시하고 있다.

100

국내미등록 외국특허권 사용료소득의 원천판정

이 창 희 & 양 한 희

국내미등록 외국특허권 사용료소득의 원천판정

[대법원 1992. 5. 18. 선고 91누6887 판결]

이창희 (서울대 교수) & 양한희 (변호사)

I ▶ 사실관계 및 사건의 경과

자동차를 생산하는 내국법인인 이 사건 원고 현대자동차는 미국자회사로 소외 현대모터 아메리카(이하 '현지법인'이라 한다)를 설립하여 현대자동차가 우리나라에서 생산한 자동차를 미국에 수출판매하고 있었다. 원고와 현지법인 사이의 1986. 1. 1. 계약에서는 원고가 생산하여 수출하는 자동차를 현지법인이 미국 내에서 전량 판매하되 그 판매한 자동차가 미국 내 타인의 특허권을 침해 또는 사용했다는 시비가 붙어서 현지법인이 비용을 부담하게 되는 경우 그런 비용은 모두 원고가 보상해 주기로 약정하고 있었다. 그 뒤 실제로 이 자동차에 들어간 폴리프로필렌이라는 물질에 관한 특허권 침해 시비가 붙은 바, 미국 내 특허권자였던 미국법인 필립스석유(이하 '필립스'라 한다)가 자동차의 미국 내 수입 및 판매의 금지와 사용료 상당액의 지급을 청구하였다. 필립스의 특허권은 우리나라에는 등록되어 있지 않았다. 이 시비는 1989. 2. 15. 현지법인과 필립스 사이의 화해계약으로 타결되었다. 폴리프로필렌이 부품에 포함된 자동차의 수입 및 판매를 허용하되 특허권의 사용료로서 현지법인이 필립스에게 자동차 1대당 미화 57센트씩을 지급하기로 약정한 것이다. 이 화해계약대로 현지법인은 필립스사에게 특허권 사용료 상당 금액으로서 1989. 5. 16. 금 66,390,000원, 같은 해 6. 9. 금 191,473,158원 합계 금 257,863,158원을 지급하였다. 다시 원고는 같은 금액을 비용보상 약정에 따라 현지법인에게 지급하였다. 필립스는 우리나라에 국내사업장을 두고 있지 않았다. 돈은 '원고 → 현지법인 → 필립스'로 흘렀지만 원심과 대법원 모두 원고가 필립스에게 바로 특허권 사용료 상당 금액을 지급한 것이나 마찬가지라는 전제하에서 판단하였으므로 그 부분은 논외로 한다.

Ⅱ ▶ 관련 규정 및 쟁점

1. 관련 규정

> ◆ 구 법인세법
>
> 제55조(국내원천소득) ① 국내원천소득이라 함은 다음 각호에 게기하는 소득을 말한다.
>
> 　9. 다음 각목의 1에 해당하는 자산. 정보 또는 권리를 국내에서 사용하는 경우에 당해 대가로 인
> 　　한 소득
> 　　가. 특허권
>
> ◆ 한미조세협약
>
> 제6조. 사용료는 어느 체약국 내의 동 재산의 사용 또는 사용할권리에 대하여 지급되는 경우에만
> 동 체약국 내에 원천을 둔 소득으로 취급된다.

2. 쟁점

외국에는 등록되어 있지만 우리나라에는 등록되지 아니한 외국특허를 사용하는 제법이나 기술로 우리나라에서 제조한 물품을 등록국에 수출판매하기 위하여 지급하는 미등록특허권 사용료는 특허권을 우리 국내에서 사용하는 경우에 당해 대가로 인한 소득인가 여부이다.

Ⅲ ▶ 법원의 판단

1. 원심법원의 판단

위 특허권의 침해 내지 사용은 현지법인의 미국 내로의 자동차의 수입 및 판매과정에서 문제가 되는 것이지만 그 실질에 있어서는 원고가 국내에서 자동차를 생산하는 과정에서 이를 사용하였다. 위 특허권이 미국에 등록된 것이어서 미국에서만 유효한 권리라 할지라도 위와 같이 대한민국에서 생산되는 자동차에 사용되어 그 자동차가 미국에 수입, 판매되는 경우에는 미국 내에서의 사용과 마찬가지로 그 효력이 미친다. 생산업체인 원고는 판매업체인 현지법인을 통하여 또는 그를 대리인으로 하여 국내에서 필립스사의 특허권을 사용하고 그 대가를 지급한 것이라 할 것이고 따라서 필립스사는 그 사용료의 수령을 통해 국내원천소득을 번 것이다.

2. 대법원의 판단

특허권은 국가에 의한 특허처분에 의하여 특허출원인에게 부여되는 권리로서 각국의 특허법과 그 법에 따라 특허를 부여할 권리는 각국에 있어서 독립적으로 존재하여 지역적 제한을 지니게 되므로 특허권자가 특허물건을 독점적으로 생산, 사용, 양도, 대여, 수입 또는 전시하는 등의 특허실시에 관한 권리는 특허권이 설정 등록된 국가의 영역 내에서만 그 효력이 미치는 것이다. 따라서 외국법인의 특허권이 등록되어 있지 않은 대한민국에서 당해 특허제품이 생산되어 특허권이 등록된 외국으로 수출, 판매되는 경우에 있어서, 당해 특허권의 사용 혹은 침해문제는 특허권을 가진 외국법인이 그 특허권의 효력이 미치는 외국 내에서 위 특허제품의 수입, 판매에 대하여 가지는 특허실시권의 사용, 침해에 관한 문제일 뿐 대한민국 내에서의 특허제품 사용 자체에 관한 문제와는 관계가 없다.

결국 구 법인세법 제55조 제1항 제9호 가목에서 특허권 등을 국내에서 사용하는 경우에 당해 대가가 국내원천소득이라는 규정이나 한미조세협약 제6조에서 "특허권 등에 대한 사용료는 어느 체약국내의 동 재산의 사용 또는 사용할 권리에 대하여 지급되는 경우에만 동 체약국 내에 원천을 둔 소득으로 취급된다"는 규정은 외국법인 혹은 미국법인이 대한민국에 특허권을 등록하여 대한민국 내에서 특허실시권을 가지는 경우에 그 특허실시권의 사용대가의 원천이 국내라는 뜻이다.

이 사건 특허사용료는 원고가 생산한 자동차가 미국에 수입, 판매되어 필립스사가 미국 내에서 가지는 특허실시권을 침해 또는 사용한 데 따른 대가로 지급된 것이지 필립스사의 특허물질을 대한민국에서 사용한 데 따른 대가로 지급된 것이 아님이 분명하므로 이는 필립스사의 미국 내의 소득이 될지언정 대한민국에 원천을 둔 소득이라고는 볼 수 없다.

Ⅳ 해설

1. 이 사건 판결의 의의

이 사건 판결은 특허법상의 특허속지주의를 소득원천의 판정에 그대로 대입한 최초의 판결이다. 특허권이란 이를 등록한 특정국가의 법에 따라서 그 나라 안에서 창설되는 권리이므로 특허권의 사용이나 침해도 등록국 안에서만 가능하다는 것이다.

2. 심판대상 조문과 판결 이후의 개정 조문

후속판결로 대법원 2007. 9. 7. 선고 2005두8641 판결은 같은 취지로 미등록특허 사용료소득의 원천은 국내가 아니라고 판시하였다. 이를 뒤집기 위한 글귀로 "특허권 등 권리의 행사에 등록이 필요한 권리는 해당 특허권 등이 국외에서 등록되고 국내에서 제조·판매 등에 사용된 경우에는 국내등록 여부에 관계없이 국내에서 사용된 것으로 본다"는 단서가 법인세법에 들어갔다. 그러자 다시 이를 부력화하는 대법원 2014. 11. 27. 선고 2012두18356 판결이 나왔다. 같은 판결은 특허권이 등록되지 않은 우리나라에서는 특허권의 침해가 발생할 수 없어 한미조세협약상 우리나라 내의 특허권을 사용 또는 사용할 권리라는 것을 관념할 수도 없으니 소득의 원천이 국외라는 것이다. 그 뒤 같은 취지의 대법원 2018. 12. 27. 선고 2016두42883 판결이 다시 나오자 2019. 12. 13. 법인세법을 다시 개정해서, 사용지를 기준으로 국내원천소득 해당 여부를 규정하는 조세조약(한미조세협약)에서 말하는 재산의 사용 또는 사용할 권리에서 사용장소에 관한 lex fori로, 그런 재산에 포함된 제조방법·기술·정보 등이 국내에서의 제조·생산과 관련되는 등 국내에서 사실상 실시되거나 사용된다면 등록되지 아니하였더라도 국내에서 사용된 것이라고 정하고 있다.

101

외국의 법인격 없는 단체의 세법상 지위

오 윤

외국의 법인격 없는 단체의 세법상 지위

[대법원 2012. 1. 27. 선고 2010두5950 판결]

오 윤 (한양대 교수)

I ▶ 사실관계 및 사건의 경과

2000.7. 미국 델라웨어주 법률에 따라 유한 파트너쉽(limited partnership)으로 설립된 론스타펀드 III(U.S.) 엘피, 론스타펀드III(버뮤다) 엘피 및 허드코 파트너스 코리아 엘티디(버뮤다)가 공동으로 벨기에 법인 스타홀딩스 에스에이 및 주식회사 스타타워를 통해 국내 부동산에 투자하여 양도소득이 발생하였다. 이들('론스타펀드III')은 스타타워의 주식 전부를 인수한 다음, 스타타워를 통하여 스타타워빌딩을 매수한 후, 2004.12.28. 스타타워 주식 전부(이하 '이 사건 주식'이라 한다)를 싱가포르 투자청 산하법인들에게 매각하여 양도소득을 얻었다.

과세관청은 론스타펀드III(U.S.) 엘피, 론스타펀드III(버뮤다) 엘피 및 허드코 파트너스 코리아 엘티디(버뮤다)를 양도소득의 실질적 귀속자로 보아 양도소득세 부과처분 등을 하였는데, 이 중 론스타펀드III(U.S.) 엘피에 대해서는 한미조세조약과 소득세법 제119조 제9호에 따라 양도소득세 부과처분(이하 '이 사건 처분'이라 한다)을 하였다.

이 사건 원심인 서울고등법원 2010. 2. 12. 선고 2009누8016 판결 사건에서 이 사건 원고인 론스타펀드III(U.S.) 엘피는 실질과세원칙을 적용하여 자신을 이 사건 주식 양도소득의 실질적 귀속자로 본 것은 위법하며, 가사 실질적 귀속자로 보더라도 원고에게 양도소득세를 부과한 것은 위법하다는 주장을 하였다. 이 사건 원심은 원고를 이 사건 양도소득의 실질적 귀속자들 중 하나로 보아야 하지만, 원고는 개인이 아닌 단체이므로 원고에 대해 소득세를 부과할 수 없다는 이유로 이 사건 처분이 위법하다는 판단을 하였다.

이 사건에서 대법원은 과세관청의 상고를 기각하면서, 원고는 그 구성원들과는 별개로 권리·의무의 주체가 될 수 있는 독자적 존재로서의 성격을 가지고 있으므로 우리 법인세법상 외국법인으로 보아야 하므로 원고에게 소득세를 부과한 처분은 위법하다는 판단을 하였다.

II ▶ 관련 규정 및 쟁점

1. 관련 규정

◆ 구 소득세법(2008. 12. 26. 법률 제9270호로 개정되기 전의 것)
제1조(납세의무) ③ 법인격없는 사단·재단 기타 단체중 「국세기본법」 제13조 제4항의 규정에 의하여 법인으로 보는 단체(이하 "法人으로 보는 團體"라 한다)외의 사단·재단 기타 단체는 이를 거주자로 보아 이 법을 적용한다.

◆ 구 국세기본법(2008. 12. 26. 법률 제9263호로 개정되기 전의 것)
제13조(법인으로 보는 단체) ① 법인격이 없는 사단·재단 기타 단체(이하 "法人格이 없는 團體"라 한다)중 다음 각호의 1에 해당하는 경우로서 수익을 구성원에게 분배하지 아니하는 것은 법인으로 보아 이 법과 세법을 적용한다.
  1. 주무관청의 허가 또는 인가를 받아 설립되거나 법령에 의하여 주무관청에 등록한 사단·재단 기타 단체로서 등기되지 아니한 것
  2. 공익을 목적으로 출연된 기본재산이 있는 재단으로서 등기되지 아니한 것

2. 쟁점

이 사건의 쟁점은 미국 델라웨어주 법률에 따라 유한 파트너쉽(limited partnership)으로 설립된 론스타펀드Ⅲ(U.S.) 엘피를 소득세법상 비거주자로 보아 양도소득세를 부과할 수 있는지이다.

III ▶ 법원의 판단

이 사건에서 대법원은 외국의 법인격 없는 사단·재단 기타 단체를 외국법인으로 볼 수 있는지 여부에 관해 법인세법상 외국법인의 구체적 요건에 관하여 본점 또는 주사무소의 소재지 외에 별다른 규정이 없는 이상 단체가 설립된 국가의 법령 내용과 단체의 실질에 비추어 우리나라의 사법(私法)상 단체의 구성원으로부터 독립된 별개의 권리·의무의 귀속주체로 볼 수 있는지 여부에 따라 판단하여야 할 것이라고 하면서, 이 사건에서 원고는 고유한 투자목적을 가지고 자금을 운용하면서 구성원들과는 별개의 재산을 보유하고 고유의 사업활동을 하는 영리 목적의 단체로서 구성원의 개성이 강하게 드러나는 인적 결합체라기보다는 구성원들과는 별개로 권리·의무의 주체가 될 수 있

는 독자적 존재로서의 성격을 가지고 있으므로 우리 법인세법상 외국법인으로 보아 이 사건 양도소득에 대하여 법인세를 과세하여야 하며, 가사 원고를 외국법인으로 볼 수 없다고 하더라도 원고는 개인이 아닌 영리단체로서 그 구성원들에게 약정에 따라 이익을 분배하므로 원고 자체를 하나의 비거주자나 거주자로 보아 이 사건 양도소득에 대하여 소득세를 과세할 수는 없다는 이유로 이 사건 처분이 위법하다고 판단하였다.

Ⅳ ▶ 해설

1. 이 사건 판결의 의의

이 사건 판결은 이 사건 주식 양도 당시 외국의 단체에 대해 그것을 개인으로 보아 소득세를 과세할지 법인으로 보아 법인세를 과세할지에 관한 명시적 법규정이 결여되어 있는 상황에서 외국의 법인격 없는 단체를 법인세법상 법인으로 보는 요건에 관한 해석지침을 제시한 것이다.

이 사건 주식 양도 당시 법인세법 제1조 제3호는 "외국법인"을 외국에 본점 또는 주사무소를 둔 법인을 말한다고 규정하고 있었으며, 동조 제4호는 "비영리외국법인"을 외국법인 중 외국의 정부·지방자치단체 및 영리를 목적으로 하지 아니하는 법인(법인으로 보는 단체를 포함한다)을 말한다고 규정하고 있었다.

한편, 당시 소득세법은 민법상 법인격없는 단체 중 세법상 법인으로 보는 단체 이외의 단체는 1 거주자로 보아 소득세법을 적용하도록 규정하고 있었다(구 소득세법 제1조 제3항). 당시 소득세법시행규칙은 비록 위와 같이 소득세법에서 1 거주자로 보도록 되어 있는 단체의 경우라 하더라도 사실상 이익이 분배되는 경우에는 그 단체의 구성원이 공동으로 사업을 영위하는 것으로 보아 소득세법을 적용하도록 규정하고 있었다(구 소득세법 시행규칙 제2조 제2항).

위의 규정들은 모두 거주자 및 내국법인에 관한 규정이었으며 세법은 외국의 단체에 관해서는 명시적 규정을 두고 있지 않았다. 다만, 법인세법은 외국법인에는 법인으로 보는 단체가 포함된다고 하여, 국세기본법상 거주자 및 내국법인의 구분에 관한 규정이 유추적용될 수 있음을 전제로 하는 문구를 두고 있을 뿐이었다.

이 사건 과세관청은 이 논리에 근거하여, 론스타펀드Ⅲ(U.S.) 엘피에 대해 위 규정에 따라 그 과세방법을 결정하였던 것이다. 먼저, 법인인지를 판단함에 있어서, 론스타펀드Ⅲ(U.S.) 엘피가 세법상 법인으로 보는 단체의 요건을 갖추지 못한 것으로 보는 위에, 구 소득세법 시행규칙 제13조의 규정에 따라 1 비거주자로 볼지 아니면 공동사업을 영위하는 비거주자로 볼지를 결정하였다.

과세관청으로서는 론스타펀드Ⅲ(U.S.) 엘피의 구성원의 내역에 관한 정보를 획득하였다면 공동사업으로 보아 그 구성원에게 과세할 수 있었을 것이지만(대법원 2020. 11. 12. 선고 2017두36908 판결상 과세관청의 처분 내역 참조), 그에 이르지 못하자 "명시적으로 이익의 분배방법이나 분배비율이 정하여져 있거나 사실상 이익이 분배되는 경우"에 해당하지 않는다는 이유로 1 비거주자로 보아 과세한 것이었다.

동일한 내용의 과세대상이라 하더라도 그 귀속자가 비거주자인 경우에는 소득세법이 적용되며, 외국법인인 경우에는 법인세법이 적용되어서 적용세율상 차이가 발생하는 것이다.

이 사건에서 법원은 거주자 및 내국법인에 관한 규정의 유추적용을 허용하지 않으면서, 해당 단체가 설립된 국가의 법령 내용과 단체의 실질에 비추어 우리나라의 사법(私法)상 단체의 구성원으로부터 독립된 별개의 권리·의무의 귀속주체로 볼 수 있는지 여부에 따라 판단하여야 한다는 기준을 제시한 것이었다.

2. 외국단체의 법인성 인정 요건에 관한 조문 등의 신설

2013년 개정된 법인세법 제2조는 외국법인의 구체적 요건에 관한 규정을 대통령령으로 위임하고 있다. 법인세법 시행령은 외국법인의 요건으로 다음 각 호의 어느 하나에 해당할 것으로 규정하고 있다(법인세법 시행령 제2조 제2항).

1. 설립된 국가의 법에 따라 법인격이 부여된 단체
2. 구성원이 유한책임사원으로만 구성된 단체
3. (삭제)
4. 그 밖에 해당 외국단체와 동종 또는 유사한 국내의 단체가 「상법」등 국내의 법률에 따른 법인인 경우의 그 외국단체

2013년 법인세법 시행령 제2조 제2항 신설 당시 제3호에 "3. 구성원과 독립하여 자산을 소유하거나 소송의 당사자가 되는 등 직접 권리·의무의 주체가 되는 단체"가 규정되어 있었지만, 이 규정은 이런 단체가 법인성이 낮으므로 소득세법에 따라 그 단체의 구성원별로 납세의무를 부담하도록 하여야 한다는 이유로 2019년 삭제되었다.

현행 법인세법 시행령 제2조는 아울러 국세청장은 위의 각호에 따른 외국법인의 유형별 목록을 고시할 수 있다고 규정하고 있지만 아직 고시된 사례는 없다.

102

수입물품의 과세가격에 가산되는
'사후귀속이익'의 범위

박 정 수

박정수 (법무법인 화우 변호사)

I ▶ 사실관계 및 사건의 경과

① 국내 제약회사인 원고는 1993.경 스위스 회사 A사로부터 아세클로페낙에 대한 준독점 라이센스 계약을 체결하고 kg당 미화 935달러에 수입한 다음 이를 원료로 관절염 치료제인 에어탈을 제조·판매하던 중 ② 2004.경 이후 갱신계약을 체결하였는데 아세클로페낙의 수입 시에 kg당 미화 500달러나 510달러 또는 425유로를 지급하고, 나중에 원고가 아세클로페낙을 원료로 사용하여 제조한 관절염 치료제인 에어탈의 판매금액에 따라 그 순매출액에 대한 일정 비율(6~12% 또는 3~7%)의 금액을 추가로 지급하기로 약정하였다. ③ 원고는 2004.경부터 2006.경까지 아세클로페낙을 수입하면서 그 가격을 kg당 미화 500달러나 510달러 또는 425유로로 하여 수입신고를 하고 (이하 이때 원고가 수입한 아세클로페낙을 '이 사건 각 수입물품'이라 한다) 나아가 A사에게 에어탈의 순매출액에 대한 일정비율의 금액인 약 35억 원(이하 '이 사건 추가 지급 금액'이라 한다)을 지급하였다.

피고는 2009. 2. 20. 이 사건 추가 지급 금액을 사후귀속이익으로 보아 구 관세법 제30조 제1항에 따라 이를 수입신고가격에 가산하여 조정한 거래가격을 이 사건 각 수입물품의 과세가격으로 결정한 다음 그 가격을 기초로 이 사건 각 수입물품에 대한 관세 및 부가가치세를 경정하였다.

II ▶ 관련 규정 및 쟁점

1. 관련 규정

◆ 구 관세법(2006. 12. 30. 법률 제8136호로 개정되기 전의 것)

제30조(과세가격결정의 원칙) ① 수입물품의 과세가격은 우리나라에 수출하기 위하여 판매되는 물품에 대하여 구매자가 실제로 지급하였거나 지급하여야 할 가격에 다음 각호의 금액을 가산하여 조정한 거래가격으로 한다. 다만, 다음 각호의 금액을 가산함에 있어서는 객관적이고 수량화할 수 있는 자료에 근거하여야 하며, 이러한 자료가 없는 때에는 이 조의 규정에 의한 방법으로 과세가격을 결정하지 아니하고, 제31조 내지 제35조의 규정에 의한 방법으로 과세가격을 결정한다.

1. 구매자가 부담하는 수수료 및 중개료. 다만, 구매수수료를 제외한다.
2. 당해 물품과 동일체로 취급되는 용기의 비용과 당해 물품의 포장에 소요되는 노무비 및 자재비로서 구매자가 부담하는 비용
3. 구매자가 당해 물품의 생산 및 수출거래를 위하여 무료 또는 인하된 가격으로 직접 또는 간접으로 대통령령이 정하는 물품 및 용역을 공급하는 때에는 그 가격 또는 인하차액
4. 특허권·실용신안권·의장권·상표권 및 이와 유사한 권리를 사용하는 대가로 지급하는 것으로서 대통령령이 정하는 바에 의하여 산출된 금액
5. 당해 물품의 수입후의 전매·처분 또는 사용에 따른 수익금액중 판매자에게 직접 또는 간접으로 귀속되는 금액
6. 수입항까지의 운임·보험료 기타 운송에 관련되는 비용으로서 대통령령이 정하는 바에 의하여 결정된 금액. 다만, 재정경제부령이 정하는 물품의 경우에는 이의 전부 또는 일부를 제외할 수 있다.

② 제1항 본문에서 "구매자가 실제로 지급하였거나 지급하여야 할 가격"이라 함은 당해 수입물품의 대가로서 구매자가 지급하였거나 지급하여야 할 총금액을 말하며, 구매자가 당해 수입물품의 대가와 판매자의 채무를 상계하는 금액, 구매자가 판매자의 채무를 변제하는 금액 및 기타의 간접적인 지급액을 포함한다. (단서 생략)

2. 쟁점

이 사건 추가 지급 금액이 구 관세법 제30조 제1항 제5호에서 규정한 '사후귀속이익'에 해당하는지 여부이다.

Ⅲ ▶ 법원의 판단

1. 원심법원의 판단

인정사실에 비추어볼 때, 원고가 아세클로페낙을 주원료로 일정한 가공과정을 거쳐 에어탈을 제조하고 이를 판매하는 것은 아세클로페낙의 사용에 해당하고, 원고가 각 갱신계약에 따라 A사에 지급한 이 사건 추가 지급 금액은 아세클로페낙의 수입 후의 사용에 따른 수익금액 중 판매자에게 직·간접으로 귀속되는 금액으로서 사후귀속이익에 해당한다

2. 대법원의 판단

이 사건 추가 지급 금액은 원고가 이 사건 각 수입물품을 원료로 사용하여 제조한 에어탈의 판매에 따른 수익금액 중 판매자인 A사에 귀속된 금액으로서, 이 사건 각 수입물품에 대한 대가의 일부로 지급된 것이므로, 이 사건 각 수입물품의 과세가격에 가산되는 사후귀속이익에 해당한다.

Ⅳ ▶ 해설

1. 과세가격 결정방법 일반

관세법 제15조는 수입물품에 부과되는 관세의 과세표준은 수입물품의 가격 또는 수량으로 한다고 규정하고 있는데, 우리나라는 관세의 과세표준을 수입물품의 가격으로 하는 종가세 체제가 대부분이다. 과세표준이 되는 수입물품의 가격을 과세가격(dutiable value 또는 customs value)이라고 한다.

관세법 제30조 내지 제35조에서 과세가격의 결정방법에 대하여 규정하고 있는데, 그 적용순위는 ① 실제거래가격을 기초로 하는 가격(제30조, 거래가격방법, 제1방법), ② 동종, 동질물품의 거래가격을 기초로 하는 방법(제31조, 제2방법), ③ 유사물품의 거래가격을 기초로 하는 방법(제32조, 제3방법), ④ 국내판매가격을 기초로 하는 방법(제33조, 제4방법), ⑤ 산정가격을 기초로 하는 방법(제34조, 제5방법), ⑥ 합리적인 기준에 의하는 방법(제35조, 제6방법)이 있다. 가장 기본적이고 원칙적인 것은 제1방법으로서, 제1방법으로 과세가격을 결정할 수 없는 경우 대체평가방법인 제2 내지 6방법을 순차적으로 적용하여야 한다.

제1방법에 의한 수입물품의 과세가격은 거래가격이고, '실제지급가격'에 '일정한 금액을 가산'하여 조정한 가격이다. 거래가격은 외형상 거래가격이 아닌 실질적인 거래가격을 의미한다. 우선 '실

제지급가격', 즉 관세법 제30조 제1항 본문의 "구매자가 실제로 지급하였거나 지급하여야 할 가격"은 당해 수입물품의 대가로서 구매자가 지급하였거나 지급하여야 할 총금액을 말하며, 구매자가 당해 수입물품의 대가와 판매자의 채무를 상계하는 금액, 구매자가 판매자의 채무를 변제하는 금액 및 기타의 간접적인 지급액을 포함한다(관세법 제30조 제2항 본문). 또한 '가산금액'은 관세법 제30조 제1항 각 호에 규정되어 있는데, 이는 관세목적을 위하여 과세가격의 일부를 구성하는 것으로 간주되는 특정의 요소가 구매자가 부담하는 것이지만 실제지급가격에는 포함되어 있지 아니한 경우에 이를 가산함으로써 실제지급가격을 조정하도록 하고 있다. 가산금액 중 하나로 사후귀속이익이 규정되어 있다(관세법 제30조 제1항 제5호).

2. 과세가격의 가산요소로서 사후귀속이익

구 관세법 제30조 제1항 제5호는, 사후귀속이익은 확정시기나 지급방법 등의 특수성에도 불구하고 그 실질은 어디까지나 수입물품의 대가이기 때문에 이를 가산하여 수입물품의 과세가격을 산정하겠다는 취지이다. 구 관세법 제30조 제1항 제5호의 문언, 즉 "당해 물품의 수입 후의 전매, 처분 또는 사용에 따른 수익금액 중 판매자에게 직접 또는 간접으로 귀속되는 금액"은 사후귀속이익이 '수입물품과 관련성'이 있어야 한다는 의미이다. 그런데 '수입물품과 관련성'이 있다는 것은 '수입물품의 대가'라는 것과 같은 의미이다. 수입물품과 관련성이 전혀 없는 금액이 지급되었다면 그것은 수입물품의 대가가 아닌 다른 명목으로 지급되었다고 보는 것이 타당하다.

원고는 당초 계약에 따라 A사에게 아세클로페낙에 대한 대가로 kg당 미화 935달러를 지급하기로 하였는데, 갱신계약에서는 수입 시 kg당 미화 500달러나 510달러 또는 425유로를 지급하고, 나중에 에어탈의 판매금액의 일정 비율을 추가 지급하기로 하였고, 이 사건 추가 지급 금액은 이와 같은 추가 지급 약정에 따라 지급된 금액이다.

수입물품의 대가는 수입시 확정금액으로 약정하는 것이 통상적이지만 수입자가 수입물품을 이용한 사업을 한 후 그 매출이나 이익의 일정비율의 금액으로 약정하는 경우도 적지 않고, 이 사건 추가 지급 금액은 후자에 해당한다고 할 수 있다. 또한 원고가 A사로부터 아세클로페낙을 공급받는 것 외에 다른 재화나 용역을 공급받는 것이 없으므로, 이 사건 추가 지급 금액은 수입물품인 아세클로페낙의 대가라고 볼 수밖에 없다.

3. 이 사건 판결의 의의

이 사건 판결은 구 관세법 제30조 제1항 제5호에서 규정한 '사후귀속이익'인지 여부는 그것이 수입물품의 대가인지 여부를 기준으로 판단해야 한다는 것을 명확히 하였다는 점에서 의의가 있다. 나아가 구 관세법 제30조 제1항 본문의 "구매자가 실제로 지급하였거나 지급하여야 할 가격"이나 같은 항 단서 각 호에서 규정한 사후귀속이익을 포함한 '가산금액'은 그것이 실질적으로 수입물품의 대가라고 할 수 있는지를 기준으로 판단해야 한다는 점까지 시사하고 있다고 할 수 있다.

103

관세법상 납세의무자인 '물품을 수입한 화주'의 의미
—국내 인터넷쇼핑몰을 통한 다단계 거래 사례에서

이 언 석

관세법상 납세의무자인 '물품을 수입한 화주'의 의미
– 국내 인터넷쇼핑몰을 통한 다단계 거래 사례에서

[대법원 2015. 11. 27. 선고 2014두2270 판결]

이언석 (김·장 법률사무소 변호사)

I ▶ 사실관계 및 사건의 경과

A는 국내에 법인[1]을 설립하여 미국에서 판매하는 건강보조식품을 국내 소비자들이 구매할 수 있도록 인터넷쇼핑몰(이하 '국내 인터넷쇼핑몰'이라 한다)을 만들어 상품광고(상품명, 소비자가격 등)를 하였다. 소비자들이 국내 인터넷쇼핑몰에 접속해서 상품을 주문하면, A의 동생인 B가 해외에서 설립한 법인(이하 '해외 법인'이라 한다) 명의로 당해 상품을 구매하여 국내 소비자에게 직접 배송하였고, 국내 소비자의 명의로 수입신고가 이루어졌다. 국내 소비자는 국내 인터넷쇼핑몰에서 구입한 물품가격이 아니라 B가 운영하는 해외 법인이 구입한 가격을 수입신고가격으로 기재하였고, 소액인 이유로 면세를 받았다. 이 과정에서 국내 소비자는 해외 법인에 직접 결제를 하였으나, 국내 소비자들이 국내 인터넷쇼핑몰에 상품의 하자로 인한 반품 및 교환요청을 하면 해외 법인으로 물품이 반송되는 것이 아니라, 국내 택배회사를 통해 국내 법인에 물품이 전량 반송되고, A는 이를 재판매하거나 폐기 처분하였다. 과세관청은 국내 인터넷쇼핑몰에서 이루어진 거래에 따라 수입된 물품의 화주가 국내 소비자가 아닌 A라고 보아 A에게 약 6개월간의 거래에 대하여 관세 등을 부과하였다.

---

1) 과세관청은 국내 쇼핑몰을 실질적으로 운영한 주체를 A가 설립한 법인이 아니라 A로 보아 A에게 과세처분을 하였다.

II ▶ 관련 규정 및 쟁점

1. 관련 규정

◆ 관세법

제19조(납세의무자) ① 다음 각 호의 어느 하나에 해당하는 자는 관세의 납세의무자가 된다.
 1. 수입신고를 한 물품인 경우에는 그 물품을 수입신고하는 때의 화주(화주가 불분명할 때에는 다음 각 목의 어느 하나에 해당하는 자를 말한다. 이하 이 조에서 같다).

2. 쟁점

관세법상 납세의무자인 화주의 개념이다.

III ▶ 법원의 판단

1. 원심법원의 판단

국내 인터넷쇼핑몰이 국내 소비자만을 대상으로 개설되어 판매물품의 현금결제, 반품 및 환불이 국내에서 이루어진 점, 반품된 물품이 A에 의하여 국내에서 전량 재판매되거나 폐기처분된 점, A가 판매대금 중 상당 부분을 자신의 부동산 구입자금 등으로 사용한 점 등에 비추어, 수입화주로서 관세 및 부가가치세의 납세의무를 부담하는 자를 A로 보아야 한다.

2. 대법원의 판단

국내 소비자가 해외 판매자로부터 물품을 직접 주문하여 국내 소비자 명의로 배송이 이루어지고 그 명의로 수입 통관절차를 거친 경우에는 국내 소비자의 편의나 해외 판매자의 판매촉진·반품 등과 관련하여 일부 보조적 행위를 한 국내사업자가 따로 있다고 하더라도 특별한 사정이 없는 한 물품을 수입한 실제 소유자는 국내사업자가 아니라 국내 소비자라고 봄이 타당하다. 다만 국내 소비자가 해외 판매자로부터 직접 수입하는 것과 같은 거래의 외관을 취하였다고 하더라도 그 실질에서는 국내사업자가 해외 판매자로부터 직접 수입하여 다시 국내 소비자에게 판매하는 거래에 해당하는 경우라면 그 물품을 수입한 실제 소유자를 국내사업자로 볼 수 있겠지만, 이러한 경우에 해당하기 위해서는 해외 판매자와 국내사업자 그리고 국내사업자와 국내 소비자 간의 2단계 거래가 실질적으로 존재하는 사정 등이 증명되어야 하고, 설령 국내사업자가 해외 판매자를 실질적으로 지배·관리하면서 그 소득이나 수익을 지배·관리하였다고 하더라도 이는 국내사업자를 실질적인 해외 판매자로 보아 그와 국내 소비자 간에 수입 거래가 있었다고 할 수는 있을지언정 국내사업자와 국내 소비자 간에 별도의 국내 거래가 있었다고 단정할 수는 없으므로, 이러한 사정이 충분히 증명되지 아니한 경우에는 물품을 수입한 실제 소유자를 여전히 국내 소비자로 보아야 한다.

Ⅳ 해설

1. 납세의무자인 화주의 의미

관세법은 관세에 관하여 신고납부 방식을 택하고 있고, 그 납세의무자에 관하여는 관세법 제19조에서 원칙적으로 화주가 납세의무자가 된다고 정하고 있다. 다만 화주의 개념에 관하여는 아무런 규정을 두고 있지 않다. 통상의 경우 수입신고서에 납세의무자로 기재된 수입신고명의인이 관세법상 납세의무자인 화주로서 관세를 납부하게 되지만 수입신고서에 화주로 기재된 명의인이 수입물품의 거래과정에 깊이 관여하지 않거나, 경제적 이해관계가 적고 실제 거래과정에 깊이 관여하거나 경제적 이해관계가 많은 자가 별도로 존재하는 경우에 과연 누구를 수입물품의 화주로 볼 수 있는지가 문제된다.

이와 관련하여 대법원은 관세 납부의무자인 '그 물품을 수입한 화주'라 함은 그 물품을 수입한 실제 소유자를 의미한다고 판단하였고, 이와 같이 해석하는 것이 관세법에도 적용되는 실질과세원칙에 부합하는 것이라고 보았다. 다만 그 물품을 수입한 실제 소유자인지 여부는 구체적으로 ① 수출자와의 교섭, 신용장의 개설, 대금의 결제 등 수입절차의 관여 방법, ② 수입화물의 국내에서의 처분·판매 방법의 실태, ③ 당해 수입으로 인한 이익의 귀속관계 등의 사정을 종합하여 판단하였다(대법원 2003. 4. 11. 선고 2002두8442 판결 참조, 이하 '선행판결'이라 한다).

다만, 선행판결은 수출자와 수입자 사이의 단순한 거래에서 진정한 수입자가 누구인지 여부가 문제된 사안에 대한 것이었고, 이와는 달리 수출업체, 수입대행업체, 수입업체, 최종 구매자 등 다단계 거래구조로 거래가 이루어지는 경우에는 누구를 화주로 보아야 하는지는 실질과세원칙의 적용에 있어 과연 '실질'이 의미하는 바가 무엇인지에 따라 여전히 이견이 있을 수 있다. 이에 관하여는 수입물품의 거래로 인하여 그 경제적 효과(예를 들면 거래로 인한 이익)가 누구에게 귀속되는지 여부를 기준으로 판단하여야 한다는 견해(이른바 '경제적 실질설'), 수입 당시를 기준으로 물품의 소유권이 실질적으로 누구에게 귀속되는지 여부를 기준으로 판단하여야 한다는 견해(이른바 '법적 실질설')가 있을 수 있다.

　선행판결에서는 이와 관련하여 명확한 견해를 밝히지 않았으나 대법원 2014. 11. 27. 선고 2014두8636 판결에 이르러 법적 실질설에 따라 수입 당시의 소유권자가 누구인지 여부를 기준으로 판단하여야 한다는 입장을 명확히 하였다.[2]

2. 이 사건 판결의 의의

　이 사건 판결 역시 기존의 판례와 마찬가지로 법적 실질설에 따라 수입 당시의 소유권이 누구에게 있는지 여부를 기준으로 화주를 판단하였다. 만약 A가 화주라고 하려면 A가 수입물품에 대한 소유권을 가지고 있어야 하므로, 국내 소비자가 해외 판매자로부터 직접 수입하는 것과 같은 거래의 외관을 취하였다고 하더라도 그 실질에서는 국내사업자 A가 해외 판매자로부터 직접 수입하여 소유권을 취득하여 이를 다시 국내 소비자에게 판매하는 거래에 해당한다는 사실을 과세관청이 입증하여야 한다. 그러나 이 사건에서는 과세관청이 그러한 사실에 대하여 충분히 입증을 하지 못하였기 때문에 해외 판매자로부터 물품을 직접 주문하고 본인 명의로 수입 통관절차를 거쳐 물품을 배송받은 국내 소비자가 소유권자라고 판단하였다. 이 사건 판결은 기존의 판례에서 선언한 법적 실질설을 다시금 확인하고, 다단계 거래의 경우 과세관청이 실질적 화주라고 주장하는 자가 소유권을 취득하였다는 사실에 관하여 입증책임을 부담한다는 점까지 추가로 명확히 한 점에 그 의의가 있다고 하겠다.

---

2) 강정모, "실질과세원칙의 적용을 통한 관세법상 구매자와 판매자 확정에 대한 연구", 「법무부 통상법률」 통권 제134호, 2017; 백제흠, "관세법상 납세의무자인 물품을 수입한 화주의 의미와 실질과세원칙의 적용범위", 세정신문 2016. 3. 8. 판례평석.

판례색인

◆ 고등법원

[(사)한국세법학회 고문 및 임원]

필자명	소속	판례 번호
강남규	법무법인 가온 대표변호사	12
강석규	법무법인 태평양 변호사, 공인회계사	11
강성모	서울시립대 세무학과 부교수	58
강지현	법무법인 광장 파트너 변호사, 법학박사	25
곽상민	조세심판원 심판조사관	94
곽태훈	법무법인 율촌 변호사	48
권형기	법무법인 평안 변호사, 공인회계사	64
김경하	한양사이버대 재무 · 회계 · 세무학과 교수	76
김동수	법무법인 율촌 변호사	6
김두형	경희대 법학전문대학원 교수	56
김무열	부산광역시의회 입법재정담당관 연구위원	37
김민수	대구광역시 세정과 주무관, 법학박사	84
김범준	서울시립대 법학전문대학원 부교수	23
김상술	정우세무회계사무소 세무사	78
김석환	강원대 법학전문대학원 교수	92
김성환	법무법인 광장 변호사	73
김승호	법무법인 태평양 변호사	30
김신언	앤트세무법인 세무사, 미국 일리노이주 변호사	38
김신희	법무법인 대륙아주 변호사	31
김영순	인하대 법학전문대학원 교수	16
김용택	법무법인 화우 변호사	28
김재승	전남대 법학전문대학원 교수	45
김정홍	법무법인 광장 외국변호사, 서울시립대 세무전문대학원 겸임교수	96
김 철	법무법인 이강 변호사	47
김태희	법무법인 평산 대표변호사	71
김한준	법무법인 평안 변호사	97

필자명	소속	판례 번호
남지윤	한국지방세연구원 변호사	86
노미리	동아대 법학전문대학원 교수	88
마옥현	법무법인 광장 변호사	63
마정화	한국지방세연구원 연구위원	83
문필주	한국지방세연구원 부연구위원	80
박기범	법무법인 세종 파트너 변호사	55
박정수	법무법인 화우 변호사	102
박종수	고려대 법학전문대학원 교수, 법학박사	9
박진호	법무법인 율촌 변호사	17
박필종	김·장 법률사무소 변호사	90
박 훈	서울시립대 세무학과 교수	40
배효정	한국법학원 연구위원, 변호사, 법학박사	95
백제흠	법무법인 세종 변호사	91
서보국	충남대 법학전문대학원 원장	19
서정호	법무법인 위즈 변호사	29
소순무	법무법인 가온 변호사, 법학박사	8
손병준	법무법인 광장 변호사	15
손호철	법무법인 홉스앤킴 변호사	65
송동진	법무법인 위즈 구성원 변호사	7
신호영	고려대 법학전문대학원 교수	35
심규찬	법무법인 태평양 변호사	72
안경봉	국민대 법과대학 교수	2
안승희	법무법인 정상 변호사	27
양승종	김·장 법률사무소 변호사	41
양인준	서울시립대 세무전문대학원/법학전문대학원 교수	44
양한희	변호사	100

필자명	소속	판례 번호
오 윤	한양대 교수	101
옥무석	이화여대 명예교수	3
우도훈	법무법인 세종 변호사	52
우지훈	대법원 재판연구관	51
유철형	법무법인 태평양 변호사	14
윤지현	서울대 교수	98
윤진규	법무법인 세종 변호사	18
윤현석	원광대 교수	33
이경진	법무법인 화우 변호사	74
이동식	경북대 법학전문대학원 교수	68
이상신	서울시립대 세무전문대학원 교수	20
이상우	김·장 법률사무소 변호사	42
이승준	법무법인 가온 변호사	32
이언석	김·장 법률사무소 변호사	103
이의영	광주고등법원 고법판사	26
이전오	전 성균관대 교수	21
이정란	부산대 법학전문대학원 교수	59
이정렬	법무법인 세종 변호사	14
이준봉	성균관대 법학전문대학원 교수	10
이중교	연세대 법학전문대학원 교수	50
이진우	법무법인 태평양 변호사	93
이창희	서울대 교수	100
이철송	건국대 석좌교수	5
이태로	서울대 법학전문대학원 명예교수	1
이학철	연세대 법학전문대학원 조교수, 변호사	36
임수연	수원지방법원 부장판사	61

필자명	소속	판례 번호
임수혁	법무법인 광장 변호사	77
임승순	법무법인 화우 변호사	66
임한솔	법무법인 광장 변호사, 국제조세협회 YIN KOREA 부회장	39
전영준	법무법인 율촌 변호사	22
정기상	법부법인 광장 파트너 변호사	79
정병문	김·장 법률사무소 변호사	54
정승영	국립창원대 세무학과 교수	87
정지선	서울시립대 세무전문대학원 교수	81
조서연	법무법인 세종 변호사	67
조용민	조세심판원 과장, 변호사	46
조윤희	법무법인 율촌 변호사	57
조일영	법무법인 태평양 변호사	69
조현진	법무법인 홉스앤킴 변호사	85
최성근	영남대 법학전문대학원 교수	62
최용환	법무법인 율촌 변호사, 법학박사	99
최 원	아주대 법학전문대학원 교수	43
최정희	건양대 세무학과 교수	53
하태흥	김·장 법률사무소 변호사	34
한만수	김·장 법률사무소 변호사	4
한원교	법무법인 율촌 변호사	75
허 승	부산지방법원 동부지원 부장판사	89
허시원	법무법인 화우 변호사	82
허 원	고려사이버대 교수	70
홍현주	법무법인 세종 파트너 변호사	24
황태상	법무법인 세종 파트너 변호사, 공인회계사	49
황헌순	계명대 세무학과 조교수	60

租稅判例百選 3

초판발행　　2024년 6월 30일

지은이　　(사)한국세법학회
펴낸이　　안종만·안상준

편 집　　사윤지
기획/마케팅 장규식
표지디자인 이영경
제 작　　고철민·조영환

펴낸곳　　(주) 박영사
　　　　　서울특별시 금천구 가산디지털2로 53, 210호(가산동, 한라시그마밸리)
　　　　　등록 1959. 3. 11. 제300-1959-1호(倫)
전 화　　02)733-6771
f a x　　02)736-4818
e-mail　　pys@pybook.co.kr
homepage www.pybook.co.kr
ISBN　　979-11-303-4726-4　93360

정 가　　48,000원